MOOCs and Open Education Around the World

MOOC와 개방교육

MOOCs and Open Education Around the World
Edited by Curtis J. Bonk, Mimi M. Lee, Thomas C. Reeves, and Thomas H. Reynolds

MOOCs and Open Education Around the World

MOOC와 개방교육

Curtis J. Bonk·Mimi M. Lee
Thomas C. Reeves·Thomas H. Reynolds 편저

변호승·엄우용·김경지·이지은·이지연·소효정 옮김

아카데미프레스

역자 서문

MOOC, MOOCs, 무크, 묵, 묵스... 언제부터인가 대중에게까지 알려진 이 용어들은 교육에 종사하는 사람들을 불안하게 하였다. '나'와는 크게 관련이 없어 보이지만, 이 용어에 지속적으로 노출되다 보니 뭔가 중요한 것을 자신만 모르고 있고, 나중에 소외되지 않을까 하는 두려움을 느낀 것이다. 특히 고등교육기관에 몸담고 있는 사람들에게는 해외의 새로운 흐름을 빨리 받아들이는 것이 중요해지고 있어 이러한 불안감이 더욱 컸다고 하겠다. 정부의 대학 정책이 공격적으로 변하고 있는데다, 대학 간의 경쟁을 통해서 사업예산 지원뿐 아니라 구조조정까지도 밀어붙이고 있는 상황은 이런 불안감을 더욱 부채질했을 것이다.

이러한 분위기를 반영하듯 최근 관련 학회에서는 MOOC를 주제로 학술대회나 세미나를 개최하는 일이 눈에 띄게 많아졌다. 정부 차원에서도 K-MOOC를 구축하고 콘텐츠를 개발하고 활용하는 일에 관심을 기울이고 있다. 그리고 많은 대학의 관계자들은 '과연 MOOC 열풍이 얼마나 지속될까?', '그렇다면 우리(대학)도 MOOC를 도입해야 할까?' 또는 'MOOC는 대학의 위기인가 아니면 기회인가?' 등의 사안에 촉각을 세우고 있다.

우리나라에서는 MOOC가 도입되면서 긴장감과 압박감을 불러왔지만, 사실 MOOC는 '개방성(Openness)'으로부터 촉발되었다. 해외 명문대학들은 오랜 전통과 역사를 통해 명성을 쌓아왔고, 교수와 학생들은 모두 엄격한 조건과 자격을 갖춘 선별된 집단을 형성하여 교육을 일정한 형식과 틀에 맞춰 진행해왔다. 이러한 폐쇄성으로부터 독립을 시도한 것이 바로 MOOC라 하겠다.

인터넷과 테크놀로지의 발전은 권위주의 시대에 마침표를 찍고 새로운 시대를 예고하여 변화의 바람을 일으키고 있다. 정보권력, 학벌권력, 정치권력, 문화권력, 종교권력 등의 힘이 약화되고 있다. 이전에는 인식조차 되지 않았던 갑을관계처럼, 극명하게 대비되던 신분의 차이가 이제는 사회적 문제로 부각되어 구태를 일삼는 '갑'이 호되게 대가를 치르는 모습도 심심치 않게 연출되고 있다.

교육의 영역도 이러한 흐름과 무관할 수 없게 되었다. 지식권력을 내놓으라는 압력이 거세지고 있고, 말로만 회자되던 '학습자 중심' 학습이 실현되고 있다. 생존을 위해서 어쩔 수 없이 해야 했던 과거의 '공부'와 달리, 학습에서 '자기주도성'이 강조되며, 제약과 조건이 사라지고 있다. MOOC는 그러한 흐름의 연장선이기도 하지만, 규모의 거대성, 학습자들 간의 연결성, 학습집단 구성의 자발성이라는 새로운 키워드를 만들어냈다. 그럼에도, 우리는 아직 낯설기만 한 세계의 큰 흐름에 우왕좌왕하고 있는 모습이다.

Curt Bonk 교수 등이 편저한 본서를 읽는 독자들은 세계 여러 나라에서 이루어지고 있는 MOOC를 보면서 놀라지 않을 수 없을 것이다. 우리가 선입견을 가지고 피상적으로 바라보았던 현상의 중심부에 어떤 교육철학이 자리하고 있는지 알게 될 것이며, 왜 우리가 먼저 이러한 흐름을 만들지 못했는지 자책도 하게 될 것이다. 실로 테크놀로지가 교육과 융합되면서 창출된 여러 강점이 세계 곳곳에서 새로운 교육 현상으로 자리 잡는 광경을 목격하게 될 것이다.

Bonk 교수는 세계적으로 유명한 학자이자 강연가이다. 그는 '개방'을 주제로 이미 지난 2009년 「세계는 열려 있다(World is Open)」라는 저서를 출간하여 교육의 큰 흐름을 분석하고 방향을 제시하였다. 미국 내에서도 인기 강사로, 청중이 가장 졸음에 취약한 오후 시간대에 강연 시간을 잡는 것을 즐기기도 한다. 그는 그간의 여러 학술활동을 통해서 교류하게 된 지인들과 뜻을 같이하여 본서를 기획하고 원격교육과 개방교육 분야에서 활동하는 세계적인 학자 및 실무자를 총동원하여 기고를 받았다. 방대하고 힘든 여정을 잘 마무리하여 귀중한 경험과 통찰력을 집대성한 이 한 권의 책을 발간한 편집진에게 경의를 표하고자 한다.

이 저서의 가장 큰 장점은 원격교육과 MOOC에 관한 역사, 배경 및 철학을 구성지게 다루면서도 이론서에 머물지 않고 실 경험자들의 경험과 통찰을 다룬 실무서라는 데 있다. 그 주제는 고등교육기관, 기업체, 품질관리, 페미니즘, 대규모성의 함의뿐 아니라 의사결정 정책 및 재정 등 다양하며 광범위하다. 특히 특정 사례를 일반화하는 우를 범하지 않도록 전 세계 여러 나라에서 일어나는 현상과 사례를 소개하는 세심한 주의를 기울였고, 여러 나라의 학자들을 골고루 참여시킴으로써 다양한 관점에서 현상을 조망하였다.

이 역서를 읽는 독자들은 원격교육과 MOOC에 대한 한 차원 높은 식견을 가지게 될 뿐 아니라, 디지털 시대에 교육이 갖는 의미와 방향을 새로 정립하는 데 초석을 다질 수 있을 것이다. 이 역서는 우리나라 학자들뿐 아니라 대학 관리자, 의사결정권자, 대학교수학습센터 관계자, 교사, 그리고 교육에 관심 있는 일반 시민에게도 귀중한 지침이 될 것을 믿어 의심치 않는다.

2016년 5월

역자 일동

차례

PART 2

개방교육 현재와 미래에 부상할 기회들 _97

PART 3

MOOC와 개방성의 개념에 대한 연구와 평가 _147

PART 4

MOOC와 OER의 품질 보증 _199

PART 5

혁신적인 강좌, 프로그램 및 수업 모형의 설계 _253

PART 6

개발도상국의 MOOC와 개방교육 _333

추천사 1

교육의 미래에서 MOOC의 역할

George Siemens

지난 반세기 교육의 흐름에서 갑작스레 등장한 대규모 공개 온라인 강좌(massive open online courses, MOOCs)를 필적할 것은 거의 없다. MOOC는 등장한 지 불과 몇 년 만에 주요 언론매체, 학회, 학술지 논문, 블로그 및 소셜미디어의 엄청난 주목을 받았다. 2011년 가을 유명세를 탄 후, MOOC는 전통 대학교육이 죽었고 새로운 대안이 도래하였다고 앞다퉈 주장하던 테크놀로지 벤처회사 대표들과 대학 총장들의 큰 관심을 끌게 되었다.

Udacity의 대표인 Sebastian Thrun은 초기 MOOC 제공자였으며 현재는 기업교육가로 변신하였는데, 50년 후 10개 대학만 남을 것이고 그 하나가 Udacity라고 공언하기도 하였다(Leckart, 2012). 이러한 주장들과 학습 과학자들의 실망을 담아 Thrun은 학습을 위한 '특효약'을 발견하였다고 밝혔다(Carr, 2013). 정부 관료들은 주(state) 단위의 고등교육기관에 미치고 있는 재정지원 급감에 따른 영향을 최소화할 수 있다는 희망에서 적극적으로 이 수사(修辭)를 포용하였다. 캘리포니아 주는 MOOC 제공자들과의 협력으로 지출을 줄이고 학생들의 성공을 높이려는 새로운 기회를 천명하기도 하였다(Hattori, 2013). 이러한 일련의 사건들은 대학 총장들에게도 영향을 주었다. 버지니아 대학 총장이 새로운 트렌드에 너무 더디게 대응한다고 해고되자(나중에 복권되었지만) 대학 총장들은 새로운 걱정거리를 떠안게 되었다(Rice, 2012). 하버드나 MIT 대학 같은 일류 대학은 Coursera나 유사 움직임의 대안이 된 edX에 6백만 달러를 투자하고(MIT News Office, 2012) 나섰다.

이렇게 널리 알려진 고등교육 서커스에서 관객과 출연자의 두 역할을 모두 감내해야 하는 학자들은 어떻게 대응해야 하는지 난감하였다. MOOC에 대한 실질적인 첫 반응은 산호세 주립대학의 철학교수회에서 나타났다. 무료 온라인 수업은 학과와 공교육을 파괴시키려는 시도라는 것이다(San Jose State Philosophy Department Faculty, 2013). 그들의 세계가 정말로 무너지고 있었는가? 정말로 학생 20만 명을 교수 1인, 조교 몇 명, 그리고 스마트한 알고리즘으로 가르칠 수 있는가?

2011년 가을부터 2014년 초반까지는 이러한 극적이면서 현저한 변화에 대해서 압도적으로 우호적인 담론이 형성되었다. 전문가들과 이론가들은 대망의 고등교육의 몰락이 도래하였다고 선언하였다. 많은 사람들은 큰 대학 캠퍼스가 2027년을 기점으로 살아남지 못할 것이라는 피터 드러커의 공언을 확인해주길 기대했다(Lenzner & Johnson, 1997). 지금에 와서야 변화의 큰 기여자로 볼 수 있지만, 당시 미온적이었던 고등교육기관들을 무시해왔던 컨설팅회사들도 학자, 벤처회사, 정부 관료 등과의 만남을 저울질하고 있다.

2015년 초기의 관점에서 보면, 그 당시 MOOC에 열광했던 것은 얼굴을 화끈거리게 한다. 약속되었던 고등교육의 변화는 오지 않았다. MOOC는 스스로 답을 제공하면서도 이에 못지않은 의문을 남겼다. 초기 MOOC에 대한 데이터가 알려지자, 체제적 변화가 지체되었다는 것이 명확해졌다. 그 과정에서 MOOC에 대한 결점들이 적극적으로 파헤쳐졌다—높은 중도포기율, 한정된 사회적 상호작용, 전달식 수업에 대한 과도한 의존, 소수 학생집단의 낮은 성적 등. 더욱 중요한 것은, 변화는 MOOC와 같은 단일 트렌드와는 전혀 다른 것으로부터 왔다는 것이다. MOOC는 트렌드를 반영한 것이지, 급격한 변화를 겪는 사회에서 지식의 급증과 개인 학습요구의 증가를 이끌지는 않았다.

MOOC에 대한 논의가 이제 시작일 뿐이지만, 고등교육에 대한 장기적 시나리오를 생각할 때는 두 가지 개념에 관심을 가질 필요가 있다.

1. MOOC는 대체적으로 수십 년에 걸친 학습의 수요 측면의 증가에 대한 공급 측면의 해답이다.
2. MOOC는 핵심(critical) 트렌드가 아니라 알파(alpha)[1]트렌드인 고등교육의 복잡화(complexification)와 디지털화(digitization)이다.

MOOC는 결코 고등교육에 관한 것이 아니었다. 교육과 훈련에 대한 더 큰 사회적 요구에 대한 반응이었다(예를 보려면, 본서 28장 참조). 이와 똑같은 요구가 구글 검색, 위키피디아, 그리고 소셜미디어와 같은 정보접근 도구를 개발하게 만들었다. 요컨대, 전 세계적으로 연결된 21세기의 초입에서 학습에 필요한 것은 지식 구성을 위한 다른 도구와 다른 방법이다. 네트워크된 세상에서는 모든 것이 더 빨리 움직인다.

2003년에 발생한 사스(SARS: 중증급성호흡기증후군)를 보더라도, 연결된 세상(connected world)에서 질병의 이동은 훨씬 빠르다. 사스의 원인이 되는 바이러스를 밝히기 위한 의학연구자들의 신속한 반응에서 나타났듯이 정보도 마찬가지다. 과학에서의 동료 리뷰와 논문 발간은 수년 주기로 움직이는데, 사스를 규명하고 대처해야 하는 방법을 발견하는 것은 시간을 다투는 급박한 상황이었다. 몇 달 내에 이루어진 코로나바이러스의 규명은 의학전문가들로 하여

---

1 역자주: '모든 것을 능가하는 최고의' 의미임.

금 적절한 처치방법을 탐색하고 그 해결책을 제안할 수 있게 하였다. 이러한 신속한 연구는 연결된, 네트워크된, 온라인 세계에서만 가능하였다.

개인과 사회도 이러한 똑같은 연결된 학습(connected learning)의 과정을 필요로 한다. 기업은 하룻저녁에 바뀌며, 고용의 안정도 함께 사라지곤 한다. 본서 26장에서 Michael Keppell이 언급한 것처럼, 학습의 목표가 대학학위이든, 직장에서의 승진이든, 아니면 단순히 세상을 이해하기 위해서이든 간에 학습, 지속적 학습이 삶의 모든 측면을 정의한다. 대학들은 전통적으로 이 사회에서 교육적 역할을 수행해왔다. 불행히도, 지금 이 사회에서 요구하고 있는 학습 및 지식은 4년 이상의 고등교육을 필요로 한다. 요약하면, 대학은 현재의 형태로는 그 발달 속도를 포함하여 지식의 구조와 구성에 어울리지 않는다. 그 직접적인 결과로, 학습자들은 자신들의 요구를 온라인 학습, 소셜미디어, 그리고 Stack Exchange 같은 인터넷 커뮤니티를 통하여 충족하고 있다. 고등교육은 이제 이 사회와 현대 학습자들의 요구에 부응하기 위하여 재구조화해야 하는 위기에 직면해 있다.

고등교육을 재구조화해야 하는 필요는 절박하다. 대학은 이제 한층 더 복잡해졌다. 입학 연령이 증가함에 따라 학생들의 특성이 바뀌고, 성비도 기울어 여학생이 주요 구성원이 되고 있으며(OECD, 2013), 전통적인 전일제 대학생이 더 이상 주류가 아니다(Davis, 2012). 대학의 영역은 늘어나 다양한 요구를 가진 넓은 인구를 포괄하게 되었다. 그 대응으로, 앞서 언급한 것처럼, 고등교육은 복잡화되고 있고, 기존의 대학의 개념(idea of the university)에 대한 많은 담론은 이전에 관심의 대상이 되지 않았던 인구로 확장되고 있다.

현대생활의 모든 측면에서 이루어지는 디지털화는 학습에 영향을 주는 부가적 트렌드를 대표한다. 고등교육은 새로운 학습 인구에 부응하려고 그 영역을 확장한 오래된 역사를 가지고 있다. 본서의 서문에 나타나있듯이, 원격교육과 1960년대에 발달한 개방대학(open universities)은 형식교육에 대한 제2의 접근기회를 제공하였다. 웹이 비약적으로 증가하자, 대학들은 온라인과 블렌디드 러닝으로 실험하게 되었다. 이러한 노력은 평생교육원이나 유사한 부서로 이관되곤 하였다. 그 반면 MOOC는 많은 교수들의 디지털화 속도를 촉진시켰다. 명문 대학들은 학습 혁신을 맡은 새로운 부서나 부교무처장(vice-provost) 직책을 신설하기도 하였다.

부가적으로 MOOC와 다른 형태의 디지털 학습은 또 다른 주요 이점이 있다. 학습자 상호작용에 의해 만들어져 연구에 사용할 수 있는 무제한의 데이터가 있다. 교육학과 교수들에게만 한정되었던 디지털 학습 연구는 이제 캠퍼스를 가로질러 여러 학과에서 가능하게 되었다. 기존에는 소외되었던 학문 분야에서 나온 결과가 실린 학술논문지의 특별호를 발견하는 것은 이제 어렵지 않다.

MOOC는 가까운 미래에 우리 시야에서 사라질 용어가 될 수 있다. 그러나 이것이 중요한 것이 아니다. 중요한 것은 MOOC가 교육 혁신에 대해서 새롭게 생각하고 운용할 수 있는 길을 효과적으로 터주었다는 것이다. MOOC는 디지털 학습과 대학의 현 주소를 개괄해줌으로써 교육의 미래를 이해하는 데 중요한 역할을 해준다. 이런 의미에서 MOOC는 학습 변화의 범위를 이해시켜주는 거울과 렌즈라고 할 수 있다.

이 책은 원격, 디지털, 온라인, 그리고 개방학습 분야의 가장 저명하고 영향력 있는 학자와 연구자들의 연구와 사고를 반영하고 있다. 독자에게는 개방성, 교수 개발, 품질 관리, 학생 성공(student success), 기업 교육을 포함하여 이미 상당히 진전된 변화의 깊이와 특성의 풍부한 모습이 전달될 것이다. 그 과정에서 현대사회의 학습에 대한 시대정신이 포착될 것이다.

Curt Bonk, Mimi Lee, Tom Reeves, 그리고 Tom Reynolds 등 디지털 학습 리더들의 전문적 큐레이션은 학습 혁신의 매우 중대한 시기에 그 유산을 잘 포착하였다. 새로운 접근기회를 제공하는 디지털 학습의 잠재력은 오래전부터 원격교육과 온라인 교육의 연구자들과 실무자들에게 알려져왔다. 이 저서의 편집자들은 학습의 현 상황에 대해서 이미 알려진 사실과 학습의 미래, 그리고 실제적인 의미 등을 훌륭하게 개괄해주고 있다. 교육에서 이 엄청난 혁신의 속도가 때로는 위협적일 수 있지만, 이 책은 개별 학자, 대학, 사회가 지식시대에 재탄생할 수 있는 전례 없는 기회를 이해할 수 있는 기반을 제공해준다.

오래전에 예견된 학습 혁명이 이제 문 앞에 와있다. 우리 미래 세대는 이제 막 형성되고 있는 학습의 모습과 구조에 의해 이득을 보게 될 것이다. 더 나은 사회와 우리 모두를 위한 더 큰 기회를 위해 학습이 자유롭고 계몽적인 과정이 되도록 보장하려면, 신중한 안내와 사려 깊은 대화가 필요할 것이다.

George Siemens | 교육분야의 테크놀로지, 네트워크, 분석학(analytics), 개방성에 대해서 연구하고 있다. Siemens 박사는 텍사스대학교(University of Texas), 알링턴의 Learning Innovation and Networked Knowledge Research Lab의 사무국장(executive director)이다. 그는 교육, 조직, 사회에 테크놀로지와 미디어가 미치는 영향에 대해서 35개국 이상에서 기조강연을 하였다. 그의 업적은 지역 신문은 물론 전국단위 및 국제 신문(뉴욕타임스 포함), 라디오와 텔레비전에 보도되었다. 그는 많은 연구 수상 경력이 있으며, 산 마틴 포레스 대학교(Universidad de San Martín de Porres)와 프레이저 밸리 대학교(Fraser Valley University)에서 학습, 테크놀로지 및 네트워크 분야의 탁월한 업적으로 명예박사학위를 수여받았다. Siemens 박사는 학습분석학연구학회(Society for Learning Analytics Research)(http://www.solaresearch.org)의 창립회원이며 초대 회장을 역임하였다. 그는 교육영역과 학습자 성과 증진 분야에서 학습분석학 활용을 통한 생산성 및 학습향상의 측정·평가와 디지털 학습에 관하여 호주, 유럽연합, 캐나다, 미국 등의 정부기관뿐 아니라 많은 다른 기관을 자문하였다. 2008년에 그는 대규모 공개 온라인 강좌(MOOCs)를 주도하였다. 그는 http://www.elearnspace.org/blog/와 Tweeter: gsiemens에 블로그 활동을 하고 있다.

참고문헌

Carr, D.F. (2013, August 19). Udacity CEO says MOOC "magic formula" emerging. *Information Week*. Retrieved from http://www.informationweek.com/software/udacity-ceo-says-mooc-magic-formula-emerging/d/d-id/1111221.

Davis, J. (2012, October). *School enrollment and work status: 2011. American community survey briefs*, 11–14. US Department of Commerce, Economics and Statistics Administration: United States Census Bureau. Retrieved from http://www.census.gov/prod/2013pubs/acsbr11-14.pdf.

Hattori, K. (2013, January 14). Governor Jerry Brown, Udacity announce pilot program for $150 classes, *EdSurge*. Retrieved from https://www.edsurge.com/n/2013-01-14-governor-jerry-brown-udacity-announce-pilot-program-for-150-classes.

Leckart, S. (2012, March 20). The Stanford education experiment could change higher learning forever. *Wired Magazine*, *20*. Retrieved from http://www.wired.com/2012/03/ff_aiclass/all/.

Lenzner, R., & Johnson, S.S. (1997, March 10), Seeing things as they really are. *Forbes*, *159*(5), 122–128. Retrieved from http://www.forbes.com/forbes/1997/0310/5905 122a.html.

MIT News Office. (2012, May 2). MIT and Harvard announce edX. *MIT News*. Retrieved from http://newsoffice.mit.edu/2012/mit-harvard-edx-announcement-050212.

OECD. (2013, October). How are university students changing? *Education Indicators in Focus*. Retrieved from http://www.oecd.org/edu/skills-beyond-school/EDIF%202013--N%C2%B015.pdf.

Rice, A. (2012, September 11). Anatomy of a campus coup. *The New York Times*. Retrieved from http://www.nytimes.com/2012/09/16/magazine/teresa-sullivan-uva-ouster.html?pagewanted=all.

San Jose State Philosophy Department Faculty. (2013, May 2). An open letter to Professor Michael Sandel from the Philosophy Department at San Jose State U. *Chronicle of Higher Education*. Retrieved from http://chronicle.com/article/The-Document-Open-Letter-From/138937/.

추천사 2

모두를 위한 교육개방(하기), MOOC가 이를 촉진하는가?

Fred Mulder

독자들은 책의 추천사 제목에 언급된 용어나 쟁점을 다루어줄 것으로 기대한다. 「MOOC와 개방교육(MOOCs and Open Education Around the World)」이라는 사고를 자극하고 미래지향적인 본서의 제목에 대해서 필자 역시 똑같은 작업을 하고자 한다. 이 글에서는 최근 출현한 MOOC가 기반하게 된 두 가지 장기적인 현상에 대해서 설명할 것이다. 하나는 개방교육이고, 다른 하나는 온라인 교육이다. "개방(open)"과 "온라인(online)"은 5가지 요소를 가진 개방교육 참조 모델인 5COE 모델로 통합된다. MOOC는 5COE 모델 안에 포함될 수 있다. 마지막으로 필자는 (정형화된) 용어인 "개방교육(Open Education)"을 넘어서는 (다양한 특성을 가진) "교육개방하기(Opening up Education)"라는 표현을 사용할 때의 독특한 가치에 대하여 강조할 것이다.

개방교육을 향하여

개방교육에 대한 최초의 대규모 발달은 런던대학이 구내와 떨어져 있는 지역에 원격 학습기회를 제공했던 통신교육을 시작한 19세기로 거슬러 올라간다. 그리고 20세기 중반 현 남아프리카대학교(University of South Africa, UNISA)의 전신에 원격교육대학의 새로운 역할이 부여되었다. 가장 큰 발전은 1970년경 영국에 개방대학(Open University)이 설립되면서 시작되었다. 이 성공적인 시도는 그 이후 80년간 유럽과 다른 세계의 여러 나라에서 수행되었고, 정규대학 체제에서는 교육받지 못한 여러 학습자들에게 기회를 주는 거대한 노력으로 이어지게 되었다. 중국, 인도, 터키 등의 몇몇 나라에서는 수백만 명이 등록하는 소위 '매머드' 대학을 볼 수 있다.

개방대학의 수식어 "개방(open)"은 여러 특성을 대변하고 있다: (1) 자유 입학(open entry; 입학요건 없음), (2) 시간의 자유(freedom of time), (3) 장소의 자유(freedom of place), (4) 진도의 자유(freedom of pace), (5) 프로그램의 자유(open programming, 예: 교육과정 크기와 구성의 다양성), (6) 모든 사람과 목표 그룹에 개방(open to all people and target groups, 예: 일반적으로 직장, 가정, 돌봄 업무(care tasks) 등의 학습이 섞인 모든 연령의 이질집단과 다양한 맥락을 포함). 개방성(openness)의 이 여섯 가지 특성의 정도나 형태에 완전하게 개방적인 대학은 없다. 사실, 개방대학에 따라 프로필의 차이는 크다고 할 수 있다. 그러나 분명한 것은, 그 본성이나 미션으로 볼 때 개방대학은 일반 대학에 비해서 전통적인 개념으로나 위의 개방적 특성에서 점수가 훨씬 높다는 것이다. 그러나 교육 전달 방식의 혼합이 증가함으로 인해서 개방대학과 전통대학의 경계가 모호해지고 있다.

디지털 개방성이 '고전적' 개방성에 대항하다

또한 교육에서 "개방"에 대한 증대되는 관심은 지난 20년 동안 나타난 디지털 개방성(digital openness)의 영향을 받았으며 교육에서의 고전적 개방성(classical openness)의 개념에 대항하게 되었다. 디지털 개방성의 형태는 인터넷에 과목의 전부를 공개한 MIT의 2001 OpenCourseWare(OCW)에서 시작되었다. 유네스코는 "모든 사람을 위한 교육(Education for All)"이라는 개념에 대한 열망이 엄청난 잠재력을 가지고 있다는 것을 빨리 알아채고 그 다음해에 공개교육자원(Open Education Resource, OER)이라는 신조어를 만들어 내게 되었다(UNESCO, 2002). 쉽게 말해서 이것은 학습자, 교사, 기관 등 모든 사람에게 무료로 제공되는 온라인상의 학습자료이다. OER은 소위 말하는 오픈 라이선싱에 의해 (재)사용, 변경, 재혼합, 재배포가 이루어지고 있다(Wikieducator, 2014). OER과 OCW는 디지털 개방성의 한 지류로 (소프트웨어를 위한) Open Source 운동에 그 기반을 두고 있으며, (과학적 산출물을 위한) Open Access와 (창의적 작업을 위한) Open Content 같은 선두주자들을 포함한다. 이 지류는 Open Data, Open Science, Open Innovation, Open Practices, 그리고 Open Policies 같은 다른 영역으로 확장되었다.

이러한 개방교육 경향, 용어, 시도는 고등교육 세계를 크게 바꾸어 놓았다. OER과 관련된 전략적 난관으로 인하여 고충을 겪고 있는 기존 주자들 틈에서 새롭고 혁신적인 주자들이 개방교육의 영역에 들어오게 되었다. 하지만 이 두 세계는 블렌디드 모형을 통해서 가까워지고 있다. 이 와중에, 두 가지 연관된 국제적 이정표가 개방교육과 OER의 개발에 영향을 주고 있다. (1) 케이프 타운 개방교육 선언(Cape Town Open Education Declaration)(Shuttleworth/OSF, 2008), 그리고 최근의 (2) 파리 OER 선언(Paris OER Declaration) UNESCO/COL, 2012)이다. 케이프 타운 선언은 OER을 넘어서는 비전을 목표로 하고 있으며, 더 넓은 개방교육의 개념을 추구하고 증진하기를 요구하고 있다. 조인 참여자들은 2,727명으로 압도적으로 개인이 많다. 파리 OER 선언은 OER에 특화돼 있으며, 2012년 6월 20~22일 파리의 유네스코에서 개최된 세계 OER 회담 때 채택되었다. 세계 여러 나라에 제안하고 있는 10가지 권고사항은 "OER에 대한 사용과 인식의 증진"에서부터 "공공기금으로 개발된 교육자료의 오픈 라이선싱 권장"에까지 이른다. 명백히 이러한 개방교육 움직임은 공평(equity), 통합(inclusion), 다양성(diversity), 품질(quality), 그리고 효율성(efficiency) 등과 같은 가치를 동력으로 추진되고 있다.

온라인 교육을 향하여

온라인 교육에 관한 두 번째 대규모 발달은 1950년대 교육에 활용할 수 있는 새 테크놀로지와 미디어의 출현으로 촉발되었다. 라디오와 이후의 텔레비전, 녹화된 오디오와 비디오, 컴퓨터 애플리케이션과 애니메이션, 컴퓨터 기반 학습, 인텔리전트 튜터링 시스템, 그리고 자동화된 시험 등이 교육에 모두 사용되었다. 그러나 일반적으로 이러한 테크놀로지는 주류를 형성하지 못하였다. 이러한 교육 전달 메커니즘은 기껏해야 흥미롭거나 기존 교육에 유용한 부가물로 인식되었다. 가장 변혁적인 테크놀로지의 영향은 1990년대 인터넷의 출현으로 나타났으며, 교육에 필수적으로 여겨지는 의사소통과 상호작용의 강력한 형식을 제공하였다. 우리는 온라인 학습 서비스, 가상 학습활동뿐 아니라 디지털 학습자료에 대한 끝없는 기회를 제공받는 디지털 시대에 진입하게 되었다.

인터넷의 출현 이후로 테크놀로지 기술은 속도, 상호작용성, 신기술과 온라인 플랫폼의 잠재력 측면에서 엄청난 속도로 발전해왔다. 디지털 자료는 거의 무료로 재생이 가능해졌다. 브로드밴드는 지구 구석에 있는 학습자에게까지 도달할 수 있는 기회를 제공하였다. 27억 명이 이미 온라인에 접속할 수 있기 때문에, 이러한 자원은 이 지구 사람들을 교육하는 강력한 잠재력을 대표하고 있다.

대규모 공개 온라인 강좌(Massive Open Online Courses)

센세이션을 일으킨 강력한 추진은 2011년 정말로 거대한 규모인 첫 MOOC가 개설되면서 이루어졌다. 실제적으로 첫 MOOC는 캐나다에서 2008년도보다 몇 년 앞서 제공되었다. 이것은 형태가 조금 달랐는데, 거대 규모의 수강생보다는 근본적인 개방성에 더 치중하는 양상이었다. 이 강좌들은 cMOOCs로 명명되었는데, 2011년 미국 아이비리그 대학들에 의해서 시작된 소위 xMOOCs와는 구별된다. 그 이후 MOOC, 특히 xMOOC가 유행하게 되었는데, 이것은 스탠포드 대학이나 MIT 대학 등 미국의 유수대학들이 발기인이었던 연유가 크다. 그 당시, 주요 벤처 캐피털이 유치되었으며, 미디어가 움직임을 부추겼고, 정치인들이 MOOC에 대해서 우호적인 발언을 하였다. 많은 사람들이 고등교육을 혁신하거나 파괴할 것이라고(예: Barber, Donnelly, & Rizvi, 2013; Boxall, 2012) 말한 것처럼 초기에는 정말로 그 기대가 매우 높았다. 최근 전개되는 상황을 보면 미래에는 그 예측이 완화되어 이 움직임이 정상화될 것으로 전망된다. 하지만, 이 움직임이 어떻게 진행되든 간에, MOOC는 오늘날의 고등교육에 영향을 미치고 있는 변화주도자임에 틀림없다.

더 이상 MOOC를 하나의 정의로 적절하게 표현하기가 불가능해졌다. 이 책의 여러 장들이 보여주듯이 MOOC에 관한 용어는 다양하며, 분산된 공개 협력 강좌(distributed open collaborative courses, DOCCs) 같은 파생용어도 등장하여 다른 형태의 범주를 형성하게 되었다. MOOC는 학습공동체, 자동화된 자기평가, 동료 검토, 여러 종류의 자격증을 포함하여 대체적으로 학점 없는 온라인 학습 서비스를 제공한다는 측면에서 분명 OER이나 온라인 학습자료와는 다르다. 부가적으로, 정적인 온라인 문서와 달리, MOOC는 비디오 강의에 기반하고 촉진된 상호작용이나 토론 포럼이 추가된다.

거대규모성 측면에서 우리는 MOOC의 급격한 확대에 따라 크게 증가될 규모의 차이를 이미 목도하고 있다. 개방성 측면에서 보면 MOOC는 인터넷에 무료로 접근할 수 있다. MOOC는 장소의 자유는 있으나, 일반적으로 개방 라이선싱(open licensing) 정책은 존재하지 않는다. 더욱이, MOOC 환경에서 대부분의 강좌는 정해지거나 사전에 확정된 일정에 의해서 운영되며, 콘텐츠에 대한 접근은 그 기간 내에 (기관이 아닌) 등록된 사용자에 한하여 가능하다.

"개방"과 "온라인"이 다섯 가지 요인을 가진 한 개의 참조모델로 통합

필자는 변화의 측면에서 두 가지 큰 발달, 즉 개방교육과 온라인 교육을 구분하는 것이 유용하다고 주장하였다. 이들을 포괄하는 하나의 참조 모델로 통합하여 중복을 줄이고 융합을 강조할 필요가 있다. 흔히 사용되는 개방교육이라는 말이 명료하고 확실한 의미를 결여하고 있음을 발견하고 나서 이러한 접근이 더욱 절실하다고 여겨졌다. 똑같은 문제가 온라인 교육에도 적용된다. 불행히도 아래에 제시된 것처럼 위키피디아는 용어를 명확하게 규명하지 못하고 있다(Wikipedia, 2014).

> **개방교육**은 전통적으로 형식 교육제도를 통해 제공되던 학습과 훈련에 대한 접근을 확대하는 기관의 실천과 프로그램에 입각한 이니셔티브를 설명하는 포괄적 용어이다. 개방교육에서 수식어인 '개방(open)'은 기관에 기반한 학습에 참여할 수 있는 기회와 입학승인을 모두 방해할 수 있는 제약을 제거한다는 것을 의미한다. 교육에서 또는 교육을 "개방하기(opening up)"에서 개방성의 한 측면은 공개교육자원을 개발, 채택하는 것이다.
>
> 예를 들어, 입학의 제약을 제거하려는 기관에는 학업적 입학요건이 없다. 이러한 대학에는 영국의 개방대학(Open University)과 캐나다의 애서배스카대학(Athabasca Unversity)이 있다. 이러한 프로그램들은 대체적으로 이러닝, MOOC, 오픈코스웨어 등이지만, 반드시 그렇지는 않다. 많은 이러닝 프로그램들이 무료 수강이 가능하지만, 이수증을 취득하는 데 드는 비용은 장애물이 될 수 있다. 많은 개방교육기관들은 영국의 UKAS나 미국의 ANAB처럼 공인기관이 인증하는 이수증을 무료로 제공하는 반면, 다른 곳에서는 배지(badge)를 제공한다.

위키피디아 설명은 전반적 명료성, 분석적 가치, 그리고 실제적 유용성의 적절한 수준을 결여하고 있다. 위키피디아의 입장에서 변명을 한다면, 개방교육이 포괄적 용어임을 드러내는 것이다. 이것이 모든 것을 포함하는 개념이라고 본다면, 분석적이고 실용적인 프레임워크로 사용할 수 있는 참조 모델이 필요하다는 것을 말한다. 필자와 동료들은 "5COE 모델"이라고 부르는 프레임워크를 개발하였는데, 이것은 개방교육뿐 아니라 온라인 교육에도 적용할 수 있을 만큼 총체적이다(Mulder, 2012; Mulder & Janssen, 2013). 최근 우리는 조금 더 개선된 버전을 제시하였다(현재로서는 네덜란드어로만 가능; Mulder & Janssen, 2014 참조). 5COE는 "개방교육을 위한 다섯 가지 요소(Five Components for Open Education)"를 나타내는 말이다. 이 모델은 공급 측면에서 세 가지, 수요 측면에서 두 가지 교육 요소를 포함하는데, 개방교육의 넓은 범위를 면밀하게 구체화하고 있으며, 온라인 편성체제도 결합하고 있다.

공급 측면의 5COE 첫 번째 요소는 교육자원(Educational Resources)이다. 수식어인 "공개(Open)"를 첨가하면 OER이 된다. OER은 이미 설명하였지만, 이해를 위해서 국제적으로 인정된 정의를 제시하고자 한다(UNESCO/COL, 2012).

> 공개교육자원(OER)[1]은 공공의 영역에 존재하거나 오픈 라이선스로 공개된 교수, 학습 및 연구 자료로 디지털이나 다른 어떤 매체 형태를 띨 수 있으며, 무제한적이거나 제약조건이 한정되어 무료 접근, 사용, 개작(adaptation) 및 재배포가 허용된 것을 말한다.

교육자원은 그 자체로 교육을 완전하게 구성하지 않는다. 같은 의미에서 공

---

1 역자주: 본서에서 'open'이라는 용어는 개방으로 주로 번역하였으나, OER은 이미 공개교육자원으로 주로 사용되고 있어 이를 반영하였다. 독자들의 양해를 구한다.

개교육자원은 개방교육의 모든 측면을 구성하지 못한다. 부가적인 보완 요소가 필요하다.

(공급 측면의) 두 번째 요소는 **학습 서비스**(Learning Services)이다. 수식어 "개방"을 "학습 서비스"에 추가하여 용어를 OLS로 축약할 수 있다. OLS는 튜터링, 조언, 모임, 피드백, 공동체, 팀워크, 프레젠테이션, 자원에 대한 컨설팅, 인터넷 탐색, 시험, 검토 등을 포함하는 폭넓은 범위의 온라인 및 가상 서비스를 말한다. OER과는 대조적으로 OLS는 무료 또는 유료로 제공된다.

(공급 측면의) 세 번째 요소는 **교수 노력**(Teaching Efforts)이다. 수식어 "개방"을 "교수 노력"에 추가하여 용어를 "개방 교수 노력(Open Teaching Efforts)" 즉, OTE로 나타낼 수 있다. OTE의 개념은 제공되는 교육 콘텐츠나 경험에 대해 (일반적으로 비용을 지불해야 하는) 인간의 공헌과 관련된다. 이 공헌은 전문적, 개방적, 유연한 학습 환경과 문화에서 이루어지는 교사, 교수자, 훈련가, 개발자, 그리고 보조 스태프들의 다양한 역할을 포함한다.

교육을 오로지 공급 측면에서 바라보는 것은 충분하지 않다. 수요 측면의 요건과도 호응해야 한다.

네 번째 (수요 측면의) 요소는 **학습자의 요구**(Learners' Needs)이다. 이 용어에 "~에 개방된(Open to)"을 추가하면, "학습자의 요구에 개방된(Open to Learners' Needs)"이 되며, 약자로는 OLN이다. 이 수요 측면 5COE의 첫 번째 요소는 가격이 적절하고, 실행가능하며, 흥미 있고, 질이 좋으며, 또한 자기들에게 이득을 창출해주기를 바라는 교육에 대한 학습자들의 바람을 나타낸다. 개방성에 대한 학습자들의 욕망은 "고전적" 개방성(자유 입학, 시간의 자유, 장소의 자유, 진도의 자유, 프로그램의 자유, 모든 사람과 목표 그룹에 개방)뿐 아니라 평생학습을 촉진하는 것(예, 선행학습 또는 실질적 경험을 인정해주는 것, 증명서 발행(credentialing), 비형식적 학습과 형식적 교육을 연결하는 것)과 관련될 수 있다.

마지막 다섯 번째 요소(수요 측면의 두 번째)는 **고용가능성 및 능력 개발**

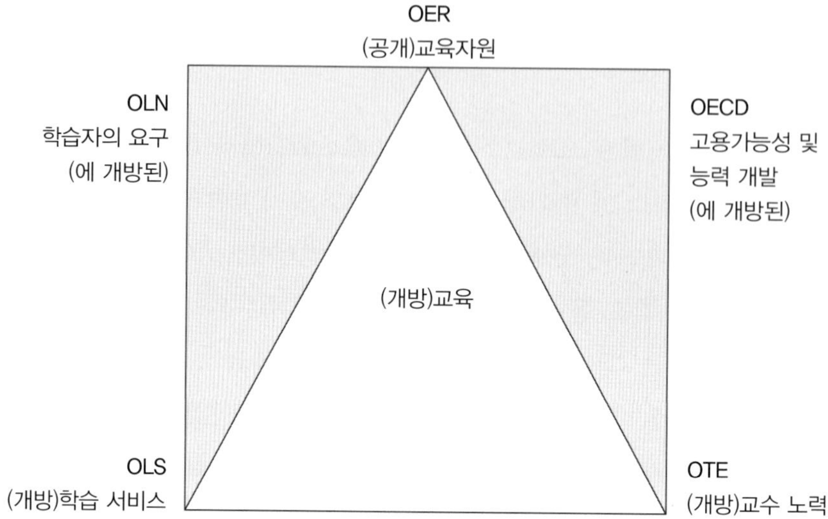

그림 I.1 다섯 요소가 포함된 교육과 개방(온라인을 포함하는) 교육(5COE 모델)

(Employability & Capabilities Development)이다. 이 용어에 "~에 개방된(Open to)"을 추가하면, 약자로는 OEC이다. 요컨대, OEC는 교육이 지식, 혁신, 세계화 등 명백한 역할에 대해서 변화하는 사회에 적합하며, 노동시장에 대비하고, 효과적일 것이라고 기대할 수 있다는 것을 시사한다. 더욱이, 교육은 새로운 (21세기) 기술, 비판적 사고, 창의성, 윤리, 책무성뿐 아니라 개인의 성장과 시민의식을 위한 여지를 제공해야 한다.

우리는, 앞서 언급한 것처럼, 개방 및 온라인 교육을 아우르기 위하여 다섯 요소로 이루어진 "개방교육(Open Education)"(OE)이라는 포괄용어를 사용하고 있다. 그림 I. 1의 다이어그램이 5COE 모델을 나타내고 있다.

개방과 온라인은 다양성의 여지가 많은 프로필 선택이다

우리 모두는 교육에서 단일한 이상적인 모델이 존재하지 않는다는 것을 알고 있다. 이러한 관점은 역시 개방(및 온라인) 교육에도 적용된다. 달리 표현한다면, 개방교육은 모든 사람들이 따라야 하는 신조도 아니며 배타적으로 사용되어서도 안 된다.

모든 고등교육 기관과 조직이 다섯 가지 요소를 100퍼센트로 개방하는 것을 목적으로 할 이유가 없다. 오히려 각 기관은 다섯 가지 요소에 대한 개방성의 정도를 자기에게 맞는 프로필로 선택하면 된다. 응용과학대학이나 직업교육기관과 단과대학은, 예를 들어, 연구 중심 대학들보다 OEC(고용가능성 및 능력개발)에 더 관심을 가질 것이다. MOOC나 개방교육 관련 전략을 가진 대학들은 개방교육을 멀리하는 전통적인 대학들보다 OLS(개방 학습 서비스)를 강조할 것이다. OLN(학습자의 요구에 개방된) 측면에서 OU처럼 평생학습자들이나 파트타임 학생들을 대상으로 하는 대학들은 젊은 성인 학습자들(예, 18에서 22세)이나 전일제 학습에 집중하는 주류 대학들을 능가할 것이다. (케임브리지/옥스포드 모델에서 보았듯이) 작은 규모의 교육을 추구하는 대학교 단과대학들(University colleges)[2]은 대규모 종합대학들보다 개방 교수 노력(OTE)에 더 많은 관심을 보일 것이다. 마지막으로, 캐나다에서 시작된 cMOOC는 100퍼센트 OER 기반으로 이루어지지만, edX, Coursera, NovoEd와 미국 유명 대학에서 제공되는 xMOOC는 그 수준에 훨씬 못 미칠 것이다. 더구나, 현재까지 MOOC는 일반적으로 공급자 주도로 이루어지고 있어 5COE 모델의 두 수요 측면의 요소, 즉 OLN과 OEC에는 높은 점수를 얻지 못하고 있다.

21세기의 초입에서 개방성의 정도에 따른 기관들의 다양한 프로필은 우리 사회에서 더 높은 수준의 교육을 열망하는 다양한 사람들과 목표 그룹의 특성, 상황, 요구에 더 부응함으로써 반영되고 있다. 당연히, 어떤 정도로건 교육을 개방하는 것은 이렇게 오래된 학습자와 사회의 요구를 촉진하는 적절한 메커니

---

2 역자주: 대학교에 소속된 대학으로 연합체 조직 가운데 독자적으로 운영되는 대학을 말함.

즘을 제공하게 된다. 이것은 아울러 개방성의 정도에 차이가 있는 여러 가지 혼합된 접근 방식(예, 온라인과 현장의 결합)으로 이루어지더라도 잠재적 이득을 생성하기도 한다.

우리는 교육에서 다섯 가지 모든 요소를 개방하는 경향성을 발견할 때마다 박수를 보내야 한다고 말할 수 있다. 그러나 우리의 OER 요소에 대한 올바른 자세는 단지 박수만 칠 게 아니라 이를 받아들이는 것이다. OER 세계에 몸담고 있는 나와 내 동료들은 모든 기관과 교수요원은 100퍼센트 OER을 목표로 해야 한다고 강력하게 주장한다. 우리는 기관의 정체성, 학습 철학, 목표 그룹, 교육 분야와 상관없이 큰 이익이 생길 것이라고 믿는다. 사실 OER이 정부에서 책임져야 하는 교육의 세 가지 책무인 접근성, 품질, 효율성을 동시에 우수하게 촉진하고 보장할 수 있기 때문에 정부는 OER을 받아들여야 할 것이다 (Mulder, 2013).

모두를 위한 교육개방(하기), MOOC가 이를 촉진하는가?

이제 이 추천사의 제목을 상기하면서 몇 가지 결론을 제시하고자 한다.

1. MOOC는 고등교육에서 명백하게 중요한 변화주도자이다. 오랫동안 지속되어온 양대산맥인 개방교육과 온라인 교육을 각각 강력하게 통합함으로써 분기점을 형성한다.
2. 교육, 학습, 교수에서 많이 나타나는 "개방"과 "온라인"이라는 단어의 참조모델로 사용할 수 있는 용기 개념(container concept)과 개방교육 용어를 위한 분석적이고 실제적 프레임워크에 대한 요구가 있다. 제안된 5COE 모델(개방교육을 위한 다섯 가지 요소)이 이 목표를 달성하기 위한 것이다. 이 모델은 세 가지 공급 측면과 두 가지 수요 측면의 요소를

가지고 있다. 이 책의 목표와 가정 및 여러 장들을 볼 때, 5COE 모델은 MOOC를 포함하는 크기와 폭이 다양한 여러 개방 및 온라인 교육 시도와 프로젝트에 적용될 수 있다.

3. 이 추천사의 제목에 "교육개방(하기)"라고 언급하였는데, 이는 한편으로 "개방교육"이라는 표현을 "교육개방하기(Opening up Education)"로 동사화할 필요성이 있음을 나타내기 위해서이다. 이 차이는, 비록 사소하지만, 이 과정과 전략에 포함되는 역동성을 강조하기 때문에 매우 중요하다. 또한 이 제목은 사람들이 갈수록 더 열망하는 교육기회와 경험의 다양성을 함축하고 있다. 교육의 모든 측면이 동등하게 개방되어야 하는 것은 아니나, 예외적으로 교육자원은 완전한 개방(즉, 광의의 OER)이 모든 학습자, 교사, 교육기관, 그리고 정부에게 유익하다고 주장할 수 있을 것이다. 이러한 측면에서, 필자는 "교육개방하기"라는 표현을 아마도 가장 먼저 사용한 Iiyoshi와 Kumar(2008)에게 "공개적으로(openly)" 사의를 표하고 싶다. 같은 연장선상에서 필자는 2013년 출범한 매우 중요한 계획에 이 제목을 포괄적으로 사용한 유럽위원회에도 감사하고자 한다(European Commission, 2013). 이 프로젝트는 두 가지 목표를 가지고 있다: (1) ICT를 통하여 모든 사람들을 위한 교수와 학습을 혁신한다 (2) OER을 통하여 EU의 교육을 재형성하고 현대화한다.

4. 필자는 추천사 제목에서 유네스코의 "모두를 위한 교육(Education for All)" 미션을 "교육개방하기"와 명시적으로 결합시켰다. 이 용어를 통하여 독자들이 OER, 개방교육, 교육개방하기 및 MOOC 등의 국제적 움직임에 부여될 수 있는 궁극적 목표를 인식하기 바란다. MOOC가 불러온 언론매체의 주목과 정치인들의 관심을 포함하여, MOOC의 도래 및 확장, 미래의 기대 등은 전망이 밝다. 그러나 MOOC가 학습자, 교사, 교육기관 및 사회 일반의 전 지구적 차원에서 다양성을 품으면서 "모두를 위하여 교육을 개방하기(Opening up Education for All)"를 향상시키는지

유무와 그 과정이 진짜 평가의 척도가 될 것이다.

이 책, 「MOOC와 개방교육(MOOCs and Open Education Around the World)」을 훑어보면, 고무적인 내용에 빨려들 것이다. 편집진은 여러 주제, 관점, 배경을 포함하여 기고를 받으면서도 총체성과 연결성의 적정 수준을 잘 유지하였다. 이 저서 전체를 통하여, 다른 여러 나라의 MOOC 제공자들의 사례뿐만 아니라, 교육방법, 품질, 혁신성, 평생학습 및 발전을 위한 학습 사례로부터 배울 수 있을 것이다. 개별 장의 독서는 여러분을 현 관습과 실제적 관행을 넘어 역사적 발전, 근본적 문제, 심사숙고한 기회, 그리고 미래를 위한 전망에 몰입시킬 것이다.

범위와 중요성의 차이는 있지만, 이 모든 장들이 공유하고 있는 것은 개방성에 대한 명료한 개념이다. 필자는 추천사에서 대표적인 하나의 질문으로 이 책에서 다루고 있는 여러 주제들을 관통하기 위하여 노력하였다. "한편으로 이 책에 서술된 MOOC 및 개방교육에 관련된 실천과 경험, 다른 한편으로 제시된 MOOC 및 개방교육의 모델과 성찰이, 진정으로 모두를 위하여 교육을 개방하기 위해 얼마만큼 포괄적 관점과 미래 방향을 제공하는가?" 이 질문에 대한 답은 이 책을 읽으면서 여러분이 결정하기 바란다. 여러분의 개인적 관점과 생각을 필자에게 자유롭게 알려주기 바란다.

Fred Mulder | 네덜란드 개방대학(Open University of The Netherlands, OUNL)에서 OER의 UNESCO/ICDE 의장을 맡고 있다. 이전에는 OUNL의 총장을 십여 년 이상 역임하였다. 그는 UNESCO, OECD, EU 등 국제적 수준에서 OER 계획과 정책에 활발히 참여하고 있다. 그는 EADTU(the European Association of Distance Teaching Universities)에 의해 2013년 4월에 발족한 최초의 범유럽 MOOC 계획인 OpenupEd의 의장

을 맡고 있으며 Global OER Graduate Network를 이끌고 있다. Mulder는 평생학습의 업적으로 국왕의 훈장, OER에 대한 노력으로 ICDE의 Individual Prize of Excellence(2012), 그리고 OpenCourseWare Excellence의 리더십상(2014)을 수상하였다.

참고문헌

Barber, M., Donnelly, K., & Rizvi, S. (2013). *An avalanche is coming: Higher education and the revolution ahead.* IPPR, London. Retrieved from http://www.ippr.org/assets/media/images/media/files/publication/2013/04/avalanche-is-coming_Mar2013_10432.pdf.

Boxall, M. (2012, August 8). MOOCs: A massive opportunity for higher education, or digital hype? *The Guardian*. Retrieved from http://www.theguardian.com/higher-education-network/blog/2012/aug/08/mooc-coursera-higher-education-investment.

European Commission. (2013). *Opening up education: Innovative teaching and learning for all through new technologies and open educational resources*. Brussels, Belgium. Retrieved from http://eur-lex.europa.eu/legal-content/EN/TXT/?qid=1389115469384&uri=CELEX:52013DC0654.

Iiyoshi, T., & Kumar, M.S.V. (Eds.) (2008). *Opening up education: The collective advancement of education through open technology, open content, and open knowledge*. MIT Press. Retrieved from http://mitpress.mit.edu/sites/default/files/titles/content/9780262515016_Open_Access_Edition.pdf.

Mulder, F. (2012). *Open educational resources in opening up education*. Presentation at the EU Ministerial Conference in Oslo, December 9–11, 2012. Retrieved from http://ministerialconference2012.linkevent.no/F%20Mulder%20parallel.pdf.

Mulder, F. (2013). The logic of national policies and strategies for open educational resources, *International Review of Research on Open and Distance Learning*, *14*(2), 96–105. Retrieved from http://www.irrodl.org/index.php/irrodl/article/view/1536/2518.

Mulder, F., & Janssen, B. (2013). Opening up education. *Trend Report OER 2013*, SURF SIG OER, Utrecht (NL), pp. 36–42. Retrieved from http://www.surf.nl/binaries/content/assets/surf/en/knowledgebase/2013/Trend+Report+OER+2013_EN_DEF+07032013+%28HR%29.pdf.

Mulder, F., & Janssen, B. (2014). Naar OER-onderwijs voor iedereen, *Thema*, No. 1, pp. 6–13. Retrieved from https://www.surfspace.nl/media/bijlagen/artikel-1577-fb40e5fc2692d2522a3fdc9d992f958a.pdf.

Shuttleworth Foundation/Open Society Foundation (Shuttleworth/OSF). (2008). *The Cape Town Open Education Declaration*. Retrieved from http://www.capetowndeclaration.org/.

UNESCO. (2002). *Forum on the impact of open courseware for higher education in developing countries*. Final report, UNESCO, Paris. Retrieved from http://unesdoc.unesco.org/images/0012/001285/128515e.pdf.

UNESCO/Commonwealth of Learning. (UNESCO/COL) (2012). *2012 Paris OER Declaration*. Retrieved from http://www.unesco.org/new/fileadmin/MULTIMEDIA/HQ/CI/CI/pdf/Events/Paris%20OER%20Declaration_01.pdf.

Wikieducator. (2014). *Defining OER*. Retrieved from http://wikieducator.org/Educators_care/Defining_OER.

Wikipedia. (2014). *Open education*. Retrieved from http://en.wikipedia.org/wiki/Open_education.

편저자 서문

MOOC와 개방교육으로 이어지는 움직임

Curtis J. Bonk | Mimi M. Lee | Thomas C. Reeves | Thomas H. Reynolds

교육개방하기 반세기

이 책의 많은 독자들에게 개방교육은 상대적으로 최신 용어로 여겨질 것이다. 그러나 1970년대 초에 교사가 되기 위해 공부했던 사람들은 개방교육(Hassett & Weisberg, 1972; Nyquist & Hawes, 1971 참조)이라는 단순한 제목의 책을 읽어야 하였다. 이 책들에서 등장하고 있는 많은 아이디어는 현대적 개념의 "개방교육" 관련 개념이나 목표와 상이하지 않다. 학생중심, 학제적, 프로젝트 중심, 개별화된 발달(individualized development) 등의 용어는 초기 문헌에 많이 등장하였다.

50년 전 "개방교육[1]"의 아이디어와 이 책의 두 추천사와 및 8개 파트의 29개 장에 반영된 "개방교육"의 현행 개념이 갖는 하나의 큰 차이는 바로 전자가 유

1 역자주: open education. 우리나라에는 1980~1990년대 '열린교육'이라는 이름으로 도입되었다.

아교육에 주로 관심을 가졌다는 것이다. 이와는 대조적으로 "개방교육"에 대한 오늘날의 개념은, 전적으로는 아니지만, 흔히 중등과정 후의 교육 또는 고등교육의 맥락이나 성인학습의 한 형태로 나타난다. 또 다른 명백한 차이는 50년 전에는 전 세계의 젊은 또는 나이 든 학습자에게 혁신적인 방식으로 교육기회를 제공할 수 있는 웹기반 기술이 존재하지 않았다는 사실이다.

반세기 전에 학교에서 일어났던 개방교육 움직임은 완전하게 실패하였다. 이를 진행하기 위하여 허물었던 벽은 곧 제자리에 복구되었다. 실패의 주 요인은 반대자들이 잠재적 채택자들에게 개방교육의 본질을 멀리하게 하고 피상적인 면으로 주의를 뺏을 수 있었기 때문이다. Altwerger, Edelsky 및 Flores(1987)가 설명한 것처럼, "아이디어의 개방성이 개방공간으로, [그리고] 학습 중심성은 학습센터로 대체되었다. 궁극적 아이러니는 [개방교육이] (이 왜곡으로 인하여) 전면적으로 실시된 적이 없었음에도 실패로 판정되었다는 것이다"(pp. 9-10).

이 책을 위해서 우리가 수고하는 주요 이유 중의 하나는, 현재의 개방교육 움직임이 혁신적인 교육 실천을 통하여 학습과 교수를 증진하려 했던 기존의 수많은 시도가 맞이했던 운명으로부터 벗어나는 것을 목격하고 싶은 것이다(Haas & Fischman, 2010; Mettler, 2014; Tyack & Cuban, 1997 참조). 한 예로 MOOC는 현재 상당한 비판을 받고 있는데, 많은 비판이 자못 사려 깊지만, 어떤 경우는 단지 MOOC가 최근 5년 동안 일어난 개방교육 움직임 중에서 가장 널리 알려진 부분이기 때문이기도 하다(White, 2014; Wildavsky, 2014 참조). MOOC 움직임에 대한 질문이나 관심이 유용하지만, 성급한 비난은 심층적인 분석, 범세계적 논의, 사려 깊은 보고로 대체되어야 할 것이다.

어떤 경우든지, 한때 뉴욕타임즈나 더 이코노미스트 등의 인쇄매체에서 아낌없는 찬사를 받았던 MOOC 현상은 최근 대표적인 언론매체들이 즐기는 비판기사의 단골 소재가 되었다. Gais(2014)는 뉴욕 소재 록펠러 정부 연구소(Rockefellar Institute of Government)의 고등교육연구 책임자인 Ben

Wildavsky의 말을 인용하였다. "2012년이 MOOC의 해라고 한다면, 'MOOC 광풍(hype)'이 MOOC 혐오에게 자리를 내주는 데는 그리 오래 걸리지 않았다." 이와 마찬가지로 Audrey Watters는 널리 인용되는 그녀의 Hack Education 블로그에서 2012년이 MOOC의 해이지만(Pappano, 2012), 2013년은 반MOOC의 해라고 밝히고 있다(Watters, 2013). 이러한 우려를 해소하기 위하여 우리는 개방교육의 최전선에서 일하고 있는 학자와 실천가들의 대표적이며 엄격하게 편집된 아이디어와 경험을 이 책에 모아 담기로 하였다.

누구든지 "MOOC and education"이나 "Open Education Resources"(OERs)를 Google Scholar에서 검색하면 거의 끝없이 이어지는 문서, 블로그, 뉴스 목록을 마주하게 될 것이다. 명백히, MOOC와 OER 관련 자료들의 확산은, 무수한, 그리고 아직도 부상하며 진화하고 있는 전 세계의 MOOC와 개방교육에 대한 관점을 책 한 권 크기의 자료로 종합하여야 한다는 것을 설득적으로 주장하고 있다. 이 노력의 일환으로, 이러한 새로운 교육전달 형태가 소외계층이나 디지털 양극화의 음지에 갇혀 헤어 나오지 못하는 사람들에게 어떻게 밝은 미래의 희망을 선사할 수 있는가를 입증하는 작업은 필수적이다. 이와 동시에 부족한 측면이 어디인지에 대한 논의도 중요하다. 우리는 이 책이 그러한 요구를 채워줄 것으로 믿는다. 하지만 다루어지는 주제들은 한시적이며, 곧 새로운 관점들이 나타날 것임도 인식하고 있다.

우리가 이 편저를 위해 공동작업을 한 가장 큰 이유는 아마도 우리 각자가 개방교육 움직임의 원리를 따르고 있기 때문일 것이다. 우리 또한 이러한 이상이 실현될 것에 낙관적임을 공유하고 있다. 비록 1970년대 초에 유초등학교에 개방교육이 도입되었다가 곧 실패하였지만, 그 즈음에 도입된 다른 형태의 개방교육인 "개방대학(open university)"은 번창하였다. James(1971)는 영국의 개방대학을 "새로운 현상"으로 설명하지만, 아울러 개방대학의 아이디어가 "미국, 남아공, 호주, 러시아 및 다른 나라들에서 발전한 것에서"(p. 32) 착안하였음을 인정하고 있다. 오늘날 세계 60개의 개방대학에 1천 7백 만 명 이상의 학생들이 등록되어 있으며(Guri-Rosenblit, 2012; Lockwood, 2013; Wikieducator, 2014), 인도의 인디라 간디 국립개방대학(Indira Gandhi National Open University), 터키의 아나돌루대학(Anadolu University), 파키스탄의 알라마 이쿠발 개방대학(Allama Iqubal Open University) 등 몇 개 대학은 백만 명의 등록 학생을 보유하고 있다.

학자 및 활동가로서, 우리는 교육이 성별, 나이, 신념, 부, 사회적 지위와 상관없이 사람들의 핵심 인권을 개인의 행복과 성취뿐 아니라 자신의 학습 경로를 스스로 자유롭게 선택할 수 있게 하는 필수적인 기반을 제공한다고 믿는다. 우리는 "교육은 기본적인 인간의 권리이다. 이것은 한 국가 안팎에서 지속가능한 발전과 평화 및 안정의 핵심이다. 따라서 급진적인 세계화의 영향을 받는 21세기 사회와 경제에 효과적으로 참여하기 위한 필수불가결한 도구가 된다." 우리는 이 책을 읽을 수많은 독자들이 이러한 이상을 공유할 것으로 믿는다.

목적과 목표(Purpose and goals)

MOOC와 OER에 의해서 제공된 이러닝의 기회가 전 세계적으로 확산되었음에도, 개별 지역과 국가에서 테크놀로지 구동(technology-enabled) 학습의 이점이 어떻게 활용되고 있는지에는 관심이 주어지지 않았다. 개발도상국과 저개발국에서 상당한 교육의 변화에 대한 가능성이나 심지어 혁신까지도 폭넓게 논의되어 왔고 증진되었다. 이러닝이 청소년과 직장에 근무하는 젊은 성인들에게 교육기회를 제공하고, 전 세계 나이 든 기성 학습자들에게 전문성을 촉진한다는 생각도 널리 받아들여지고 있다. 새로운 형태의 블렌디드 러닝(blended learning)의 출현뿐 아니라 MOOC의 도래와 다른 형태의 OER은 이러닝이 모든 대륙과 사회의 톱뉴스를 장식하게 하였다(Bonk, 2009; Bonk & Graham, 2006).

새 디지털 형태의 형식 및 비형식 학습이 확산되자, 세계 다른 지역의 사람들이 어떻게 MOOC나 OER과 같은 교육전달 혁신을 적용하는지 더 많이 알기 위한 요구가 증가하고 있다. 더욱 중요한 것은, 교육자, 연구가, 정치가 및 셀 수 없이 많은 사람들이 이러한 시도의 결과가 어떻게 나타날 것인가와 함께 이를 개선시킬 방법을 알고 싶어 한다는 것이다. 그리고 이것이 이러닝에 대한 발표와 변화의 큰 물결과 결합했을 때, MOOC와 개방교육은 기관과 조직들이 다른 여러 관심사 중에서도 인증, 증명서 발행, 품질 표준, 혁신적 평가, 학습자 동기 및 중도탈락 등 난제를 해결하기 위한 노력을 경주하게 만들었다. 매주, 이 문제들에 대한 주요 보고나 발표가 한두 개는 꼭 있었던 것 같다.

이러한 문제들에 대한 대응으로, 이 저서 프로젝트에서는 특정 기관과 조직뿐 아니라 지역과 국가에 걸친 MOOC와 개방교육의 여러 독특한 적용을 탐색, 조사, 기록한다. 우리는 MOOC와 OER을 이용하여 교육을 개방하려는 움직임을 형성하는 데 연구와 실천으로 기여한 사려 깊은 리더와 혁신가들의 기고를 받았다. 다행히, 대부분의 학자들은 우리 의견에 전적으로 동의했을 뿐 아니라, 버거운 원고 마감시간을 지켜주었다.

이 책에 기고한 대부분의 사람들은 개방교육 움직임의 오랜 지지자이다. 대부분은 전통적인 학습 테크놀로지의 최경계에서 실험을 해왔다. 이들은 MOOC나 한 개 이상의 중요한 개방교육 자료를 만들거나 보급하기도 하였다. 다른 사람들은 특수한 MOOC 플랫폼이나 시스템을 실험했거나, 자기가 소속된 기관이나 조직을 위한 MOOC나 개방교육에 대한 전략기획서를 작성하였고, MOOC나 개방교육에 관한 연구나 평가를 수행하였다. 이들의 이야기나 통찰력은 현재 전 세계의 개방교육의 전모를 잘 드러내준다. 이들의 아이디어가 아직 소식을 접하지 못한 다른 사람들을 고무시켜 이 움직임에 동참시키기를 바란다.

이 책의 기고자들은 새로운 테크놀로지 구동 학습 시대가 만들어내는 여러 다양한 기회뿐 아니라 난제에 대해서도 다루고 있다. 어떤 다른 전달 형식, 상호작용 가능성, 평가 계획, 그리고 비즈니스 모델이 있는가? 그리고 논의하거나 다루어야 할 주요 논쟁이나 이슈에는 어떤 것이 있는가? 이에 대한 답변으로, 여러 장의 저자들은 자기들이 각각 거주하는 지역의 선별된 MOOC와 개방교육 경향에 대해서 설명할 뿐 아니라, 연구 방향과 결과를 공유하며, 미래에 대한 제안과 추천을 제공한다. 이들은 MOOC 제공이나 개방교육 개발과 관련된 개인적인 경험과 일화를 자세히 설명하기도 한다.

우리는 추천사 두 개와 29개의 장만으로 전 세계에서 일어나고 있는 MOOC와 개방교육 기획에 대한 완전한 설명이 불가능하다는 것을 알고 있지만, 우리가 이 책에서 달성하고자 하는 많은 주요 목표가 달성되었다고 믿는다. 아래는 우리가 이 책에서 달성하고자 하는 열 가지 목표를 나열한 것이다.

열 가지 목표

1. 독자들이 전 세계적으로 진행되고 있는 MOOC 기획과 개방교육 프로젝트의 범위를 더 잘 이해하도록 돕는다.
2. MOOC와 공개교육자원이 전 세계에서 학습자들에게 어떻게 영향을 미치고 있는지 이해한다. 이 목표에는 MOOC와 개방교육의 잠재적 글로벌 영향에 대해서 더 잘 이해하도록 하는 것이 포함된다.
3. 현재 논쟁이 뜨거운 분야의 긴급한 이슈와 논쟁의 요점을 밝힌다.
4. MOOC 및 개방교육과 관련된 단기 가능성, 장애물, 경향에 대해 숙고하고 계획을 세운다.
5. 특히 MOOC와 비형식 또는 자기주도학습과 관련될 때, 부상하고 있는 이러닝의 경향에 대한 통찰이나 미래 계획 및 비전을 얻는다.
6. 문화가 세계 여러 지역에서 이러닝 및 개방교육과 어떻게 상호작용하는지 배운다.

7. MOOC를 시도했거나 주요 공개교육자원을 개발한 사람들의 이야기, 경험, 실험적 운영 상황 등과 정서적으로 연결한다.
8. MOOC 또는 다른 형태의 이러닝 및 개방교육을 적용하는 조직 및 기관뿐 아니라 전체 나라가 겪게 되는 도전과 난관을 파악한다.
9. MOOC와 개방교육 움직임에 관여하고 있는 핵심 교수자, 훈련가, 연구가, 행정가, 정부관료, 교수 설계자, 기업가, 컨설턴트 등으로부터 배운다. 우리는 독자들이 현재 이 분야의 주요 인사가 누구인지뿐 아니라, 그들이 말하고자 하는 이슈가 무엇인지에 대한 감을 잡기 바란다.
10. MOOC와 개방교육에 관련된 수많은 질문, 비판, 가능성, 기회가 글로벌 이슈라는 것을 인식한다. 이 책의 기고자들이 세계 여러 지역을 대표하고 있지만, 이들의 관심, 목표, 기획, 도전, 문제, 성공에는 공통점이 많다.

우리는 독자들이 이 목표들뿐 아니라 개인이 세운 목표까지도 가급적 많이 달성하기를 바란다. 만일 하나라도 충족되지 못한다면, 우리는 독자들에게 질문과 염려뿐 아니라 개인의 이야기나 통찰을 가지고 우리 중 누구에게나 또는 이 책의 다른 기고자들에게 연락하기를 권장한다.

독자와 이해당사자

이 책의 페이지를 넘겨보면 당장 알게 되겠지만, MOOC는 사람마다 다른 의미로 받아들여진다. 독자는 이 책에서 개방교육의 진의와 가치에 대한 선별된 의미를 읽게 될 것이다. MOOC 측면에서 본다면, 어떤 사람들은 이것이 학생기반을 다양화할 수 있는 긴요한 방법이라고 바라본다. 다른 사람들은 아이디어, 자원, 그리고 베스트 프랙티스를 공유하는 학습공동체의 신설을 강조한다. 또 다른 사람들은 MOOC를 교육에 대한 접근 기회를 확장하는 도구로 바라본다. 중요한 것은, 이 책의 몇몇 기고자들은 MOOC 판매자들이 "개방"이라는 용어를 사용하면서도 수업 내용에 기간과 플랫폼을 지정하여 접근을 제한하거나 이것을 수업 등록자들에게만 공개하는 MOOC의 양상을 예리하게 비판한다. 또한 MOOC와 개방교육 콘텐츠의 평가 및 인증과 관련하여 상당히 이질적인 관점과 문제를 발견하게 될 것이다.

MOOC와 개방교육 논쟁과 논의 와중에, MOOC의 놀라운 세계에 새로운 두문자어(acronym)들이 양산되고 있다. 예를 들면, 벌써 cMOOC(연결주의 스타일(connectivist-styled)[2] 학습의 이론과 실제의 실행가능성을 시험하는), xMOOC(경우에 따라서는 수천 명의 대규모 처리량을 특징으로 하는), pMOOC(문제 또는 프로젝트 기반 학습을 실험하는), BOOC(big open online courses), MOOD(massive open online discussion)(Watters, 2013), SPOC(small private online courses), 그리고, 가장 최근에는 PD-MOOC(교사나 다른 전문가들의 전문성 개발(professional development)과 관련된)가 있다(Davis, 2014). 이 책에서 독자들은, 분산된 공개 협력 과목(distributed open collaborative courses, DOCC)에 대해서도 배우게 될 것이다. 그 외 다른 형태의 MOOC 및 파생 MOOC가 보강교육, 고교생 대학 선행반(advanced placement), 그리고 다른 주요 틈새 분야를 겨냥하고 있다.

이 책을 통하여 MOOC와 개방교육이 빈곤에 처했거나 전통적인 교육자원에 접근할 기회를 갖지 못하는 사람들뿐 아니라, 자신의 경력을 향상시키고자 하거나 새로 시작할 사람들에게 어떻게 접근성을 증진시킬 수 있는가에 대한 담론이 시작된다면 그것으로 충분하다고 생각된다. 개방교육 움직임이 해를 거듭할수록 중요해질 것이기 때문에 이에 대해서 대화하는 것은 시의적절하다고 보인다. 이 책은 MOOC와 개방교육에 대한 흔한 토의를 테크놀로지와 정보 접근

---

2 역자주: connectivism이란 구성주의와 사회학습이론을 근거로 하여 인터넷 테크놀로지가 학습자 간에 정보를 공유하며 상호 간에 배우도록 기회를 제공하는 것을 설명하는 학습이론임.

에서 학습관련 중심으로 이동시켜주기를 기대한다. 교육자와 학습전문가들뿐 아니라 정치인, 정보 테크놀로지(IT) 관리자 및 다른 이해당사자들은 웹이 새로운 학습도구, 포맷 및 아이디어의 시험, 실연 및 평가의 허브가 되었다는 사실을 교육적 측면에서 간파하여야 한다. MOOC는 웹기반 교수학습 경향에 대한 최근의 구체적 예일 뿐이다.

이 책은 대학 교수자, 유초중학 교육자, 기업 임원, 행정가 및 IT 관리자, 연구자, 훈련가, 교수 설계자, 대학원생, 그리고 누구든지 교육의 새로운 경향에 관심이 있는 사람들, 특히 개방교육과 학습 테크놀로지 관련자들에게 신선한 아이디어와 정보를 제공할 것이다. 이와 아울러 MOOC와 개방교육에 관한 최근 연구를 이해하고 개방교육 콘텐츠와 과목에 대한 설계와 관련된 주요 이슈에 대한 이해의 폭을 넓히려는 고등교육 행정가와 교수자 및 기업, 정부, 군 훈련가에게 특히 큰 도움이 될 것이다. 고등교육 분야의 교수자와 교수 설계자들에게는 이 책이 특수 주제 과목과 세미나 등에 유용할 것이다. 대학의 학장과 교무처 직원들에게는 교수연수나 전략기획 회의를 위해 각 장과 이 책 전체가 아마 유용할 것이다.

우리는 이 책이 자원배분 문제로 고민하고 있는 고등교육 행정가들에게 인기 있을 것으로 믿는다. 사실상 여러 교육 영역에 종사하는 IT 관리자들은 장기계획 수립과 회의 및 보고서 작성을 예측하는 데 사용할 수 있을 것이다. 기업과 정부기관의 훈련 책임자들도 이 책에 등장하는 이야기, 아이디어 및 사례 등을 이미 수립된 개방교육 기획 및 전략 계획을 뒷받침하는 데 사용할 수 있을 것이다. 이 모든 개인들은 이러한 트렌드를 재정적으로 책임 있고 효율적이며, 전략적으로 유익한 방식으로 사용하기를 원할 것이다.

MOOC와 개방교육에 대한 이 유일한 종합 편저는 대학 캠퍼스 교수학습센터의 행정가와 스태프들이 관련 종사자들에게 현재 가능한 풍부한 온라인 및 개방 교수전달법과 접근방법을 훈련시키는 데 유용할 것이다. 오늘날 대학 캠퍼스는 물론이고 학교와 기업 및 군에는 이에 대해 망설이고, 경계하며, 마뜩

하게 여기지 않고, 거부하는 많은 교수자, 튜터 및 스태프들이 있다. 이 책은 MOOC와 개방교육의 훈련 자료와 지원방안을 설계하는 출발점을 제공할 수 있을 것이다. 이 책에 자세히 서술된 많은 이야기와 경험은 교수자 또는 학습자로서 MOOC에 관여하도록 고무시킬 것이다. 마지막으로, 이 책을 읽거나 접한 정치인들은 세계 개별 공동체와 지역에서 개인의 인생을 통하여 학습을 증진할 수 있는 수없이 많은 새로운 가능성이 있다는 것을 발견할 것이다. 이제 이 시민들이 사용할 수 있는 무료 개방 접근 자료가 많다(Bonk, 2009). 그것들을 충분히 활용할 때가 되었다.

라스베가스에서 생긴 일이 때론 책이 된다

이 책의 탄생에 큰 힘이 된 것은 우리 네 명의 편집자가 "세계의 MOOC와 개방교육"이라는 제목으로 E-Learn 2013 학술대회 전에 개최한 일일 프리컨퍼런스(pre-conference) 심포지엄이었다는 것을 언급하는 것이 중요하다고 하겠다. 이 학술대회나 조직에 대해서 잘 모르는 사람들을 위해 설명한다면, E-Learn이란 Association for the Advancement of Computing in Education(AACE) 주관으로 매년 10월이나 11월에 개최되는 국제 학술대회이다. 2013 프리컨퍼런스 심포지엄은 라스베가스에서 개최되었는데, Paul Kim 및 George Siemens 같은 훌륭한 기조 연설자를 포함하여 100명이 넘는 참가자들을 기록하였다. 이 E-Learn 심포지엄이 만들어낸 열정에 고무되어, 우리는 이 책을 편집하기로 작정하였으며, 기조 연설자 두 명을 포함하여 MOOC와 개방교육의 최첨단에서 근무하고 있는 60여 명의 학자들로부터 수합한 장이 포함되었다.

이 책은 개방 및 원격교육의 역사를 되돌아보는 장으로 시작하여 독특한 통찰 및 현 경향과 사건들에 대한 날카로운 비평을 제공한다. 이 오프닝 기고자들 중에서 일부가 MOOC와 개방교육이 제시하는 기회뿐 아니라 현재 진행되고 있는 적용 노력들에 대해서도 논의한다. 다른 장들과 섹션은 티칭 문제, 교수 설계 및 품질 기준, 행정가들이 갖는 기회뿐 아니라 딜레마에 대해서 다룬다. 이 책의 말미에서, 몇몇 저자들은 MOOC, 개방교육, 그리고 교육 혁신의 범위에 대한 질문과 특출한 가능성을 제시한다. 우리 편집진은 여러분에게 개별적으로나 학생, 동료, 업무팀과 함께 각 장에서 제시하고 있는 적절한 질문과 관심사에 대해서 숙고하기를 제안한다. 여러분은 매 장마다 부각되어 있는 풍부한 조언, 교훈, 흥미 있는 미래 경향을 발견하게 될 것이다.

이 책의 29개 장과 8개 파트에서 여러분은 증명서 발행 정책, 교수 설계 관행, 학습자 관련 문제, 행정 및 관리에 대한 의사결정, 품질 보장 기준, 모바일 및 이러닝 전달, MOOC를 위한 떠오르는 테크놀로지 도구(와 그 실용가능성) 외 다수에 대한 심도 있는 논의를 발견할 것이다. 어떤 장과 섹션은 다른 독자의 관심을 끌 것이다. 교수자들은 교수 설계 아이디어에 대해서 논의하고 이에 대한 가이드라인을 제공하는 기고자들과 동일시할 것이다. 행정가들은 더 개방되고 자유로운 이 교육세상을 위하여 특정 교과목, 프로그램, 또는 특별한 학습 콘텐츠를 개발하게 한 의사결정의 가치를 발견할 것이다. 이 결과에도 물론 관심이 있을 것이다.

MOOC 및 개방교육과 같은 교육 트렌드의 지지자들은 일련의 걸림돌과 기성 및 신설 교육기관이나 조직으로부터 집중적인 비판에 직면하게 되는데, 이 비판의 대부분은 나름의 타당성을 갖고 있다. 많은 기업 및 고등교육 행정가들은 이러한 학습 전달 혁신을 무시하는 반면, 다른 사람들은 단지 정보만을 요구하기도 한다. 이 책의 독자들은 이러한 문제의 논점을 분명히 할 수 있도록 여러 관점을 제공받게 되는데, 어떤 장은 교육 및 교수 공학 분야의 학자들이 집필한 반면, 다른 장들은 기업이나 비영리 단체의 설립자가 집필하였다. 혁신적 프로그램 설계나 전달 옵션을 이끄는 데 기여한 행정가와 관리자에 의하여 집필된 장들도 있다.

지리적으로 말한다면, 이 책을 대표하는 나라는 호주, 캐나다, 독일, 케냐,

인도, 아일랜드, 일본, 말레이시아, 인도네시아, 네덜란드, 뉴질랜드, 필리핀, 남아프리카공화국, 영국, 미국이다. 15개국이 과연 이 지구상에서 일어나는 MOOC와 개방교육을 적절하게 대표하는가라고 반문하는 사람들에게, 우리는 각 장의 저자들이 다른 여러 나라에서 일어나는 혁신적인 프로젝트, 독특한 파트너십, 획기적인 정책, 그리고 다른 협력적 기획에 대해서 언급하고 있음을 지적하고 싶다. 예를 들어, 아프리카에는 18개 창립정부위원이 아프리카 가상대학(African Virtual University, AVU)에 참여하고 있으며, 27개국에 걸쳐 53개의 협력 기관이 있다. 여러 장의 기고자들의 지리적 기여도는 엄청나다고 충분히 말할 수 있을 것이다.

소수인구나 다양한 학습자들에게 미치는 MOOC와 개방교육의 영향에 관심이 있는 사람들을 위하여, 우리는 혜택받지 못하는 사람들이나 개발이 취약한 지역에서 일어나는 사안에 대한 데이터와 설명을 제시한 저명한 기고자 몇 명에게 의도적으로 연락하였다. 예를 들어, 위에서 언급한 AVU에 추가하여, 독자들은 Commonwealth of Learning(COL)[3]에서 후원하는 독특한 모바일 학습 프로젝트뿐 아니라 세계은행연수원(World Bank Institute)에서 전략적으로 설계한 몇 개의 MOOC에 대해서 알게 될 것이다. 다른 장의 기고자들 중 다수가 소속 기관이나 조직으로부터 정상적인 방법으로는 혜택을 받지 못할 사람들에게 교육 서비스나 자원을 제공하기 위하여 협력적인 노력을 기울인 이력들을 가지고 있다.

물론, 학습을 위한 무료 개방 웹 자원과 도구가 세계의 더 많은 인구에 의해서 접근 가능해질수록, 그 효과가 미치는 지역의 저자, 조직, 또는 기관의 위치와 소속은 희미해진다. 곧 발견하게 되겠지만, 사실, 이 책의 저자들이 가르치고, 설계하고, 또는 평가한 MOOC, OER 및 OpenCourseWare(OCW)의 혜택

---

3 역자주: 54개 영연방국가의 개방학습과 원격교육을 촉진하고 발전시키기 위해 설립된 정부 간 기구임.

을 본 등록자들은 의심의 여지 없이 지구의 여러 곳에서 오고 있다.

결론을 맺기 전에, 우리는 이 책이 사실 우리의 두 번째 협력적 노력임을 밝히고자 한다. 이 책의 저자 중 3명(Bonk, Lee 및 Reynolds)은 역시 라스베가스에서 개최된 2008년 E-Learn 학술대회에서 유사한 심포지엄을 조직한 바 있다. 그 심포지엄은 아시아의 이러닝 현황에 초점을 맞췄고, International Journal on E-Learning(Bonk, Lee, & Reynolds, 2009)의 특별호뿐 아니라 주문형 도서출판(print-on-demand) 형태로 출간되었다. Reeves(2009) 역시 이 책의 편집자인데, 2008년 심포지엄의 토론자로 해당 특별호의 종결 논문의 기고자로 참여하였다. 덧붙여, 필리핀 개방대학(University of Philippines Open University, OPOU)의 Melinda Bandalaria, 현재 COL에서 근무하는 Sanjaya Mishra, 이전에는 말레이시아 개방대학(Open University Malaysia, OUM)에서 근무하였고 현재 인도네시아의 자카르타 Universitas Siswa Bangsa Internasional - Sampoerna University 소속의 Zoraini Wati Abas 등 첫 권의 저자 몇 명 역시 초기 심포지엄과 도서 프로젝트에 참여하였다. 조만간, 우리가 코디네이트했던 두 심포지엄의 참가자들과 함께 다시 모이길 고대하며, 그 과정에서 라스베가스나 이 지구의 다른 지역에서 개최된 여러분을 이러한 특별 학술대회에서 만났으면 하는 바람이다.

감사

이와 같이 종합적인 도서 프로젝트가 열매를 맺는 데 도움을 준 여러 분들께 감사하고자 한다. 첫째, 이 책의 출간으로 이어진 "세계의 MOOC와 개방교육"을 주제로 한 E-Learn 2013 프리컨퍼런스 심포지엄을 조직할 수 있도록 우리 네 명을 신뢰해준 AACE의 설립자 및 사무총장인 Gary Marks에게 심심한 감사를 보낸다. 교육공학 영역에서 가장 겸손하고 혁신적인 사람 중의 한 사람인 그는

30년 이상 우리 분야에 엄청난 긍정적 영향을 끼쳐왔다. 이러한 행사가 성공적으로 이루어지도록 도와준 그와 AACE 직원들께 감사를 전한다.

우리는 또한 그 10월 심포지엄을 위해 전 세계에서 라스베가스에 모인 백여 명의 학자들의 다양하며, 진실되고, 사려 깊은 공헌에 감사한다. 우리는 여러 사람들과 상호작용하면서 많은 것을 배웠다. 참가자 중 몇 명은 그 후 개별적으로 MOOC와 개방교육에 대한 논문을 작성하였으며, 2015년 초 International Journal on E-Learning 특별호에 실리게 된다. 다시 한 번 Gary Marks와 AACE에게 이 특별호를 제작할 수 있도록 해준 것에 감사한다. 우리는 각기 다른 글들이 실린 두 개의 "MOOC와 개방교육" 프로젝트—편저와 학술지 특별호—를 동시에 수행해왔다.

둘째, 이 책의 저자들에게 감사하고자 한다. 이 차별화된 책의 29개의 장과 2개의 추천사는 오늘날 개방교육과 관련을 맺고 있는 최고의 학자와 실천가들에 의해 집필되었다. 60명 이상의 장 저자들이 있고 어느 한 사람만을 언급하기에는 유능한 사람이 너무 많다. 각 장마다 여러 차례 동료 검토를 실시하며, 우리는 이들 전부와 매우 친해지게 되었다. 이 책이 기일 안에 완성되기 위해서는 검토과정 동안 네 사람의 편집자와 각 장의 저자들의 의사소통이 반응에 매우 민감하고, 협력적이며, 유연해야 하였다. 우리는 모든 저자들이 우리가 제안한 수정사항에 호의적이었고, 옳다고 생각했을 때 기고문을 수정하였으며, 정당한 이유가 있다고 판단될 때 자신의 은유적 표현을 고수한 것을 큰 행운이라고 생각한다. 이 모든 사람들과 일하며 이들의 MOOC와 개방교육 프로젝트, 야망, 경험에 대해서 배우는 것은 즐거운 일이었다. 이 모든 사람들은 환상적인 새 친구들이 되었다.

독자들에게 각 장의 끝에 나와 있는 모든 저자들의 경력을 숙독하기를 권하고자 한다. 간단한 이력에 추가한 사진이, 이 책의 부분이나 전부를 읽는 지금 당장이나, 학술대회, 수뇌회담, 회의, 또는 다른 상황에서 이 저자들을 만나게 될 때 개인적인 인맥을 쌓는 데 도움이 되기를 바란다. 장을 읽어나가다 보면

이 그룹이 꽤나 인상적임을 발견하게 될 것이다.

셋째, Routlege 출판사의 Alex Masulis, Daniel Schwartz, 그리고 최고 전문가 팀에게 감사하고자 한다. 이들은 귀중한 조언을 해주었으며, 마감을 친절하면서도 엄격하게 지키게 해주었다.

마지막으로, 이 거대한 MOOC와 개방교육 프로젝트와 관련한 정보지원과 격려의 말을 해준 세계 여러 친구들과 동료들뿐 아니라, (반려 동물을 포함한) 가족들에게 저술 작업 기간 동안 희생해준 시간에 대해서 고마움을 표하고자 한다.

결론을 지으며, 우리 네 사람은, 프리컨퍼런스 심포지엄, 인쇄 중인 특별 학술지, 그리고 가장 중요한 이 특별한 책을 통하여, 우리가 21세기에 일어난 가장 중요한 움직임이라 결국 부르게 될 여러 독특하고 흥미로운 형태와 모습으로 나타나고 있는 진정한 교육개방하기에 작게나마 기여할 수 있어 겸허함과 엄청난 행운을 느낀다.

Curtis J. Bonk | 인디애나대학교(Indiana University) Instructional Systems Technology 학과의 교수이며 CourseShare의 대표이사이다. Bonk는 기업체 회계감사관, CPA, 교육심리학자, 그리고 교수 설계자로서, 기업, 교육, 심리 및 테크놀로지의 교차점에 대한 특유의 통찰을 제시한다. Bonk는 부상하는 테크놀로지에 대한 유명한 권위자로서, 그의 인기 블로그인 TravelinEdMan에 세계를 돌아다니며 얻은 강연 경험에 대한 회고담을 기록한다. 2014년 그는 원격교육의 탁월한 실천가상(Mildred B. and Charles A. Wedemeyer Award for Outstanding Practitioner in Distance Education)을 수상하였다. 그는 「The World is Open」, 「Empowering Online Learning」, 「The Handbook of Blended Learning」, 「Electronic Collaborators」, 그리고 가장 최근에는 eBook(http://tech-variety.com/) 형태로 무료인 「Adding Some TEC-VARIETY」 등 널리 애독되고 있는 책 들을 저술하였다. 그의 홈페이지에는 많은 무료 및 공개 자료(http://php.indiana.edu/~cjbonk/)가

탑재되어 있으며, cjbonk@indiana.edu로 연락할 수 있다.

Mimi M. Lee | 휴스턴대학교(University of Houston)의 Department of Curriculum and Instruction 부교수이다. 그녀는 2004년 인디애나대학교, 블루밍턴의 Instructional Systems Technology 학과에서 PhD를 취득하였다. 그녀의 연구 관심분야는 글로벌 및 다문화교육, 정체성 형성 이론, 온라인 공동체의 사회적 조사, 표상의 문제, 비판적 민속학 등이다. Mimi는 STEM 관련 온라인 교사교육, 비교문화적 훈련 연구, 상호작용적 비디오 컨퍼런싱, 오픈코스웨어, 질적 연구 등에 대한 논문을 출간하였다. 연락처는 mlee7@uh.edu이다.

Thomas C. Reeves | 조지아대학교(University of Georgia)의 Learning, Design, and Technology 학과 명예교수이다. Reeves 교수는 여러 상호작용적 학습 프로그램과 프로젝트를 설계하고 평가하였다. 이러한 노력에 대한 공로로 2003년에는 AACE Fellowship Award, 2010년에는 ASCILITE Fellow, 2013년에는 AECT David H. Jonassen Excellence in Research Award를 수상하였다. 그의 저서에는 「Interactive Learning Systems Evaluation」(John Hedberg 공저), 「Guide to Authentic E-Learning」(Jan Herrington 및 Ron Oliver 공저), 그리고 「Conducting Educational Design Research」(Susan McKenney 공저) 등이 있다. 그의 연구 관심은 평가, 학습을 위한 실제 과제, 교육 설계 연구, 개발도상국의 교육공학 등이다. 그의 연락처는 treeves@uga.edu이며, 홈페이지는 http://www.evaluateitnow.com/이다.

Thomas H. Reynolds | 캘리포니아 La Jolla의 내셔널대학교(National University) Teacher Education 교수이다. 그는 온라인 학습환경 설계, 표준기반 온라인 평가, 그리고 이러닝 혁신에 대한 연구를 수행하고 있다. 내셔널대학교에 부임하기 전에는 위스콘신대학교-매디슨(the University of Wisconsin-Madison)의 Curriculum and Instruction 학과에서 PhD를 취득하고 텍사스 에이앤엠 대학교(Texas A&M University)의 교수를 역임한 바 있다. Reynolds 교수는 2회에 걸쳐 Fulbright Scholar에 선정된 바 있어, 2010년에는 콜롬비아에서 공개교육자원에 대해 연구하였으며, 1998년에는 페루에서 웹기반 학습과 테크놀로지 증진 교수(technology-enhanced instruction)에 대해 강의하였다. 그의 현 활동에는

콜롬비아에서 진행되는 프로젝트, e-교수학습 석사과정 전문화 코디네이터, 내셔널대학교의 온라인 품질 보증 및 온라인 강좌 검토 및 개발에 관한 리더십이 포함된다. 그의 연락처는 treynolds@nu.edu이다.

참고문헌

Altwerger, B., Edelsky, C., & Flores, B.M. (1987). Whole language: What's new? *The Reading Teacher*, *41*(2), 144–54.

Bonk, C.J. (2009). *The world is open: How Web technology is revolutionizing education.* San Francisco, CA: Jossey-Bass.

Bonk, C.J., & Graham, C.R. (Eds.) (2006). *Handbook of blended learning: Global perspectives, local designs*. San Francisco: Pfeiffer.

Bonk, C.J., Lee, M.M., & Reynolds, T.H. (Eds.) (2009). Special issue: A special passage through Asia e-learning. *International Journal on E-Learning*, *8*(4), 438–85.

Davis, M. (2014, June 4). Summer professional development with MOOCs. *Edutopia*. Retrieved from http://www.edutopia.org/blog/summer-pd-moocs-matt-davis.

Gais, H. (2014). Is the developing world 'MOOC'd out'? The limits of open access learning. *Al Jazeera America*. Retrieved from http://america.aljazeera.com/opinions/2014/7/mooc-education-developingworldivyleave.html.

Guri-Rosenblit, S. (2012). Open/distance teaching universities worldwide: Current challenges and future prospects. *EduAkcja. Magazyn edukacji elektronicznej*, *4*(2), 4–12. Retrieved from http://wyrwidab.come.uw.edu.pl/ojs/index.php/eduakcja/article/viewFile/80/83

Haas, E., & Fischman, G. (2010). Nostalgia, entrepreneurship, and redemption Understanding prototypes in higher education. *American Educational Research Journal*, *47*(3), 532–62.

Hassett, J.D., & Weisberg, A. (1972). *Open education*. Englewood Cliffs, NJ: Prentice-Hall.

James, W. (1971). The Open University: A new phenomenon. *Educational Technology*, *11*(7), 32–3.

Johnstone, S.M. (2005). Open educational resources serve the world. *EDUCAUSE Quarterly*, *28*(3), 15. Retrieved from http://www.educause.edu/ero/article/open-educational-resources-serve-world.

Lee, M.M., Bonk, C.J., Reynolds, T.H., & Reeves, T.C. (Eds.) (in press). Special issue: MOOCs and Open Education. *International Journal on E-Learning*.

Lockwood, F. (Ed.). (2013). *Open and distance learning today*. New York: Routledge.

Mettler, S. (2014). *Degrees of inequality: How the politics of higher education sabotaged the American dream*. New York: Basic Books.

Nyquist, E.B., & Hawes, G.R. (Eds.). (1971). *Open education*. New York: Bantam Books.

Pappano, L. (2012, November 2). The year of the MOOC. *The New York Times*. Retrieved from http://www.nytimes.com/2012/11/04/education/edlife/massive-open-online-courses-are-multiplying-at-a-rapid-pace.html?pagewanted=all&_r=0.

Reeves, T.C. (2009). E-Learning in Asia: Just as good is not good enough. *International Journal on E-Learning*, *8*(4), 577–85.

Tyack, D., & Cuban, L. (1997). *Tinkering toward utopia: A century of public school reform*. Boston, MA: Harvard University Press.

Watters, A. (2013, November 29). Top ed-tech trends of 2013: MOOCs and anti-MOOCs. *Hack Education*. Retrieved from http://hackeducation.com/2013/11/29/top-ed-tech-trends-2013-moocs/.

White, B. (2014). Is "MOOC-Mania" over? In S.K.S. Cheung, J. Fong, J. Zhang, R. Kwan, and L.F.K wok (Eds.), *Hybrid learning. Theory and practice* (pp. 11–15). Cham, Switzerland: Springer International Publishing.

Wildavsky, B. (2014). Evolving toward significance or MOOC ado about nothing? *NAFSA: Association of International Educators*. Retrieved from http://www.nafsa.org/_/File/_/ie_mayjun14_forum.pdf.

Wikieducator (2014). *Handbook of open universities*. Retrieved from http://wikieducator.org/Handbook_of_Open_Universities.

PART

1

MOOC와 개방교육

역사적, 비판적 고찰

앞서 서문과 George Siemens와 Fred Mulder의 추천사에서도 언급되었듯이, 우리는 지금 원격교육의 혁신적인 접근법에 있어 전례가 없는 성장을 하고 있는 중이다. 역사상 현재처럼 이렇게 많은 사람들이 특정한 시간, 장소, 교사에 구애받지 않는 학습의 개발, 전달, 연구, 평가에 참여한 적이 없었다. 현재의 테크놀로지들로 인해 학습자가 원격으로 학습에 참여하고 상호작용적이고 또한 매우 협력적인 방법으로 배울 수 있는 기회가 늘어났다. 이 책의 저자들이 각자의 다양한 장에서 서술한 바와 같이, MOOC와 공개교육자원들로 인해 모든 형태의 원격교육들이 그 어느 때보다 더욱 활발해지고 접근 가능해졌다.

따라서, 단순히 MOOC와 개방교육에 관한 성공 사례와 기회들을 논하는 장들을 모아서 책으로 만드는 것은 비교적 쉬운 일이다. 이 책의 제목을 보면 명확한 결론을 짐작할 수 있음에도, 우리는 MOOC와 개방교육을 당연한 것으로 보지 않으며 여러분들도 그렇게 하지 않을 것을 권한다. 분명 MOOC와 공개교육자원에 대해 그 수용도, 신뢰도, 질, 평가, 학습성과, 기타 많은 것에 대해 여전히 밝혀져야 한다. 학교, 대학, 기업, 정부, 군사훈련기구는 단지 MOOC

가 존재하고 많은 관심을 받고 있기 때문에, 또 어떤 경우는 이에 대한 자금 지원이 있기 때문에 이를 승인해서는 안 된다. 실로 MOOC가 매우 빠르게 유행이 되었기 때문에 이에 매우 열광적인 지지자들 중 많은 사람들은 원격교육의 역사, 그리고 MOOC를 있게 한 이전의 교육에 활용된 테크놀로지의 발전을 잊거나 무시하고 있는 것으로 보인다.

우리는 "MOOC와 전 세계의 개방교육"이라는 아이디어 그 자체만으로도 생기는 많은 복잡한 도전과 쟁점들을 다루는 섹션으로 이 책을 시작함으로써 MOOC와 개방교육에 대한 논의에 있어 균형을 맞추고자 한다. 우리는 이 책이 시작되는 1부에 있는 글들이 교실, 위원회 회의, 그리고 시민회관 모임에서 생길 수 있는 MOOC와 개방교육에 대한 논쟁을 시작하는 불을 지피는 데 필요한 연료가 되기를 바란다. 1부를 구성하는 세 개의 장으로 MOOC와 개방교육에 대한 그 많은 문제, 비판, 장애물, 그리고 제한점들을 다 담아낼 수 없다는 점을 우리는 분명히 인정한다. 여러분들 중 많은 경우는 향후 10년 내로 공간이 부족하여 이 책에서 다루지 못한 수많은 또 다른 쟁점들을 접하게 됨을 쉽게 발견하게 될 것임을 의심치 않는다. 따라서, 독자분들은 1부의 뒤에 있는 나머지 26개의 장도 읽어보고 1부에서 다룬 내용 외의 주요 질문과 문제점들도 눈여겨볼 것을 권한다.

이 책의 1장에는 루멘 러닝(Lumen Learning)의 공동창업자이자 최고학사책임자인 David Wiley가 일부 MOOC 개발업체들이 자신들의 MOOC의 콘텐츠의 재사용을 허락하지 않음으로써 MOOC의 "개방성"이란 아이디어에 피해를 입혔음을 설명한다. 와일리는 또한 현재의 콘텐츠 개발업체들에 의해 "소유권"이라는 아이디어에 가해진 피해에 대해 논한다. 이어 그는 이 모든 문제점들을 개선할 수 있도록 "개방성"의 의미를 강화시키는 방향으로 돌아갈 것을 주장한다.

2장에서는 조지아 공과대학교(Georgia Institute of Technology)의 Karen Head 교수가 MOOC의 설계와 전달과 관련한 추가적인 쟁점들을 제시한다.

2장을 읽어가면서 독자 여러분은 저자가 MOOC의 콘텐츠와 전달 외에 다른 것들에도 주의를 기울여야 한다고 주장하는 것을 알게 될 것이다. Head 교수는 수업설계와 관련하여 정론에 대한 광범위한 고려로부터 시작하여 그녀가 MOOC로 가르쳤던 1학년 글쓰기 수업에 대한 사례연구를 설명한다. 이 장에서 저자는 단일 제공자 모형에 반대하는 의견을 제시하고 이토록 거대한 온라인 공개 강좌를 더욱 다양하고 폭넓은 학생들이 수강할 수 있도록 MOOC의 장점을 활용하는 방안에 대해 논의한다.

이 책 1부의 마지막 장인 3장에서는 일본 개방대학의 Kumiko Aoki 교수가 MOOC와 개방교육의 활용이 정부의 주요 정책, 규범, 기대, 그리고 경험에 따라 어떻게 달라지는가에 대해 설명한다. 그녀가 지적하듯이 일본은 전자제품과 컴퓨터기술에 풍부한 역사를 가지고 있음에도 다른 나라의 사람들이 기대하는 것과는 다르게 교육에 있어 테크놀로지의 도입이 느린 편이다. Aoki 교수는 사회 그리고 문화적인 관점에서 일본의 원격교육과 개방교육의 다양한 역사적 발전을 설명한다. 또한 저자는 원격 개방교육 대학으로서 일본 개방대학의 독특한 특징에 대해 논한다. 그 결과, 이 장에서는 일본 개방대학과, 더 나아가 세계의 다른 유사한 개방대학들이 특정한 사회문화적 맥락하에서 온라인 교육을 제공하기 위해 겪은 어려움과 노력을 설명한다.

1

MOOC 과정에서 실수와 개방교육의 기반시설

David Wiley

이 장에서 나는 MOOC가 "개방성"의 개념에 입힌 손상과 현대의 콘텐츠 제공 업체들이 "소유권"의 개념에 가한 피해를 설명한다. 이어 나는 이 두 가지 문제들을 개선하기 위해 더 강화된 "개방성"의 개념으로 돌아올 것을 주장할 것이다. 마지막으로, 나는 미래의 교육혁신이 달려 있는 개방교육의 기반시설에 대해 논할 것이다.

MOOC: 개방교육을 위한 한 걸음 전진, 두 걸음 후퇴

유대시티(Udacity)와 코세라(Coursera)와 같은 업체에 의해 잘 알려진 형태의 MOOC는 개방교육 운동의 역사상 그 다른 어떤 것보다 이의 명분에 해를 입혔다. 그들은 "개방성"이란 단어에 대한 너무나도 빈약한 이해를 기반으로 이를 홍보하고 대중화함으로써 해를 가하였다. 이들이 가한 피해를 온전히 파악하기 위해서 그 역사적 맥락을 간략히 설명하는 것이 필요하다.

영국의 개방대학은 1969년에 개교하여 1971년에 첫 신입생을 맞았고 이 대학의 개방성은 그 당시에는 놀라운 혁신이었다. 이러한 맥락하에서 "개방성"이란 단어는 기본적으로 어느 누구나 이전의 학업성취도에 상관없이 대학의 수업을 수강할 수 있게 하는 계몽된 정책을 의미하였다. 일반적인 대학들이 상아탑, 담장이 처진 정원에 비유되었던 것에 비해, 어느 누구에게나 대학의 문을 개방한다는 것은 고등교육의 역사상 전례가 없는 전진을 뜻하는 것이었다. 수십 년간, 교육에서 "개방성"이란 주로 "입학이 개방됨"을 뜻하는 것이었다.

30년을 건너뛰어 보자. 2001년에 MIT가 오픈코스웨어(OpenCourseWare) 계획을 발표함으로써 고등교육하에서 "개방성"이란 단어에 새로운 의미가 추가되었다. MIT의 오픈코스웨어는 교내 강의에서 사용된 모든 강의자료들을 "공개 라이선스"하에 대중에게 무료로 공개하겠다는 것이었다. 이러한 공개 라이선스는 개인과 대학에 폭넓은 범위의 저작권 관련 허용을 제공하였다: 누구든지 무료로 자료를 복사할 수 있고, 이를 변경하거나 개선할 수 있고, 이를 (원본 또는 변형된 상태로) 재배포할 수 있는 것이다. 이 모든 것들이 어떤 비용을 지불하거나 추가적인 저작권 승인 과정이 필요 없이 허용되는 것이다.

개방된 입학정책을 도입한 대학은 전 세계적으로 여럿 있었지만, 2001년부터 2010년까지 개방교육을 주도한 곳은 공개 라이선스라는 아이디어를 추구하는 개인, 기관, 그리고 학교들이었다. 전 세계의 수백 개의 대학들이 현재 오픈코스웨어 프로그램을 운영하고 있다. 이와 동시에, 2002년 부다페스트 개방접근(Budapest Open Access) 이니셔티브(http://www.budapestopenaccessinitiative.org/)를 통해 알려지게 된 개방접근 운동은 학술논문과 그 외 연구 결과물들에 공개 라이선스를 적용하기 위한 활동을 하였다. 학습관리시스템, 재무관리, 학생정보시스템과 같은 핵심적인 학습 기반시설이 공개 라이선스하에 개발되고 출간되었다(예: 캔바스(Canvas), 무들(Moodle), 사카이(Sakai), 그리고 쿠알리(Kuali)). 칸 아카데미(Khan

Academy)를 창립한 Sal Khan과 같이 공개 라이선스를 획득한 교육자료의 양이 확장되는 데 상당한 공헌을 하는 개인들도 나타나기 시작하였다.

이러한 모든 일들이 일어나는 동시에 윌리엄 앤드 플로라 휴렛 재단(William and Flora Hewlett Foundation)과 같은 정부기관과 기부단체들이 공개 라이선스의 개념에 기반을 둔 개방교육의 목적을 지지하기 위해 수억 달러의 돈을 퍼붓고 있다. 실제로, 휴렛 재단의 "공개교육자원"에 대한 다음과 같은 정의는 가장 폭넓게 인용되고 있다:

> 공개교육자원은 공공의 영역에 있거나 또는 무료로 사용하고 타인이 이를 다른 용도로 재사용할 수 있도록 허용하는 지적소유권 라이선스하에서 출시된 교수, 학습 및 연구 자원들이다. 공개교육자원은 수업 전체, 수업자료, 모듈, 교과서, 스트리밍 동영상, 시험문제, 소프트웨어, 그리고 기타 다른 도구들, 자료들, 또는 지식에 접근하는 것을 지원하는 데 사용되는 기법을 포함한다. (Hewlett Foundation, 2014)

이러한 기금과 다른 여러 종류의 비금융적 인센티브들이 많은 양의 공개교육자원이 개발되는 촉매제의 역할을 하였다. Creative Commons(2014)에 따르면 2010년 기준으로 온라인으로 출간된 공개 라이선스 창작물들이 4억 개 이상 있고, 이중 대부분이 학습을 지원하기 위해 이용될 수 있는 것들이다.

왜 "개방성"을 "공개 라이선스"로 개념화하는 것이 이토록 흥미롭고 중요하며, 개방된 입학이라는 단순한 개념보다 훨씬 더 앞서 있는 것일까? Eric Raymond(2000)는 공개 라이선스로 인해 가능해진 오픈소스 소프트웨어의 힘을 설명하면서 다음과 같이 썼다. "어떤 도구든 그에 대한 기대에 맞게 유용해야 한다. 하지만 진실로 위대한 도구는 당신이 전혀 기대하지 않았던 것까지 사용을 가능하게 한다." 이러한 전혀 기대하지 못했던 것까지 사용이 가능하도록 하는 것이 광범위하고 무료로 사용할 수 있도록 허용하는 공개 라이선스 때문에 가능하다. Adam Thierer(2014)는 "사용 승인이 필요 없는 혁신(permissionless innovation)"이라 부르는 원리를 주장하였다. 그 개념은 개방성을 향해 거듭 말하기라는 나의 블로그에 기술한 "개방성은 예상하지 못했던 것들을 촉진한다"(Wiley, 2013)라는 글로 요약될 수 있다. 이를 어떻게 설명하든, 이용 승인을 요청하고 이를 위해 비용을 지불해야 하는 일은 실험에 드는 비용을 늘어나게 한다. 실험비용이 늘어나면 당연히 실험은 줄어들게 된다. 실험이 줄어든다는 것은, 그 단어가 뜻하는 바에 의하면, 발견과 혁신이 줄어들게 되는 것이다.

당신이 새로운 교육모형을 실험해보려 한다고 상상해보자. 이제 이 실험이 진행될 수 있는 방법은 두 가지가 있다. 첫 번째 모형은 디지털 콘텐츠에 대한 제한된 기간 동안만 유효한(절대로 소유할 수 없는) 라이선스를 위해 막대한 비용을 피어슨 사에 지불하고 또 그만한 액수의 라이선스 비용을 콘텐츠를 담고 전달하기 위해 제한된 기간 동안만 유효한(절대로 소유할 수 없는) 블랙보드에 지불하는 것이다. 두 번째 모형은 무료의 오픈소스 학습관리시스템을 이용해 전달되는 무료로 이용할 수 있는 공개교육자원을 이용하는 것이다. 첫 번째 실험은 벤처캐피털을 세우거나 다른 기금을 모으지 않고는 할 수 없다. 두 번째 실험은 어떠한 기금도 거의 필요치 않고 실행을 할 수 있다. von Hippel(2005)이 언급했듯이 혁신이 민주화되려면 우리가 두 번째 모형의 실험에 참여할 수 있는 능력을 지원하고 보호해야 한다. 공개 라이선스가 정확히 두 번째 모형과 같은 실험 공간을 제공하고 보호해준다.

이제 다시 MOOC로 돌아와보자. 유대시티, 코세라, 그리고 MOOC를 흉내 낸 기타 업체들에 의해 저질러진 엄청난 변질은 지난 40년은 아무 일도 일어나지 않은 척하는 것이다. 이들의 작업방식은 1969년의 개방입학이라는 아이디어를 복사하여 2014년의 온라인 수업에 붙여 넣기 하는 것이었다. MOOC가 짧은 기간만 눈부신 대중성을 갖게 된 주된 원인이 많은 사람들에게 교육적 맥락에서 "개방성"이란 완전히 그리고 전체적으로 저작권이 있을 뿐만 아니라 사용조건이 BBC나 뉴욕타임즈보다 더 제한적인 수업에 등록을 개방하는 것이라고 설득하는 것이었다. 코세라의 웹사이트에 적힌 다음의 글이 이를 보여준다:

> 당신은 코세라로부터 문서화된 허가를 받지 않고 다른 대학, 대학교 또는 다른 교육기관에서 제공하는 수업료를 받거나 학점을 부여하는 과목 또는 프로그램의 일부로 코세라가 제공하는 어떤 온라인 교과목도 수강을 하거나 이수확인증을 사용할 수 없습니다. 온라인 교과목이나 이수확인증의 그러한 사용은 본 사용조건에 저촉됩니다.

누군가 어디선가 개방교육이 "완전한 저작권이 있고 매우 엄격한 사용조건이 붙은 교과목을 수강하는 것이 개방임"을 뜻하는 것으로 믿는다는 생각은 비극 그 이상의 것이다. 그 결과, 지난 10년간의 발전이 MOOC에 의해 퇴행되었고 개방교육의 옹호자들은 "개방성"이란 아이디어를 수립하고 발전시키기 위한 힘겨운 싸움을 또다시 하고 있다. 우리가 지향하는 개방성은 MOOC로 대변되는 1960년대의 비전과 마찬가지로 교육 기회에 접근할 수 있을 뿐만 아니라 동시에 민주화된, 사용권 승인이 필요 없는 교육 혁신의 문화를 조성하는 것이다.

"개방성"이란 그 이름의 가치

그렇다면 우리는 교육의 맥락에서 "개방성"을 어떻게 얘기해야 할까? 개방성의 개념을 강화하는 것들이 소유권을 보호하고 혁신을 촉진할 것인가? 저자는 우리의 생각의 기반을 공개 라이선스의 아이디어에 둬야 한다고 믿는다. 좀 더 구체적으로, 우리는 5R의 언어를 사용하여 개방성을 옹호해야 한다. "개방성"이란 단어는 사용자들이 다음의 5R의 활동에 참여할 수 있도록 무료의 영원한 사

용을 승인하는 방식으로 저작권이 부여될 수 있는 모든 작품을 설명하는 것으로 사용되어야 한다:

1. 유지하기(Retain) : 작품의 복사본을 만들고, 소유하고, 통제할 수 있는 권리(예: 내려받기, 복제하기, 저장하기, 관리하기)
2. 재사용하기(Reuse) : 작품을 다양한 방식으로 사용할 수 있는 권리(예: 수업, 스터디 그룹, 웹사이트, 동영상 등에서)
3. 수정하기(Revise) : 작품 그 자체를 각색, 조정, 변경하거나 바꿀 수 있는 권리(예: 타 언어로 번역하기)
4. 재조합(Remix) : 작품 원본 또는 수정본을 다른 공개 작품과 합쳐서 새로운 것을 창작할 수 있는 권리(예: 작품을 매시업에 포함시키는 것)
5. 재배포(Redistribute) : 작품 원본의 복사본, 수정본, 재조합 본을 타인과 공유할 수 있는 권리(예: 친구에게 복사본을 주기)

이러한 5R 사용 승인은, 그 승인이 무료로 무기한으로 제공된다는 것을 명시한 문서와 더불어, 많은 Creative Commons 라이선스에서 제시되고 있다. 당신이 칸 아카데미의 동영상, MIT 오픈코스웨어의 강의노트, 위키피디아에 게시된 글, 또는 오픈스택스 대학(OpenStax College)의 교과서—이 모두가 Creative Commons 라이선스를 사용하고 있음—를 내려받기한다면 당신은 이러한 자료들에 대한 5R을 사용할 수 있는 무료의 그리고 무기한의 승인을 얻게 되는 것이다. 이들이 Creative Commons 라이선스하에 출판되었기 때문에, 당신은 사용 승인을 얻기 위해 전화를 할 필요가 없고 라이선스 비용을 지불할 필요도 없다. 당신은 그저 당신의 학생들의 학습을 지원하는 업무만 하면 된다. 또는 당신은 또 다른 종류의 교수학습을 실험해볼 수 있을 것이다—그리고 당신은 그러한 실험을 무료로 그리고 저작권 소유자들로부터 허가를 받는 추가적인 일을 할 필요 없이 할 수 있다.

"개방성"의 운영상의 정의의 변화가 대규모의 MOOC 제공자들에게 어떠한 영향을 미칠까? MOOC의 제공자들이 "개방성은 입학이 개방됨을 뜻함"에서 "개방성은 공개 라이선스를 뜻함"으로 변한다면 그 변화가 주는 영향은 무엇일까? 구체적으로 말해서, 코세라 또는 유대시티의 MOOC에 있는 동영상, 평가, 그리고 다른 콘텐츠가 공개 라이선스하에 있다면 전 세계의 사람들의 그 수업들에 대한 "대규모"의 접근성이 감소될 것인가? 그렇지 않다. 사실 이는 전 세계 사람들의 이러한 수업들에 대한 접근이 급격히 늘어나게 할 것이다. 이를 통해 학습자들이 어디서든 MOOC 콘텐츠를 무료로 내려받고, 번역하고, 재배포할 수 있게 되기 때문이다.

MOOC는 대대적인 홍보와 투자를 기반으로 엄청난 추진력으로 발사되었지만 지구 이탈 속도를 얻는 데는 실패하였다. MOOC는 1960년대가 인터넷을 만난 이상한 철학에 의해 그 가치가 하락하여 수강 요건, 수업 시작 및 종료일, 수료증 발급을 위한 수업료, 그리고 매우 엄격한 사용조건에 의해 잡아당겨져 지구를 향해 낙하하고 있다. 이는 다음과 같은 오래된 농담이 떠오르게 한다, "수강 신청을 하고, 수업 시작일 때까지 기다리고, 수업 종료일이 지난 후에는 수업에 들어갈 수 없고, 수업자료를 복사하거나 재사용할 수 있는 권한이 없고, 그리고 수료증을 받으려면 수업료를 내야 하는 MOOC를 뭐라 부를까요?" "온라인 수업" 이는 과장된 표현임에도, MOOC가 온라인 수업에 등록이 개방된 것 그 이상이 아닌, 우리가 바라던 혁신이 아니었음은 명백해졌다. 이보다 더한 것은, "개방성"에 대한 MOOC의 역행적인 접근으로 인해 미래의 교육 혁신에서 MOOC가 변두리로 물러나게 될 것이 분명하다는 점이다. MOOC의 맥락에서 의미 있는 여러 실험을 한다는 것은 너무도 비싼 값을 치르는 것이다.

그렇다면 미래의 교수와 학습을 정의하게 될 실험은 어디에서 진행될 것인가?

기반시설로서의 콘텐츠

위키피디아(2014)에 게재된 기반시설에 대한 글은 다음과 같이 시작한다:

> 기반시설이란 한 사회나 기업이 운영되는 데 필요한 기본적인 물리적 그리고 조직적 구조, 또는 경제가 기능하기 위해 필요한 서비스와 설비를 의미한다. 이는 일반적으로 개발의 전반적인 구조를 지원하는 틀을 제공하는 상호연결된 구조적인 요인들의 묶음으로 정의할 수 있다.
>
> 기반시설은 일반적으로 도로, 다리, 수도, 하수구, 전기 그리드, 통신, 기타 등등, 사회를 지탱하는 기술적인 구조를 뜻하며 "그 사회에서 생활을 가능케 하고, 유지하거나, 그 여건을 개선하기 위해 핵심적인 재물과 서비스를 제공하는 상호연결된 시스템들의 물리적인 구성요소로 정의할 수 있다"(Fulmer, 2009). 기능적인 관점에서 볼 때, 기반시설은 재물과 서비스의 생산을 촉진한다…

교육의 기반시설은 무엇으로 구성되어 있을까? 나는 학습관리시스템과 같은 테크놀로지를 얘기하는 것이 아니다. 교육을 지원하는 틀을 제공하는 상호연결된 구조적인 요인들의 묶음에 포함되는 구성요소에 어떠한 종류가 있느냐를 묻는 것이다.

나는 다음과 같은 네 가지의 구성요소를 모두 갖추지 않고 교육 프로그램을 시행한다는 것은 상상할 수 없다: (1) 역량 또는 학습성과, (2) 이러한 성과들을 달성하도록 지원하는 교육자원들, (3) 학습자들이 이러한 성과들을 성취했음을 보여줄 수 있는 평가, 그리고 (4) 제3자에게 이러한 성과의 달성을 입증할 수 있는 자격인정. 이 네 가지 외에 더 많은 요소들이 핵심교육 기반시설에 포함될 수 있지만, 이 네 가지 요소가 모든 정규교육 프로그램의 기반이 되는 틀을 제공하는 상호연결된 구조적인 요인들에 해당한다고 나는 주장한다.

모든 사람들이 자신이 가르치는 모든 수업에 대해 완전한 역량 지도, 교과서,

평가, 그리고 자격인정 모형을 재창출할 시간, 자원, 재능, 또는 의지를 가지고 있는 것은 아니다. 앞서 논의됐던 사용 승인이 필요 없는, 민주화된 혁신과 같이 우리가 재조합하고 실험해볼 수 있는 고품질의 공개적으로 사용가능한 기반시설이 이미 갖춰져 있다면 이는 분명 모두에게 더 빠르고, 쉽고, 저렴하고, 그리고 더 좋은 것이다.

역사적으로 봤을 때, 우리는 아직 개방성이란 원칙을 내가 언급한 교육 기반시설의 네 가지의 구성요소 중 한 가지, 즉 교육자원에만 적용해왔다. 사실 나는 10년 가까이 "콘텐츠가 기반시설이다"(Wiley, 2005)라고 주장해왔다. 더 최근에는 모질라가 공개 배지 운동(Mozilla, 2014)을 통해 공개 자격인정 기반시설을 개발하고 공유하였다. 역량과 평가의 영역에서 개방성의 명분을 위한 움직임은 아직까지 거의 없다.

개방된 역량

나는 미국에서 역량기반교육이 — 교육부에서 역량기반교육 프로그램을 위한 주정부의 재정지원정책을 만든 후에도 불구하고(Fain, 2014) — 이렇게 느리게 진전된 가장 큰 원인 중의 하나는 역량을 제대로 개발하기 위해서는 해야 할 일이 너무도 많기 때문이라고 생각한다. 다시 말해, 모두에게 이 일을 해내기 위한 시간과 전문성이 있는 것은 아니다. 역량기반교육 프로그램이 있는 기관 중 많은 수가 이 일이 너무 어렵기 때문에 자신들의 역량을 집안에서 내려오는 요리비법과 같이 취급하여 이를 깊숙이 넣어 두고 전체적으로 저작권을 부여하고 있다(이와 동시에 이들은 학생들이 공개교육자원을 이용하도록 독려하는 것의 인지적 부조화를 느끼지 못하는 듯하다). 나는 이러한 행동이 역량기반교육의 성장과 혁신을 심각하게 방해하였다고 생각한다.

한 기관에서 역량 전체를 공개 라이선스로 만든다면 다른 기관들이 새로운 프로그램, 모형을 만들고 다른 실험들을 할 수 있는 기반을 제공하는 것이다. 이러한 개방된 역량은 지역 프로그램의 요구에 맞춰 이를 수정하고 재조합할 수 있으며 이들의 요구에 맞춰 추가하거나 제외할 수도 있다. 이를 통해 이를 제공한 기관은 자신들의 원본에 다른 기관들이 한 재조합, 수정, 그리고 이에 추가된 새로운 역량을 통해 이득을 얻는 기회를 가질 것이다.

뿐만 아니라, 더욱 정교화된 역량을 공개 라이선스로 제공한다면 이는 실증적 기반을 모으고 학생들이 배워야 하는 내용의 범위와 순서에 대한 주장의 기반이 되는 공적인, 투명한, 그리고 구체적인 토대를 제공하게 될 것이다.

역량의 개방은—교수설계자, 교사, 또는 프로그램 기획자의 관점에서—자원, 평가, 그리고 자격인정에 의미를 부여하는 맥락을 제공하기 때문에 개방교육을 위한 기반시설의 핵심이 된다. 당신은 참고할 수 있는 역량이 없이는 이 자원이 사용해야 할 "올바른" 자원인지, 또는 이 평가가 학생들이 "올바른" 종류의 역량 달성을 보여줄 수 있는 기회를 주는지 알 수 없다. 예를 들어, 매우 고품질의, 실제와 매우 흡사한, 상호작용적인 화학 실험 시뮬레이션도 학생들이 배우고자 하는 것이 세계사라면 "부적합한" 콘텐츠가 되는 것이다. 마찬가지로, 고용주와 같은 제3자가 어떤 자격증을 보고 그 자격증을 소지하고 있음이 어떤 특정한 기술을 보유하고 있는지를 뜻하는지 파악할 수 없다면 이는 의미가 없는 것이나 다름없다.

개방된 평가

수년간 공개교육자원의 개발자들은 학생들이 시험, 퀴즈, 그리고 과제에서 부정행위를 하지 않도록 평가를 "안전한 곳에 보관하기" 위해 평가를 공유하는 것을 꺼려왔다. 이러한 보안의 사고방식이 평가를 공유하는 것을 막아왔다.

역량기반교육 프로그램에서 학생들은 "수행평가"를 통해 역량을 달성했음을 보여주는 경우가 많다. 전통적인 객관식 문항 평가와 달리, 수행평가에서는 학생들이 역량을 달성했음을 보여주기 위해 어떠한 기술을 행하거나 무언가를 만들어내야 한다. 그 결과로, 수행평가에서는 부정행위를 저지르기가 매우 어렵다. 그 예로, 당신이 기말고사에서 자유투구를 10개 중 8개 성공시켜야 한다는 것을 시험이 있기 일주일 전에 미리 알게 되더라도, 이러한 시험에서 부정행위를 할 수 있는 방법은 없다. 당신은 그 기술을 연마하여 이를 시험에서 보여주거나 그렇지 못하거나 둘 중의 하나가 될 것이다.

수행평가는 부정행위를 하기 어려워 보안에 대한 염려를 덜 해도 되기 때문에 공개 라이선스가 되고 공개적으로 공유하는 것이 가능해진다. 공개 라이선스가 된 평가는 이를 확보하고, 수정하고, 재조합하고, 재사용하고, 그리고 재배포할 수 있다.

평가 문항의 보안에 대한 우려를 줄일 수 있는 또 다른 방법은 수 십만 개의 문항을 담은 공개 라이선스 평가은행을 만들어서 많은 평가에 있어 부정행위를 하는 것이 그냥 공부를 하는 것보다 더 어렵고 시간이 많이 걸리도록 만드는 것이다.

개방교육의 기반시설

매우 신속하고 저비용의 실험과 혁신을 지원할 수 있는 완전한 개방교육의 기반시설은 적어도 다음의 네 가지 요소로 구성되어야 한다.

- 개방된 자격인정
- 개방된 평가
- 공개교육자원
- 개방된 역량

이러한 상호연관된 구성요소들의 묶음은 새로운 혁신적이고 효과적인 교육모형을 탐색하는 시간, 비용, 그리고 복잡함을 현격히 줄이는 데 (또한 비공식적 학습의 장점을 제공하는) 기반이 될 것이다. 아래로부터 위로 얘기하면, 개방된 역량은 전반적인 청사진과 기반을 제공한다. 공개교육자원이 구축되면, 이는 역량을 달성하기 위한 길을 제공한다. 셋째로, 개방된 평가는 역량을 달성했음을 보여줄 수 있는 기회를 제공한다. 마지막으로, 개방된 자격인정은—이는 역량의 서술과 수행평가의 결과 모두를 필요로 한다—학습자가 실제로 그 역량 또는 해당되는 역량의 묶음을 달성했음을 제3자에게 증명하도록 해준다.

공개 라이선스는 이 요소들 중 전체에—실로 개방된 자격인정, 개방된 평가, 공개교육자원, 그리고 개방된 역량을 창조하여, 그 결과로 개방교육의 기반시설이 갖춰지는—또는 일부분에만 적용이 될 수 있지만, 이 각각의 요소들은 변경하고, 각색하고, 개선하고, 맞춤형으로 바꾸거나, 또는 사용 승인을 받거나 라이선스 비용을 지불할 필요 없이 지역의 요구에 맞춰 바꿀 수 있다. 지역에 대한 전문성을 갖춘 지역에서 활동하는 사람이 이러한 기반시설 위에 지역의 문제를 해결할 수 있는 힘을 얻는 것이다. 그리고 이들은 이를 무료로 할 수 있다.

개방교육의 기반시설을 만드는 것은 교육의 문제를 해결하고자 하나 그 과정에서 새로운 것을 창조하고 불을 재발견하기에 시간이 부족한 사람들의 재능과 열정을 촉발시키게 된다.

"개방성은 예상치 못했던 일을 촉진시킨다." 우리는 사람들과 기관들이 점차적인 개선을 하거나 그 동안 도외시됐던 분야의 새로운 혁신을 위해 개방교육의 기반시설을 사용하게 될 놀라운 방법들 그 모두를 상상할 수는 없을 것이다. 이것이 바로 우리가 개방교육의 기반시설을 마련해야 하는 이유이다.

5R과 공개 라이선스에 기반한 개방성에 대한 확고한 헌신은 인류에 대한 겸손과 신념의 강력한 표현이다. 개방성에 대한 헌신은 다른 사람들은 우리보다 더 좋은 아이디어를 가지고 있을 수 있다는 우리의 신념을 인정하는 것이고, 이러한 그들의 더욱 강력한 아이디어를 실행할 수 있도록 지원하는 데 우리가 할

수 있는 한 온 힘을 다할 것이라는 것을 보여주는 것이다. 왜냐하면 결국에는 우리가 정말로 관심을 갖는 것은 누가 인정을 받느냐 하는 걸로 한심하게 옥신각신하는 것이 아니라 학생들의 배움에 있기 때문이다.

David Wiley | 중고등학교, 전문대학, 단과대학, 그리고 대학교에서 공개학습자원을 채택함으로써 학생들의 성공을 높이고 교육의 비용적절성을 개선하고자 만들어진 조직인 Lumen Learning의 최고학사책임자이자 공동창업자이다. 그는 또한 현재 Creative Commons의 서틀워스 펠로우, 교육 펠로우이며, 브링엄영 대학교 대학원의 교육심리 및 공학 전공의 겸임교수이다. Wiley 박사는 NSF의 CAREER 연구비를 받았으며 스탠포드 법대의 인터넷과 사회 센터의 비상주 펠로우였을 뿐만 아니라 브링엄영 대학교의 메리엇 경영대학의 피리 사회적 기업가 정신 연구 펠로우였다. 사회적 기업가로서, Wiley 박사는 Lumen Learning, Degreed, 그리고 유타 개방 고등학교(현재는 마운튼 하이츠 학교) 등과 같은 많은 조직의 창업자 또는 공동창업자이다.

참고문헌

Coursera. (2014). Terms of Use. Retrieved from https://www.coursera.org/about/terms.

Creative Commons. (2014). Metrics. Retrieved from https://wiki.creativecommons.org/Metrics.

Fain, P. (July, 2014). Experimenting with Aid. *Inside Higher Ed*. Retrieved from https://www.insidehighered.com/news/2014/07/23/competency-based-education-gets-boost-education-department.

Fulmer, J. (2009). “What in the world is infrastructure?”. *PEI Infrastructure Investor* (July/August): 30–2.

Hewlett Foundation. (2014). Open educational resources. *Education*. Retrieved from http://www.hewlett.org/programs/education/open-educational-resources.

Mozilla. (2014). OpenBadges. Retrieved from http://openbadges.org/.

Raymond, E. (2000). *The cathedral and the bazaar*. Retrieved from http://www.catb.org/esr/writings/cathedral-bazaar/cathedral-bazaar/index.html#catbmain.

Thierer, A. (2014). *Permissionless innovation: The continuing case for comprehensive technological freedom*. Arlington, VA: Mercatus Center at George Mason University. Retrieved from http://mercatus.org/sites/default/files/Permissionless.Innovation.web_.v2_0.pdf.

von Hippel, E. (2005). *Democratizing innovation*. Cambridge, MA: MIT Press. Retrieved from http://web.mit.edu/evhippel/www/democ1.htm.

Wikipedia. (2014). Infrastructure. Retrieved from https://en.wikipedia.org/wiki/Infrastructure.

Wiley, D. (2005). Content is infrastructure. *Iterating toward Openness* [Web log post]. Retrieved from http://opencontent.org/blog/archives/215.

Wiley, D. (2013). Where I've been; where I'm going. *Iterating toward Openness* [Web log post]. Retrieved from http://opencontent.org/blog/archives/2723.

2

단일한 정론

MOOC와 학문의 식민지화

Karen Head

나는 고백하건대 〈모비딕〉을 정말로 싫어한다. 나는 결코 멜빌의 작품의 팬이 아니다. 헤르만 멜빌의 작품을 가르쳐야만 한다면, 나는 "필경사 바틀비(Bartleby the Scrivener)" 정도는 양보할 수 있지만, 솔직히 그러고 싶지 않다. 미국 작가를 전공한 영문학 박사학위를 갖고 있는 사람으로서 나의 이러한 고백은 신성 모독같이 들릴 수 있다. 멜빌은 실로 시대를 대표하는 인물이니 말이다. 그럼에도, 나에게 시대를 대표하는 작가를 뽑으라면 그는 그 명단에 없을 것이다. 구체적으로 멜빌을 주제로 한 수업이 아니라면, 나는 미국 문학에서 동시대를 대표하는 다른 작가들의 작품을 기꺼이 찾을 수 있다.

내가 이처럼 미국의 중요한 작가를 간과하더라도 다른 많은 교수들이 자신들의 수업을 설계할 때 멜빌의 작품을 다룰 것이라는 걸 알기 때문에 나는 밤에 편하게 잠을 잘 수 있다. 이것이 바로 미국의 다양한 고등교육 체계의 좋은 점 중의 하나이다—교수들이 교과목의 교육목표를 달성하는 데 여러 가지 방법을 사용할 수 있다. 교수가 선호하는 특정한 작가, 교육과정의 자원 또는 방법이 있더라도, 시대를 대표하는 작가를 뽑는 것은 수업을 설계하거나 재설계할 때마다 매번 도전으로 남아있다—교수가 어떤 작가를 포함시킬 것인가보다는 어떤 작가를 제외할 것인가가 항상 주요한 도전 과제이다.

좋은 선택을 하려는 노력은 특정한 고전적인 기준이 이미 수립되어 있는 시대나 주제를 조사하는 경우가 많은 교양과목에서 더욱 어렵다. 어떠한 교육과정을 선택하든, 19세기 미국 문학 조사 수업을 막 마친 학생들의 전국 모임을 개최한다면, 이 모든 학생들이 이 시대의 주요 주제, 쟁점, 그리고 문제점들을 논할 수 있을 것이다. 하지만, 이상적으로, 이 학생들은 다른 참고문헌을 이용하여 이를 할 수 있어야 한다. 그리고 서로와 토론을 통해 이들은 그 시대에 대한 이해를 더욱 폭넓게 넓힐 수 있을 것이다.

MOOC 설계의 문화적 도전: 사례 연구

나는 1학년 대상으로 글쓰기를 가르치기 위해 초창기 MOOC 수업(MOOC가 교양교육의 요구에 어떻게 대응할 수 있는지 연구하기 위한 빌 앤드 멜린다 재단(Bill and Melinda Gates Foundation)이 기금을 지원한 프로젝트)의 책임교수로서 나의 경험에 대해 글을 써왔다. 나는 매우 잘 알려진 MOOC의 강사진이 독점적이라고, 이를 더 확대해서 말하면, MOOC에서 제시된 어떤 주제든 이의 교수법의 수가 제한적이라는 점이 문제라고 계속해서 느꼈다. 여기서 정론의 문제는 두 배가 된다. 첫째, 내가 앞서 설명한 문제가 있다—교수가 미국의 대학에서 어떤 수업을 가르칠 때 사용할 수 있는 많은 방법들의 폭을 좁힌다는 것이다. 둘째, 미국의 수업을 전 세계에 개방할 때 나타나는 도전들이 증폭되고 있으며 좁은 미국의 시각은 새로운 형태의 식민주의를 표방한다는 딜레마에 부딪친다는 것이다.

우리의 1학년 글쓰기 MOOC 수업은 이 수업을 설계한 팀이 많은 시간을 들여 이 과목을 수강할 학생들의 다양한 배경에 대해 고려를 하였다. 다른 MOOC 수업을 수강한 학생들을 봤을 때, 우리는 많은 외국의 학생들이 이 수업을 수강할 것을 예상해야 함을 알았고 이들의 문화를 배려하고자 하였다. 시작부터 우리는 이 수업의 성공을 위해서는 모국어 수준의 영어 능력이 필수적임을 학생들에게 알렸고, 수업 전 홍보 동영상에도 이 점을 두드러지게 공지하였다. 우리는 영어 실력이 부족한 학생들을 받아들일 수 없음에 유감이었지만, 우리 팀은 영어학습자(English-Language-Learner, ELL) 교사로서 부족하나마 어느 정도의 경험이 있었기 때문에, 영어가 모국어가 아닌 학생들의 특수한 요구를 지원하는 데 필요한 광범위한 자원이 우리에게는 없다는 것을 알고 있었다. ELL을 위한 일을 6살 때부터 시작하여 젊은 베트남 난민들이 영어를 배울 수 있도록 돕기 위해 여름방학을 포기하고 학교를 나갔던 나로서는 ELL 교육을 매우 소중하게 생각하지만, 그것이 얼마나 특별하고 부담이 되는 일인지 또한 안다.

우리의 MOOC에서 얻은 흥미로운 성과는 러시아 학생들이 우리 수업의 사이트에 있는 모든 내용을 러시아어로 번역하였다는 것이다. 다행히, 우리 학과에 러시아어에 유창한 박사과정 후 연구원이 있어서, 번역이 잘 되었음을 확인할 수 있었다. 학생들에게 이러한 번역을 하게 하는 것이 완전히 합당한 ELL 수업계획이라고 할 수는 없지만, 이는 우리가 기대하지 못했던 포괄성을 제공했으며 우리는 이에 기뻐하였다. 하지만, 이러한 일을 할 의지가 있고 능력을 갖춘 학생들을 찾는 것은 일반적인 수업에서 합당하게 기대할 수 있는 것이 아니다.

우리는 우리 팀원이 한 사람만 빼고 모두 백인이라는 점을 특히 주의하고 우려하였다—우리 팀의 비디오촬영 전문가는 흑인이지만, 그는 항상 카메라 뒤에 있었다. 우리의 강사진도 예외는 아니었다. 코세라 웹사이트(2014)의 강사진 프로필 사진을 검토해보니, 이들 대부분이 백인이었다. 우리 팀의 많은 이들이 다른 나라에서 살았었으며, 이중 일부는 소수자에 속하는 사람들이었기 때문에(예를 들어, 우리 팀원 중엔 성적소수자와 장애인이 있었다), 우리는 우리

팀이 다소 동질적으로 보일 수 있다는 점을 잘 알고 있었다. 이에 따라, 우리는 우리 중 어떤 온라인 강사든 그들이 어떤 옷을 입을지로부터 시각자료에 불쾌한 상징이 포함되어 있지는 않은지, 그리고 억양과 사투리를 이해하는 데 어려움이 최소한으로 적은 음성자원을 고르는 일까지 모든 것을 고려하는(그리고 논쟁하는) 기획회의를 여러 번 가졌다.

결과적으로, 우리는 남극을 빼곤 모든 대륙에 거주하는 거의 27,000명의 수강생을 보유했고, 이들 중 일부는 바레인, 마다가스카, 그리고 네팔처럼 우리가 아는 바가 적은 문화에 속해있었다. 우리가 아무리 통합적이 되려고 노력을 해도, 우리가 하려는 방식이, 우리가 인지하지도 못한 채, 미국의 문화를 우선시하고 있다는 것을 예측하는 데 실패한 적이 많았다. 예를 들어, 구글 행아웃을 이용한 토론 시간에 우리는 읽기과제에 제시된 몇 가지 요점에 대해 논의하기로 하였다. 우리 학생 중 터키 학생 한 명이 저자(Martin Luther King. Jr.)의 배경에 대해 잘 모르고 있음이 금방 느껴졌다. 나는 간디에 대해 언급하기로 결정했고, 그렇게 하자 이 학생은 우리의 대화를 더 잘 이해하기 시작하였다.

또 다른 날에는, 몇몇 학생들이 David Sedaris의 에세이의 음성녹음에 대해 우려를 표시하였다. 이에 약간의 비속어가 있었기 때문에, 우리는 기획단계에서 이 음성자료를 사용하는 것을 주저했었다. 학생들은 이에 불쾌하다기보다는 혼란스러움을 표현하였다. 이 수업의 선행조건으로 영어가 능숙해야 함을 요구했지만, 비속어와 유머는 모두 매우 관용구적 표현들이다—우리는 이 점을 고려했어야 한다. 우리는 최소한 Sedaris의 스타일과 언어의 선택이 어떻게 기능하는지에 대한 정보가 담긴 듣기 지침서를 제공했어야 한다.

우리는 또한 우리의 전공분야에서 널리 알려진 고전적인 인물에 대해 언급하는 것이 어려운 일임을 알게 되었다—그래서 학생들의 에세이가 자주 수업 교재가 되곤 한다. 수업 교재로 쓰일 수 있는 예시를 찾기 위해 수천 명이 수강하는 MOOC에서 모든 학생들의 글을 검토하는 것은 불가능하지는 않지만 비현실적인 일이다. 이 수업에서 모든 글쓰기 과제들은 동료평가를 통해 평가되기 때문에, 강사들이 주된 평가를 제공하는 사람들이 아니었다. 그 결과, 우리가 보다 다양한 교재를 제공하게 했을 수 있는 학생들의 글이 포함되게 할 또 다른 접근점을 잃게 되었다.

우리 팀이 어떠한 교재를 선택했는가의 쟁점과는 별개로, 우리가 특정한 문화적 관점을 강요하고 있다는 일부 학생들의 인식과 관련한 부차적인 쟁점이 있음을 알게 되었다. 학생들이 주도한 가장 활발한 온라인 토론 중의 하나가 나의 복장이 적절했는가에 대한 논쟁이었다. 이 논쟁이 식민주의의 쟁점을 반영한 것이라 하더라도, 한 학생이 내가 "인디언"처럼 보이는 복장을 입는다고 화를 내며 "선생님은 소수민족처럼 보이려고 하세요?"라고 물었다. 다른 학생은 내 복장의 선택이 탁월했다며 이를 옹호하였다. 이 학생은 여성 패션에 대해 평론과 같은 글을 남겼다.

나는 동영상강의 모듈에서 무슨 옷을 입을지에 대해 많은 생각을 하였고, 얌전하며 다른 사람이 봤을 때 기분 나쁘지 않은, 하지만 동영상에서 다채롭게 보일 아이템들로 신중하게 골랐다. 그리고 나는 머리를 가리지 않기로 의식적인 선택을 하였다. 나는 신중하고 싶었지만, 동시에 내가 누구인지를 솔직하게 반영하는 방식으로 보이길 바랐다. 이러한 온라인 토론방의 논쟁은 이토록 폭넓은 범위의 문화적 전통들을 가진 학생들과 함께하려면 더욱 주의를 기울여야 할 필요가 있음을 보여준다.

MOOC와 독점성의 한계

미국 대학이 MOOC를 통해 수업을 무료로 제공한다면, 그 누구도 강사가 선택한 설계와 내용에 대해서 불평을 하지 말아야 한다고 MOOC의 옹호론자들은 주장할 수도 있다. 원래의 MOOC 플랫폼 제공자와 다른 MOOC의 찬성론자들이 그들의 마케팅 계획의 일부로 주장해왔던 미사여구들을 생각해보면 그릴 수 있다. MOOC가 언론의 관심을 받게 되자, 우수한 미국 대학은 자신들의 특별한 교육 브랜드를 국내와 세계 대중들에게 제공한다는 점에 주로 초점이 맞춰졌다—이렇게 매우 저명한 대학에 다닐 수 있는 기회를 갖는 학생수가 극히 적다는 점에서 이는 실로 관대한 처사이다. 하지만 절대로 명망이 신중한 교육방법을 대체할 수는 없다.

대규모의 공개 수업이 저명한 (그리고 대부분 사립인) 대학에서 제공되던 MOOC에 최근에는 일부 큰 규모의 미국 주립의 연구 중심 대학에서도 참여하게 된 후에도 여전히 MOOC에 대한 미사여구는 엘리트주의에 집중되었고 이와 동시에 일종의 평등주의도 홍보되었다. 그 메시지는 매우 저명한 (일반적으로 미국의) 교육기관이 배움에 관심 있는 누구에게나 무료로 훌륭한 수업을 제공할 것이라는 것이다. 하지만, 이러한 수업을 제공하는 기관의 수는 적으며, 이 대학들이 최고의 교수진을 갖추고 있기 때문에 특별히 선택된 것이 아니라 그들이 이러한 우수한 대학에 교수진으로 있기 때문에 그렇게 된 것이다.

내가 주장해왔듯이, "어떤 교육기관이든, 매우 단순한 주장이 있다: 어떤 학교의 어떤 강사가 그 과목을 가르치는 최고의 강사라는 것이다. 최고의 교사 모형이 있다고 믿는 사람들은 한 과목에 대해 수백 개의 다른 교수법이 있을 필요가 없다고 주장할 수 있다. 하지만, 이러한 주장은 많은 분야에서 나온 광대한 지식 기반을 설명하지 못한다"(2014). 이러한 모형은 광대한 문화적 차이들과 또한 전통적인 미국 대학 체계에 속하지 않는 학생들과, 또는 이와 같은 의미로, 미국 대학을 다니고 있는 다양한 유형의 학생들을 위해 수업 설계의 일부분이 되어야 하는 배려사항들을 고려하지 않은 것이다.

교육과정의 설계에 잠재해 있는 책임과 도전에는 항상 논쟁의 요지가 있었다. Lauter(1991)는 교통신호에 비유하여 다음과 같이 설명한다.

> 학교는, 그들이 다른 어떤 일을 하든지, 우리 사회의 문화적 신호들을, 확고하게 붉고 푸른 불빛을, 수립하고 전수하는 일을 돕는다. 실로, 교육과정을 이해하는

> 한 가지 방법은 학생들이 평생 동안 가게 될 다양한 길들을 안내해주는 정교한 신호등으로 보는 것이다.

교육과정 설계가 이토록 광범위한 시사점을 가진다면, 이러한 단일 공급자 모형이 왜 주목을 끄는 것일까? 국내의 관점에서 보면, 지난 몇 년간 미국의 거의 모든 고등교육기관들이, 주정부나 연방정부의 기금 삭감 또는 개인의 기부 감소, 또는 기관 기부의 감소, 또는 이들 모두의 영향으로, 예산 감축을 겪었다. 수업이 고등교육의 비용을 결정하는 주요 요소임은 의심할 바 없지만, 그 비용은 점차적으로 줄어드는 반면 행정과 지원 서비스 비용은 빠르게 늘어나고 있다. Bain의 최근 보고서에 의하면,

> 재단과 총장은 지원과 행정 비용의 성장을 억제하는 데 함께해야 한다. 대부분의 대학에서 그러한 비용들이 수업을 위한 비용보다 더 빨리 늘어나고 있다. 그 어떤 업계에서도 간접비가 이처럼 빨리 늘어나는 것을 허용하지 않을 것이다—임원진들이 자리에서 물러나게 될 것이다. 모든 대학들은 비용을 줄이고 효율성을 높일 수 있는 곳이 어디인지를 찾아볼 때 교육과 연구의 핵심에서 가장 먼 곳부터 바라봐야 한다. 밖에서부터 안쪽으로 비용을 줄이고, 안에서부터 바깥 쪽으로 세워가라. (Denneen & Dretler, 2012, p. 5)

그럼에도 불구하고, 많은 비평가들이 고등교육의 수업 비용을 줄이는 것이 가장 중요한 전략이라고 지적한다. 이러한 비평을 고려했을 때, 지정된 콘텐츠 제공자를 강사로 선정하는 것보다 더 좋은 방법이 있을까? 이러한 모형에서는, 학생들은 단일한 MOOC 제공자로부터 콘텐츠 정보를 얻게 될 것이다—이는 각 대학이 유사한 콘텐츠에 대한 강사를 고용할 필요가 없게 만들 것이다.

이러한 모형에는 교육방법상의 도전이 있음에도 불구하고, 그 중 가장 작은 문제는 그 수업을 준비한 콘텐츠를 가진 강사에게 직접 접근하는 기회의 부족

일 것이다. 특정 과목에 오직 적은 수의 강사만이 (더욱 심하게는 한 사람만) 있다는 것은, 이 과목에 대한 자원, 방법, 절차, 그리고 접근법들의 정론이 필히 그 특정 강사의 지식, 경험, 그리고 선호도에 의해 제한된다는 것이다. 각 과목에 있어 이전의 단 한 명의 강사만을 따라 한다면, 그러한 과목의 정보가 금세 새로운 정론으로 될 것이다. 일반적으로 받아들여진 보편적인 목적이 있을 수 있으나, 어떤 자원들을 조합하여 선택했느냐에 따라 어떤 과목에서든 전반적인 성과라는 기본 구조하에서 다양한 경험들을 학생에게 제공할 수 있는 다른 여러 가지 고려사항, 예시, 실험, 그리고 모형들이 있다.

도입부에 내가 선호하는 것에 대해 언급했듯이, 내가 19세기 미국 문학에 대한 유명한 MOOC 강사가 된다면, 예를 들어 멜빌은 그 과목의 교육과정에 들어있지 않을 것이다. 내가 말했듯이,

> 이러한 과목에 대한 "모두에게 맞는 하나의(one size fits all)" 접근법이 시사하는 바는 교실 밖을 훨씬 넘어서는 것이다. 다양한 경험을 쌓는다는 것은 여러 사람들이 모여 한 팀으로 일할 때, 만약 새로운 건물을 설계한다면, 이들이 가능한 것들을 더욱 다양하게 이해할 수 있다는 뜻이 된다. 강사진을 제한함으로써 콘텐츠를 제한하는 것은 학생들이 무엇을 배울 수 있는가를 제한한다는 뜻이다. 우리가 교육과정의 다양성의 상실을 고려하지 않는다면, 우리는 모든 교육적 경험을 오직 소수의 사람들만 누리던 것으로 좁히게 될 것이다. (2014)

MOOC에 대한 미사여구는 종종 단일 공급자 모형으로 이어지고 정론들을 제한하고 더욱 일반적이 되어가는 특정한 사고 방식만이 특전을 누리게 하는 움직임을 옹호하게 한다. 국내적으로는, 공통의 핵심 자료를 수립하려는 논의에서 이를 어느 정도 볼 수 있다. 더 넓게 본다면, 단일 공급자 모형으로 정론을 제한하려는 움직임은 정치적 그리고 문화적 쟁점이 되었다.

그 중 한 가지 문제는 학생들에게 교육을 제공하는 데 있어 이와 동시에 이들

이 취업을 준비할 수 있도록 이중으로 집중을 하는 것이다. 졸업생들이 전문화된, 또는 심지어 단편화된 기술을 습득해야 한다고 기업 채용담당자들과 관리자들뿐만 아니라 국회의원들이 주장함에 따라, 이의 찬성론자들은 이러한 훈련을 위해 MOOC가 특별히 잘 맞는다고 옹호해왔다. 대학교육을 단순히 취업훈련 프로그램으로만 봐야 할지에 대한 논쟁은 새로운 것은 아니며, 이러한 논쟁에 정론이 큰 부분을 차지하였다. Lauter(1991)는 다음과 같이 주장한다.

> 교육기관들은 늘 "-에서(in)"와 "-로(to)"라는 두 가지 전치사 사이에 붙잡혀 있는 것으로 보인다. 우리의 사명 중 하나는 학생들에게 역사, 문학, 물리와 같은 다양한 분야를 가르치는 것이다. 그러나 이와 동시에, 우리는 학생들이 교실 바깥의 세계에 준비가 되도록, 이들이 앞으로 수행할 직업에서의 창조와 재창조, 그리고 이들이 진화시킬 아이디어들에 대해 준비가 되도록 교육을 받기를 기대한다. 나는 이러한 과거와 미래의 비전의 목소리들 사이에서 이 전치사들이 긴장관계에 있음을 본다.

MOOC를 둘러싼 미사여구들 중 많은 수가 이러한 과거와 미래의 긴장관계를 반영하고 있다. 분열과 혁신과 같은 단어들의 사용이 이러한 긴장을 잘 보여준다. Lauter(1991)는 그의 주장을 더욱 상세히 설명하기 위해 -에서(in)와 -로(to)의 긴장관계뿐만 아니라 과거와 미래의 긴장관계가 잘못된 것이며, "우리가 가르치는 지식체"는 우리가 과거에 대해 어떻게 느끼느냐가 미래의 토대를 형성한다는 점에 기반하여 만들어진다고 말한다. Lauter는 다음과 같이 주장한다.

> 어떤 교육 프로그램이든 인류의 경험이라는 광대한 창고로부터 일부만을 선택하는 데 집중해야 한다. 선택된 것은 우연이나 불가피한 것이 아닌, 학생들이 앞으로 있게 될 세상에서 살기 위해 "알아야 하는" 것이 무엇인지에 대한 내재적인 비전에 의해 결정되어야 한다고 나는 제안한다.

취업을 위해 학생들이 알아야 하는 것과는 별개로, 인식론은 문화적, 그리고 때로는 국수주의적인 고려사항들로 인해 더욱 복잡해진다. 교육부장관인 Michael Gove는 최근 영국에서 중등교육의 일반수료과정(General Certificate of Secondary Education)에 미국 문학작품이 너무 많이 포함되었다고 판단하였다(Molloy, 2014). 공통된 교육목적과 성과를 요구하는 것이 반드시 문제가 되는 것은 아니지만, 그러한 목적과 성과를 달성하기 위해 엄격한 한 가지의 교과서와 방법의 모형을 가지고 있는 것은 국수주의자적인, 심지어는 분리주의자적인 정서를 심화시킬 수 있다. 뿐만 아니라, 좁은 관점에 한정된 정론은 특정 인구집단에게는 완전히 맥락에서 벗어난 교육과정 교재를 만들어내게 할 수도 있다.

단일 정론의 정치적 그리고 문화적 시사점

정론의 수립은 항상 일종의 검열이 나타나게 하여 특정 작품들에 대해 다른 작품들보다 특권을 부여해왔다. 사회는 "현재 어느 곳에서든 생각했고 알고 있는 것들 중에서 최고의 것을 만드는 것을" 추구해야 한다는 Matthew Arnold의 철학적 이상과, "결코 고정화되지 않은 표식"이라는 셰익스피어의 구절에서 표현되었듯이 최고라는 것은 없기 때문에 우리는 절대로 진짜 "최고의 것"을 판단할 수 없다는 점을 영리하게 인정하는 것 사이의 균형이 바로 균형 잡히고 발전적인 교육과정 설계의 핵심이다. 내가 Arnold와 셰익스피어의 구절을 인용한 것은 정론화된 아이디어, 교과서, 그리고 방법이 뿌리 깊게 자리잡을 수 있음을 보여주기 위해서이다. 셰익스피어와 같은 작가의 중요함이 널리 인정되고 있더라도, 국수주의적이고 정치적인 의도들은 세계가 더욱 좁은 관점을 갖도록 만들 수 있다. Gove 장관이 미국 문학작품들을 배제하도록 강제할 수 있다면, 다른 어떤 나라이든 그 국가의 장관이 셰익스피어가 너무 영국적이라며 이를 배제하도록 결정할 수 있는 것이다. 결과적으로, 한 국가의 대표작들, 또는 선별된 대표작의 모음이 수업에서 가르쳐야 할 것의 정론적인 대표작들이 되고 그 수업들이 선호된다면, 우리에게 학문적 식민화라는 새로운 형태의 식민화가 일어나는 것이다.

많은 수의 대중에게 전파할 수 있는 자원을 제공하는 것의 도전은 그러한 전파를 위한 주요한 메커니즘을 제공하는 기관이나 기업체가 거의 오로지 서양에만 있다는 점이다. 이렇듯 현재 MOOC와 개방교육에 대한 서양의 우세한 영향력은 특정한 문화가 다른 문화들을 배려하지 않고 우세한 정론을 창조할 수 있기 때문에 이러한 문제를 더욱 심화시키고, 케네디가 대표작으로 인정되는 예술작품들에 대해 설명했듯이, "천재성과 우수성"에 대한 우리의 다양한 생각들이 포괄성을 보호해준다. 그럼에도, 우리는 현대의 세계화된, 이질적이고, 다문화적인 세계에서 대다수의 사람들이 예술을 경험하는 방식과는 거의 상관없는 대표작의 위계질서를 만든다(Kennedy, 2010).

이러한 학문적 식민화가 이미 존재하고 여러 해 동안 존재해온 것이 사실이지만, MOOC나 이와 유사한 플랫폼을 통한 정보의 급증은 범주적인 면에서 그리고 기하급수적으로 더 큰 영향을 미칠 것이다. 다음에 인용된 구절과 같이, 몇몇 분야에서 변화가 일어나고 있음을 Miranda Kennedy(2010)는 Word Policy Journal에서 주장한다.

> 빠르게 성장하고, 교육 수준이 높은 중국과 인도의 인구들이 미국과 유럽의 이민자들로서 목소리를 이렇게 크게 내고 있는 지금, 더 이상 예술과 문학이 유럽인이나 백인의 경험에 중점이 되어 있다고 말할 수 없다.

학문적 문학계의 대표작에 있어서는 통합성이 개선되고 있다는 점에 동의를 하지만, 아직도 미국의 많은 기본교육 과목들에서 주된 문학적 테마는 대단히 서양에 중심이 맞춰져 있다. 예를 들어, 나는 대학원생 때 대학교 2학년 대상 세계

문학 개론의 강사였는데, 이 수업은 정말로 서양 문학이어서, 교과목명 자체에 이미 특정한 대표작들의 요소가 포함되어 있다. 이 과목의 교육과정은 이미 거의 완전히 짜여 있어서 내가 할 일은 지정되어 있는 교과서를 사용하고 정해진 과제들을 지도하는 것이었다.

한 번은 내가 "라파치니의 딸"이라는 나다니엘 호손의 단편에 대한 토론을 이끌고 있을 때, 에덴의 동산과 관련하여 금지된 식물들이 정원의 핵심적인 구조물임을 지적함으로써 암시법의 개념을 설명하고자 했었다. 내 학생들 중 반 이상이 중국인이었다. 몇 분이 지난 후에 나는 이들이 문학에 대한 지식의 일부분으로 교회의 주일학교의 교육과정을 받지 않았음을 깨달았다. "빠르게 성장하고, 교육 수준이 높은 인구들"이 있다는 케네디의 주장이 대표작에 있어 정론의 경계선을 넓히고 있지만, 단일 공급자 MOOC 모형(즉, 서양에서 만든 MOOC)은 기존의 단일하게 검증된 문학으로 세상을 되돌리려는 대량의 학문적인 선교사들과 같은 기능을 할 수 있다.

완전히 개방된 MOOC 플랫폼의 장점들

MOOC의 찬성론자들이 진정으로 세상에 최고의 교육 기회를 제공하고 싶다면, 그러한 플랫폼들을 폭넓고 다양한 기관과 교사들에게 개방해야 할 것이다. 완전히 개방된 확장된 MOOC는 다양한 방법과 맥락을 포함할 수 있어서, 어떤 분야에서든 전통적인 대표작의 개념을 폭발시킬 것이다. 이러한 확장된 또는 개방된 MOOC는 교육방법적 설계에서 가장 중요한 발전 중의 하나가 될 수 있다. Brown(2010)이 주장했듯이,

> 우리는 학생들이 무엇을 배워야 하는지를 결정할 우리의 힘을 보존하고 주장하기 위해 우리의 교육방법적 대표작들—우리의 집단적인 교육과정의 선택들—의 기반

> 이 되는 요인들을 이해할 필요가 있다. … 교육방법적 대표작들에 포함되는 데 바탕이 되는 요인에는 외부적 요인들(전통과 관성, 인정, 집단과 개인의 중요성, 그리고 유효성) 그리고 내부적 요인들(문학사에서 위치, 유익한 내용, 미학적 우월성, 그리고 독자를 재미있게 하거나 감동을 주는 능력)이 있다. 이러한 요인들을 알면, 우리는 우리의 학생들을 위한 가장 중요한 선택기준이 무엇인지를 판단할 수 있다.

MOOC의 강사를 해본 경험이 있는 사람으로서, 나는 넓은 범위의 기관에서 넓은 강사진을 확보해야 하는 필요성을 인지한다. 그리고 우리의 수업설계에 대해 보다 비판적이 되고 그뿐 아니라 우리 각자가 어떻게 (의식적으로 또는 무의식적으로) 특정한 문화적 헤게모니를 영속시키는지를 완전히 인지함으로써, 우리는 학계에서 대표작을 좁히는 대신 넓히는 데 MOOC를 이용하는 방법을 고려할 수 있다. 이러한 MOOC의 교육과정, 일반적으로 용인되는 관습들, 교수법, 그리고 문화적 참가자들을 넓힘으로써 다양한 이론적 관점들과 실질적 기법들을 배운 세대의 학생들을 육성할 수 있을 것이다. 이러한 학생들은 다양한 방법으로 문제들을 다룰 (그리고 희망컨대 해결할) 것이다. 이러한 확장이 일어나지 않는다면, 우리는 우리 삶의 모든 영역에서 혁신을 현저히 감소시키고 문제해결을 제한할 수 있는 단일한 종류의 사고방식을 갖게 되는 위험을 감수하게 될 것이다.

공동의 목적을 달성하기 위해 서로 다른 기관들과 문화들이 함께 일할 수 있는 방법은 여러 가지가 있다: 그 하나가 우리의 수업을 수강하는 많은 수의 학생들을 보다 통합적으로 만드는 것이다—이들의 다른 시각들과 경험들을 포함하는 것이 모든 수업의 자원들의 핵심적인 부분이 되어야 한다. 우리 학생들의 다양성이 MOOC나 또는 이와 유사한 플랫폼들이 가진 큰 장점들 중의 하나이다. 마지막으로, 우리는 오늘날 매우 흔히 볼 수 있는 형태의 단일 공급자 모형을 받아들일 수 없다; 이는 학생들과 그들이 무엇을 배울 수 있는지를 제한하게 될 뿐이다.

Karen Head | 조지아 공과대학교(Georgia Institute of Technology)의 커뮤니케이션 센터의 디렉터이며 문학, 매체, 그리고 커뮤니케이션 대학의 조교수이다. 그녀의 연구분야는 글쓰기와 커뮤니케이션 이론, 그리고 교육방법론이다. 2012~2013년에, 그녀는 대학 글쓰기 수업에 중점을 둔 첫 번째 MOOC 수업을 개발하기 위해 게이츠 재단 연구비를 수여받은 GT 팀의 일원이었다. 그녀는 그 경험에 대해 여러 논문을 게재하였다.

참고문헌

Denneen, J., & Dretler, T. (2012). *The financially sustainable university?* Bain Briefs. Retrieved from http://www.bain.com/Images/BAIN_BRIEF_The_financially_sustainable_university.pdf.

Brown, J.L. (2010). Constructing our pedagogical canons. *Pedagogy: Critical approaches to teaching literature language, composition, and culture*, *10*(3), 525–53.

Coursera. (2014). Meet our partners. Retrieved from https://www.coursera.org/about/partners.

Head, K. (2014). The hidden costs of MOOCs. In S. D. Krause, & C. Lowe (Eds.), *Invasion of the MOOCs: The promises and perils of massive open online courses*. Anderson, SC: Parlor Press. Retrieved from http://www.parlorpress.com/pdf/invasion_of_the_moocs.pdf.

Kennedy, M. (2010, September). A non-inclusive canon. *World Policy Journal*, *27*(3), 3–7. Retrieved from http://wpj.sagepub.com/search/results?fulltext=a+non-inclusive+canon&submit=yes&journal_set=spwpj&src=selected&andorexactfulltext=and&x=0&y=0.

Lauter, P. (1991). *Canons and contexts*. New York: Oxford University Press.

Molloy, A. (2014, May 25). Michael Gove "axes" American classics including To Kill a Mockingbird from English literature GCSE syllabus. *The Independent*. Retrieved from http://tinyurl.com/mhu8rrv.

3

일본의 MOOC와 개방교육

일본 개방대학교의 사례

Kumiko Aoki

서론

일본은 기술적으로 앞선 사회이며 신뢰할 만한 전기통신 기반시설을 갖추고 있다. 그래서, 일본에 거주하지 않는 사람들은 일본이 전국적으로 정보통신기술(Information and Communication Technology, ICT)의 교육적 활용에도 앞서 있을 것이라고 자연스럽게 추측한다. 그렇지만, 고등교육을 포함한, 일본의 교육에서 테크놀로지의 활용은 비교적 느린 편이다. Toru Iiyoshi와 그의 동료들이 실시하고 교토대학교에서 출간된(Kyoto University, 2014) 최근의 설문조사에 의하면, 일본의 고등교육기관들 중 40퍼센트 미만만이 어떤 형태든 이러닝을 제공하고 있으며 57퍼센트만이 대학 차원의 학습관리시스템을 제공하고 있다. 그리고, 일본의 고등교육기관들 중 절반이 안 되는 수가 이러닝 또는 ICT 활용에 대한 기관 차원의 전략을 갖고 있다. 사실, 이러한 노력들의 대부분은 면대면 수업 임무에 추가하여 일상적으로 이것들을 관리하는 교수 개인들에 의해 이루어진 것들이다.

일본의 교육에서 ICT 활용이나 온라인 교육이 다른 선진국들에 비하여 뒤처져 있지만, MOOC 또는 "대규모 온라인 공개 강좌"라는 용어는 일본의 고등교육의 이해관계자들에게 광범위하고 강력한 영향을 미쳤다. 2013년 10월, 일본에서 MOOC와 온라인 교육의 전파와 활용을 촉진하는 수단으로서, "JMOOC" (JMOOC, 2013)라고도 알려진, 일본의 대학교와 기업체들의 컨소시엄이 일본 개방 온라인 교육 진흥 협의회를 창설하였다. 이에 따라, 이러한 노력들의 결과물이 이 글을 쓰고 있는 시점에 나타나기 시작하고 있다. 뿐만 아니라, JMOOC는 2014년 말까지 일본의 여러 다른 대학교들에서 15개의 과목을 더 제공할 계획이다.

JMOOC가 창설되기 이전에 일본에서 가장 저명한 국립대학인 도쿄대학교와 교토대학교가 미국의 유명한 두 개의 MOOC 이니셔티브인 코세라(Coursera)와 에드엑스(edX)에 각각 동참하였다(Kyoto University, 2013; Tokyo University, 2013). 일본의 MOOC에 대한 관심의 상징으로, 2013년 9월에 도쿄대학교가 제공한 첫 번째 코세라 수업인 "빅뱅으로부터 다크 에너지까지"라는 과목에 30,000명 이상이 등록하였다. 7개월 후, 2014년 4월에 교토대학교가 제공한 "생명의 화학"이라는 첫 번째 에드엑스 과목에 18,000명 이상이 등록하였다.

온라인 교육과정이 여전히 드물고 이러닝은 일반적으로 강의동영상을 온라인으로 전달하는 것을 뜻하던 일본에서조차도, MOOC는 온라인 교육을 자신들의 미래 전략의 일부로 신중하게 고려하지 않았던 많은 고등교육기관들에게 영향을 미쳤다. 이로 인해, 그들은 단지 MOOC의 잠재력뿐만이 아니라 그보다 좀 더 규모가 작은 블렌디드와 완전한 온라인 형태의 교과목과 프로그램을 제공하는 것에 눈을 뜨게 되었다.

일본의 개방교육을 보면, 일본 개방대학교(Open University of Japan)—일본어로는 "방송대학"이라는 뜻의 "호소 다이가쿠"라고 불린다—가 신호가 잡히는 텔레비전이나 라디오를 소지한 사람들이라면 일본에 있는 어느 누구에게나 이 대학의 텔레비전 채널 또는 라디오 세트를 통해 30년 동안 대학 수준의 강의 프로그램을 방송해왔다. 캠퍼스에서 수업을 듣는 정규 대학교육을 받을 기회를 놓쳤거나 놓치고 있는 사람들을 위해 고등교육 서비스를 제공하는 일본 개방대학교의 사명을 고려할 때, 이 대학이 MOOC를 제공하는 것은 자연스러운 일처럼 보이지만, 일본 개방대학교가 온라인 수업을 제공하는 길 역시 험난하였다.

이 장에서는 일본의 원격교육과 온라인 원격교육의 다양한 역사적 발전들을 사회적 그리고 문화적 관점에서 설명한다. 그리고 일본의 다양한 형태의 원격교육의 국내적 그리고 국제적 중요성에 대해 논한다.

일본 원격 고등교육의 역사적 맥락

일본의 개방교육의 역사는 일본의 원격교육의 역사와 평행선상에 있다고 말해도 무리가 아니다. 더 자세히 말하자면, 일본의 원격교육은 그것이 없이는 고등교육에 접근할 수 없는 사람들을 교육하기 위한 대안의 수단으로 발전하였다. 그러나, 고등교육의 역사와 비교하면, 원격 고등교육 또는 통신 고등교육이 일본에서 공식적으로 인정되거나 인증을 받은 것은 상대적으로 매우 최근의 일이다(Aoki, 2006).

일본 교육부가 통신 프로그램이나 원격학습 프로그램이 정식으로 학점을 수여하도록 승인을 한 것이, 그럼으로써 일본의 기관들이 원거리에 있는 그들의 학생들에게 학위를 수여할 수 있게 된 것이 1950년이다. 일본 고등교육협의회에 의하면, 이것이 일본의 원격 고등교육의 시작이었다. 그 이후로, 일본 교육부는 두 개의 다른 인증체계 또는 대학설립기준을 유지해왔다: 하나는 전통적인 캠퍼스에 존재하는 기관들을 위한 것이고, 또 하나는 통신 원격교육을 위한 것이다.

그 당시에는 원격교육 프로그램들이 학위를 수여하도록 정식으로 인증을 받았었지만, 학사학위 수료에 필요한 124학점 중 30학점은 면대면 수업(즉, 정규수업)을 통해 취득해야 하였다. 1988년 3월에 최소 30학점 이상을 면대면 수업으로 취득해야 하는 이 규정이 완화되었다. 그 당시에 일본 정부는 이 30학점을 화상회의와 같은 실시간으로 매개된 의사소통을 통해 취득하는 것을 허용하기로 결정하였다. 약 13년 후인 2001년 3월, 일본 정부는 학생들이 인터넷상의 상호작용을 통해 30학점을 취득할 수 있도록 허용하였다. 이 결정으로 인해 처음으로 물리적인 캠퍼스 공간이나 소속 학습센터를 방문할 필요 없이 순전히 원격으로 학위를 받는 것이 가능해졌다.

이와 거의 동시에, 통신교육을 통한 대학원 프로그램들이 정식으로 인정을 받기 시작하였다. 실로, 2002년에 네 개의 대학원 원격교육 프로그램들이 개설되었다. 1년 후인 2003년에 원격교육을 통한 박사학위 프로그램들이 인정을 받기 시작하였다. 원격교육 프로그램들이 개방된 입학정책을 가지고 있고 입학시험이 없이 자격을 갖춘 누구나 그 대학의 수업을 들을 수 있도록 허용한다는 사실을 주된 이유로 시초부터 원격교육 프로그램들은 정규의 교실수업 프로그램들보다 못하다고 여겨져왔다. 그럼에도, 원격교육 프로그램은 전통적인 교실수업 프로그램보다 학문적으로 엄격하지 못하다는 넓게 퍼진 인식은 아직 완전히 사라지지 않았다. 다행히도, 이러한 부정적인 인식들이 서서히 변하고 있는데, 그 원인 중의 하나는 전통적인 교실수업을 하는 대학들에서 원격교육을 제공하기 시작하였다는 사실이다.

일본 개방대학교는 일본의 원격 고등교육과 개방교육의 전 역사에 걸쳐 독특한 역할을 수행해왔다. 다음의 섹션에서 이 대학의 역사와 현재의 모습을 설명하고자 한다.

일본 개방대학교: 일본의 대량의 고등교육 공급자

일본 개방대학교는 1983에 설립되었다. 2007년까지 이 대학은 영어로는 "방송대학교(University of the Air)"로 알려졌다. 강의 방송에 통신 교재와 지역 센터 방문을 결합했던 영국의 개방대학을 모형으로 하여 만들어진 일본 개방대학교는 1985년 4월에 텔레비전과 라디오 방송을 통해 수업을 시작하였다. 일본에서 수업 매체로 방송을 활용하는 대학을 설립한다는 생각을 맨 처음 한 사람은 1967년 교육부장관이다. 하지만, 여러 가지 정치적인 쟁점들로 인해 이 아이디어가 실제로 실행되기까지 10년 이상이 걸렸다.

일본 개방대학교가 실제로 개설되기 전에, 일본 개방대학교 설립을 준비하기 위한 연구와 실험을 진행하는 기구로서 방송교육개발 국립센터(후에 "국립 멀티미디어 교육원" 또는 NIME로 개칭됨)가 1978년에 개설되었다. 이 센터는 이러한 대학교에 대한 학습자들의 요구를 파악하는 광범위한 시범연구를 실시하였다. 몇 년 후에, 교육부는 일본 개방대학교를 설립하기 위해 "National Diet"로 알려진 일본의 양원제 의회에 법안을 제출하였다. 이 법안은 1981년에 국회를 통과했으며, 앞서 언급했듯이, 일본 개방대학교가 1983년에 설립되었다.

단순히 학생 수만을 얘기하면, 일본 개방대학교는 여러 해 동안 일본에서 가장 규모가 큰 대학이었다. 현재, 일본 개방대학교에 등록된 학생들은 83,000명이며, 일본의 원격 고등교육 프로그램들에 등록된 학생 전체의 수는 212,000명이다(MEXT, 2014). 다시 말해, 현재 일본의 모든 원격 고등교육 학생들의 약 40퍼센트는 일본 개방대학교 학생들이다.

일본 개방대학교가 특별히 독특한 점은 설립 시부터 지금까지 교육 프로그램들을 전달하기 위해 텔레비전 방송과 라디오 스테이션을 소유하고 운영하고 있다는 것이다. 그러한 교육 방송 서비스를 제공한다는 것은 수강신청을 한 학생들뿐만 아니라 방송신호를 받을 수 있는 사람이라면 누구나 이 대학의 교육 프로그램들을 보거나 들을 수 있다는 것을 뜻한다. 그러므로, 일본 개방대학교는 시작부터 개방교육을 제공해왔다고 주장할 수 있을 것이다. 그러나, 앞서 언급했듯이, 이 대학이 온라인 교육으로 전환하는 것은 여러 가지 규제, 조직의, 그리고 문화적인 이유들 때문에 꽤 느리게 진행되었다.

일본 개방대학교의 주된 교육 모형은 1983년 개교 이후 지난 30년 동안 거의 변하지 않았다. 사실, 첫 번째의 완전히 온라인의 프로그램들이 이제 설계되고 있는 중이며 2015년 4월부터 개설될 것이다. 이렇게 지연된 이유 중 하나는 일본 개방대학교의 교육 체계의 두 기둥이 (1) 교과서를 수반하는 방송 프로그램들과 (2) 대학의 학습센터의 면대면 수업들이었기 때문이다. 모든 방송 수업들의 학생평가는 지역의 학습센터에서 실시하는 기말고사로 이루어졌다.

그러한 방송 수업들에서 인터넷은 방송 강의 프로그램들을 스트리밍 비디오나 오디오를 온라인으로 올리는 것과 더불어서 토론방과 중간고사 과제들의 형태로 이용되었다. 그러나, 토론방은 평가나 학생의 학습활동에서 주된 부분이 아니었다. 당연하게, 그 당시에는 학생들의 토론방의 참여가 대부분 아주 적거나 없었다. 학생들이 온라인으로 질문을 할 수 있는 시스템이 있었다. 하지만, 그러한 질문들은 행정직 사무실로 먼저 보내진 후 필요하다면 교사에게 전달되었다. 그 결과로, 항상 학생이 질문을 올리고 답을 듣는 데 시간이 상당히 지체되었다. 다시 말해, 일본 개방대학교가 1983년부터 개방교육을 제공해왔지만, 결코 완전히 온라인이거나 완전히 상호작용적이지 못하였다. 그 대신에, 이 대학은 학생 중심의 또는 상호작용적인 활동들보다는 교사 중심의 그리고 콘텐츠 중심의 수업에 주로 의존해왔다.

MOOC라는 아이디어가 일본의 다양한 고등교육기관들의 이해당사자들에게 유행어처럼 번져나감에 따라, 이는 일본 개방대학교가 온라인 교육을 진지하게 고려하고 실행하는 모멘텀을 촉진하였다. 이러한 온라인 수업과 프로그램을 향한 일본 개방대학교의 움직임은 단순히 전 세계적으로 MOOC가 널리 인식된 후에 발생하지는 않았다는 점을 지적하는 것이 중요하다. 현실적으로, 온라인 교육은 수년간 토론과 논쟁의 주제였다. 그러나, 그러한 토론에 참여한 사람들은 일본 개방대학교가 온라인 교육을 도입하기 위한 승인을 얻는 데 필요한 초반의 합의를 이루지 못하였다. 최고경영진은 일본 개방대학교가 온라인 교육을 제공하는 것을 진지하게 고려하지 못하는 이유로 항상 다음과 같은 두 가지 변명을 이용하였다: (1) 재정적인 어려움, 그리고 (2) 학생들의 특성. 다음의 섹션에서는 이 이유들 중 두 번째에 중점을 두고 설명한다.

일본 개방대학교는 법적으로 사립대학으로 분류되어 있다. 그러나, 수입의 절반 이상을 정부의 기금으로 충당한다. 이러한 기금의 일부분으로, 일본 개방대학교의 경영은 두 개의 주요 정부 부처의 감시를 받는다: (1) 교육, 문화, 스포츠, 과학과 기술부(MEXT), 그리고 (2) 내무 및 커뮤니케이션부(MICA). 전자의 부처는 대학교육을 관할하고 후자의 부처는 방송 체계를 관할한다. 일본의 다른 대학들은 방송 허가권이 없기 때문에 두 부처의 감시를 받지 않는다. 그와 반대로, 일본 개방대학교의 사명은 방송을 통해 대학 수준의 교육 프로그램들을 제공하는 것으로 규정되어 있다. 그러므로, 다른 일본의 캠퍼스들과는 달리, 일본 개방대학교는 MICA로부터 방송국을 운영하고 유지하기 위한 보조금을 받는다.

그 결과로 일본 개방대학교 최고경영진은 이 대학의 교수전달 방식을 온라인으로 바꿈으로써 이러한 수입원을 잃게 될 것을 항상 두려워하였다. 이러한 상황은 이 대학의 방송국을 운영하고 유지하는 것 외에 그 어떤 것에도 예산을 편성하는 것을 어렵게 만들었다. 더 말할 필요 없이, 방송 프로그램은 비용이 많이 들어 이를 제작하고 전달하는 데 일본 개방대학교의 예산의 상당 부분이 소요된다.

일본 개방대학교가 온라인 수업을 제공하지 않는 이유로 사용된 두 번째 이유는 일본 개방대학교 학생들의 특성이다. 일본의 다른 대학교들의 대다수의 입학생들은 전통적인 대학 진학 연령이지만, 일본 개방대학교의 입학생들은 이들보다 나이가 더 많은 편이다. 일본 개방대학교 학생들의 60퍼센트 이상이 40대이거나 그보다 더 나이가 많다. 또한, 일본 개방대학교의 사명이 고등학교 졸업장 또는 이와 유사한 자격증이 있는 어느 누구에게든 고등교육을 제공하는 것이며, 현재의 일본 개방대학교의 학생들 중 많은 수가 온라인 수업에 접근할 수 있는 수단과 기술이 부족하기 때문에 일본 개방대학교는 온라인 수업을 개설하는 것을 주저해왔다.

이러한 두 가지 이유들이 일본 개방대학교가 온라인 수업을 개설하는 것을 진지하게 고려하는 것을 막곤 하였다. 하지만 2013년에 일본에서 MOOC라는 개념이 인기를 끌고 이전 해에 경영진이 변화를 경험했기 때문에, 이 대학은 온라인 수업을 개설하는 것의 가능성에 대해 진솔하게 되돌아보기 시작하였다. 이러한 갑작스런 관심의 신호로, 학생들과 교사들에게 온라인 학습을 시작할 수 있는 방법을 논의하기 위한 작업그룹이 만들어졌다. 앞서 언급한 일본 개방대학교에서 온라인 학습의 실행이 지체되었던 가장 분명한 두 가지 이유들뿐만 아니라, 일본 개방대학교가 실제로 온라인 교육을 실현하기 위해서는 그 전에 극복해야 할, 정치적 그리고 사회적 문제들을 포함한, 다른 여러 가지 보이지 않는 장애물들이 있었다.

그 논쟁의 중점은 이수학점을 정당화하는 방법에 있었다. 일본 개방대학교와 관련한 일본의 법률은 이 대학이 개설할 수 있는 과목들이 다음의 두 가지 종류임을 규정한다: (1) 방송 과목들, 그리고, (2) 교실수업(면대면) 과목들. 방송 수업들과 관련해서는, 각 과목들은 구체적으로 그 과목을 위해서 쓰여진 인쇄물을 동반한다. 이러한 과목들은, 당연히, 각 45분 길이의 15개의 프로그램으로 구성된 방송(텔레비전 또는 라디오) 프로그램들을 포함한다. 인쇄물을 공부하면 1학점을 취득하고 방송 프로그램을 시청하면 또 다른 1학점을 취득해서, 과목당 총 2학점을 취득하게 된다. 한 학생이 2학점을 취득하려면, 그 학생은 일본 전국에 있는 학습센터에서 실시하는 기말고사를 통과해야 한다.

방송 과목들과는 달리, 교실수업 과목들은 1학점으로 구성되어 있으며, 이를 위해 학생들은 학습센터에서 열리는 면대면 수업에 참석해야 한다. 이러한 면대면 수업들은 주로 주말에 열린다. 주말에 이틀 동안 열리는 수업에 참석하면 그 학생은 1학점을 취득할 수 있다.

MEXT가 수립한 일본의 법률에서 1학점은 45시간의 학습시간으로 구성되어야 한다고 모호하게 명시하고 있지만, 실제로는, 1학점은 대체로 — 학생이 실제로 얼마나 공부하거나 배우는가에 상관없이 — 15주의 기간 동안 주당 45분의 면대면 수업에 참여함을 뜻한다. 일본 개방대학교에게 온라인 과목은 완전히 새로운 범주에 속하는 것이다. 그 결과로, 온라인 과목에서 학점을 어떻게 계산할지 아는 사람이 아무도 없다. 대부분 학점을 강의시간의 길이로 생각해왔기 때문에, 시간 이외에 학생의 활동들이나 어떤 다른 측정법으로 학점을 생각하는 것은 일본 개방대학교의 대부분의 교직원들에게 어려운 일이었다.

정규의 캠퍼스에서 수업을 듣는 과목과 면대면 수업 과목에서는 수업이 어떻게 구성되는지를 그 과목을 맡은 강사가 주로 결정하기 때문에 이러한 온라인 수업으로의 변화가 이처럼 문제시되는 쟁점이 되지 않을 것이다. 여러 나라들의 대학들의 경우에는, 일반적으로 각각의 교실에서 무엇을 하고 있는지 점검할 수 있는 중앙의 권한이 없다. 그렇지만, 일본 개방대학교에서는 모든 방송 과목들이 중앙에서 관리되고 대학교 단위의 위원회에서 검토되며 교수회에서 확인한다. 이러한 의무화된 절차들은 학습활동들을 선정할 때 즉흥성이나 유연성의 여지를 허용하지 않는다. 그러므로, 온라인 과목들을 방송 과목들이나 교실수업 과목들과 동일하게 취급하려면 일본 개방대학교의 정책과 관행에 상당한 변혁이 요구될 것이다.

이에 대한 논의 과정에서 기본적으로 두 종류의 온라인 과목을 둘 것에 합의를 이뤘다: (1) 주로 정보를 전달하는 것을 목적으로 개설된 과목들, 그리고 (2) 학생들의 지식구성을 독려하는 과목들. 대부분의 일본 개방대학교의 교원들에게 전자의 과목들은 방송으로 강의를 전달하는 현재의 관행과 거의 다르지 않기 때문에 이러한 과목들이 어떤 모습일지에 대해 비교적 명확한 그림을 그리는 것은 쉬웠다. 이러한 유사성 때문에 이들은 단순히 무엇을 보여주거나 말해줄지에 대해서만 집중하면 됐다. 하지만 후자의 경우를 생각하는 것은, 이들이 학생들을 만나고 학생들과 상호작용할 기회가 논문 프로젝트를 지도할 때를 제외하고는 거의 없기 때문에 상당히 어려운 일이었다. 학생들과 보다 많은 상호작용이 필요하게 되는 좀 더 학생 중심적이거나 구성주의적인 유형의 과목들을 설계하고, 창조하고, 운영하고, 평가하는 것은 그러한 접근법들을 실제로 직접 경험해보지 않고서는 이들에게 매우 어려운 일이 될 것이다.

일본 개방대학교가 온라인 과목을 개설하는 것은, 대학 체계 전반이 방송 과목들을 방송으로 제공하고 지역의 학습센터에서 면대면 수업을 제공하는 것에만 맞춰 운영됐기 때문에 교원들만이 아니라 직원들 및 경영진들에게도 주요한 도전이었다. 온라인 과목과 프로그램으로 전환이 시작됐을 때, 온라인 과목을 제작하고, 설계하고, 창조하고, 시행하고, 운영하고, 유지하는 데 필요한 인력 자원들이 없었다. 이보다 더 심각한 것은 인력을 채용할 수도 없었다는 것이다. 사실, 일본의 대학 진학 학생 수의 감소와 일본 개방대학교에 대한 정부 지원금의 감소로 인해 재정수입이 줄고 있는 현 시점에 맞추어 대학의 온라인 수업 체계 전반을 기획하고 창조해야 하였다.

일본에는 미국의 대학들에 있는 직업경로와 같은 경력경로가 없다. 그 예로, 일본의 대학에는 두 종류의 교직원이 있다: (1) 교원과, (2) 행정직원. 행정직원들은 대개 평균적으로 3~4년마다 부서를 바꾼다. 예를 들어, 회계부서에서 일하던 직원들은 3년 후에는 학생지원과로 발령이 날 수 있다. 다시 말해, 대학은 전문가를 거의 육성하지 않는 문화가 있다; 그러므로, 많은 전문적인 업무는 외주를 주게 된다. 일본 개방대학교뿐만 아니라 어느 일본 대학에서든 많은 수의 온라인 과목과 프로그램을 개설하는 것을 진지하게 고려한다면 인적자원 체계를 재고해야 한다.

일본 개방대학교와 일본에게 개방교육이란?

앞서 언급했듯이, 일본 개방대학교에 의해 제작된 방송 강의 프로그램들은 방송신호를 받을 수 있는 일본에 있는 누구나 시청이 가능하다. 일본 개방대학교는 일본에서 개방교육의 제공자로서 오랫동안 독특한 입지에 있어왔다. 하지만, 국제적인 관점에서 봤을 때 일본 개방대학교는 개방교육의 주요 제공자로서의 위치와는 거리가 멀다. 일본 개방대학교의 최종 생산물에 대해 국내에서 시청이 개방되어 있다고 해도 이들을 공유하거나 재사용할 수가 없다.

개방된 접근의 측면에서 또 하나의 제약은 일본 개방대학교의 교육적 제작물들이 일본 밖에서는 시청이 불가능하다는 점이다. 게다가, "개방교육"이 이 대학의 기본적인 철학의 기저를 이루며 교육 현장의 혁신과 변화를 촉진하도록 도와야 함에도 불구하고, 일본 개방대학교는 지난 30년 동안 변화의 움직임이 없었다. 이 장에서 언급했듯이, 이 대학은 여전히 교사 중심의 지식 전달이라는 교육적 모형에 기반하여 운영되고 있다. 이제는 정말로 변해야 할 시점이다. MOOC—그리고, 전반적인 온라인 학습—가 이러한 변화 또는 심지어 변혁을 촉진할 수도 있을 것이다.

고유한 언어를 가진 도서 국가로서, 일본인들은 교육과 아이디어의 교류 면에서 세상과 단절된 편이다. 게다가, 권위를 존중하는 유교적 전통과, 와(wa)라고 불리는 표면적인 화합을 유지하려는 일본의 문화도 교수와 학습에 상당한 장애물을 형성한다. 아이디어와 토론의 자유로운 흐름과 교류가 일반적으로 경험되거나 기대되지 않는다. 그러므로, 개방교육이 교육방법의 혁신을 적극적으로 촉진하는 동시에 학생들에게 다양한 아이디어와 관점들을 접하도록 하는 것이 진정으로 필요하다. 개방교육은 교사 중심적보다는 학생 중심적으로 되어야 한다. 개방교육은 학생들이 자신들의 학습에 대해 스스로 결정을 내리고 자신들의 속도에 맞춰 진도를 나가고, 자신들의 방식에 맞추고, 경험으로부터 배우고, 동료 학생들과 아이디어를 공유하고, 서로 협력하며 배울 수 있는 기회를 제공해야 한다.

일본 개방대학교는 일본인들이 가능한 제약을 적게 받고 교육을 받을 수 있도록 하는 사명을 부여받았다. 인터넷과 웹 2.0의 시대 이전에는 텔레비전과 라디오가 그러한 사명을 달성하기 위한 효과적인 수단이었을 수 있다. 하지만, 그러한 매체들은, 일부의 사람들에게는 여전히 중요하지만, 지금과 같은 디지털과 글로벌 시대에 대다수의 일본인들을 교육하기에는 부적합한 것들이 되었다. 낡은 매체들에 기반한 콘텐츠 제작에 맞춰진 전체적인 체계와 조직 구조를 재고해야 한다. 한 예로, 교육, 또는 교수와 학습을 위한 매체들은 다양해야 한다. 우리가 교수와 학습의 수단을 더욱 다양하게 제공할수록, 우리는 다른 배경과 요구를 가진 사람들을 더욱 효과적으로 포용할 수 있을 것이다.

앞으로 가까운 미래에 MOOC가 일본의 고등교육의 이해당사자들에게 중요한 역할을 할 것으로 기대한다. MOOC와 앞으로 등장할 다른 형태의 교육 전달이, 우리가 1950년대에 일본에서 원격교육을 시작했을 때뿐만 아니라 일본 개방대학교가 설립된 1983년과는 전혀 다른 시대를 살고 있음을 인지하는 데 도움이 될 것이다. 분명히, 전통적인 방식의 교수와 학습은 교육방법뿐만 아니라 대학의 구조 및 자원 분배의 측면에서 심각하게 재고되어야 한다.

Kumiko Aoki ㅣ 일본 개방대학교의 정보학과와 개방원격교육센터의 교수이다. 그 전에는 2004년부터 2009년까지 일본의 국립 멀티미디어 교육원의 부교수였으며, 1998년부터 2003년까지는 보스턴대학교의 커뮤니케이션 학과의 조교수, 1995년부터 1998년까지는 로체스터공과대학의 정보기술학과의 조교수였다. Aoki 교수는 1995년에 하와이대학교, 마노아에서 커뮤니케이션 및 정보과학 전공으로 박사학위를 취득하였다. Aoki 교수는 자신의 다학문적이고 다문화적인 배경에 기반하여 일어와 영어 모두를 사용하여 원격교육, 이러닝, 학습설계, 문화 간 협력학습, 그리고 원격협력(tele-collaboration)을 포함한 주제로 국제학회에서 발표하고 논문을 게재하였다.

참고문헌

Aoki, K. (2006). Distance learning programs and schools in Japan: From correspondence learning to e-learning. *Proceedings of the World Conference on E-Learning in Corporate, Government, Healthcare, and Higher Education* (Vol. 2006, No. 1, pp. 1802–6), Chesapeake, VA: Association for the Advancement of Computing in Education (AACE).

JMOOC (2013). *About JMOOC*. Japan Open Online Education Promotion Council and JMOOC. Retrieved from http://www.jmooc.jp/en/about/.

Kyoto University. (2014). *Koutou Kyouiku Kikan niokeru ICT no Rikatuyou nikannsuru chousakennkyuu [Research Report concerning the Use of ICT in Higher Education Institutions]*. Submitted to the Japanese Ministry of Education, Culture, Sports, and Technology.

Kyoto University. (2013, May 21). *Nihon de Saisho ni edX no konso-shiamu ni sannkashimashita* [Participating in the edX consortium as the first Japanese university]. Retrieved from http://www.kyoto-u.ac.jp/ja/news_data/h/h1/news7/2013/130521_1.htm.

MEXT (Ministry of Education, Culture, Sports, Science and Technology). (2014). Table 30. *Gakko Kihon Chousa [Basic Survey of Schools]*. Retrieved from http://www.e-stat. go.jp/SG1/estat/List.do?bid=000001054433&cycode=0.

Tokyo University. (2013, February 22). *Tokyo Daigaku to Coursera (U.S.) ga Daikibo Koukai Online Koza (MOOC) Haishin ni kannsuru Kyotei wo teiketu* [Establishment of the treaty between Tokyo University and Coursera for offering MOOCs] [Press release]. Retrieved from http://www.u-tokyo.ac.jp/public/public01_250222_j.html.

PART 2

개방교육 현재와 미래에 부상할 기회들

이 책의 두 번째 파트에서는 개방성과 관련한 다양한 관점들, 정책들, 그리고 이니셔티브들을 탐구한다. MOOC가 지난 몇 년간 많은 대중적인 관심을 받아왔지만, 공개교육자원과 오픈코스웨어는 실제로는 훨씬 더 광범위하게 다양한 교육 분야에서 활용될 수 있다. 광범위한 개인적인 또는 기관의 헌신과 작업이 요구되는 MOOC와 달리, 공개교육자원들과 서비스는 보다 더 적은 규모로 또는 심지어는 일시적인 방법으로 사용될 수 있다. 그렇기 때문에, 이들은 MOOC보다 훨씬 적은 교육적 위험성과 자원의 투입이 요구된다. 공개교육자원들은 한 교과목의 부수적인 구성요소로 포함이 되거나 구체적인 상황이나 맥락을 위해 사용될 수 있다. 공개교육자원들은 또한 비용을 줄이거나 경감하거나 또는 새로운 형태의 수업의 유연성과 접근성을 제공하기 위한 수단으로 프로그램 내에서 또는 시스템 전반에 활용될 수 있다. 그러므로 수업강사, 학습자 또는 교육생, 수업설계자, 또는 예산을 승인하는 경영진이나 정부관계자들이 공개교육자원들에 매력을 느낄 수 있을 것이다.

교육에서 가장 오래된 공개자원들 중의 하나가 MERLOT(Multimedia

Educational Resource for Learning Online Teaching)이다. MERLOT은 이곳에 등재된 많은 자원들에 대해 광범위하고 유익한 동료심사를 제공한다는 점에서 독특하다. 4장에서 MERLOT의 전무이사인 Gerard Hanley가 생태계를 급진적으로 흔들지 않고 고등교육의 여러 요구들에 대처하기 위해 어떻게 MOOC와 개방교육을 활용할 수 있는지를 논한다. 128,000명의 회원들을 위한 개방교육 서비스들에 있어 선두적인 자원으로서 MERLOT은 "유아교육부터 평생교육까지" 교사들과 학생들을 위한 무료의 개방된 교수 및 학습 환경을 제공하기 위한 커뮤니티, 자원, 서비스, 그리고 도구들을 계속해서 개발해왔다. 대다수가 동료심사를 거친 50,000여 개의 색인화된 공개교육자원들을 관리하는 것 외에도, MERLOT은 학술지, 소식지, 학술대회, 백서, 콘텐츠에 대한 인정 및 시상, 그리고 커뮤니티의 토론을 후원하거나 주관한다. Hanley는 그가 쓴 장의 후반부에 현재 MERLOT에서 제공하고 있는 웹 도구들과 자원들의 유용한 색인을 제시한다. MERLOT이 1990년대 후반에 수립된 이후 계속하여 교육기관들이 우리에게 매우 필요한 학습 자원들과 도구들을 고품질, 맞춤형, 저비용의 접근방식으로 전달하도록 도왔다는 것을 이 장을 읽는 이는 누구나 금방 알게 될 것이다.

5장에서는 타스마니아대학교(University of Tasmania)의 Carina Bossu, 호주의 남부 퀸즈랜드대학교(University of Southern Queensland)의 David Bull, 그리고 아일랜드의 더블린 시티 대학교(Dublin City University)의 Mark Brown이 호주의 고등교육에서 공개교육자원의 역할 현황을 파악한, 중앙에서 자금 지원을 받은 연구 프로젝트의 결과를 논의한다. 그들이 수행한 연구의 참가자들의 말에 따르면, 공개교육자원의 사용은 새로운 교육방법의 실천으로 이끌고, 교육학습 자료들의 질을 높이며, 교육의 접근을 촉진하고 증가시킬 수 있는 잠재력이 있다. 중요하게, 이 장은 이 프로젝트의 주요 성과일 뿐만 아니라, 호주와 그 외의 국가에서 고등교육 전달의 개방교육적 실천이 폭넓게 도입되도록 이끌 수 있는 "실행가능성 프로토콜"을 제시한다.

이 책 2부의 세 번째이자 마지막 장에서는 남아프리카의 케이프 타운 대학교(University of Cape Town)의 Laura Czerniewicz와 그녀의 동료들이 개방교육의 이해를 돕는 개요를 제시한다. 개방학문 활동들이 남아프리카에서 여러 형태를 띠며 진행돼왔는데 이는 고등교육 분야에 있는 모든 사람들에게 큰 시사점을 제공한다. 그들의 노력을 따라 해보고자 하는 사람들을 위해 Czerniewicz와 동료들은 케이프 타운에서 이러한 프로젝트와 활동들이 어떻게 느슨하게 연결되고 챔피언들에 의해 이끌어지며 외부의 지원금이 이를 가능하게 하는지를 설명한다. 개방교육의 실천과 홍보 활동은 직업단체적인 대학의 문화에 확고하게 기반하고 있으며, 이는 몇 가지 흥미로운 시사점들을 수반한다. 그 예로, 2014년에 케이프 타운 대학교에서 총체적인 개방접근 정책에 대한 노력, 공개교육자원과 연구를 생성하기 위한 리파지토리의 개설 등을 포함하여 다양한 개방교육 이니셔티브의 유기체적인 성장이 있었다.

4

MOOC, MERLOT 그리고 개방교육 서비스들

Gerard L. Hanley

MOOC의 등장은 갑작스러운 것으로 보일 수 있다. 하지만, 테크놀로지를 활용하여 콘텐츠를 생산하고 배포하고, 교육적 상호작용을 중재하고, 교육의 비즈니스 과정을 촉진하기 위해 학습의 농장에서 땀흘려온 사람들에게 MOOC는 공개교육자원의 계속되는 진화의 과정의 새로운 한 줄기에 불과하다. 이러한 진화는 1990년대에 개방학습객체가 태곳적인 테크놀로지의 바다에서 기원한 것까지 거슬러 올라가며 2000년대 초의 오픈코스웨어(OpenCourseWare)와 공개교과서(Open Textbook)로 계속해서 진화하였다. 가장 최근에 우리는 MOOC의 등장을 보고 있는 것이다(그림 4.1 참조).

교육자들은 이러한 각각의 종류들의 공개교육자원을 고등교육의 생태계에 큰 위협을 느끼지 않고 기꺼이 반겼다. 하지만 MOOC의 진화의 이러한 초기 단계에서 다른 반응들이 있었다. 긍정론자들은 MOOC의 "개방된 온라인" 특성들에서 시너지를 보았다. 개방된 온라인은 저비용의 학습에 접근을 확장할 수 있는 만병통치약으로 인식되었다. 게다가, 많은 이들이 MOOC를 새로운 교육방

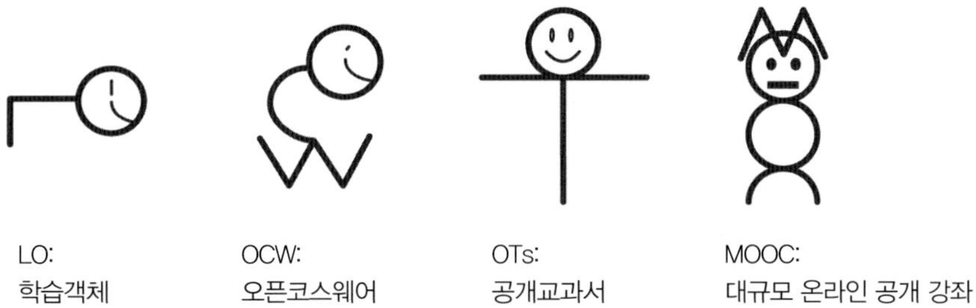

그림 4.1 공개교육자원의 최신의 진화로서 MOOC

법을 개발하기 위한 실험실로 여겼다. MOOC는 또한 함께 지식을 창조하기 위한 국제적 학습 커뮤니티를 가능하게 한다. 비관론자들은 MOOC를 학습의 인증을 빼앗아감으로써 기관들을 파괴시키고, 강사들의 스타 시스템으로 교수진을 해산시키고 분열시키고, 학습을 패스트푸드 방식의 가상의 드라이브인 경험으로 희석시킬 수 있는 우리 몸에 침습한 종으로 여긴다.

이것이 가져올 학문의 질, 학생들의 성과, 기관들의 진실성, 그리고 행정적인 과정들에 대한 잠재적인 이익들과 위협들은 아직 다 드러나지 않았다. 그렇지만, 다른 유형의 공개교육자원과 구분 짓게 하는 MOOC의 특성은 그 콘텐츠에 통합된 서비스들이다. 멀티미디어 콘텐츠를 조직화하고 전달하기 위한 MOOC의 플랫폼들은 학생들을 학습에 참여시킬 수 있는 소셜 미디어 도구들과 다양한 평가와 분석 도구들이 통합되어서 학습과 교수에 피드백을 제공한다. 이러한 학습을 위한 설계 속에서 콘텐츠 전달을 관리하는 서비스들의 결합은 인가를 받은 고등교육기관들에 의해 전달되는 온라인 과정들을 어느 정도 대체 가능하게 한다. MOOC가 제공하는 입학의 개방을 통해, 이러한 서비스들이 많은 학습자들, 교사들, 그리고 기관들에 의해 가치가 있는 것으로 점차 인식되고 있다.

고등교육기관들은 MOOC를 자신들의 기관, 교원, 그리고 학생들을 위해 이익을 생산하는 데 여러 가지 방법으로 활용할 수 있으며(Hanley, 2013), 이는 다음을 포함한다:

1. 강의 콘텐츠의 비용 절감: 수업에서 "거꾸로 교실(flipped classroom)" 교육 방법으로 학생들이 MOOC를 활용하게 함으로써 비용을 절감하는 것이다. MOOC의 교육과정이 학생들의 과제가 되고 수업시간에는 보다 더 사회적으로 참여적이고 능동적인 학습을 경험하는 시간을 갖도록 한다.
2. 아웃리치(Outreach)와 대학 준비 지원: 예비 학생들은 재정적 비용을 들이지 않고 대학 수준의 온라인 학습을 경험할 수 있다. 기관들은 취약한 지역사회들을 대상으로 이들이 고등학교에서는 접해보지 못했을 교육의 경험들을 제공할 수 있다. 그렇지만, MOOC는 기관의 아웃리치 프로그램들에 흔히 존재하는 학생지원서비스 부서 안에 들어있어야 할 것이다.
3. 타 대학 학점 편입이 가능한 교과목들의 결정: 학생들은 이미 신뢰할 만한 기관에서 발행한 검증된 성적표가 있으면 그들의 학점을 다른 대학으로 편입시킬 수 있다. 기관들은 교과목 지침의 필요사항들에 대한 정책들과 관행들을 가지고 있다. 이러한 정책들과 관행들을 MOOC 과정들에 적용하는 것은 대다수의 기관들에서 완전히 새로운 일은 아닐 것이다.
4. 인력개발 자격증 프로그램의 비용 절감: 기관들은 인력의 요구에 맞춘 스스로 지원하는 또는 확장된 교육 프로그램들을 이미 가지고 있다. 기관들이 운영 비용을 줄여야 한다는 점을 봤을 때, MOOC를 사용하여 저비용으로 값진 교육과정을 추가하는 것은 효과적인 전략이 될 수 있다.
5. 시험을 통해 이전 학습에 대한 학점 부여: 기관들은 성적이 나오는 시험을 통해 학점을 부여하는 학점 취득에 대한 정책들과 절차들을 이미 가지고 있다. 학생들이 MOOC나 또는 다른 독자적인 학습 경험들을 통해 수행한 이전의 학습에 대해 학점을 취득하는 예들로 상위진급시험, 국제 학위취득 시험, 그리고 대학수준 입학 프로그램이 있다.

요약하면, 고등교육은 큰 혼란 없이 MOOC의 교육 생태계 도입을 수용하며 점차 증가하는 다양한 학생들의 다른 형태의 수업에 대한 요구를 충족하는 능력을 넓힐 수 있다.

개방교육 서비스들과 MERLOT

MOOC는 "개방교육 서비스들"의 한 부류이다. 간단히 말해, 개방교육 서비스는 공개교육자원 또는 소유권이 명시된 콘텐츠를 사용하여 자신의 교육 프로그램을 설계하기 위해 누구든 무료로 사용할 수 있는 온라인 도구들이다. MERLOT(Multimedia Educational Resource for Learning and Online Teaching; 부록 A 참조)의 웹사이트에서 다양한 종류의 무료로 공개된 교육자료들과 어느 누구나 학습을 할 수 있도록 하는 무료의 도구들을 접할 수 있다. 1997년에 캘리포니아 주립대학교에서 설립한 MERLOT은 공개교육자원의 자료들과 프로세스들의 진화를 담는 동시에 자신의 개방교육 서비스 또한 진화시켰다.

1997년에는 캘리포니아 주립대학교 시스템은 350,000명이 넘은 학생들과 30,000명이 넘는 교수들을 보유하였다. 그 당시에 우리는 사용하기 쉽고, 널리 알려졌지만 아직 조직화되지 못한 교육 테크놀로지의 발전을 이용하고, 운영 비용이 적게 드는 새롭게 등장하고 있는 학습객체들을 찾고 사용하기 위한 서비스를 설계해야 하였다. MERLOT은 캘리포니아 주립대학교의 무료 학습자원들의 개방 도서관이 되었는데, 이는 1994년에 NSF의 지원금을 받은 프로젝트인 "저작도구들과 교육객체경제(Educational Object Economy)"를 모형으로 한 것이었다. 이 프로젝트는 James Spohrer 박사가 주도하고 애플 컴퓨터와 기타 산업, 대학, 정부가 협력하여 주관하였다. MERLOT의 핵심 설계 요구사항들 중의 하나는 사용자들이 온라인 자원들을 커뮤니티에 직접 등재를 할 수 있도록 하는 테크놀로지 서비스를 갖추는 것이었다. MERLOT의 목표는 확장 가능하고 지속 가능한 형태로 교육 테크놀로지와 콘텐츠를 개발하고 배포할 수 있도록 대학 캠퍼스들에서 "소규모 가내 산업"이 이루어지도록 하는 것이었다. MERLOT은 또한 교수들이 개별적으로 확장 가능하고 지속 가능한 형태로 교육 테크놀로지와 고품질의 교육 콘텐츠를 개발하는 것을 지원하는 것을 목적으로 하였다(Hanley, 2001; Hanley, Schneebeck & Zweier, 1998; Schneebeck & Hanley, 2001).

1999년에 캘리포니아 주립대학교 시스템은 MERLOT이 보유한 자료들을 확장하고, 동료심사를 시행하고, 그리고 학생학습 과제물들을 추가하기 위해 다른 세 개의 주립대학 시스템들(조지아대학교 시스템, 오클라호마 주 고등교육 리젠트, 그리고 북 캘리포니아 대학교 시스템)과 비공식적인 컨소시엄을 형성하였다. 이들 시스템 각각은 MERLOT 소프트웨어를 개발하기 위한 자금을 투여하고 동료심사 과정을 발전시키기 위한 현물 지급 방식의 지원을 제공하였다. 캘리포니아 주립대학교가 그 과정들과 도구들의 운영과 개선을 위한 리더십과 책무를 맡았으며 지금까지도 이를 계속해오고 있다.

오늘날 캘리포니아 주립대학교 시스템은 약 450,000명의 학생들과 40,000명의 교수들로 성장하였다. 그 결과, 온라인 교육자료에 대한 무료의, 간편한, 고품질의, 그리고 신뢰할 수 있는 접근의 요구가 더 커졌다. MERLOT 컨소시엄은 현재 고품질의 온라인 자원들을 제공함으로써 교수와 학습 경험을 개선하려고 노력하는 사람들의 커뮤니티를 형성하려는 40개가 넘은 교육 시스템, 컨소시엄, 개별 고등교육기관들(500개나 넘은 캠퍼스들이 포함됨), 전문교육단체들, 기타 디지털 도서관들, 교육 기업들, 그리고 125,000명이 넘는 개인들로 구성되어 있다. 무료의 개방 MERLOT 도서관은 46,000개가 넘는 무료의 공개 온라인 자원들을 갖추고 있는데, 이는 3,300개 이상의 무료의 공개 전자교과서와 5,500개 이상의 무료 공개 온라인 코스웨어를 포함한다. MERLOT의 새로운 학생 중심의 포털(부록 A 참조)은 이러한 광범위한 공개교육자원의 종류들에 쉽게 접근하도록 해준다.

MERLOT은 자료들의 개방 도서관과 개인들의 연락처 목록을 넘어 자발적으로 자료들을 등재하고 MERLOT 자원들을 사용하는 것에 대한 코멘트들, 개인의 수집품들, 그리고 수업계획서들을 공유하는 세계적인 커뮤니티로 진화하였다. MERLOT에는 자료들의 품질에 대한 동료심사를 하는 23명의 편집위원들이 있다. MERLOT은 또한 50개가 넘는 다른 특정한 커뮤니티들이 그들의 특정한 교육목적들을 다루기 위한 맞춤형의 웹사이트인 "교사 공동체"를 만들었다. 예를 들면, 캘리포니아 주립대학교 시스템과 MERLOT은 "교육을 위한 캘리포니아 개방 온라인 도서관"(부록 A 참조)을 캘리포니아 주에 제공하여 캘리포니아 지역사회 대학 시스템, 캘리포니아 주립대학교 시스템, 그리고 캘리포니아대학교 시스템의 학생들을 위한 수업자료들의 비용을 줄일 수 있도록 하고 있다. 캘리포니아 주립대학교의 저비용의 학습 솔루션 이니셔티브(부록 A 참조) 또한 저비용으로 또는 비용을 들이지 않고 고품질의 수업자료들의 사용을 통한 고등교육의 비용을 절감하려는 대학의 전략적 우선순위를 지원하기 위해 MERLOT의 개방교육 서비스를 맞춤형으로 사용한 예이다. 이 웹사이트들은 누구나 어디서든 사용할 수 있도록 개방되어 있다. 실제로, 조지아대학교 시스템과, 뉴욕 주립대학교 시스템, 그리고 오클라호마 주 고등교육 리젠트와 같은 다른 주의 고등교육 시스템들도 그들의 프로그램들을 위해 MERLOT과의 제휴를 통해 각각 MERLOT의 개방교육 서비스를 채택하거나 수정하여 도입하였다(부록 A 참조).

하지만, 학습 테크놀로지와 이와 관련한 가능성들의 변화가 만연함에 따라, MERLOT의 이러한 서비스들의 진화는 다방면에서 이루어졌다. 그 예로, MERLOT과 캘리포니아 주립대학교는 테네시 리젠트 위원회와 제휴하여 모바일 학습 이니셔티브를 지원하기 위해 MERLOT의 모바일 앱 자료들을 플랫폼과 학년을 기준으로 걸러내는 교사 공동체를 만들었다(부록 A 참조). 둘째 예로, MERLOT은 국립연방 맹인과 개방교육 컨소시엄과 협력하여 무료의 온라인 공개자원들과 서비스들에 접근성을 높이는 데 중점을 둔 교사 공동체를 형성하였다(부록 A 참조). 셋째로, 인도의 암 프로젝트를 위한 공개교육자원(부록 A 참조)은 보건의료 제공자들이 이용할 수 있는 암 교육과 치료에 중점을 둔 무료의 공개자원들의 모음과 서비스들을 제공한다. 넷째로, MERLOT 칠레는 MERLOT과 INCAP라 불리는 칠레의 고등교육 시스템 간에 밀접한 협력을 한다(부록 A 참조). 이러한 노력들의 일환으로, INCAP는 학습자의 디지털 독해력뿐만이 아니라 이들의 독립적 학습 능력을 높이기 위해 교사들과 학생들에게 스페인어와 영어로 된 교육자료들에 무료의 개방된 접근을 제공한다. 중요한 것은, 구글 번역기를 이용해서 MERLOT의 웹사이트를 약 90개의 언어로 번역할 수 있다는 사실이다.

소셜 미디어와 MERLOT 사람들이 온라인 콘텐츠를 찾고 사용할 수 있도록 조직화하는 개방교육 도서관 서비스들로는 학습 프로그램들을 지원하기에 충분하지 않다. 개방교육 서비스들은 사람들이 무료로 그리고 개방적으로 그들의 교수와 학습에 대해 의사소통과 협력을 할 수 있도록 지원을 해야 한다. 다행히도, 지난 10년간 그러한 도구들을 제공할 수 있는 소셜 미디어가 등장하였다. MERMOT Voices(부록 A 참조)는 기관들, 기구들, 그룹들, 개인들이 동시적 및 비동시적 의사소통과 글 게시, 블로그 쓰기에 참여할 수 있는 맞춤형의 Ning 플랫폼을 제공하는 개방된 온라인 커뮤니티 서비스들의 묶음이다. MERLOT의 파트너들과 회원들은 MERLOT Voices를 이용하여 온라인 커뮤니티 형성 활동들을 위해 안정적이고, 무료의, 사용하기 쉬운, 친숙한 플랫폼에서 사용자들의 커뮤니티에 즉각적으로 참여할 수 있다. MERMOT Voices의 회원은 무료이고 가입절차도 쉽다. MERLOT의 의사소통 전략을 확장하기 위해서, MERLOT의 유튜브 채널과 Voices가 MERLOT의 Grapevine Newsletter, MERLOT 블로그, 그리고 이의 페이스북과 트위터 계정들과 서비스들을 보완한다(부록 A에서 이러한 서비스들과 자원들 전부를 볼 수 있다). 이러한 다양한 형태들의 소셜 미디어는 사람들이 편리하게 공유하고, 소통하고, 협력할 수 있는 방법들을 제공한다.

앞서 언급한 비공식적 소셜 미디어 서비스들은 관심, 목적 그리고 프로젝트를 공유하는 사람들이 연결되는 데 필수적이다. 고등교육 안에서 공식적이고 전통적인 "소셜 미디어"는 학술지에 논문을 게재하는 것이었다. 이러한 신뢰받는 소통의 수단은 우리의 도서관들이 수백만 명의 교수들과 학생들에게 제공해온 게재 논문에 대한 무료의 접근에 의해 활성화되었다. MERLOT은 2005년부터 개방 접근의, 동료심사 형식의 학술 이저널인 MERLOT Journal of Online Learning and Teaching(JOLT)(부록 A 참조)를 발행해왔다. JOLT는 학계가 온라인 학습과 교수에 대한 연구와 학술 활동들을 공유할 수 있는 "소셜 미디어"의 예이다.

MERLOT 콘텐트 빌더로 공개교육자원 만들기 MERLOT의 개방교육 서비스에는 개방 도서관, 개방 연락처 목록, 그리고 개방 소셜 미디어가 포함되어 있다. 이러한 서비스들의 모음을 채우기 위해, MERLOT은 회원들에게 이들이 MERLOT의 웹사이트에서 공개교육자원을 개별적으로 저작하고 출판할 수 있는 도구들을 무료로 이용할 수 있도록 제공한다. 모든 커뮤니티의 회원들은 그들의 커뮤니티의 이니셔티브들과 활동들의 결과물들을 창조하고 공유해야 할 필요가 있다. 웹사이트를 만드는 것은 창조적인 저작과 공유를 위해 필요한 수단이다. MERLOT의 콘텐트 빌더(Content Builder)는 MERLOT 회원들이 공개교육자원을 만들고 그들의 공개교육자원을 전 세계와 쉽게 공유하도록 사용할 수 있는 무료의, 개방 접근의, 클라우드 기반의 저작도구이다(부록 A 참조). MERLOT 콘텐트 빌더는 Creative Commons 라이선스하에 IMS 커몬 카트리지(Common Cartridges)를 만들 수 있는데, 이는 사람들이 특정한 커뮤니티가 가지고 있는 공개교육자원을 공유하고 사용할 수 있는 능력을 상당히 높인다. 캘리포니아 주립대학교는 교수들이 학생의 학습 향상을 위해 테크놀로지를 이용하여 수업을 재설계한 이포트폴리오를 만들도록 MERLOT 콘텐트 빌더를 광범위하게 사용해왔다(부록 A 참조). 이러한 모든 개방교육 서비스들은 MERLOT의 회원들에게 무료로 제공되며 기관의 목적을 비용효과적으로 달성하기 위해 이용할 수 있는 능력의 기반을 형성한다.

공개교육자원과 개방교육 서비스의 발전의 역사는 MOOC의 기술과 MOOC 형식의 교육방법이 혁명보다는 약하지만 단지 스쳐가는 유행이 아님을 보여준다. 고등교육에서 온라인 교육과 디지털 자원들은 연구와 시범 프로그램들로 시작하여 대다수가 사용하는 주류가 되기까지 지속적으로 근본적인 전환이 진행되고 있는 중이다. 이러한 변화는 앞으로 상당 기간 지속될 것으로 보인다. 분명히 이러한 변화 과정은 복잡하고, 다학문적이고, 실험적이다. 그럼에도 불구하고, 이러한 변화는 불가피하다.

지난 10년 또는 이전부터 MERLOT, 오픈코스웨어, 공개교육자원, 공개교과서, MOOC 그리고/또는 그 외의 다른 개방교육 이니셔티브에 참여했던 개인, 기관, 기업들에게 이러한 추세는 더욱 명확할 것이다. MOOC는 단지 개방교육 서비스의 최근 진화의 단면을 보여줄 뿐이다. 모두에게 교육을 개방하는 것은 앞으로 계속될 것이며 전 세계의 교육자들과 학생들에게 흥미로운 교육 기회, 선물, 도전, 그리고 성공 스토리를 제공할 것이다. 그러는 동안, MERLOT의 개방교육 서비스는 이를 사용하기로 선택할 사람들에게 교수와 학습을 지원하는 일을 계속할 것이다. 이상적으로, 다른 이들이 그들의 MOOC 또는 전 세계의 다른 새로운 개방교육 이니셔티브에 MERLOT을 융합할 수 있는 독특한 방법들을 찾을 것이다.

부록 A: MERLOT의 개방교육 서비스들에 대한 웹 자원들

I. 개방 도서관 서비스들

- MERLOT의 개방교육 서비스에 구축된 캘리포니아 교육 공개 온라인 도서관: http://cool4ed.org
- 캘리포니아 주립대학교의 저비용 학습 솔루션을 위한 이니셔티브: http://

affordablelearningsolutions.org

- MERLOT 칠레—INACAP(칠레의 선도적 고등교육 시스템)과 제휴: http://www.inacap.cl/tportalvp/merlot-chile
- MERLOT의 모바일 앱/모바일 학습자료 모음: http://mobileapps.merlot.org
- MERLOT, 캘리포니아 주립대학교, 국립연방 맹인과 개방교육 컨소시엄의 무료 온라인 공개자원들과 서비스들에의 접근성 향상을 위한 교사 공동체: http://oeraccess.merlot.org
- MERLOT의 학생 중심의 교수를 위한 공동체: www.merlotx.org
- 인도의 암을 위한 공개교육자원 프로젝트-암 치료와 연구를 위한 국제 네트워크 및 공개 보건 체계 실험실과 협력: http://oercindia.merlot.org
- 오클라호마 주 고등교육 리젠트의 저비용 학습 솔루션을 위한 이니셔티브: http://affordablelearningok.org
- 뉴욕 대학교 시스템의 저비용 학습 솔루션을 위한 이니셔티브: http://opensunyals.org
- 조지아 대학교 시스템의 저비용 학습 솔루션을 위한 이니셔티브: http://affordablelearninggeorgia.org

II. 개방 커뮤니티 서비스들

- MERLOT의 교육 공동체, 제휴기관 커뮤니티, 제휴기관 커뮤니티의 OES: http://www.merlot.org/merlot/index.htm?action=communities
- MERLOT의 Grapevine Newsletter: http://grapevice.merlog.org/
- MERLOT의 개방 접근의, 동료심사를 거친 이저널인 Journal of Online Learning and Teaching(JOLT): http://jolt.merlot.org
- 무료 온라인 커뮤니티 서비스, MERLOT Voices: http://voices.merlot.org

Ⅲ. 개방 소셜 미디어 서비스들

- MERLOT 블로그: http://blog.merlot.org
- MERLOT의 페이스북 페이지: https://www.facebook.com/pages/MERLOT-Multimedia-Educational-Resource-for-Learning-and-Online-Teaching/225454444160837
- MERLOT의 뉴스센터: http://www.merlot.org/merlot/index.htm?action=news
- MERLOT의 트위터 계정: https://twitter.com/MERLOTOrg
- MERLOT의 유튜브 채널: https://www.youtube.com/user/MERLOTPlace

Ⅳ. 기타 저작 서비스 및 지침

- MERLOT 콘텐트 빌더로 제작된 캘리포니아 주립대학교 교수 이포트폴리오 쇼케이스: http://coursedesign.csuprojects.org/wp/eportfolios/
- MERLOT 콘텐트 빌더/이포트폴리오 저작도구 사용 지침서: http://taste.merlot.org/Programs_and_Projects/ContentBuilder.html
- 개인적인 모음집, 이포트폴리오, 기타 공개교육자원 제작을 위한 MERLOT의 서비스: http://www.merlot.org/merlot/index.htm?action=contribute

Gerard L. Hanley | MERLOT(Multimedia Educational Resource for Learning Online Teaching, www.merlot.org)의 전무이사이며 캘리포니아 주립대학교의 총장 사무실(www.calstate.edu/ats) 산하 교육 테크놀로지 부처장이다. MERLOT에서 그는 MERLOT에 있는 고등교육기관들의 국제 컨소시엄, 전문직 사회, 디지털 도서관, 그리고 기업들이 교

수와 학습을 개선하기 위한 직업개발 및 테크놀로지 서비스를 제공하기 위한 MERLOT의 개발과 지속가능성을 감독한다. 캘리포니아 주립대학교에서 그는 대학교 시스템 전반에 걸쳐 23개 캠퍼스에 있는 22,000명이 넘는 교수들과 445,000명이 넘는 학생들을 위한 학습 테크놀로지 이니셔티브의 개발과 실행을 관할한다. 이메일(ghanley@calstate. edu)을 통해 그와 연락할 수 있다.

참고문헌

Hanley, G.L., Schneebeck, C., & Zweier, L. (1998). Implementing a scalable and sustainable model for instructional software development. *Syllabus*, *11*(9), 30–4.

Hanley, G.L. (2001). Designing and delivery of instructional technology. A team-based approach. In C. Barone & P. Hagner (Eds.), *Technology-enhanced learning: A guide to engaging and supporting faculty* (pp. 57–64). San Francisco: Jossey-Bass.

Hanley, G.L. (April, 2013). *MOOCs: So What or SWOT? CSU's use of MOOCs and reflections*. Presentation at the Lumina Workshop on MOOCs and the Public Higher Education System, Atlanta, Georgia.

Schneebeck, C., & Hanley, G.L. (2001). The California State University Center for Distributed Learning. In R.M. Epper & A.W. Bates (Eds.), *Teaching faculty how to use technology: Best practices from leading institutions*. Westport, CT: Greenwood/Oryx Press.

5

개방교육의 실현

호주 고등교육의 실행가능성 프로토콜

Carina Bossu | David Bull | Mark Brown

서론

2002년에 유엔 교육과학문화기구(UNESCO)에서 "공개교육자원"이란 용어를 처음으로 사용한 이래(UNESCO, 2002), 이에 대한 정의는 가속화되고 있는 이 운동의 속도에 맞추고 이것이 적용되는 다양한 맥락들에 맞도록 여러 번 바뀌어왔다. OER 재단에 의하면(2011):

> 공개교육자원(Open Educational Resources, OER)은 개인들과 기관들이 자신들이 사용하기 위해 이를 재사용하고, 각색하고, 변경하는 것을 허용하는 방식으로 라이선스가 되어 있는 교육자료들이다. 공개교육자원은 과목 전체, 교과서, 스트리밍 비디오, 시험, 소프트웨어, 그리고 학습을 지원하기 위한 기타 자료들과 기법들을 포함한다.

또한, 공개교육자원은 과목 전체부터 독립형의 학습객체까지 그 규모가 다양하다(Butcher & Hoosen, 2014). 공개교육자원은 공개 소프트웨어, 개방 접근, 개방 학습설계, 개방교육적 실천 등을 포함하여(Butcher & Hoosen, 2014) 교육을 개방하려는 더 큰 규모의 빠르게 성장하고 있는 움직임의 일부분이다. 이러한 운동을 추진하는 동기들 중의 하나는 콘텐츠와 지식의 중복을 방지하고 규모의 경제를 독려하는 방식으로 이를 무료로 공유하는 것이다. 또한, 늘어나는 다양한 학생들이 최소한의 제약을 받으며 교육에 더 많이 접근할 수 있어야 한다는 긴급한 요구가 있다(William and Flora Hewlett Foundation, 2013; Wiley & Gurrell, 2009).

오늘날 주요한 공개교육자원 이니셔티브들은 이미 세계의 모든 대륙에 퍼져있다. 이러한 공개교육자원 이니셔티브들은 수적으로 늘어났을 뿐만 아니라, 개념적으로 그리고 관념적으로도 진화하였다. 개방교육적 실천(Open Educational Practice, OEP)과 대규모 공개 온라인 강좌(Massive Open Online Course, MOOC)와 같은 용어들이 이러한 진화의 예를 보여준다. 개방교육의 질 이니셔티브(Open Educational Quality Initiative, OPAL)에 의하면 "개방교육적 실천은 기관의 정책을 통해 공개교육자원의 (재)사용과 제작을 지원하고, 혁신적인 교육방법 모형들을 촉진하고, 그리고 학습자들에게 평생교육의 경로의 공동제작자로서 힘을 부여하기 위한 실제로 정의된다"(Open Education Quality Initiative, 2011, p.12). MOOC—그리고 이의 변형체들(cMOOC, xMOOC, 그리고 최근의 pMOOC)—가 이 책의 다른 장들에서 소개되고 정의되었기 때문에, 비록 오늘날 대부분의 MOOC가 "공개교육자원의 의미에서 볼 때 거의 개방되지 않았고" 단지 무료로 접근할 수 있는 정도이지만(Kelly, 2014, p.11), 이 장의 목적상 우리는 MOOC의 기원이 공개교육자원의 원칙에 기반을 두고 있다는 것을 인정하고자 한다.

호주에서 공개교육자원과 개방교육적 실천의 개발과 이니셔티브들이 국가와 기관 차원에서 있었지만, 이들은 대부분 프로젝트 기반이어서 자금지원 기간이 끝나면 지속되지 못하곤 하였다(Bossu, Brown, & Bull, 2012). 개별적인 찬성론자들과 개별적인 기관의 학과에서 시작된 이러한 프로젝트들과 활동들이 많이 있었지만, 공개교육자원의 개발은 아직 호주 대학의 주된 활동들에 속하지 못하고 있다. 이렇게 실행의 속도가 느린 원인 중의 하나는 국가 또는 주 차원의 공개교육자원 정책과 호주의 고등교육 분야에서 공개교육자원의 채택을 지원하기 위한 국가 차원의 자금지원 계획이 부족한 점에 있다(Bossu, Brown, & Bull, 2014a).

그렇기 때문에, "호주에서 교수와 학습을 개선하기 위한 공개교육자원의 채택, 사용과 관리"(Bossu et al., 2014a)라는 제목의 연구 프로젝트의 결과를 설명하는 내용을 포함하는 이 장은 공개교육자원이 호주 고등교육의 주류가 되도록 하려는 의도가 있다. 이 연구 프로젝트는 처음에는 현재 호주에서 고등교육의 학습과 교수에 대한 주요 자금지원 기관인 호주 정부의 학습과 교수 부처(Office for Learning and Teaching, OLT)의 자금지원을 받았다. 이는 2010년에 시작됐으며 공개교육자원에 중점을 둔 프로젝트로는 처음이었다. 현재, 호주의 학습과 교수에 공개교육자원을 적용하는 것을 연구하는 OLT의 자금지원을 받는 여러 다른 프로젝트들이 있다.

이 장에서는 우리의 공개교육자원 연구결과를 제시할 뿐만 아니라 이 프로젝트의 주요 성과인 "실행가능성 프로토콜"에 대해서도 설명할 것이다. 실행가능성 프로토콜은 공개교육자원 운동의 장점을 활용하려고 하는 전통적인 그리고 원격학습 대학교들과 고등교육기관들이 고려해야 할 질문들을 묻고 쟁점들을 제기하는 데 지침이 되는 몇 가지 원칙들에 의해 형성되었다. 더 구체적으로 말하자면, 이 프로토콜은 고위경영진들과 관리자들이 그들의 기관이 다양한 차원에서 공개교육자원과 개방교육적 실천의 채택에 대해 충분히 정보를 갖고 결정을 내릴 수 있도록 돕는 것을 목적으로 한다.

연구

2년 기간의 본 프로젝트는 공개교육자원과 관련한 문헌에 대한 광범위한 분석뿐만 아니라 공개교육자원의 개발을 가능케 하는 기관과 국가의 교육 정책과 틀을 검토하는 것을 포함하였다. 또한, 이 프로젝트는 호주 지역의 주요 고등교육 전문기관의 메일링 리스트에 배포한 온라인 설문도 시행하였다. 그 후에, 호주 전 지역의 다양한 고등교육 이해당사자들을 대상으로 한 면담을 실시하였다. 이 프로젝트의 또 다른 주요한 측면은 시드니에서 개최된 공개교육자원 전국 심포지엄을 조직하는 것이었다. 2012년에 개최된 이 심포지엄은 이 프로젝트를 전파하는 주요 지점이 될 뿐만 아니라 실행가능성 프로토콜의 초안에 대한 고등교육계의 전반에 걸쳐 다양한 범위의 이해당사자들로부터 통찰과 피드백을 모으는 기회가 되었다. 이러한 맥락에서, 우리는 이 프로젝트의 결과들 중 일부를 다음의 섹션에서 보고한다.

연구참가자들

고등교육 전문기관의 메일링 리스트를 통해 배포된 온라인 설문은 호주의 (39개 중) 37개의 고등교육기관으로부터—이는 호주의 모든 주와 영토를 포함하며 이 연구의 모든 주요 이해당사자들을 포함한다—100명이 설문에 응답하였다. 설문 응답자들의 성별 분포 또한 균형이 잡혀있었다: 48퍼센트가 남성이었고 51퍼센트가 여성이었다(1퍼센트는 이 질문에 응답을 거부함). 이 표본은 또한 대학교의 이해당사자 집단들을 잘 대표하고 있어서, 고위경영진(23명), 관리자(13), 교육자(28), 커리큘럼 설계자(14), 전문개발자(6), 도서관사서(4), 그리고 저작권 담당자(2)가 포함되었다. 100명의 응답자 중 24명이 면담에 참여하는 것에 동의하였다. 이 24명의 면담참가자들은 18개의 각기 다른 호주 기관들에 속해있었다.

호주의 고등교육에서 공개교육자원의 역할 현황

연구 결과, 많은 수의 설문 응답자들이(41퍼센트) 2~5년 전부터 공개교육자원 운동에 대해 알고 있었으며 공개교육자원에 대한 자신들의 지식이 보통 수준이라고(51퍼센트) 답하였다. 하지만, 대다수의 응답자들은 공개교육자원을 거의 또는 전혀 사용하지 않았다. 공개교육자원을 사용해본 적이 있는 응답자들은 교수와 학습에 적용될 수 있는 자원의 유형들 중 학습객체를 가장 선호하였다. 또한, 대다수의 응답자들은 자신이 국내 또는 국외의 협력적인 공개교육자원 이니셔티브에 참여해본 적이 없다고 답하였다. 하지만, 그들은 기회가 생긴다면 앞으로 이러한 협력에 참여하고 싶다고 답하였다.

이 당시 공개교육자원 이니셔티브의 채택의 부족과 이에 대한 설문 응답자들의 제한적인 참여는 대부분의 참여 기관들에서 공개교육자원의 실천과 이니셔티브가 전략기획에 포함되어 있지 않았던 사실로 일부분 설명이 될 수 있다. 우리가 실시한 면담에서, 표본집단 내의 참가자들의 공개교육자원 이니셔티브의 이해 수준은 높았다. 하지만, 이 면담의 표본이 온라인 설문을 완료했고 이러한 쟁점들에 대한 질문들에 답하는 것을 편안하게 느끼는 자발적으로 참여한 사람들로부터 얻은 것이라는 것을 주지해야 한다. 따라서, 이들의 지식과 이해도의 수준이 높을 것이라는 것이 예상되었다. 대부분의 응답자들이(62퍼센트) 자신들이 공개교육자원을 개인적 그리고 업무 목적 모두를 위해 사용하였다고 답하였다. 불행히도, 이들 중 자신들의 자원들을 공개한 경우는 드물었으며, 또한 다른 사람들이 사용할 수 있도록 특정하게 공개교육자원 콘텐츠를 개발한 경우는 더 드물었다.

또한, 이번 설문결과 공개교육자원과 개방교육적 실천이 고등교육 전 영역에서 개발되고 채택되기 위해서는 공개교육자원에 대한 국가적 정책이 필수적일 수 있음을 알 수 있었다. 일부 설문 응답자들에 의하면, 호주 정부는 또한 연구비 또는 재정적 보상을 통해 기관들을 지원해야 한다. 이러한 재정적 자극제가 공개교육자원 이니셔티브의 수를 늘리고 결국에는 개방 실천의 문화가 만들어져 공개교육자원 운동이 호주에서 번영하는 데 호의적인 여건이 형성될 것이라고 이 설문 응답자들은 믿고 있었다(Bossu, Brown, & Bull, 2011).

기관의 정책이 공개교육자원의 효과적인 사용과 채택을 촉진하는 데 중요한 요인으로 생각되었다. 이 설문 응답자들에 의하면, 대학기관들은 공개교육자원의 인지도를 높이고 지적재산권과 품질보증에 대한 쟁점들을 명확히 하기 위해 정책들과 전문성계발 활동들을 개발해야 한다. 이들은 또한 기관들이 진급과 승진과 관련한 기관의 업무성과 기대들을 통해 공개교육자원과 개방교육적 실천 활동들을 독려하고 보상해야 한다고 생각하였다. 공개교육자원에 대한 독려와 지원은 또한 소액의 재정적 이니셔티브를 통해 실현될 수 있을 것이다.

이러한 공개교육자원에 참여를 높이기 위한 전략과 정책의 중요성은 이미 유럽과 세계 다른 지역에서 실시된 유사한 연구들을 통해 알려졌다(Open Education Quality Initiative, 2011; Organization for Economic Co-operation and Development, 2007). 사실, 공개교육자원 채택을 지원하는 기존의 기관의 정책들을 기관의 정책결정자들에게 알리는 많은 연구들이 있었다. 이러한 연구들은 또한 이 정책들이 적절한 내부 규정과 지침에 따라 실행될 수 있다는 것을 시사한다(Atkins, Brown, & Hammond, 2007; Downes, 2007; Kanwar, Kodhandaraman, & Umar, 2010).

호주의 교육과 연수에 공개교육자원이 가져올 이득에 관해, 설문 응답자들의 대다수가 꼽은 (상위 5위권) 응답들은 다음과 같았다:

- 공개교육자원은 기관 내의 그리고 국제적 협력을 증대시킬 가능성이 있다.
- 공개교육자원은 지식의 공유와 전파를 수행하는 학계의 전통과 잘 맞는다.
- 교육자들은 시간을 아끼고 중복된 노력을 피할 수 있다.

- 공개교육자원은 교육자료의 질을 향상시킬 수 있다.
- 공개교육자원은 고등교육의 교수와 학습의 질을 향상시키는 데 도움이 된다.

응답자들은 공개교육자원 사용이 기관의 혁신의 기폭제가 되고(61명 응답) 공개교육자원의 사용이 고등교육기관들 내에서 새로운 교육방법의 실천을 유도할 수 있는 잠재력이 있다고(58명 응답) 믿었다. 면담참가자들도 비슷한 추세를 반영하였다. 24명의 면담참가자 중 대부분이(즉, 62퍼센트) 공개교육자원 운동의 잠재적인 혜택으로 사회적 개선과 "모두에게 교육의 접근"의 제공을 지적하였다. 이들이 뽑은 또 다른 혜택들로는 시간 그리고/또는 비용의 효율성을 높이고(50퍼센트) 강의자료의 질이 향상되는 것이다(42퍼센트). 이들은 동료심사 과정에 접근할 수 있는 공개 라이선스의 강의자료들은 질적인 향상만이 있을 것으로 생각하였다. 응답자들의 1/3 이상이(37퍼센트) 또한 협력의 증대를 공개교육자원의 또 다른 혜택으로 뽑았다.

공개교육자원 사용의 잠재적인 장애물들에 대해 물었을 때, 응답자의 대다수가(80명 응답) 공개교육자원을 만들고 사용하는 데 관심의 부족을 지적하였다. 이들은 또한 일부 공개교육자원의 품질이 낮은 것에 문제가 있다고 응답하였다(73명 응답). 응답자들은 호주에서 공개교육자원 운동의 성장에 대한 또 다른 도전들과 장애물들로 기관의 불충분한 지원, 그리고 공개교육자원 개발을 다루기 위한 기관의 정책의 부족을 언급하였다. 이와 유사하게, 면담참가자들이 지적한 공개교육자원 사용에 있어 흔한 장애물로는 지적재산권 정책들과 관련한 쟁점들과 공개교육자원 정책 개발을 위한 국가적 체계의 부족이 있었다. 또 다른 중요한 장애물로 견고한 대학의 문화를 바꾸는 어려움이 지적되었다.

그림 5.1 실행가능성 프로토콜

실행가능성 프로토콜

실행가능성 프로토콜은 이 분야의 최신 연구에 기반하고 주요 이해당사자들을 대상으로 실시한 설문과 면담을 포함한 본 연구로 알게 된 것을 이용해 개념화되었다. 실행가능성 프로토콜(그림 5.1)은 네 가지의 측면에서 질문을 제기한다:

- 공개교육자원과 개방교육적 실천의 채택과 관련된 **기회들**
- 공개교육자원과 개방교육적 실천의 채택과 연관된 **도전들**과 관련한 요인들
- 공개교육자원과 개방교육적 실천의 효과적인 채택을 위해 고려되어야 할 **전략적인 방향들**
- 호주의 고등교육을 위한 **정책 권고**

정책 권고를 제외한 이 프로토콜의 측면들은 세 가지의 수준으로 나눠진다: (1) 첫 번째 수준은 고등교육 분야 전체에 중점을 두며, (2) 두 번째 수준은 기관/조직의 쟁점들과 관련된 것이며, (3) 세 번째 수준은 교육기관 내의 개인들

(주로 직원들과 학생들)에 중점을 둔다. 정책 권고에 관해서는, 이 프로토콜은 조직, 프로젝트, 그리고 개인의 수준에 중점을 둔다. 이 장에서 우리는 실행가능성 프로토콜을 조직의 수준에서 탐색하고 논의할 것이다(실행가능성 프로토콜에 대한 상세한 내용은 Bossu, Brown, & Bull, 2014b 참조).

공개교육자원과 개방교육적 실천의 채택과 관련된 기회들

이 분야의 유사한 연구와 마찬가지로(Open Education Quality Initiative, 2011; Organisation for Economic Co-operation and Development, 2007), 본 연구는 공개교육자원과 개방교육적 실천이 교육기관들, 교육자들, 그리고 전통적인 학습자들뿐만 아니라 비전통적인 학습자들에게도 많은 기회들을 가져다주는 것을 보여준다. 기관의 차원에서, 공개교육자원과 개방교육적 실천은 비용을 절감하고, 질을 개선하고, 전통적인 교육적 관행들에 혁신을 일으키는 데 도움이 될 수 있다(Butcher & Hoosen, 2014; Caswell, Henson, Jensen, & Wiley, 2008; Ehlers, 2011).

실행가능성 프로토콜은 고위경영진들이 다음과 같은 공개교육자원과 개방교육적 실천의 혜택과 기회들을 검토해보도록 요청한다:

- 교육 콘텐츠를 만들고 쇼케이스를 함으로써 기관의 명성을 높일 뿐만 아니라 기관의 국제적인 인지도를 높이고 더 많은 학생들을 끌어들인다.
- 다른 대학들과 국내의 그리고 국제적인 협력 및 많은 다른 이해당사자들과 협조할 기회들을 만든다.
- 사회적 포용성과 참여 확대라는 기관의 의제에 부합하는 데 도움이 되는 교육에의 접근을 향상시킨다.
- 시간과 비용 측면에서 더욱 효율적인 콘텐츠 제작을 통해 규모의 경제를

창조한다(예, “이미 있는 것을 또 만들기”와 콘텐츠의 중복을 피하기). 그리고 교수와 학습의 혁신과 품질을 촉진한다.

도전들에 대응하기

공개교육자원의 채택으로부터 나올 수 있는 기회들이 다양함에도 불구하고, 교육기관들은 많은 도전들에 직면하게 될 것이다. 이들은 정보와 지식을 아무 비용도 받지 않고 남에게 넘겨주고 이를 무료로 사용하고 재사용을 하도록 하는 것에 대한 저항과 같은 쟁점들과 부딪친다. 공개교육자원에 대한 지적재산권과 저작권 정책들도 또한 교육기관들에게 아직 모호하게 남아있는 문제이다(Bossu, Bull, & Brown, 2012). 마찬가지로, 공개교육자원과 개방교육적 실천의 지속가능성과 품질과 연관된 많은 문제들이 아직도 해결되지 않고 충분히 연구되지 않았다(Smith, 2013).

실행가능성 프로토콜은 교육기관들과 그의 리더들이 고려해야 할 여러 가지 도전들, 질문들, 그리고 쟁점들을 제기해왔다. 이중 가장 큰 것이 개방교육적 실천의 채택에 장애물이 되는 전통적인 대학의 문화와 사고방식이 지속된다는 점이다. 이러한 전통들은 그 역사의 뿌리가 깊어서 진화하고 새로운 교육의 전달방법의 시대를 수용하는 데 느릴 수 있다. 게다가, 개방교육적 실천을 지원하는 것을 가능케 하는 국가와 기관의 정책의 부족에 대해서도 또한 고려를 해야 한다. 개방교육적 실천을 위한 기관의 정책과 절차가 없다면, 개방교육적 실천의 채택을 지원하기 위해 특히 콘텐츠 자료 개발과 관련한 기존의 것들을 수정하거나 새로운 정책들을 개발하는 것이 필요하다.

이러한 현재의 고등교육 현장의 전 세계적인 변화의 분위기에서는 “개방”의 움직임에 들어서는 것에 대한 재정적인 염려를 무시할 수 없다. 이러한 재정적인 고려를 하는 것은 기존의 고등교육기관들의 전통적인 사업 모형에 도전이 된다.

그 결과, 이러한 이니셔티브들의 지속가능성을 보장하기 위해서는 새로운 사업 모형들이 탐색되고 개발되거나, 또는 기존의 모형들이 수정되어야 한다. 교육기관들이 개방교육 활동들에 참여하도록 독려하기 위해서는 정부기관들이 자금지원 전략들과 적절한 정책들과 같은 이를 지원할 수 있는 체계를 개발해야 한다. 호주의 경우에는 이러한 전략들이 정부의 보다 넓은 의제들을 효과적으로 달성하는 데 도움이 될 수 있다—예를 들면, 더욱 다양한 학생들의 교육에 참여와 접근을 넓히는 것, 직장에 다니는 성인들 그리고 시골 및 외진지역에 거주하는 사람들의 교육에 대한 요구에 보다 효과적으로 대응하기 등(Bradley, Noonan, Nugent, & Scales, 2008).

전략적인 방향들

지금까지 이 장에서 우리는 기관들이 공개교육자원과 개방교육적 실천을 채택할 때 접할 수 있는 기회들과 도전들에 대해 언급을 하였다. 이 연구의 결과는 우리가 "전략적인 방향들"이라고 부르는 실행가능성 프로토콜의 구체적인 측면에 도달하게 하였다. 앞서 언급한 데이터와 저자들의 보다 최근의 경험들로부터 도출된, 고위경영진들이 고려해야 할 전략적인 질문들과 쟁점들은 다음과 같다:

- 자원조달: 이는 기반시설, 테크놀로지, 그리고 교수계발과 같이 공개교육자원 이니셔티브를 실행하는 데 필요한 추가적인 투자와 관련이 있다; 이는 또한 이러한 지원이 공개교육자원의 채택을 촉진하는 데 하는 역할과 관련이 있기도 하다.
- 혁신: 이는 공개교육자원의 채택이 어떻게 그 기관이 가진 고등교육 분야의 다른 여러 기관들과 다른 "독특함과 특수성"을 홍보할 수 있는지와 연관된

다. 이는 또한 학습을 위한 혁신적인 테크놀로지들의 활용에 대한 교수와 학생들의 요구에 공개교육자원이 부응할 수 있는 방법들을 포함한다.

- 기획하기: 이는 다음을 포함한 계획수립과 관련된 전략들을 의미한다: (1) 기관은 이해당사자 그룹들과 어떻게 협의를 할 것인가, (2) 공개교육자원 이니셔티브의 범위, (3) 기관이 공개교육자원 프로젝트를 하는 목적, (4) 기관 내의 챔피언을 찾는 것, (5) 공개교육자원을 위한 정책 개발하기.

고등교육기관들을 위한 정책 권고

실행가능성 프로토콜의 또 다른 측면은 대학들이 직원들에 의해 창조되고 개발된 수업 콘텐츠와 교육자료들의 소유권을 어떻게 다루고 있는지 파악하기 위해 온라인으로 대중들에게 공개되어 있는 호주 대학들의 지적재산권 정책들에 대한 분석의 결과로 도출되었다(Scott, 2014). 이 연구는 이러한 정책들의 범위를 평가하고 대학들과 그 정책들이 대학과 그 교직원들이 공개교육자원의 개발, 출시, 그리고 홍보에 참여하도록 현재 얼마만큼 지원을 하고 있는지를 평가하였다. 이에 대한 논의를 시작하고 해결책을 촉진하기 위한 노력으로써, 대학의 지적재산권과 저작권의 정책에 대해 몇 가지 중요한 질문과 쟁점들이 제기되었다.

교직원들이 공개교육자원과 개방교육적 실천에 참여하거나 또는 기존의 콘텐츠를 공개 콘텐츠 라이선스하에 출시하도록 독려하려는 대학들은 다음의 권고사항들을 고려해야 한다:

- 공개교육자원 채택을 독려하려는 의도와 현재의 대학 정책이 일치되도록 조정한다.
- 공개교육자원 콘텐츠 개발을 지원하는 교직원의 임용/계약 조건과 보상 체계를 수립한다.

- 공개교육자원으로 출시하려고 의도하는 대학의 콘텐츠가 이미 대학의 상업화 또는 다른 협약하에 있지 않은지 검증하는 체계를 수립한다.
- 대학의 교직원들이 어떠한 유형의 공개 라이선스가 있는지 그리고 대학에서 개발한 공개교육자원에 어떤 유형의 공개 라이선스를 부여할지에 대해 판단을 내릴 수 있는 지침을 개발한다.
- 품질과 저작권 준수에 대한 쟁점들에 문제가 없음을 확인할 수 있는 대학의 지침과 절차를 수립한다.
- 대학이 공개교육자원을 호스트할 것인지에 대해 신중히 고려한다. 또는 그 대안으로, 대학의 학습자원들이 공공의 공개교육자원의 리파지토리에 포함되도록 하는 것을 고려한다.

기관들은, 특히 공개교육자원과 같이 중요하고 지대한 영향을 미치는 새로운 방향이 제시되면 이에 대해 우려하는데, 이는 이해할 만한 일이다. 결국, 이들은 전통적인 운영 방식들에 영향을 미치고 기존의 관행들에 위험을 초래할 가능성이 있다. 기관의 차원에서 리스크를 관리하기 위한 실행가능성 프로토콜의 권고사항들은 다음과 같다:

- 자원들의 소유권에 대한 분쟁을 대학이 어떻게 관리할 것인지 고려한다.
- 자원들이 부적절하게 사용되고 있다고 판단되면 대학이 어떻게 대응할 것인지에 대한 정책들을 개발한다.
- 대학에서 개발한 공개교육자원에 저작권 침해가 있을 때 누가 책임을 질 것인지—개인 또는 대학—를 확인한다.
- 교직원들이 공개교육자원을 개발할 때 지적재산권과 저작권에 대한 고려사항들을 반드시 알고 있도록 역량을 계발한다.

결론 및 추가 제언

고등교육의 모든 영역에서 개방성에 대한 요구가 증가함에 따라, 공개교육자원, 개방교육적 실천 그리고 MOOC를 포함한 그 외의 형태의 개방교육에 대한 세계적인 관심이 높아지고 있다. 호주에서 몇 가지 중요한 이니셔티브가 있었지만, 명확한 정부의 정책과 인센티브의 부재가 호주에서 공개교육자원과 개방교육적 실천의 채택을 제약하고 있는 것으로 보인다. 지금까지 대학이 재학생들을 더 잘 지원하고 신입생들을 유치하며, 호주의 다른 대학들과 외국의 기관들과 경쟁할 뿐만 아니라 협력하도록 공개교육자원 이니셔티브를 추구하는 것을 독려하기 위한 기관 내부의 전략들과 정책들이 부족하였다. 그 한 예가 타스마니아대학교(University of Tasmania)의 타스마니아 교수학습연구소에 의해 개발된 테크놀로지 강화 학습 및 교수 백서(Technology Enhanced Learning and Teaching White Paper) 2014~2018이다(Brown et al., 2013). 이 백서에 상세히 기술된 바와 같이, 신중하게 설계된 대학의 전략들은 조직이 공개교육자원과 개방교육적 실천의 잠재력을 십분 발휘하고 호주를 이 분야를 주도하는 국가의 반열에 올리는 데 도움이 될 것이다.

우리는 실행가능성 프로토콜이 호주의 고등교육 분야가 공개교육자원과 개방교육적 실천을 더욱더 개발하고 다른 국가들에서 일어나고 있는 발전과 동등한 수준이 되도록 독려할 수 있는 소중한 도구라고 생각한다. 우리는 또한 이 도구가 고위경영진들이 공개교육자원과 개방교육적 실천의 채택에 관한 결정을 내리는 데—이들이 고려해야 할 공개교육자원과 관련한 기회, 도전, 그리고 전략적 방향과 관련한 쟁점들과 문제들을 포함하여—도움이 될 거라고 믿는다. 실행가능성 프로토콜은 또한 공개교육자원을 채택할 때 기관의 지적재산권과 저작권 정책과 관련하여 매우 실질적인 쟁점들에 대한 질문들을 제시한다.

그럼에도 불구하고, 우리는 실행가능성 프로토콜이 경직된 도구가 아니라는 점을 지적하고자 한다. 다른 체계들과 달리, 실행가능성 프로토콜은 개별 대학들의 요구들에 맞게 이를 개조하고, 수정하고, 그리고 한층 더 개발시킬 수 있다. 우리는 각 고등교육기관 또는 조직이 독특한 구조, 의제, 문화, 그리고 미래와 현재 활동들을 위한 전략적 계획을 가지고 있음을 잘 알고 있다. 궁극적으로, 실행가능성 프로토콜의 유용성은 개별 기관들과 그들의 고위경영진들이 이를 어떻게 사용하는가에 달려있을 것이다.

Carina Bossu | 호주 타스마니아대학교의 타스마니아 학습교수연구소의 학습 및 교수(OEP) 강사이다. 그녀의 최근의 업무와 연구는 주로 고등교육에서 공개교육자원과 개방교육적 실천에 중점을 두고 있다. 더 구체적으로는 학습, 교수 및 전문성계발과 관련한 쟁점들을 탐구하고 있다. 그녀는 폭넓게 학술발표와 논문게재를 했으며 현재는 고등교육에서 다양한 공개교육자원과 개방교육적 실천의 측면들을 조사하는 여러 가지 연구 프로젝트들에 참여하고 있다. 그녀의 연락처는 carina.bossu@gmail.com이다.

David Bull | 현재 남부 퀸즈랜드대학교의 개방접근 대학의 디렉터이다. 그의 주된 연구 분야는 고등교육의 평등성과 접근 정책 및 대학준비 프로그램 교육과정 개발과 관련한 쟁점들이다. 그는 주로 고등교육에서 학생의 다양성 측면과 관련하여 폭넓은 강의와 자문을 한 경력이 있다. 그의 최근 활동은 "개방의 의제"에 관련된 것으로써, 공개교육자원과 개방교육적 실천 활동들을 추구하고, 공개교육자원 대학(Open Educational Resources university, OERu) 활동을 지원하며, 고등교육 전달을 위한 개방의 실천의 채택이 널리 퍼지도록 홍보에 참여하였다.

Mark Brown | 더블린 시티 대학교에 있는 디지털 학습 국립연구소의 디렉터이다. 2014년 초에 아일랜드에서 최초로 디지털 학습의 디렉터가 되기 전에, 그는 뉴질랜드의 매세이 대학교(Massey University)의 국립교수학습센터와 원격교육과 학습 미래 연합(Distance Education and Learning Future Alliance, DELFA)의 디렉터였다. 그는 Moodle의 엔터프라이즈 수준의 배치, 마하라 이포트폴리오 시스템의 최초의 설계와 개발, 그리고 MOOC 플랫폼의 대학 전체의 실행을 포함한, 여러 주요한 대학 전체의 디지털 학습과 교수 이니셔티브를 실행하는 데 핵심적인 리더 역할을 수행하였다.

참고문헌

Atkins, D.E., Brown, J.S., & Hammond, A.L. (2007). *A review of the open educational resources (OER) movement: Achievements, challenges, and new opportunities*. Menlo Park, California: William and Flora Hewlett Foundation. Retrieved from http://www.hewlett.org/uploads/files/ReviewoftheOERMovement.pdf.

Bossu, C., Brown, M., & Bull, D. (2011). Playing catch-up: Investigating public and institutional policies for OER practices in Australia. *The Journal of Open, Flexible and Distance Learning, 15*(2), 41–54.

Bossu, C., Brown, M., & Bull, D. (2012, November). *Do open educational resources represent additional challenges or advantages to the current climate of change in the Australian higher education sector?* Paper presented at the Australasian Society for Computer in Learning in Tertiary Education Conference: Future Challenges | Sustainable Future, Wellington, NZ.

Bossu, C., Brown, M., & Bull, D. (2014a). *Adoption, use and management of Open Educational Resources to enhance teaching and learning in Australia*. Sydney: Australian Government Office for Learning and Teaching. Retrieved from http://www.olt.gov.au/system/files/resources/CG10_1687_Bossu_Report_2014.pdf.

Bossu, C., Brown, M., & Bull, D. (2014b). *Feasibility Protocol for OER and OEP: A decision making tool for higher education*. Sydney: Australian Government Office for Learning and Teaching. Retrieved from www.olt.gov.au/system/files/resources/CG10_1687_Bossu_Feasibility%20Protocol_2014.pdf.

Bossu, C., Bull, D., & Brown, M. (2012). Opening up down under: The role of open educational resources in promoting social inclusion in Australia. *Distance Education*, *33*(2), 151–164. doi: 10.1080/01587919.2012.692050.

Bradley, D., Noonan, P., Nugent, H., & Scales, B. (2008). *Review of Australian Higher Education: Final Report*. Canberra, Australian Government.

Brown, N., Kregor, G., Williams, G., Padgett, L., Bossu, C., Warren, V., & Osborne, J. (2013). *Technology enhanced learning and teaching white paper* 2014–2018 (Tasmanian Institute of Learning and Teaching, Trans.). Hobart: University of Tasmania.

Butcher, N., & Hoosen, S. (2014). A guide to quality in post-traditional online higher education. In J. Daniel & S. Uvalic´-Trumbic´ (Eds.). Dallas: Academic Partnerships. Retrieved from http://www.academicpartnerships.com/sites/default/files/Guide-Online HigherEd.PDF.

Caswell, T., Henson, S., Jensen, M., & Wiley, D. (2008). Open educational resources: Enabling universal education. *International Review of Research in Open and Distance Learning*, *9*(1), 1–4.

Downes, S. (2007). Models for sustainable Open Educational Resources. *Interdisciplinary Journal of Knowledge and Learning Objects*, *3*, 29–44.

Ehlers, U.-D. (2011). From open educational resources to open educational practices. *eLearning Papers*, *23*.

Kanwar, A., Kodhandaraman, B., & Umar, A. (2010). Toward sustainable open education resources: A perspective from the global south. *American Journal of Distance Education, 24*(2), 65–80. doi: 10.1080/08923641003696588.

Kelly, A. (2014). Disruptor, distracter, or what? A policymaker's guide to massive open online courses (MOOCs). *Bellwether Education Partners* from http://bellwethereduca tion.org/sites/default/files/BW_MOOC_Final.pdf.

OER Foundation. (2011). *OER Foundation FAQs—What are OERs?* Retrieved from http://wikieducator.org/WikiEducator:OER_Foundation/FAQs/Open_Education_Resources/.

Open Education Quality Initiative. (2011). *Beyond OER: Shifting focus to open educational practices: Open Education Quality Initiative (OPAL)*. Retrieved from https://oerknowledgecloud.org/sites/oerknowledgecloud.org/files/OPAL2011.pdf.

Organisation for Economic Co-operation and Development. (2007). *Giving knowledge for free: The emergence of open educational resources*. Paris: Centre for Educational Research and Innovation. Retrieved from http://www.oecd.org/dataoecd/35/7/38654317.pdf.

Scott, B. (2014). *Supporting OER engagement at Australian Universities: An overview of the intellectual property rights, copyright and policy considerations for OER*. Sydney: Australian Government Office for Learning and Teaching. Retrieved from www.olt.gov.au/system/files/resources/CG10_1687_Bossu_OER%20engagement_2014.pdf.

Smith, M. (2013). Ruminations on research on open educational resources. *William and Flora Hewlett Foundation*. Retrieved from http://www.hewlett.org/sites/default/files/OER%20Research%20paper%20December%2015%202013%20Marshall%20Smith_1.pdf (accessed 4 April 2014).

The William and Flora Hewlett Foundation. (2013). White Paper: Open educational resources—Breaking the lockbox on education (pp. 33). *The William and Flora Hewlett Foundation*. Retrieved from http://www.hewlett.org/sites/default/files/OER%20White%20Paper%20Nov%2022%202013%20Final.pdf.

UNESCO. (2002). *Forum on the Impact of open courseware for higher education in developing countries. Final Report*. Paper presented at the Forum on the Impact of Open Courseware for Higher Education in Developing Countries. UNESCO, Paris, July 1–3.

Wiley, D., & Gurrell, S. (2009). A decade of development. *Open Learning: The Journal of Open, Distance and e-Learning*, *24*(1), 11–21. doi: 10.1080/02680510802627746.

6

케이프 타운 대학교의 개방교육

Laura Czerniewicz | Glenda Cox | Cheryl Hodgkinson-Williams | Michelle Willmers

서론

케이프 타운 대학교(University of Cape Town, UCT)의 개방교육에 대한 의제는 전체론적으로 형성되었다: 공개교육자원은 개방 접근, 개방 연구, 공개 데이터, 그리고 기타 실제들과 밀접하게 부합되는 상호 연결된 비전의 핵심적인 부분이었다. 개방성에 대한 비전이 가장 높은 직급에서 제시되는 다른 대학들과 달리, 케이프 타운 대학교에서 최초의 추동력은 대학의 중간 직급에 있는 교육공학센터에서 발생하였다. 이 길에 들어선 맨 처음부터 개방성에 대한 폭넓은 관점으로 학자를 다른 학자들, 학생들, 그리고 대학 밖의 지역사회와 관계의 중심에 두게 하였다. 이 비전은, 자금지원의 여부에 따라 우회로를 타기도 했지만, 계속 유지되었다. 2007년 이후 최근 8년간의 여정 동안(그림 6.1 참조), 파트너십이 형성되고, 위원회가 협상을 하고, 정책이 승인되고, 그리고 대학의 개방교육과 개방학문이 앞으로 나아갈 수 있는 지속 가능한 방법에 대한 계획이

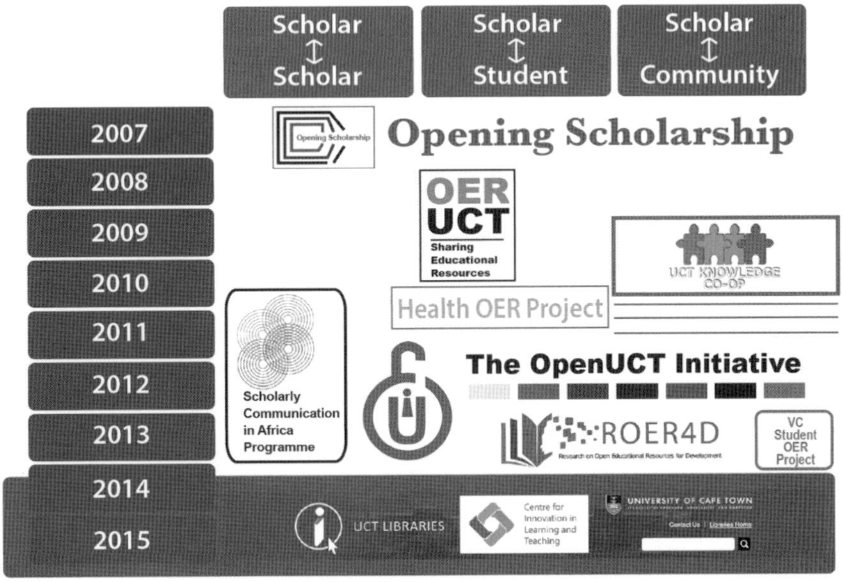

그림 6.1 케이프 타운 대학교의 개방성의 여정

수립되었다.

교육공학센터(CET)의 첫 번째 "개방" 프로젝트였던 학문을 개방하기(http://www.cet.uct.ac.za/OpeningScholarship)는 케이프 타운 대학교에서 개방 활동들이 이미 진행되고 있음을 인정하며 이 대학으로부터 12개의 사례연구를 생산함으로써 이에 관심을 집중시켰다. 이중 네 개는 연구 결과 전파, 다섯 개는 교수와 학습, 그리고 세 개는 사회적 민감성에 중점을 둔 것이었다. 이러한 기관 보고서들은 국내외의 현황조사, 다양한 세미나들, 그리고 학술대회 발표 논문들과 더불어 기존의 활동들의 범위를 제시하고 향후 진행될 잠재력이 있는 활동 분야들을 파악하게 하였다. 케이프 타운 대학교의 개방 활동을 지원하는 데 중요한 역할을 하는 셔틀워스(Shuttleworth) 재단이 2007년에 첫 번째 자금지원을 한 이 프로젝트는 케이프 타운 대학교 교직원과 학생들에 의해 만들어진 공개교육자원의 디렉터리를 만들기로 결정을 내리게 되었다.

셔틀워스로부터 2008년과 2009년에 또다시 자금지원을 받게 된 공개교육자원 케이프 타운 대학교 프로젝트 사업은 이 글을 쓰고 있는 시점까지 계속되고 있다; 자금지원이 종료되면 이 일 중 일부는 교육공학센터 직원들의 사무분장(job description)에 포함될 것이다. 첫 번째 자금은 공개교육자원의 개발을 촉진하고 라이선스 문제를 처리하고, 콘텐츠를 관리하도록 학자들과 함께 일하는 역량을 제공하였다. 이는 또한 공유하는 행위가 흔히 인터넷보다 앞선 헌신적인 학자들인 개방성의 "챔피언들"이 지하 네트워크에서 표면위로 나오게 하는 데 핵심적이었다. 이러한 이니셔티브의 과정에서, 초기의 커뮤니티와 매우 작은 단위의 방식의 공유가 발생하였다—이러한 모형은 독립적인 모듈이나 코스워크보다는 학문적인 "객체들"을 공유하는 것이었다. 이러한 소규모 단위의 공유 전략은 그 당시에는 흔하지 않은 방법이었으나, 학자들은 공유를 하고자 하는 진지한 요구가 있었다. 이러한 진정한 공유로 인해 다양한, 그러나 보다 넓게 봐서는 근본적으로 개방 학문이라고 할 수 있는 객체들이 공개교육자원의 범주하에 들어오게 되었다.

고등교육개발센터 밖에서는, 케이프 타운 대학교의 보건대학이 2009년에 공개교육자원 아프리카와 미시간대학교(University of Michigan)가 공동 주관한 아프리카 보건 공개교육자원 네트워크의 형성에 참여한 8개의 파트너 중 하나가 되었다. 이 네트워크는 윌리엄 앤드 플로라 휴렛 재단의 지원금을 받아 강의자료들을 공개교육자원으로 변환하는 데 필요한 자원들을 제공하였다. 이 자금지원이 종료된 이후에는 케이프 타운 대학교의 보건 관련 공개교육자원 사업은 이 대학의 교육개발부처의 업무에 융합되었다. 다행히도, 이 사업은 지금도 계속되고 있다.

앤드류 멜론 재단의 지원금으로 2011년에 시작된 OpenUCT 이니셔티브(OUI)는 어떤 의미에서는 이전에 수행됐던 모든 공개 이니셔티브들의 총체였다. 이것이 고등교육개발센터의 학장 산하의 특별 프로젝트로서 연구 부총장과 교수학습 부총장에게 보고하는 구조였다는 것을 통해 어느 정도로 캠퍼스 전체를 대상으로 하는 프로젝트였는지 알 수 있다. OUI는 기관의 개방된 공유의 실천의 길을 탐색하는 데 있어 학자들의 커뮤니티와 대학 경영진 사이의 핵심적인 중재자로서 활발하게 참여하였다. 개방교육과 개방연구 사이의 연속성을 탐색하며, OUI는 케이프 타운 대학교에서 생산된 많은 학술연구물들을 반영하고 이를 제공할 수 있는 역동적인 공유 환경을 만들고자 OpenUCT 기관의 리파지토리를 개념화하고 개발하였다.

지원금을 활용한 효과적인 소규모의 프로젝트 안의 프로젝트로서 OpenUCT와 공개교육자원 팀은 학자들이 공개교육자원으로 공개하기 위해 기존의 자료들을 준비하거나 새로운 자료들을 만들 때 학생의 도움이나 다른 전문가의 도움을 받을 수 있도록 기금을 적용하고 사용할 수 있도록 소액의 지원비 프로그램을 운영하였다. 각각 천 달러가 되지 않은 소액의 지원금은 자원들을 공개 라이선스로 전환하는 데 효과적인 체계가 되었다. 3년 동안 64건의 지원금을 제공함으로써 수십 명의 교육자들이 강의실의 한계를 뛰어넘어 그들의 강의를 공유하는 것이 가능하게 되었다.

2013년에 또 다른 효과적인 소규모 프로젝트는 부학장의 전략적 기금의 지원금을 받아 학생들을 고용해서 학자들이 그들의 강의자료를 공개교육자원으로 공유할 수 있도록 수정하는 것을 돕도록 사용되었다. 이 프로젝트는 각 단과대학별로 학생 조력자를 지정하여 이들이 공개교육자원으로 사용할 수 있는 좋은 강의자료들을 찾도록 하였다. 그 결과물은 다양한 분야에서 다양한 유형의 자료로 나왔으며 교육현장에서 우수하다고 알려진 양질의 자료들을 상향식으로 제공하게 하였다.

개방학문이 개방교육과 보조를 맞추게 됨에 따라, 국제개발연구센터의 지원금을 받은 2010 아프리카 학술 커뮤니케이션 프로그램(SCAP; http://www.scaprogramme.org.za)은 개방 운동에 대한 지원을 한 이유로 이 리뷰에 포함되어야 한다. 또한 이 프로그램은 기반시설 개발과 학자들의 실제의 연구에 중점을 둠으로써 이 사업이 연구와 교육의 교차점에 있음을 분명히 보여줬다. 이 프로그램은 공개 콘텐츠를 전통적인 연구 결과물의 형태를 벗어나 호환성이 있고 장기적으로 지속 가능한 플랫폼을 이용하여 관리하고, 보관하고, 공유하는 필요성에 의해 단합된 두 영역인 연구와 교육 테크놀로지를 연계하여 실행되었다.

가장 최근의 이니셔티브 중의 하나인 "개발을 위한 공개교육자원 연구" (http://roer4d.org/) 이니셔티브는 학습교수혁신센터(CILT)가 주관하여 2013년에 시작되었다. 국제개발연구센터(IDRC)와 UKAid가 자금지원을 한 이 프로젝트는 남미, 아프리카 사하라 남부지역, 그리고 동남 아시아의 몇 국가들이 모여 근거중심의 연구를 제공하는 것을 목표로 하며 공개교육자원의 활용과 효과에 대한 이해를 높임으로써 개발도상국들의 교육정책, 실제, 그리고 연구를 향상시키는 것을 주목적으로 한다.

추정들과 접근들

추정들

앞선 언급한 프로젝트는 그 징후에서 즉흥적이거나 유기적일 것처럼 보이지만, 개방교육의 실천이 심어질 문화에 대한 이해를 바탕으로 한 공통된 추정과 가치를 가지고 있다. 케이프 타운 대학교는 McNay(1995)가 직업단체(collegium)라고 표현한(그림 6.2 참조) 것으로 변하고 있는 많은 연구 중심 대학교들과 비슷하다.

이러한 유형의 단체는 기관의 정책의 정의가 느슨하고, 네트워크, 학과/개인의 의사결정 및 혁신이 비공식적인 것을 특징으로 한다. 기관의 반응은 "자유방임주의"로써 특정화된 정책이나 프로세스가 적다(Rossiter, 2007). 그 결과, 직업단체의 핵심 가치는 자율성이며 기관이 기대하는 것은 외부의 통제로부터의 자유의 측면에서 정의된다(Yee-Tak, 2006).

이러한 이해는 대학에 개방교육을 수립하는 데 접근법으로 전환이 되어 논리

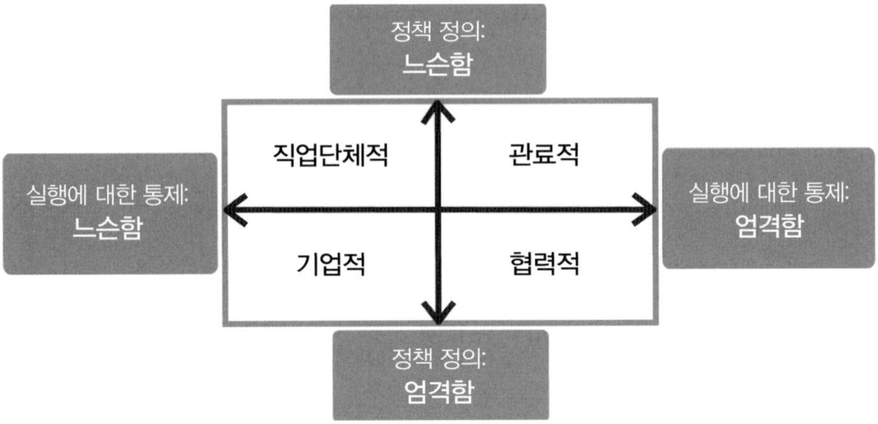

그림 6.2 McNay의 기관의 문화 분류

를 주장하고 이에 대해 진심의 동의를 얻는 데 시간을 쓰도록 하였다. 단기적으로 봤을 때 느리게 진행됐지만, 장기적으로 볼 때 오너십이란 학계의 관습이 지속적으로 유지되는 방식으로 바뀜을 의미한다. 이러한 접근법은 또한 학문의 자유와 학문의 에이전시의 개념들과 일맥상통한다. 또한, 이는 개인의 통제를 최대한으로 허용하고 가능하게 하는 시스템들로 전환된다. 이는 공유할 자원들의 유형들을 가능한 한 역동적이고 작은 규모로 보려고 하는 최대한의 유연성의 원칙과도 연결이 된다. 이는 규제적이고 제한적이기보다는 가능한 한 권한을 부여하고 매끄러우며, 복잡하고 관료적인 것은 최소화하는, 하지만 최대한의 보존과 발견가능성을 위해 여전히 표준을 유지하는 환경을 조성하는 것을 의도하고 있다.

따라서, 이러한 옹호 활동들은 학문 내의 그리고 학문 간의 네트워크와 커뮤니티에 핵심적이었다. 이러한 활동들은 또한 자연적으로 공개교육자원의 챔피언들이 동료들에게 영향을 끼치도록 하는 공간을 제공한다. 요구가 있을 때(예를 들어, 학과 또는 이에 관심 있는 사람들의 모임에서 요청) 워크숍과 세미나가 시행됐는데, 이는 대학의 구조와 기존의 프로그램들을 통해 기존의 교수계발 활동에 들어가 있었다. 예를 들어, 보건대학에서는 교육자들의 공개교육자원의 이해도를 높이기 위해 개별적인 학과들에서 발표를 진행하였다. 또 다른 예로, 1학년 학생들은 워크숍에서 공개교육자원에 대해 배운다. 또한, 세계 개방교육 주간(매년 3월에 열림)과 개방접근 주간(매년 10월에 열림)과 같은 중요한 행사들에서 가능한 자원들을 모을 수 있는 기회들이 늘어나고 있다.

케이프 타운 대학교에서는 오픈 콘텐트 디렉터리의 존재를 알리고 인지도를 높이기 위해 다양한 형식의 소셜 미디어가 사용되었다. OpenUCT 웹사이트(http://openuct.uct.ac.za)에는 공개교육자원과 오픈 콘텐트를 포함한 개방과 관련한 모든 주제의 블로그가 있다. 콘텐츠 목록에 새로운 콘텐츠가 추가된 것을 홍보하고 공개교육자원 운동과 관련한 흥미로운 링크들과 뉴스를 공유하기 위해 OpenUCT의 트위터 계정이 사용되었다. 트위터에 게시된 어떤 콘텐츠는 또한 페이스북에도 올라가게 되는데, 이는 일부 콘텐츠가 작은 규모로나마 급속도로 퍼지고 있음을 뜻하는 것이다. 슬라이드셰어에 게시된 학술대회 발표자료들은 인상적인 뷰와 다운로드 건수를 통해 그 관심도가 높아졌음을 알 수 있다.

케이프 타운 대학교는 세계 개방교육 컨소시엄(OEC)에서 활동하는 회원이기 때문에, 국제적인 참여가 케이프 타운 대학교의 오픈 콘텐트를 알리는 방법으로 이용되고 있으며, 케이프 타운 대학교의 오픈 콘텐트 팀의 팀원들은 이 컨소시엄이 주관하는 학술대회에 참석하고 발표를 해왔다.

전자 기반기설의 진화, 실제의 진화

오픈 콘텐트 디렉터리

2010년 2월 12일에 오픈 콘텐트 디렉터리(http://opencontent.uct.ac.za)가 이 대학의 학자들이 등재한 여섯 개의 자원들을 가지고 개설되었다. 계속된 홍보활동으로 2014년 6월에는 343개의 자원들이 오픈 콘텐트 디렉터리에 추가되었다. 이 중에 91개는 2013년 동안에 추가되었다; 이는 전년도보다 훨씬 많은 것이다(2012년에 59개; 2011년에 73개). 하지만, 이 숫자들에 대해 말할 때 주의해야 할 점이 있다; 이 디렉터리에 공식적으로는 약 350개의 자원들이 있지만, 이중 일부는 내려받을 서류들이 여러 개 합쳐 있는 복잡한 자료들이다—이러한 작은 규모의 자원들은 내려받을 수 있는 자료 건수가 천 개가 훨씬 넘는다. 최대한의 유연성이라는 원칙하에서 다양한 유형의 콘텐츠가 파워포인트 프레젠테이션, PDF, 전자책을 포함하여 다양한 형식으로 채택되었으며 대량의 팟캐스트, 웹페이지, 그리고 동영상도 추가되고 있다.

단과대학별 등재건수 측면에서는, 인문학 분야가 93개의 자원들로 가장 많았다; 뒤이어 고등교육개발센터가 87개, 보건대학이 81개를 등재하였다.

전반적인 사이트 방문건수도 2010년 이후로 지속적으로 증가해왔다. 실로, 2014년 6월에 사이트 방문건수 총계가 220,000건이 넘었다. 사이트 방문자들이 위치한 지역도 이 기간 동안 변화가 있었다—2012년에는 남아메리카의 방문자 수가 50퍼센트를 조금 넘었었는데 2013년에는 41퍼센트 정도가 되어 케

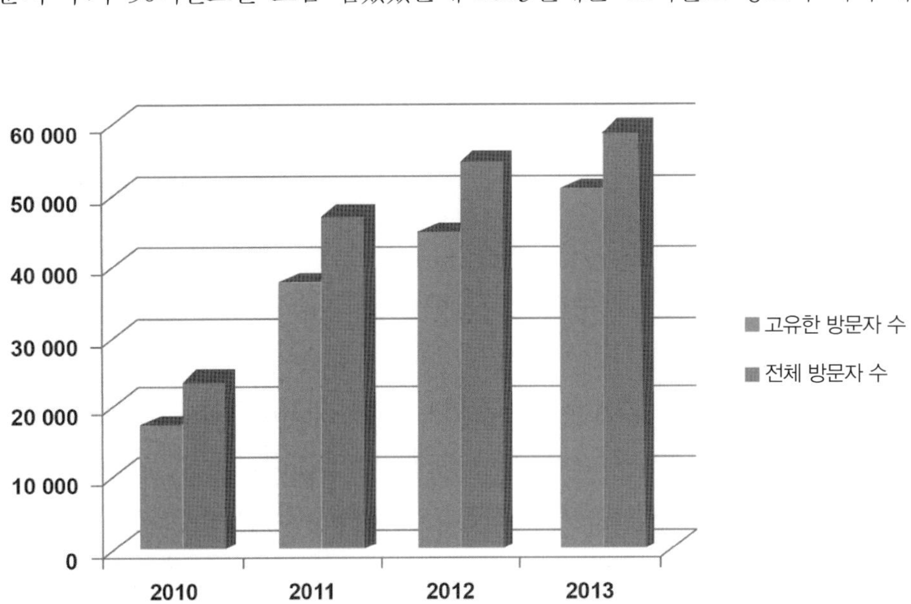

그림 6.3 오픈 콘텐트 디렉터리 방문건수의 증가 추세(2010~2013년)

이프 타운 대학교의 오픈 콘텐트의 이용자가 점차 세계화되고 있음을 보여준다. 그림 6.3에서 보는 바와 같이, 전체 방문자 수와 고유한 방문자 수가 매해 증가하였다.

특별히 고무적인 것은 다양한 형식으로 인정을 받았다는 점이다. 예를 들어 두 명의 케이프 타운 대학교의 교원들(Matumo Ramafikeng과 Gena Ziervogel)이 수백 명의 후보자들을 제치고 오픈코스웨어 우수상을 수상하였다. 그리고 2014년에 케이프 타운 대학교의 교수이자 일반외과의인 Juan Klopper는 개방교육에 기여한 우수한 개인으로 인정하는 저명한 상을 수상하였다. 이보다 더 간접적인 형식의 인정도 발생하여 작업치료 강의 시리즈로 개발된 공개교육자원이 학술지 논문으로 적합한 것으로 인정을 받은(Ramafikeng, 2013) 획기적인 시너지가 발생하였다. 후자는 전반적으로 "개방운동"에서 발생할 수 있는 가능성을 보여주고, 특히 공개교육자원과 개방접근의 잠재적인 중첩 점을 보여주는 고무적인 예시이다.

공개교육자원에서 개방학문으로

케이프 타운 대학교에서 공개교육자원 활동을 하는 동안에 항상 공개교육자원이 새로운 리파지토리의 콘텐츠의 핵심적인 요인이 되도록 융합시키려는 암묵적인 포부가 있었다. 또한 자원들의 관리와 보존의 수준을 높이는 수단으로 새로운 OpenUCT 플랫폼을 사용함으로써 개방학문의 실천을 계속적으로 성장시키는 것을 추가적인 목표로 하였다. 2010년 2월부터 2014년 7월 동안에는 오픈 콘텐트 디렉터리가 개방학문에 접근하기 위한 주된 플랫폼이었다. 이 기간 동안에 이 디렉터리에 들어있는 모든 콘텐츠가 OpenUCT 리파지토리로 이전되었다. 디렉터리 형식의 플랫폼에서 벗어나서 기관의 리파지토리 기반시설로 전환하는 이 전략은 기관이 전자기반시설의 소유권을 갖고 자원들의 관리를 개선하고, 콘텐츠를 장기간 보전할 수 있도록 조치를 취하며, 콘텐츠의 출판자 또는 배포자로서 기관의 역할을 촉진하는 필요성과 일치한다.

새로운 OpenUCT 플랫폼은 2014년 7월에 출시되었고 연구와 교육자원들을 통합적으로 관리할 수 있는 맞춤형 오픈소스 리파지토리 소프트웨어 인스턴스이다. 이의 출시는 전 세계적인 실제에서 대단한 변화가 있는 시점일 뿐만 아니라 지역의 통치 구조와 체계에도 큰 변화가 있는 시점에서 일어났다. 케이프 타운 대학교 도서관, 연구 부처와 정보실, 학습교수혁신센터, 그리고 통신기술서비스 부서 등 핵심 이해당사자들은 모두가 빠르게 혁신하며 콘텐츠 공유를 위한 신기술과 국제적인 발전상황을 따라가도록 도전을 받고 있다. 이러한 압력은 경쟁이 더욱 심화되는 고등교육의 환경 속에서 대학이 관련성이 있고, 경쟁력 있고, 눈에 띄고자 하는 필요성에 의해 강화되었다.

OpenUCT 리파지토리는 케이프 타운 대학교의 학문을 세계와 공유하도록 할 뿐 아니라 대학 내의 개방교육의 실천을 촉진할 것으로 기대하고 있다. 개발하고 공유한 자원들 중 상당수가 연구, 교수와 학습, 그리고 지역사회의 참여에 걸쳐 적용될 수 있을 것으로 예상되지만, 교수와 학습에 중점을 두고 콘텐츠를 설명하고, 검색하고, 찾아낼 수 있도록 이에 특화하여 제공하기도 하였다. 전자기반시설이 진화함에 따라 교수와 학습의 실제 또한 진화할 것으로 예상된다. 공식적인 체계와 보상기제 측면에서 볼 때 대학은 연구에 훨씬 더 강하게 편향되어 있기 때문에 공개교육자원의 의제가 기관의 관심을 지속적으로 이와 동일한 수준으로 받도록 하는 것은 도전이 될 것이다.

연구 기반의 이해

기반시설의 발전 또는 홍보 활동 이외에, 이에 상응하는 연구의 노력도 있었다. 이러한 연구주제 중에 주된 것은 공개교육자원이 케이프 타운 대학교에서 어떤 역할을 하고 있느냐는 것이었다—특히 2014년 7월까지 지속됐던 정책의 부재 상황에서 그렇다. 석사과정 학생들이 공개교육자원을 주제로 학위논문을 쓰도록 독려한 것이 하나의 성공적인 전략이었다. 이 글을 쓰고 있는 시점에서, 정보통신기술 프로그램의 박사학위과정의 학생 네 명이 이와 관련된 연구를 수행했거나 하고 있는 중이다. 구체적으로 이들은 다음을 연구하였다: (1) 디지털 교육자료의 재사용에 대한 학생들의 인식, (2) 수학과 과학 공개 교과서의 채택, (3) 케이프 타운 대학교의 교원들이 오픈 콘텐트 디렉터리에 등재하고자 결정을 한 이유들, 그리고 (4) 학생 조력자의 도움으로 강사들이 그들의 교수학습 자료들을 공유할 수 있게 지원하는 것이 목적임을 명시한 케이프 타운 대학교 부총장의 공개교육자원 채택 프로젝트의 성공. 또한, 박사과정 학생들은 공개교육자원을 채택하거나 채택하지 않는 것에 대한 보다 난해한 이론적인 설명을 위한 연구를 하도록 하였다.

또 다른 전략들로는 케이프 타운 대학교에서 공개교육자원에 대한 기관의 연구뿐만 아니라 이 대학과 공개교육자원 파트너들 간의 공개교육자원에 대한 기관 간의 연구를 독려하는 것이 포함된다. 기관에 중점을 둔 한 연구는 교수학습자료를 공개교육자원으로 채택하는 데 있어 고학년 학생들의 역할에 대해 조사하였다(Hodgkinson-Williams & Paskevicius, 2012a, 2012b, 2013). 보건계열 공개교육자원 기관 간 프로젝트(가나, 미시간과 함께)에 기반한 한 연구는 보건대학에서 공개교육자원의 성장을 기록했고(Mawoyo, 2012), 다른 연구는 공개교육자원을 위한 지속 가능한 기관 간의 협력을 위한 틀을 주장했으며(Ng'ambi & Luo, 2013), 그리고 세 번째 연구는 아프리카의 맥락에서 공개교육자원을 시작하고 지속하는 것에 대한 이해를 발생시켰다(Harley, 2011). 대학 내 전체를 대상으로 실시한 한 설문은 케이프 타운 대학교 학생들의 대다수가 공개교육자원의 사용에 대해 압도적으로 긍정적임을 보여준다(Hardin, Hodgkinson-Williams, & Cox, 2011).

끝으로, 케이프 타운 대학교는 남미, 아프리카 사하라 남부지역, 그리고 동남 아시아의 교육기관들에서 공개교육자원의 채택과 효과를 조사하는 Global South 연구에 참여하여 중심적인 역할을 하고 있다. 아직 초기단계에 있지만, 이 원대한 프로젝트는 지역의 설문, 사례연구, 그리고 실행연구를 통해 공개교육자원의 창조, 인식, 사용, 그리고 이 세 지역에 걸친 배포에 대한 심도 있는 분석을 제공하고자 한다(Hodgkinson-Williams & Arinto, 2014).

정책 관여

지난 몇 년간 대학의 고위경영진들은 개방이라는 의제에 대한 중요한 상징적인 헌신을 하였다. 2008년에 부총장이 케이프 타운 개방교육 선언에 서명을 하였고 이는 많은 언론매체의 관심을 모았다. 이 선언은 "모든 사람들이 교육자원들을 제약 없이 자유롭게 사용하고, 맞춤형으로 바꾸고, 개선하고, 재배포할 수 있어야 한다는 신념"에 기반한 것이다. 그로부터 3년 후에 케이프 타운 대학교의 부총장은 "지속 가능하고, 상호작용적이고, 투명한 미래의 웹으로 지식이 전 세계적이고 접근 가능하게 되는 비전을 실현하기 위한" 베를린 선언에 서명하였다.

2014년에 두 개의 사건이 이 변화와 성장의 유기체적 시대의 정점을 보여주었다: (1) 개방접근 정책(Open Access Policy)에 대한 케이프 타운 대학교 위원회의 승인(http://uct.ac.za/downloads/uct.ac.za/about/policies/UCTOpenAccessPolicy.pdf) 그리고 (2) 케이프 타운 대학교 도서관이 개방 온라인 콘텐츠가 앞으로 나아가는 데 중심이 되고자 하는 노력. 후자의 경우 많은 개방교육과 개방접근 프로젝트 활동들이 도서관의 기존에 있던 그리고 새로운 직책의 주 업무가 되어가고 있다. 이러한 활동들은 케이프 타운 대학교 도서관이 연구와 강의자료들 모두를 지원함을 명확히 밝혀왔던 것을 봤을 때 놀라운 일이 아니다. 사실 케이프 타운 대학교 도서관은 개방접근 정책의 공식적인 소유자로 대학교의 연구부처 그리고 학습교수혁신센터와 밀접한 관계를 유지하고 있다.

공개교육자원을 앞으로도 계속 강조하는 정책의 기반은 다음과 같이 명시된 새로운 정책에서 뚜렷이 나타난다: "북반구에서 공개자원, 공개 콘텐츠, 공개강좌 등이 폭넓게 퍼진 것은 지역의 교수학습자료들이 무료로 온라인으로 제공되어야 한다는 시급한 필요가 있음을 뜻하기 때문에 이는 기회인 동시에 우려가 되는 점이다."

학문은 연구, 교수와 학습을 관통하는 다양한 형식을 갖춘 것으로 이해할 수 있다. 케이프 타운 대학교는 이 모든 분야에서 콘텐츠가 만들어지도록 독려할 뿐만 아니라 이의 관리, 보존, 그리고 발견이 가능한 조건을 제공한다. 더 구체적으로 말하자면, "대학은 직원과 학생들이 모든 가능한 형식의 학문적 작품을 만들도록 독려한다. … 이는 (그러나 이에 제한하지 않고) 에세이, 책, 학술대회 발표논문, 보고서(보고서로 작성된 연구를 지원한 주체가 허용한 경우), 교육자원들, 발표자료, 학문적인 멀티미디어 자료, 시청각 자료 그리고 디지털 형식의 그림과 그래픽 자료들을 포함한다."

전 세계의 개방접근 정책들에 있어 보다 흔한 방식으로, 이 정책은 케이프 타운 대학교의 저자들이 학술논문을 등재하도록 요구한다. 이와 동시에 학생들은 졸업을 하기 위해서는 자신들의 논문의 최종본을 등재하도록 하고 있다. 이렇듯 사람들의 관심을 많이 받는 자료들이 공개교육자료에 포함되도록 하고 이를 지원하는 것이 이 대학의 정책이 다른 기관과 단체의 정책과 차별화되는 점이다.

앞으로 나아가기

프로젝트 기반의 활동들과 즉흥적인 교원들의 개별적인 활동들이 좋은 작품들로 조용히 지속된 지 7년 후에 케이프 타운 대학교의 개방교육 활동은 개방교육을 폭넓게 지원하고 개방교육이 대학도서관에서 주류가 되도록 하는 개방접근 정책에서 정점에 이르게 된다. 이는 8년 전에 개방학문 프로젝트에서 표현된 비전인 작은 규모의 모든 종류가 합성된(연구와 강의를 포함한) 콘텐츠를 포함할 수 있고 기관의 기반시설과 융합되면서도 지속 가능성을 확보할 수 있는 방법을 찾고자 하는 비전의 실현이었다.

케이프 타운 대학교의 개방교육 의제는 이제 한 바퀴를 돌아왔다. 동시에, 이는 개방교육과 공개교육자원이 그 입지를 강화하고 공개 데이터와 연구 데이터 관리의 증가와 또한 이제 시작하는 공개연구 의제를 포함하는 기관의 의제로 지속되기 위한 새로운 시작점에 있다.

개방교육 활동과 공개교육자원과 개방학문 이니셔티브가 케이프 타운 대학교에서 주류가 되었다는 것은 지속 가능성의 측면에서, 특히 공개교육자원의 접근법이 작은 규모의, 의미론적 미래와 잘 어울리는, 좋은 징조이다.

강의의 요소가 융합되지 않은 엔터프라이즈 콘텐츠 관리와 연구 관리 시스템 형식에 위험이 존재한다. 최근 생겨난 이러한 시스템들은 연구중점 대학교에 존재하는 교육의 가치와 타당성에 대한 지속된 긴장을 증폭시킨다. 전 세계에 있는 대학에서 그렇듯이 이러한 모순이 지속되고 있다. 초반의 정책 싸움에서는 이겼지만, 정책의 의도를 실행으로 옮기는 것은 절대로 간단한 일이 아니다. 그런 의미에서, 이 대학의 지난 10년간의 견고한 활동이 향후 상당 기간 동안 케이프 타운 대학교에서 개방교육의 확장성과 지속성의 좋은 징조가 된다.

Laura Czerniewicz | 연구자, 교육자, 옹호론자, 전략가이며 케이프 타운 대학교의 부교수이자 이 대학의 학습교수혁신센터의 디렉터이다. 더불어, 그녀는 최근에 이 대학의 OpenUCT 이니셔티브를 주도하였다. 이전에 교육출판 업계에서 일한 Czerniewicz 교수는 교육공학센터를 창설한 디렉터였다. 그녀의 연구분야는 디지털로 중재되는 학생과 교수의 실제,

개방교육과 학문, 그리고 학문분야는 학습 테크놀로지이다.

Glenda Cox ㅣ 케이프 타운 대학교 교육공학센터의 강사이다. 그녀의 포트폴리오는 다음을 포함한다: 교육과정 프로젝트, "테크놀로지를 활용한 강의" 혁신 연구지원금, 공개교육자원들, 그리고 교원개발. 그녀의 주된 연구분야는 교원들이 왜 그들의 강의자료들을 공개교육자원으로 공개하려고 또는 공개하지 않으려고 하는가에 있다. 또한, 그녀의 주된 관심사는 교원들이 강의에 테크놀로지를 활용하는 혁신적인 방법들을 찾는 것에 있다. 그녀는 전통적인 면대면 수업과 온라인 수업에서 뛰어난 케이프 타운 대학교의 교원들을 쇼케이스하는 것이 매우 중요한 일이라고 믿는다.

Cheryl Hodgkinson-Williams ㅣ 남아프리카 케이프 타운 대학교 학습교수혁신센터의 부교수이다. 그녀는 컴퓨터보조학습으로 박사학위를 받았으며 1998년부터 교육에서 정보통신기술 분야를 가르치고 지도하였다. 그녀의 연구분야는 온라인 학습 설계, 전자포트폴리오, 개방교육, 공개교육자원의 채택 및 영향, 그리고 MOOC이다. 그녀는 국제개발연구센터의 연구지원금을 받은 남반구 지역의 공개교육자원 국제 연구 프로젝트의 책임연구자이다.

Michelle Willmers ㅣ 학술과 학문 출판 분야의 일을 해왔다. 그녀는 이전에는 셔틀워스 재단의 공개교육자원 케이프 타운 대학교 이니셔티브 팀의 고위직 팀원이었다. 그녀는 또한 아프리카의 연구의 가시성을 높일 목적으로 4개국이 모인 연구와 출판 이니셔티브인 국제개발연구센터 아프리카 학술 커뮤니케이션 프로그램의 매니저였다. 그녀는 현재는 OpenUCT 이니셔티브의 프로젝트 매니저이다.

참고문헌

Cartmill, E.T. (2013). *Viewing the use of open educational resources through a community of practice lens: A case study of teachers' use of the Everything Maths and Everything Science open textbooks.* Unpublished MPhil minor dissertation, University of Cape Town. Retrieved from http://uctscholar.uct.ac.za/PDF/98798_Cartmill_ET.pdf.

Cox, G. (2013, December 8). *A model of the interplay between academic agency, institutional structure and open culture in the contribution and non contribution of Open Educational resources.* PhD research presentation GO-GN seminar in Cape Town. Retrieved from http://www.slideshare.net/GO-GN/ph-d-proposal-presentation-cape-townglencox.

Czerniewicz, L., Cox, G., Hodgkinson-Williams, C.A., & Doyle, G. (2012). *From project to mainstreamed in a constrained environment: Towards openness at the University of Cape Town.* Cambridge OCW Conference, April 16–18. Retrieved from http://www.slideshare.net/laura_Cz/openness-at-the-university-of-cape-town.

Hardin, J., Hodgkinson-Williams, C.A., & Cox, G. (2011). *OCW use and production by faculty and students: An inter-institutional comparison.* OCWC Conference, Cambridge Massachusetts, May 4–6, 2011. Retrieved from http://www-personal.umich. edu/~hardin/Talks/OCWC2011/OCWC2011-V0.5.pdf.

Harley, K. (2011). Insights from the Health OER Inter-Institutional Project. *Distance Education, 32*(2), 213–27.

Hodgkinson-Williams, C.A., & Paskevicius, M. (2012a). The role of postgraduate students in co-authoring open educational resources to promote social inclusion: A case study at the University of Cape Town. *Distance Education, 33*(2), 253–69.

Hodgkinson-Williams, C.A., & Paskevicius, M. (2012b). Framework to understand post-graduate students' adaption of academics' teaching materials as OER. In A. Okada (Ed.), *Open educational resources and social networks: Co-learning and professional development.* London: Scholio Educational Research & Publishing.

Hodgkinson-Williams, C.A., & Paskevicius, M. (2013). "It's not their job to share content": A case study of the role of senior students in adapting teaching and learning materials as open educational resources at the University of Cape Town. *E-Learning and Digital Media, 10*(2), 135–47. Retrieved from http://dx.doi.org/10.2304/elea.2013.10.2.135.

Hodgkinson-Williams, C.A., & Arinto, P. (2014). *Open education for a multicultural world: A report from the Research on Open Educational Resources for Development (ROER4D) project in the Global South.* OCWC 2014 Conference, Ljubljana,

Slovenia, April 25, 2014. Retrieved from http://www.slideshare.net/ROER4D/roer4-d-hodgkinson-williams-arinto-ocwc-2014-33930519.

Mawoyo, M. (2012). *Growing an institutional health OER initiative: A case study of the University of Cape Town*. Regents of the University of Michigan and Saide. Retrieved from http://www.oerafrica.org/resource/growing-institutional-health-oer-initiative-case-study-university-cape-town.

McNay, I. (1995). From collegial academy to corporate enterprise: The changing cultures of universities. In T. Schuller (Ed.) *The changing university.* Buckingham: Society for Research into Higher Education and Open University Press.

Ng'ambi, D., & Luo, A. (2013). Towards a sustainable inter-institutional collaborative framework for open educational resources (OER). In R. McGreal, W. Kinuthia, & S. Marshall (Eds). *Open educational resources: Innovation, research and practice* (pp. 223– 39). Commonwealth of Learning, Athabasca University. Retrieved from https://oerknowledgecloud.org/sites/oerknowledgecloud.org/files/pub_PS_OER-IRP_web.pdf#page=249.

Paskevicius, M. (2011). *Student perceptions of the reuse of digital educational materials: A case study of the social outreach group SHAWCO*. Unpublished MPhil minor dissertation, University of Cape Town. Retrieved from http://uctscholar.uct.ac.za:1801/webclient/StreamGate?folder_id=0&dvs=1405127427526~602.

Ramafikeng, M. (2013). *True stories of open sharing: From Cape Town OER to Spanish journal article, Matumo Ramafikeng*. Video interview. Retrieved from http://stories.cogdogblog.com/oer-to-journal/.

Rossiter, D. (2007). Whither e-learning? Conceptions of change and innovation in higher education. *Journal of Organisational Transformation and Social Change, 4*(1), 93–107.

Yee-Tak, W. (2006). *Student expectations in the new millennium: An explorative study of higher education in Hong Kong*. Unpublished Dissertation, Ludwig-Maximilians-Universität, Munich, Germany.

PART
3 MOOC와 개방성의 개념에 대한 연구와 평가

새로 부상하는 어떤 분야나 학문과 관련하여 흔히 듣게 되는 말은 "연구결과는 뭐라고 해?"이다. 연구에 대한 이러한 관심은 우리가 MOOC 및 개방교육과 관련하여 패러다임을 바꾸는 혁명이나 변혁의 와중에서 특히 당연하다고 하겠다. 따라서 이 책의 세 번째 파트에는 MOOC와 개방교육의 효과성에 대한 통찰을 제공하기 위한 연구와 평가 관련 장이 마련되어 있다.

독일 하겐(Hagen)에 위치한 페른대학교(FernUniversität)의 Markus Deimann, Alexander Lipka 및 Theo Bastiaens가 작성한 첫 장은 원격교육의 역사와 MOOC를 옹호하고 이용하는 사람들이 갖게 되는 이점에 대해서 생각하게 한다. 저자들은 MOOC에 대한 상대적으로 최근의 담화와 오래전부터 있었던 원격교육에 대한 풍부한 이론적 전통을 연결시킨다. 이들이 명쾌하게 지적하듯이, MOOC의 효과성과 결과를 향상시킬 수 있는 원격교육에 대한 풍부한 역사가 있음에도 불구하고, 이에 대한 연구와 실천은 지금도 MOOC 연구자들로부터 관심을 얻지 못하고 있다. Deimann, Lipka 및 Bastiaens는 또한 MOOC가 어떻게 원격교육 생태계 내에서 활용될 수 있는지 설명하고 있다. 이러한 목적을 달성하기 위하여 저자들은 독일의 소속 대학에서 최근 제공하고 있는 전통 원격교육 과목과 두 가지 다른 형태의 MOOC 간에 데이터 기반 비교를 제시한다. 마지막으로 이들은 MOOC의 옹호자들이 원격교육에서 배울 수 있는 점을 논의하고 몇 가지 유용한 수업에 관한 제언을 한다.

누구든지 edX, Coursera, NovoEd, Udemy, Udacity, 그리고 다른 북미 MOOC 제공자의 대안에 관심이 있다면 8장을 보기 바란다. 이 장에서 Hartnett, Brown 및 Wilson 팀은 호주 개방대학교(Open Universities Australia, OUA)에 의해서 설립된 MOOC 관련 벤처인 Open2Study에 대해서 탐색한다(https://www.open2study.com/). 연구자들은 매시대학교(Massey University)에서 Open2Study의 설계, 적용, 그리고 평가에 대한 교훈을 보고하고 있다. 이 MOOC 벤처는 독특할 뿐 아니라, 매시대학교는 2013년 뉴질랜드에서는 최초로 전사차원의(enterprise-wide) MOOC 플랫폼을 도입하기도 하였다. 저자들은 왜 매시대학교가 Open2Study의 독특한 특색을 갖추면서 동시에 MOOC에 진출하기로 하였는지 설명하고 있다. 이 장은 "아래쪽(down under)[1]"의 경험에서 얻은 교훈을 보고하며, 광의의 국제적 맥락과 MOOC 움직임 일반의 미래에 대한 질문으로 결론을 맺고 있다.

세 번째이자 이 파트의 마지막 장에서는, 에든버러대학교(University of Edinburgh)의 연구자가 2012년 처음 이 싸움에 돌입했을 때부터 경주하였던 노력에 대한 개요를 제공한다. 먼저, Jeff Haywood, Amy Woodgate 및 David Dewhurst는 지난 2012년 Coursera와 제휴하여 영국의 첫 MOOC 도입 대학이 되는 의사결정을 감행한 것에 대해서 논의한다. 에든버러대학교가 현재 영국의 가장 큰 MOOC 제공자로서 백만 명 이상의 등록 학생을 보유하고 있는 사실로 미루어볼 때 이것은 용감하면서도 성공적인 조치였다. 품질의 측

---

1 역자주: 호주나 뉴질랜드를 일컫는 말로 영국에서 봤을 때 지도의 아래에 위치하는 데서 기인함.

면에서, 에든버러대학교는 코스 설계와 개발을 중앙에서 조정하는 접근방법을 사용하였으며, 교수팀을 위한 기술, 교육 및 예산지원을 병행하였다. 이러한 노력은 공식적인 과목 승인과 품질 보증 과정을 통하여 뒷받침되었다. 그에 따라서, 이들은 MOOC 참여자들과 관련 학습 및 재적 결과에 대한 일관성 있는 장기 데이터를 수집할 수 있었다. 이렇게 계속되는 연구와 평가를 위한 노력은 에든버러대학교가 MOOC 활동을 어떻게 설계하고 적용해야 하는지 이해하게 할 뿐 아니라 다른 대학들과 협력을 통하여 MOOC를 개발하도록 하고 있다. 마지막에, 이 장은 MOOC가 대학에 가져다줄 잠재적 이익과 투자수익에 대해서 주안점을 두고 있다.

7

이상한 협력자?!

MOOC가 원격교육으로부터 무엇을 배울 수 있는가?

Markus Deimann | Alexander Lipka | Theo Bastiaens

2012년에 있었던 대규모 공개 온라인 강좌(Massive Open Online Courses, MOOCs)의 급증은 정치, 경제, 그리고 교육 이해당사자들에게 초유의 관심을 불러왔기에 교육공학의 역사에서 획기적인 사건으로 기록된다. 많은 언론사들은 MOOC의 출현을 다루었으며 "캠퍼스 쓰나미"라는 캐치프레이즈를 만들어 냄으로써 광풍에 기여하기도 하였다(Brooks, 2012).

그러나 이러한 단정적 주장에는 거리를 두어야 한다. 사실, 이 장의 제목이 시사하는 것처럼 MOOC는 원격교육(distance education, DE)과 밀접하다. 흥미롭게도 "원격교육"에 대한 영어 위키피디아는 MOOC를 "원격교육의 최근 발달(a recent development in distance education)"로 기록하고 있다(Wikipedia, 2014). 어떤 학자들은 MOOC가 대중에게 손을 뻗어 가르치는 것의 의미에 대한 옛 믿음을 강화하는 것 외에는 하는 것이 아무것도 없다고 주장한다. 이와 대조적으로 DE는 18세기까지 거슬러 올라가서 다른 많은 학습법을 시험하여 명성을 구축한 바 있다. 세기를 지나면서 이러한 연구와 실험은 사람이 이러한 특수상황에서 어떻게 학습하는가에 관한 거대한 지식체를 형성하게 하였다(Moore & Kearsley, 1996).

지난 5년 동안 MOOC가 일반교육의 지평에 우렁찬 팡파레와 충격을 가지고 등장한 반면, DE는 놀랍게도 일반대화에서 완전하게 제외되었다. 불행히도, MOOC에 대한 논의는 대체적으로 DE 밖에서 이루어진다. 이것은 면대면 수업 대학들이 대량교육을 원격으로 할 수 있는 신대륙을 발견한 것과 다를 바 없다. 따라서 아직까지 DE 모델의 잠재력과 MOOC 실천에 대한 체계적인 탐색은 이루어지지 않았다. 이 장의 목적은 이 두 "이상한 협력자(strange bedfellows)" 간에 정보에 근거한 대화가 이루어지도록 하는 것이다.

이어서 우리는 학문분야로 발돋움하는 데 기여한 요인을 중심으로 DE를 검토할 것이다. 두 번째 부분에서는 DE 생태계에서 어떻게 MOOC가 사용될 수 있는지에 대해서 논의하고, 다음과 같은 강좌의 경험적 데이터를 제공할 것이다: (1) 독일 하겐의 페른대학교에서 제공되는 전통 DE와 (2) 같은 대학에서 개설된 두 MOOC 강좌. 마지막으로, MOOC를 옹호하고, 개발하고, 평가하는 사람들이 DE로부터 배울 수 있는 것에 대해서 논의할 것이다.

서론: 원격교육의 영토를 침범하는 MOOC

미국 아이비리그 대학(Ivy League colleges)의 전통강좌를 "세계"에 공개한 이후에 일어난 일은 대중매체의 자극적인 헤드라인으로 볼 때 DE 사회를 얼어붙게 할 수도 있다. 더욱이, MOOC 접근방법은 테크놀로지가 교육에 끼칠 수 있는 역할에 대해서 상당히 환원주의(reductionist)적 이해에 기초하고 있다. 다시 말하면, 디지털 테크놀로지는 사용자의 역량에 전적으로 달렸기 때문에 어떠한 교육목표도 달성할 수 있는 중립적 도구로 간주된다(Hamilton & Friesen, 2013). 이러한 류의 도구주의에 대한 놀라운 예는 "학생 100,000명이 있는 교실(The 100,000 student classroom)"이라는 Peter Norvig의 TED 강연인데, 여기서 그는 "수업의 내용은 선진적이고 현대적이지만, 교수 테크놀로지는 아니다"라고 주장한다(Norvig, 2012). Norvig은 이어서 테크놀로지가 "테크놀로지의 숨겨진 제작과정(hidden production of technology)"을 인정하지 않으면서 일대일 튜터링의 교육원리를 모방할 수 있다고 주장한다(Knox, 2013). 테크놀로지의 숨겨진 제작과정이란 다시 말하면, 학습과정에 늘 도움을 주지는 않는 측면인 테크놀로지가 만들어지고 사용되는 복잡한 방식을 의미한다.

MOOC의 "혁명적" 출현과 대조적으로, DE는 19세기 중엽 처음부터 진화과정을 겪어왔고, 그에 따라 다른 모델들과 개념의 발전을 이뤄왔다. 그러나 다음의 한 가지 요인만은 불변으로 남아있다: "성인, 원격, 평생교육자들은 늘 학생들에게 교육을 가져가려고 노력하였지 학생들로 하여금 교육으로 오게 하지는 않았다"(Hoskins, 2013, p. 189). 전형적으로, 그런 모델들은 DE의 가장 구별되는 특징을 반영하기 위해서 그 저변을 이루는 테크놀로지(Garrison, 1985)나 교육(Anderson & Dron, 2011)에 의해서 분류되어 왔는데, 이것은 현재 MOOC가 직면하는 문제들과 직접적인 관련이 있다고 하겠다. 따라서 DE를 가치 있고 고무적인 정보원으로써 훨씬 더 진지하게 받아들여야 한다고 제안한다.

원격교육의 3세대

DE를 이해하기 위한 기초로써 Garrison(1985)은 "원격교육에서 테크놀로지 혁신의 3세대" 모델을 제시하였는데, 이는 강한 테크놀로지 경향성에 기반하고 있다(표 7.1 참조).

모든 전환은 특정 교육적 기능을 테크놀로지 영역으로 "아웃소싱"하는 형태를 촉발하였는데, 예를 든다면, 첫 번째 전환에서는 "교육적 상호작용이 면대면

표 7.1 원격교육의 세대와 테크놀로지의 전환(Garrison, 1985)

원격교육의 세대	테크놀로지 수단	전환
통신	인쇄자료, 우편 제도	F2F → 매개된 의사소통
텔레커뮤니케이션	의사소통의 전자식 전달 (라디오, 전화)	상호작용과 의사소통의 개별화 양방향 의사소통
컴퓨터(멀티미디어)	컴퓨터지원 학습	매개된 의사소통 → 상호작용과 독립의 혼합

일 필요 없이 통신으로 매개가 가능하다는 것을 깨달았을 때"이다(Garrison, 1985, p. 241).

비록 지난 십여 년 간 테크놀로지 혁신이 가속화되었지만, 표 7.1에 나타나 있는 3세대는 기본적으로 아직도 존재한다. 그러나 이 협소한 테크놀로지 중심의 원격교육 관점이 비판되고 "테크놀로지와 교육결정론 중간지점"으로 여겨지는 다소 전체적 접근방식이 제시되고 있다(Anderson & Dron, 2011, p. 81). 더 정확하게 말한다면, Anderson과 Dron이 지적한 것처럼, 테크놀로지가 음악을 창작하고 박자를 만드는 데 도움은 되지만, 움직임을 결정하는 것은 교육(pedagogy)[1]이다. 달리 말하면, 테크놀로지는 DE 교육기회의 틀을 정한다.

DE와 MOOC의 주요 유사성이 테크놀로지의 힘에 의존한다는 데 있지만 양자는 교육가설의 이론적 실증이라는 측면에서 상당한 차이를 보인다(Daniel, 2012). 더욱이, 초기부터 DE는 이 분야 전문화에 큰 영향을 미친 이론적 사상에 의하여 뒷받침되었다. DE 이론은 상호작용과 피드백과 같은 학습의 중요한 측면에 초점을 두며 프로그램, 교과 및 자료를 개발하는 데 기여한 독특한 지식체계를 형성하게 하였다. 궁극적으로, DE는 "독특한 시스템(system sui generis)" 또는 산업화의 형태에 특별한 강조점을 둔 고유의 운영체계를 개념화

---

1 역자주: pedagogy는 education과 같이 '교육'으로 번역될 수 있지만, pedagogy는 교육의 원리나 방법을 모두 포괄하는 개념으로 사용되고 있다.

하게 되었다(Peters, 2010).

명백히, MOOC에 대한 토론에서 같은 수준의 이론적 깊이를 기대하는 것은 불공정하리라 생각된다. 그럼에도 불구하고, 양측이 똑같은 일을 하면서도 왜 DE 분야에 충분한 자문과 참고를 구하지 않았을까 하는 의문이 들지 않을 수 없다.

DE와 MOOC: 공동의 미래를 가진 먼 형제?

해방적 관점에서, MOOC와 DE 모두 테크놀로지 구동 수업은 사실상 누구든지 공부하기를 열망하고 의지가 있다면 강좌를 수강하여 교육의 사회경제적 장벽을 극복할 수 있다는 믿음에 기반한다. 그러나 이러한 인본주의적 입장은 문화자본과 같은 다른 주요한 조건이나 요인을 경시하는 위험을 안고 있다(Bady, 2013). 몇몇의 연구에서 디지털 학습기술의 부족이 학습자의 강좌 이수를 실패하게 만드는 주요요인임이 밝혀지면서 공개 콘텐츠에 대한 테크놀로지 접근의 지배적인 관심이 증가되고 있다(예, Christensen, Steinmetz, Alcorn, Bennet, Woods, Emanuel, 2013). 이런 측면에서, 아이비리그 대학들의 명성에 의해 촉발된 MOOC에 대한 엄청난 관심은 문제가 크다고 하겠다. MOOC에 대한 이러한 보편적 환상의 가장 큰 문제는 원격교육의 효과성을 결정하는 조건에 관한 관심에서 멀어지게 하는 것이다. 다시 한 번, 테크놀로지는 교육에 우선하게 된다.

MOOC는 앞으로 DE 공동체 내에서 논의를 더욱 발전시켜야 한다. 불행하게도, Liyanagunawardena와 그의 동료들의 분석에 따르면(Liyanagunawardena, Adams, & Williams, 2013) 온라인과 원격교육을 다루는 학술지는 제한적이다. Sir John Daniel(2012)이 한국방송통신대학(KNOU)에 머물면서 수행한 MOOC에 대한 종합적인 연구가 저명한 DE 학자에 의해서 MOOC가 체계적으로 분석된 몇 안 되는 예이다. 이러한 문제와 이슈에도 불구하고,

MOOC 광풍은 원격학습이 면대면보다 못하다는 항간의 여러 부정적 사고를 불식시켰다. 과거에도, DE에 대한 과도한 이론화의 결과로 DE를 깎아내리기 위해서 똑같은 혐의를 둔 적이 있었다.

이러한 관점에서, DE 분야는 백 여 년 동안 지속된 이론과 실제의 탁월한 성과로 인하여 유리하고 안정적인 자리매김을 하였다고 결론지을 수 있다. 그러나 기존의 원격교육 시스템을 잠재적으로 약화시킬 몇 가지 정치적·경제적 현안이 존재한다. 더 정확하게 말한다면, 정부와 정치 지도자들이 교육기관들에게 자료와 입학절차 "개방하기(open up)"를 요구하며 강한 압박을 가하고 있다(Castaño Muñoz, Redecker, Vuorikari, & Punie, 2013). 따라서 우리가 MOOC를 DE 생태계 안에서 실험하는 것이 정당하게 보였다. 이러한 실험은 MOOC와 개방교육에 대한 다양한 주장을 경험적 관점에 놓게 한다.

경험적 기반: MOOC 두 건[2]과 DE 강좌 한 개

이 장의 제목에 사용한 "이상한 협력자(strange bedfellow)" 메타포는 MOOC와 DE 강좌의 주요 차이점과 유사점이 무엇인가에 대한 질문을 하게 만든다. 이 문제에 대한 해결의 실마리를 주기 위하여, 인구통계, 목표와 설계, 콘텐츠, 구동 테크놀로지, 활동경향 등의 측면에 초점을 두고 데이터가 풍부한 강좌 세 개를 소개하고자 한다.

#iddg13 MOOC: 디지털 사회에 대한 학제적 담화

2013년 초여름 교육공학 및 미디어 학과에서는 페른대학교 최초의 MOOC를 개설하였다. 이것은 4주짜리 "디지털 사회에 대한 학제적 담화(Interdis-

---

2 역자주: MOOC는 정식 강좌가 아니라서 저자들이 건(instances)으로 붙인 것으로 사료됨.

ciplinary Discourse on the Digital Society)"라는 강좌이다.

콘텐츠 MOOC는 디지털 테크놀로지가 만연한 사회의 지속적 경향에 자극을 받았다. 이 주제는 여러 관점에서 다루어졌다. 제1주는 교육학 분야에서 두드러진 이슈를 중심으로 전개되었다. 디지털 매체에 친근한 신세대 대학생들의 존재를 확인할 수 있는가? 그리고 만일 그렇다면, 새로운 교수방식이 요구되는가? 제2주는 경제학 분야에서 가져온 주제들이 중심이었다. 기업들은 웹기반 집단 지능으로 자기들의 가치창출과정에 어떻게 이득과 부가적 경쟁력을 높일 수 있는가? 제3주에는 법률학의 관점에서 일상생활 수행을 위한 인터넷 접근의 본질적 역할이 고려되었다. 마지막으로, 제4주에는 컴퓨터과학 분야에서 논의되는 것처럼, 디지털 자격증과 이것이 인터넷 기반 의사소통의 신뢰에 주는 시사점에 대해서 탐구하였다.

목표와 설계 이 강좌의 목표에는 양면이 있다. 첫째 목표는 사회에 폭넓은 영향을 미치는 디지털화 기반 경향(digitalization-based trend)에 대한 DE 학생들의 인식을 높이는 것이다. 두 번째 주요 목표는 다각적인 과학적 관점에서 이렇게 새로 전개되는 현상들이 연출한 난제들을 탐색하는 것이다. 이를 위해 학생들은 해당 분야 교수들이 각각의 문제에 대해서 비전문용어로 제시하는 10~15분짜리 비디오캐스트를 시청해야 하였다. 교수는 비디오 말미에 후속 토론을 위한 과제를 부과하였다. 모든 비디오는 공통의 개념 기반을 구축하고 후속 연구를 위한 출발점을 제공하기 위하여 웹기반 자료와 함께 제공된다. 각 문제에 대해서는 1주일간의 토론 시간이 할당되었다. 각 주의 2/3이 경과되면, 각 교수들은 피드백 비디오를 탑재하여 그 동안 이루어진 토론에 대해서 코멘트하고 과제에 대한 해결책에 통찰을 제공하였다.

구동 테크놀로지(enabling technologies) 학습관리시스템인 무들(Moodle)이 콘텐츠 제공, 강좌 토론, 외부 자료의 링크나 임베드를 위한 허브 역할을 하였다. 부가적으로 이 강좌에서는 도움을 주는 여러 소셜미디어 도구의 탐색적 사용을 적절하게 장려하였다. 유튜브는 무들 환경에 임베드된 비디오캐스트의 호스팅 서비스로 이용되었다. 트위터는 #iddg13 해시태그를 통하여 MOOC 관련 마이크로블로깅을 허용하기 위하여 사용되었다. 주목할 만한 웹자료와 주별로 학생들이 작업한 결과는 콘텐츠 큐레이션 도구인 Scoop.it에 게시되었다. 부가적으로, 상당수의 학생들은 자신들의 기여도를 보여주기 위하여 개인 블로그, 팟캐스트, 슬라이드호스터(slidehosters), 또는 Google+ 그룹을 사용하였다.

인구통계 이 강좌는 하겐의 페른대학교 85,000명 모든 학생이 수강 가능하였다. 그러나 이 강좌는 아주 특정한 대상 집단에 맞춰졌고 총 1,426명이 등록하였다. MOOC 강좌가 끝날 때 이루어진 선택가능한 설문(N=73)에 따르면 남녀 비율은 거의 비슷한 것으로 추정되었다. 응답자의 평균 나이는 41세였다(SD=9.5). 삼분의 일(32퍼센트)은 4학기째였고 주로 교육과학(42퍼센트)과 심리학(12퍼센트) 프로그램 소속이었다. 나머지의 비율은 페른대학교의 다른 십 여 개 프로그램 소속으로 군소집단을 형성하였다.

활동경향 4주 기간 동안 매주 게시된 포럼 글들은 학생참여를 나타내는 것으로, 첫 주에는 504개로 상대적으로 초기에 빈번한 모습이었다. 그 후, 점차적으로 감소되어 삼분의 일 수준으로 줄었는데, 후속 3주에는 178, 109, 146개가 게시되었다. 각 도입 비디오 시청 횟수는 최소한 수용적 참여에 대한 개략적 지표로 볼 수 있다. 이 연구에서 콘텐츠 제시 비디오의 시청 횟수는 676에서 516, 301, 246개로 매주 감소되었다. 피드백 비디오도 이와 마찬가지로 시청 횟수가 감소되었다(4주간 각각 466, 283, 146, 97). 두 가지 측정 지표는 대체적으로 지수감소곡선(exponential decay curve)을 나타낸다. 평균적으로 각 참여자들은 0.9개의 글을 작성하였다. 또 다른 주목할 만하고, 기대할 만한(Jordan, 2014) 사실은 등록한 학생 1,426명 중에서 42명(3퍼센트)만이 강좌 끝까지 남아 기말 성찰 에세이를 제출하고 참여 자격증을 획득할 수 있었다는 것이다.

#exif13 cMOOC: 연구의 섬을 발견하라

#iddg13 강좌가 끝난 몇 주 후, #iddg13 MOOC 저자들은 페른대학교 교육과학과와 공동으로 #exif13—연구의 섬을 발견하라(Discover the Island of Research)—이라는 또 다른 MOOC를 설강하였다.

콘텐츠 이 강좌는 초급 수준의 연구방법론을 다루었다. 제시된 콘텐츠는 경험적 연구과정의 기본 절차를 큰 틀에서 따랐다. 에피소드 1은 가장 기초적인 질문으로 구성되었다. "'과학적으로 작업하기(working scientifically)'란 무엇인가?" 에피소드 2는 문헌 검색을 위한 개념적 기초와 전략에 대한 소개였다. 세 번째 에피소드는 무엇이 좋은 연구문제이고, 이것이 왜 필요한가에 초점을 두었다. 그 다음 내용은 이 주제를 확장하여 연구문제에 대한 탄탄한 해답을 얻기 위해서 어떤 노력이 필요한가였다. 후속 에피소드는 연구문제의 해결을 위한 통계의 역할에 대해서 다루었다. 강좌의 마지막에는 요약과 학술논문 작성 과정에 대한 몇 가지 조언이 이루어졌다.

목표와 설계 이 강좌는 cMOOC 형식으로 교과내용에 대해서 비전문 용어를 사용하여 소개를 하는 것을 목표로 하였다(Siemens, 2005). #exif13 MOOC는 상호작용 설계에는 연결주의 아이디어를, 콘텐츠 제시에는 교육 TV를 새롭게 부활시켜 서로 결합하였다(Vogt & Deimann, 2013). 두 명의 교육 과학자가 진행하는 일곱 개의 주간 교육 TV 에피소드가 제작되었는데, 매주 각각 다른 전문가를 초청하여 과학적 연구의 주요 논점에 대한 프레젠테이션과 토론이 이루어졌다. 트위터의 사용을 용이하게 하여, 생방송 시청자들은 질문과 의견을 개진하고 전문가들로부터 실시간 대답을 들을 수 있었다. 매 에피소드 말미에 시청자들은 연구과제 해결을 통하여 제시된 추론과정에 활발히 참여하도록 요청되었으며, 그 결과를 공동체와 공유할 수 있었다. 연결주의자들의 생각에 터해서, 참여자들은 자기들이 적합하다고 생각되는 웹구동 도구를 이용하여 학습과 상호작용을 스스로 조직해야 하였다.

구동 테크놀로지 중앙 학습관리스시템을 대신하여, 기능적 대체수단으로 여러 웹도구가 사용되었다. MOOC와 연동하여 트위터 계정이 모든 활동의 접점으로 사용되었다(twitter.com/exif13). 예를 들어, 이것은 exif13 개발자들의 새 에피소드 생방송이나 포스트의 링크를 제공하였다. 그 후, 방송된 에피소드는 유튜브에 탑재되었다. 참가자들은 각 에피소드에 대한 성찰에 주로 Google+ 그룹을 이용하였다. 몇 참가자들은 exif13 에피소드에 대한 반응을 개인 블로그에 올리거나 유튜브 비디오로 만들기도 하였다. 부가적으로, 웹기반 참고문헌이 만들어져 각 에피소드에 해당하는 부분들이 채워졌다.

인구통계 #iddg13 MOOC와는 대조적으로 #exif13 MOOC는 대상자들을 개방하였다. 형식의 개방성 때문에(즉, 무등록, 무트래킹 등) 참가자 수나 그 구성을 파악하기 어렵다. 그러나 웹구동 도구들이 남긴 증거들로 인하여 개략적인 참가자 인적사항을 알 수 있다. 예를 든다면, 트위터 팔로우어 수(190)와 유튜브 독자 수(2,999에서 570)를 통해서 우리는 낮게 잡아 cMOOC 정규 참여자를 대략 190에서 570으로 파악하였다.

활동경향 #iddg13 MOOC와 마찬가지로 참여치를 어림잡아 보면 지수적 감소를 확인할 수 있었다. 일곱 개 비디오 중에서 첫 비디오는 3,000뷰를 기록하였는데, 마지막 비디오는 570뷰에 그쳤다. #exif13 Google+ 그룹에서 강좌당 게시글의 수를 세는 것은—단순히 비디오를 시청하는 것보다 더 활동적인 참여를 측정하는 것으로—강좌가 진행됨에 따라 활동의 감소를 보여준다. 제1주에는 Google+에 73개의 참여자 게시로 시작되었다. 이 수는 강좌의 둘째 주와 셋째 주에 각각 43개와 49개로 떨어졌다. 그리고 넷째 주가 시작되자, 그 나머지 3주간의 기여도는 9, 27, 13개 게시글로 나타났다.

원격교육 강좌: "지식사회에서 가르치고 배우기"

두 MOOC와 비교할 수 있게 하기 위하여, MOOC 선풍이 불기 오래전에 페른 대학교의 DE가 어떠했는지를 대표하는 강좌의 주요 특색을 제시하고자 한다. 우리는 이 대학 석사과정 "교육과 미디어—eEducation"의 첫 모듈인 "지식사회에서 가르치고 배우기(Teaching and Learning in the Knowledge Society)"라는 제목의 강좌를 분석하기로 하였다.

콘텐츠 이 강좌의 주요 주제는 이러닝 분야와 관련된 기초적이며 적용중심 이론이다(예, 학습의 패러다임, 수업설계 및 개발의 기초 몇 가지, 교수학습 평가의 전략 등). 성찰학습의 보조물로써 웹로그는 적용의 한 분야로 간주되었다.

목표와 설계 넉 달 동안 이어진 이 강좌는 학생들에게 공통기반을 형성함으로써 후속의 모듈에 대비하도록 노력하였다. 이 강좌에서는 학생들이 읽기숙제와 블로그, 위키, 포트폴리오 등을 활용하여 학습한 내용을 적용할 수 있도록 하는 과제를 동반하였다. 평가는 학생들로 하여금 이 강좌에서 선택한 이론을 기반으로 자신들의 블로그 활동을 과학적으로 개념화하도록 한 기말 보고서를 근거로 하였다.

구동 테크놀로지 내용 전달을 위한 주요 매개 수단은 교재인데, 보드캐스트(vodcast)가 아울러 제공되었다. 토론과 튜터 피드백과 같은 비동시적 상호작용이 무들에서 이루어졌다. E-포트폴리오로는 Exabis(무들 플러그인)가 사용되었다. 블로그 활동을 위해서 학생들은 대학에서 호스팅된 Wordpress나 기존의 개인 블로그를 사용할 수 있었다. 위키로 사용된 것은 Mediawiki였다.

인구통계 이 강좌에는 대략 200명의 참가자들이 있었고, 주 연령대는 25에서 45세였다. 페른대학교에서는 전형적인 일로, 대부분은 정규직업을 가진 파트타임 학생들이었다. 강좌 수강생의 3분의 2는 여학생들이었다.

활동경향 참여에 관한 관찰가능한 주요 지표는 학생들의 포럼 게시물이었다. 흥미롭게도, 이 강좌의 포럼 참여도는 기존의 두 MOOC에서 나타난 지수감소처럼 격감하지는 않았다. 오히려, 이 강좌의 후반부에서는 약간의 감소만 있었다(강좌의 일곱 개 유닛당 178, 422, 22, 310, 116, 117, 125). 학생당 게시물의 수는 6.3이었다. 염두에 둬야 할 것은, MOOC에 대한 참여 외에도 강좌 수강 시 요구사항 때문에 많은 게시글이 만들어졌다는 것이다. 학생들은 중급 정도의 강좌 요구사항을 충족했을 때만 기말시험을 치를 수 있었다. 등록 학생의 30퍼센트 정도만 기말시험을 치렀는데, 이는 이 프로그램의 이수율(대략 30에서 60퍼센트) 중 낮은 축에 속한다.

페른대학교에서 MOOC와 DE 강좌에 대한 평가: 유의하지 않은 차이만?

이렇게 적은 양이나 수준의 활동을 가지고 설명할 때, MOOC와 DE 강좌는 여러 유사점을 가지고 있는 것으로 보인다. 두 가지 모두 학습해야 할 정보를 큰 규모의 그룹에게 제시하고 어떤 방식으로든 서로 몰두하도록 한다. 두 전달 포맷은 내용 전달과 상호작용을 위해서 일부 중첩되는 원격매체 세트를 이용하였다. 주목해야 할 차이점은 두 MOOC에서 나타난 중도 포기율이 DE 강좌에서보다 상당히 높았다는 점이다. 부가적으로, 후자의 개인당 참여는(예, 개인당 주제에 대한 게시한 글) 두 배에서 다섯 배 높았고 시간이 지날수록 변동이 적었다. 이 결과는 구조화된 DE 석사과정에 소속된다는 것은 참여자들에 대한 인센티브 구조를 바꾸어 MOOC에서 일상적으로 있는 읽기만 하는 행동(lurking)을 삼가도록 한다는 것을 시사한다.

결론: 원격교육에서 MOOC 개발자와 제공자가 배울 점은?

우리 경험에 의하면 교수원리에 근거하여 설계하고 진도조절(pacing), 콘텐츠 제시, 과제, 상호작용 측면에서 구조화를 위하여 노력하는 것은 낮은 구조화 접근방법(예, cMOOC)보다 더 바람직하다.

매체 선정과 관련해서는 여러 웹도구를 사용하면 될 것이다. 그러나 선택된 각 도구의 역할을 분명히 하고 중심-주변(centerperiphery) 구분을 명확히 따르는 것이 유익하다. 우리는 하나를 중심 허브로 사전 선정하고 나머지에는 주변 역할을 부여하는 것을 추천한다. 이러한 접근이 그 강좌에서 이루어진 여러 활동을 쉽게 통합하여 강좌 내에서 학습자들의 방향감을 잡아줄 수 있다. 목표, 콘텐츠, 과제의 선정에 관한 한, 이것들을 학습자의 직장이나 일상생활에 연결하여 지식을 적용하게 하는 것은 동기와 처리과정에서 심화를 도울 것이다.

이 장에서 MOOC와 DE의 몇 가지 선택된 유사점과 차이점만 다루었지만, 추가적으로 할 얘기는 더 있다. 이 "이상한 협조자들" 간의 역사와 미래 관계에 대한 후속연구가 향후 연구를 위한 가치 있는 노력이 될 것이다.

Markus Deimann | 2006년 5월부터 2013년 8월까지 교육공학 및 미디어학과의 연구조원이었다. 2013년 9월 이후 그는 조교수(Akademischer Rat)를 역임하고 있으며 만하임대학교(University of Mannheim)에서 교육과학 및 정치과학 과정을 마쳤다. 그는 일메나우 기술대학교(Ilmenau University of Technology)와 에르푸르트대학교(University of Erfurt)에서 "Multimedia-based Distance Study Medical Computer Science" 프로젝트의 연구조원으로 활동하였다. 그 외에 그는 (미국) 탤러해시(Tallahassee)에 있는 플로리다 주립대학교에서 1년간 비지팅 스칼라로 보냈다. 2011년 그는 개방대학(영국)에서 3개월간 장학금을 수혜받았다.

Alexander Lipka | 독일 하겐에 있는 페른대학교의 교육공학 및 미디어 학과의 연구조원이다. 그는 독일 뮌스터대학교(University of Münster) 교육학사 학위를 소지하고 있다. 그의 연구관심 영역은 교수미디어 선정, 인지과제 분석, 그리고 영역보편적(domain-general) 교수원리이다. 그의 최근 연구는 소셜미디어를 적용한 수업이 학습자들이 학습사태 공간을 오가는 방식에 어떤 영향을 미치는가를 탐구하는 것이다. 연락처는 Alexander.lipka@ferni-hagen.de이다.

Theo Bastiaens | 독일 하겐에 있는 페른대학교의 Institute for Educational Science and Media Research의 정교수이다. 그는 동시에 네덜란드 개방대학교(Open University of Netherlands)의 파트타임 교육공학 교수이다. 그의 주 관심 영역은 교수설계와 이러닝이다. 그는 이 분야에 많은 논문을 출간하였다.

참고문헌

Anderson, T., & Dron, J. (2011). Three generations of distance education pedagogy. *International Review of Research in Open and Distance Learning*, *12*(3). Retrieved from http://www.irrodl.org/index.php/irrodl/article/view/890/1663.

Bady, A. (2013, May 15). The MOOC moment and the end of reform. *The New Inquiry*. Retrieved from http://thenewinquiry.com/blogs/zunguzungu/the-mooc-moment-and-the-end-of-reform/.

Brooks, D. (2012, May 3). The campus tsunami. *New York Times*. Retrieved from http://www.nytimes.com/2012/05/04/opinion/brooks-the-campus-tsunami.html?_r=0.

Castaño Muñoz, J., Redecker, C., Vuorikari, R., & Punie, Y. (2013). Open Education 2030: planning the future of adult learning in Europe. *Open Learning: The Journal of Open, Distance and e-Learning*, *28*(3), 171–86.

Christensen, G., Steinmetz, A., Alcorn, B., Bennet, A., Woods, D., & Emanuel, E.J. (2013). *The MOOC phenomenon: Who takes massive open online courses and why?* Working Paper, University of Pennsylvania, Philadelphia, PA. Retrieved from http://papers. ssrn.com/sol3/papers.

cfm?abstract_id=2350964.

Daniel, J. (2012). *Making sense of MOOCs: Musings in a maze of myth, paradox and possibility*. Seoul: Korea National Open University. Retrieved from http://www.tonybates.ca/wp-content/uploads/Making-Sense-of-MOOCs.pdf.

Garrison, D.R. (1985). Three generations of technological innovation in distance education. *Distance Education, 6*, 235–41.

Hamilton, E., & Friesen, N. (2013). Online education: A science and technology studies perspective/Éducation en ligne: Perspective des études en science et technologie. *Canadian Journal of Learning and Technology, 39*(2). Retrieved from http://www.cjlt.ca/index.php/cjlt/article/view/689.

Hoskins, B.J. (2013). The changing face of distance education. *The Journal of Continuing Higher Education, 61*(3), 189–90.

Jordan, K. (2014). Initial trends in enrolment and completion of massive open online courses. *International Review of Research in Open and Distance Learning, 15*(1), 133–60.

Knox, J. (2013). Five critiques of the open educational resources movement. *Teaching in Higher Education, 18*(8), 1–12.

Liyanagunawardena, T.R., Adams, A.A., & Williams, S.A. (2013). MOOCs: A systematic study of the published literature 2008–2012. *International Review of Research in Open and Distance Learning, 14*(3), 202–27.

Moore, M., & Kearsley, G. (1996). *Distance education: A systems view*. Belmont, CA: Wadsworth Pub. Co.

Norvig, P. (2012). *The 100,000-student classroom*. Retrieved from http://www.youtube.com/watch?v=tYclUdcsdeo.

Perraton, H. (1987). Theories, generalisation and practice in distance education. *Open Learning: The Journal of Open, Distance and e-Learning, 2*(3), 3–12.

Peters, O. (2010). *Distance education in transition: Developments and issues*. Oldenburg: BIS-Verlag der Carl von Ossietzky Universität Oldenburg.

Siemens, G. (2005). Connectivism: A learning theory for the digital age. *International Journal of Instructional Technology and Distance Learning, 2*(1). Retrieved from http://www.itdl.org/Journal/Jan_05/article01.htm.

Vogt, S., & Deimann, M. (2013). *Educational TV reloaded: Production of the cMOOC Discover the Island of Research (#ExIF13)*. Hagen: FernUniversität in Hagen. Retrieved from http://deposit.fernuni-hagen.de/2969/.

Wikipedia (2014). *Distance education*. Retrieved from http://en.wikipedia.org/wiki/Distance_education.

8

아래쪽[1]의 MOOC

Open2Study 경험에서 얻은 통찰

Maggie Hartnett | Mark Brown | Amy Wilson

서론

대규모 공개 온라인 강좌(Massive Open Online Course, MOOC)의 움직임은 고등교육의 미래에 관심이 있는 미래학자, 대중매체, 그리고 고위관리자들의 끊임없는 주의를 끌었다. 은유적으로 표현하여 MOOC가 고등교육을 완전히 뒤바꿀 눈사태라는 예측까지 나오고 있다(Barber, Donnelly, & Rizvi, 2013). 비록 수백만 명이 edX, Coursera, FutureLearn과 같은 플랫폼을 이용하여 xMOOC에 등록하여 참여하고 있지만, 학습자 경험에 관한 대부분의 문헌과 무료 온라인 강좌를 개발하기 위한 기관의 동인은 학술적 블로고스피어(Blogosphere)[2]에 머물고 있다. 비록 더 진지한 연구와 문헌분석이 나타

1 역자주: down under. 호주나 뉴질랜드를 일컫는 말로 영국에서 봤을 때 지도의 아래에 위치하는 데서 기인함.
2 역자주: 소셜 네트워크 역할을 하는 블로그들의 집합을 총칭함.

나고는 있지만(예, Department for Business, Innovation and Skills, 2013; Hollands & Tirthali, 2014; Jacoby, 2014; Liyanagunawardena, Adams, & Williams, 2013; Selwyn & Bulfin, 2014), 발전하고 있는 MOOC 지평은 아직도 혼란스럽고(messy) 상당한 논의를 필요로 하고 있다.

오늘날의 새로운 국제 고등교육 환경에서 MOOC의 기대와 우려에 대한 주장과 반대는 수도 없었다(Krause & Lowe, 2014). 한편으로 MOOC는, 특히 개발도상국에서, 전통 대학에 존재하는 지식의 특권적 본성에 도전하고, 고등교육의 증가하는 요구에 부응하는 문제를 해결해줄 것이라는 주장이 있다. 이러한 측면에서 새로운 개방성에 대한 움직임은 판도를 바꿔놓을 것으로 인식된다(Daniel, 2012). 반면에, 늘어나는 비판자들은 낮은 이수율을 지적하고 MOOC의 확산을 엘리트 대학들의 마케팅 전략의 결과로 보고 있다(Selwyn, 2014). Peters(2013)는 여러 내용 중에서, MOOC는 국제화된 대학들에게 새로운 대학노동정책을 반영하고, 실리콘 밸리의 가치가 투영되어 있으며, 엔터테인먼트 매체의 한 종류 같다고 주장한다. 어떤 사람들에게 MOOC는 잠재적 교육과정을 통하여 특권을 재생산하는 또 다른 신식민지주의 도구에 지나지 않는다(Barlow, 2014).

이러한 주장에 대해서 이 장에서는 Open2Study(https://www.open2study.com/) 플랫폼에 대해서 설명하고, 매시대학교에서 이루어진 MOOC 사업의 논거와 전략적 기반에 대해서 서술한다. 매시대학교는 뉴질랜드에서 전사 차원의(enterprise-wide) 국제 MOOC 플랫폼에 참여한 최초의 대학이다. 우리는 매시대학교의 첫 세 강좌의 설계에 대한 사례를 간단히 공유하고 주요 교훈에 대해서 성찰하고자 한다. 구체적으로 말한다면, 이 장에서는 참여 데이터 및 다른 이해당사자 인식을 포함하여, 매시대학교에서의 경험의 적용과 형성평가에서 얻은 일차 자료를 보고하고자 한다. 마지막으로, 국제적 맥락을 고려하여 MOOC의 움직임과 고등교육의 미래에 대한 조금 더 보편적인 질문으로 마무리하고자 한다.

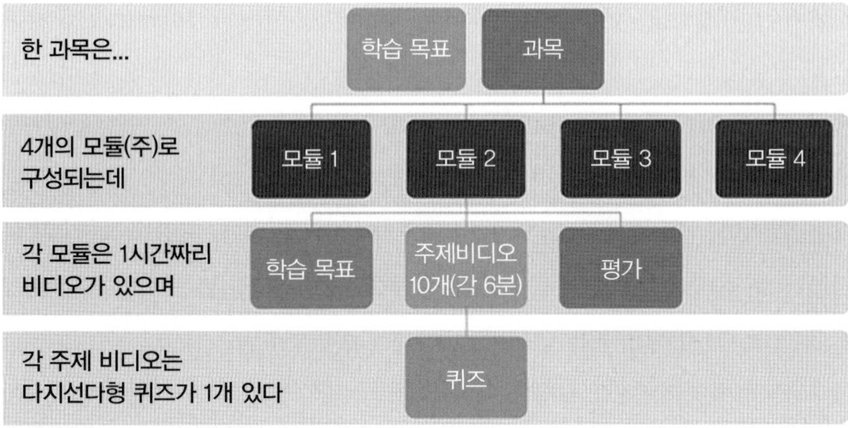

그림 8.1 Open2Study 과목의 기본설계

Open2Study의 개요

Open2Study는 잘 알려지지는 않았으나 호주 개방대학(Open Universities Australia, OUA)에 의해서 개발되고 유지되는 MOOC 플랫폼이다. 이 플랫폼에는 11개 오스트레일리아 파트너 대학들이 소속돼 있으며, 소수의 국제 제공자와 거의 50개에 달하는 무료 강좌가 있다. Open2Study를 떠받치는 핵심원리는 "학습은 평생 지속돼야 하며 모든 사람에게 접근 가능해야 한다"는 것이다. 2014년 7월 현재 221개국 사람들이 적어도 한 강좌 이상 등록하여 수강하고 있다고 Open2Study는 밝히고 있다(Open2Study, 2014). Open2Study가 설립된 2013년 3월 이후 2014년 7월까지, 총 200,000명 이상의 개인이 400,000개의 강좌에 등록하였다.

Open2Study 강좌(과목)[3]는 4주 블록으로 구성되었다(그림 8.1 참조). 각 과목은 한 주간에 학습될 수 있도록 네 모듈로 나뉜다.

각 모듈은 모듈 전체 주제의 다른 측면을 다룬 10개까지의 주제로 나누어진

3 역자주: courses(subjects): 저자들은 강좌와 과목을 혼용하고 있음.

다. 강좌는 내용전문가(Subject Matter Expert, SME)가 내용을 설명하는 비디오를 집중적으로 사용한다. 매주, Open2Study의 사회적 학습 및 공동체 팀(Social Learning and Community Team)원은 질문이나 토론주제를 과목 포럼에 게시한다. 특기할 것은 이 강좌를 개발한 SME가 이 토론을 이끌지는 않는다는 것이다. 각 주제가 끝날 때, 학습자의 학습 내용 확인을 돕기 위하여, 다지선다 퀴즈나 모의 연습이 주어진다. 퀴즈나 모의 연습은 기말 성적에 반영되지 않으며, 단지 형성평가의 목적으로 사용된다.

각 모듈의 마지막은 그 모듈에서 다루어진 지식의 평가로 마무리된다. 이 평가는 매주 순차적으로 열리며, 강좌가 끝날 때까지 지속된다. 참가자들은 각 평가마다 세 차례 응시가 가능하며 강좌 이수를 위해서는 최소 평균 60점을 받아야 한다. 강좌를 성공적으로 이수한 학습자들은 기말 성적과 함께 이수증(certificate of achievement)을 내려받을 수 있다.

매시대학교의 의사결정 근거

2013년 2월 Open2Study에 참여하라는 제안을 받았을 때 매시대학교의 고위 지도자 팀은 그 잠재적 이득에 대해서 신중하게 평가하였다. 당시 인식된 이점은 뉴질랜드의 우수한 원격교육 제공자와 온라인 학습의 세계적 리더로서의 평판 향상이었다. 매시대학교는 교육 벤치마킹 업체인 Quacquarelli Symonds로부터 교수부문 QS 별 다섯 개(five QS Stars for Teaching)를 획득하였고, 남반구에서는 최고의 원격교육 제공자 중의 하나이다. Open2Study에 참여하는 것은 세계적 전문성을 갖춘 매시대학교의 주요 영역의 대표 플랫폼을 선전하고 우리 대학을 잠재적 외국 학생들에게 알리려는 목적도 가지고 있었다. 부차적인 이점이기는 하지만, 당시의 초기 문헌에 근거하여 볼 때도, MOOC는 예비 학생들에게 올바른 과목을 선택하도록 하여 학생들의 중도탈락을 막고 성공적인 학업을 도울 것으로 기대되었다(Carson, Kanchanaraksa, Gooding, Mulder, & Schuwer, 2012). 같은 맥락에서 MOOC는 효과적인 온라인 학습자가 되기 위한 준비도를 증진시킬 가치도 있는 것으로 판단되었다.

매시대학교가 Open2Study에 참여하게 된 또 다른 중요한 이유는 MOOC 플랫폼 설계를 완성할 수 있다는 가능성 때문이기도 하였다. 기존 MOOC 플랫폼과는 달리 고정 파트너로서 Open2Study의 개발 방향에 영향을 미칠 수 있는 여지가 있었다. 마지막으로, 당시 생각에 영향을 미쳤던 또 다른 주요 요인은 온라인 학습과 교수에 있어서 혁신의 문화를 육성할 수 있는 기회 때문이었다. 특히, 매시대학교가 새로운 디지털 세상의 미래 모습으로 자리매김하고자 할 때 혁신 아젠다를 선택하는 데 영향을 준 것은 생태학 분야에서 차용한 Weller 및 Anderson(2013)의 디지털 탄력성(digital resilience) 비유였다. Open2Study의 회원이 되는 것은 매시대학교가 전 세계에 양질의 온라인 강좌를 제공하는 능력과 재능을 기르는 방식으로 인식되었다. 이러한 측면에서 Open2Study에 참여하기로 한 결정은 Massey University Worldwide 브랜드를 만들기 위한 훨씬 큰 전략적 방안의 하나였고, 2014년 2월 뉴질랜드 고등교육부장관(New Zealand Minister of Tertiary Education)에 의해서 공식 출범되었다.

매시대학교가 Open2Study 기획에 참여하게 된 앞서 언급된 논거는 MOOC에 대한 기대와 현실에 대한 최근의 연구에서 다른 기관들이 언급한 이유와 비교하고 대조할 수 있을 것이다(Hollands & Tirthali, 2014). 매시대학교의 목적과 유사하게, 이 연구에서 MOOC 제공의 주 이유로 기관의 65퍼센트가 "더 많은 학생에게 도달하기와 접근성 향상하기", 그 다음 41퍼센트가 "학교 브랜드를 만들고 유지"하는 것의 가치에 대한 인정을 꼽았다. 그 외에 온라인 학습과 교수에서 "혁신의 증진"(38퍼센트)은 Holland와 Tirthali의 연구에서 매시대학교와 다른 기관들의 공통된 주제로 나타났다. 이 연구에서 "수익 증대"(38퍼센트)와 "교수 학습에서 연구의 지원"(28퍼센트)도 동인으로 언급되었지만, 매시대학교가 Open2Study와 제휴하기로 결정한 이유는 아니었다.

매시대학교의 강좌

2013년 후반기, 매시대학교는 Open2Study 플랫폼에 다음과 같은 세 가지 온라인 강좌(과목이라고도 부름)를 개발하였다.

- 농업
- 비상사태 관리
- 토착 문화

수개월간의 개발과 호주 멜버른에서 이루어진 일주일간의 촬영 후, 농업 분야의 첫 과목이 2013년 11월 개설되었다. 매시대학교가 농업을 과목으로 선정한 주요 이유 세 가지는 다음과 같다. 첫째, QS 순위에 근거하면, 매시대학교는 이 분야 세계 20위권의 대학으로 인정받고 있다. 둘째, 접근과 개발의 증진이라는 이 대학 미션에 부합하였다. 급격하게 증가하는 인구 때문에 농업에서의 접근은 매우 중요하게 여겨졌다. 이러한 증가는 세계 식량 부족문제를 가져오고, 미래에는 향상되고 지속가능한 농업적 실천이 중요해진다. 그리고 셋째, 온라인 교수 및 학습 경험이 있는 스태프가 있어 짧은 시간에도 불구하고 이 강좌를 개발할 수 있었다는 것이다. 요컨대, 이 강좌는 자원인 콘텐츠와 인력이 있는 전문영역에, 그리고 이 지식의 필요성이 절실하게 요구되는 곳에 제공될 수 있었다.

최종적으로 "농업과 우리가 살고 있는 세계(Agriculture and the World We Live In)"로 명명된 이 과목은 농장, 농부, 그리고 이들이 직면하는 도전에 대한 연구로 농업이 어떻게 세계를 먹여 살리는지를 탐색한다(그림 8.2 참조).

이 강좌에서 설계 측면의 특징은 일련의 비디오를 통해 학습자들을 몰입시키려고 교수자가 아이패드를 사용하는 것이었다. 이 테크닉은 Open2Study가 기존에 비디오를 수업에서 사용했던 것처럼 정보를 수동적으로 전달하는 것을 피

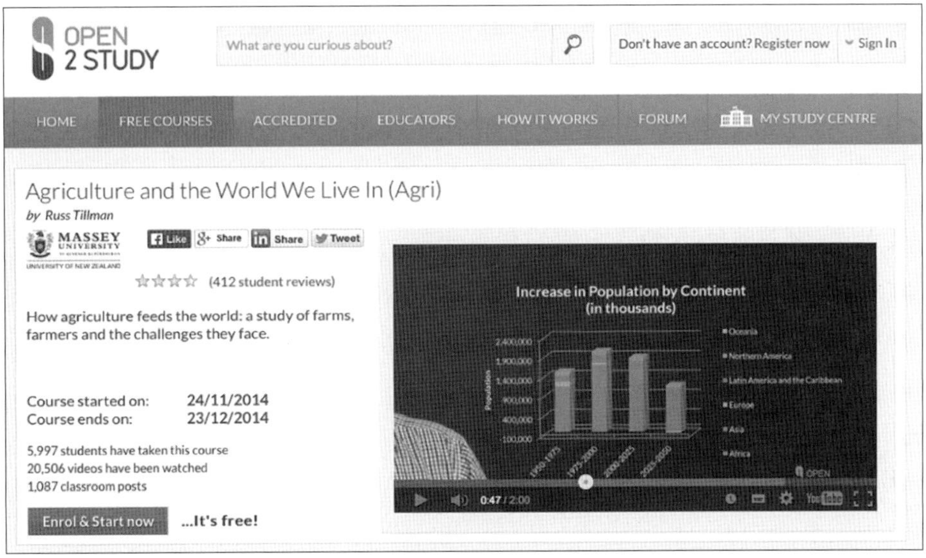

그림 8.2 Open2Study 강좌를 위한 Open2Study 홈페이지, "농업과 우리가 살고 있는 세계"

하려고 노력한 사례이다. 각 비디오는 관련된 온라인 읽을거리 및 자원과 함께 짧은 상호작용적 학습경험을 제공하도록 설계되었다.

이 과목의 첫 시행은 일천여 명의 학습자를 끌어 모았다. 특기할 것은, 이 학습자들의 55퍼센트가 이 온라인 강좌를 시작했으며, 최초 총 등록자의 23퍼센트가 이 과목을 최종 이수하였다는 것이다. 이 수치는 사실상 수업을 시작한 사람의 이수율이 40퍼센트 이상이라는 것을 의미한다. 이 강좌의 첫 시행에서는 1,498개의 토론 게시글이 달렸다. 이 집단에서, 등록자의 78퍼센트가 해외 지역에서 왔으며, 22퍼센트가 호주에서 왔다. Open2Study 전 교과에 걸쳐서 지속적으로 등록자 수가 많은 상위 3개국은 영국, 미국, 그리고 인도이다.

매시대학교의 두 번째 온라인 과목은 상당한 전문성을 보유하고 있는 비상사태 관리 분야였다. 이 분야가 선택된 이유는 두 가지이다. (1) 이 분야에 근무하는 스태프는 이미 온라인 교수에 상당한 기술을 소지하고 있고, 이미 온라인 대학원 과정을 개설한 적이 있다. (2) 최근의 지진과 쓰나미 등 여러 자연 재해에서 드러났듯이, 특히 개발도상국에서는 비상사태 관리 분야의 기술이 상당히 부족하다. 이 온라인 과목의 첫 개설 시기는 2014년 1월이었는데, 참여 데이터는 Open2Study의 다른 과목에서 관찰된 것과 유사한 경향을 보였다.

세 번째 과목은 2014년 2월에 처음 개설된 토착문화 분야였다. 이 강좌는 두 개 대학에서 공동으로 개발하였기에 특기할 만하다. 타스마니아대학교(University of Tasmania)가 매시대학교와 협력하여 마오리(Maori), 호주 원주민, 토러스 해협(Torres Strait) 섬 주민의 역사를 탐색하였다. 이 공동작업은 기대하지 않은 결과를 얻어낸 Open2Study의 한 사례를 보여준다. 파트너 기관들은 Open2Study 파트너 회의가 끝난 2014년 3월 이후 자신들의 경험을 나누기 시작하였다. 특기할 것은, 모든 과목의 참여 데이터가 Open2Study 웹사이트에 공개되어 있다는 것이다.

평가 과정

2013년 12월 우리 대학은 질적 방법을 이용하여 Open2Study 경험을 공식적으로 평가하도록 소수의 직원으로 구성된 팀을 꾸렸다. 연구에 착수하기 전에 대학의 인간윤리위원회로부터 평가를 위한 윤리적 승인을 획득하였다. 기획에 참여했던 강사, 교수개발센터 직원, 온라인/원격교육 관리자를 포함하여 진행된 직원 인터뷰(2014년 4월에 시행)를 통해 심도 있는 질적 자료가 수집되었다. 본고에 제시된 교훈은 이 기획의 세 가지 과목의 개발 후 수집된 스태프 인터뷰 자료에 기반한다. 인터뷰 절차는 스태프들에게 프로젝트의 이점과 도전의 측면에 초점을 맞춰 자신의 경험에 대해서 이야기하도록 하였다. 비록 인터뷰가 소수(N=8)에 그쳤지만, 이는 이 프로젝트 주요 참여자의 80퍼센트에 이르는 수치이다. 이 인터뷰는 어포던스(affordance)와 도전의 양 측면에서 이 시험 작업에 유용한 피드백을 제공하였다.

경험에서 얻은 교훈

이 섹션은 매시대학교의 Open2Study 경험에서 얻은 몇 가지 전략적 교훈에 대해서 서술하고자 한다.

작업량과 시간

Open2Study 강좌의 개발에 참여했던 사람들이 모두 언급했던 가장 큰 어려운 점은 업무 부담이다. 그러나, 업무 측면은 문제의 한 부분에 지나지 않았다. 업무의 양은 과목의 설계에 부여된 짧은 시간과 결합되어 스태프들에게 큰 어려움으로 작용하였다. 대체적으로, 강좌 개발은 이미 버거운 교수와 연구 부담에 가중되었다. 마감일은 특히 엄격하였는데, 이는 특정 시간에만 가능한 Open2Study의 자산 제작 팀에 의하여 결정되었기 때문이다. 일반적으로, 각 과목은 1주일간의 촬영기간만 허락되었기 때문에, 그 자체로 빡빡한 일정을 부과하였다. 시간에 크게 종속된 스케줄에 더해서, 제작과정과 이에 걸맞은 행동에 대해서 생소한 교수들의 기대 차이는 어떤 경우 작업의 스케일을 제대로 파악하지 못하게 하였다. 한 참가자는 다음과 같이 응답하였다.

> 우리가 이 정도 걸릴 것이라고 생각하는 단계가 있었고, 우리는 고정된 날짜가 있었기 때문에 … 이 말은 능력을 초과하는 것이어서 우리는 … 작업할 수 있는 … 시간을 늘려야 하였다.

비디오 제작과정의 경직성도 문제였다. 기존의 온라인 수업에서 사용하던 자료와 자원을 각색하더라도 이미지의 해상도와 파일의 형식은 비디오 촬영에 활용될 수 없었다. 다시 말하면, 비디오 앞에 선 학교 스태프는 촬영 중 스크린에 나타난 자원, 이미지, 자료를 사용할 수 없었다. 이런 상황은 강좌 콘텐츠를 재구조화하고, 촬영 전 스크립트를 재작성하게 하여 시간을 더욱 지체시켰다.

모든 MOOC가 똑같이 개발되는 것은 아니다

각 과목에서 다루어야 하는 콘텐츠의 폭과 깊이는 또한 스태프의 업무 과중에 영향을 준다. 한 경우에는 MOOC 콘텐츠가 기존 과목에서 교수가 일상적으로 다루던 범위를 초과하여 문제가 되었다. 다른 교수들은 강좌 개발에서 학습자들을 위해 수업의 맛을 볼 수 있게 충분한 콘텐츠를 포함시켜 적절하게 균형을 이루어야 한다는 것을 발견하였는데, 짧은 과목에서는 조절이 어렵지 않아서 자기 과목 운영에는 크게 영향을 미치지 않았다. 한 참여자가 관찰하였듯이 "이것은 정말 사람들이 참여와 수강을 통하여 실속 있는 혜택을 얻을 수 있도록 미묘한 균형을 이루는 것이었다." 매시대학교 스태프가 설계단계에서 독특한 학문분야의 어려움으로 인한 이질적 경험들은, 빡빡한 스케줄을 따르더라도 모든 MOOC가 똑같이 개발되는 것은 아니라는 사실을 알려주고 있다.

전략적 감독이 필요하다

지명도 향상, 새 등록생 확보, 대규모 강좌 개설 역량의 구축 등이 우리 대학의 전략적 동인으로 응답자들로부터 조사되었다. 한 참가자가 지적했듯이 "이 일을 우리가 수행한 이유는 온라인에서 어떻게 강좌를 더 효과적으로 설계할 것인지 배우기 위한 것이었다." 교수의 프로필을 학내외에서 증진시키는 것도 강조되었다. 다른 참가자는 "우리 프로필을 향상시킨 것이 이득이다. 아주 좋은 피드백을 받고 있다"라고 밝혔다. 다른 몇몇 사람들은 MOOC 강좌가 자기들의 강좌나 프로그램의 지명도를 증가시켰다고 말하였다. 다음 참가자의 말처럼 MOOC가 우리 대학의 강좌공급을 확대시킬 것이라는 기대도 있었다. "이것은 대학원 과정에 입학하기 위하여 선수학습을 하는 강좌에 들어갈 수 있는 방법이 될 수 있다."

그러나 성공적인 적용이 일어나기 위해서는 전략적 감독이 필요하다. 이 가이드라인은 기획의 총괄적인 책임이 있는 참여자에 의해서 언급되었다. "그게 시작되어 현실이 되었을 때 나는 프로젝트를 관리해야 하였다." 감독의 필요성은 과목 개발에 참여하였던 교수들의 다른 경험에서도 명확히 드러났다. 예를 들어, 비상사태 관리 전문가들은 팀을 이뤄 강좌 개발에 참여하였다. 한 팀원이 이 프로젝트를 감독하고 팀이 정기적으로 만나 개발이 제대로 되고 있는지와 문제 되는 사안에 대응하는 책임을 져야 하였다. 이 접근 방법은 전체 팀의 경험과 개발이 어느 정도 성공적으로 진행되고 있는가를 인식하는 것에도 긍정적인 효과를 미쳤다. 다른 참가자는 "이러한 팀과는 매우 긴밀한 관계를 형성하게 된다."고 밝혔다.

반드시 파괴적인 것은 아니다

스태프들의 경험은 Open2Study 기획이 파괴가 아닌 지속되는 발전의 하나라는 것을 시사해준다. 참여자 몇 명은 얻어진 지식과 기술이 자신들이 책임지는 대학의 강좌와 프로그램에서 수업을 향상시키는 데 어떻게 기여할지 언급하였다. 대규모 강좌에서 무엇이 가능한지에 대한 이해의 폭도 넓혔다. 한 참가자는 다음과 같이 말하였다.

> 이것은 특히 우리가 하는 원격교육과 관련하여 볼 때 매우 유용한 도구라고 생각한다. 매시대학교는 이런 식의 교수에서 자연스런 … 참여가 있고 우리는 능력과 역량을 갖추고 있다. 우리는 이것을 더욱 발전시킬 수 있을 것이다.

발전적 관점이 반영된 이 발언은 놀랍지 않은데, 이것은 Open2Study가 관련분야 전문가들이 사전준비하여 개발한 모듈(예, 비디오, 퀴즈 등)로 참가자들에게 지식을 전달하는 행동주의와 인지주의를 통합한 접근(Conole, 2013; Kop, 2011)에 기초한 xMOOC 모델과 매우 흡사하기 때문이다. Open2Study의 기본 설계가 파괴적이거나 변혁적이라고는 볼 수 없지만, 매시대학교의 경험은 xMOOC의 잠재력을 이해하는 데 도움이 되었다.

진행 중인 과업

현 단계에서 언급된 것들은 잠정적 결과들이다. 심층적인 데이터 분석과 추가적인 데이터 수집이 필요하며, 호손 효과를 제외한 교훈에 대한 모니터링이 필요하다. 그러나 지금 이 단계에서도 분명한 것은 앞으로 새로운 과목을 개발하기 전에 개발과정이 어떤 결과를 가져올지에 대해 교수들과 더 많은 논의가 필요하다는 것이다. 한 참가자는 이와 유사한 프로젝트를 시작하는 사람들에게 줄 수 있는 조언을 요구하자 다음과 같이 대답하였다.

> 이 모든 것을 하나로 엮어낼 수 있는 충분한 시간이 없다면 응하지 말아야 하며, 그 다음에는 어떤 예산이, 그리고 어떤 지원이 있을지 사전에 제시되어야 한다. 왜냐하면, 저 사람들은 지원을 해준다고 했지만, 정작 아무것도 없었고, 나중에는 나 스스로 지원책을 찾아야 하였다.

다른 말로 하면, 성공적인 적용에는 이미 온라인 강좌 설계 경험이 있는 참여 스태프들에게도 사업에 맞는 훈련과 전문성 개발이 있어야 한다는 것이다. 이러한 전문성 개발은 확장성(scalability)과 승계계획을 분명히 해야만 한 개인에게 지나치게 의존하지 않고 조직 내에 충분한 능력과 재능을 갖출 수 있다.

더 포괄적 질문

더 넓은 국제적 맥락을 고려하여, 우리가 얻은 데이터와 경험을 바탕으로, MOOC 움직임의 미래에 관하여 다음과 같은 더 심도 있는 질문으로 이 장을 끝맺고자 한다.

• 얻은 이득을 어떻게 측정할 수 있는가?
• MOOC를 개발하는 데 소요되는 순 비용은 얼마인가?
• MOOC를 위한 가장 지속가능한 비즈니스 모델은 무엇인가?
• 향후 학위과정 인가에서 MOOC는 어떠한 역할을 하게 될 것인가?
• MOOC로 혁신하지 않는 대학들은 어느 정도 뒤떨어질까?
• MOOC는 온라인 및 원격교육의 모습을 국가 및 국제 수준에서 어떻게 변화시킬 것인가?
• MOOC는 우리가 미래에 그리는 고등교육 시스템 유형에 어떤 공헌을 할 것인가?

결론

결론적으로 말하면, 매시대학교의 Open2Study 경험은 뉴질랜드에서 상당한 주목을 받았고, 고위 지도자 팀과 몇 명의 교수들에게 MOOC에 대한 직접적인 경험을 얻을 수 있는 기반을 제공하였다. 지속가능한 비즈니스 모델에 대한 논의가 진행 중이며, 대학의 학점부여 강좌로 학생이동의 연쇄효과가 아직은 확실하지 않기 때문에, 향후 진행경로가 어떻게 될지는 아직 미지수이다.

분명한 것은, 이 경험은 참여 스태프들에게, 특히 온라인 강좌에서 양질의 미디어 객체의 가치에 대한 생각의 폭을 넓히는 데 큰 영향을 끼쳤다. 이러한 측면에서 이 경험은 "MOOC의 출현은 많은 기관으로 하여금 큰 규모건 작은 규모건 온라인 학습과 관련된 전략을 고려하거나 재고하도록 촉진하였다는 데에 의심의 여지가 없다"라고 밝힌 Holland와 Tirthali(2014, p. 7)의 말을 반영한다고 볼 수 있다. 이 장에서 보고된 호주와 뉴질랜드의 경험을 기반으로 언급된 내용이기는 하지만, MOOC가 고등교육의 근간을 영원히 변화시킬 것이라는 눈사태 비유에 걸맞으려면, 앞으로 그 갈 길이 멀다.

Maggie Hartnett | 뉴질랜드의 매시대학교의 Institute of Education의 이러닝과 디지털 테크놀로지 분야의 연구원 및 강사이다. 그녀의 연구는 테크놀로지와 교육의 교차점과 다양한 온라인, 원격, 그리고 블렌디드 학습 맥락에서 양자가 학습자와 교사의 경험, 동기, 몰입(engagement), 행동에 미치는 영향에 초점을 두고 있다. 그녀의 연구 관심은 디지털환경에서의 동기와 몰입, 디지털 테크놀로지를 활용한 교수와 학습, 디지털 학습자를 위한 지원, 학습을 위한 디지털 장소와 공간, 그리고 전자 포트폴리오와 모바일 테크놀로지이다. Maggie의 연구 관심은 형식교육 분야에 국한되지 않았다.

Mark Brown | 더블린 시티 대학교(DCU)의 National Institute for Digital Learning의 소장이다. 2014년 초 아일랜드 Digital Learning의 초대 회장을 역임하기 전 Mark는 뉴질랜드 매시대학교의 National Centre for Teaching and Learning과 Distance Education and Learning Futures Alliance(DELFA)의 소장을 동시에 맡고 있었다. Mark는 무들의 전사차원의 활용, Mahara e-포트폴리오 시스템 최초의 설계와 개발, 그리고 전 대학 차원의 MOOC 플랫폼의 적용을 포함하여 몇 몇 굵직한 대학 차원의 디지털 학습 및 교수 프로젝트의 적용에서 중추적 리더 역할을 맡았다.

Amy Wilson | 매시대학교의 교육학석사(e-learning) 과정에서 가르친다. Wilson 박사는 온라인 블렌디드 강좌를 개발하였고, 티칭 스태프와 같이 일하였다. 그녀의 관심은 MOOC, 전문성 개발, 학습 디자인, e-포트폴리오이다. 2005년부터 2008년까지, 뉴질랜드에서 eLearning Forum of the Institutes of Technology and Polytechnics의 의장(Convener)을 역임하였다. 그녀는 국제 온라인 컨퍼런스를 관리하였고, 국내 이러닝 프로젝트에 관여하였다. 2005~2006년 Wilson 박사는 뉴질랜드에서 고등 이러닝 분야에서 부상하는 리더들에게 수여되는 전문성 개발 장학상인 Flexible Learning Leaders에 선정되었다.

참고문헌

Barber, M., Donnelly, K., & Rizvi, S. (2013). *An avalanche is coming: Higher education and the revolution ahead.* London: Institute for Public Policy Research.

Barlow, A. (2014). Just another colonist tool? In S. Krause & C. Lowe (Eds.), *Invasion of the MOOCs: The promise and perils of massive open online courses* (pp. 73–85). San Francisco: Parlor Press. Retrieved from http://www.parlorpress.com/pdf/invasion_of_the_moocs.pdf.

Carson, S., Kanchanaraksa, S., Gooding, I., Mulder, F., & Schuwer, R. (2012). Impact of opencourseware publications on higher education participation and student recruitment. *The International Review of Research in Open and Distance Learning, 13*(4), 19–32.

Conole, G. (2013). MOOCs as disruptive technologies: Strategies for enhancing the learner experience and quality of MOOCs. *RED—Revista de Educación a Distancia, 39*. Retrieved from http://www.um.es/ead/red/39.

Daniel, J. (2012). Making sense of MOOCs: Musings in a maze of myth, paradox and possibility. *Journal of Interactive Media in Education, 3*. Retrieved from http://jime.open. ac.uk/2012/18.

Department for Business, Innovation and Skills (2013). *The maturing of the MOOC: Literature review of massive open online courses and other forms of online distance learning*. BIS Research Paper Number 130.

Hollands, F. M., & Tirthali, D. (2014). *MOOCs: Expectations and reality. Full report. Center for Benefit-Cost Studies of Education*. Teachers College, Columbia University. Retrieved from http://cbcse.org/wordpress/wp-content/uploads/2014/05/MOOCs_Expectations_and_Reality.pdf.

Jacoby, J. (2014). The disruptive potential of the Massive Open Online Course: A literature review. *Journal of Open, Flexible and Distance Learning, 18*(1), 73–85.

Kop, R. (2011). The challenges to connectivist learning on open online networks: Learning experiences during a massive open online course. *The International Review of Research in Open and Distance Learning, 12*(3). Retrieved from http://nparc.cisti-icist.nrc-cnrc.gc.ca/npsi/ctrl?action=rtdoc&an=18150443&lang=en.

Krause, S., & Lowe, C. (2014). *Invasion of the MOOCs: The promise and perils of massive open online courses*. San Francisco: Parlor Press. Retrieved from http://www.parlorpress.com/pdf/invasion_of_the_moocs.pdf.

Liyanagunawardena, T.R., Adams, A.A., & Williams, S.A. (2013). MOOCs: A systematic study of the published literature 2008–2012. *International Review of Research in Open & Distance Learning, 14*(3), 202–27. Retrieved from http://www.irrodl.org/index.php/irrodl/article/view/1455/2531.

Open2Study (2014). *Community dashboard: Our student numbers*. Retrieved from https://www.

open2study.com/community-dashboard.

Peters, M. (2013, August 17). Massive Open Online Courses and beyond: The revolution to come. Retrieved from http://www.truth-out.org/news/item/18120-massive-open-online-courses-and-beyond-the-revolution-to-come.

Selwyn, N. (2014). *Digital technology and the contemporary university: Degrees of digitalisation*. London: Routledge.

Selwyn, N., & Bulfin, S. (2014). The discursive construction of MOOCs as educational opportunity and educational threat. *Final Report*. Retrieved from http://www.moocresearch.com/wp-content/uploads/2014/06/C9130_Selwyn-Bulfin-MRI-final-report-publication-report.pdf.

Weller, M., & Anderson, T. (2013). Digital resilience in higher education. *European Journal of Open, Distance and e-Learning, 16*(1), 53–66. Retrieved from http://www.eurodl.org/materials/contrib/2013/Weller_Anderson.pdf.

9

초기 MOOC 제공자의 성찰

업적과 향후 방향

Jeff Haywood | Amy Woodgate | David Dewhurst

에든버러대학교에서 MOOC의 기원과 발달

에든버러대학교는 MOOC를 일찍부터 제공하기 시작하였다. 2년 만에 엄청나게 축적된 무료 공개 콘텐츠와 교육적 활동이 마련됐다. 우리는 2012년에 미국 Coursera 플랫폼과 처음으로 파트너십을 맺었다. 그로부터 1년 후인 2013년에, 우리는 영국 FutureLearn에 가입하였다. MOOC를 제공하기로 한 이른 결정과 지도적 위치에 오른 것은 분명 우리 대학에 이점들을 가져다줬지만, 이른 시기부터 'MOOC의 지속가능성을 포함한, 우리의 안정된 상태는 어떠해야 할까?', '장·단기적으로, 우리의 개방교육을 위해서 어떠한 미래 모습을 그리고 있는가?'와 같은 까다로운 결정들을 내려야 하는 추가적인 도전도 마주하였다. 우리의 결정과, 우리와 함께 초기에 MOOC를 도입하기로 한 사람들의 결정들은 훗날 MOOC를 받아들일 사람들에게 방향을 제시해줄 것이다. MOOC에 참여할지, 그것의 설계와 전달을 어떻게 지원할 것인가와 같은 우리의 질문들이 다른 사람들에게 유익해야 하고 등대 같은 역할을 수행해야 한다. 우리와 다른 많은 대학들은 MOOC 경험을 여러 단계에서 성찰한 내용을 출판해왔다(MOOCs@Edinburgh Group, 2013; Hollands & Tirthali, 2014).

우리는 MOOC 모험을 시작할 때부터, 우리가 왜 그것을 제공하는지에 대해서 분명하였다. 지난 20년간 에든버러대학교는 교육에 혁신적 기술을 이용한다는 명성을 쌓아왔다. 의심의 여지 없이 MOOC를 제공하는 것은 우리의 그러한 지위를 향상시키는 데에 도움을 준다. 또한 우리는 봉사 활동도 중요시하는데, MOOC는 환경이 여의치 않은 사람들을 포함한, 새로운 청중에게 다가갈 수 있는 방법을 우리에게 제공한다. 더욱이, 2012년에 MOOC를 제공한 대학들이 우리와 국제적인 동맹이나 연구 파트너를 맺은 대학들이라는 것을 고려해볼 때, 협력의 외연이 넓어질 가능성은 명백하였다. 또한 우리는 MOOC를 만들고 교육에 참여한 사람들이 그 과정을 통해 고무되고 즐거워하였다는 것을 발견할 수 있었다.

MOOC에 우리가 참여하게 된 또 다른 주요 이유는 MOOC 공간의 출현이 전반적인 연구 아젠다를 지원하면서도 대학 전체에 이득을 안겨줄 수 있는 흥미로운 R&D 기회를 제공하였기 때문이다. 따라서 이것이 효과적이기 위해서는 그 과정이 투명하고 개방되는 것이 중요하였다. 최근 우리는 우리 초기 의사결정 과정에 대해서 자세히 연구하였고(Haywood & MacLeod, 2015), 우리의 MOOC 개발과정, 신입생 모집통계, 학습자 인구통계에 대해서도 보고하였다(MOOCs@Edinburgh Group, 2013; Harrison, 2014).

요약하면, 우리 MOOC 학습자들은 교육을 잘 받았고, 25~45세 사이이며, 전 세계에서 오고 있다고 본다. 그러나 이러한 일반화는 우리의 다른 MOOC들이 젊은 학습자를 더 모집하고, 또 다른 강좌는 교육수준이 높은 학습자들을 모집하는 것 같은 중요한 차이를 감추기도 한다. 그림 9.1과 9.2는 우리의 첫 6개 MOOC에서 나타난 나이와 자격 경향에 대해서 보여준다. 학생 모집의 경향은 각 과목의 초기 시행에서 일반적으로 안정적으로 나타나지만, 우주생물

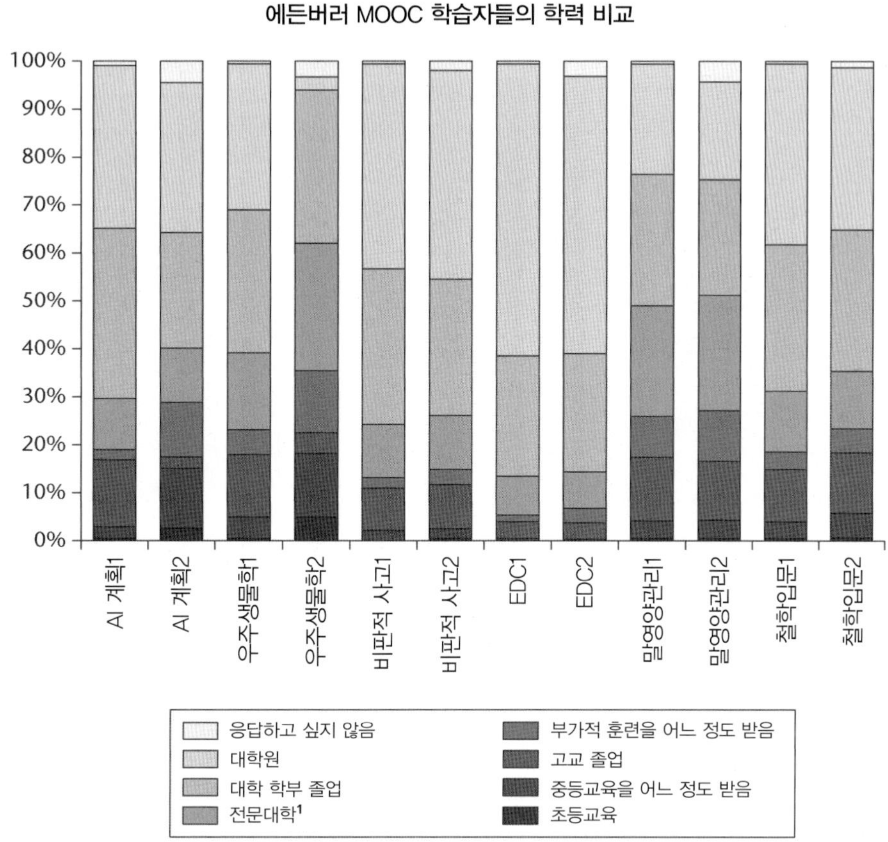

그림 9.1 여섯 개의 에든버러 MOOC 2회 시행의 학습자 학력(2013년 1월～2014년 1월)

학(astrobiology)처럼 젊은 학습자가 급격히 증가하는 사례처럼 변화의 조짐도 간파된다.

2014년 8월 이후, 에든버러대학교에서는 한 번 이상 개설된 MOOC가 18개에 이른다. 2015년 8월까지는 폐강된 것 없이 30개의 MOOC에 이를 것으로 전망된다. 에든버러대학교 MOOC의 생명주기는 최소 3년이다. 따라서 우리가

---

1 역자주: college. 중등교육기관이나 고등교육기관 모두를 의미할 수 있으나, 여기에서는 전문대학을 의미하는 것으로 보임.

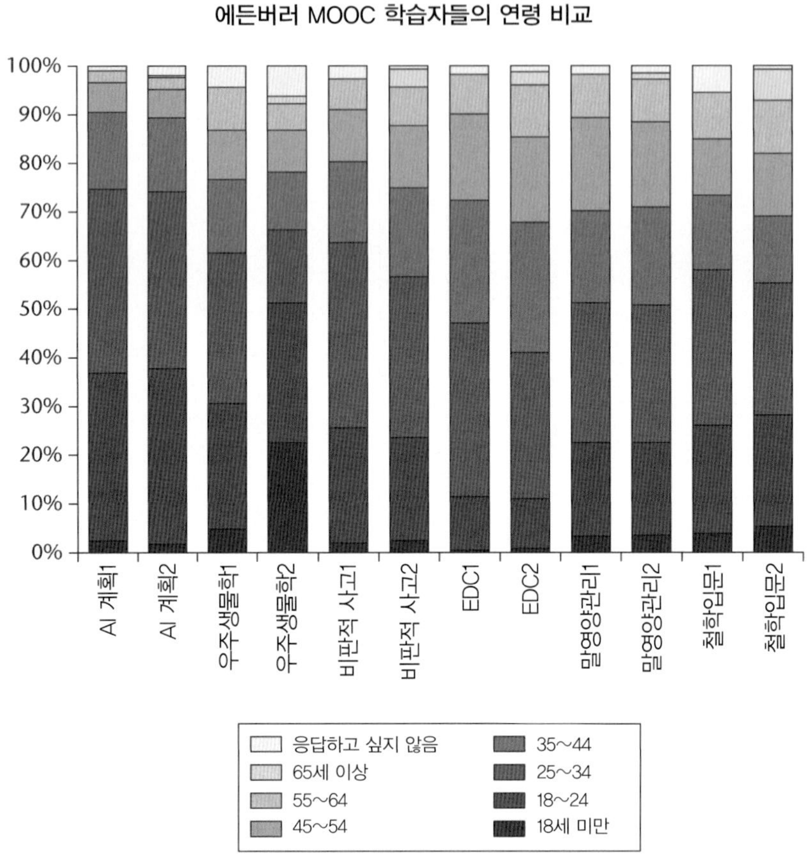

그림 9.2 여섯 개의 에든버러 MOOC 2회 시행의 학습자 연령(2013년 1월~2014년 1월)

'우아하게' MOOC의 제공을 종료할 최소 기일은 2018년 중반, 즉 Coursera에 참여하기로 한 지 6년째가 될 것이다.

이 단계에 도달하기 위하여 상당한 기관투자가 있었다. 2012년 내내, 대중매체 및 MOOC 개발에 관심이 있는 우리 동료들의 가장 흔한 질문은 "MOOC를 하나 개발하는 데 비용이 얼마 드는가?"였다. 이제 어느 정도 의견이 모아졌는데, MOOC 1개의 '수명 비용(lifetime cost)'은 시작 비용 및 관련 선임직원의 인건비(우리는 후자가 이 계획의 투자가치를 최대로 끌어올리는 데 중요하다고 생각한다)를 제외하고 미화 50,000달러 정도이다(Haywood & MacLeod, 2015). 따라서 우리는 향후 6년간의 MOOC 개발 및 지원에 따른 투자비용은 미화 150만에서 200만 달러에 이를 것으로 전망한다. 이 투자에 의해 전용 비디오 개발 서비스(시설 및 직원)가 가능해졌다. 또한 MOOC 플랫폼을 위한 운영관계 관리, 교무팀 지원, 그리고 산출물 품질관리를 위한 부학장 직속의 소규모 팀에 필요한 자원도 마련되었다. 중요한 것은, 각 MOOC 조교의 초기 월급과 훈련비용도 여기서 지원된다는 것이다. 또 다른 자원은 각 학교에서 소속 교수들의 시간을 '무료'(MOOC당 교수 30근무일 수로 어림되는 큰 투자)로 제공하고, 3년 또는 실질적으로 3회 시행 동안 MOOC를 지원하는 것이다.

비록 대학의 연간 매출총액(연 미화 13억 달러)에 비하면 상대적으로 적은 투자이지만, 상당히 큰 액수이다. 원래는 우리가 다른 여러 곳에 사용한 예산에 대한 투자수익률(return on investment, ROI)을 모두 계산했어야 한다. 그러나 우리 대학이 얻은 이득은 상당했고, 사실 중요한 측면에서는, 얻은 이익이 애초 기대한 것과는 상이하다고 하겠다. 이 이유 때문에 다른 MOOC를 새로이 개발하는 것에 대한 지원은 매우 높을 것으로 예상된다.

이 장에서는 ROI와 MOOC의 다른 이점에 대해서 탐색할 것이다. 또한 향후 몇 년간 개방교육 분야에서 우리가 무엇을 할지에 대해서도 요약할 것이다.

투자수익률

그림 9.3은 한 대학이 MOOC에 대한 투자로 거둬들일 수 있는 것과는 다른 ROI를 보여준다. 이 섹션에서는 현재까지 수합한 증거들에 비춰 우리가 에든버러대학교에 틀림없는 이득으로 확신하는 ROI에 대해서 논의할 것이다.

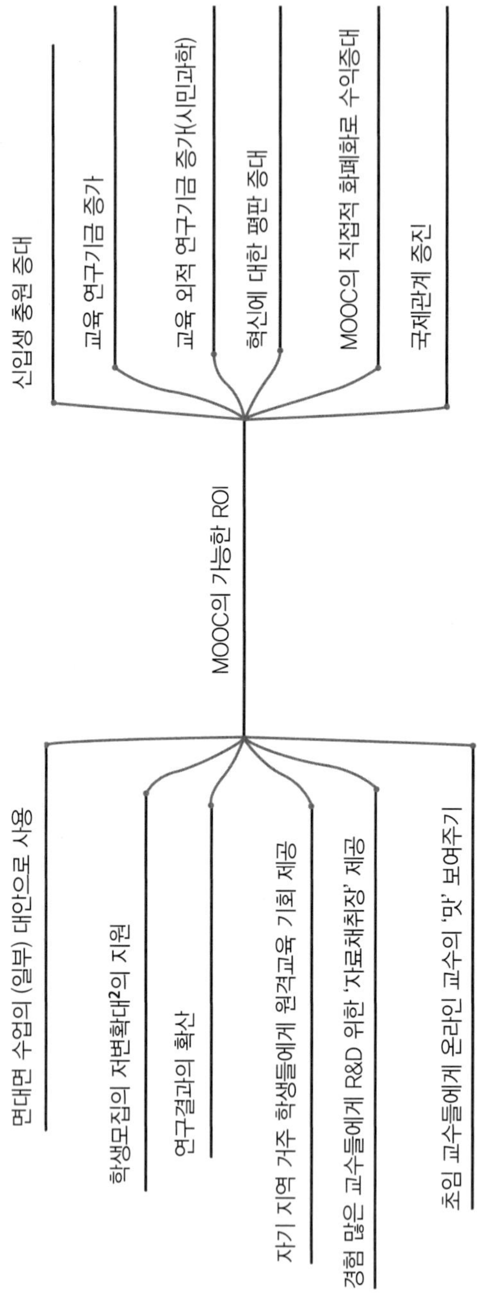

그림 9.3 대학이 MOOC로부터 얻을 수 있는 투자수익

---

2 역자주: widening participation. 영국과 유럽에서는 고등교육의 핵심 정책 중의 하나에 젊은 층의 유입뿐 아니라 소외계층의 비율증가도 포함되어 있다.

경험 많은 온라인 교수자에게 주어진 새로운 경험

우리의 초기 몇몇 MOOC 팀은 이미 온라인 교수에 대해 통달해 있었다. 이들은 '알려지지 않은 학습자들에 대한 설계'를 경험하는 것에 대해서 호기심을 느끼면서도 두려워하였다(MacLeod, Haywood, Woodgate, & Sinclair, 2014). 그 누구도 수천 명의 학습자와 이렇게 개방적이며 무간섭하는(hands-off) 접근을 해보지 않았다. 이전에는 튜터:학습자 비율이 늘 1:25 수준에서 일해왔다. 이러한 새 경험은 온라인 교육에 대해서 다시 생각해볼 수 있도록 자극하였고, 그 결과로, MOOC 영향 때문에 다른 온라인 수업이 동시에 혜택을 보게 되었다. 예를 들어, 몇 명은 MOOC를 온캠퍼스(on campus) 프로그램의 한 부분이나, MOOC 비디오를 온캠퍼스 수업에 활용하기도 하였다. 특별히 새로운 현상은, 전통교육에서는 드문 경우인데, MOOC를 다른 기관에서 가르치는 것이다. 예를 들어, '비판적 사고' MOOC는 르완다(Bartholet, 2013)뿐 아니라 Gates 재단에서 지원하여 매리랜드 주립대학교 시스템(University of Maryland State System)[3]에서 실험적으로 사용되었다(Griffiths, Chingos, Mulhern, & Spies, 2014). 지금은 국제 협력의 일환으로 사용되고 있다(아래 참조).

온라인 신참과 더 많은 온라인 교육에 대한 관심

초기 MOOC 계획 때, 우리는 신임 교수들이 MOOC 개발에 관심이 있을 줄로 알았다. 동시에, 소요되는 노력의 양이 어느 정도인지 확실해지면 도대체 누가 이 일에 관심을 가질지 의문스러웠다. 그러나 대학의 모든 영역에서 공개 온라인 강좌를 탐색해보려는 교수들이 빨리 '줄'을 서기 시작하였다. 초기 채택 단계에서는 모든 것이 새로웠고, 교수들과 지원 팀은 같이 배워갔다. 지금은 초기 아이디어 단계에서 전달 및 반복시행에까지 교수들을 지원하는 정교한 절차

---

3 역자주: 미국의 주립대학들은 여러 개의 대학들이 하나의 시스템으로 관리 · 운영되고 있다.

가 자리를 잡고 있다. 이러한 과정이 갖춰져 있기 때문에 이제는 여러 단계에 있는 MOOC 10개 강좌를 동시에 진행할 수 있다. 다른 대학의 동료들도 유사한 상황을 보고하고 있다(예, MOOC Factory at École Polytechnique Fédérale de Lausanne(EPFL—http://moocs.epfl.ch/mooc-factory).

지원 과정에는 우리 중앙 행정부서 및 강좌제작 팀이 관심 있는 교수들과 일찍부터 논의하는 것이 포함된다. 그래야 그 사람들의 생각을 알 수 있고, 어떤 과정이 수반되는지를 알려줄 수 있기 때문이다. 우리는 공식적인 제안이나 신청 과정을 마련하지는 않았다. 대신에, 순환적인 대화 접근법을 사용하였는데, 이는 교수들의 뇌리 속에 '구체화'되기 전에 MOOC 설계를 형상화할 수 있기 때문이다. 우리는 교수들의 자활과 지식공유를 권장하고 또한 업무부담과 스케줄 잡기를 분산할 수 있는 소규모 교수팀(셋 또는 넷)을 추천한다. 학교의 장은 MOOC를 학교의 책임으로 여기고 3년간 최소 3회 개설할 것을 공식적으로 동의해야 한다. 교수들은 또한 우리가 모든 MOOC에 요구하는 '간략한' 사업계획서 제출에도 동의해야 한다.

우리는 교수팀의 강좌설계와 교수설계를 돕는다. 추가적으로 비디오 및 멀티미디어 제작 서비스를 제공하고, 선택된 MOOC 플랫폼(Coursera 또는 FutureLearn)과 관련된 행정업무도 책임진다. 우리는 또한 MOOC의 첫 번째 개설 때와 강좌 개발 때 잠시 관여한 조교들의 임금도 지급한다. 중요한 것은, 우리는 MOOC 과정에 관여하는 모든 사람들을 훈련한다는 것이다. 언급된 지원 사항은 중앙 기관(예, '정보 센터') 내에서 이루어지며, 에든버러대학교의 교학개발부서[4]가 관여한다. 우리는 가능한 한 신임 교수들은 경험이 많은 무커들(MOOCers)에게 배우거나 자기와 같은 신참들에게 배우도록 하는 실행공동체(community of practice)를 활발하게 지원해왔다.

---

4 역자주: academic development unit. 교수, 학생, 연구자를 위한 교수학습 및 연구개발 지원 업무를 맡은 부서를 말함.

초기에는 MOOC 개설뿐 아니라 품질관리 책임이 본부팀에 있었다. MOOC 행정과 품질관리를 중앙본부에서 관리하기로 결정하게 된 이유는 특히 초기 몇 달 동안의 리스크가 높다는 인식 때문이었다. 이제 우리의 절차와 결과물에 대한 자신감이 생겨 이 '통제권'은 완화되고 있다.

MOOC에 대한 기관 투자로 이전에는 완전한 온라인 수업에는 관여한 적이 없었던(물론 당연히 온캠퍼스 수업에서 테크놀로지는 사용해봤지만) 에든버러 대학교의 거의 모든 과목의 학문분야 교수들에게 지원 가능하게 되었다. 이러한 온라인 수업은 교수들이 강좌설계, 온라인 교육, 개방교육에 대한 지식을 쌓으면서 성공적이었고 재미있는 경험들이 되었다. 몇 사람은 자기들의 MOOC 자료를 면대면 수업에 사용하고 있고, 다른 사람들은 대학의 기존 온라인 학위과정(2014년 8월에 50개 정도였다)에 더해 새로운 온라인 석사과정을 만들기 시작하였다. 이러한 효과는 관여하였던 교수들에게만 국한되지 않았다. 특정 단과대학에서 온라인 교육에 대한 논의를 확장시켰다. 이 경험을 넓히기 위하여 어떤 경우 단과대학은 한 개 이상의 MOOC를 개설하기로 결정하기도 하였다. 이 외에도, 작기는 하지만, MOOC에 관여한 교수와 조교들의 경력 향상에도 매우 중요한 영향을 끼친다는 사실도 발견되었다.

디지털 교육에 대한 논의를 촉발시키다

처음부터 우리는 우리 대학 당국의 거버넌스 프로세스뿐 아니라 교육혁신에 대한 교수들의 관심에 긴밀한 대화를 유지해왔다. 우리 대학의 관리이사회(University Court)는 Coursera에 가입하여 MOOC를 제공하기로 한 초기 의사결정에 관여하였다. 다행히도 이와 같은 채택결정에 지속적인 관심과 지원을 아끼지 않고 있다. 그 결과로, MOOC 프로젝트는 '지식전략 위원회(Knowledge Strategy Committee)'라는 고위급 위원회를 통하여 대학당국의 거버넌스에 보고되고 있고, 이것이 지도급 교수와 행정가들의 토론을 이끌어내고 있다. 우리 대학 최고의 통치기구인 평의원회(Senatus Academicus)에서는 온라인 교육과 MOOC를 정식 의제로 상정하였다. 처음부터, MOOC는 공식적인 강좌승인과 품질보장(QA) 절차의 대상이었고, 이것은 전통적인 학점 인정 강좌에 적용되는 QA 절차의 경량버전이라고 할 수 있다. 처음 강좌승인 절차는 부총장 주관이었는데(대학 고위 행정팀원), 자신감이 증가하자 이제는 전통 강좌처럼 각 단과대학이 주관하도록 그 권한이 이관되고 있다.

이 모든 행위들은 MOOC와 온라인 교육에 대한 폭넓고 광범위한 논의로 발전하였다. 비록 대학 구성원 중에서 비용, 명성에 대한 리스크, 지속가능성에 대한 정당한 우려를 나타낸 바 있으나, 논의의 주조는 MOOC의 수와 다양성을 적절하게 관리하면서 늘리는 쪽으로 기울고 있다. 뿐만 아니라, 우리의 경험에서 최대한 배우고 이를 전파시키라는 격려도 답지하고 있다.

MOOC와 연구: 시민과학/공동체

예기치 않은 결과가 하나 있다면, 어떤 교수들은 이제 MOOC를 개인 연구의 한 부분으로 보게 되었다는 것이다. MOOC를 결과물의 하나, 단순한 확산이나 효과의 증진, 그리고 연구과정으로 보는(예, '시민과학(citizen science)') 연구계획서가 선정되어 연구비가 지원되는 것을 목격하였다. 후자의 사례는 행동경제학에서 나타났는데, 유럽 사람들의 음식 선택에 관한 연구에 참여할 대규모 연구대상을 MOOC를 통하여 모집하는 것이었다. 유사한 사례로, 우리 우주생물학자들은 다른 행성의 생명체에 대한 연구에 관심 있는 해외 집단을 MOOC를 통해 만들었다. 최근 사회정치과학대학에 의해서 제공된 스코틀랜드 독립에 관한 MOOC인 '스코틀랜드 독립을 향하여? 국민투표 이해하기(Toward Scottish Independence? Understanding the Referendum)'는 영국의 시민들을 위한 귀중한 자료를 제공했을 뿐 아니라 다른 사람들을 분석에 참여시켰다. 교수들이 기존에는 접하기 어렵거나 불가능하던 대규모 MOOC 학습자들을 연구에 활용할 수 있는 새로운 기회가 있다는 사실을 알면서, 이러한 사례들이 점점 증가할 가능성이 높아졌다.

증진된 국제 협력

시작부터 우리는 MOOC 플랫폼에 참여하는 것이 동료대학들과 기존의 협력관계를 강화하고 새로운 관계를 형성하는 관문이라고 보았다. 이러한 구체적인 사례가 이미 나타났다.

- 국제적으로 협력하는 Universitas 21(http://www.universitas21.com/ 참조)에서 우리의 기존 파트너와 함께 기존 MOOC가 폐쇄 온라인 강좌로(즉, SPOC, Small Online Private Course) 사용될 예정인데, 세계 15개국 대학에서 온 학생들과 함께 온라인으로 학습하게 될 것이다.
- 우리의 MOOC는 다른 대학에 프랜차이즈되었고(예, 매리랜드 주립대학교 시스템), 우리는 이로부터 배웠다.
- 여러 유명 유럽대학과의 유대는 공동 MOOC 개발 탐색으로 이어지고 있으며, 주 관심영역은 대학 교직원 개발과 연구 방법론이다.
- 우리는 학습분석학(learning analytics)과 강좌설계 데이터를 여러 파트너와 나눈다. 이러한 나눔이 우리 교수들의 MOOC 설계와 전달능력을 향상하는 데 보탬이 된다.

학생모집에 미치는 영향

언론과 다른 출처에 따르면 여러 대학들이 MOOC를 도입하는 이유는 전통(및 등록금을 내는) 교육의 증진이라고 하는데, 이는 우리 에든버러대학교의 핵심 목표도 아니었으며 우리와 이야기를 나눈 우리 파트너 대학의 입장도 아니었다. 명백하게 만일 MOOC로 인하여 더 많은 우수 학생들이 에든버러대학교에 등록한다면 이것은 반가운 일일 것이다. 그러나 매년 7,000명 정도를 받아들이는 대학에 큰 차이를 가져오려면, MOOC는 매우 효과적인 마케팅 도구가 되어야 하며, 아마도 그 목적에 맞게 설계되어야 할 것이다.

이런 상황하에, 우리는 MOOC 학습자들에게 다른 MOOC가 제공되고 있다는 것과 비록 '강매'는 아니지만 다른 관련 온라인 및 온캠퍼스 학위과정이 있다는 사실을 확실히 알렸다. 이러한 노력의 일환으로, MOOC를 우리 대학 홈페이지에 온라인 석사과정과 함께 배치하였는데, 이는 잠재적 온라인 학습자들이 한 가지나 두 가지 형태 모두에 관심이 있을 것으로 생각했기 때문이다.

MOOC에서 온라인 석사과정으로 직접 '전환'하는 작은 수의 증거도 발견되고 있다. 비록 이러한 전환이 막 시작되었지만, MOOC 학습자들(특히 그 가족들)은 MOOC의 결과로 인하여 에든버러대학교의 강좌에 대해서 더 많이 알게 되었을 가능성이 높다. 미래 학생들에게 혁신적인 온라인 교육에 대한 평판이 대체적으로 증가하였다. 다른 사람들은 직접적인 전환을 보고하기도 하였다(예, Grainger, 2013).

향상된 대학의 평판

MOOC에 진입하기로 한 주요 목적 중에는 혁신적 교수와 학습에 대한 우리 대학의 평판의 증가가 있었다. 다행히도, 이 목적이 달성되었다는 확실한 증거가 특히 유럽에서 나타났다.

우리가 Coursera와 파트너십 관계를 맺은 2012년 7월 이후, 우리의 확대 MOOC 팀원들은 고등교육의 테크놀로지에 대해서 주요 학술대회, 세미나, 초청 세션 등에서 발표해왔다. 이러한 초청은 유럽위원회(European Commission), 대학연합과 미션 그룹, 품질보증 기관, 여러 대학 관계자(MOOC에 관한 비용효과분석에 관심이 있는 재무 책임자를 포함한)를 포함하는 다양한 조직과 개인으로부터 이루어졌다. 시간이 지나면서 초청의 빈도는 줄지 않았지만, MOOC의 실체가 명료해지고 거품이 빠지면서 이러한 행사가 '성숙'해졌다. 우리의 빠른 MOOC 도입의 결과로, 영국 정부와 그 기관들, 특히 유럽 내(특히 유럽위원회)의 지대한 관심을 끌었다. 이러한 관심으로 연구기금의 수혜뿐 아니라 온라인 교육에 대한 정책에 영향을 끼치는 기회까지 얻게 되었다. 대부분의

MOOC가 컴퓨터 과학이나 테크놀로지에 관한 것일 때, 우리의 초기 MOOC는 다양한 주제를 다루었다. 이렇게 다양한 주제는 MOOC를 탐색하고 이 공간에서 우리 대학이 무엇을 하고 있는지 알고 싶어하는 매우 영향력 있는 '학습자들'을 유치하였다. 우리의 판단으로는 이 MOOC 학습경험은 질적으로 우수하였다. 이러한 긍정적인 경험은 당분간 우리의 평판을 지속적으로 높일 것이다.

여러 조직과 대학의 동료들은 지난 몇 년간 MOOC 경험을 배우고자 우리를 방문하였다. 우리는 이들과 우리 경험을 공유하고 또한 우리가 그들로부터 배우기도 하였다. 이들의 방문은 앞으로의 가능성에 대한 탐색과 장래에 과실을 맺을 협력의 기회를 제공하였다.

이제는 신임 교수 선발 인터뷰에서 후보자들이 우리 에든버러대학교 MOOC에 대해서 언급하는 것을 심심치 않게 볼 수 있다. 명백한 증거를 들이대기는 어렵지만, 이 분야에서의 우리 활동이 후보자들로 하여금 에든버러대학교에 지원하게 하는 것으로 보인다. 그리고 분명한 것은, 인터뷰를 준비하면서 이들은 교수 학습의 혁신에 대해서 생각한다는 것이다.

오래전 1990년대에 우리가 지역 거주 학생들을 위한 이러닝 준비를 한 이후부터, 우리는 이와 함께 연구를 병행해왔고, 이것으로부터 배웠으며, 동시에 테크놀로지의 적절한 사용에 대해서 학점부여 강좌를 지원해왔다. 우리 포트폴리오에 전면 온라인으로만 운영하는 석사과정을 추가하고, 여기에 MOOC까지 더하면서도 이 연구는 지속되고 있다. 이러한 노력은 더 많은 논문 출간, 파트너 대학과의 연구 협력, 석박사 학생 수, 연구기금 신청, 그리고 적절한 예산의 확보를 가져왔다.

그 다음은?

우리는 MOOC 제공자로서의 2년을 마감하면서, 몇 가지 난제와 선택의 기로

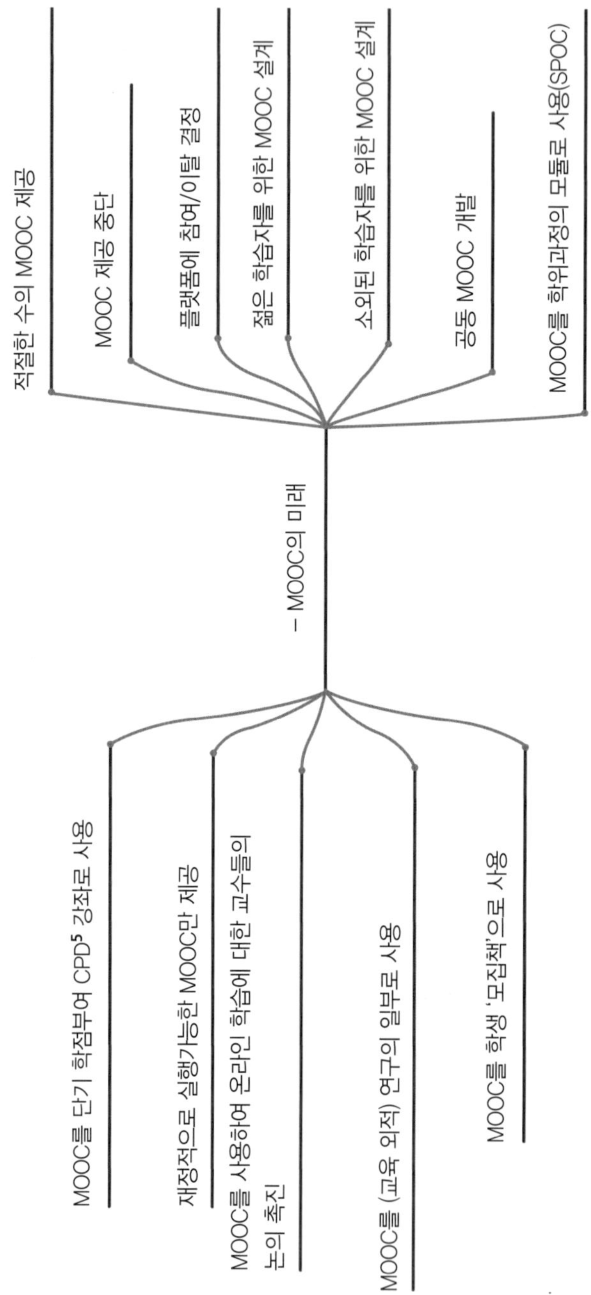

그림 9.4 미래의 MOOC 사용에 대한 대학의 옵션

---

5 역자주: 평생 전문 직업 개발(Continuing Professional Development, CPD)

에 직면해있다. 우리의 생각은 그림 9.4에 나타나있다.

MOOC의 비용을 감안하여 우리는 몇 개의 MOOC를 가지고 있어야 하는가? 곧 30개에 도달할 텐데, 여기서 멈춰야 하는가, 아니면 100개나 300개까지 늘려야 하는가? 모든 강좌를 동시에 개설해야 하는가, 한 해에 몇 개만 개설해야 하는가, 아니면 삼사 년 개설한 MOOC를 (어쩌면 선입선출에 따라 또는 어떤 기준에 가장 미달하는 것 우선으로) '퇴출'시켜야 하는가? 우리 강좌에 대해서 Coursera나 FutureLearn 간 균형을 맞춰야 하는가, 또는 특정한 MOOC에 맞는 특정한 플랫폼이 있는가? 반복 개설에 따른 비용은 어디서 충당하는가? 멋진 개발 시스템이 비용을 절감하는가? 본부 지원을 중단하고 단과대학이 책임지도록 해야 하는가? 핵심 중견 교수가 퇴직하거나 (다른 MOOC 제공 대학으로) 이직한다면 어떤 조치를 취해야 하는가? 마지막으로, MOOC를 원래의 목표인 저변확대와 봉사(outreach)에 부합하도록 더 계획적으로 활용할 방법은 없는가?

우리는 현재 이 모든 질문에 대한 해답을 가지고 있지 않으나, 내부적 논의로 몇 가지 가능성에 대한 제안을 하고자 한다. 예를 들어, 연구기금 지원을 받는 MOOC 개수를 조금 늘리기는 하겠지만, 본부 예산지원으로 50개 이상의 MOOC를 개발하기는 쉽지 않다. 총 50개 MOOC는 단과대학별로 대략 2강좌를 대표한다. 현재로서는 각 단과대학들이 더 큰 목표를 갖고 있지는 않아 보인다. 조만간 기회비용이 이윤을 넘어설 시점이 시작될 것이기 때문이다. 수료증처럼 유료 부가가치 항목은 조교비용처럼 소규모 금액을 충당할 수 있을 것으로 나타난다. 더욱이, 튜터 없이 주문에 의해 제공되는 MOOC는 기존 우리가 재설강 제한으로 설정한 반복개설 기준을 탈피할 수도 있을 것이다. 자기주도(self-paced) MOOC는 짧은 기간 만에 '흥미를 잃는' 교수들의 문제를 해결해줄 수 있을 것이다. 한 가지 예만 든다면, 우리의 첫 MOOC를 이끌었던 핵심 교수가 다른 곳으로 자리를 옮겼다. 이 경우 우리는 MOOC를 재설강하기로 타협하였지만, 향후 일어날 다른 사건을 대비하여 이런 비공식적 타협을 정리할 필요가 있다.

더 젊은 학습자나 혜택받지 못하는 환경에 있는 사람들에게 어떻게 다가갈지에 대한 생각과 노력이 경주되고 있다. 하나는 사범대학에서 개발하여 젊은 성인들을 겨냥한 새로운 축구 MOOC처럼 더 폭넓은 대상을 겨냥하고 있는 시도이다. 이와 유사한 것으로, 우루과이의 Universidad ORT와 공동으로 우리 MOOC(즉, 컴퓨터 기초 및 앱 개발)를 청소년 대상의 스페인어와 영어 버전으로 만드는 작업도 진행 중이다. 지역공동체를 지원하기 위하여 MOOC를 개발하는 것도 우선순위이다. 예를 든다면, 우리는 온라인으로 공부하고는 싶지만 도움이 필요한 에든버러 시민들을 지원하는 업무를 학생들의 정규 봉사 계획에 맞춰 같이 해나가고 있다.

비록 일부 MOOC 제작과 행정 측면이 일상화되었고 형식화되었지만, 그 미래는 아직도 흥미롭고 재미있어 보인다. 우리 교수들로부터 새로운 아이디어가 지속적으로 유입되고 있다. 어떤 것들은 우리가 도울 수 있는 범위를 넘어서고 있지만, 우리는 지속적으로 지원할 것이다. 교수들의 이러한 탐색으로부터 창의적 통찰력과 에든버러대학교 및 다른 기관의 폭넓은 디지털 교육 아젠다에 대한 활기 있는 연구가 하나로 합쳐지기 때문이다.

Jeff Haywood | 에든버러대학교의 지식경영부학장이자 CIO(최고정보관리책임자)이며 사서이다. 그는 이 대학의 문헌, IT, 테크놀로지 강화 학습 및 교실 테크놀로지 등에서 광범위한 서비스를 제공해주는 통합 Information Service의 책임자이다. 그는 온라인 석사학위 제도 및 MOOC의 상당한 확장을 포함하여 주요 대학 내 계획을 이끌었다. 사범대학 소속의 교육학 및 공학 교수로서, 그의 주된 연구 관심사는 기관, 국가 및 국제적 수준의 교육에서 ICT의 효과적인 이용방법의 개발이다. 현재 그는 테크놀로지를 이용해서 고등교육(HE)을 현대화시키기 위한 유럽위원회의 유럽연합정부 옵션 연구를 학문적으로 이끌고 있

다. Jeff는 전 JISC 위원회의 일원이었고 Coimbra Group을 위한 이러닝 태스크 포스의 의장이었다. 현재 그는 스코틀랜드 정부의 ICT for Excellence Group의 일원인데, 이 그룹은 다음 세대 스코틀랜드 학교의 디지털 교육 환경을 구축하기 위해 노력하고 있다.

Amy Woodgate ㅣ 정보서비스부의 부총장실 산하 에든버러대학교의 온라인 학습 특별 프로젝트의 프로젝트 매니저이다. 그녀는 완전히 온라인으로 이루어지는 석사학위 프로그램 같은 원격교육 계획과 MOOC를 포함한 전략적 투자 프로젝트를 통한 대학의 온라인 학습 강좌의 확장을 책임지고 있다.

David Dewhurst ㅣ 생명과학 분야에 경력이 있으며 25년 넘게 가르친 경험이 있다. 그는 이러닝 교수이자 의학 및 수의학 교육정보서비스의 책임자이고, 대학의 원격교육 계획을 이끌고 있다. 그의 테크놀로지 강화 학습(Technology Enhanced Learning, TEL) 연구는 국제적으로 저명하다. 그는 동료 평가된 논문이 250여 편이며, 상당한 금액의 연구기금, 수명의 박사과정 학생들을 지도하고, 아프리카와 동부 유럽의 주요 교육 프로젝트들을 이끈 바 있다. 그가 수상한 주목할 만한 상들로는 2005년에 '온라인 가상 병원'으로 받은 권위 있는 'Queen's Anniversary Prize for Higher and Further Education'과 2006년 동물 미사용 연구로 받은 Doerenkamp-Zbinden 재단의 국제상이 있다.

참고문헌

Bartholet, J. (2013, July 17). Free online courses bring 'magic' to Rwanda. *Scientific American*. Retrieved from http://www.scientificamerican.com/article/free-online-classes-bring-magic-rwanda/.

Grainger, B. (2013). *Massive open online course report*. University of London International Programmes. Retrieved from http://www.londoninternational.ac.uk/sites/default/files/documents/mooc_report-2013.pdf.

Griffiths, R., Chingos, M., Mulhern, C., & Spies, R. (2014, July 10). *Interactive online learning on campus: Testing MOOCs and other platforms in hybrid formats in the University System of Maryland*. Retrieved from http://www.sr.ithaka.org/research-publications/interactive-online-learning-on-campus.

Haywood, J., & MacLeod, H. (2015). To MOOC or not to MOOC? University decision-making and agile governance for educational innovation. In P. Kim (Ed.), *Massive open online courses: The MOOC revolution*. New York: Routledge.

Harrison, L. (2014). Open UToronto MOOC Initiative: Report on second year of activity. Retrieved from http://www.ocw.utoronto.ca/open-utoronto-mooc-initiative/.

Hollands, F. M., & Tirthali, D. (2014, May). *MOOCs: Expectations and reality*. Center for Benefit-Cost Studies of Education, Teachers College, Columbia University. Retrieved from http://cbcse.org/wordpress/wp-content/uploads/2014/05/MOOCs_Expectations_and_Reality.pdf.

MacLeod, H., Haywood, J., Woodgate, A., & Sinclair, C. (2014, February). Designing for the unknown learner. *Proceedings of EMOOCs: European MOOC Stakeholders Summit 2014* (pp. 245–8). Lausanne, Switzerland. Retrieved from http://emoocs2014.eu/sites/default/files/Proceedings-Moocs-Summit-2014.pdf.

MOOCs @ Edinburgh Group (2013, May10). *MOOCs @ Edinburgh 2013—Report #1*. Retrieved from http://hdl.handle.net/1842/6683.

Morris, N. (2014). *What have we learned from MOOCs*. University of Leeds report. Retrieved from: http://www.slideshare.net/NeilMorris2/oer-and-mooc-strategy-university-of-leeds-hea-cll.

Shah, D. (2014). *Penn reaches 2.3 million students, plans to offer 20 more courses*. University of Pennsylvania MOOCs Report. Retrieved from: https://www.class-central.com/report/penn-2-3-million-students/.

Waters, J.K. (2013). Stanford's online strategy. *Campus Technology*, 2013, pp. 22–6. Retrieved from: http://online.qmags.com/CPT0113/default.aspx?pg=22&mode=1#pg22&mode1.

PART

4

MOOC와 OER의 품질 보증

원격으로 제공되는 다양한 유형의 교육 전달 체제에 대한 대화는 대부분 품질 보증에 대한 문제로 귀결된다. 그 논의가 전화, 라디오, 오디오테이프, 텔레비전, 우편 통신, 인공위성, 화상회의 또는 컴퓨터 기술을 활용하는 것이냐는 문제가 되지 않으며 더 넓게 확산되기 전에 내용과 코스의 질에 대한 문제가 해결될 필요가 있다. 이러한 과정의 일부로 그러한 새로운 교육 전달 체제와 관련된 품질 보증을 위한 연구비, 특별 학술대회, 새로운 지침과 제안, 대학의 교육과정 및 워크숍 등이 있게 될 것이다. 이는 오늘날 MOOC나 공개교육자원 같은 경우에도 마찬가지이다. 이 분야에서 현재 무슨 일이 일어나고 있는지에 대한 독자의 이해를 돕기 위하여, 이 책의 4부는 품질 보증과 관련된 세 가지 관점을 제시한다.

첫째 장에서는 일리노이대학교 스프링필드 캠퍼스의 Karen Swan과 연구진이 "MOOC 교육 평가"(AMP)라 불리는 혁신적인 도구의 개발 및 타당화에 대한 논의를 한다. AMP는 MOOC에 활용된 교육적 접근방법을 열 가지 차원으로 특징지을 수 있다. 20여 개의 서로 다른 MOOC를 대상으로 특징적인 교육적 패턴을 밝혀내기 위한 AMP의 기능에 대한 사전 검증 결과는 매우 높은 내적 신뢰도를 보여주었다. 예를 들어, 서로 다른 내용 분야에서 발견된 핵심 패턴들이 학습의 두 가지 공통적인 메타포와 유사하였다. 즉, 학습자가 전문가로부터 지식을 획득하거나 내용을 수용하는 것과 지식 형성 및 공유 커뮤니티에 학습자가 참여하는 것과 관련된 패턴이 유사하였다. 자기조절 학습과 관련된 세 번째 패턴 또한 이 장에서 언급된다.

Swan 등이 집필한 10장이 MOOC의 교육적 품질 보증에 초점을 두었다면 영연방 교육공동체(Commonwealth of Learning, COL)의 Sanjaya Mishra와 Asha Kanwar가 집필한 11장은 공개교육자원(OER)의 품질 보증 문제를 다룬다. OER 운동의 등장은 개발도상국들(예를 들어, 나미비아, 인도, 방글라데시, 탄자니아, 자메이카, 벨리즈, 르완다, 파키스탄 등)이 양질의 교육자원 활용을 촉진하기 위한 수단을 COL에 제공하였다. OER은 이러한 개발도상국의 국민에게 큰 도움을 제공하기는 하였지만, Mishra와 Kanwar는 품질 보증의 문제가 주요 관심 사항으로 남아 있다고 하였다. 이러한 이유로, 인도 뉴델리에 있는 COL의 지역 센터인 영연방 아시아 교육미디어센터(Commonwealth Educational Media Center for Asia, CEMCA)는 OER의 품질 보증을 위한 지침서와 측정 도구를 개발하였다. 품질 보증 지침의 일부가 TIPS(교수-학습, 정보 및 내용, 프레젠테이션, 테크놀로지)라 불리는 COL의 프레임워크를 활용하는 OER에 제시되어 있다. Mishra와 Kanwar는 TIPS와 같은 프레임워크에 있는 품질 보증 지침의 필요성을 강조하기는 하지만, 동시에 교사와 학습자가 서로 다른 요구와 관점에 따라 OER의 질을 결정하기 위한 준거를 사용할 수 있어야 한다고 주장한다. 저자들은 또한 OER의 질을 확보할 수 있는 연수와 역량 개발, 적절한 테크놀로지의 활용, 샘플 코스의 개발에 관련된 제안을 한다.

이 섹션의 세 번째이면서 마지막 장인 12장은 "OpenupEd"라 불리는 범유럽 MOOC 프로젝트에 대한 것이다. 이 장에서 Fred Mulder와 Darco Jansen은

OpenupEd가 1970년대 초 이래로 개방대학과 함께 해왔던 "고전적" 개방성의 개념을 MOOC와 OER을 통해 가능해진 최신의 디지털 개방성과 어떻게 결합하였는지를 제시한다. 이 장의 핵심 질문은 MOOC와 OER이 모든 지역의 학습자에게 교육기회를 제공할 수 있는 도구가 될 수 있느냐는 것이다. 이 장의 후반부에서 Mulder와 Jansen은 다양한 장애물을 제거해야 할 필요가 있음을 피력한다. 동시에 그들은 학습자가 MOOC와 다른 유형의 공개교육자원을 활용하여 성공적으로 학습하였을 때 보상이 주어져야 한다고 주장한다. 전체적으로 열한 가지 장애물과 세 가지 보상이 이 장에서 다루어진다. 새로운 열린 학습의 시대로 나아감에 따라 이 두 명의 유럽 학자는 다른 MOOC 제공자들이 교육 개방이라는 임무를 받아들이기 위해 이 장에서 제시한 요소들을 활용해야 한다고 제안한다.

10

AMP[1]

MOOC의 교육적 접근방법을 특징짓는 도구

Karen Swan | Scott Day | Leonard Bogle | Traci van Prooyen

서론

2008년에 캐나다의 George Siemens와 Stephen Downes가 MOOC를 처음 개발한 이래로(Bousquet, 2012), 상당한 논쟁을 불러일으키면서 미국에서 폭발적인 성장이 이루어졌다(Waters, 2013). MOOC는 고등교육의 구세주인 것처럼 보였으며(Friedman, 2013), 고등교육 종말의 조짐으로까지 여겨졌다(Vardi, 2012).

효과적인 MOOC의 교육 전략에 대한 경험적 증거를 찾기란 쉽지 않다. 그러나, MOOC에 활용된 교육 전략 일부는 다른 상황에서 가져온 것이었다(Glance, Forsey, & Riley, 2013). 짧은 동영상 강의(Khan, 2012; Norvig, 2012), 간단한 퀴즈가 포함된 동영상(Shirky, 2012), 자동화되거나 동료 또는

---

1 이 장의 일부는 *E-mentor* 2014. 2(54)에 게재된 논문에서 발췌하였으며 출판사의 허락을 받아 본 장에 게재하였다.

자기 평가(Lu & Law, 2012; Stiggins, 2002; Strijbos, Narciss, & Dünnebier, 2010), 온라인 토론(Darabi, Arrastia, Nelson, Cornille, & Liang, 2011; Li, 2004; Walker, 2007) 등과 같은 교육 전략이 일반적으로 활용되었다. 게다가 "cMOOC는 비전통적 교수방법과 학습자가 서로에게서 배우는 학습자 중심 교육의 기회를 제공한다"(Yuan & Powell, 2013, p.11).

주류 매체가 일반적으로 MOOC에 대한 잘못된 개념을 가지는 것 같고, 또 모든 MOOC가 똑같은 것이 아니므로 서로를 구별하는 것이 필요하다. MOOC를 구별하거나 MOOC의 기본 구성요소 또는 특징을 평가하는 메커니즘을 연구하는 것은 MOOC에서의 "학습에 관한 연구, 평가, 사정"의 첫 번째 단계가 되어야 한다(Reeves & Hedberg, 2014, p.4 참조). 대부분 MOOC가 정교화된 수업설계나 학습 공학의 발달을 반영하여 설계되지 못하였다면(Romiszowski, 2013), MOOC에 참여하는 학습자의 요구를 그러한 교육적 방법이 어떻게 충족시켜 주는지에 대한 시각을 가지고 연구자 스스로 학습을 위한 설계를 점검하면서 시작해야 한다는 Reeves와 Hedberg(2014)의 주장에 동의한다.

최근의 연구는 MOOC에 참여한 학습자의 특징을 발견하였다. 많은 학습자는 학사학위를 가지고 있으며, 직업이 있고, 개발도상국에 거주하는 것으로 나타났는데, 이는 본래 의도했던 대상자와는 매우 다른 현상이었다(Christensen, Steinmetz, Bennett, Woods, & Emanuel, 2013; Guzdial & Adams, 2014; Sandeen, 2013). 또한, 남성이 더 많이 참여하였다(Christensen et al., 2013). MOOC 과정에 참여한 대부분의 학습자는 전문성 개발과 지속적인 교육기회를 활용하고자 하였을 뿐 아니라 MOOC와 MOOC에서 제공하는 주제에 대한 호기심을 해소하고자 하는 때도 있었다(Christensen et al., 2013; Guzdial & Adams, 2014).

실제로 MOOC에 참여한 학습자의 전형적인 목적과 활용은 전통적인 온라인 코스에 참여한 학습자와는 매우 달랐다(Roth, 2013). MOOC 참여자에 관한 최근 연구는 많은 학습자가 단순히 참여한 채로 있으며, 시험을 치르지도 않고, 수료할 의도도 없는 상태로 학습하고자 하는 것으로 나타났다(DeBoer, Ho, Stump, & Breslo, 2014; Kizilcec, Piech, & Schneider, 2013; Roth, 2013). 이러한 학습자를 "사용자", "브라우저", "감시자", "등록자", "샘플러" 등의 다양한 이름으로 불렀다(DeBoer et al., 2014; Kizilcec et al., 2013). 또는 "시청자", "해결자", "팔방미인", "수집가", "구경꾼" 등으로 불렀다(Anderson, Huttenlocher, Kleinberg, & Leskoed, 2014). MOOC에 참여하는 사람은 능동적인 참여와 상호작용이 있다고 가정하는 전통적인 온라인 코스에 참여하는 것과 똑같은 방식으로 참여하지 않는다(Anderson et al., 2014; DeBoer et al., 2014).

이 장에서는 AMP(Assessing MOOC Pedagogies)라는 도구의 개발을 다루는데, 이것은 열 가지 차원에 따라 각각의 MOOC가 가지고 있는 교육방법을 특징화하는 것이다. MOOC의 찬반양론에 대해서는 이미 상당한 논의가 있었지만, 특정한 MOOC가 실제로 가지고 있는 교육방법을 경험적으로 검토한 연구는 많지 않았다. 또한, 이 장의 목적이 MOOC의 교육방법을 특징화하고자 하는 것이지 평가하고자 하는 것이 아니라는 것을 주지해야 한다.

상황

AMP는 미국교육위원회(American Council on Education, ACE)의 대학 학점 추천서비스(College Credit Recommendation Service, CREDIT)가 MOOC 프로그램에 대학 학점을 부여할 수 있는지 여부를 평가하기 위해 개발되기 시작하였다. 이 프로젝트는 게이츠 재단(Gate Foundation)의 후원으로 수행되었는데, 2013년에 13개의 MOOC 프로그램에 대학 학점을 부여할 수 있도록 인증하여 ACE CREDIT에 추천하였다. ACE CREDIT는 인증된 MOOC 각각에 대해 내용의 학습을 평가하기 위한 시험을 개발하였다. ACE CREDIT의 시험은 비교적 적은 비용으로 실시할 수 있었기 때문에, 수강생들은 대학 학점을 취득하는 데 필요한 비용을 상당히 줄일 수 있었다.

ACE는 내용 부분에서 MOOC를 평가하면서, MOOC의 교육방법을 범주화하기 위한 도구를 개발하기 위해 일리노이대학교 스프링필드 캠퍼스(UIS)팀과 계약하였다. 이 장에서는 그 도구의 개발과 타당화, 그리고 처음 ACE가 인증한 MOOC 프로그램뿐만 아니라 비교를 위해 네 개의 비STEM Coursera MOOC, 한 개의 Carnegi Mellon Open Learning Initiative(http://oli.cmu.edu), 두 개의 Saylor(http://www.saylor.org) 프로그램에 적용하여 얻은 연구결과 등을 다룬다.

AMP 도구

AMP는 MOOC에 적용된 교육방법을 특징 짓기 위한 것이다. 이 도구는 조지아대학교(University of Georgia)의 Thomas Reeves(1996) 교수가 컴퓨터 기반 수업(computer-based instruction, CBI)의 교육적 차원을 기술하기 위해 개발한 도구를 토대로 하였다. Reeves는 "교육적 차원은 학습에 직접 영향을 주는 … 설계 및 실행과 관련된다"(1996, p.11)라고 하였다. 그가 개발한 도구는 학습에 직접 영향을 주는 것으로 보이는 설계 및 실행과 관련된 14개의 차원을 포함하였다. 평가자들은 특정 CBI 프로그램에 대해 각 차원에 따라 1부터 10까지의 척도에 표시하였다.

Reeves의 도구를 활용하면서, UIS팀은 14개의 차원 중에서 6개의 차원을 그대로 사용한다. UIS팀은 인식론, 교사의 역할, 경험적 타당성(활동의 초점으로 개칭), 협동학습, 개인차 고려, 사용자의 역할 등 6개 차원을 MOOC 상황에 맞게 변경하였다. 게다가, 구조, 내용에의 접근방법, 피드백, 활동 및 평가 등 4개의 차원을 추가하였다. 또한, 1~10의 척도를 1~5의 척도로 축소했는데, 이렇게 함으로써 평정자 간 신뢰도를 높일 수 있었다. 실제로 연구자들은 일관성 있는 결과를 제공하기 위해 이 도구의 효능을 검증함으로써 AMP를 반복적으로 수정하였다. 또한, 척도의 수정과 함께 평가자들 간에 비슷한 평정을 할 수 있도록 차원에 대한 구체적인 준거를 개발하였다. AMP의 열 가지 교육적 차원을 다음에 소개한다.

1. 인식론(1=객관주의자/5=구성주의자)

객관주의자들은 지식(knowledge)은 앎의 과정(knowing)과 분리되어 존재한다고 믿지만, 구성주의자들은 지식은 개인의 마음에 '구성된다'고 믿는다. 각각의 관점은 서로 다른 교육적 방법을 취한다. 즉, 수업주의자는 수업, 수업자료, 절대적 목적에 초점을 두는 반면에, 구성주의자는 학습 자체와 학습자의 목적, 경험, 능력을 그들의 경험과 통합시키는 데 초점을 둔다. 인식론(epistemology) 차원은 MOOC에 제공된 활동과 자료에 대한 인식론적 신념을 규명하도록 한다.

2. 교사의 역할(1=교사 중심/5=학생 중심)

교사 중심의 교수학습은 말 그대로이다. 교사 중심 학습 환경은 분명한 마감일, 범용적이고, 인간의 개입을 최소화한 자동화된 성적 부여 시스템, 일방적인 의사소통을 강조한다. 학습자 중심 환경의 지표는 지식 획득 방법의 선택, 자기 진도에 맞춘 학습 속도, 발생적 평가, 토론에 대한 성적 부여 등을 포함한다.

3. 활동의 초점(1=수렴적/5=확산적)

수렴적 학습은 하나의 정확한 대답으로 "모으는" 학습이다. 반면에, 확산적 학습에서 학습자는 탐색하고 옹호하는데, Judith Langer(2000)는 이것을 "가능성의 지평"이라 하였다. 활동의 초점은 모든 답이 옳거나 그르면 1점, 하나의 정답에 대한 것이 하나의 경로 이상이면 2점, 수렴적 활동과 확산적 활동에 균형이 있으면 3점, 대부분의 질문이 다양한 정답이 있는 것이면 4점, 대부분의 질문이 다양한 방식으로 대답될 수 있다면 5점을 부여한다.

4. 구조(1=덜 구조화됨/5=더 구조화됨)

구조 차원은 MOOC에서 구조의 수준과 명료성을 의미한다. 분명한 지침, 투명한 내비게이션, 일관성 있는 단원 조직, 단원 간에 일관성 있는 자료 제시 등의 네 가지 준거에 따라 구조화를 판단한다.

5. 내용에 대한 접근방법(1=구체적/5=추상적)

이 차원은 주제가 추상적이냐 아니면 구체적이냐보다는 자료가 추상적으로 제시되는지 아니면 구체적으로 제시되는지를 판단하고자 하는 것이다. 자료가 구체적으로 제시된다는 것은 실제 사례나 활동을 포함하는 것을 의미하며, 추상적으로 제시된다는 것은 실제 상황에 적용하는 것과 관계가 없다는 것을 의미한다. 중간 즈음에 속하는 제시는 추상적인 아이디어를 더 이해할 수 있도록 구체적인 은유를 활용할 수 있다.

6. 피드백(1=드문, 불분명한/5=빈번한, 구성적인)

이 차원은 네 가지 준거를 활용하여 제공하는 피드백의 유용성에 대한 것이다. 네 가지 준거는 즉각적, 명료함, 구성적, 개인적인 피드백이냐의 여부이다.

7. 협동학습(1=미지원/2=통합)

이 차원은 MOOC에서 제공하는 협동학습의 정도를 점검한다. 이 차원은 교류나 토론 게시판의 제공, 교수전략으로서 협동학습의 활용, 분명한 협력 결과의 평가, 코스의 주요 전략으로서 집단 활동과 같은 준거를 포함한다.

8. 개인차의 고려(1=미지원/5=다면적 지원)

MOOC는 학습자의 개인차를 고려하는 것을 가정하지만, 항상 그렇지는 않다. 어떤 MOOC는 개인차를 최소한으로만 고려하는 반면에, 어떤 것은 다양한 개인차를 고려하도록 설계되기도 한다. 다면적 지원(5점)은 다음의 네 가지 준거 모두에 적합해야 한다. 즉, 자기주도적 학습, 교수자의 말과 글에 의한 제시, 학생이 다양한 방식으로 자료에 대한 대답을 제시할 기회, 보편적 설계가 충족되어야 한다.

9. 활동 및 과제(1=인위적/5=실제적)

Brown, Collins, 그리고 Duguid(1989) 등은 지식과 학습은 습득되는 맥락에 존재하며, 따라서 수업 활동과 평가는 실제 활동과 문제를 토대로 이루어져야 한다고 주장하였다. 그들은 이러한 활동을 "실제적(authentic)" 활동이라 하였으며, "인위적(artificial)"이라 여겼던 전형적인 학교 활동과 구분하였다. 왜냐하면, 학교 활동은 보통 억지로 꾸민 듯하다고 생각하였기 때문이다. AMP에서 인위적인 것을 판단하는 것으로 선언적 지식, 공식, 규칙, 정의 등을 묻는 활동과 평가를 고려하였으며, 실제적인 것을 판단하는 것으로 학습자에게 적절한 사례, 정기적으로 실생활의 문제를 포함하는 평가 등을 고려할 수 있다.

10. 사용자 역할(1=수동적/5=발생적)

Hannafin(1992)은 학습 환경을 구분하는 중요한 특징을 제시하였다. 어떤 학습 환경은 그의 표현에 따르면 "의미 정교화(mathemagenic)", 즉 다른 학자들이 "수동적(passive)"이라고 부르는 것인데, 이런 학습 환경은 주로 학습자가 내용의 다양한 표현을 접할 수 있도록 하는 것을 일차적인 목표로 삼는다. 반면에 "발생적(generative)"이라 부르는 학습 환경은 학습자가 스스로 지식을 생산, 정교화, 표상하는 과정에 참여한다고 하였다.

AMP는 또한 MOOC의 제목, 교수자, 강좌를 제공하는 플랫폼 및 대학, 주제, 수준 및 선수지식, 길이, 소요 시간 등도 확인한다. AMP를 활용하여, 평가자는 해당 MOOC의 일반적인 개요, 활용 매체, 평가 유형 등을 제공하도록 요청한다. 그러나 이 장에서는 교육적 특징과 교육적 접근방법을 구별하는 다양한 패턴에 주목할 것이다.

방법론

점수 범위를 10에서 5로 축소하고 등급 간을 더 쉽게 구별하도록 일부 차원에 준거를 더하는 등의 AMP 초기 수정 이후에, 네 명의 독립된 평가자가 13개의 MOOC를 조사하였다. 나중에 그들은 그들이 부여한 점수를 조정하기 위해 만났다. 초기 평정자 간 신뢰도는 모든 MOOC에서 80퍼센트 이상이었다. 평가자들이 만나서 조정한 후에 일치율은 100퍼센트로 증가하였다. MOOC 평가 과정과 초기 결과가 다음 절에 제시된다.

MOOC 평가

지금까지 AMP 연구자들은 9개의 Coursera, 7개의 Udacity, 1개의 edX, 1개의 Carnegi Mellon Open Learning Initiative, 2개의 Saylor MOOC를 평가하였다.

처음에는 미국교육위원회(ACE)가 학점을 인정한 13개의 MOOC를 평가하기 시작하였다. 여기에 포함된 강좌는 Coursera의 '대학수학', '생체전기', '유전학', '미적분학 기초', '단일변수미적분학', Udacity의 '인공지능 개론', '컴퓨터과학 개론', '물리학 개론', '통계학 개론', '병렬프로그램 개론', '3-D 모델링', 'HTML

표 10.1 ACE 인증강좌에 대한 플랫폼별 평균 점수

차원	Coursera	Udacity	edX
1. 인식론	1.0	2.4	1.0
2. 교사의 역할	1.4	2.0	1.0
3. 활동의 초점	1.0	1.9	1.0
4. 구조	5.0	4.9	5.0
5. 내용에의 접근방법	3.6	3.0	4.0
6. 피드백	2.0	4.3	3.0
7. 협동학습	2.8	2.1	2.0
8. 개인차의 고려	2.6	3.0	2.0
9. 활동 및 평가	2.6	3.3	1.0
10. 사용자 역할	2.0	3.1	2.0

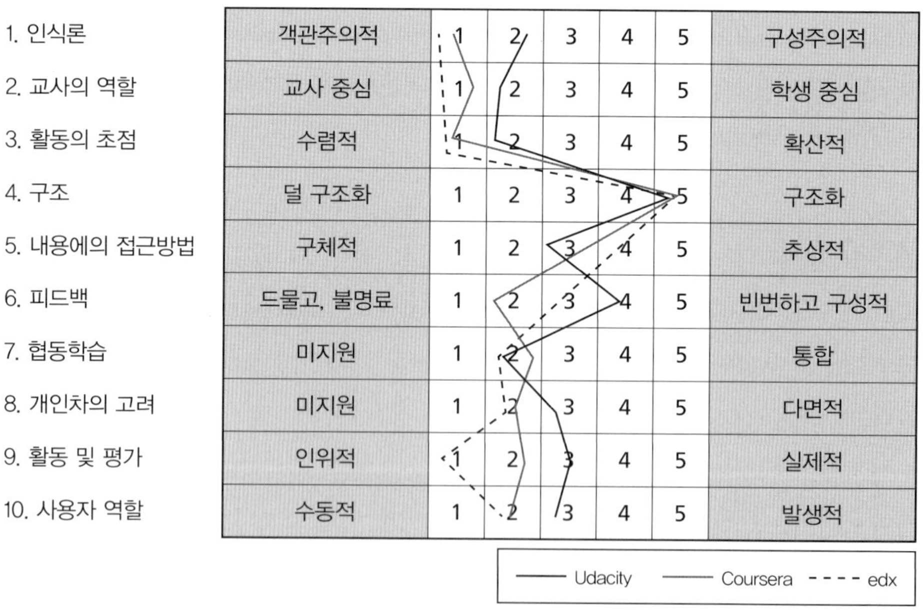

그림 10.1 1개의 edx, 5개의 Coursera, 7개의 Vdacity 강좌 간 교육방법 비교

5 게임개발', edX의 '회로와 전자'였다.

이들 강좌는 플랫폼 간에 분명한 차이가 있었기는 하지만 매우 비슷한 등급을 받았다. 흥미롭게도 Coursera의 MOOC는 전통적인 대학과 유사하게 엄격한 기한을 가지고 몇 주에 걸쳐 진행되는 강의-교재-시험과 같은 형태였으며, Udacity 강좌는 모두 유명한 행동주의자인 B. F. Skinner가 오래전에 개발한 프로그램 학습 방법(Holland & Skinner, 1961 참조)과 매우 유사한 형태를 보였다. 따라서 Udacity의 강좌는 Coursera의 강좌보다 전반적으로 좀 더 중간 점수를 받는 경향이 있었다. edX에서 평가할 수 있는 유일한 과목인 회로와 전자는 형태와 교육적 등급에서 모두 Coursera와 매우 비슷하였다.

표 10.1은 이러한 평가 결과를 제시하며, 그림 10.1은 교육적 방법의 패턴을 보여준다.

ACE가 학점을 인정한 모든 MOOC는 STEM 학문이었기 때문에, 연구자들은 STEM이 아닌 분야의 MOOC를 조사하기로 하였다. 구체적으로 STEM이 아닌 분야에서 '예술과 탐구', '희극과 만화', '재즈 즉흥연주', '비틀스 음악' 등 네 개의 Coursera 강좌를 선정하였다. 흥미롭게도 '비틀스 음악'은 Coursera의 STEM MOOC와 매우 비슷한 점수를 받았다. 그러나 다른 세 개의 STEM이 아닌 MOOC의 점수는 STEM MOOC와는 매우 달랐다. 표 10.2는 이러한 점수를 비교한다.

'비틀스 음악'을 제외한 비STEM의 Coursera 강좌는 구성주의적이며, 더 학생 중심적이고, 확산적이지만 STEM 강좌보다 덜 구조화된 경향을 보였다. 내용에의 접근방법은 비슷했지만, 비STEM 강좌는 더 많은 피드백이 주어진다는 점에서 더 개인적이었고, 협동학습을 더 잘 지원하였으며, 개별 평가의 선택지가 넓은 편이었다. 이런 면에서 비STEM 강좌는 더 실제적이고 발생적이라고 할 수 있다.

Coursera의 STEM과 비STEM MOOC 강좌를 비교하고 또 '비틀스' 강좌가 비STEM보다는 STEM 강좌에 적합한 것 같다는 것을 고려하면 MOOC

표 10.2 Coursera STEM과 비STEM 강좌의 평균 점수

차원	STEM	비틀스	비STEM
1. 인식론	1.0	3.8	4.7
2. 교사의 역할	1.4	2.5	3.0
3. 활동의 초점	1.0	3.5	4.3
4. 구조	5.0	3.8	3.3
5. 내용에의 접근방법	3.6	2.5	2.7
6. 피드백	2.0	3.0	3.3
7. 협동학습	2.8	2.8	3.0
8. 개인차의 고려	2.6	3.0	3.3
9. 활동 및 평가	2.6	3.8	4.7
10. 사용자 역할	3.0	3.8	4.3

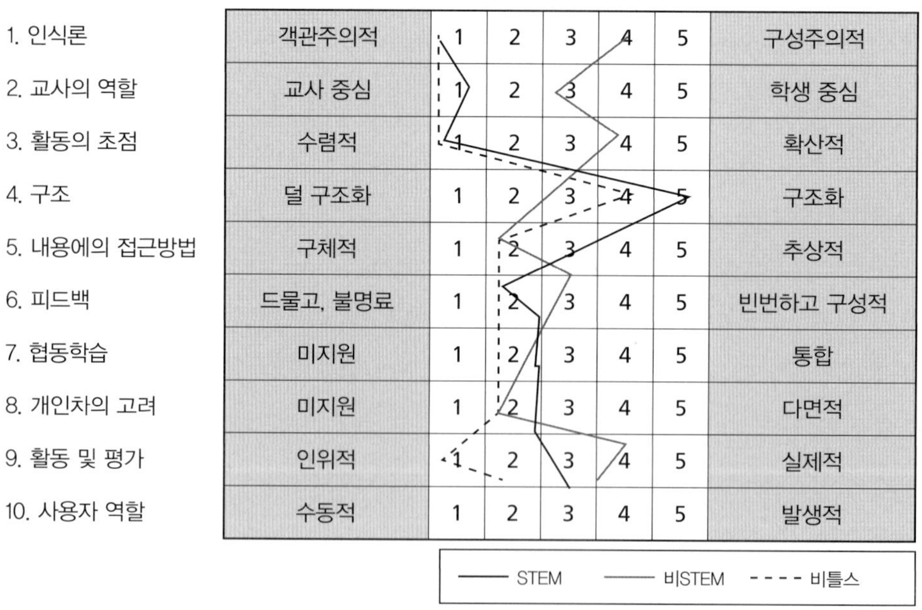

그림 10.2 STEM과 비STEM 강좌의 비교

에서 두 개의 서로 다른 교육적 패턴이 보인다. 흥미롭게도 두 패턴은 Anna Sfard(1998)가 밝힌 학습의 두 비유, 즉 습득 비유 및 참여 비유와 관련이 있다. 습득 비유에 따르면, 학습이란 개인이 외부로부터 지식을 습득하는 것이다. 참여 비유에 따르면, 개인은 지식을 협력적으로 구성한다. 이러한 관점에서 두 가지 패턴은 인식론을 비롯하여 활동의 초점, 평가, 교사와 학생의 역할 등의 면에서 가장 달랐다.

MOOC의 교육적 패턴을 설명할 때 학습 비유의 효능성을 확인하기 위하여, 연구자들은 다른 플랫폼의 강좌도 평가하기로 하였다. 선정된 강좌는 새일러대학교(Saylor University)의 '초기 근대 및 근대 세계사', '통계학 개론'과 Carnegi Mellon Open Learning Initiative(OLI)의 '확률과 통계학'이었다. 새일러대학교의 '통계학 개론' 강좌는 Coursera의 STEM MOOC와 '비틀스 음악'과 마찬가지로 "습득" 강좌에 속하는 것으로 보인 반면, OLI MOOC와 다른 Saylor 강좌는 Udacity MOOC의 "자기주도적인" 강좌와 유사성을 보이면서 학습의 세 번째 비유를 제시하였다. '예술과 탐구', '희극과 만화', '재즈 즉흥연주' 등 세 개의 Coursera MOOC는 "참여" 강좌로 분류되었다. 표 10.3은 각각의 교육방법 범주에 따라 평가된 점수를 보여주고, 그림 10.3은 이를 그림으로 보여준다. 이를 보면 자기주도적 MOOC가 습득과 참여 범주 사이에 위치한다는 것이 명백하다.

표 10.3을 해석하면, "습득 MOOC"는 Coursera의 STEM MOOC 강좌와 '비틀스 음악', edX의 '회로', Saylor의 '통계학 개론'을 포함한다. "참여 MOOC"는 Coursera의 비STEM 강좌와 '비틀스 음악' MOOC를 포함한다. "자기주도형 MOOC"는 Udacity의 강좌와 새일러대학교의 '초기 근대 및 근대 세계사', Carnegi Mellon Open Learning Initiative의 '확률과 통계학'을 포함한다.

표 10.3 학습 비유에 따른 평균 점수

차원	습득(n=8)	자기주도(n=9)	참여(n=3)
1. 인식론	1.0	2.3	4.7
2. 교사의 역할	1.4	2.1	3.0
3. 활동의 초점	1.0	1.9	4.3
4. 구조	4.0	4.8	3.3
5. 내용에의 접근방법	3.4	2.8	2.7
6. 피드백	2.2	4.0	3.3
7. 협동학습	2.4	1.9	3.0
8. 개인차의 고려	2.2	2.8	3.3
9. 활동 및 평가	2.2	3.4	4.7
10. 사용자 역할	1.8	2.7	4.3

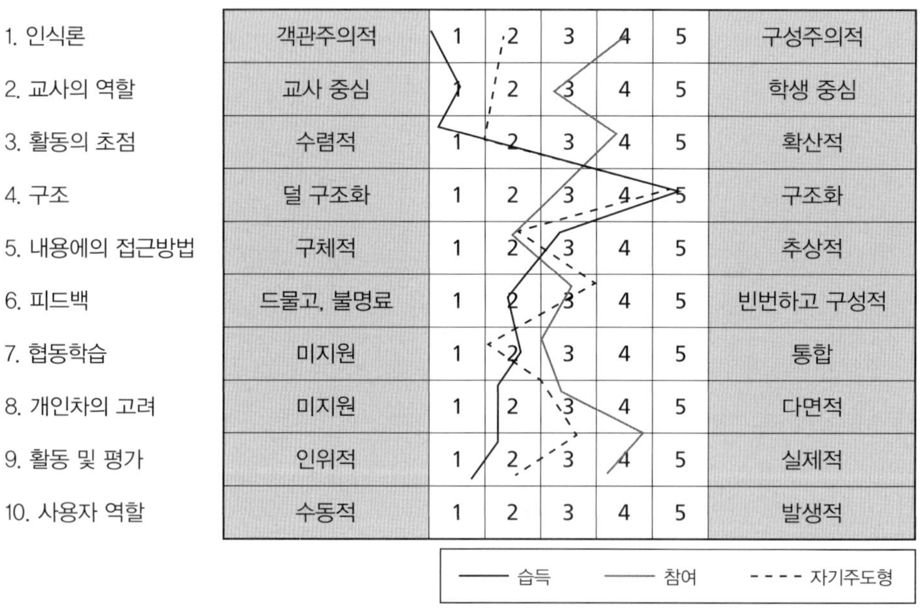

그림 10.3 학습 비유에 따른 점수 비교

결론

예비 연구는 AMP 도구가 MOOC의 교육방법을 평가자 간에 높은 일관성을 유지하면서 구별할 수 있음을 밝혔다. 연구팀이 다른 MOOC를 평가하면 할수록 평정자 간 신뢰도는 점점 높아지기만 하였다. 향후 연구는 다른 팀도 비슷한 일관성을 보이면서 이 도구를 사용할 수 있는지를 검증해야 한다.

우리의 MOOC 예비 평가에서 주요 플랫폼과 학문 분야에 따른 차이점을 발견한 것 이상으로 주목할 만한 성과는 학습 비유(습득, 참여, 자기주도)에 따른 교육적 방법을 구분해낸 것이다.

특히 주목할 것은 자기주도적 MOOC가 실제 참가자들이 MOOC를 활용하는 방법에 가장 부합하다는 것이다. 이를테면, Anderson 등(2014)은 전형적인 MOOC에 대한 방대한 자료를 분석한 결과, 이용자의 다섯 가지 패턴을 밝혀냈다. 시청자(viewer)는 강의 보기만 하고, 해결자(solver)는 과제만 하고, 만능인(all-rounder)은 둘 다 하고, 수집가(collector)는 자료에서 필요한 것을 뽑아가고, 방관자(bystander)는 아무것도 하지 않는 것처럼 보인다. 이 가운데 전체 등록자의 극소수인 '만능인'만이 전형적인 고등교육을 받는 학생처럼 행동한다. 마찬가지로 Kizilcec 등(2014)은 MOOC의 참가자를 완수자(completer), 청강생(auditor), 시식꾼(sampler), 비참여 학습자(disengaged learner)로 분류하였다. 그들은 합격/낙제의 이분법적인 모델은 MOOC에는 통하지 않는다고 주장하였다.

실제로, 사용자들이 MOOC에 참여하는 데에는 단순한 호기심에서 어떤 주제를 복습하는 것, 새로운 과목을 탐구하는 것 등 다양한 이유가 있으며 MOOC 등록자 가운데 소수만이 이를 강좌로써 받아들인다는 일화적 증거도 있다. DeBoer 등(2014)은 한 MOOC의 데이터를 근거로 MOOC에서의 학생의 행동은 기이하다고밖에 할 수 없다고 주장하였다. 이들은 등록률, 참여도, 교육과정, 성취도 등의 전형적인 변수는 MOOC 환경에서는 재개념화되어야 한다고 주장하였다. 사용자가 MOOC에 참여하는 데에 다양한 이유가 있고 그에 따라 다양한 패턴이 있다는 연구 결과들은 자기주도적인 패러다임에 기반을 둔 MOOC가 가장 효과적이란 것을 시사한다. 이런 경향은 우리 연구팀이 가까운 장래에 분명히 탐구할 것이다.

MOOC는 앞으로 더욱 진화하면서 정교해질 것이라고 기대된다. 향후 연구는 이런 잠재적 진화를 비롯해 더 많은 강좌와 cMOOC와 적응구조(adaptive structure) 등과 같은 다양한 플랫폼을 탐구할 것이다(DeBoer et al., 2014; Fasihuddin, Skinner & Athauda, 2013). 또한, 향후 작업은 MOOC 학습자가 MOOC 학습 플랫폼에 접근하고 활용하는 방식을 더 잘 설명하기 위하여 자기주도적 참여 모델을 연구할 필요가 있다(DeBoer et al., 2014).

MOOC의 급속한 성장은 점점 더 가파른 속도로 관련 강좌의 개발이 이루어지면서 교육방법 및 설계 면에서의 해결해야 할 과제를 제시해왔다. 학생 수요를 반영하며 유명한 강사 없이도 학생 이탈을 억제할 수 있는 강좌 설계 방안을 규명할 필요가 있다. 빠르게 진화하는 이 역동적인 분야에 관한 우리의 연구는 이 방향으로의 첫걸음이다.

Karen Swan은 일리노이대학교 스프링필드 캠퍼스의 Department of Educational Leadership 스투켈 석좌교수이다. 그는 기술공학과 학습 분야 전반에 걸쳐 125건 이상의 학술지 논문과 단행본 챕터, 두 권의 책을 공동 편집하였다. 그녀는 현재 온라인 학습, 학습 분석, 그리고 MOOC를 연구한다. 온라인 학습 컨소시엄(Online Learning Consortium)으로부터 Most Outstanding Achievement in Online Learning by an Individual, 컬럼비아대학교(Columbia University) Teacher's College로부터 Distinguished Alumnus Award, 일리노이대학교 스프링필드 캠퍼스로부터 Burks Oakley II Distinguished Online Teaching Award를 수상하였다. 또한, 온라인 학습 컨소시엄의 연구원이다.

Scott Day | 일리노이대학교 스프링필드 캠퍼스의 Department of Educational Leadership 학과장이다. 일리노이대학교 어바나샴페인 캠퍼스에서 교육 조직과 리더십 전공으로 박사학위를 받았다. 온라인 학습의 수업 리더십과 평가를 강의한다. 이 프로그램으로 Sloan-C로부터 2010년 올해의 최고 프로그램상을 수상하였다. 2010년에 일리노이대학교 스프링필드 캠퍼스로부터 Pearson Faculty Award for Outstanding Teaching을 수상하였다. 온라인 강좌를 개선하기 위한 설계기반 접근, 온라인 강좌에서 탐구 공동체를 개발하기 위한 동료 평가와 분석의 활용에 대해 저술했고, 최근에는 MOOC의 교육방법에 대한 논문을 출간하였다.

Leonard Bogle | 일리노이대학교 스프링필드 캠퍼스에서 수석교사 리더(Master Teacher Leader) 온라인 강좌를 가르치는 Department of Educational Leadership의 부교수이다. 주요 연구 분야는 강의 설계 개선을 통한 온라인 강좌 개선과 MOOC에 반영된 교육방법의 분석이다. 이와 관련하여 세 권의 책에서 챕터를 작성하였다. 또한, 리더십, 교육과정 설계, 연구설계 입문, 캡스톤 프로젝트, 석사학위 과정 완성 프로젝트(Master's Closure projects), 조직 역학, 교사 평가에 관한 석사과정 수업을 담당하였다.

Traci van Prooyen | 일리노이대학교 스프링필드 캠퍼스의 Teacher Education Department 부교수이다. 일리노이 주립대학교에서 교육과정 및 수업 전공으로 박사학위를 받았다. 아동 발달, 교육 심리학, 교실 경영, 특수 아동, 교육과정, 계획, 평가에 관한 강좌를 가르친다. 온라인 교육방법뿐만 아니라 주로 성향(disposition)과 관련한 교육의 질적 측면에 관하여도 연구한다.

참고문헌

Anderson, A., Huttenlocher, D., Kleinberg, J., & Leskovec, J. (2014). *Engaging with massive online courses*. Paper presented at WWW '14, April 7–11, Seoul, South Korea. Retrieved from: http://cs.stanford.edu/people/ashton/pubs/mooc-engagement-www2014.pdf.

Bousquet, M. (2012, July 25). Good MOOCs, bad MOOCs. *Chronicle of Higher Education*. Retrieved from http://chronicle.com/blogs/brainstorm/good-moocsbad-moocs/50361.

Brown, J.S., Collins, A., & Duguid, P. (1989). Situated cognition and the culture of learning. *Educational Researcher*, *18*(1), 32–42.

Christensen, G., Steinmetz, A., Alcorn, B., Bennett, A., Woods, D., & Emanuel, E.J. (2013). The MOOC phenomenon: Who takes massive open online courses and why? Retrieved from http://papers.ssrn.com/sol3/papers.cfm?abstract_id=2350964.

Coursera. (2012a). *Course Explorer*. Retrieved from http://www.cousera.org/.

Coursera. (2012b). Coursera hits 1 million students across 196 countries. *Coursera Blog*. Retrieved from http://blog.coursera.org/post/29062736760/coursera-hits-1-million students-scross-196-countries.

Darabi, A., Arrastia, M., Nelson, D., Cornille, T., & Liang, X. (2011). Cognitive presence in asynchronous online learning: A comparison of four discussion strategies. *Journal of Computer Assisted Learning*, *27*(3), 216–27.

DeBoer, J., Ho, A.D., Stump, G.S., & Breslow, L. (2014). Changing "course": Reconceptualizing educational variables for massive open online courses. *Educational Researcher*, *43*(2), 74–84.

edX (2012). *EdX*. Retrieved from https://www.edx.org/.

Fasihuddin, H.A., Skinner, G.D., & Athauda, R.I. (2013). Boosting the opportunities of open learning (MOOCs) through learning theories. *GSTF Journal on Computing*, *3*(3). Retrieved from http://www.globalsciencejournals.com/article/10.7603%2Fs40601-013-0031-z#page-1.

Friedman, T.L. (2013, January 26). Revolution hits the universities. *The New York Times*. Retrieved from http://www.nytimes.com/2013/01/27/opinion/sunday/friedman-revolution-hits-the-universities.html?_r=0.

Glance, D., Forsey, M., & Riley, M. (2013, May). The pedagogical foundations of massive open online courses. *First Monday*. Retrieved from http://firstmonday.org/ojs/index.php/fm/article/view/4350/3673.

Guzdial, M., & Adams, J.C. (2014). MOOCs need more work; so do CS graduates. *Communications of the ACM*, *57*(1), 18–19.

Hannafin, M.J. (1992). Emerging technologies, ISD, and learning environments: Critical perspectives. *Educational Technology Research and Development*, *40*(1), 49–63.

Holland, J.G., & Skinner, B.F. (1961). *The analysis of behavior: A program for self-instruction.* New York: McGraw-Hill.

Khan, S. (2012). *The one world school house: Education reimagined.* New York: Twelve.

Kizilcec, R.F., Piech, C., & Schneider, E. (2013). Deconstructing disengagement: Analyzing learner subpopulations in massive open online courses. In *Proceedings of the Third International Conference on Learning Analytics and Knowledge* (pp. 170–9). New York, NY, USA: ACM. doi:10.1145/2460296.2460330.

Langer, J. (2000). *Discussion as exploration: Literature and the horizon of possibilities.* National Research Center on English Learning and Achievement. Retrieved from http://www.albany.edu/cela/reports/langer/langerdiscussion.pdf.

Levin, T. (2013, December 10). After setbacks, online courses are rethought. *The New York Times.* Retrieved from: http://www.nytimes.com/2013/12/11/us/after-setbacks-online-courses-are-rethought.html.

Li, Q. (2004). Knowledge building community: Keys for using online forums. *TechTrends*, *48*(4), 24–9.

Lu, J., & Law, N. (2012). Online peer assessment: Effects of cognitive and affective feedback. *Instructional Science*, *40*(2), 257–75.

Masterson, K. (2013). Giving MOOCs some credit. *American Council on Education.* Retrieved from http://www.acenet.edu/the-presidency/columns-and-features/Pages/Giving-MOOCs-Some-Credit.aspx.

Norvig, P. (2012). Peter Norvig: The 100,000-student classroom. Retrieved from http://www.ted.com/talks/peter_norvig_the_100_000_student_classroom.

Reeves, T. (1996). *Evaluating what really matters in computer-based education.* Retrieved from http://eduworks.com/Documents/Workshops/EdMedia1998/docs/reeves.html.

Reeves, T.C., & Hedberg, J.G. (2014). MOOCs: Let's get REAL. *Educational Technology*, *54*(1), 3–8.

Romiszowski, A.J. (2013). What's really new about MOOCs? *Educational Technology*, *53*(4), 48–51.

Roth, M.S. (2013, April 29). My modern experience teaching a MOOC. *The Chronicle of Higher Education: The Digital Campus.* Retrieved from http://chronicle.com/article/My-Modern-MOOC-Experience/138781/.

Sandeen, C. (2013). Integrating MOOCs into traditional higher education: The emerging "MOOC 3.0" era. *Change*, *45*(5), 34–9.

Sfard, A. (1998). On two metaphors for learning and the dangers of choosing just one. *Educational Researcher*, *27*(4), 4–13.

Shirky, C. (2012). Napster, Udacity and the Academy. Retrieved from http://www.shirky.com/

weblog/2012/11/napster-udacity-and-the-academy/.

Stiggins, R.J. (2002). Assessment crisis: The absence of assessment for learning. *Phi Delta Kappan*, *83*(10), 758–65.

Strijbos, J.W., Narciss, S., & Dünnebier, K. (2010). Peer feedback content and sender's competence level in academic writing revision tasks: Are they critical for feedback perceptions and efficiency? *Learning and Instruction*, *20*(4), 291–303.

Swan K., & Mitrani, M. (1993). The changing nature of teaching and learning in computer-based classrooms. *Journal of Research on Computing in Education*, *26*(1), 40–54.

Vardi, M.Y. (2012). Will MOOCs destroy academia? *Communications of the ACM*, *55*(11), 5. Retrieved from http://cacm.acm.org/magazines/2012/11/156587-will-moocs-destroy-academia/fulltext.

Walker, B. (2007). *Bridging the distance: How social interaction, presence, social presence, and sense of community influence student learning experiences in an online virtual environment*. Unpublished PhD dissertation, University of North Carolina. Retrieved from http://libres.uncg.edu/ir/uncg/f/umi-uncg-1472.pdf.

Waters, J.K. (2013). What do massive open online courses mean for higher ed? *Campus Technology*, *26*(12). Retrieved from http://camputechnology.com/Home.aspx. Udacity (2012). *Udacity*. Retrieved from http://udacity.com.

Yuan, L., & Powell, S. (2013). MOOC's and open education: Implications for higher education. *Centre for Educational Technology & Interoperability Standards*. Retrieved from http://publications.cetis.ac.uk/2013/667.

11

공개교육자원의 품질 보증

차이는 무엇인가?

Sanjaya Mishra | Asha Kanwar

서론

1987년에 영연방 정상회의(Commonwealth Heads of Government)는 원격교육에서의 협력을 강화하기 위한 영연방 기구를 설치하기로 하였다. 이는 Lord Briggs가 의장이었던 전문가 위원회에서 마련한 "학습하는 영연방을 위하여: 원격학습에서의 협력을 위한 영연방 대학교 설립 제안"이란 제목의 보고서에 따른 결정이었다. 이 보고서는 영연방 국가 간의 협력을 증진하기 위한 새로운 기관의 설립을 제안하였다. 이에 따르면 새로운 기관의 목표는 "교육기회를 확대하고, 자원을 공유하며, 교육의 질을 향상하고, 관련된 연구와 사람들의 의견, 교육의 유동성을 원활하게 하는 것"(Briggs, 1987, p. 60)이라고 하였다. 게다가 영연방 학습공동체(Commonwealth of Learning, COL)를 설립하기 위한 양해각서(MOU)는 "회원국이 원격교육기관의 역량을 개발하고 발전시키는 것을 보조"하고, "교수자료의 획득과 전달을 보조하며 이에 대한 접근 기회를 향상"시키며, "교수자료의 적용과 개발을 촉진"하는 등과 같은 목표를 추구한다는 내용를 포함하였다. 이러한 진술문은 COL이 초기부터 양질의 원격학습 자료를 개발하고 공유하는 것을 지원하였음을 분명히 한다.

품질 보증에 대한 COL의 방법은 다음의 세 가지로 이루어졌다. 즉, 국가 및 제도적 수준에서의 정책 수립, 자료의 개발, 효율적이고 효과적으로 개방 원격학습(Open and Distance Learning, ODL)을 운영하기 위한 품질 보증(QA)을 시행할 수 있는 기관과 개인의 역량을 개발하는 것이 그것이었다. 오늘날 COL은 개방대학과 캠퍼스가 모든 대학의 목표를 공유하기 위한 노력을 지속하고 있다. 많은 개방대학이 스스로 사회적 임무를 갖는다고 보며 유연한 전달 방법을 활용하는 것이 사실이지만, 목표, 강좌의 질, 효과적인 학습자 지원, 학생 성취도 등을 토대로 판단한다면 ODL 활동을 위한 별도의 품질 보증 규정을 필요로 하지는 않는다. COL은 ODL이 주는 학위에 대해 "존중의 패리티(parity of esteem)", 즉 ODL 학위에 대한 인정을 초기 단계부터 보장받기 위해서는 ODL이 제공하는 강좌의 질을 보장하는 것이 필요하고 중요함을 인식하였다.

COL은 몇 가지 품질 보증 툴킷과 출판물뿐만 아니라 무료로 사용할 수 있는 품질 보증 사이트를 개발하였다. 상호 자격을 인정하기 위해 COL이 개발한 '다국적 자격체계(Transnational Qualifications Framework)'와 품질 보증을 위한 평가 및 개선 모델(Review and Improvement Model, CORLRIM)은 영연방의 32개 작은 나라에서 활용되었다. 각 기관은 이를 활용하여, 외부 인증을 위한 단계와 지속적인 자기 개선 프로세스를 위하여 각자의 실제를 평가할 수 있다. 무료로 이용할 수 있는 학습자료 개발의 잠재성을 인정하면서, COL은 교수자료의 접근과 변용을 향상하기 위해 공개교육자원(OER)을 받아들였다. 다음 절에서는 OER을 위한 품질 보증 계획의 특징을 살펴본다.

공개교육자원의 등장

OER 운동은 21세기가 시작된 직후에 뉴욕타임즈에 발표된 MIT 공개강좌(OpenCourseWare)로부터 시작되었다(Goldberg, 2001). 2002년의 유네스코 회의에서 OER이라는 용어가 생긴 이래로, 전 세계에서 다양한 OER 프로젝트가 진행되었다. 그러나 이러한 운동이 시작되기 전에 이미 COL이 학습자료를 협력적으로 개발하여 공유해왔음을 주목할 필요가 있다. 예컨대, COL의 과학기술 및 수학 프로그램(Science Technology and Maths Programme, STAMP 2000+) 모듈은 2001년 이전에 이미 남아프리카 8개국의 140명의 학자가 협력하여 개발되어 무료로 사용된 적이 있었다. STAMP 2000+ 모듈은 아프리카인에 의해, 아프리카인을 위하여, 아프리카에서 개발되었으며 아프리카 대륙 어디에서든 누구나 무료로 사용할 수 있도록 World Space 위성에 탑재되었다. 또한, COL은 자료를 공유하는 온라인 플랫폼인 WikiEducator를 처음부터 후원하는 등 다양한 자료 개발 프로젝트를 수행하였다. 이러한 활동은 다음을 비롯한 많은 교훈을 남겼다(Kanwar, Kodhandaraman, & Umar, 2010).

- 역량 개발도 필요하지만, 지역 파트너의 구매를 보장하는 것과 뚜렷한 실행 전략을 갖추는 것도 중요하다.
- 자원을 자체적으로 조직하고 기여할 수 있는 공동체의 능력이 있더라도, 프로젝트를 원활하게 수행하고 공인된 품질 기준에 어긋나는 변화를 감시하기 위한 관리구조가 필요하다.
- 상향식 참여에 의한 OER 프로젝트는 시간을 훨씬 길게 잡아야 한다.

2012년에 유네스코와 COL은 윌리엄 앤드 플로라 휴렛 재단(William and Flora Hewlett Foundation)의 지원으로 파리에서 세계 OER 회의(World OER Congress)를 개최하였다. 이 장의 저자 두 명이 참가한 이 회의에서 파리 OER

선언(Paris OER Declaration)(2012)이 채택되었다. 이 선언은 각국 정부가 OER을 촉진하고 사용할 것을 권고하였다. 또한, 공공 자금으로 개발한 교육 자료의 공개 라이선스를 주장하며, OER은 디지털 혹은 기타 모든 방식의 매체에서 교수, 학습, 연구 자료임을 재차 강조하였다. OER은 공유 저작물에서 이용 가능하거나 무료 접근, 활용, 변용, 재배포 가능한 공개 라이선스하에서 규제가 없거나 최소한의 규제로 배포되는 자원이다.

COL은 OER을 (1) 무료로 자유롭게 이용할 수 있으며, (2) 교육의 전 단계에 적합하고, (3) 모듈화되어 있고, (4) 재사용이 가능한, (5) 온라인 자료라고 인식한다. 여기에서 OER은 기관이 접근하고, 변용하며, 강좌에 활용하기 위해 구성할 수 있는 온라인 저장고에 있는 작은 재사용할 수 있는 학습 객체라는 가정이 있다(Kanwar et al., 2010). 흔히 OER의 장점을 지식의 교환과 남남·남북 협력이라고 하지만, 강좌 개발 시간과 비용을 줄이는 것 또한 빼놓을 수 없다. 콘텐츠 개발 면에서도 단독 저자가 교재를 쓰는 것과는 다른 협력적 접근법을 장려한다는 것도 관찰되었다. 따라서 OER은 개발도상국에서 역량 배양을 지원할 수 있을 뿐만 아니라 협력을 통해 자료의 품질 향상을 도모할 수 있는 강력한 도구가 되기도 한다. 또한, OER은 지역 원주민 지식의 보존과 보급을 촉진한다(Kanwar et al., 2010).

대부분 분야에서의 교육이 상황 중심적이라는 것을 고려하면, 비용 절감이라는 명백한 장점이 교사와 교육 행정가에게는 뚜렷하게 보이지 않을 수 있다. OER의 비용적 경제성에 대하여 COL이 지원한 예비 연구에 따르면 시간과 비용을 모두 크게 절감할 수 있음이 밝혀졌다(Butcher & Hoosen, 2012). 또한, 저작권과 지적 재산권 문제를 이해하는 다양한 관점이 있다. OER의 적용에 관하여 많은 교사와 행정가가 갖는 NIH 증후군과 관련된 문제도 있다(Johnson, Levine, Smith, & Stone, 2010). OER의 활용에는 기관 차원의 장벽과 이용 가능한 자원의 품질을 비롯한 장애물들이 여전히 있다(Bossu & Tynan, 2011).

공개교육자원: 품질 문제

소셜 미디어의 등장과 함께, 콘텐츠 개발 및 공유 면에서의 협력을 위한 전 세계적인 움직임이 일어났다. 기본 원칙은 공공 자금으로 개발한 자료는 공개 라이선스로 무료로 제공되어야 한다는 것이다. 누구든 콘텐츠를 변용할 수 있으므로, 수정된 콘텐츠의 품질에 대한 책임이 누구에게 있는지, 기관들은 자격증(credential)의 진실성(integrity)을 어떻게 보증할 것인지, 그리고 품질 보증 대행사의 역할이 무엇인지에 대한 의문이 제기된다.

비록 OER의 수요가 늘고 있지만 많은 사람은 "무료 교육자원은 품질이 형편없을 것이 분명하다"고 믿는다(Wiley & Gurrell, 2009, p. 19). 다른 모든 교육 콘텐츠와 마찬가지로 OER에도 학습 설계의 정확성, 적절성, 시의성, 교육방법의 효과성 등의 품질 차원을 적용할 수 있다. Wiley와 Gurrell(2009)은 더 나아가 고전적인 품질 척도와 관련된 문제가 있음에도 불구하고, OER이 점점 더 많이 받아들여진다는 것은 사용자와 자원의 관계와 관련이 있다고 주장한다. 이 관계는 OER의 두 가지 기본적인 특징인 소위 재사용 가능성과 개방성에서 비롯되는 콘텐츠의 변용과 공동 창작에 기원한다.

Dhanarajan과 Abeywardena(2013, pp. 9~10)는 교사가 양질의 OER을 구할 능력이 없는 것이 OER의 재사용을 가로막는 주된 요인임을 발견하였다. 이는 OER의 품질을 보장하고 평가할 체계를 전혀 이용할 수 없다는 것에 일차적으로 기인한다. Nikoi, Rowlett, Armellini, Witthaus(2011)는 또한 몇몇 연구에서 새로운 개방성의 문화와 기존의 교육방법 사이에 몇 가지 중대한 불일치가 있음이 발견되었다고 하였다. 구체적으로는 OER을 변용할 시간의 부족, 과목별 차이, 문화적 문제, OER 개발에 대한 지원 수준 차이 등의 주요 문제가 주된 장애물이라고 하였다.

OER의 지지자와 교육자 가운데 많은 수가 OER의 품질 보증이 개방성의 개념과 상충한다고 믿는다. 이런 관점에서는 사용자가 각자 목적에 따라 품질을 판단해야 한다고 본다. 품질에 대한 어떠한 사전 보증도 OER 사용자에게는 도움이 되지 않을 수 있다는 것이다. 이 관점의 지지자는 사용자(학습자 혹은 교사)가 최고의 심사위원이며 자원의 품질을 판정할 충분한 지식이 있다고 믿는다. 반대로 교육자들과 주류 사상가들은 일반적으로 모든 교수학습 자원은 엄격한 동료 평가 절차를 거쳐 품질을 보장해야 한다고 믿는다. 이런 접근법은 확실히 OER 개발 과정을 지연시키며 웹 2.0/3.0 세계에는 불필요한 구조를 만든다.

영연방 아시아 교육 미디어 센터(Commonwealth Educational Media Centre for Asia, CEMCA)는 아시아의 여덟 개 영연방 국가를 위한 COL의 지역 기관이다. CEMCA 내에서 OER이 유행하면서, 우리는 두 개의 전혀 다른 관점을 모두 포괄할 수 있는 품질 보증 기준을 개발해야 한다고 인식하였다. 첫째, OER은 처음부터 개방된 사용자 개발 콘텐츠여야 한다. 실제로 OER의 품질 보증을 위하여 품질 보증 기관에서 공식적인 구조와 과정을 개발하는 것은 해로울 수 있다. 둘째, 우리는 OER은 고품질이어야 하고 사용자 및 생산자의 요구와 맥락에 적합해야 한다고 믿는다. 따라서 우리는 여러 평가 기준을 점수화하여 사용자가 OER의 품질을 판단하는 것을 도울 수 있는 프레임워크를 개발하였다. 이 프레임워크와 평가 기준은 어떤 저장소에서든 자동화되어 사용자가 적합한 판단 기준을 선택하여 콘텐츠를 평가하는 것을 도울 것이라고 기대된다. 이런 방식은 다양한 사용자로부터 평가를 받아서 자원의 잠재적인 사용자에게 정보를 제공함으로써 방대한 양의 OER 사이에서 학습자와 교사 모두 시간을 절약하게 할 수 있다.

OER의 품질 보증 기준을 개발하는 CEMCA 프로젝트의 하나로 Kawachi (2013)는 이러닝 및 교육 혁신 등 관련 분야에서 30가지가 넘는 품질 보증 평가 기준의 프레임워크 및 목록을 검토하였다. 그 결과 OER의 품질 보증에 적합한 몇 가지 판단 기준을 가려낼 수 있었다.

기준을 개발하기 위하여 우리는 지역 포럼을 개최하고 온라인으로 협의한 끝에 OER TIPS 프레임워크 버전 1.0을 만들었다(Kawachi, 2013). 협의 과정에서 OER의 개방성이라는 고유한 특징과 그러한 특징이 강좌 품질에 미치는 영향이 중요한 문제로 대두하였다. 전문가들은 개방성이 특별한 요구가 있는 학습자의 학습 자료 접근성을 쉽게 한다는 부가 가치가 있음에 동의하였다. 또한, 개방성은 개별 언어 및 문화적 수요에 맞추어 콘텐츠를 현지화할 수 있게 한다. 그리고 개방성은 공개 소프트웨어와 기술을 활용함으로써 접근성을 향상시킨다. TIPS는 65개의 평가 기준을 교수와 학습(Teaching and learning), 정보와 내용(Information and content), 전달(Presentation), 기술(Technology)로 대분류한 네 가지 기준의 첫 글자이다. 평가 기준이 지나치게 많았기 때문에, 델파이 기법과 내용 타당도 비율(Content Validity Ratio, CVR)(Lawshe, 1975)을 통계적 기둥(statistical anchor)으로 삼아 평가 기준을 좀 더 합리적인 개수로 줄이는 합의점을 찾기 위해 후속 연구를 진행하였다. 이 작업은 지금도 진행 중이지만, 예비 결과로서 CVR에 대한 수정된 통계 방법을 통해 18개의 평가 기준표를 만들었다(표 11.1 참조).

우리의 목표는 어떤 OER 자료든지 사용자가 다음 4점 척도에 따라 평가하도록 돕는 모델을 개발하는 것이다: (1) 보이지 않음, (2) 약하게 보임, (3) 해당 평가 기준이 적절히 나타남, (4) 해당 평가 기준이 강하게 나타남. 이는 OER 개발자가 스스로 분석하여 OER 개발 과정에서 품질을 보증하는 데에도 활용할 수 있다.

양질의 공개교육자원에 접근

대면 교육이 대개 소수 엘리트에게만 이루어지는 개발도상국에서는 지난 50여 년간 ODL의 품질 보증이 중요한 문제로 다루어졌다. 교육계에 종사하는 대부분의 사람은 대면 방식으로 교육을 받아왔기 때문에 ODL 체제에 부정적인 경

표 11.1 OER 품질 기준(Kawachi, 2014)

T: 교수-학습 과정
• 선행조직자와 길라잡이(navigational aid)를 활용해 당신의 OER을 이용하는 방법을 설명하는 학습 기준을 제공하라. • 학습자 중심 접근 방식을 이용하라. • 적절하고 실제적인 최신 교육법을 이용하라. • 지역의 요구와 필요에 부합해야 하며, 학생의 현재 및 미래 요구를 예측하라. • 어렵고 복잡한 언어를 쓰지 말고, 나이와 수준에 적합한지 가독성을 확인하라. • 학생이나 다른 교사들이 피드백과 개선을 제안하는 방법을 제공하라.
I: 정보와 자료 내용
• 학생에게 배우게 하려는 지식과 기술이 최신이며, 정확하고 신뢰할 수 있음을 확인하라. 해당 주제 전문가의 조언을 구하라. • 모든 내용은 목적에 부합하고 적절해야 한다. 불필요한 자료와 곁가지를 피하라. • 실제적이고 내적으로 일관되며 적절히 현지화된 내용이어야 한다. • 다른 자료로의 링크를 추가하여 내용을 풍부하게 하라.
P: 전달 결과물과 형태
• 공개 라이선스가 분명한지 확인하라. • 접근과 참여를 쉽게 하라. • 음질에 신경을 써서 자료가 명료하고 간결하며 일관되게 전달되도록 하라. • 재사용과 편집을 최대화하기 위하여 공개 포맷을 이용하여 전달하라. • 학습 경로에서 제시된 OER의 전후로 어떤 OER이 위치할 수 있는지 제안하라.
S: 기술적인 체제
• 누구든지 나중에 당신의 OER을 찾을 수 있도록 내용에 대한 메타데이터 태그를 추가하라. • 예상 학습 기간, 기대 난이도, 형태, 그리고 크기에 대한 메타데이터 태그를 제공하라. • OER은 쉽게 휴대하고 전송할 수 있어야 하며, 오프라인 복제물이 있어야 한다.

향이 있다. 따라서 ODL 체제는 대면 교육 체제와의 대등성을 유지하기 위하여 끊임없이 품질을 중요시하였다.

Dhanarajan(2013)이 지적하듯이, ODL 체제는 주로 학습 패러다임과 관련이 있다는 점에서 수업 패러다임(instructional paradigm)이 성행했던 전통적인 대면 교육 체제와 대조된다. 수업 패러다임에서는 학습 시간이 고정되고 학습 결과에 차이가 있지만, 학습 패러다임에서는 시간에 차이가 있고 학습 결과는 모든 학습자에게 동일하다. 이런 획기적인 변화는 ODL 체제와 유사한 학습 및 수업 방식을 이용하는 대규모 공개 온라인 강좌(massive open online course, MOOC)가 등장하고 나서야 비로소 강조될 수 있었다(그 예로 이 책에서 Deimann, Lipka, Bastiaens가 쓴 장을 참조하라).

대면 및 ODL 양쪽에서 OER이 채택되고 변용된다는 점과 품질 보증에 대한 태생적인 강조로 인해 ODL 프로그램에 대한 접근성은 점점 늘고 있지만, 잠재력을 온전히 이루어내기 위해서는 아직 가야 할 길이 멀다. 개발도상국의 교육제도에서 OER을 실현하고 주류로 만드는 데에는 지속적이고 장기적인 노력이 있어야 할 것이다.

COL은 OER의 품질을 향상시키기 위해 다음 네 가지 접근법을 사용해왔다.

적절한 정책 개발 교육기관에서 교사들이 OER을 사용하고 제작할 수 있는 환경을 조성하기 위해서는 교육자료를 만드는 교사에게 적절한 인정이 이루어지는 것이 중요하다. 많은 기관에서는 심사가 이루어지는 저널에 논문을 게재하면 승진에 가산점을 주지만, 무료로 이용 가능한 교육자료를 만드는 것을 인정해주는 경우는 드물다. 이에 대응하여 COL은 각국 정부와 기관이 OER에 적합한 정책을 개발하도록 돕고 있다. 이런 노력의 하나로 COL은 각국 정부와 교육기관이 활용할 수 있도록 OER 국가 정책 서식과 OER 기관 정책 서식을 개발하였다. COL은 the Government of Antigua and Barbuda의 OER 정책 개발을 지원하였으며, 인도의 두 개 개방대학이 COL의 OER 기관 정책 서식을 받아들였다. COL과 CEMCA는 또한 인도 정부가 ICT를 활용한 국가 교육 임무(National Mission on Education through ICT, NMEICT)라는 주요 프로젝트를 위한 공개 라이선스 정책 기준 개발을 도왔다.

역량 배양 정책 개발도 필요하지만, OER을 주류로 발전시키는 데 충분조건은 아니다. 품질과 OER 개발을 훈련하는 것이 추가적인 OER을 생산하는 데 핵심적이다. 지역 역량이 없다면 OER은 외부 정보 혹은 지식 자원의 소비자를 양성할 뿐이다. 가용 자원을 지역의 필요에 맞추면서 그런 콘텐츠를 적절한 공개 라이선스로 배포한다면 OER로부터 훨씬 많은 것을 얻을 수 있다. 따라서 교사와 정책 담당자의 OER과 관련된 역량을 배양하는 것이 중요한 전략이다. COL은 워크숍을 개최할 뿐만 아니라 온라인 훈련을 기획하고 OER의 개념과 실제를 알리기 위해 MOOC 플랫폼을 이용한다. COL은 여러 해에 걸쳐 이 분야에서 방대하고 다양한 지식 기반을 구축하고 보급하였다. 예를 들면, 말레이시아 와와산 개방대학교(Wawasan Open University)의 기관 역량 배양의 하나로 OER 기반 이러닝에 관한 다섯 모듈짜리 강좌를 개발하는 것을 CEMCA에서 지원하였다. 이 강좌는 OER을 온라인 프로그램 설계와 개발에 활용하여 비용-효과적인 온라인 학습을 만드는 데 초점을 둔다.

테크놀로지 적절한 테크놀로지를 이용할 수 있는 것은 OER을 찾고 만드는 교사에게 필수적이다. 양질의 OER을 활용하는 데에는 교육기관에 테크놀로지를 보급하는 것이 결정적인 요인이며, 개발도상국에서는 최고 경영진에게 적절한 테크놀로지를 교육하는 것이 필수적이다. COL은 교육에 정보통신기술(Information and Communication Technologies, ICT)을 도입하는 것을 촉진하기 위하여 각 기관장과 협력하고 있다. 성공적인 ICT 도입(Kirkland & Sutch, 2009)과 OER의 활용 증진에는 강력한 리더십 지원과 기관 차원의 투자가 중요한 역할을 한다. 교육계의 성공적인 ICT 리더는 앞장서서 비전을 제시할 뿐만 아니라 변화를 관리하고 주요 관계자의 지원을 이끌어낼 수 있어야 한다. COL은 테크놀로지 발전에 따른 적절한 해법을 개발함으로써 기술 혁신자와 선구자의 역할 또한 맡고 있다. COL이 현재 권고하는 혁신 가운데 하나는 교실과 학교에서 "앱터스(Aptus)"라는 저비용 서버를 이용하는 것이다. 앱터스 서버를 이용하면 인터넷 접근 비용을 줄이고 함께 제공되는 OER을 활용하여 지리적으로 불리하고 자원이 부족한 지역에 있는 학습자의 접근을 도울 수 있다.

강좌 개발 COL의 목표 가운데 하나는 적절한 교수 자료의 개발을 의뢰하는 것이다. OER의 사용을 홍보하는 기관으로서 이를 위한 설명 자료를 만들고 OER로 배포하는 것이 중요하다. 이 목표를 달성하기 위해서 COL은 자체적인 기관 OER 정책을 개발하였다. COL에서 개발한 모든 강좌는 CC BY-SA 라이선스로 배포된다. 이런 정책의 목적은 영연방과 다른 나라들에서 적용할 수 있는 모범 강좌의 개발을 촉진하는 것이다. 이런 방법은 규모의 경제로 비용 절감에도 도움이 된다. COL은 또한 다양한 분류 태그를 이용해 OER을 찾고 이용할 수 있는 체계(directory)도 만들었다. 이 계획은 OER의 품질을 주된 관심으로 두면서 입수 가능한 자료를 모두 한곳에 모으는 것을 목표로 한다. 이는 진정한 OER 정신에 따라 노력의 중복을 방지한다. COL은 또한 양질의 강좌 개발을 위한 공개 교재의 개발을 지원한다.

양질의 OER을 개발하는 것도 중요하지만, 이것만으로 OER을 적절히 사용할 수 있는 것은 아니다. 적합한 고품질의 OER을 찾는 것이 곧 활용 가능한 개방교육 콘텐츠를 이용하는 시작점이 된다. 그러나 적절한 교육적 조치가 없이는 이는 단지 교재, 시뮬레이션, 애니메이션, 다른 종류의 학습 자원으로만 남을 뿐이다. 콘텐츠만으로는 충분하지 않다. ODL 환경에서 학습을 촉진할 뿐만 아니라 OER을 교실에 도입하여 사용하는 교사의 역량은 기존에는 접근성이 충분하지 못했거나 능력이 비교적 부족한 학생의 학습 성취에 필수적이다. OER을 개발하기 위해 적절한 자기주도적 학습 원리를 활용하고 이런 OER을 이용하여 학습을 촉진하는 것은 무수한 학습자의 학습 결과의 질을 향상시킬 것이다.

결론

앞서 논의한 것처럼 OER에 관한 수많은 노력이 현재 전 세계에서 이루어지고 있다. 우리는 이 가운데 상당수를 직접 목격하였다. 실제로 COL은 대면 및 ODL 기관 양쪽 모두에서 양질의 OER을 사용하는 것을 지원하는 데 특히 집중해왔다. 그러나 여전히 의문은 남는다. 차이가 무엇인가? 품질에 관한 우리의 접근방법이 공개 라이선스 교육자원의 이용 가능성에 어떤 변화를 낳았는가? 다중이 개발에 참여한 OER과 기관이 만든 양질의 OER 사이의 적절한 균형점은 어디인가?

안타깝게도 아직은 이런 많은 질문에 해답을 제시할 수는 없다. 예를 들면, 한 OER이 특정 시험을 준비하는 학습자와 사용자에게는 그런 필요의 관점에서 좋은 평가를 받을 수 있다. 그러나 교사와 다른 전문가는 같은 자료가 학습자가 그 시험을 준비하는 것에만 도움을 준다고 낮게 평가할 수도 있다.

당연히 어떤 사람에게는 좋거나 나쁘다고 받아들여지는 것이 다른 사람에게는 그렇지 않을 수 있다. 교육자원에서는 더욱 그렇다. 그 결과로 우리는 OER 제작자와 사용자 양쪽 모두를 위하여 기준과 프레임워크를 제시할 뿐이다. 개방교육 분야의 품질에 대한 담론에서 OER이 다룰 수 있는 것은 그런 콘텐츠의 현지화 요구를 받아들이는 것, 그리고 그것이 사용될 잠재적 학습 상황을 인식하는 것과 관련이 있다. OER과 관련된 품질 기준 및 프레임워크의 확산은 그 적절성과 활용과 관련해, 어떻게 사용할 것이며, 궁극적으로 누가 그런 품질 평가 기준을 사용하고, 어떤 방식으로 사용하는지에 대한 의문을 제기한다. 이렇게 되면 소비자가 콘텐츠의 생산자가 된다.

우리는 궁극적으로 ODL과 대면 교육기관이 OER의 유용성을 증진해 모든 학습자의 학습 결과를 향상시킬 수 있다고 믿는다. 이것이 이루어지면 교사는 학생의 수업 참여에 관해 생각할 시간이 늘어날 것이고, 결국 공개 기술과 자원을 이용해 원활한 상호작용이 이루어지는 매력적인 학습 환경을 만들어낼 수 있을 것이다. 이것이 COL의 임무이다.

Sanjaya Mishra | 영연방 아시아 교육 미디어 센터(Commonwealth Educational Media Centre for Asia, CEMCA)의 센터장이다. 개방 원격 및 온라인 학습 분야로 아시아에서 손꼽히는 학자이며, 파리에서 유네스코의 프로그램 전문가(교육·과학·문화에서의 ICT)를, 인도에서 인디라 간디 국립 개방대학교의 원격교육 직원 교육 및 연구소(Staff Training and Research Institute)에서 원격교육 조교수를 역임하였다. 2007년 인적 자원 개발 및 훈련 분야에서 인도 교육훈련 협회 비베카난다 우수상을, 2012년 인도 도서관 대표 전문성 우수상을, 2013년 G. Ram Reddy 교수 기념 사회과학자상을 받았다.

Asha Kanwar | 캐나다 밴쿠버에 있는 영연방 학습공동체(COL)의 회장이자 CEO이다. 국제적으로 인정받는 원격 교육자로, 발전을 위한 학습(learning for development) 분야에서의 선구적인 공헌으로 유명하다. 젠더 연구, 특히 아시아 여성의 삶에 원격 교육이 미치는 영향에 관한 연구에 크게 이바지하였다. 다수의 수상 경력, 학술회원 자격, 명예 박사 학위를 보유하고 있다. 기존에 있던, 그리고 새로이 발전하는 다양한 분야에서 연구하고 작업하였다. 인도 판잡대학교(Panjab University)에서 석사 학위와 MPhil 학위를, 서식스대학교(University of Sussex)에서 박사 학위를 받았다.

참고문헌

Bossu, C., & Tynan, B. (2011). OERs: New media in the learning landscape. *On the Horizon*, *19*(4), 259–67.

Briggs, A. (1987). *Towards a Commonwealth of Learning: A proposal to create the University of the Commonwealth for Co-operation in Distance Learning*. London: Commonwealth Secretariat.

Butcher, N., & Hoosen, S. (2012). *Exploring the business case of open educational resources*. Vancouver: Commonwealth of Learning.

Dhanarajan, G. (2013). Open educational resources: A perspective on quality. *EduComm Asia*, *17*(3), 2–5.

Dhanarajan, G., & Abeywardena, I.S. (2013). Higher education and open educational resources in

Asia: An overview. In G. Dhanarajan & D. Porter (Eds.), *Open educational resources: An Asian perspective* (pp. 3–20). Vancouver, BC: Commonwealth of Learning. Retrieved from http://www.col.org/PublicationDocuments/pub_PS_OER_Asia_web.pdf.

Goldberg, C. (2001, April 4). Auditing classes at M.I.T., on the Web and free. *New York Times*. Retrieved from http://www.nytimes.com/2001/04/04/us/auditing-classes-at-mit-on-the-web-and-free.html.

Johnson, L., Levine, A., Smith, R., & Stone, S. (2010). *The 2010 Horizon Report*. Austin, TX: New Media Consortium.

Kanwar, A., Kodhandaraman, B., & Umar, A. (2010). Toward sustainable open education resources: A perspective from the global south. *The American Journal of Distance Education*, *24*, 65–80.

Kawachi, P. (2013). *Quality assurance guidelines for open educational resources: TIPS framework*. New Delhi, India: CEMCA. Retrieved from http://cemca.org.in/ckfinder/userfiles/files/OERQ_TIPS_978-81-88770-07-6.pdf.

Kawachi, P. (2014). The TIPS quality assurance framework for creating open educational resources: Validation. *Paper presented at the 2nd regional symposium on open educational resources: Beyond advocacy, research and policy*, June 24–7, 2014, Penang, Malaysia.

Kirkland, K., & Sutch, D. (2009). *Overcoming the barriers to educational innovation: A literature Review*. Bristol: Futurelab. Retrieved from http://www2.futurelab.org.uk/resources/documents/lit_reviews/Barriers_to_Innovation_review.pdf.

Lawshe, C.H. (1975). A quantitative approach to content validity. *Personnel Psychology*, *28*(4), 563–75. Retrieved from http://www.bwgriffin.com/gsu/courses/edur9131/content/Lawshe_content_valdity.pdf.

Nikoi, S.K., Rowlett, T., Armellini, A., & Witthaus, G. (2011). CORRE: A framework for evaluating and transforming teaching materials into open educational resources. *Open Learning: The Journal of Open, Distance and e-Learning*, *26*(3), 191–207.

Paris OER Declaration. (2012, June). World OER Congress held at UNESCO. June 20–2, 2012, Paris, France. Retrieved from http://www.unesco.org/new/fileadmin/MULTIMEDIA/HQ/CI/CI/pdf/Events/English_Paris_OER_Declaration.pdf.

Wiley, D., & Gurrell, S. (2009). A decade of development. *Open learning. The Journal of Open, Distance and e-Learning*, *24*(1), 11–21.

12

개방교육을 위한 MOOC와 OpenupEd 계획

Fred Mulder | Darco Jansen

혼란에 빠진 MOOC의 성장

2012년 초부터 MOOC는 미디어의 지대한 관심을 끌기 시작하였다. MOOC의 성장과 동시에, MOOC가 어떤 형태이고 주요 부가가치로 무엇을 기대할 수 있는지에 대한 혼란이 즉각 일어났다. Siemens(2012)는 두 종류의 서로 다른 교육방법을 비교한 결과, cMOOC와 xMOOC라는 구분법을 제시하였다.

한편, MOOC의 범주는 확실히 점점 넓어졌다. 이런 상황에서 MOOC의 'C'는 일반적으로 '강좌(Course)'를, 두 번째 'O'는 보통 '온라인(Online)'을 의미하였다. 그러나 원래 '개방(Open)'을 의미하던 첫 번째 'O'에 관해서는 수많은 해석이 이루어져 왔다. '대중(Massive)'을 의미하던 'M'은 대규모 활동에 적용될 수 있는 말이지만, 많은 경우에 실제로는 그렇지 않았다.

MOOC의 기원

게다가 이 책의 서문에서 Mulder가 언급한 것처럼, 오랜 시간에 걸쳐 이루어지면서 최근 MOOC 등장의 기반이 된 중요한 발전들이 잊히고 무시되는 경우가 많다. 첫 번째는 19세기까지 거슬러 올라가는 '개방교육'을 향한 발전이다. 개방교육은 19세기 후반 개방대학의 모델이 형성되고 전 세계적으로 퍼져나가면서 실체를 갖추며 성장하였다.

지난 10여 년간 개방대학의 개념에서 전 세계적인 공개교육자원(Open Educational Resources, OER) 운동의 영향으로 디지털 혁신이 일어났다. 1950년대에 시작된 '온라인 교육(Online Education)'도 중요한 발전이다. 이때부터 라디오와 텔레비전을 비롯하여 최근 개인용 컴퓨터, 그리고 간단한 컴퓨터 기반 훈련에서 지능적 교습 프로그램과 정교한 시뮬레이션에 이르는 광범위한 교육용 프로그램 등의 새로운 기술과 미디어가 교육에 도입되었다. 그러나 이 가운데 교육의 주류에 편입하는 데 성공한 기술은 하나도 없었다. 1990년대 인터넷이 등장하고서야 비로소 교육계에서 테크놀로지 기반 통신과 상호작용이 광범위하게 수용되었다. 그로부터 십 년 이상을 굉장히 조심스럽고 머뭇거리며 탐색하고 실험한 끝에야 인터넷을 교육 목적으로 완전히 활용하는 커다란 변화가 일어나기 시작하였다. 인터넷을 통한 학습의 확산은 교육공학이 커다란 영향을 미칠 가능성으로 가득한 새 시대를 열었다(Allen & Seaman, 2014).

2007년에 ICDE(International Council for Open and Distance Education, 국제원격교육협의회)는 신축성 있는 개방 원격학습과, 개발도상국에서 특히 수요가 높은 대중 교육기회를 제공하는 OER의 '황금 조합'의 가능성을 강조하였다. ICDE는 이런 새로운 교수학습 방법이 성숙한 지식 기반 사회뿐만 아니라 신흥 산업과도 관련이 있다는 점 또한 지적하였다(Mulder & Rikers, 2008). '고전적인' 개방대학 모델과 새로운 '디지털 개방성'의 시너지 효과가 2011년 EADTU(European Association of Distance Teaching Universities, 유럽원격

교육대학협회) 컨퍼런스에서 구체화되었다(Mulder, 2011). 이 보고서와 컨퍼런스들은 개방교육이 무엇인지, 그리고 학습자와 사회에 제공할 수 있는 것이 무엇인지에 대한 이해를 촉진하였다.

교육 개방하기

OER과 MOOC는 앞에서 이야기한 대로, 상위 개념인 개방교육의 발전사에 속한다. 개방교육의 잠재성은 케이프 타운 개방교육 선언(Cape Town Open Education Declaration)에 선명하게 드러나있다(Shuttleworth Foundation/OSF, 2008). 그러나 개방교육의 개념이 자주 언급될 때에도 이 용어의 의미가 무엇인지 명확하고 확실하게 설명되는 경우는 드물다는 점을 주목해야 한다. 최근에서야 비로소 개방교육의 참조 모델로서 분석적·실험적 프레임워크가 제시되었다. 5COE라는 이 모델은 OER을 그 다섯 가지 구성요소 가운데 하나로 삼는다. 다른 MOOC도 이 참조 모델로 설명할 수는 있지만, 어떤 경우에도 이 모델은 다섯 가지 구성요소에 관해 다소 제한된 영역을 다룬다(본서의 Mulder의 추천서; Mulder & Janssen, 2013).

유럽위원회의 '개방교육' 계획 또한 참조되어야 한다(European Commission, 2013a). 유럽위원회는 2013년 9월에 ICT를 이용한 교수학습 혁신과 OER(과 MOOC)을 활용하여 교육 전 분야에서 모든 학습자를 위한 교육을 현대화하는 것을 목표로 하는 '교육 개방하기(Opening up Education)' 계획을 시작하였다. '교육 개방'이라는 제목이 특히 중요한데, 이는 모든 교육이 모든 면에서 개방할 필요는 없음을 암시한다(본서의 Mulder의 추천서). 어떤 의미에서 개방을 필요로 하거나 바란다고 하지 않는 이런 조심스러운 접근은 다양한 철학과 구현에 기반을 둔 현재 교육 제도 전반에 통용된다. MOOC는 교육 전달의 다양한 실현 및 접근 방식 가운데에서도 독특한 위치를 가진다. MOOC의 첫 번째 'O' 때문에 개방성(openness)을 궁극적인 목표라고 생각할 수도 있다. MOOC가 실제로 교육의 개방에 어느 정도 이바지하는지를 이 장의 핵심 문제로 삼았다. 주류 MOOC 운동의 대부분은 교육 개방을 일차적인 원동력으로 삼지는 않는 것으로 보인다.

특별한 MOOC로서 OpenupEd

OpenupEd 계획은 앞에서 다룬 대로 학습 및 교육 개방의 '전통적인' 영역에서 MOOC의 토대 위에, 교육 개방이라는 목표를 최대한 수용하는 맥락에서 등장하였다. OpenupEd는 최초이자 지금까지 유일한 범유럽적 MOOC 계획으로, 2013년 4월에 EADTU와 유럽위원회의 협력으로 시작하였다(European Commission, 2013b). 이 계획의 최초 열한 개 협력기관은 여덟 개의 EU 회원국(프랑스, 이탈리아, 리투아니아, 네덜란드, 포르투갈, 슬로바키아, 스페인, 영국)과 세 개의 비EU 국가(러시아, 터키, 이스라엘)였다. OpenupEd의 협력기관은 거의 모두 EADTU의 회원이다. 역시 대부분 EADTU 회원인 열 개의 기관이 추가로 가까운 미래에 OpenupEd에 참가할 것이라고 밝혔다.

OpenupEd는 다양한 과목 영역에서 네 개 강좌로 시작하였다. 각 협력기관은 각자의 학습 플랫폼에서 각자의 언어로 강좌를 제공하였다. 현재 희망자는 아랍어를 포함해 협력기관의 열두 개 언어 가운데에서 고를 수 있다. 한편, 강좌의 수는 2013년 가을부터 급격히 증가하였다. 강좌는 정해진 시간 동안 제공될 수도 있고, 학생이 원하는 아무 때나 들을 수도 있다. 모든 강좌에는 특정한 인정 방식이 있다. 즉, 강좌 이수증 혹은 배지를 주기도 하지만, 가장 중요한 것은 강좌를 운영하는 협력기관의 공식 시험을 거쳐 학점 인정을 받는 것이다. 이는 보통 별도의 비용을 지불해야 하며, 학위 취득에 이용할 수 있다.

OpenupEd는 개별 학습자와 사회 전체를 위하여 교육 개방에 이바지하는

MOOC를 제공하는 개방적인 비영리 합동 기구(partnership)이다. OpenupEd는 각자의 필요에 따라 상황에 맞는 온라인 고등교육에 참여하고자 하는 모든 학습자를 목표로 삼는다. OpenupEd는 협력기관들에 통일된 플랫폼을 권장하지 않는다. 대부분의 기관이 독자적인 플랫폼을 성공적으로 운영하기 때문이다. 협력기관들은 다른 MOOC 플랫폼이나 포털을 활용할 수도 있다. 예를 들면 영국 개방대학은 독자 MOOC인 FutureLearn을 운영하는 동시에 OpenupEd의 협력기관이기도 하다. 실제로 OpenupEd는 각 기관이 주도하며 MOOC의 개수와 과목 등에 관하여 각자 결정을 내리는 분권화된 모델을 추구한다. 각 MOOC에 적용되는 상호작용 요소, 사용하는 언어, 교육과정 내에서 MOOC의 활용 방식 등도 각 기관이 결정한다. OpenupEd는 각 기관이 MOOC와 개방교육을 대하는 방식의 다양성을 중요하게 여긴다. 공정성과 품질도 중요하다. 중요한 것은 OpenupEd의 공통 요소를 받아들이고 OpenupEd의 MOOC 품질 기준을 충족하고 유지할 수 있는 모든 기관에게 문이 열려 있다는 것이다.

OpenupEd의 공통 요소

OpenupEd는 각 기관의 다양한 방식을 인정하면서도 MOOC에 관한 다음 여덟 가지 공통 요소의 프레임워크에 합의하였다.

1. 학습자에게 개방성
2. 디지털 개방성
3. 학습자 중심 접근
4. 독립적 학습
5. 미디어 활용 상호작용

6. 인정 옵션
7. 품질 집중
8. 다양성의 폭

이 프레임워크는 제약으로 작용하는 것이 아니라, OpenupEd가 추구하는 원칙에 대한 기준을 제시하는 것이다. 따라서 모든 OpenupEd 강좌는 협력기관이 적절하고 실현 가능하다고 판단하는 만큼 이 여덟 가지 요소를 충족하면 된다. 그러나 협력기관은 개발 계획을 실행할 때 이 요소들을 중요하게 고려하여 교육 개방의 관점에서 틀을 잡아야 한다.

다음 섹션에서는 OpenupEd의 실제에 대한 이해를 돕기 위하여 OpenupEd의 가장 흥미로운 부분 몇 가지를 요약한다.

OpenupEd 살펴보기

이 섹션에서는 MOOC의 분권화된 모델이 최소화된 중앙 조직을 만나 어떤 방식으로 개별 기관의 다양성을 살리면서 작동하는지를 조명한다.

앞서 살펴본 것처럼, OpenupEd는 MOOC를 다른 대부분의 MOOC 제공자처럼 단일 플랫폼이나 모델 혹은 접근 방식으로 제약하기보다는 기관의 다양성을 수용하는 고급 브랜드를 추구한다. 따라서 OpenupEd의 품질 프로세스는 이러닝과 개방교육을 모두 고려해야 한다는 것을 모든 협력기관이 동의한다. OpenupEd의 MOOC 품질 기준(Rosewell & Jansen, 2014)은 EADTU가 최근 몇 년간 개발한 더 일반적인 기준인 엑설런스(E-xcellence)에 기반을 둔다(Williams, Kear, & Rosewell, 2012). OpenupEd의 협력기관 벤치마킹은 일차적으로 기관별 퍼포먼스를 현재 가장 좋은 실제와 비교하고 해당 기관의 MOOC와 그 운영의 질을 높일 수 있는 척도를 제시하기 위한 것이다. 이 프로세스는 기관별 강좌 검증 프로세스와 현행 강좌에 대한 기존의 평가 및 모니터링을 보완하기 위해 설계되었다.

OpenupEd의 기준은 기관별로 MOOC를 이용해 교육 개방에 접근하는 다양한 방식을 모두 포용한다. 이 프로세스의 하나로 OpenupEd의 협력기관들은 OpenupEd의 기준을 자체 품질 프로세스에 반영한다. 스페인 마드리드의 국립 원격교육 대학교(UNED, Universidad Nacional de Educación Distancia)는 MOOC를 운영한 최초의 OpenupEd 협력기관 중 하나이다. UNED는 자체 품질 보증 프로세스를 운영하고 있었지만, 곧 OpenupEd의 기준에 맞추게 되었다. 이를 위하여 OpenupEd의 기준이 제시하는 일련의 벤치마크로 초기 자기평가 프로세스(initial self-evaluation process)를 활용하여 스무 개 이상의 UNED COMA 강좌를 시험하였다(Rodrigo, Read, Santamaria, & Sánchez-Elvira, 2014). UNED의 연구는 이 품질 기준이 가변적인 특성의 관점에서 각 강좌의 전체 구조와 기능을 모두 고려할 수 있는 유용한 도구라고 판단하였다. 이 연구는 벤치마킹을 개선할 수 있는 몇 가지의 추가 지표 또한 제시하였다.

OpenupEd 품질 기준의 시험 결과는 각기 다른 기관과 문화적 상황의 MOOC가 어떻게 교육 개방을 도울 수 있는지 연구하는 것이 중요하다는 것을 보여준다. 이를 위하여 OpenupEd의 협력기관들은 연구 및 평가 또한 협력하여 수행하고 있다. 품질 보증 면에서 각 협력기관은 연구의 초점을 학습자에게 맞춰야 할 필요성을 강하게 느꼈다. 무크놀리지(MOOCKnowledge)라는 프로젝트(Open Education(OpenEdu), 2014)는 MOOC 참가자의 동기, 목적, 사회적 맥락, 평생 학습 프로파일, 학습 성공과 경력 개발에 미치는 영향에 대한 질문지를 개발하였다. 유연성이 높고 개방적인 OpenupEd의 파트너십과 마찬가지로 무크놀로지도 모든 MOOC 제공자가 사용할 수 있게 개방하는 것을 추구하며, 여러 제공자에 대한 대규모 자료를 수집할 수 있을 것으로 예상한다. 현재 OpenupEd의 협력기관들은 질문지를 각자의 언어로 번역하는 동시에 지역적 중요성의 맥락에 따라 보완하고 있다. 다시 말해, 다양한 접근법을 공통

(연구) 프레임워크로 포용하는 것이다.

이 다양성은 OpenupEd의 협력기관들이 MOOC를 운영하는 중요한 이유이기도 하다. 각 기관의 사업 모델은 MOOC를 이용해 이름을 알리고 구체적인 성과를 얻는 것(예를 들면 학생 모집, 마케팅 잠재성 증진, 신규 학생 유치 등)부터 MOOC를 혁신의 수단으로 이용하는 것(예를 들면 유연성 있는 온라인 교육으로의 전환, 교육의 증진(improve teaching), 온라인 강좌를 통한 가시적 수입 확보, 정규 강좌의 품질 향상 등)까지 다양하다. 일부 OpenupEd 협력기관은 학습자와 사회의 수요에 직접 초점을 맞추기도 한다. 보통 이런 협력기관은 공공 자금에 크게 의존하는 경향이 있다.

다른 기관들은 교육 서비스를 분리하는 실험을 하였다. 우니네투노 국제통신대학교(Università telematica internazionale UniNettuno)를 예로 들 수 있다. 이 학교는 커리큘럼을 바탕으로 운영되던 정규 강좌를 개편해서, 강좌 전체는 무료로 제공되지만, 개인교습이나 학위를 받을 수 있는 학점 인정 시험 등의 추가 서비스에 비용을 지급할 수 있는 옵션을 MOOC 참가자에게 제공하였다. 우니네투노대학교는 2013년 초에 소수의 MOOC로 이 모델을 처음 시험한 결과 강좌당 수업료를 줄이더라도 이 사업 모델이 기존보다 수익성이 높다는 것을 금방 깨달았다. 현재 이 학교는 백여 개의 MOOC를 이 모델로 제공한다.

다른 OpenupEd 협력기관들은 정부 규제로 인한 곤란을 겪었다. 모스크바 국립 경제 통계 정보 대학교(Moscow State University of Economics, Statistics and Informatics, MESI)는 2014년 초에 러시아 법률이 개정된 후에야 온라인 강좌를 열 수 있었다. 터키의 아나돌루대학교(Anadolu University)는 아직도 130만 명에 이르는 학생에게 온라인 강좌를 통한 정식 학위를 발급하지 못하고 있다. 이에 따라 정식 대학 교육을 받기 어려운 MOOC 참가자들에 대한 곤란함이 있다. 그런데도, 이 학교는 2015년 초에는 백 개의 MOOC를 추가로 열 계획이다. 그러나 참가자가 정식 학위를 얻을 방법은 아직 없다. 이에 대응하여 OpenupEd의 협력기관들은 MOOC에 대한 기관 및 정부 차원의 전략을 벤치마크하는 등 협력하여 정부 규제를 개선하기 위해 노력하고 있다.

OpenupEd 계획에 대한 더 많은 정보는 포털 사이트인 www.openuped.eu에서 확인할 수 있다. 이 웹사이트에서 협력기관이 제공하는 OpenupEd MOOC를 확인할 수 있다.

중요한 질문

지금까지 MOOC의 기원, 개방교육 모델 및 이와 관련된 교육 개방 개념, 그리고 OpenupEd MOOC 계획을 살펴보았다. 이제 이 장의 가장 중요한 질문으로 넘어가보자. "MOOC는 교육 개방의 도구가 될 수 있는가?"

이 질문에 대답하기 위해서는 교육 개방의 필요조건을 밝혀야만 한다. 진정한 교육 개방을 달성하기 위한 두 가지 주요 조건은 다음과 같다.

1. 학습 진입 및 진행을 방해하는 모든 불필요한 장애물이 제거되어야 한다.
2. 학습자에게는 과정을 계속하고 학습 노력의 성과를 얻을 수 있도록 적절한 보상이 주어져야 한다.

여기서는 MOOC를 "다수의 참가자를 대상으로 하며, 인터넷에 연결할 수만 있으면 어디서든 접근할 수 있으며, 등록 자격 없이 누구에게나 열려 있으며, 전체 강좌를 무료로 제공하는 온라인 강좌"로 정의한다(ECO, 2014).

표 12.1은 MOOC가 제거할 수 있는 장애물과 제공할 수 있는 과정 및 성과 면의 보상, 그리고 OpenupEd의 실제에 대해 간략히 정리한다. 전체적인 개요를 보이기 위하여 이를 서술하지 않고 표로 정리하였다. 따라서 이 표를 '확인하는 표(table-to-check)'가 아닌 '읽는 표(table-to-read)'로 활용하기를 제안한다.

표 12.1에 나온 관찰과 평가를 바탕으로 질문에 대한 답을 할 수 있다. "MOOC는 교육 개방의 도구가 될 수 있는가?" "음, 그건 상황에 따라 다르지."

표 12.1에 제시된 열한 개의 장애물 가운데 일부(네트워크 연결, 만인 접근성, 문화적 장애물)는 MOOC 및 MOOC 제공자가 없애기 어려울지도 모른다. 나머지 가운데 네 개(일정 관리, 시간적 접근성, 법적 장애물, 품질)는 어느 정도 의지에 달린 문제이다. 나머지 네 개(경제적 문제, 등록 자격, 장소, 디지털 리터러시)는 MOOC와 그 제공자들이 해결할 수 있다. 세 가지 보상(학습자 만족, 수료, 인정)은 모두 MOOC와 그 제공자가 제공할 수 있지만, 쉬운 일은 아니며 많은 노력이 필요하다. 그리고 결국 그런 노력은 기본적으로 우선순위의 문제이다.

이 표를 보면 열한 개 장애물에 대한 OpenupEd의 '점수'는 MOOC 계획들의 점수보다 더 좋거나 최소한 동급임을 알 수 있다. 마찬가지로, 세 가지 보상에 관해서도 OpenupEd는 추가적인 노력이 지속해서 필요하지만, 다른 많은 MOOC 사업보다는 조금 나아 보인다. Coursera, edX, Udacity, FutureLearn, MiríadaX, iversity, FUN, Open2Study 등 다른 MOOC 계획의 실행에 대한 평가는 편향되고 제한된 이해를 피하고자 생략한다.

모두에게 교육을 개방하기 위하여 해야 할 일

앞의 섹션은 교육 개방을 진지하게 고민하는 MOOC 제공자들에게 의제를 제공할 수 있을 것이다. 각자의 분석에 따라 더 집중하거나 개선할 필요가 있는 장애물과 보상을 찾는 것이다. 우리의 OpenupEd는 특히 표 12.1에 드러난 약점을 보완하는 동시에 강점을 유지함으로써 교육 개방이라는 임무에 더욱 전념하고자 한다.

표 12.1 교육 개방하기: MOOC가 제거해야 할 장애물과 제공해야 할 보상, 그리고 OpenupEd의 '점수'(장애물에서 보상 순)

장애물	MOOC가 이 장애물을 없앨 수 있는가?	OpenupEd는?
경제적 장애물	그렇다. 모든 MOOC는 참가자에게 무료로 강좌 경험을 제공한다.	그렇다.
등록 자격	(공식적으로는) 그렇다. 일반적으로 누구든지 강좌에 등록할 수 있다. 그러나 모든 수업을 아무런 사전 지식이나 경험 없이 수강할 수 있는 것은 아니다. 고급 교수법(advanced pedagogics)과 보충 강좌(remedial courses)로 보강할 수 있다.	그렇다. 점점 보강이 이루어지고 있다.
장소	그렇다. 온라인으로 제공됨으로써 학습자가 어디에 있든지 장소의 자유를 보장한다. 정식 시험은 그렇지 않을 수 있다.	그렇다. 온라인 시험을 실험 중이다.
일정 관리	(보통 실제로는) 그렇지 않다. 대부분 MOOC는 정해진 시작 일시와 시간 계획이 있다. 그러나 원칙적으로는 참가자가 언제든지 시작할 수 있고 각자 자유로운 시간과 속도를 계획할 수 있으므로 그렇다고 할 수 있다.	일부는 시간 계획이 정해진 강좌 일부는 자율적으로 속도를 조절하는 강좌
네트워크 연결	전혀 그렇지 않다. 연결이 약하거나 없다는 것은 모든 MOOC에 치명적인 외부 장애물이다. 이는 특히 개발도상국에서 더욱 큰 문제이지만, 앞으로 점점 개선될 것으로 보인다.	이런 심각한 외부 장애물을 제거할 위치에 있지 않다.(모든 MOOC 계획이 그렇다.)
디지털 리터러시	그렇다. 디지털 능력은 MOOC에 참가하기 위한 조건 가운데 하나이다. 이런 장애물을 해소하기 위해 디지털 기술에 관한 MOOC를 제공하는 것은 지극히 자연스러우며, 실제로 이런 사례가 증가하고 있다.	점점 더 그렇다.
시간적 접근성	강좌 내용이 정해진 시작 날짜와 종료 날짜 사이에만 제공되는 경우가 많은데, 이 경우에는 문제가 있다. 그러나 언제나 이용할 수 있게 만드는 것은 쉬운 일이다.	대부분 그리고 점점 더 그렇다.
만인 접근성	주로 영어로만 제공되는 강좌에서는 문제가 있다. 현재 대부분의 MOOC가 이런 상황이지만, 스페인어 등 다른 언어로 운영하는 제공자도 있으며 MOOC 강좌의 번역도 점점 늘기 시작하였다. 특정 국가의 참가자를 배제하거나 나이 제한이 있다면 문제가 있다. 실제로 이런 경우가 많다.	협력기관의 언어 범위 내에서 본질적으로 그렇다. 그렇다.
문화적 장애물	하나의 지배적인('서구적') 문화의 관점 위주로 개발되었다면 문제가 있다. 대체로 이런 상황이다. 이는 주제와 교육방법 모두에 영향을 준다. 다른 문화의 기관과 협력함으로써 '그렇다'로 바뀔 수 있다.	다양한 문화적 배경의 협력기관이 각각 계획을 운영하므로 본질적으로 그렇다.(현재는 유럽 위주이다.)

장애물	MOOC가 이 장애물을 없앨 수 있는가?	OpenupEd는?
법적 장애물	강좌 교재의 저작권이 개방된 경우(즉, 공개교육자원(OER)인 경우)에만 그렇다. 저작권 개방 정책(open licensing policy)을 도입하지 않은 주요 제공자가 아직은 매우 많다. 저작권 개방은 내용을 유지, 재사용, 수정, 편집, 그리고 재배포하고자 하는 교수진에게는 직접 중요하다(Wiley, 2007, 2014). 또한, 법적인 장애물이 없다면 더욱 풍부한 학습 자료로부터 더욱 큰 혜택을 받을 수 있는 학습자들에게도 간접적으로 중요하다. (학습 자료를 위한) OER 방법은 (과학적 결과에 대한) 오픈 액세스(open access)와 (소프트웨어의) 오픈 소스(open source)의 개념과 유사하다.	오픈 소스는 MOOC 플랫폼에서 선호되지만, 일반 규칙은 아니다.
품질	(어느 정도는) 그렇다. MOOC는 더 좋은 품질의 교육에 이바지할 수 있다. 저작권 개방 정책은 품질을 더욱 향상할 수 있게 한다. 품질 보증과 인증 제도가 MOOC와 OER에 아직 도입되지 않았기 때문에 일반적으로 제도적으로 보장되지는 않는다.	그렇다. 모든 협력기관은 자체 품질보증 시스템을 MOOC에 시행하며, OpenupEd MOOC 품질 기준을 적용받는다.
학습자 만족	그렇다. 하지만 강좌에 다음을 부여하는 것이 상시적인 문제이다. > 동기 부여, 유인, 자극, 호기심 유발, 발견 유도 등을 할 수 있는 성분 > 비디오와 애니메이션을 포함하고 텍스트와 그래픽을 넘나드는 매력적인 레이아웃 > 효과적이고 즐거운 ICT 기반 학습 환경 > 적절하되 강제적이지 않은 학습자 (그리고 교사) 간 소통 (소셜 미디어 포함)	어느 정도 그렇다. 하지만 앞으로 개선되기 위해 더욱 많은 관심과 노력이 필요하다.
수료	그렇다. 다음이 더하여지면 더욱 좋다. > 교실 기반의 교수법에 머무르는 것이 아닌, 증명된 현대적 온라인 학습 전용 교수법의 활용 > 학습자 중심 접근법으로 독립적인 학습(independent learning)을 패러다임으로 삼음 > 상황 민감성의 적용 > 학습을 완료하기 위해 내용을 차례대로 학습	본질적으로 그렇다. 협력기관들은 제시된 분야에서 오랜 경험을 쌓으며 일해왔다.
인정	그렇다. MOOC들은 참가 증서, 특별 활동을 위한 배지, 최종 온라인 시험을 통한 증서, 감독이 있는 시험을 통한 정식 학점 인정 등 다양한 인정 옵션(recognition option)을 제공한다. 마지막 옵션이 가장 중요하고 유의미한 보상이지만, 전혀 주된 방법은 아니다. 최상의 방식은 정규 커리큘럼(학사 과정 등)의 하나로 인정받을 수 있으며 궁극적으로는 기관 간 학점 교환을 추구하는 정식 학점 인정이다. 이렇게까지 하기는 아직 요원하다.	그렇다. 점점 더 그렇다. 상당한 수의 강좌들이 정식 학점 옵션을 제공하며, 대부분은 정규 커리큘럼의 일부로 인정받을 기회가 있다.

이런 노력의 하나로, 다음에서는 앞서 언급된 OpenupEd 프레임워크의 여덟 가지 공통 요소 가운데 다음 네 가지를 집중 조명한다. (1) 디지털 개방성, (2) 인정 옵션(앞에서 언급), (3) 품질 집중, (4) 다양성의 폭.

디지털 개방성

- 협력기관이 저작권 개방 정책을 수용함으로써 저작권 개방 강좌가 점점 늘어 결국에는 백퍼센트에 이르게 될 것이다. (참고: 이는 표 12.1의 '법적 장애물'과 관련이 있다.)
- 디지털 능력에 대한 강좌가 협력기관의 열두 개 언어로 모두 제공되어야 한다. (참고: 이런 접근법은 표 12.1의 '디지털 리터러시'와 직접 관련이 있다.)

인정 옵션

- 협력기관은 더 큰 교육 프로그램(학사 과정 등)에 이용할 수 있도록 정식 학점 인정을 통한 주류 인정 체계와의 연대를 강화할 것이다. 이런 움직임은 OpenupEd MOOC를 운영하는 대학교들을 통해 실현되고 있다. (참고: 이는 표 12.1의 '인정'과 관련이 있다.)
- 협력기관 내에서의, 그리고 가능하면 그 이상의 범위에서의 학점 교환 또한 목표로 하지만, 쉬운 일은 아니다. 기존 계획들과 EADTU의 경험들을 참고할 수 있다. (참고: 이는 표 12.1의 '인정'과 연관된다.)

품질 집중

- OpenupEd의 MOOC 품질 기준(Rosewell & Jansen, 2014)은 이런 종류로는 처음으로 실용화된 것으로, MOOC 및 그 사업자의 품질 향상을 유도하는 것이 목적이다. 기관별로 MOOC를 사용하여 교육을 개방하는 접근 방식은 매우 다양하다. 앞서 언급한 대로, OpenupEd의 기준은 각 MOOC의 방

식을 상당수 수용한다. 현재 OpenupEd 품질 기준을 활용하여 새로운 협력기관뿐만 아니라 다른 제공자들 또한 더욱 개량된 경험을 할 수 있을 것이다. (참고: 이는 표 12.1의 '품질' 장애물에 대한 우리의 응답이다.)

- 협력기관은 필요한 대로 협력함으로써 기관 간의 연구 및 평가 노력을 조화하여 성과 증진을 위해 협력기관의 운영을 관찰하고 분석할 것이다. 학습 분석이 순조롭게 이루어지는 중앙화된 MOOC 제공자들과는 달리, 분권화된 OpenupEd는 이런 면에서 협력기관 간에 구체적인 합의가 필요하다.

다양성의 폭

- OpenupEd가 시작된 곳은 유럽이지만, 그 임무는 전 지구적 범위와 관련성을 가지기 때문에 다양성의 폭은 더욱 넓어진다. 최근 우리는 세계의 다른 지역에서 유사한 계획이 생기는 것을 탐구하였다. 이들은 지향과 접근 방식에서는 기본적으로 유사할 수 있지만, 구체적인 방식과 틀은 지역마다 다르다. 이들은 공통 브랜드, 기술과 ('지역화된') 내용의 공유, 전 세계 학습자의 촉진 등의 이점을 강화하기 위하여 서로 연계할 수 있다. 우리는 유네스코와 공동으로 아프리카와 아시아에 있는 우리의 자매 조직들과 협력하고 있다. (이런 협력은 표 12.1의 '문화적 장애물'의 핵심을 건드린다.)

마지막으로, '학습자 만족' 보상의 연장선상에서, 학습자의 만족에 이바지하는 다양한 요소들에 더욱 신경 쓸 것을 강조하는 것이 매우 중요하다.

결론

OpenupEd는 MOOC의 임무로 교육의 개방을 명시적으로 제시하였다. 이 장에서 논한 대로, 이는 학습자와 사회 전체의 폭넓은 이익을 창출하기 위한 것이다. 다른 MOOC 제공자들도 머지않아 이런 입장이나 인식을 공유하게 될까? 이는 물론 그들이 선택해야 할 몫이다.

Fred Mulder | 네덜란드 개방대학(OUNL)에서 UNESCO/ICDE OER 의장을 맡고 있다. OUNL에서 십 년 이상을 총장으로 지냈다. 국내, 유네스코, OECD, EU 차원의 다양한 OER 계획과 정책에 참여하고 있다. 2013년 4월 EADTU(유럽 원격 교육 대학 협회, European Association of Distance Teaching Universities)가 발족한 최초의 범유럽 MOOC 계획인 OpenupEd를 주도하고 있다. 또한, Global OER Graduate Network를 이끌고 있다. 평생학습에 관한 업적으로 Royal decoration(2007)을, OER에 관한 업적으로 ICDE Individual Prize of Excellence(2012)를, Leadership Award for OpenCourseWare Excellence(2014)를 수상하였다.

Darco Jansen | EADTU의 프로그램 매니저이다. 온라인 교육, MOOC와 OER, 취업 능력, 소규모 사업체 등의 개방 및 사회 혁신 등과 관련된 EADTU의 다양한 장기 과제 개발을 담당한다. 그 외 다수의 유럽 내 프로젝트를 진행하고 있다. 전문 분야는 이러닝, 개방 혁신, 교육 사업 개발, 평생 교육, 비형식적 학습, 직장 학습 등이다. 네덜란드 개방대학에서 이십 년 이상 근무하였다. 현재 최초의 범유럽 MOOC 계획인 OpenupEd를 진행하고 있다.

참고문헌

Allen, I.E., & Seaman, J. (2014, January). *Grade change: Tracking online education in the United States.* Babson Survey Research Group and The Sloan Consortium. Retrieved from http://www.onlinelearningsurvey.com/reports/gradechange.pdf.

ECO. (2014). E-Learning, communication and open data: Massive, mobile, ubiquitous and open learning. Retrieved from http://ecolearning.eu/wp-content/uploads/2014/06/ECO_D2.2_Instructional_design_and_scenarios_v1.0.pdf.

European Commission. (2013a). *Opening up education: Innovative teaching and learning for all through new technologies and open educational resources*. Brussels, Belgium. Retrieved from http://eur-lex. europa.eu/legal-content/EN/TXT/PDF/?uri=CELEX:52013DC0654&from=EN.

European Commission. (2013b). *Vassiliou welcomes launch of first pan-European university MOOCs*. [Press release IP/13/349]. Retrieved from http://europa.eu/rapid/press-release_IP-13-349_en.htm.

Mulder, F. (2011). *Classical and digital openness in a fascinating blend: Global! . . . institutional?* Presentation at the EADTU Conference, November 3–4, Eski¸sehir (Turkey). Retrieved from http://oer.unescochair-ou.nl/?wpfb_dl=31.

Mulder, F.R., & Janssen, B. (2013). Opening up education. In R. Jacobi, H. Jelgerhuis, & N. van der Woert (Eds.), *Trend report: Open educational resources 2013*, SURF SIG OER, Utrecht, pp. 36–42. Retrieved from http://www.surf.nl/en/knowledge-and-innovation/knowledge-base/2013/trend-report-open-educational-resources-2013.html.

Mulder, F., & Rikers, J. (Eds.) (2008). *A Golden Combi?!—Open educational resources and open, flexible and distance learning*. Final Report from the ICDE Task Force on Open Educational Resources. Oslo, Norway: ICDE. Retrieved from http://www.icde.org/filestore/Resources/Taskforce_on_OER/OpenEducationalResourcesTaskForceFinalReport.pdf.

Open Education (Open Edu). (2014). *MOOCKnowledge*. European Commission, Joint Research Centre, Institute for Prospective Technological Studies. Retrieved from http://is.jrc.ec.europa.eu/pages/EAP/OpenEduMOOC.html.

Rodrigo, C., Read, T., Santamaria, M., & Sánchez-Elvira, A. (2014). OpenupEdLabel for MOOCs quality assurance: UNED COMA initial self-evaluation. In L. Bengoechea, R. Hernández, & J.R. Hilera (Eds.), *Proceedings of V Congreso Internacional sobre Calidad y Accesibilidad en la Formación Virtual (CAFVIR 2014)* Universidad Galileo (Guatemala), pp. 551–5.

Rosewell, J., & Jansen, D. (2014). The OpenupEd quality label: Benchmarks for MOOCs, *INNOQUAL*, *2*(3), 88–100 (Special Issue on Quality in MOOCs). Retrieved from http://papers.efquel.org/index.php/innoqual/article/view/160/45.

Shuttleworth Foundation/Open Society Foundation (OSF). (2008). *The Cape Town Open Education Declaration*. Retrieved from http://www.capetowndeclaration.org/.

Wiley, D. (2007, August 8). Open education license draft. *Iterating toward openness*. Retrieved from http://opencontent.org/blog/archives/355.

Wiley, D. (2014, March 5). The access compromise and the 5th R. *Iterating toward openness*.

Retrieved from http://opencontent.org/blog/archives/3221.

Williams, K., Kear, K., & Rosewell, J. (2012). *Quality assessment for e-learning: A benchmarking approach* (2nd edn). Heerlen, The Netherlands: European Association of Distance Teaching Universities (EADTU). Retrieved from http://e-xcellencelabel.eadtu.eu/tools/manual.

PART 5 혁신적인 강좌, 프로그램 및 수업 모형의 설계

여기에서는 MOOC와 MOOC 파생 프로그램을 활용한 혁신적 강좌, 프로그램 그리고 수업 모형에 대해 소개한다. 또한 공동체 및 전체 학습 생태계의 구축, 예산 문제, 교과목 개발의 간소화 및 개선, 전문가 사이의 협업과 공유를 증진시키기 위한 획기적인 아이디어들을 담았다. 5부는 비용을 절감하고 등록률을 높이기 위해서 MOOC를 중심으로 고등교육 프로그램을 어떻게 설계할 것인가에 대해 다룬다. 비용 절감과 동시에 프로그램의 학생 수 증가의 가능성은 정치인, 교육관계자, 비용 증가에 불만을 쏟아내는 매체와 학생, 학부모들의 마음을 움직일 것이다.

13장에서는 Georgia Tech의 21세기 대학 센터장인 Richard DeMillo가 고등교육의 비용을 분산시킨 결과에 대해 소개한다. DeMillo는 2013년 초반 Zvi Galil이 MOOC 기반의 컴퓨터 사이언스 온라인 석사학위 과정을 시작한 것에 주목하였다. 이 프로그램은 누구나 무료로 등록을 하고 교과목을 수강할 수 있다. Georgia Tech의 학위를 받으려면 우선 컴퓨터 사이언스 석사과정에 입학해야 하고 수업료를 지불해야 한다. 그러나 일반 수업료나 등록금과 달리 이 과정의 학생들은 실제로 교과목 제공 서비스에 대한 비용만 지불하면 된다. 프로그램을 처음 시작할 때는 수업료가 겨우 미화 7천 달러에 불과하였다. 이는 거의 정규 수업료의 30퍼센트 수준이다. 이 프로그램은 2014년 1월 정식으로 시작되었다. Georgia Tech은 이 학위과정을 단순한 실험으로 보지 않고 오히려 대안적인 교육과정의 프로토타입으로 바라보았다. 다른 프로토타입과 마찬가지로 이 프로그램은 시간을 두고 지속적으로 수정될 것이다. 현재 이 프로그램은 최초의 형태로 이에 대한 합리적 근거와 기관의 의사결정이 다시 프로그램의 설계와 개발로 투입되는 과정을 기록하고 있다.

14장에서는 스탠포드대학교의 Paul Kim과 Class Central의 Charlie Chung이 매우 흥미로운 최신 MOOC인 "Designing a New Learning Environment"를 운영한 경험을 나눈다. 이 MOOC에는 200여 개국에서 18,000명 이상이 등록하였다. 2012학년도 가을학기에 이 강좌가 개설될 당시 Paul Kim은 강사였고 Charlie Chung은 학습자였다. Paul Kim은 MOOC의 글로벌 교육 개선가능성을 탐색하기 위하여 이 강좌를 개발하였다. 이를 통해 미래의 글로벌 교육 지도자들을 발굴하고 교육 혁신을 촉진하며 개발 경험을 제공하고자 하였다. 이 MOOC의 교육 생태계와 기본 테크놀로지 인프라에서 결여된 요소들(예: 부가적 자원, 행사나 아이디어들의 시의적절한 공고, 개별화된 피드백 등)이 참여자들의 기여로 채워졌다. 매우 짧은 기간의 MOOC 참여에서 이러한 자발적 봉사가 이루어진 것은 참으로 놀랍다. 오히려 이 강좌의 축약된 일정으로 인해 자발적이고 협동적인 행위를 통한 글로벌 리더를 발굴하는 것이 가능하였다고 볼 수 있다. 이 MOOC에서 이루어진 높은 수준의 상호작용은 혁신, 리더십 트레이닝, 동료 간 상호지원을 자극하는 플랫폼으로서의 MOOC의 잠재력을 보여주었다. Kim과 Chung은 MOOC가 앞으로 글로벌 교육과 다음 세대의 세계 지도자 및 교육자들의 교육과 글로벌 교육을 보다 개선할 것이라는 희망을 가지고 있다.

Kim과 Chung이 MOOC 안에서 테크놀로지 도구와 교육적 원리가 글로벌 생태계를 조성할 수 있다는 것을 보여준 반면, 미시간대학교의 Charles Severance는 Coursera와 같은 회사가 제공하는 테크놀로지 인프라나 기본적인 MOOC의 생태계를 개별화된 실제 이벤트를 통해 확장시켰다. 인터넷 역사와 컴퓨터 프로그래밍에 대한 최신 정보를 전달하는 10개의 MOOC에서 강사나 전문가들과 실제로 학습자와 만남을 갖게 되는 커뮤니티가 생성되었다. 15장의 제목이 암시하듯이 학생들과 얘기를 나누면서 우리는 MOOC에 대해 많은 것을 알 수 있었다. 많은 사람들은 MOOC를 통해서 학생 관련 빅 데이터를 수집하는 것이 매우 용이하며, 평균적인 학생의 모습을 데이터로부터 얻어낼 수 있다고 기대한다. 그러나 이 장은 오히려 "작은 데이터 중에 가장 작은" 데이터에 주목한다. 이 작은 데이터는 MOOC 학생과의 일대일 대화와 같은 것에서 얻어진 것이다. 지난 몇 년 동안 Severance는 세계 30여 개 지역을 돌아다녔고, 그의 MOOC를 수강하는 학생들과 면대면 상담시간을 가졌다. 그 학생들과의 실제 만남을 통해 얻은 일화들이 MOOC 사용자들의 행위와 결과에 대해 얻어진 거대한 집계 데이터에 구체적인 내용을 덧붙여 주었다.

16장에서는 이전 두 개의 장에서와는 달리 MOOC에 조금 다른 방식으로 참여하는 학습자들에 대한 내용을 다룬다. Bernard Robin과 Sara McNeil(휴스턴대학교)은 Coursera를 활용하여 대학원생들을 실제 MOOC 개발에 참여시켰다. 그들의 Webscape 디자인 모형을 활용하여 학생들은 디지털 스토리텔링과 웹 2.0 도구를 다룬 두 MOOC의 설계와 개발에 참여하였다. 실제 프로젝트를 통해 Robin과 McNeil은 대학원생들과 함께 K-16 교사들의 전문성 개발에 역점을 둔 MOOC를 설계하고 개발하게 된다. Webscape 모형은 브레인스토밍에서부터 형성평가에 이르기까지 전체 교수설계 프로세스에서 내용 전문가의 역할을 맡은 교수진들과 학생들이 협업할 수 있는 체계를 제공하였다. MOOC의 설계와 개발 절차를 통해 얻은 주요한 배움을 교수자의 관점에서 공유하였다. 그리하여 이 장에서는 스스로 MOOC를 설계하고 개발하려는 프로젝트를 지원하기 위한 기관에게 좋은 정보를 제공할 것이다.

17장은 MOOC에 페미니스트적 대안을 제안하는 8명의 학자가 집필하였다. Erika Behrmann과 동료들은 "Distributed Open Collaborative Course(분산된 공개 협력적 강좌, DOCC)"의 개발과 진화 및 이를 지원하는 공동체인 FemTechNet에 대해 논의한다. 2012년에 시작된 FemTechNet은 페미니즘과 테크놀로지에 관련된 학자, 예술가, 학생들의 네트워크이다. FemTechNet은 DOCC와 관련된 여러 아이디어를 실험해왔다. 보다 실용적이고 사회적으로 공정한 MOOC의 대안을 추구하는 DOCC는 6가지의 주요 가치를 지향한다: (1) 페미니스트 원리를 반영하는 효과적인 교육방법, (2) 교육적 기관 내의 구조적 구태 파기, (3) 테크놀로지를 통한 지식 접근이 교육으로 노동 문제를 개선할 수 있다는 가정에 대한 도전, (4) 기술과학적 선택이 가치중립적이지 않고, 인프라는 단순히 제품의 선택이 아니라는 인식, (5) 지역적, 문화적 복잡성에 대한 인정, (6) 다수의 이해관계자를 위한 학습을 가능하게 하는 혁신적인 실험이 그것이다. 이 장에서는 DOCC의 추진력에 대해 논의하고 이러한 6가지 가치의 체화를 통해 DOCC가 MOOC의 성공적인 대안이 되었다는 점을 전달하고 있다.

13

고등교육과 Georgia Tech 온라인 석사과정의 비용 분리

그 기록

Richard DeMillo

서론

Georgia Tech의 21세기 대학 센터(Center for 21st Century Universities, C21U)는 원래 새로운 테크놀로지를 교육에 적용시켜보려는 실험의 장이었다. 이 센터의 미션은 2011년 센터가 열리기 전보다 확장되었다. 점점 심화되는 세계적 불황으로 공립 및 사립 학교의 수입이 줄고 학생들의 빚은 늘어났으며 대학 학위에 대한 가치는 점점 낮아졌다. 이로 인해 교실의 하드웨어와 소프트웨어 테크놀로지를 넘어섰던 고등교육은 첨예한 대립에 처하게 되었다. 우연히도 C21U는 그 대립이 붕괴될 바로 그 시점에 비즈니스, 정책, 테크놀로지, 교육방법적 혁신을 위해 발족되었다.

C21U는 전통적 의미의 연구소가 아닌 학교 내부의 두뇌집단이 되었다. 고등교육을 연구하고 새로운 테크놀로지를 개발하는 수많은 연구집단이 있다는 것을 알고 있었다. 그러나 조직의 수준에서 실제로 실험을 하겠다는 아이디어는

매우 새로웠다. 앞으로 미국 대학에 어떤 일이 벌어진다 해도 Georgia Tech은 그 상황을 제어하고 다른 대학에 등불 역할을 하겠다는 미션을 가지고 있었다. Georgia Tech의 교수진과 행정직원들은 설사 성공적이라 하더라도 대학 운영과 행정에 어려움을 끼칠 수 있는 전혀 예측할 수 없는 이러한 실험을 기꺼이 하고자 하였다.

그 실험은 컴퓨터 사이언스 온라인 석사학위 과정(Online Master's degree in Computer Science, 이하 OMS)이었다. 이 과정은 완전히 MOOC에 기반하여 처음부터 개방적으로 설계되었다. 누구든 무료로 등록할 수 있고, 수강할 수 있으나 학위를 위한 요구사항을 충족시키기 위해서는 학생은 우선 Georgia Tech의 엄격한 과정을 거쳐 입학허가를 받아야 하고 등록금을 지불해야 한다. 그러나 일반적인 등록금과 달리 OMS는 학생에게 실제로 교과목의 전달 서비스에 대한 부분만 청구한다. 그 비용은 미화 7천 달러 미만으로 정규 수업료의 30퍼센트에 해당한다. 이미 컴퓨터 사이언스 분야의 온라인 석사과정이 많이 개설되어 있지만 모든 프로그램은 전체 등록금을 모두 요구하고 어떤 프로그램도 MOOC 기반이 아니다. 설계에 참여한 사람들은 OMS가 재정적으로 자립하기 위해 학생이 등록금의 형태로 지불하는 비용을 어떻게 분할할 수 있는지를 고민해야 하였다. 동시에 질 좋은 학위 프로그램을 제공하기 위해 Georgia Tech의 교과목 개설 기준을 유지해야만 하였다.

전통적인 50분 분량의 강의 비디오를 MOOC로 대체하는 것 자체가 혁신이었다. OMS의 강좌들은 완전학습이론에 기반하였고 형성평가를 활용하였다. 이는 Georgia Tech의 프로그램 설계자들에게는 최우선시되는 것이었고 스탠포드 대학의 Sebastian Thrun이 시작한 Udacity를 플랫폼으로 선택하는 데 큰 영향을 미쳤다.

이 학위과정은 2014년 1월에 시작되어 많은 매체와 학생들의 관심을 받게 되었다(Lewin, 2013). 안정적 시작을 위해 작은 학생 수로 시작하려 하였으나 급격히 수백, 수천 명의 학생들이 OMS 프로그램에 입학신청을 하였고 수천 명의 학생들이 무료로 등록하였다. 지금 이 글을 쓰는 시기에 이 학위 프로그램이 과연 성공적인 실험이었는지를 확인하기에는 데이터가 충분하지 않다. 아마도 그 분석에는 시간이 필요할 것이다.

Georgia Tech은 이 학위과정을 단순한 실험이라고 보지 않는다. 오히려 교육과정의 대안적인 유형의 프로토타입으로 본다. 모든 프로토타입이 그러하듯, 시간이 흘러감에 따라 수정되고 정련될 것이다. 프로그램은 최초의 유형이며 개발로 이어진 대학 전체의 의사결정의 기록이 될 독특한 프로그램임은 확실하다.

상품화된 콘텐츠

2011년 초에 C21U는 Athabasca 대학의 George Siemens와 동료들이 'Change 11'이라는 제목의 30주짜리 MOOC 온라인 강좌를 기획하는 데 합류하였다. 이 MOOC는 고등교육에서 일어나는 테크놀로지 기반의 변화를 소개하고자 기획되었다. 이 강좌는 전 세계 수천 명의 학생들이 고등교육과 관련된 새로운 그리고 논쟁적인 주제들에 대해 폭넓게 토론하였다. 흥미로운 경험인 Change 11은 전형적인 Georgia Tech의 교과목 스타일이 아닌 두서없고 탐구하는 방식을 채택하였다. 그런데 아무도 예상하지 못했던 중요한 쟁점이 있었다. 스탠포드나 MIT의 매우 유명한 MOOC 시리즈가 거의 동시에 시작된 것이다(Markoff, 2011). 그들의 등록률은 Change 11보다 수백 배 높았고 과제와 시험을 갖춘 보다 교과목의 형태를 갖추고 있었다. 곧 MIT는 edX라는 비영리 기업을 발족하여 MIT의 MOOC를 개발하기 시작하였고, Coursera와 Udacity는 스탠포드 대학의 MOOC를 상업화하기 시작하였다.

C21U는 Udacity와 Coursera와 협상을 하기 시작하였다. 이는 Georgia Tech의 많은 교과목을 MOOC 형식으로 만들기 위한 장기간의 전략의 관점에서 매우 중요하였다. 우리는 인터넷상에서 유용한 콘텐츠가 과거 20년 동안 산

업계를 교란했던 것처럼, 고등교육 역시 파괴적 혁신(disruptive innovation)이 될 것이라는 것을 알았다. 우리는 Georgia Tech 학생들의 이익을 위해 어떻게 하면 좋을지를 찾아야만 하였다.

많은 사람들은 MOOC를 단순히 교과서의 새로운 형태라고 생각한다. 그러나 MOOC는 완전한 강좌이며 몇몇 교과목에서만 효과적이라 하더라도, 더 낫거나 더 저렴한 형식이라고 드러난다면, MOOC는 고등교육 시장에 큰 영향을 미치게 될 것이다. 학생들과 학부모들은 온라인에서는 무료로 얻을 수 있는 질 좋은 교육을 지금까지 비싼 비용을 치르고 있었다는 것을 깨닫게 될 것이다. 이어, 대학의 행정가들도 수세기 동안 변화하지 않았던 오래된 교실수업의 형태에 불필요한 관심을 쏟아왔으므로 그들의 교육과정을 분할하여 보다 가볍게 만들 필요를 느끼게 될 것이다.

방향 전환

2013년 5월, Coursera가 시작한 지 정확히 1년 뒤, Georgia Tech은 AT&T, Udacity와 파트너십을 맺고 MOOC 기반으로 컴퓨터 사이언스 분야의 온라인 석사학위 과정을 제공하기로 하였다. 이 과정의 등록비는 미화 7천 달러 미만이다. 많은 매체에서 이를 알렸다. MOOC는 1년 동안 뉴스에 늘 언급되어 왔으나 이러한 테크놀로지가 정말로 교육 환경을 바꾸었는지 확인하고자 하였고 동시에 비판도 나왔다. 개별 강좌의 문제와 날카로운 비판은 Coursera, edX, NovoEd와 같은 것들이 발표될 때마다 뉴스거리가 되었다.

그런데 OMS의 발표는 논쟁의 본질을 바꾼 듯 보였다. 뉴욕타임즈의 표지 상단(Lewin, 2013)과 월 스트리트 저널의 사설(Belkin & Porter, 2013), 그리고 방송, 잡지에서 이를 다루었다. 오바마 대통령조차 연설에서 OMS의 얘기를 다루었을 정도이다(White House, 2013). 대부분은 같은 점에 주목하였다. 이는 위험성이 높으며 고등교육이 급진적으로 변화한다는 매우 논란이 될 내기라는 것이었다.

Georgia Tech의 발표가 있은 직후, 나는 University of Texas System의 전환학습재단을 이끌고 있는 Steve Mintz로부터 "환경을 변화시키다"라는 제목의 이메일을 받았다. "미래가 바로 여기 있군요."라고 쓰여 있었다. "지금부터 변화는 가속화될 것입니다." Mintz는 거대한 Texas 시스템의 교육 혁신을 책임지고 있었고 성공을 위해 투자하는 역할을 하고 있었다. "학습을 정말로 개선하는 것이라면 무엇에든 난 관심이 있습니다"라고 말하였다. Mintz는 "그러나 나는 학생들이 디지털 지식을 위해 스스로 떠날 것인지 의심스럽군요"라고 덧붙였다.

Mintz의 동료 중 한 명은 이스라엘의 컴퓨터 과학자이자 컬럼비아대학교의 공대 학생인 Zvi Galil이다. 컬럼비아대학교의 공과대학은 1980년대 후반부터 컬럼비아 비디오 네트워크(CVN)라 불리는 원격교육 프로그램을 운영해오고 있었다. 학생 수가 수천 명에 이르렀지만 그 프로그램은 적자였고 폐지되어야 한다고 비판받았다. Galil은 프로그램이 유지되어야 하며 비디오테이프에서 웹기반 교과목으로 전환해야 한다고 주장하였다. 상황은 놀랍게 바뀌었다. CVN은 수백만 달러의 수입을 발생시키기 시작하였다.

우리는 더 잘할 수 있을 것

Galil이 Georgia Tech의 전산대학 학장으로 지목되었을 당시, "Threads" 프로그램이 수년간 성공적으로 운영되고 있었다. 이 프로그램은 학생들의 관심과 요구에 맞추어 학부 교육과정을 맞춤식으로 할 수 있도록 허락한 학부 학위 프로그램의 이름이었다. 저항이 있긴 했지만, 이 프로그램은 널리 인정받았고 전 세계적으로 수용되었다. Galil은 이 프로그램을 수용하였으나 또 Georgia

Tech에서 교육에 대한 자신의 족적을 남기기 위한 방법을 찾고 있었다. 그가 말하길, "내가 했던 첫 번째 일은 모든 사람이 우리가 무언가를 더 잘 할 수 있다는 사실을 알게 하는 것이었다."

그 '더 잘'이라는 말은 명확하지 않았다. Galil은 Georgia Tech의 Coursera MOOC의 열정적인 지지자였다. 그러나 그는 보다 명확한 비전을 원하였다. "수십만 명의 새로운 학습자가 Georgia Tech의 교수자에게 끌리는 것은 매우 놀라운 일이다."라고 말하였다. 그는 콜럼비아대학에 있을 때 결국 누군가는 이러한 교과목에 돈을 지불해야 한다는 것을 알고 있었다. Galil에 따르면 "나 또한 Georgia Tech의 MOOC가 학점을 제공하지 않고 있다는 것이 염려되었다. 내가 콜럼비아대학에서 본 것은 너무 많은 돈이 비학점 교과목에 사용되고 있다는 것이었다." 그래서 그는 같은 실수를 저지르지 않기로 결심하였다. CVN은 실제 학위로 연결되었고 대단한 재정적 성공을 거두었다. 재정적 실행 가능성은 Galil의 우선순위였다.

MOOC 교수진 구성

새로운 형식의 프로그램을 지원하기 위한 교수진과 행정은 매우 중요하였다. 그러나 그들은 자발적으로 지지하지 않았다. 평가가 이루어지기 전에 새로운 테크놀로지를 무산시키고자 하는 사람들이 많았다. MOOC 제공자들이 전통적인 교수진을 폄하하거나 학생들을 고품질의 교실 수업보다 비인간적이고 비효과적인 비디오로 이동시키려 한다는 비판은 공통적이었다. 몇몇은 온라인 학생들의 대부분이 조심스레 쌓아온 학교의 브랜드를 훼손할 것이라고 염려하였다.

MOOC의 낮은 품질로 인해 초기 지지자들은 확신하지 못하였다. 초기 개척자들의 교육방법에 대한 관심에도 불구하고, Coursera나 edX는 수업 기준을 강제하지 않기로 결정하였다. 많은 MOOC는 실제 교실 수업을 녹화한 비디오였다. 많은 훌륭한 강좌가 있었으나 몇몇은 정말이지 너무나 형편없었다. 1세대 결과물들은 매체의 잠재력을 제대로 활용하지 못하였다. 안타깝게도 잠재력이나 개선의 속도보다는 현재 테크놀로지의 활용이라는 생각에 기대어 있어 MOOC에 대한 회의적인 생각이 퍼졌다.

어떤 꼼꼼한 사람이 Udacity의 통계기초 교과목에서 내용상의 오류를 발견하였고, 이로 인해 MOOC의 낮은 품질에 대해 엄청난 논란이 일게 되었다. 강좌를 취소하겠다는 요청이 게시판에 넘쳐났다. 많은 사람들은 이러한 문제가 교육에 대한 거대 시장 접근의 불가피한 결과라고 주장하였다. 통계기초 교과목의 문제가 비판가들이 견지하는 것처럼 심각하든 그렇지 않든 간에 이러한 사건은 MOOC의 예상치 못한 특징을 보여준다. 오히려 테크놀로지는 교수자로 하여금 학계의 관료체계를 거치지 않더라도 오류를 발견하게 하고 수정하도록 한다. 통계기초 과목에 대한 비판적 기사가 보도된 뒤, Sebastian은 다음과 같이 말하였다. "나는 그 교과목이 다양한 방법으로 개선되어야 한다는 것에 동의한다"(Thrun, 2012). 그러고 나서 그는 수년 동안 수정되지 않는 전통적인 교과목과는 달리 통계기초 교과목은 즉시 수정될 것이라고 말하였다. "우리는 우리가 받는 어떤 피드백이든 매우 감사하게 생각합니다. 지금은 온라인 교육의 초기이며 때때로 우리의 실험은 헛점을 드러내기도 합니다"(Thrun, 2012)라고 말하였다.

비평가들은 또 다른 비평을 할 수 있다. 예를 들면, 성공적으로 완수한 MOOC의 수료율이 놀라울 만큼 낮다는 점이다. 또 다른 점은 남학생들이 여학생들보다 훨씬 많다는 것이다(Christensen & Alcord, 2014). 이러한 점을 들어 주제, 교과목, 교수진들의 선택에서 성별과 관련된 편견이 있다고 비판받을 수 있다. 이러한 쟁점들은 아직 풀리지 않고 남아있으며 Georgia Tech과 같은 학점을 부여하는 MOOC를 하려는 교육기관들을 암울하게 만든다.

다른 대학들과는 달리, Georgia Tech의 온라인 전략은 행정가들이 정하지 않았다. 오히려 교수진들이 실험을 담당한다. Georgia Tech은 20개의

Coursera MOOC의 포트폴리오를 마련해왔다. 이러한 과정의 일부로 MOOC 교수자들은(스스로를 MOOC 교수진이라고 부르기 시작하였다) 온라인 교수의 질을 개선하기 위한 비공식 커뮤니티를 형성하였다.

컴퓨터 사이언스 교수인 Tucker Balch는 응용통계를 Coursera MOOC에서 가르치고 있는데, MOOC를 비판하는 사람들이 발견한 문제들의 대부분은 실제 경험이 아닌 누군가의 일화들에 근거하고 있다는 사실을 발견하였다(Balch, 2013). Balch는 "Signature Track"이라는 Coursera의 새로운 기능을 활용하여 적은 비용을 지불하고 있는 학생들이 훌륭하게 수행할 경우, 수료증을 받을 수 있도록 하고 있다. 학생들은 학점을 받지 못하나 비용을 지불한다는 것은 참여하겠다는 의지의 표명이다. Balch는 Signature Track에 있는 99퍼센트의 학생들이 교과목을 수료하였다는 사실을 알게 되었다. 이는 MOOC를 비판하는 사람들이 인용하는 5퍼센트의 수료율과는 완전히 대조되는 결과이다. 더 놀라운 것은 이 트랙의 수료율이 같은 교과목을 수강하는 Georgia Tech의 학생들보다 25퍼센트 높은 비율이라는 것이다. Balch의 교과목에서는 유사한 놀라운 결과를 보여주었다.

또 다른 MOOC 교수진도 차이점을 발견하였다. Udacity의 통계기초 과목의 경험을 알고 있는 Georgia Tech의 한 교수는 매일 온라인 포럼의 수십 개 메시지를 검토하였고 강좌의 자료를 어떻게 변화시키면 좋을지에 대한 제안을 탐색하였다. 일시에 모든 것을 바꾸기란 현실적으로 불가능하므로 이렇게 약속하였다. "우리는 반드시 여러분의 피드백을 다음 번 강좌 개설에 반영하도록 하겠습니다. 우리는 오프라인에서 더 많은 제안을 논의하고 싶네요"(개인적 대화, MOOC instructor, 8월 1일, 2014).

마침내 학생들이 얘기한 개인적인 이야기들은 완고했던 교수들에게 영향을 미치기 시작하였다. 전직 의사인 Mark Braunstein은 전 세계 학생들을 끌어모으는 의료정보학에 대한 MOOC를 운영하고 있는데, 그는 이메일로 의사소통할 것을 권한다. "아프리카에서 온 두 명의 학생을 잊지 못할 겁니다. Benin에서 온 한 학생은 맨 처음 강좌가 개설되자마자 들어왔지요. 저는 Benin이 어느 지역인지 검색해야 했습니다."

Coursera의 경험은 MOOC가 흥미로운 실험일 뿐만 아니라 실제로 더 나은 방식으로 새로운 대상의 학생들을 가르치는 훌륭한 방법이라는 사실에 대해 많은 교수들이 공감하게 되었다. 이러한 새로운 교육방식은 전통적인 교실 수업도 개선하게끔 만들었다. 이런 이야기들이 회자되면서 Georgia Tech에서는 학점을 주는 MOOC에 대한 아이디어를 점차 지지하게 되었다.

천 달러짜리 학위

Udacity의 창시자인 Sebastian Thrun은 Georgia Tech을 여러 번 방문하였는데, 한 번은 컴퓨터 과학 분야의 고품질 석사학위 과정이 MOOC 형식으로 제공된다면 단돈 천 달러에 학위를 받을 수 있게 될 것이라고 생각하였다. Zvi Galil 또한 그 회의에 참석하였다. Galil은 흥미가 생겼으나 모든 대학의 비용을 고려하면 천 달러짜리 학위는 불가능하다는 것을 알았다.

쉬운 산수문제와 같았다. 우선, 미국의 대부분의 공립대학들은 학점당 예산을 세운다. 주정부는 통상 대학기관에 비용을 지원할 때 학점의 총합을 기반으로 계산한다. Interactive Distance Education Alliance(상호작용적 원격교육연합) 단체는 20개 공립대학의 컨소시엄인데 이 단체는 매년 학점당 비용을 발표한다(Great Pains IDEA, 2014). 2013~2014학년도 기준을 보면 대학원의 경우 학점당 500달러, 학부의 경우 학점당 350달러이다.

이러한 회계 방법이 대학 예산 부서에서는 매우 익숙하겠으나, 이런 방식으로 개인 교육비 예산을 할당하려고 하는 학생들에게는 문제가 있다. 대학들은 수강 신청하는 학생들에게 비용을 청구하지만 학점이수에 부과하지는 않는다. 학생들이 3학점 대학원 수업을 신청할 때 1500달러만을 지불하는 것은 아니다.

대학에 등록하고 비용을 지불하는 것을 상업적 거래로 본다면, 3학점짜리 미국역사 교과목을 수강하는 것은 서비스이며, 서비스는 그 수업을 제공하는 데 발생하는 비용(교수, 조교 비용과 더불어 수업 규모와 관련된 모든 비용들)에 의해 값이 매겨진다. 고등교육은 이른바 **단면 시장**처럼 보인다. 구매자가 지불하기를 원하는 혹은 원하지 않는 서비스나 상품에도 판매자가 가격을 매기는 시장인 것이다. 그러나 실제로 대학은 이렇게 움직이지 않는다.

대학들은 학점만 다루지 않는다. 대학 간 운동이나 예술과 같은 엔터테인먼트 서비스로 구매자와 판매자를 연결한다. 또한 신문, 라디오 방송국 같은 공공 정보 서비스, 대학 병원, 보건소와 같은 의료 서비스, 보건소, 기숙사, 호텔 서비스, 주차 서비스, 소매점, 식당, 연구 서비스 등을 제공한다. 이러한 집단들은 상충된 이해관계를 가지고 있고 자원을 위한 경쟁이 있다. 그러나 대학들은 새로운 활동과 비즈니스를 만들어낸다. 대학은 실제로 이해당사자들이 고등교육과 관련한 상업 활동에 쉽게 참여할 수 있도록 하는 **플랫폼**이 된다.

요약하면, 고등교육은 비용, 가격, 보조금, 교차보조금을 아우르며 다양한 집단을 연결하는 **다면 시장**이다. Georgia Tech이 천 달러짜리 석사학위 과정 프로그램을 제공하기 위해서는 이러한 연결이 깨져야 한다. 다른 편의 희생으로 시장의 한 편에 낮은 가격을 제공할 수 있는 할인과 교차보조를 활용하는 플랫폼에서는 이런 방식으로 비용을 분할하는 것이 쉽지 않은 일이다. 테크놀로지의 혁신은 이러한 비용 분할에 박차를 가한다. 뉴스 산업에 발생했던 것과 같은 광범위한 혼란이 야기된다. 예를 들면, 항목별 신문광고 매출 저하로 인해 급격한 수입 저하가 지역 신문 산업을 위협하는 것과 같다(Seamans & Zhu, 2011). 이와 같은 수입 저하는 MOOC와 같은 테크놀로지 혁신이 대학에 가져올 고등교육 시장의 위협이 된다. 그렇게 된다면, 이득은 학생들에게 가게 된다. 다면 시장에 참여하는 비용을 분할한다면 아마도 대학이 더 낮은 비용으로 석사학위 과정을 제공할 수 있게 될 것이다.

실험이 아닌 파일럿

Galil은 예전에 세계를 대상으로 가르친다는 아이디어를 들은 적이 있었다. 그의 CVN은 컬럼비아 공과대학 프로그램을 엄청나게 확장시켰다. 그러나 그 대가로 터무니없는 값을 치르게 되었다. Sebastian이 천 달러짜리 석사학위 과정을 제안했을 당시, 그는 그 생각이 정말 좋았다고 회고하였다. "그렇지만 나는 Sebastian에게 천 달러는 아마 불가능할 것이라고 말했지요." 대신에 4천 달러라면 가능할 것이라고 제안했고 그것도 단순히 느낌에서 나온 수치였다.

Galil은 간섭이 없다면 매우 좋은 계획이라고 교수들이 결론 낼 수 있도록 해야만 하였다. "나는 Sebastian에게 말했지요. 시간이 좀 필요한 것이라고." 전체 프로세스는 거의 7개월이 걸렸다. 그동안 Sebastian은 교수진들과 만나기 위해 캠퍼스를 방문하였다. 컴퓨터 사이언스 교수진들 중에서 매우 회의적인 사람들이 있었지만 분위기는 서서히 온라인 석사학위 과정을 승인하는 방향으로 움직이기 시작하였다. 나중에 회의록을 입수한 기자들이 걸러지지 않은 토의 내용을 극심한 반대로 보기도 하였지만 실제는 매우 달랐다.

2013년 1월까지 AT&T는 강좌 개발에 동의하며 2백만 달러를 제공하였다. 몇 주 후에 OMS의 개요가 나타나기 시작하였다. 결국 프로그램은 전체 교수진 중 75퍼센트의 지지를 얻어내었다. 총장 Bud Peterson과 교무처장 Rafael Bras의 승인도 받았다. Bras는 조지아 주의 대학시스템 주관청에 최종 프레젠테이션을 하였고 즉시 OMS는 승인되었다. 대학 내 불만의 목소리도 많았지만 교수진의 투표가 가장 중요하였다.

Galil은 그 학위과정이 천 달러보다는 4천 달러에 가깝다는 것을 알았으나 사실 대학 내 누구도 비용을 분산해본 경험이 없었기에 얼마나 들지 정확하게 가늠할 수 있는 사람은 없었다. 재정팀은 새로운 비용 모델의 개발을 시도하였다. 하나의 준거로 강좌는 무료여야 하고 Georgia Tech 학생이 아닌 학습자들에게 공개되어야 한다는 것과 수강하는 학생들이 분할된 비용의 이득을 가져가야 한다는 것이었다. 하나씩 하나씩 비용은 벗겨져 나갔다. OMS 학생들은 캠퍼스의 운동 관련비용을 내지 않아도 될 것이다. 캠퍼스 시설의 사용도 별로 없을 것이다. 또한 OMS 프로그램과 관련된 상담이나 지원 서비스는 OMS 학생들을 위한 서비스이므로 OMS 등록금으로 지불되어야 하지 모든 Georgia Tech 학생들에게 그 비용이 전가되지 않아야 한다.

마침내, 강좌의 개발과 Udacity를 통한 제공을 위한 비용이 그 프로그램의 가격을 결정하게 되었다. 많은 질문이 있었다. 예를 들면, 그 프로그램이 유지되려면 얼마나 많은 학생들이 수강해야 하는가? 튜터링의 지원은 몇 시간이나 필요로 하는가? 누가 조교를 채용하고 또 훈련시킬 것인가? OMS 학생들이 일반 재학생들과 같은 좋은 품질의 교육을 보장받기 위해서 얼마나 비용이 필요한가? Bras 교무처장은 '풀 서비스 학위'라고 칭하였다.

Steve Mintz의 "방향 전환"은 이루어졌다. 개별 비학점 강좌에서 인증된 학위를 부여하는 교육과정으로의 변화이다. 오바마 대통령의 과학기술 고문단은 교육의 비용을 낮추고 수백만의 미국인들에게 담장을 낮추는 과정이 시작되었다고 말하였다(Lewin, 2013). 그러나 잘 된다면 말이다. Galil은 스스로 아직 알려지지 않은 것이 많다고 인정하였다. "우리는 그렇게 될 수 있다는 것을 증명하고 싶습니다. 나에게 중요한 것은 적정한 비용으로 질 좋은 학위과정을 제공하는 것입니다."

OMS에 사용되지 않은 한 마디는 "실험"이다. "실험은 당신이 떠날 수 있는 무언가다."라고 총장이 말하였다. "우리는 우리가 이것으로부터 떠날 수 없다는 것을 알고 있다." Peterson은 OMS를 프로토타입이라고 여긴다. "우리는 OMS를 수정하고, 개선하고, 다시 설계할 것입니다." 실제로 Peterson이 프로그램에 하나의 조건만 남겨두었다. Peterson은 "우리는 이것을 실험이라고 생각하지 않습니다. 하나의 파일럿이지요."

Richard DeMillo | 미국의 기술자이자 컴퓨터 과학자이다. 그는 사이버 보안, 소프트웨어 엔지니어링, 교육공학을 전공하였다. 현재 Georgia Tech의 C21U의 센터장이자 컴퓨터 과학의 Charlotte B. & Roger C. Warren Chair, 그리고 경영학과 교수이다. 그는 기술, 경영, 정책 문제를 해결하는 실용적 스타일로 잘 알려져 있고 2002년 컴팩과 HP의 합병, 1990년대 Bell Operating Companies의 Bellcore 매각을 포함한 격동적 변화를 겪은 공공 및 사기업에 도움을 주었다. 2011년 출판한 〈Abelard to Apple: The Fate of American Colleges and Universities〉는 고등교육의 미래에 대한 현재 국제적 대화를 조형하는 데 도움을 주었던 중요한 작업이다.

참고문헌

Balch, T. (2013, November 30). A comparison of online MOOC versus on campus course delivery. *The Augmented Trader*. Retrieved from http://augmentedtrader.word-press.com/2013/11/20/a-comparison-of-online-mooc-versus-on-campus-course-delivery/.

Belkin, D., & Porter, C. (2013, September 26). Job market embraces massive online courses. *Wall Street Journal Online*. Retrieved from http://www.wsj.com/articles/SB10001424127887324807704579087840126695698.

Christensen, G., & Alcord, B. (2014, March 16). The revolution is not being MOOCized. Students are educated, employed, and male. *Slate*. Retrieved from http://www.slate.com/articles/health_and_science/new_scientist/2014/03/mooc_survey_students_of_free_online_courses_are_educated_employed_and_male.html.

DeMillo, R.A. (2011). *Abelard to Apple: The fate of American colleges and universities*. Cambridge, MA: MIT Press.

Empson, R. (2013, April 15). Stanford's NovoEd brings collaboration and group learning to MOOCs to help fight attrition. *TechCrunch*. Retrieved from http://techcrunch.com/2013/04/15/stanfords-novoed-brings-collaboration-and-group-learning-to-moocs-to-help-fight-attrition/.

Great Plains IDEA. (2014, July 30). *Student costs: Common price*. Retrieved from Great Plains IDEA website http://www.gpidea.org/students/costs/.

Lewin, T. (2013, August 18). Master's degree is new frontier of study online. *New York Times*.

Retrieved from www.nytimes.com/2013/08/18/education/masters-edgree-is-new-frontier-of-study-online.html/?pagewanted=all.

Markoff, J. (2011, August 15). Virtual and artificial, but 58,000 want course. *New York Times*. Retrieved from http://wwwnytimes.com/2011/08/16/science/16stanford.html.

Seamans, R., & Zhu, F. (2011, October 5). *Technology shocks in multi-side markets: The impact of Craigslist on local newspapers*. Retrieved from Econ Papers: Working Papers, NET Institute website http://EconPapers.repec.org/RePEc:net:wpaper:1011.

Thrun, S. (2012, September 11). Sebastian Thrun: Statistics 101 will be majorly updated. *Udacity Blog*. Retrieved from http://blog.udacity.com/2012/09/sebastian-thrun-statistics-101-will-be.html#sthash.X7YRxFmR.dpuf.

White House. (2013, August 22). *President Obama speaks on college affordability*. Retrieved from Whitehouse.gov: http://www.whitehouse.gov/photos-and-video/video/2013/08/22/president-obama-speaks-college-affordability.

14

MOOC를 통한 즉각적 미니 생태계의 창조

Paul Kim | Charlie Chung

교육을 생각할 때 기억해야 할 것 중 하나는 교육 시스템을 구성하는 개별 요소들이 결코 독립적으로 움직이지 않는다는 것이다. 오히려 집합적으로 상호의존적인 생태계를 형성한다(Fullan, 2006; Patterson, 2004). 이 생태계에는 학습자, 교사, 가정, 그리고 교육적 활동들이 포함된다. 또한 평가, 자격증 부여, 시설, 도구, 재정, 사회적 규범 등의 많은 요소들도 고려되어야 한다. 교육에 차이를 만들어내는 어떤 혁신이 지속가능하기 위해서는 생태계의 요구에 대응해야 한다.

이 장의 제1 저자는 스탠포드대학의 동료들과 함께 SMILE(Stanford Mobile Inquiry-based Learning Environment, 스탠포드 모바일 탐구기반 학습환경) 플랫폼을 개발하였다. SMILE은 독특한 교육방법과 혁신적인 모바일 테크놀로지를 제공하였고 이는 개발도상국에서도 운용이 가능하였다. 그러나 SMILE의 연구개발팀은 단순히 플랫폼을 개발하는 것 이상을 수행해야 하였다. 우리는 현장에서 워크숍을 진행하였고 비정부기구, 산업체와 파트너십을 맺고 대학원 연구자들과 함께 일하고 지속가능한 솔루션을 실행하기 위해 자원봉사자들과 함께 일하였다. 이러한 노력을 하는 가운데, 단 하나의 프로그램을 실행시키기 위해 우리는 수많은 도전과 장벽을 경험해야 하였다. 교육을 전환시키기 위해서는 혁신, 그리고 이와 더불어 다양한 교육 생태계의 요구에 대응하도록 노력하는 리더, 둘 다가 필요하다.

전례 없는 규모로 MOOC의 출현(Coursera나 edX와 같은 플랫폼을 통한)은 전 세계적 규모의 교육 개혁으로 묘사되었다(Mahraj, 2012). MOOC가 진정한 혁신을 표방하였지만, MOOC만으로는 고등교육을 혁신하지 못할 것이고 전 세계에 있는 소외받는 집단을 위한 비전을 바꾸지도 못할 것이다. 현재의 형태로는 거대한 MOOC의 플랫폼들이 고대역폭 인터넷, 강의기반 교육방법, 단순한 평가, 불확실한 비즈니스 모델에 크게 의존하고 있다. 그러나 이러한 사실이 MOOC에 희망이 없다는 뜻은 아니다. 사실, 지속가능한 학습 테크놀로지 솔루션의 가장 중요한 특성은 진화할 수 있는 역량에 있다(Wildavsky, Kelly, & Carey, 2011). 그러므로 전 세계 교육에 있어서 MOOC의 잠재력의 척도는 얼마나 빠르게 MOOC가 성숙하고 변화하며 적응해 나가느냐에 달려있다.

역량 배양을 위한 MOOC의 실험

2012년 여름, MOOC의 진화과정을 멀리서 지켜보면서 나는 그 최전선에 있게 되었다. 그 때 스탠포드의 Amin Saberi 교수가 다가왔다. Saberi 교수는 공동창업자인 Farnaz Ronaghi와 함께 새로운 MOOC 플랫폼을 개발하였다. 이 플랫폼은 Stanford Venture-lab(현재는 NovoEd로 불린다)이었다. 이 스탠포드 Venture-lab은 사회적 학습이론에 기반하고 그룹 프로젝트를 강조하는 독특한 MOOC 플랫폼이었다(Ronaghi, Saberi, & Trumbore, 2014).

Saberi 교수는 제1 저자에게 2012년 가을 학기에 교육 창업 분야에 대한 강좌를 개설해 달라고 요청하였다. 온라인만으로 진행되는 교과목의 콘셉트는 저자에게 새로운 것은 아니었다. 사실, 저자는 "교육에서의 테크놀로지", "지역 개발을 위한 모바일 학습" 등의 교과목을 블렌디드러닝 등 다양한 형태로 2002년부터 가르치고 있었다. 그러나 독특했던 것은 전 세계의 원하는 누구에게나 과목을 공개한다는 것이었고, 저자는 그 제안을 받아들였다. 이것은 MOOC가 전 세계 교육 생태계의 다양한 측면을 어떻게 지원할 수 있는지를 살펴볼 수 있는 실험이 될 것이었다. 특히, 제1 저자는 MOOC가 어떠한 범위와 규모로 다음과 같은 것을 도울 수 있는지 알고 싶었다.

1. 전 세계의 혁신적 미래 교육 리더들을 발굴하기: 우리는 전 세계의 혁신적 리더들이 필요하였다. 잠재적 리더들은 공식적 훈련 프로그램을 받을 것이다. 그러므로 우리가 MOOC를 통해 이들을 발굴할 수 있다면 이들에게 영향력을 갖출 수 있는 정보, 아이디어, 연결 고리 등을 제공할 수 있을 것이기 때문이다.
2. 혁신적 아이디어들을 촉진할 수 있는 임계질량에 다다르기: 우리는 다양한 사람들과 다양한 아이디어가 수반될 때 더 나은 문제 해결이 가능하다는 것을 알고 있다(Meirink, Imants, Meijer, & Verloop, 2010). 전 세계적으로 교육에는 다양한 도전들이 산재해있기에 그 해결책을 도모하기 위해 가능한 한 많은 사람들의 의견과 생각을 모아야 한다. 작은 아이디어들이 혁신을 이끌어내기도 하지만, MOOC는 아이디어를 생산해내기 위한 크고 다양한 통로가 될 수 있을 것이다.
3. 대규모로 교육자들을 위한 교육경험을 제공하기: 전 세계의 교육자들은 다양한 훈련의 요구를 가지고 있다. 그리고 끊임없는 학습 기회에 접근할 수 있어야 한다. 교사가 아닌 교육의 이해당사자들은 그들의 역할 안에서 교육적 개념을 이해하고 최선의 기여를 할 수 있을 것이다.

다음 섹션에서 우리는 MOOC의 설계와 활동에 대해 우선 설명한 후 위에 언급한 세 가지 주요 목표와 관련하여 우리가 깨달은 것들에 대해 성찰할 것이다.

새로운 학습 환경 구상의 목표

"새로운 학습 환경 설계(Designing a New Learning Environment, DNLE)"라는 MOOC는 2012년 10월에 시작되었다. DNLE MOOC의 초점은 참여자들에게 새로운 교육 환경과 시스템을 구상하도록 촉진하는 데 있었다. 현재 참여자들이 교육 시스템 안에 있든 밖에 있든 간에 그 목표는 모든 사람에게 동일하였다. 수업내용과 관련해서는 길고 지루한 강의를 지양하고자 하였다. 많은 교수들이 공유한 목표였으나 거의 인지하지는 못했었다. 이 목표를 달성하기 위해 강좌는 전 세계의 다양한 교육적 맥락에서 혁신적인 사례를 보여주고 논의하도록 설계되었다. 다음 단계는 참여자들에게 그들의 환경에서 나타난 도전들을 해결할 수 있는 혁신에 대해 생각하게끔 하는 것이었다.

제1 저자는 탄자니아의 뉴왈라에서 그의 휴대폰을 통해 첫 메시지를 보냈다(그림 14.1은 MOOC의 시작 당시 보냈던 환영 메시지의 앞부분이다). 첫 메시지 안에서도 지속가능성이라는 주제가 언급되었다. 이 주제는 대부분의 교육적 혁신에서 가장 간과되는 부분이었지만 말이다. 그 당시에는 떠오르지는 않았었지만, 지속가능성이라는 쟁점은 DNLE MOOC에 대한 질문이기도 하였다. 짧은 기간 동안에 지속가능성은 어떤 수준으로 기대할 수 있는가? 마침내 이러한 질문은 MOOC 내에서 자발성의 수준과 관련된 중요한 관찰을 이끌어냈다.

MOOC를 통해 제1 저자는 참여자들이 볼 수 있는 짧은 비디오 시리즈를 개발하였다. 그러나 처음 몇몇은 Bloom의 교육목표분류학, Vygotsky의 근접발달영역와 같은 교육 심리학의 기초적인 개념에 대한 설명을 담은 강의형식의 수

Mambo marafiki zangu, karibuni DNLE!
(스와힐리어로 "안녕하세요 여러분, DNLE에 오신 모두를 환경합니다!)

저는 이 답글을 탄자니아의 Mtwara라는 지역에서 휴대폰을 사용해 쓰고 있습니다. 조금 시간과 노력이 들겠지만 우리가 이런 식으로 연결될 수 있다는 사실이 기쁘네요. 저는 이곳에서 SMILE(스탠포드 모바일 탐구 기반 학습 환경) 프로젝트를 새로운 학교에 적용하려고 합니다. 대부분의 농촌 마을에서도 3G를 쓸 수 있다는 게 놀랍습니다. 이게 아마도 지속가능성의 좋은 사례가 되겠지요. 아참, 토론 게시판에 중요한 논의가 시작된 걸 보니 참 좋습니다. 모바일 테크놀로지는 꽤 유용하고 여기서도 지속가능한 것 같습니다. 앞으로 더 좋아질 것 같습니다.

우리가 학습 테크놀로지 솔루션을 설계하고 실행할 때는 우리 계획의 이론적인 가치를 가지고 합니다. 우리가 사례연구나 작은 규모의 파일럿 연구를 할 때 우리는 솔루션의 가치에 대해 조금 더 잘 알아낼 수 있지요. 그런데 실제 맥락에서 큰 규모로 연구를 진행할 때 우리는 시간이 지남에 따라 우리 계획의 실제 가치가 어떻게 명확해지는지 관찰할 수 있게 됩니다. 어떠한 솔루션도 영구적으로 지속가능할 수 없습니다. 상황은 변하고, 진화하고, 수정되고, 변형되며, 또 사라지기도 합니다. 그러므로 지속가능한 학습 테크놀로지 솔루션의 중요한 특성 중 하나는 바로 진화하는 능력이라고 볼 수 있습니다. 또 다른 중요한 문제는 솔루션을 지속가능하게 만들어내는 것은 생태계의 요소들의 지속된 헌신이란 것입니다.

하나의 질문은 "과연 지속가능한 솔루션이 되려면 얼마나 오랫동안 지속되어야 하는가"입니다. 제 대답은 생태계 안의 전체 구성요소들의 목표와 관련이 있다는 것입니다.

그림 14.1 DNLE MOOC의 환영 메시지의 앞부분

업과 유사하였다. 다른 비디오들은 이러한 개념들이 교육 생태계를 바라보는 렌즈로서 교육적 요구를 바라보는 데 어떤 의미를 갖는지에 대해 집중하였다. 왜냐하면 많은 혁신적인 아이디어들이 연구실 안에서만 혁신적일 뿐, 실제에서 실행될 때 참으로 쓸모없는 경우가 많기 때문이다. 우리는 다양한 성공과 실패의 사례들을 제공하였고 많은 사례들은 개인적인 경험으로부터 나왔다. 우리는 또한 강사를 초청하여 교육 영역의 각기 다른 이해 관점을 대표하는 사람들의 의견을 들었다. 그러나 이 과정의 주요한 초점은 미리 정해진 내용이 아니었다. 강좌의 목적은 오히려 참여자들을 팀으로 활동하게 하면서 그들이 선택한 교육적 맥락에서 새로운 학습 환경을 구상하도록 하는 데 있었다.

혁신에 대한 잠재적 희망

MOOC는 분명히 미래 교육에 관심을 가진 사람들의 잠재적 요구를 건드렸다. 동료들의 도움으로 우리는 강좌에 대한 몇몇 메시지를 보냈고 시작 몇 주 전에 유튜브에 강좌를 소개하는 비디오를 게시하였다. 흥미롭게도, 그 강좌에 대한 반응은 트위터, 페이스북, 링크드인, 유튜브 등 소셜 미디어에서 시작되었다. 이 같은 긍정적인 반응은 사람들이 교육을 개선하기 위해 학습하고 협동하는 새로운 방법에 얼마나 열광하는지를 보여주는 것이었다.

200여 개국의 18만 8천여 명의 학생들이 강좌에 등록하였다. 성별 분포는 여성이 약간 더 많았으며(57퍼센트) 넓은 연령 분포가 있었다(26세 미만이 14퍼센트, 26~34세가 26퍼센트, 34~45세가 46퍼센트, 54세 이상이 14퍼센트). 꽤 많은 참여자들이 중고등 학생이었다. 사실 팀 내 동료평가에서 5점 만점에 5점을 받고 과정을 마친 한 학생은 자신의 프로필 페이지에 다음과 같은 글을 남겼다.

> 테크놀로지를 이용해 불우한 아이들을 가르친다는 생각은 예전에는 전혀 하지 못했었다. … 나는 비록 중학생이지만, 나는 우리 팀과 내가 다른 아이들의 삶을 변화시킬 수 있는 새로운 학습 환경을 만들어낼 수 있기를 희망한다.

참여자들은 시리아, 팔레스타인, 아프가니스탄과 같은 분쟁 지역에 있기도 하였다. 분명히 매우 어려운 상황 속에서도 사람들은 교육을 개선하려고 노력하고 있는 것이다. 몇몇 학습자들은 인터넷 접근이 제한적인 시골 마을에 있기도 하였다. 이 강좌의 개발자들이 탄자니아의 시골마을에서 이 강좌에 참여하는 학생들이 다른 아프리카 국가, 파키스탄의 마을 등의 출신인 것을 보았을 때, 우리는 "도대체 그들이 어떻게 이 강좌를 찾아낸 것일까?" 하고 정말 놀라웠었다.

혁신적 아이디어를 위한 글로벌 소싱과 조정

앞서 언급했듯이 스탠포드의 Venter-lab, NovoEd MOOC 플랫폼은 팀 형성과 협동에 초점을 맞추어 설계되었다. 이 플랫폼을 통해 학습자들은 팀을 만들고 동료들을 모집하기 위해 프로젝트의 아이디어를 설명하며, 기존의 팀을 검색하고 하나의 팀에 가입하게 된다. NovoEd 기능의 일부로서 팀에 들어가지 못한 학습자들은 자동적으로 매칭 알고리즘을 통해 특정 팀에 배정되게 된다. 이 MOOC가 시작되었을 때 팀당 평균 4~5명의 팀원으로 구성된 1,336개의 팀이 생성되었다. 다른 MOOC의 예를 봤을 때, 시간이 지날수록 참여율이 떨어질 것이라고 예상하였다. 이 강좌의 참여 감소율은 매주 10~20퍼센트였다. 마지막에는 원래 1,336개 팀에서 284개 팀이 최종 프로젝트를 제출하였다. 그러나 이 보유 수치는 잘못되었다. 왜냐하면 이 284개 팀에 천명이 넘는 회원과 많은 학습자들이 활발하게 참여하였기 때문이다. 그들은 최종 보고서를 제출하지 않았을 뿐이다.

몇몇 팀은 교육청 직원들이 공통 관심사를 가지고 팀을 조직하려고 하였다. 그러나 대부분의 경우, 팀은 완전히 모르는 사람들로 구성되었다. 이러한 팀 형성 과정은 리더십 스킬 배양에 매우 중요하다(Ladewig & Rohs, 2000; Sobrero & Craycraft, 2008). 왜냐하면 교육 여러 분야에서 사람들을 특정 문제에 집중하도록 배치하는 것이 실제로 그것을 해결하는 것보다 더 어렵기 때문이다. 리더들이 비전을 만들어냄으로써 나타나고 전 세계에서 사람들이 함께 일하도록 할 수 있는 플랫폼은 이러한 중요한 스킬의 개발을 가능하게 한다(참여 독려 문구의 사례는 그림 14.2 참조).

또한 자발적으로 형성한 팀의 국가 간 특성이 과연 어떻게 나타날지 매우 기대되었다. 동료 투표로 선정된 우수한 10개의 프로젝트를 보면, 평균적으로 각 팀은 4개의 각기 다른 나라에서 온 일곱 명의 팀원으로 구성되었다. 이러한 역동성이 관점의 다양한 혼합을 만들어냈다.

설계적 사고, 학습, 가치를 반영한 개발

저는 [이름]입니다. 여러분이 지금 이 글을 읽게 된 이유는 저와 함께 팀을 원하는 분을 찾고 있기 때문입니다. 저는 교육이 젊은 사람들을 그들이 삶에서 진정으로 하길 원하는 것과 연결시켜 주는 일을 시작해야 한다고 믿습니다. 대부분의 사람들은 생계가 일차적 목표라고 배운 곳에서 삶을 시작합니다. 꿈은 그런 이후에 목표가 될 수 있지요. 젊은이들이 가치 있는 것을 깨닫도록 도와주는 것은 단기간의 만족과 지속가능한 해결책, 생필품과 설계, 변덕과 가치 사이의 차이를 알게 도와줄 수 있습니다. 사람들이 적극적으로 무엇을 수용하고 무엇을 만들어낼 것인지를 적극적으로 찾는 좋은 원리를 가르쳐야 한다고 믿습니다.

교육이 다음과 같은 방법으로 개선될 수 있는지를 알아봅시다:

- 몰입을 독려하는 상호작용적 환경을 창조하는 설계를 사용
- 실감할 수 있는 경험을 제공하는 테크놀로지를 사용
- 내용을 조직화하도록 협동하거나 동기화시키도록 게임화하는 방식을 사용. 저는 한동안 게임 역학과 그것을 마케팅이나 설계에 적용하는 것에 관심이 있었습니다.
- 마인드 맵, 자기계발과 목표지향 앱과 같이 유용한 정보를 찾고 수용하는 것을 도와주는 도구의 개발
- 진척상황 체크 기능과 개인별 통계기능의 첨가
- 사람들의 학습과 성장을 도와 단순히 돈벌이가 아니라 가치에 집중한 삶을 살 수 있도록 하는 것

저는 심리학에서 학사학위를 받고, 마케팅에서 석사학위를 받았으며 이후에 스스로 학습하여 그래픽 디자이너가 되었습니다.

저와 함께 협업하고 싶다면 답장을 부탁합니다.

업데이트:

여러분의 놀라운 피드백 덕분에 저는 새로운 저널 페이지를 시작하게 되었습니다. 그 페이지에서 이 소개글에 제시된 초기 아이디어에 대한 보다 자세한 내용을 제공할 것입니다. 여러분의 응원에 감사합니다. 좋은 에너지가 흐르길 기대합니다.

누구든 개인적으로 답을 보내주시면 메일 드리겠습니다.

그림 14.2 한 DNLE MOOC 참여자로부터 온 팀 구성 요청 메시지

MOOC에서의 즉각적인 자발적 행동

MOOC 플랫폼과 강좌의 설계가 높은 수준의 팀워크를 촉진할 것이라고 기대하기는 했었지만, 전혀 기대하지도 않았고 요구한 적도 없는 부가적인 조직적

노력이 이루어지는 것을 관찰하였다. 다양한 참여자들은 동료 간에 학습을 가능하게 하는 다양한 방법들을 만들어냈다. 그 예는 다음과 같다.

- 학습 내용은 어떤 학습자에게는 새로웠지만 또 어떤 학습자에게는 그렇지 않았다. 학습자들이 강좌에서 다루어진 개념을 다르거나 더 깊게 설명한 외부의 논문이나 자원들의 링크를 자발적으로 게시하였다. 이러한 노력의 일환으로 어떤 학습자는 새로운 용어들을 위한 용어집을 만들기도 하였다.
- 토론 게시판이 정보들로 넘쳐나게 될 때, 참여자들은 주요한 내용을 정리하여 다시 게시하곤 하였다.
- 큰 교육 기업의 임원인 한 학습자는 강의 동영상을 낮은 대역폭 버전으로 전환하여 제한된 인터넷 대역폭을 가진 세계에서 더 쉽게 다운로드할 수 있도록 하였다.
- 학습자들은 종종 동료들의 과제에 요구된 횟수 이상으로 부가적인 피드백을 제공하였다.

DNLE MOOC 학습자들의 노력은 요구된 그 이상으로 서로서로를 돕기 위하여 이루어졌다. 또한 이러한 노력이 여러 가지 방법으로 동료들에게 인지되었다. 한 예로 명예의 전당을 만들어 한 학생을 선정하는 것이다. 다양한 강좌의 지점에서 많은 지원이 있었고 이로 인해 우리 모두는 마치 오랜 시간 동안 함께 일했던 것처럼 느껴졌고 우리가 무엇을 해야 하는 것인지 매우 빠르게 파악할 수 있게 되었다. 우리는 전혀 직접적으로 만난 적이 없음에도 불구하고 일관되고 시의적절한 지원이 이루어지는 분위기가 형성되었다.

어떻게 이런 결과가 나왔을까? 첫째, 우리는 규모가 그 역할을 하였다고 생각한다. 30명 혹은 100여 명의 학생들이 참여하였다면 이런 높은 수준의 자발성은 없었을 것이다. 달리 말하면, 50명당 한 명의 비율로 놀라운 자원봉사자들이 있었다고 말할 수 있다. 100명의 강좌라면 2명의 자원봉사자들이 있는 것이다. 그러나 수천 명이 참여한 강좌에서는 생태계의 부족한 점을 메워줄 수십 명의 자원봉사자들이 있었다. 그러나 단순히 수강생 수의 문제가 아니다. 그 강좌에서 조형된 문화의 문제일 것이다. 우리는 지원을 자청한 참여자들의 경향이나 개별적 특성에 기대지 않았다. 오히려 우리는 그러한 문화를 구축하기 위해 다음과 같은 의도적인 단계를 밟아나갔다.

1. **우리는 참여자들 스스로를 변화의 주도자로 여기도록 하였다.** 교육학 이론의 기본적 아이디어와 원리를 빠르게 설명한 후, 우리는 혁신적인 프로그램의 사례를 설명하는 데 주목하였다. 예를 들면 모바일 테크놀로지, 커뮤니티 스토리텔링, 협업기반 게임 등이 그러한 사례다. 그 다음, 우리는 참여자들에게 새로운 혁신에 대해 생각해보도록 요구하였다. 이러한 접근의 목적은 참여자들을 고무시키고 교육 혁신가로서의 마음가짐을 갖도록 하는 데 있었다. 트레이드오프[1]는 도출된 아이디어들의 대부분이 교육방법적으로 매우 전문적이지 못했거나 이전에 시도된 해결책의 부주의한 복제품이었다는 점이다. 그러나 기억해야 할 중요한 점은 우리가 교육적 변화의 주도자를 교육시킨다면, 그들은 경험이 쌓여갈수록 더 나은 아이디어를 생각해낼 수 있을 것이라는 점이다. 반대로, 사람들이 교육적 이론의 복잡함에서 헤맨다면 실천적인 적용을 하기는 어렵게 될 것이다. 그러므로 우리의 성공 척도는 구체적인 팀 프로젝트의 질보다는 앞으로의 변화를 상상하고 시도하도록 고무된 사람의 수라고 할 수 있다.
2. **우리는 가능한 모든 것을 포함할 수 있는 다양한 사례로부터 혁신을 보여주었다.** 다양한 참여자 그룹에게 전 세계 현실의 다양하고 풍부한 사례를 보여주는 것이 매우 중요하였다. 우리는 혁신을 위한 다양한 시도를 강조하였다. 다

1 역자주: trade-off. 한쪽을 추구하면 부득이 다른 쪽을 희생해야 하는, 이율배반적인 관계(네이버 어학사전)

양한 교실에서 찍은 실제 영상자료를 보여주기도 하였다. 이러한 접근은 청중에게 사례를 제공할 때 매우 좋은 기회가 된다. 이런 방법은 다양한 교육 생태계의 각기 다른 영역에서 혁신의 가능성을 묘사하기 용이하다. 모바일 기기가 광대역 인터넷보다 개발도상국들에 더 많이 퍼져있다는 것을 기억한다면, 우리는 모바일 테크놀로지를 활용하여 창조적 혁신을 이끌어 낼 수 있을 것이다(International Telecommunications Union, 2014).

3. 학생들이 자기 스스로를 리더로 여기도록 장려함으로써 리더십을 고취시켰다. MOOC의 시작에서부터 우리는 평등한 관계를 구축하고 표준적인 교사-학생 패러다임을 피하고자 하였다. 따라서 "학생"이라는 말 대신에 우리는 "동료 혁신가"라는 용어를 사용하여 학습자이자 리더라는 본인의 정체성을 가질 수 있도록 하였다. 이러한 접근은 현대 사회의 빠른 변화의 속도에 부합한다. 평등한 관계와 동료 혁신가 철학이 함께 하면서 매우 높이 동기화된 참여자들은 동료의 이해에 공헌할 수 있는 새로운 학습 분야를 적극적으로 탐색하기 시작하였다(Angelaccio & Buttarazzi, 2010; Williams, 2012). 이러한 동료 간 공헌은 교수자의 자원이나 아이디어를 넘어서 확장되었다.

평등한 관계로 시작하였지만, 몇몇 참여자들은 스스로를 일찍부터 리더로 확고히 하였다. 우리는 이러한 그들의 공헌을 인정하고 적극적으로 그들의 피드백을 구함으로써 그들의 리더십을 인정하고 고취하고자 많은 노력을 하였다. DNLE MOOC에서 그러한 노력은 그들이 독점적 리더라는 것을 전달하려는 것이 아니었다. 오히려 그 반대로 그들의 리더십 역할의 일부는 다른 참여자들이 또 다른 참여자들을 도울 수 있도록 고취하는 데 있었다. 이러한 방식으로 이들 초기 리더들은 다른 동료들의 리더십 모델이 되었다.

아마도 이 생태계를 가능하게 했던 DNLE MOOC에는 매우 흥미로운 측면이 있다. MOOC의 이점으로 거의 언급되지 않았던 것인데, 이른바 제한적인 지속성이다. 강좌가 10주만 지속되었기 때문에, 상대적으로 동료 학습자를 돕는 자발성에는 한계가 있었다. 우리는 이것의 지속가능성을 의심했었다. 예를 들어, 비디오를 낮은 대역폭 형식으로 전환하였던 자원봉사자는 6개월 혹은 9개월 동안 그것을 해야만 했을 것이다. 강좌가 더 길었다면 더 적은 사람들이 봉사했을 것 같다. 그리고 부가적인 구조(테크놀로지, 프로세스, 절차, 수업 지원 등)가 필요했을 것이다. 그러나 이 MOOC의 생태계는 오직 2~3개월 정도만 제한되어 있기에, 일시적인 자발적 자원들이 일어나고 이루어질 수 있다. 역설적으로 MOOC의 제한적 순간성이 이러한 유형의 생태계의 지원 측면이 즉각적으로 일어나고 그 기간 동안 지속될 수 있도록 한 것 같다.

우리는 또한 많은 학생들이 강좌가 공식적으로 종료된 이후에도 서로서로 연락하고 있다는 것을 알게 되었다. 이러한 지속적 참여는 단순히 개인적인 현상이 아니다. 놀랍게도 어떤 프로젝트 팀은 그들의 협동을 강좌가 끝날 때까지 지속하고 있었다. 교수자(제1 저자인 Paul Kim)조차도 MOOC를 끝낸 이후에 열 명 이상의 참여자들과 협력적 프로젝트에 참여하게 되었다. 한 예로, Oxford MBA 학생들은 강좌에 참여하였고 강좌에서 언급된 SMILE 프로그램에 대해 열광하였다. 그들은 그 프로그램에 참여하기를 원했고 결국 Kim 교수와 연결되어 인도에서 SMILE 프로그램을 실행하는 데 참여하였다. 이러한 예는 MOOC에서 이루어진 수많은 협력사례 중 하나이다. 후에 실제 이 세계의 교육 시스템을 개선하는 결과를 낳았다.

기대를 넘어서는 MOOC

MOOC를 둘러싼 논란은 대부분 과장과 실제 가능한 것 사이의 격차 때문이다. 실망하지 않는 방법은 비현실적인 기대로 시작하지 않는 데 있다. 우리는 DNLE MOOC의 결과에 매우 놀라기는 했지만, 이 시점에서 MOOC는 여전히 개발 중이고 특정한 실제적인 결과로 평가되어야 한다고 생각한다. 그러나 수료 비율에만 초점을 맞추었던 좁은 시각은 평가의 더 나은 형식에 대한 논의로 대체되고 있다. 그러나 MOOC의 성공에 대한 평가보다도 더 중요한 것은 우리가 MOOC의 운영으로부터 배운 것에 대한 성찰이다. 이러한 마음가짐으로 우리는 DNLE MOOC의 몇 가지 흥미로운 측면에 대해 얘기하고자 한다.

- 교육 혁신에 대해 배우고자 하는 욕구, 그리고 실제로 교육에서 혁신을 만들어내고자 하는 욕구는 매우 강하다. 이 강좌를 찾아내고 소중한 개인적 시간과 노력을 강좌에 투자한 수천 명의 학습자들이 이를 증명한다. 학습자의 74퍼센트는 직업을 가지고 있거나 풀타임으로 일하는 학생이었다.
- 학습자의 다양성과 그룹에서 그들의 상호작용은 매우 고무적이었다. DNLE MOOC는 공통 관심사를 가진 이들의 열정적인 그룹 안에서 교육을 개선하는 새로운 방식에 대한 아이디어를 얻기 위해 매우 다가가기 쉬운 방법이었다.
- 과제들은 매우 많은 시간을 쏟아 부어 이루어졌고 굉장히 많은 유형의 아이디어들이 개발되었고 보고되었다.
- 자발적 학습자들이 즉각적이고 스스로 조직한 활동들은 강좌의 학습 생태계의 빈틈을 채우는 데 도움을 주었다.

우리가 MOOC를 통해 테스트하고자 한 세 가지 구체적인 가설에 대하여 우리는 몇 가지 긍정적인 근거를 발견하였다.

1. 미래의 교육 리더들을 발굴하기 위한 채널로써, MOOC는 참여자들에게 진취적일 것, 비전을 수립할 것, 팀과 함께 할 것, 동료를 도울 수 있는 방법을 찾을 것을 자극하였다.
2. 혁신적인 아이디어를 만들어내는 장으로써, 큰 규모의 DNLE MOOC에서

수많은 아이디어의 개발과 노출이 이루어졌다. 놀라운 일은 국경을 넘어서 아이디어 공유와 협력이 이루어졌다는 사실이다.

3. 다수의 교육자들을 교육하는 방법으로써, DNLE MOOC는 교육계 밖에서 온 학습자들에게 기본적인 교육적 개념을 전달하는 좋은 통로가 되었다. 게다가, 비디오와 토론 게시판은 다양한 교육의 맥락에서 혁신의 사례를 토론하는 좋은 방법이 되었다. MOOC가 앞으로 얼마나 자기계발에 적합할지는 두고보아야 하겠지만 이러한 초기 결과는 매우 긍정적이다.

DNLE MOOC 이래로 수백 개의 MOOC가 설계되고 완성되었다. 이러한 MOOC들은 아이디어 생성, 혁신, 국제적 커뮤니케이션, 리더십 등을 고취하려고 하였다. 전 세계의 각기 다른 사람들과 교육 시스템의 요구를 충족시키기 위해 우리가 MOOC를 어떻게 진화시킬 수 있을지에 대한 아이디어, 가능성, 결론을 이끌어내는 일은 우리에게 남아있다.

DNLE MOOC를 통해 우리는 교육 생태계의 하나의 요소에서 혁신은 충분하지 않음을 알게 되었다. 오히려 우리는 하나의 미니 생태계를 달성하였다고 느꼈다. 우리는 혁신과 협력의 문화의 형성을 통해 이루어졌다고 믿는다. 예를 들면 강좌의 참여자들이 동료 혁신가인 평등한 관계를 구축하는 것, 다양한 혁신의 사례를 보여주는 것, 초기에 리더들을 인정하는 것 등이 그것이다. 또한 프로젝트 기반 학습(예를 들면, 그룹 워크, 스스로 형성한 팀, 최종 산물의 강조 등)을 위한 MOOC 플랫폼을 잘 활용한 것이 매우 결정적이었다. 생동감 있는 생태계를 형성하기 위한 씨앗이 프로젝트 기반 학습 커뮤니티 안에 있었다.

그러나 이들 중 어떤 것도 변화를 만들어내고 기꺼이 함께 아이디어를 공유하고 협력하려는 열정적인 학생들의 집단이 없었다면 불가능하였다. 우리는 학습 여행의 여러 지점에서 서로서로에게 배웠다. 동시에 우리는 새로운 혁신에 수반된 도전들을 뛰어넘고자 서로서로를 고무시켰다. 돌이켜보면, 우리의 분리된, 그러나 연결된 임무의 중요성을 이해하는 것이 이 MOOC 뒤에 있는 주요한 원동력이 아니었나 싶다. 공유된 이해가 소동이나 미룸 없이 재빨리 협력할 수 있도록 도와주었다고 생각한다.

DNLE MOOC는 즉각적이고, 자기 조직적이었으며 짧은 기간을 소중하게 여겼다. 반딧불과 같이 제한된 시간을 인식하였고 짧은 생애 동안 가능한 한 가장 밝게 자신을 불태웠다. DNLE라는 반딧불이가 다른 사람들에게도 빛을 나누어주기를 기대한다. 우리는 또한 앞으로의 빛을 위해 DNLE가 자손을 남기고 리더와 새로운 학습 환경의 탄생을 통해 맛있는 과실을 맺을 것을 기대한다.

Paul Kim ㅣ 스탠포드대학교 교육대학원의 부학장이자 CTO이다. Kim 박사는 WestEd의 이사, Grand Challenges in International Development for the National Academies of Science 위원회, National Science Foundation의 교육 및 인적자원 이사회의 고문을 역임하였다. 모바일 테크놀로지를 활용한 사회적 혁신을 위한 비영리 글로벌 교육 인큐베이터(Seeds of Empowerment)의 창립자로 문해 격차를 좁히기 위한 수단으로 어려운 사람들을 위한 테크놀로지 도구를 개발, 실행, 평가해왔다. Kim 박사는 SMILE과 같은 다양한 모바일 학습 방법을 22여 개국에 실행하였다. NovoEd 플랫폼에서 새로운 학습 환경 설계에 대한 MOOC를 시작하여 전 세계에서 2만여 명의 학생들을 끌어모았다. Oman의 새로운 국공립대학 설치, Deutsche Telekom의 글로벌 이러닝 이니셔티브, 사우디아라비아의 국가적 온라인 교육 이니셔티브, 우루과이의 OLPC 프로젝트, 르완다의 국가 ICT 기획 등을 포함한 다양한 국외 프로젝트에 참여하였다.

Charlie Chung ㅣ 경영 컨설팅의 경력을 가지고 있고 평생 학습이라는 그의 열정을 지닌 분야에서 벤처를 운영하고 있다. 그는 MOOC 디렉터인 Class Central(www.class-central.com), 글로벌 세일즈 마케팅 컨설팅 회사인 ZS Associates의 기업 학습 분야에서 일하고 있다. Charlie는 미시간대학교의 Ross School of Business에서 MBA 학위를 수여받았다.

참고문헌

Angelaccio, M., & Buttarazzi, B. (2010). A social network based-enhanced learning system. *Enabling Technologies: Infrastructures for Collaborative Enterprises (WETICE), Proceedings of the 2010 19th IEEE International Workshop,* 94–5. June 28–30, 2010, Larissa, Greece. doi:10.1109/WETICE.2010.59.

de Souza Briggs, X. (2008). *Democracy as problem solving: Civic capacity in communities across the globe*. Cambridge, MA: MIT Press.

Fullan, M. (2006). The future of educational change: System thinkers in action. *Journal of Educational Change*, *7*(3), 113–22.

International Telecommunications Union (2014). *ICT facts & figures: The World in 2014*. ICT Data and Statistics Division. Retrieved from http://www.itu.int/en/ITU-D/Statistics/Documents/facts/ICTFactsFigures2014-e.pdf.

Ladewig, H., & Rohs, F.R. (2000). Southern extension leadership development: Leadership development for a learning organization. *Journal of Extension*, *38*(3). Retrieved from http://www.joe.org/joe/2000june/a2.html.

Mahraj, K. (2012). Using information expertise to enhance massive open online courses. *Public Services Quarterly*, *8*(4), 359–68.

Meirink, J.A., Imants, J., Meijer, P., & Verloop, N. (2010). Teacher learning and collaboration in innovative teams. *Cambridge Journal of Education*, *40*(2), 161–81.

Patterson, G. (2004). Harmony through diversity: Exploring an ecosystem paradigm for higher education. *Journal of Higher Education Policy and Management*, *26*(1), 59–74.

Ronaghi, F., Saberi, A., & Trumbore, A. (2014). NovoEd, a social learning environment. In P. Kim (Ed.), *Massive open online courses: The MOOC revolution*. New York: Routledge.

Sobrero, P.M., & Craycraft, C.G. (2008). Virtual communities of practice: A 21st century method for learning programming, and developing professionally. *Journal of Extension*, *46*(5). Retrieved from http://www.joe.org/joe/2008october/a1.php.

Wildavsky, B.K., Kelly, A.P., & Carey, K. (Eds.). (2011). *Reinventing higher education: The promise of innovation*. Cambridge, MA: Harvard Education Press.

Williams, C. (2012, April). Social learning networks for K12 education. *District Administration*. Retrieved from http://www.districtadministration.com/article/social-learning-networks-k12-education.

15

학생과의 대화를 통해 MOOC에 대해 배우기

Charles Severance

Coursera와 같은 MOOC 플랫폼에서 광대한 양의 활동 데이터에 접근하는 것, 그리고 수천 명의 학생들에게 강좌를 제공하는 것은 수많은 데이터로부터 중요한 정보를 뽑아내려는 시도인 빅데이터 분석의 적용을 가능하게 하였다. 수백만 가지의 데이터를 가공하여 소수의 그래프나 소수의 정보를 도출해낸 훌륭한 보고서들이 매우 많이 산출되었다. 우리는 충분한 데이터를 가지고 적절한 분석을 한다면 그 결과는 믿을 수 있으며 그로부터 도출된 결론은 충분한 근거가 있다고 믿게 되었다.

그러나 이 글은 개별 학생들의 눈을 통한 MOOC 현상의 각기 다른 측면을 탐색해보려는 시도를 하고 있다. Coursera를 통해 지난 2년간 총 35만 명의 학생들에게 두 개의 MOOC 강좌를 가르치는 가운데, 나는 전 세계의 25개 지역을 여행하였고 내 강좌를 수강하는 학생들과 면대면으로 만나는 실제 면담시간을 갖게 되었다. 매번 1명에서 15명 사이의 학생들이 면담시간에 찾아왔고 우리는 약 한 시간 정도 이야기를 나누었다. 주로 스타벅스 혹은 그 지역의 커피숍에서 이루어졌다. 이 장에서는 일대일의 깊은 상호작용에서 깨달은 성찰과 결론을 요약하였다.

배경

나는 1970년대 후반부터 TV와 라디오 등의 매체를 다루어왔다. 오랜 시간 동안 나는 매체의 능력과 범위에 심취해있었다. 인터넷 초창기에 인터넷이 교육과 연수 분야에 규모를 가져올 수 있을 것이라고 보았다. "This Old House and Bill Nye the Science Guy[1]"와 같은 TV 프로그램을 보면서 이 같은 프로그램이 전형적인 교육을 탈피한 방식으로 시청자들의 흥미를 끌어내면서도 교육이 이루어지는 매우 대중적으로 소비할 수 있는 교육 경험이 될 것이라고 생각하였다.

그러나 이렇게 전문적이고 비용을 많이 투자하여 생산한 프로그램들의 한계는 실제 교육의 요구에 대응할 만큼 충분한 자료를 만들 수 없다는 데 있었다. 교육은 끊임없이 변한다. 만약 미화 50만 달러로 30분짜리 교육 자료를 제작하고 이후 중요한 변화가 일어났다면, 그 강의를 다시 제작하기 위해 또 다른 50만 달러가 필요하다. 실제 교육이 일어나기 위해서는 제작 비용과 노력이 필요하고 교육 콘텐츠를 제작하고 전달하기 위한 도구가 교사에게 제공되어야 한다. 그래야 필요할 때마다 자료를 변화시키고 갱신할 수 있게 될 것이다.

나는 이러한 문제점을 인식하고 강의 자료를 제작할 수 있는 교사 지향의 도구를 개발하였다. 첫 번째 도구는 'Sync-O-Matic'이었다. 이 프로그램에서는 RealAudio를 사용하여 14.4kpb 모뎀을 통해 웹상에 오디오와 동기화된 슬라

---

1 역자주: 1993년부터 1998년까지 미국 PBS Kids 방송국에서 제공한 교육 코미디 프로그램이다. Bill Nye는 미국의 과학 교육자이자 코미디언이다. 초등학생 대상으로 자연과학의 여러 주제를 가르치기 위해 30분 정도 분량의 100개 에피소드가 제작되었다(출처: https://en.wikipedia.org/wiki/Bill_Nye_the_Science_Guy).

이드를 제공할 수 있었다. 그 이후 나는 이 소프트웨어를 활용하여 'EGR124-인터넷 입문'이라는 교과목을 제작하였고 1997년 가을학기에 이 교과목을 온라인 스트리밍 서비스를 활용하여 제공하였다. 이후 18개월 동안 이 교과목을 3회 진행하였고 스트리밍 오디오를 스트리밍 비디오로 전환하고 매 학기 가르칠 때마다 테크놀로지와 교육방법을 개선하였다.

1998년 가을까지 진행하는 동안 면대면 상호작용이 전혀 없었음에도 불구하고 학생들은 이 교과목이 재미있고 유용하며 매우 편리하다고 말하였다. 흥미롭게도 학생들의 만족도가 높아졌지만 반대로 나는 가르치는 것이 점점 덜 즐거워졌다. 기술적 문제들을 규명하고 해결하는 것, 교육 자료를 제작하는 것이 재미있었다. 그러나 일단 교과목이 완성되면 나 없이도 꽤 잘 진행될 수 있었고 나는 쓸모없게 느껴지기 시작하였다. 학생들은 즐겁게 학습하였지만 나는 그렇지 못하였다. 점점 소외감을 느끼고 외로워졌다. 그래서 나는 실험을 하기로 결심하였다.

나는 학생들에게 중간고사 때 면담을 할 것이라고 알렸다. 이 목적은 적어도 한 번은 학생들과 만나는 데 있었다. 그래야 학생들이 누구이며 무엇을 배우고 있는지에 대해 이해할 수 있기 때문이었다. 학생들이 시험을 치르기 위해 도착하면 나는 그들을 한 명 한 명 반갑게 맞아주었다. 흥미롭게도 학생들은 나를 잘 알고 있었으며 오래된 친구처럼 나에게 인사해주었다는 것이다. 학생들은 나를 보고 있었고 별로 웃기지도 않은 내 농담을 지난 8주간 비디오를 통해 듣고 있었다. 그들은 그때 나에 대해 많은 것을 알고 있었을 뿐만 아니라 진심으로 나를 멘토이자 친구로 삼은 것을 행복해하고 있는 듯 보였다. 그러나 나에게는 모든 학생들이 낯설기만 하였다. 이것은 마치 내가 주목받는 독특한 이벤트를 내가 주관해놓고선 그 모임에 온 어느 누구도 모르는 상황과도 같았다.

이 소외감 때문에 그 수업을 가르치는 것은 그 때가 마지막이 되었다. 나는 스스로 온라인에서 가르치는 것을 즐기려면 실제로 내가 학생들을 직접 볼 수 있고 알게 되며 그들이 수업에 왜 참여하는지 이해하도록 하는 테크놀로지가

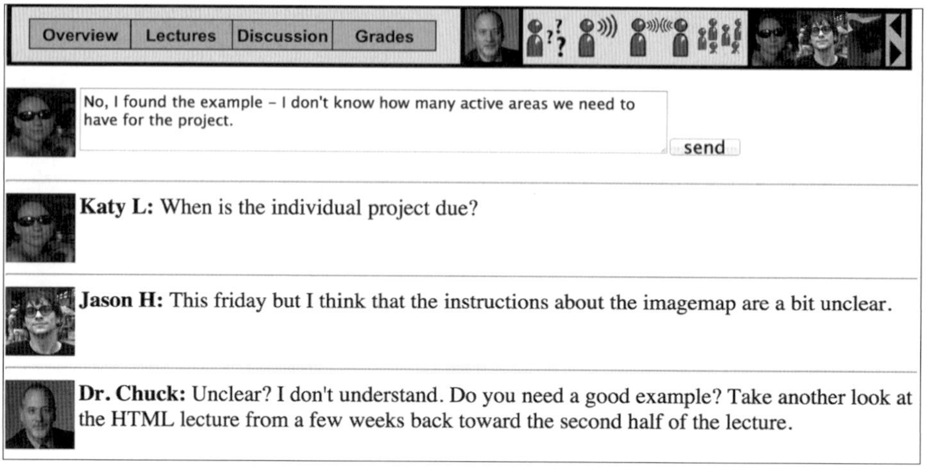

그림 15.1 제안서에 포함된 아바타와의 비동기 채팅(1998)

필요하다는 것을 알게 되었다. 1998년 가을, 나는 국가 과학 재단의 학부교육부에 "교육을 위한 페이스북"을 개발하기 위한 제안서를 제출하였다(참고로, 페이스북이 생겨나기 7년 전이었고 MySpace가 생기기 6년 전이었다). 제안한 소프트웨어는 다른 어떤 사용자가 있는지에 대한 감을 얻을 수 있는 트래킹 기능을 가진 사용자 인터페이스를 통한 아바타와의 비동시적 채팅 기능을 가지고 있었다(그림 15.1 참조).

제안서가 채택되지 못했기에 나는 교수자와 학생 간, 그리고 학생끼리의 연결을 보다 증진시킬 수 있는 테크놀로지를 개발하기 위한 방법을 계속 구상하였다. 1999년 초에 이르러 슬라이드, 비디오, 오디오, 실물 화상비디오, 퀵타임을 활용한 주석(annotation) 등을 녹화할 수 있는 ClipBoard-2000이라는 제품을 개발하였다. 이 제품은 하나의 퀵타임 파일에 멀티스트림을 동기화하여 개발하는 것이 가능하였다. 이 기능으로 인해 Sync-O-Matic에서 했던 것처럼 웹 페이지를 서로 링크하는 대신에 하나의 파일에 완전히 동기화된 강의를 제작할 수 있었다. ClipBoard-2000은 오늘날의 캄타시아(Camtasia)와 유사한 기능을 가지고 있었다. 나는 Apple에 나의 제품을 기부하여 2001년 그들의 제품군의 일부로 포함하도록 제안하였으나 Apple에서는 흥미를 보이지 않았다.

2004년 초, 단순히 학습의 관리가 아닌, 협동학습과 연결에 주목한 Sakai 오픈소스 학습관리시스템 프로젝트를 이끌었다. 2008년 초에는 IMS 글로벌러닝 컨소시엄에 참여하여 IMS 학습도구 상호호환성 기준의 개발을 위해 일하였다. 학습도구 상호호환성 기준은 Piazza와 같은 최근 인기 있는 도구들이 표준 프로토콜을 사용하여 어떠한 학습관리시스템과도 통합될 수 있도록 한다.

몇 년 후, 2011년도 가을에 스탠포드대학은 10만 명 이상의 수강신청자 수준을 가진 진정한 의미의 대규모 MOOC 세 강좌를 진행하였다. 스탠포드대학의 MOOC 교수들은 이러한 규모를 성취하기 위한 특정 목적의 학습관리시스템과 테크놀로지를 활용하였다. 프린스턴, 스탠포드, 펜실베이니아와 함께, 우리 미시간 대학은 4개의 Coursera 초기 파트너가 되었다. 2012년 여름까지 나는 "인터넷의 역사, 테크놀로지, 보안"이라는 제목의 Coursera 강좌를 가르치고 있었다. 이 강좌는 1990년 중반 인터넷에 대한 TV 프로그램을 진행할 때 수집해두었던 자료들을 기반으로 하였다. 2014년 4월, 나는 나의 두 번째 Coursera 강좌를 개설하였다. 과목명은 "Programming for Everybody-Python"으로 미시간대학에서 대학원 학생들에게 가르치던 수업을 기반으로 하였다.

나의 이전 온라인 수업 경험과는 달리, 나의 두 MOOC 덕분에 Coursera는 기저 소프트웨어 테크놀로지를 개선할 책임이 생겼다. 이것은 매우 놀라웠다. 사실, 수십 년간 처음으로 타인을 위해 인프라를 개선하는 데 시간을 쓰는 대신에, 가르침에 주목할 수 있었고 새로운 수업방법을 탐색하는 것을 즐길 수 있었다. 그래서 "도구 개발자"로서의 모자는 벗어놓고 이제 "MOOC 수업 실험가"의 모자로 바꿔 썼다.

MOOC에 대한 나의 접근방식

나는 학생들이 다른 학습상황에서 스스로 방법을 찾을 수 있도록 스캐폴딩(scaffolding)으로 사용할 수 있는 스킬을 주고자 하였다. 나는 강좌가 그들의 출발점이 어디이든, 어디를 향하든 간에 그 학생들이 가진 요구를 수용할 수 있기를 바랐다. 나의 목표는 학생들에게 모든 것을 가르치는 데 있지 않았다. 그 대신에 나는 그들의 개인적 학습에 영향을 끼쳐 그들의 마음이 새로운 아이디어로 열리게끔 하는 데 있었다.

제작과 관련하여 나는 강좌 자료에서 의도적으로 학생들과 눈을 맞추려고 노력하였고 카메라를 매우 가깝게 배치하여 매우 개인적인 느낌이 들도록 하였다(그림 15.2 참조).

강의를 녹화할 때, 나는 커피도 마시고, 실수도 하고, 농담도 던지며, 특수의상을 입기도 하고 고양이가 갑자기 방으로 들어오면 학생들에게 소개도 하곤 한다. 나는 너무 완벽하거나 밀봉된 그런 느낌을 피하기 위해 슬라이드에 몇몇 오탈자를 그냥 남겨두기도 한다. 이러한 비공식적인 요소들은 친근함과 몰입을 증진시키기 위해 일부러 마련된 것이다. 마치 TV 토크쇼나 리얼리티 프로그램과 마찬가지이다. 나는 각 학생들이 내가 수업을 할 때, 자신이 내 주목을 오롯이 받는다고 느꼈으면 한다.

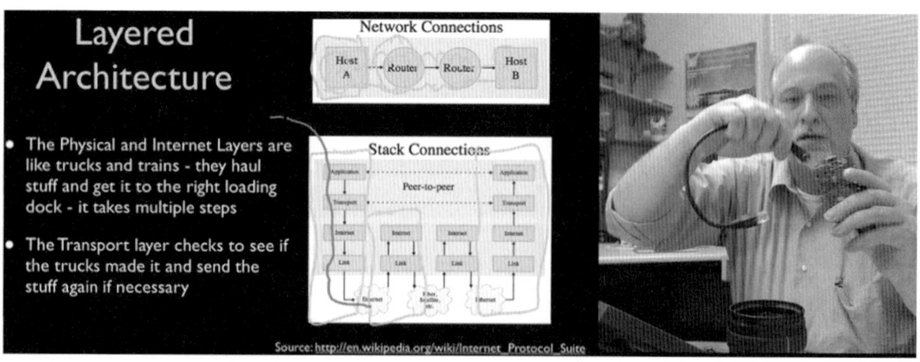

그림 15.2 코세라의 '인터넷 역사, 테크놀로지, 보안' MOOC 화면

녹화된 강의 형식을 넘어, 나는 많은 에너지를 즐겁고 참여를 유도하는 평가를 만드는 데 쏟는다. Coursera 스태프들은 나에게 부정행위에 대해 생각하지 말고 학습에만 집중하라고 조언하였다. 학생들이 부정행위를 하지 않도록 하는 평가를 개발하는 데 있어서 문제는 부정행위를 하고자 하는 학생은 어떤 시스템이라도 무력화시킬 것이고, 부정행위 방지시스템은 학습을 원하는 학생들에게는 오히려 중대한 장벽이 된다는 것이다.

나의 두 개의 Coursera MOOC는 성공적이었다. 처음 MOOC를 가르칠 때, 고쳐야 할 점이 매우 많았다. 두 번째 가르칠 때, 우리 팀은 몇몇 실수를 찾아내고 수정하였다. 세 번째에서 수업 자료는 거의 편집이 필요하지 않았다. 그 결과, 나는 수업에서 형성되는 커뮤니티와 수업방법에 점점 더 집중할 수 있게 되었다.

조교들의 커뮤니티: 학습 커뮤니티의 중심

Coursera의 혁신 중에 매우 인상적인 것은 조교들의 커뮤니티(Community Teaching Assistants, 이하 CTA)를 활용한다는 것이다. 나의 MOOC를 학습 커뮤니티로 운영하여 학생들 간의 토론을 장려하고, 토론에 참여할 때 전문가로서가 아닌 또 다른 커뮤니티 구성원으로서 참여하고자 한다. 모든 질문에 빨리 대답하려고 애쓰는 대신에, 학생들로 하여금 다른 학생의 질문에 답하도록 하고, 그 답변을 한 학생에게 감사를 표한다. 그러한 접근은 학생들로 하여금 스스로를 믿고, 자기주도적으로 변화하며 교수가 답을 줄 것을 기다리지 않게 한다.

잘 설계된 학습 커뮤니티는 단 한 명의 리더에 기대지 않는다. 커뮤니티가 효과적으로 진행될 때, 리더들은 커뮤니티에서 나타나며 필요로 할 때, 필요로 하는 곳에서 구조가 형성된다.

그러나 가끔은 타고난 리더와 멘토로 보이는 학생들이 있다. Coursera가 CTA로 발굴한 학생들이다. MOOC를 맨 처음 가르칠 때, 우리는 평균 이상의 리더십과 멘토링 스킬을 보이는 8명의 학생들을 발굴하여 두 번째 MOOC의 CTA로 삼았다. 몇몇 학생들은 떠나기도 하였지만, 초기 8명 중 3명은 10개의 MOOC를 진행하는 동안 함께하였고 CTA의 지도자가 되었다.

Sue(캘리포니아 북부 출신), Mauro(이탈리아), Mazen(이집트)이 나의 CTA 리더로 지금까지도 나의 MOOC 수업에 필수적인 사람들이다. 우리가 "Programming for Everybody"의 새로운 버전을 만들 때, 수많은 시간을 수개월에 걸쳐 수업 자료를 검토하고 개선하는 데 사용하였다.

나는 수업조교(혹은 대학원강사, Graduate Student Instructors, GSI)를 일반 수업을 할 때 활용한다. 그들 모두는 훌륭한 교수자이자 멘토들이다. 때때로 여름방학 동안 나는 이들을 MOOC의 CTA로 초대한다. 이들은 모두 면대면 수업상황에서는 훌륭하지만, 온라인 수업에서 활발한 참여자이자 MOOC의 수강생이었던 CTA들보다는 MOOC의 환경을 그리 편하게 느끼지 않았다. 이러한 차이는 MOOC와 일반 수업환경에서 필요한 지원 기술이 꽤 다르다는 것을 말해준다.

면대면 상담시간

면대면 상담시간의 목적은 수업을 듣는 학생들의 다양한 환경을 더 잘 이해하고자 하는 데 있었다. 나는 상담시간을 수업을 개선하도록 도와주는 일종의 포커스 그룹으로 보았다. 이를 통해 MOOC를 수강하는 학생들의 수강이유와 그들이 수업을 통해 기대하는 것이 매우 다양하다는 것을 알게 되었다. 수강이유는 학생들의 지리적 위치에 따라 매우 달랐다. 나는 대화를 통해 얻어낸 몇 가지 관찰내용을 얘기하고자 한다. 그렇지만 어떤 주장을 하고자 함은 아니고 그저 일화를 소개하고자 함이다. 이 작은 데이터들은 정말 사소하다. 이 과정에서 우리는 커피를 마시며 개별 학생들의 이야기를 들었고 그들에 대해 알고자 하였다.

나의 첫 번째 MOOC 관련 면대면 상담시간은 2012년 7월 26일 뉴욕에서 가졌다. 나는 어떤 사전 기대도 없었다. 이것은 마치 5만 6천명의 학생 중 몇몇이 나타나거나 어쩌면 아무도 나타나지 않을 수도 있었다. 그런데 이때 6명의 학생들이 나타났고 1시간 이상 이야기를 나눴다. 놀라웠던 것은 수업 내용에 대해서는 거의 얘기하지 않았다는 것이다. 오히려 우리는 MOOC가 어떤 의미이고 교육이 MOOC를 통해 어떻게 변화할 수 있는지에 대한 얘기를 나누었다. 학생들은 Coursera가 진정 무엇인지, 또 어떻게 될 것인지에 대해 매우 궁금해 하였다. 혹시 관심이 있다면 학생들과의 대화의 비디오를 다음 웹주소에서 볼 수 있다(http://office-hours.dr-chuck.com).

MOOC를 경험한 지 6개월도 채 되지 않았지만 몇몇 학생들은 이미 MOOC를 MBA를 대체할 수 있는 것으로 보았다. 이 학생들은 그들의 스킬에 대한 높은 요구를 가진 유력한 분야에서 탄탄한 직업을 가지고 있었다. 연봉을 높이기 위해 또 다른 학위를 얻을 필요는 없다고 느끼고 있었다. 다만 그들의 커리어 개발을 위해 MBA 프로그램에서 제공받을 수 있는 지식이나 기술에 대한 필요를 느꼈다.

2012년 10월, 나는 외국에서는 처음으로 한국의 서울에서 상담시간을 가졌다. 내가 도착했을 때, 나는 서울에 있는 한 학생이 몇 달 후 미국 석사과정 입학을 용이하게 하기 위해 MOOC를 수강하고 있다는 것을 알게 되었다. 다른 학생은 미시건대학 동문으로 다른 동문들과 연결되고 뭔가 흥미로운 것에 참여하고 싶어서 수강하고 있었다. 세 번째 학생은 전문적인 스킬을 쌓기 위해 수강하고 있었다.

2012년 10월 바르셀로나에서 만난 모든 학생은 20대 후반이었고 이미 학사 학위를 가지고 있었다. Coursera를 매우 중요하고 가치 있는 교육자원으로 보고 있었다. 그들은 Coursera가 그 지역의 석사학위 과정과 같은 지식과 기술을 무료로 제공한다고 여겼다. 몇몇 학생들은 Coursera의 5개 정도의 수업을 완료했거나 듣고 있었다.

나는 2013년 6월 호주의 멜버른과 퍼스에서 상담시간을 가졌다. 이 상담시간에 만난 사람들은 이전 상담에서 만난 사람들보다는 연령대가 넓었고 학습 자체를 위한 학습에 관심을 가진 높은 연령의 학생들이었다. 다른 MOOC 학생들은 직업이 없거나 새로운 스킬을 습득하여 직장을 구하고자 하고 있었다.

2013년 6월, 런던의 Hammersmith Tube Station에서 만난 학생들은 정말 다양하였다. 그러나 이번에는 학생 대부분이 MOOC 강좌를 개인적인 호기심을 충족시키기 위해 혹은 개인적 성장을 위해 수강하고 있는 것처럼 보였다. 이때, 처음으로 학생 한 명이 카메라를 들고 와서 실제 상담의 대화를 녹화하였다. 이후 나는 농담 삼아 미시간대학의 디지털 교육 그룹의 동료에게 나와 함께 여행을 다니며 상담을 녹화해줄 카메라맨을 고용할 수 있는지를 물어보기도 하였다. 이후 우리는 수업을 리얼리티 쇼로 바꿀 수 있지 않을까 하고 잠시 생각해보았다. 그들은 "안돼요"라고 대답했지만 말이다.

그 해 말, 슬로베니아와 크로아티아에서의 상담에는 몇몇 학생만이 나타났다. 그들은 그 나라에서 학위 과정을 밟으면서도 교육적 경험을 다양화하기 위한 의식적인 노력을 하고 있었다. 애리조나 주 피닉스에서의 상담에 나타난 두 명의 학생은 모두 연령이 많고, 높은 학력을 가지고 있었으며 이미 확고한 경력을 가지고 있었다. 그들은 Coursera의 수업이 그들이 놓치고 있었을 수 있는 무언가를 배우는 데 매우 훌륭한 방법이라고 보고 있었다.

내가 2014년 2월 솔트 레이크 시티에서 상담시간을 가졌을 때, 오직 한 명의 학생이 나타났는데, 그는 매우 흥미롭고 참여적인 사람이었다. 그는 커리어에 대해 믿을 수 없을 정도로 역동적이면서도 느슨한 접근을 취하고 있는 최초의 학생이었다. 그는 정규교육을 받지 않았으나 기술 회사에서 꽤 훌륭히 업무를 수행하고 있었다. 그는 매우 똑똑하였고 공식교육에 흥미를 느끼지 못해 특히 직장을 옮기고자 결심하였을 때와 같이 필요할 때마다 스스로 학습하곤 하였다. Coursera는 무료로 여가시간에 필요한 학습 경험을 할 수 있다는 점에서 매우 이상적으로 느껴졌다.

2014년 5월, 워싱턴 DC에서 이전의 후속 상담을 진행했을 때, 나는 "Programming for Everybody"라는 두 번째 MOOC를 시작하였다. 이번에는 특히 프로그래밍에 대한 사전 지식 혹은 수학에 대한 지식이 없는 사람들을 위한 Python 컴퓨터 언어에 대한 강좌였다.

워싱턴 DC, 서울, 멜버른, 런던 등에서 매우 즐거운 시간을 보낸 반면, 2014년 6월, 플로리다의 마이애미에서의 상담은 다른 때보다도 훨씬 나의 마음을 움직였다. 약 절반의 학생들은 전형적인 중산층의 학생들이었고, 이들은 수업을 즐겁고 가능성이 많은 것으로 바라보고 있었다. 그러나 몇몇 학생들은 Coursera를 그들을 위해 존재하는 교육 자원의 하나라고 생각하였다. Coursera는 그들에게 자신의 교육 여정으로 돌아갈 수 있는 길을 제공하였다. 따라서 Coursera는 교육적 약자에게나 직장을 구하는 사람들에게 기회를 제공하는 자원이다.

가장 최근의 상담 경험은 바로 이 장을 쓰고 있는 2014년 7월에 이루어졌다. MIT 근처의 캠브리지에서였다. 나는 이때의 기억을 좋게 가지고 있는데, 방안에 에너지가 가득했고 절반의 학생들은 직장을 가지고 있었고 고학력이었다. 한 학생은 전 MIT 교수였고, 다른 학생은 더 공부하고자 하는 전업주부였다. 그럼에도 불구하고 그날 가장 재미있었던 대화는 비기술분야 학사 학위를 가졌으나 기술분야에서의 교육을 통해 그쪽 분야로 직업을 찾고자 하는 학생과 이루어졌다. 이 대화를 통해 나는 Coursera가 프로그래밍과 웹 디자인에 관한 수준 높은 강좌를 제공할 필요가 있다고 느꼈다. 좋은 소식은, 다른 기술적으로 능통한 학생들이 이 사람이 새로운 진로를 시작할 수 있게끔 도울 수 있는 주변의 활발한 기술 커뮤니티에 대한 이해를 가질 수 있게 되었다는 것이다. 다시 말해 나의 Coursera MOOC는 이 학생이 부가적인 자원을 찾고 전문가와의 네트워크를 찾을 수 있도록 도울 수 있는 커뮤니티에 연결시켜 주었다.

지금까지 나는 MOOC 강좌에 대한 25회 이상의 면대면 상담을 진행하였다. 상담 횟수와 관계없이, 이야기는 끝나지 않는다. 항상 학생들로부터, 학생들과 함께 배울 새로운 것이 존재한다. 학생들은 종종 와준 것, 가벼운 코멘트를 준 것들에 대해 감사를 표현한다. 이때, 나는 이러한 상담시간을 가지게 된 동기가 나 스스로를 위한 것이었음을 설명하고자 한다. 면대면 상호작용이 없었다면 나는 내가 누구를 가르치고 있는지 몰랐을 것이고, 그 얘기는 다시 말해 내가 왜 가르치고 있는지를 몰랐을 것이란 뜻이다. 나는 아마도 1990년대 후반에 했던 나의 온라인 강좌(개인적 연결이 부족했던)와 마찬가지로 MOOC를 그만두었을지도 모른다.

MOOC 학생들의 목소리

상담시간은 다른 MOOC 교수에게는 기대하기 어려운 경험이었다. MOOC 참여자들과 면대면 회의를 사용한다는 가능성을 보여주는 방법으로, 나는 텍사스 오스틴에서 열린 2014 SXSWedu 컨퍼런스에서 프레젠테이션을 하였다. 제목은 MOOC 학생들의 목소리였다. 나의 목적은 사람들에게 MOOC의 학생들에 대해 알리는 것에 있었다. 지난 24개월 동안 세계 각 지역에서 이루어진 MOOC 학생들과의 대화를 통해 나는 그들의 이야기가 다양하고, 흥미롭고, 꼭 들을 필요가 있었다고 생각한다.

그래서 나는 MOOC를 통해 가르쳤던 10만 명 이상의 학생들을 불러 MOOC에 대한 느낌을 담은 짧은 비디오를 보내줄 것을 요청하였다. 이 자료를 편집하고 연결하여 SXSWedu 발표에 활용하고자 하였다. 유튜브를 활용하여 보내오는 비디오를 수집하였고 상담시간에 만났던 사람들보다 더 많은 사람들의 각기 다른 관점을 조합할 수 있었다. 내가 수집하였던 학생 비디오와

SXSWedu 발표를 voices.dr-chuck.com에서 볼 수 있다.

나의 "Voices" 프로젝트로부터 알게 된 학생들의 MOOC 수강 동기는 다음과 같다.

- 최근에 공식 교육과정을 마치고 좋은 직장을 구했으나 여전히 학습을 삶의 일부분으로 하고 싶어 하는 학생들
- 그들의 진로의 일부분으로 지속적인 교육의 필요가 있으나 지리적인 이유나 다른 이유로 수업에 직접 참석하기는 어려운 학생들
- MOOC 운동과 이것이 가진 사회적 혁신의 잠재력에 열광하는 학생들
- 다른 문화를 접해보고 그 경험을 통해 학습하고 싶은 학생들

나는 지속적으로 학생들의 참여를 요구하였고 수집된 새로운 비디오 클립들은 "Voices of the Students in MOOCs"라는 나의 유튜브 채널을 통해 수합될 것이다. 웹사이트를 서치하여 이 비디오들을 한두 편 보게 된다면 이 장의 아이디어가 더 생생하게 다가올 것이다.

결론

MOOC의 생성은 누군가가 우연히 선진 문명으로부터 온 테크놀로지를 발견하고 도구를 활성화시키는 마치 공상 과학 영화의 시나리오와 같다. 우리는 정말 대규모의 MOOC를 2011년 가을에 발견하게 되었다. Daphne Kollar, Sebastien Thrun, Andrew Ng, 그리고 몇몇 사람들이 인터넷 연결을 가진 누구에게나 그들의 수업을 공개하게 되었다. 이후 전 세계 수백만 명의 사람들로부터 즉각적이고 넘쳐나는 반응을 얻게 되었다.

3년 동안 지속적인 연구와 실험을 통하여 우리는 어떻게 더 효과적인 MOOC

를 설계할 수 있는지 배우게 되었다. 수십여 개의 대학들이 이 운동에 참여하고자 결정하였다. 동시에, 많은 연구들이 MOOC에 참여하는 학생들로부터 수집된 광대한 양의 데이터를 분석하였다. 유명한 대학들은 그들의 순위와 브랜드를 제고하기 위해 MOOC를 어떻게 활용할 것인지에 대한 전략을 수립하고 있다. 자연히 몇몇 교수들은 MOOC를 활용하고 공개된 교육 자원들을 활용하여 새로운 환경에서 생존하고자 노력하고 있다. 실제로 오하이오 주립대학의 한 교수는 Coursera를 통한 Calculus One이라는 MOOC의 대 성공으로 인해 정년보장을 받기도 하였다.

나 개인적인 느낌으로는 MOOC의 성공과 이미 가용한 데이터와 분석이 넘친다는 것이 오히려 가장 기본적인 문제의 본질을 간과하게 할 수 있다고 본다. MOOC를 통해 우리는 무엇을 느끼는가? 무엇이 MOOC의 본질이고 기본 정신인가? 왜 우리는 MOOC에 있는가? 이 책의 다른 장들을 읽으면서 여러분 스스로의 결론에 이르게 될 것이다. 그리고 스스로의 MOOC에 대한 경험을 갖게 될 것이다.

나는 이러한 질문의 답이 빅데이터에서 찾아질 것이라고 생각하지 않는다. 그리고 나는 이러한 질문들에 단 하나의 답이 존재한다고 생각하지도 않는다. 나의 경험을 보면 MOOC의 학생들은 우리가 상상하지 못했던 방식으로 그들의 학습 경험들로부터 가치를 얻는다. 학생과 더 많이 대화하면 할수록, MOOC가 학생의 평생학습의 방향을 긍정적으로 변화시키는 매우 다양한 방법을 가지고 있음을 알게 되었다. 학생들과 상호작용을 하면 할수록 모든 학생들의 평생학습이 매우 다름을 깨닫게 되었다.

고등교육 분야에서는 학생들의 학습을 실제 물리적 장소인 캠퍼스에서 4년간 집중적이고 몰입하는 학습 경험을 통해 변화시킬 수 있다고 생각해왔다. 그러나 중세부터 내려온 전통적인 교육방식을 통해서 교육적 경험을 필요로 하는 전 세계 모든 이를 교육시킬 공간과 돈이 충분하지 않다는 것은 명백하다. MOOC를 통해서 한 명의 교수가 수백만 명의 학생을 교육시킬 수 있다. 그러나 새로운 인구의 진정한 요구를 정확하게 파악하기 전까지는 10주의 학습 경험을 넘어서서 학습자들이 진정으로 원하는 교육을 제공할 수 없을 것이다.

나는 MOOC와 같은 새로운 교육적 형태를 이해하는 최선의 방법은 커피나 차를 공유하는 구식 방법을 사용하는 데 있다고 본다. 그러나 중세와는 달리, 고도로 네트워크로 연결되어 있고 디지털 교육의 시대에서 MOOC의 교수자들은 이제 MOOC에 참여하는 학생들을 실제 커피숍에서 방문할 수 있는 기회를 갖는다. 그곳에서 교수자는 실제로 전 세계 학생들과 만날 수 있고, 그들의 다양한 요구, 기대, 경험에 대해 더 잘 이해할 수 있을 것이다. 할 수 있다면 이러한 기회를 가졌으면 한다. 이 학생들은 여러분을 필요로 한다.

Charles Severance | 미시간 주립대학에서 컴퓨터 사이언스의 학사, 석사, 박사 학위를 얻었다. 그는 현재 미시간대학의 School of information에서 clinical associate 교수로 재직 중이다. 그는 Cousera를 통해 'Internet History, Technology, and Security'와 'Programming for Everybody'라는 유명한 MOOC를 가르치고 있다. 또한 IEEE 컴퓨터 매거진의 편집장이며 〈Sakai: Building an Open Source Community〉를 집필하였다. 그는 매체를 개인적 취미로 여기며, MediaOne에서 제작한 'Nothin but Net', 'Internet: TCI'를 포함한 여러 TV 쇼를 진행하였다. 또한 인터넷과 테크놀로지에 대한 라디오 쇼를 10년간 공동 진행하였다.

16

교사 전문성 신장을 위한 MOOC의 개발

Bernard Robin | Sara McNeil

전 세계의 교육자들과 마찬가지로 우리는 MOOC에 대한 뉴스와 연구결과를 관심 있게 지켜보았다. 수많은 MOOC관련 보고서와 발표를 읽고 난 후 우리는 공교육 교사들의 전문성 신장을 위한 MOOC 시리즈 개발에 관심을 갖게 되었다. 2013년, UHS(University of Houston System)와 9개 주립대학은 MOOC 플랫폼인 Coursera와 컨소시엄을 형성하였고, MOOC 테크놀로지와 콘텐츠를 이용하여 고등교육의 수료율, 교육의 질, 그리고 접근성의 개선 가능성을 탐색하고자 하였다. 우리는 UHS로부터 3년간 연구지원을 받아 Coursera 플랫폼을 탐색하고 교육과정을 개별화할 수 있는 방안, 어떤 방식이 최선인지 알아보기 위하여 다수 학생들의 경험을 분석하고자 하였다. 이듬해, 공교육 교사들이 교실 안에서 학생들의 능동적 학습을 지원하는 데 사용할 수 있는 혁신적인 테크놀로지 도구에 초점을 맞춘 MOOC를 설계, 개발, 전달하고자 하는 계획을 세웠다.

6개의 MOOC 시리즈를 위해 선택한 주제는 "Powerful Tools for Teaching

and Learning"으로 교수-학습을 위한 효과적 도구들이었다. 주제와 MOOC에 탑재된 시기는 다음과 같다: 1) 교육을 위한 새로운 테크놀로지 도구와 디지털 스토리텔링의 교육적 사용(2014년), 2) 디지털 그래픽의 교육적 활용과 디지털 포토그래피의 교육적 사용(2015년), 3) 프레젠테이션의 설계, 개발, 평가와 디지털 비디오의 교육적 활용(2016년). 이러한 목적을 달성하는 데 도움을 주기 위해 휴스턴대학은 Coursera 플랫폼을 받아들였다(Coursera, 2014).

멀티미디어의 협력적 설계 및 개발

2013년 가을, 우리는 "멀티미디어의 협력적 설계(The Collaborative Design of Multimedia)"와 "멀티미디어의 협력적 개발(The Collaborative Development of Multimedia)"이라는 대학원 수업을 가르치기로 되어있었다. 두 과목은 교육 관련 주제에 대한 상호작용적 멀티미디어 자원을 기획하고 개발하는 데 초점이 맞추어져 있었다. 두 과목은 서로 연결되어 있었고 두 명의 교수가 협력하여 가르쳤다. 두 과목의 과제와 기말 프로젝트는 서로 연결되어 있어서 하나의 수업과 관련된 작업이 다른 수업의 과제에 활용될 수 있었다(McNeil & Robin, 2013). 두 수업의 주요 목표는 학생들이 협력적 설계 과정을 경험하면서 멀티미디어 저작 소프트웨어 활용법을 익히고 이 지식을 실제 팀기반 환경에서 적용할 수 있도록 하는 것이었다.

우리는 디지털 스토리텔링과 교사들을 위한 새로운 테크놀로지에 대한 초기 2개 MOOC의 설계와 개발이 이 연계된 두 개의 강좌를 개발하는 데 매우 의미 있는 프로젝트였다고 느꼈다. 왜냐하면 그 경험이 학생들로 하여금 우리가 연구하고자 하였던 MOOC과 관련된 다양한 이슈를 탐색하도록 하였기 때문이다. 최근에 미래 교육에 대한 MOOC의 영향력(Billington & Fronmuller, 2013), 교수학습에 대한 MOOC의 영향(Martin, 2012), MOOC가 해결할 수 있는 기존 교육의 문제들(Rivard, 2013), MOOC에 대해 연구가 필요한 분야(Liyanagunawardena, Adams, & Williams, 2013), 면대면과 온라인 MOOC의 결합(Bruff, Fisher, McEwen, & Smith, 2013)과 같은 주제에 대해 연구가 이루어지고 있다. 우리는 MOOC의 설계 및 개발의 본질과 교수자료의 설계와 개발을 팀 구성원으로서 학생들이 검토하게 될 중요한 이슈라고 생각한다.

학기 초에 우리는 MOOC로 할 수 있는 최대한으로 학생들과 더불어 학습에 몰입하였다. 우리뿐만 아니라 학생들도 동시에 제공되는 또 다른 MOOC에 등록되어 있었다. 수업시간에 이루어진 토론에서 그들이 등록한 MOOC들의 유사점과 차이점에 대해 자세히 얘기 나눌 수 있었다. 이 토론을 통해 문헌(Abramson, 2013; Kolowich, 2013; Lombardi, 2013; Marshall, 2013)에 이미 개괄적으로 소개된 MOOC의 기본적 질문에 대해 대답하려고 노력하였다. 질문들은 다음과 같다: 왜 학생은 MOOC를 수강하려고 하는가? 왜 교수들은 MOOC를 개발하고 가르치려고 하는가? 왜 대학은 MOOC를 무료로 제공하려고 하는가?

학생들과 함께 우리는 몇 주간을 할애하여 우리가 개발하고자 하는 두 개 MOOC의 콘텐츠와 전략에 대한 아이디어를 브레인스토밍하였다. 두 MOOC의 원래 콘텐츠는 기존 대학원 프로그램인 디지털 스토리텔링과 새로운 테크놀로지에서 가져왔다. 첫 번째 도전은 일반적인 15주 분량의 수업에서 다루어진 방대한 양의 콘텐츠를 5주 분량의 MOOC로 압축하고 변환하는 것이었다. 팀에게 닥친 두 번째 도전은 적절한 과제를 선정하는 것이었다. 학생-교수간 상호작용이 줄어들게 되는 것(Dolan, 2014), 독립적 학습자로서의 학생들(Yuan & Powell, 2013), 학생 수행의 평가(Guàrdia, Maina, & Sangrà, 2013; Sandeen, 2013), 일반적으로 MOOC의 낮은 수료율(Daniel, 2012) 등의 문제로 설계관련 의사결정이 어려워질 수 있는 MOOC의 독특한 여러 문제들이 산재해 있었다.

첫째로 팀은 교육적 요구를 파악하고 수업목표를 설정하였고 콘텐츠를 작성하고 스토리보드를 개발하였다. 둘째로, 팀은 다뤄야 할 주제, 대략적 일정, 평가준거, 그래픽과 인터페이스 디자인에 대한 가이드라인 등을 포함한 구체적인 구성요소를 개발하기 시작하였다. 팀 프로젝트를 진행한 지 5개월 후 우리의 역할은 정보 전달자, 교수에서 조력자, 그리고 관찰자로 변해갔다. 강좌의 구조는 시간이 지남에 따라 점차 감소하였고 학생들이 팀으로 작업하면서 팀 회의 조직, 수업 토론 등에 대해 주도적으로 진행하였다.

웹스케이프(Webscape) 모델

우리는 10여 년 전에 웹 기반 멀티미디어 교육환경 설계를 위한 새로운 모델을 개발하면서 웹스케이프(Webscapes)라는 신조어를 만들어냈다(Robin & McNeil, 1998). Webscape 모델에는 다섯 가지 구성요소가 있다(Robin & McNeil, 2015). 우선 학생, 교수, 내용전문가가 작은 팀을 이루어 멀티미디어를 활용한 교육 프로젝트의 설계 및 개발을 위해 협력한다. 다양한 팀 구성이 다양한 사회, 문화, 인종, 교육적 주제와 관점을 설계와 개발 과정에 녹여내어 프로젝트의 결과를 만들어내는 데 중요한 역할을 한다.

둘째, 우리는 세련된 멀티미디어 저작 프로그램, 동적 데이터베이스, 디지털 스토리텔링 소프트웨어, 디지털 비디오 편집도구 등 다양한 테크놀로지 도구와 자원을 활용한다. 이 과정에서 학생들은 다양한 프로젝트에 활용할 수 있는 멀티미디어 도구 사용법을 알게 되고 주어진 상황에 가장 적합한 도구를 선택할 수 있는 능력을 갖게 된다.

셋째, 우리는 실제 교사와 학생들, 전 세계의 웹 사용자들이 사용할 실제 프로젝트를 만든다. 교수와 학습은 도전적인 프로젝트의 맥락 안에서 일어나게 된다(Lee & Lim, 2012; Thomas, 2000; Vega & Brown, 2013).

넷째, Webscape 프로젝트는 Willis(1995)가 개발한 구성주의적이고 팀 기반의 교수설계(ID) 절차를 따른다. 교수설계 과정은 성찰적이고 반복적인 특징을 가지고 있고 기획은 비선형적이고 유기적이며, 협력적으로 이루어진다.

마지막으로, 프로젝트 자체가 매우 복잡하고 다면적이기 때문에 Webscape 프로젝트는 한 학기에 마무리될 수 없다. 그래서 프로젝트는 1년 정도 지속되곤 한다. 이러한 Webscape 모델의 다섯 가지 구성요소는 (1) 소규모 팀 협력, (2) 다양한 멀티미디어와 테크놀로지의 활용, (3) 실제 프로젝트, (4) 성찰적, 반복적 교수설계, (5) 연장된 개발과정으로, 결과적으로 이러한 요소들이 매우 상호작용적이고 참여적인 학습 환경을 만들어낸다.

Webscape 모델의 연결고리

소규모 팀 협력

교수자로서 우리의 관점에서 Webscape 모델을 MOOC의 설계와 개발에 적용하는 데 많은 어려움이 있었다. 가장 큰 문제는 MOOC의 내용과 관련한 경험과 전문성이 충분히 많음에도 불구하고 디지털 스토리텔링, 교사들을 위한 새로운 테크놀로지라는 주제가 대부분의 학생들에게 생소한 것이라는 데 있었다. 그 결과 우리는 학생들에게 MOOC를 수강하려는 학습자의 역할로 생각하고 MOOC를 통해 어떤 학습경험을 기대하는지 파악해볼 것을 요청하였다. 콘텐츠 지식의 부족에 대한 불안감을 경감시키기 위하여 그들이 개발하고자 하는 프로젝트의 콘텐츠 분야에 전문가가 거의 없다는 것을 주지시켰다.

다양한 멀티미디어와 테크놀로지의 활용

우리는 최신의 혁신적인 테크놀로지를 Webscape에서 활용하여 자원의 전 세계적인 접근을 가능하게 하는 한편, 테크놀로지의 한계를 넘고자 하였다. 가장 초기의 Webscape 프로젝트에서 많은 학생들은 HTML을 활용한 웹페이지 저작, 그래픽 활용, 파일을 웹서버에 올리는 방법 등을 포함한 기본적인 웹 설계 기술을 배우고자 하였다. 그러나 우리는 초기에도 기본적인 기술을 습득한 이후에 학생들에게 퀵타임, VR, 자바스크립트, 스트리밍 비디오와 같은 보다 어려운 테크놀로지를 학습하도록 권장하였다. 가장 최신의 혁신적인 테크놀로지를 사용하도록 꾸준히 노력했더니 최신의 툴을 가지고 교육적 자원을 개발할 수 있게 되었다. 사용자 인터페이스 설계와 관련된 중요한 이슈들을 검토하고 다양한 웹 사용자들의 접근성과 사용성까지 고려하게 되었다.

실제 프로젝트

학생이 자신을 위한 프로젝트를 진행할 때 설계 과정은 비교적 쉽다. 그러나 프로젝트가 팀에 의해 진행될 때 모든 것은 변화한다. 예를 들어, 최종 개발물에 대한 기대수준이 훨씬 높아지고 다양한 생각과 관점이 합쳐지므로 프로젝트의 범위도 훨씬 넓어진다. 품질의 기준 역시 팀 구성원이 개인적 관점을 투여하고 함께 고민함으로써 상승하게 된다.

우리는 연결된 두 개의 강좌에 일부러 "갈등"이라는 설계 요소를 포함시켰다. 처음에 우리가 학생들에게 학습목표, 필요한 자료의 체크리스트, 내용에 대한 상세한 개요 등을 제공하지 않았을 때 학생들은 조금 당황하였다. 그러나 15주를 지내면서 학생들은 자료를 설계하고 개발하는 능력, 목표를 설정하는 능력, 어떤 자료가 요구되는지 스스로 결정하는 능력, 자료들이 어떻게 구조화되어야 하는지 결정하는 능력에 대해 점차 자신감을 갖게 되었다.

성찰적, 반복적 교수설계

이 수업의 학생들은 Dick과 Carey의 모델(Dick, Carey, & Carey, 2011)을 사용하여 간단한 프로젝트를 개발하는 교수설계의 기본 강좌를 이수하였다. 이 모델에 "수업수정(revise instruction)"이라는 단계가 있음에도 불구하고 대부분의 학생들은 교수설계의 과정이 선형적이라고 여겼다. 우리가 이들 수업에서 활용한 성찰적이고 반복적인 교수설계 모델에서 학생들은 개선과 수정이 전체 절차를 걸쳐 필요한 것이라는 점을 인지하기 시작하였다. MOOC가 Webscape를 위한 훌륭한 주제인 까닭 중의 하나는 MOOC를 개발하기 위한 범용 모델도 없고, 명확한 정답이 존재하지도 않는다는 데 있었다(Franka, Meinel, Totsching, & Willems, 2013; Schrire & Levy, 2012). 교수설계 절차에 대한 학생들의 생각은 MOOC를 설계하고, 성찰과 수정의 과정을 프로젝트의 설계에 활용하고 나서부터 매우 많이 변화하였다.

연장된 개발과정

앞서 언급했듯이 대부분의 Webscape 프로젝트는 매우 복잡하고 다면적이기에 한 학기에 마무리되기가 불가능하다. 가을학기 동안 두 개의 MOOC를 설계하는 데 많은 진전이 있었지만, 비디오, 퀴즈, 토론 과제 등과 같은 실제 콘텐츠 자료는 아직 개발되지 못했었다. 자료 개발 작업에는 그 이후 봄, 여름학기 동안 원래 팀에 있던 5명의 학생들과 우리 연구실에서 일하는 다른 한 명의 학생이 내용전문가로 함께 참여하였다.

느낀 점

MOOC를 설계하고 개발하는 협력적 노력을 시작하면서 우리는 새로운 MOOC의 개발과 기존 MOOC의 개선을 지속하도록 도와줄 수 있는 전문성과 통찰력을 얻었다. 다음에는 우리가 지금까지 과정을 거치며 배운 중요한 교훈들을 소개한다.

텍스트 콘텐츠를 비디오로 전환하기 MOOC를 위한 교육적 자료를 많이 갖고 있다 하더라도 5주 형식에 적합한 콘텐츠의 양을 선정하는 것은 생각보다 훨씬 많은 시간을 필요로 하였다. 콘텐츠를 짧은 비디오로 전환하는 것이 MOOC에서 선호하는 내용 제시 방식이어서 이를 시행하는 데도 생각보다 훨씬 많은 시간이 걸렸다.

예를 들어, 이전 Webscape 프로젝트에서 멀티미디어 콘텐트의 선정과 관련된 텍스트 기반의 많은 웹 페이지를 개발하였다. 이 프로젝트에서 주요 초점은 단순히 텍스트를 읽는 것을 대체하여 참여자들이 시청할 수 있는 비디오 클립을 많이 만들어내는 데 있었다. 그래서 가지고 있는 대부분의 자료를 짧은 비디오 클립으로 다시 포맷해야 하였다. 우리는 비디오를 위한 범위, 시퀀스 등을 만들어내야 했고 어떤 비디오가 5주 분량에 적합할지 결정해야 했기에 이는 매우 어려운 도전이었다. 그리고 우리는 어디에서 비디오를 찍을 것인지, 교수가 출연할 것인지 말 것인지, 어느 정도 길이로 만들어야 하는지, 어떤 포맷을 사용할지, 배경음악은 무엇이 될지 등등의 주요한 이슈들에 대해 의사결정을 해야 하였다.

의사결정은 대부분 과정 초기에 비디오를 찍고 나서야 이루어졌다. 우리는 비디오 제작에 수반되는 여러 가지 변수들을 충분히 파악하지 못하고 있었다. 예를 들어, 미리 스크립트를 써야 하는 중요성에 대해 이해하지 못하였다. 그 결과, 초기 비디오에서는 교수가 즉흥적으로 말하기도 하였다. 우리는 교수가 주제에 대해 꽤 잘 알고 있어서 스크립트가 필요 없을 것이라고 가정하였다. 불행히도 이는 잘못된 가정으로 판명되었다. 수천 명의 학생들이 온라인에서 시청할 비디오 카메라 앞에서 말하는 것이 소수의 학생들을 면전에 두고 말하는 것과는 매우 다른 상황이라는 것을 이해하게 되었다.

테크놀로지에 대한 범접근성 잠재적으로 100여 개의 다양한 국가의 수천 명의 온라인 학습자를 위한 테크놀로지 기반 과제를 만든다는 것은 창의성과 융통성 모두를 필요로 한다. 예를 들어, 디지털 스토리텔링 MOOC에서 우리는 학생들이 오디오와 비디오 파일을 공유하여 서로의 작업에 대해 동료 피드백을 얻기를 기대하였다. 그러나 온라인에서 멀티미디어 파일을 공유한다는 것은 몇몇 국가의 학습자에게만 유리하였다. 반면, 교사를 위한 새로운 테크놀로지 MOOC에서 무료 웹 2.0 도구는 모든 국가의 학습자들에게 똑같이 활용 가능하였다.

Coursera 플랫폼의 활용 우리는 수많은 시간을 Coursera가 MOOC 구조에 어떤 영향을 미치는지, 그래서 가르치는 방식에 어떻게 영향을 주는지(Lane, 2009)에 대해 탐색하는 데 보냈다. 우리는 매우 많은 시간을 Coursera 플랫폼을 어떻게 활용해야 하는지 학습하는 데 써야만 하였다. 물론, 이러한 이슈를 더 일찍 다루었다면 도움이 되었을 것이다. 테크놀로지를 매우 잘 활용하게 되어 뿌듯했던 만큼, 새로운 내용 전달 시스템을 사용하는 방법을 배우는 것은 생각보다 간단하지도 않았고 직관적이지도 않았다.

MOOC 개발에 대한 지원 MOOC 개발이 우리 대학에서는 비교적 새로운 일이었기에 MOOC 개발을 지원하는 시스템이 그 당시 부재하다는 것을 알게 되었다. 그 결과 우리는 많은 일들을 우리 스스로 해야만 하였다. 비디오를 찍기 위해 조용한 장소를 섭외하는 것부터 오디오 내레이션을 녹음하는 일, 멀티미디어 파일을 편집하는 일, Coursera에서 제공될 웹 페이지의 HTML 코드를 작성하는 일까지 말이다. 물론 우리는 운 좋게도 재능이 많고 동기가 높은 대학원생들의 도움을 받았다.

저작권 이슈 Coursera가 영리 회사이기에 우리가 MOOC에서 사용하는 콘텐츠가 저작권 제한에서 자유로워야 한다는 것을 알게 되었다. 캠퍼스에서 개설되는 교과목의 경우 비영리 교육 목적의 가이드라인하에 몇몇 자료를 사용하기도 하는데, MOOC에서는 저작권 관련 요구사항이 조금 달랐다. 그러나 몇몇 학생들은 교육적 사용이 훨씬 더 제한적인 나라에 있기에 우리가 자체 제작하였거나 사용 허가를 받은 자료만 MOOC에 포함하는 것이 중요하다고 느꼈다.

연장된 기한 처음에는 설계 프로세스에 대해 학기의 처음 절반 기간 동안 배우고 나머지 절반에는 개발에 대해 시간을 할애하고자 하였다. 그러나 실제로 설계 프로세스를 다루는 데 생각보다 시간이 많이 걸렸다. 학기 내내 학생들은 설계관련 의사결정과 씨름해야 했고 우리도 역시 그랬다. 우리가 과도하게 열정이 넘치고 낙관적인 시간계획을 가지고 있었다는 것은 대부분의 학생들에게, 또 우리의 첫 번째 MOOC 설계 경험이라는 점에서 그리 놀라운 것은 아니었다. 사실, 우리 학생들은 MOOC가 무엇이고, 어떻게 작동하는지에 대해 처음으로 접하는 것이었다.

설계관련 의사결정 우리는 두 개의 MOOC를 동시에 설계하는 것보다는 하나의 MOOC를 우선 설계하는 것이 훨씬 용이하고 생산적이라는 것을 알게 되었다. 교사를 위한 새로운 테크놀로지 MOOC를 시작하기 전에 디지털 스토리텔링 MOOC의 개발을 완료하는 데 노력을 집중하였다. 이렇게 함으로써 두 번째 MOOC의 개발이 훨씬 쉽게 이루어졌다. 왜냐하면 어떻게 MOOC의 콘텐츠를 제시할 것인가에 대한 많은 중요한 기술적, 교육적 의사결정이 이미 이루어졌고 이전 강좌 개발에서 얻은 교훈들을 적용할 수 있었기 때문이다.

마지막 분석을 통해 프로젝트에 영향을 미쳤던 설계과정에서 세 가지 중요한 선택이 있었다. 첫째, MOOC를 개발하기보다는 MOOC 시리즈를 개발하는 것이 훨씬 더 의미 있다고 결정하였다. 그리하여 하나의 MOOC를 개발하는 과정에서 얻은 지식과 기술을 활용하여 교사 전문성 개발에 적합한 다양한 교육적 테크놀로지 주제에 대한 부가적인 MOOC를 개발할 수 있었다. 이후에 MOOC 프로젝트의 범위가 꽤 넓어서 개발 과정에 대학원생들을 참여시켜야 하였다. 그들에게도 훌륭한 교육적 경험이 될 것이고 MOOC를 함께 개발하는 방법을 배울 수 있기에 우리에게도 도움이 될 것이라고 생각하였다. 설계와 개발 과정을 통해 학생들은 교수들이 수업 콘텐츠의 설계와 전달을 할 때 마주치게 되는 많은 주요 원리들을 직접적으로 이해할 수 있게 되었다. 마지막으로 우리가 대규모의 교육적 웹 프로젝트를 설계하고 개발하는 데 사용했던 Webscape 모델이 MOOC의 설계를 안내하는 데 활용될 수 있다는 것을 확신하게 되었다.

결론

Webscape 모델은 설계기반 연구 프로젝트라고 말할 수 있을 것이다. 왜냐하면 교육적 실천을 개선하고 성찰을 촉진하며 실제 맥락에서 연구자와 실천가의 협업을 권장하는 데 주목하고 있기 때문이다(Wang & Hannafin, 2005). 교수로서 우리가 얻은 교훈은 전체 6개의 MOOC 시리즈의 설계, 개발, 실행, 평가에 주목하여 진행하고자 한 일련의 설계기반 연구의 기초가 될 것이다.

우리가 처음 두 개의 MOOC의 실행을 통해 수집할 데이터는 다양한 방법으로 도움을 줄 것이다. 첫째, 데이터는 전 세계 온라인 환경의 수많은 학습자들을 위한 교육과정의 설계와 전달을 개선할 수 있게 도와줄 것이다. 둘째, 어떤 테크놀로지가 잘 작동하고 어떤 점이 수정되고 대체되어야 하는지를 평가하는 데 도움을 줄 것이다. 왜냐하면 MOOC 프레임워크가 전형적인 온라인 강좌와 매우 다르기 때문이다. 마지막으로 데이터를 통해 학습 증진을 위해 혁신적 테크놀로지를 활용하는 실제 프로젝트 설계를 위한 가이드라인을 구성하는 데 도움을 줄 수 있을 것이다.

이 프로젝트의 주제가 이전 Webscape 프로젝트의 주제와 전혀 다르긴 하지만, 모델의 주요 요소는 강좌들의 활동을 구성하는 데 매우 효과적이었다. 모델의 다섯 가지 요소는 (1) 소규모 팀 협력, (2) 다양한 멀티미디어와 테크놀로지의 활용, (3) 실제 프로젝트, (4) 성찰적이고 반복적인 교수설계, 그리고 (5) 연장된 개발 기한이며, 이 요소들은 처음 두 개의 MOOC를 설계하는 데 유용한 프레임워크로 활용되었다. 이 프로젝트는 MOOC와 같은 새로운 테크놀로지 기반 교수-학습 방법과 함께 진화하는 Webscape 모델의 최신 모습을 반영하고 있다. 이를 통해 우리는 더 많은, 더 다양한 웹 사용자들에게 다가갈 수 있다.

Bernard Robin ㅣ 휴스턴대학의 Learning, Design, and Technology 학과의 부교수이며 전통적 수업과 더불어 테크놀로지를 결합한 온라인 강좌 모두를 가르치며 멀티미디어의 교육적 사용을 강조하고 있다. 그는 디지털 스토리텔링 활용 분야의 선도자이며 수십 년간 대학에서 가르치고, 워크숍을 진행하고, 논문을 쓰고, 학생들의 연구를 지도하고 있다. 그의 디지털 스토리텔링의 교육적 활용 웹사이트(http://digitalstorytelling.coe.uh.edu)는 교육자와 학생들에게 디지털 스토리텔링이 다양한 교육 활동에 통합될 수 있는 방법을 소개하고 있다.

Sara McNeil ㅣ 휴스턴대학의 Learning, Design, and Technology 학과의 부교수이며 교수설계, 멀티미디어의 협력적 설계, 개발, 정보의 시각적 표현 등의 강좌를 가르치고 있다. 교육환경에서의 새로운 테크놀로지에 대해 연구하고 논문을 발표하고 있다. 그의 멀티미디어 프로젝트는 디지털 히스토리의 설계와 개발(http://www.digitalhistory.uh.edu)을 포함하며, 교사와 학생들에게 매우 많은 고품질 역사 자료를 무료로 제공하고 있다. 새로운 테크놀로지와 21세기 기술들(http://newtech.coe.uh.edu)은 공교육 교사들을 위한 웹사이트로 특정 과업에 대한 적절한 웹 2.0 도구를 선정할 수 있도록 도움을 주고 있다.

참고문헌

Abramson, G. (2013). The newest disruptive technology—MOOCs. *Journal of Applied Learning Technology*, *3*(1), 3–4.

Billington, P., & Fronmuller, M. (2013). MOOCs and the future of higher education. *Journal of Higher Education Theory and Practice*, *13*(3/4), 36–43.

Bruff, D., Fisher, D., McEwen, K., & Smith, B. (2013). Wrapping a MOOC: Student perceptions of an experiment in blended learning. *MERLOT Journal of Online Learning and Teaching*, *9*(2), 187–99.

Coursera. (2014). *Courses*. Retrieved from https://www.coursera.org/courses.

Daniel, J. (2012). Making sense of MOOCs: Musings in a maze of myth, paradox and possibility.

Journal of Interactive Media in Education. Retrieved from http://jime.open. ac.uk/2012/18.

Dick, W., Carey, L., & Carey, J. (2011). *The systematic design of instruction*. Upper Saddle River, NJ: Pearson.

Dolan, V. (2014). Massive online obsessive compulsion: What are they saying out there about the latest phenomenon in higher education? *The International Review of Research in Open and Distance Learning*, *15*(2), 268–81.

Franka, G., Meinel, C., Totschnig, M., & Willems, C. (2013). Designing MOOCs for the support of multiple learning styles. *Proceedings of the 8th European Conference on Technology Enhanced Learning (EC-TEL)*, Paphos, Cyprus: Springer Verlag.

Guàrdia, L., Maina, M., & Sangrà, A. (2013). MOOC design principles. A pedagogical approach from the learner's perspective. *eLearning Papers*, *33*(May), 1–6.

Jordan, K. (2014). Initial trends in enrollment and completion of massive open online courses. *The International Review of Research in Open and Distance Learning*, *15*(1), 133–59.

Kolowich, S. (2013). The professors who make the MOOCs. *Chronicle of Higher Education*, *59*(28). Retrieved from http://chronicle.com/article/The-Professors-Behind-the-MOOC/137905/#id=overview.

Lane, L.M. (October, 2009). Insidious pedagogy: How course management systems affect teaching. *First Monday*, *14*(10). Retrieved from: http://firstmonday.org/htbin/cgi-wrap/bin/ojs/index.php/fm/article/viewArticle/2530/2303.

Lee, H., & Lim, C. (2012). Peer evaluation in blended team project-based learning: What do students find important? *Journal of Educational Technology & Society*, *15*(4), 214–24.

Liyanagunawardena, T., Adams, A., & Williams, S. (2013). MOOCs: A systematic study of the published literature 2008–2012. *International Review of Research in Open & Distance Learning*, *14*(3), 202–27.

Lombardi, M. (2013). The inside story: Campus decision making in the wake of the latest MOOC tsunami. *MERLOT Journal of Online Learning and Teaching*, *9*(2), 239–48.

Marshall, S. (2013). Evaluating the strategic and leadership challenges of MOOCs. *MERLOT Journal of Online Learning and Teaching*, *9*(2), 216–27.

Martin, F. (2012). Will massive open online courses change how we teach? *Communications of the ACM*, *55*(8), 26–8. Retrieved from http://dl.acm.org/citation.cfm?id=2240246.

McNeil, S., & Robin, B. (2013). Linked graduate courses in instructional technology: An innovative learning community model. In R. McBride & M. Searson (Eds.), *Proceedings of Society for Information Technology & Teacher Education International Conference 2013* (pp. 1373–80). Chesapeake, VA: AACE.

Rivard, R. (2013, July). Beyond MOOC hype. *Inside Higher Ed*. Retrieved from http://www.

insidehighered.com/news/2013/07/09/higher-ed-leaders-urge-slow-down-mooc-train.

Robin, R., & McNeil, S. (1998). A theoretical framework for creating Webscapes: Educational information landscapes on the Web. In T. Ottmann & I. Tomek (Eds). *Educational Hypermedia and Multimedia*. Charlottesville, VA: Association for the Advancement of Computing in Education, pp. 1816–17.

Robin, B., & McNeil, S. (2015). Webscapes: An academic vision for digital humanities projects on the Web. *Book 2.0*, *4*(1 + 2). pp. 123-143. doi:10.1386/btwo.4.1-2.123_1.

Sandeen, C. (2013). Assessment's place in the new MOOC world. *Research & Practice in Assessment*, *8*(1), 5–12.

Schrire, S., & Levy, D. (2012). Troubleshooting MOOCs: The case of a massive open online course at a college of education. In T. Amiel & B. Wilson (Eds.), *Proceedings of World Conference on Educational Multimedia, Hypermedia and Telecommunications 2012* (pp. 761–6). Chesapeake, VA: AACE.

Thomas, J. (2000). *A review of research on project-based learning*. San Rafael, CA: Autodesk Foundation. Retrieved from http://www.bie.org/research/study/review_of_project_based_learning_2000.

Vega, A., & Brown, C. (2013). The implementation of project-based learning. *National Forum of Educational Administration & Supervision Journal*, *30*(2), 4–29.

Wang, F., & Hannafin, M. J. (2005). Design-based research and technology-enhanced learning environments. *Educational Technology Research and Development*, *53*(4), 5–23.

Willis, J. (1995). A recursive, reflective instructional design model based on constructivist-interpretivist theory. *Educational Technology*, *35*(6), 5–23.

Yuan, L., & Powell, S. (2013). *MOOCs and open education: Implications for higher education*. Bolton: CETIS. Retrieved from http://publications.cetis.ac.uk/wp-content/uploads/2013/03/MOOCs-and-Open-Education.pdf.

17

MOOC에 대한 페미니스트적 대안

DOCC의 시작

Erika M. Behrmann | Radhika Gajjala | Elizabeth Losh | T.L. Cowan | Penelope Boyer | Jasmine Rault | Laura Wexler | CL Cole

시위, 반달리즘, 학생들의 부정행위 등이 2013년도를 물들였다. 재미있게도 이러한 퇴행은 정치 때문이 아니다. 오히려 이것은 MOOC에 대한 저항에서 이루어졌다. 교수들은 직업을 잃고 전통적인 교실수업의 역동성을 잃을까봐 두려워하였다. 교수들이 새로운 형식의 교육 전달방식을 묵살했음에도 불구하고 학교들은 여전히 MOOC의 무한한 가치를 보았고 MOOC를 사용하도록 권장하였다. FemTechNet과 DOCC는 모두 교수들의 꺼림과 회의의 시점에 도드라진 쟁점들에 대응하기 위해 결성되었다.

DOCC(Distributed Open Collaborative Course: 분산된 공개 협력 강좌)는 페미니스트적 교육 통찰에 의해 동기화된 협력적 프로젝트이다. 학습 테크놀로지의 최근 발전을 활용하여 통찰력을 디지털 지식 생산이나 협력적 가능성에 통합하고자 하였다. DOCC의 의무와 프로세스에 대한 집중적인 성찰이 있었다. 앞으로 사람들은 지식의 공동 개발, 분산된 전문성의 인지, 분산된 자원들의 협동적 활용 등에 집중하게 될 것이다. 그래서 DOCC는 하나의 강좌를 가르치는 데 일반적으로 요구되는 것 그 이상의 노동과 노력을 요구하였다. DOCC를 설계하고 실행하는 데에는 독특한 요구, 강점, 다양한 지역 환경의 제한점에 맞추어 변형된 다양한 플랫폼과 교육학적 모델 사이의 협력이 필요하였다.

이 장의 저자들은 DOCC의 시작부터 내내 참여하였다. 2013년에 DOCC 네트워크는 18개의 사이트와 27명의 교수자를 포함하였다. 교수자들은 다양한 기관, 직위, 학문분야의 배경을 가지고 있었다. 우리의 교수진은 Bowling Green State University, Brown University, Ca Poly San Luis Obispo, Colby College, Yale University, New School, UC San Diego, Pitzer College, University of Illinois, Ohio State University, Penn State University, Cal State Fullerton, Rutgers University, Ontario College of Art + Design에 재직하고 있었다. 우리는 텍사스 주의 산 안토니오와 매사추세츠 주의 노스햄프턴, 두 개의 커뮤니티 기반 프로젝트를 진행하고 있었다. 우리 교수진들은 미디어, 과학, 테크놀로지, 문헌정보학, 순수/응용 미술, 미국학, 성과 여성학, 인류학 등의 학과에 소속되어 있었다. 다양한 학문분야를 넘나들 뿐만 아니라 지역에서 이루어지는 수업들은 그 규모나 수준에 있어서 매우 다양하였다. 수업은 학부의 일반 교육, 입문 수업에서 전문화된 학부나, 대학원 세미나까지 다양하였다. 대부분의 강좌가 온라인과 오프라인 강좌의 하이브리드 형태였고 DOCC 강좌 중 두 개의 강좌는 완전히 온라인으로 진행되었으며, 오하이오 주립대학에서 개설된 하나의 강좌는 Second Life[1]상에서 진행되었다. 18개 도시에서 200명 이상의 등록된 학습자가 참여하였고 25명의 청강생이 있었다. 두 명의 학생만이 강좌를 마치지 못하여 99퍼센트의 수료율을 보였다.

---

1 역자주: Second Life는 린든 랩이 2003년에 개발한 인터넷 기반의 가상 세계다. 이용자('거주자')는 다른 아바타와 상호작용할 수 있고, 소셜 네트워크 서비스를 제공한다. 거주자는 다른 거주자들을 만나고 개인이나 그룹 활동에 참가하며, 가상 자산과 서비스를 다른 이와 거래할 수 있다(출처: Wiki 백과).

FemTechNet의 시작

2012년 봄, New School의 Anne Balsamo와 Pitzer 칼리지의 Alexandra Juhasz는 교육학적 이슈를 논의하기 위해 테크놀로지에 대한 쟁점을 다루는 페미니스트 학자들과 만났다. Fembot Collective가 주관한 리스트서브를 통한 네트워킹, 그리고 4S, HASTAC, ICA 같은 면대면 만남을 통한 네트워킹이 FemTechNet을 탄생시켰다. 이 네트워크는 테크놀로지와 관련한 과학, 페미니즘에 관련된 학자, 예술가, 학생들의 모임이다.

2012년 가을학기 동안 우리는 DOCC 구조를 위한 베타버전의 강좌를 개발하였다. 이 구조는 학교 간 협력에 주목하였다. 예를 들어, Bowling Green 주립대학의 Radhika Gajjala와 Juhasz 교수는 학생들을 연결하여 함께 과제를 수행하도록 하였고, 우리의 메인 서버에 결과물을 게시하였다(http://femtechnet.newschool.edu 참조).

2013~2014 학년도에 교수들은 "페미니즘과 테크놀로지에 대한 대화(Dialogues in Feminism and Technology)"라는 과목에서 이루어진 대규모 학습 실험을 진행하였다. DOCC는 몇몇의 기본적 요소를 포함하였다. 공유된 학습 도구, 공유된 학습 활동이 그것이다. 이러한 도구와 활동을 특정 요구에 부합하게끔 각자의 강좌에 통합시키는 것이 DOCC에 참여하기 위한 요건이다. 주요한 강좌 도구는 Video Dialogue Series로 세계 각국의 학자들이 그 주의 주제에 대한 담화를 녹화한다. 학생들은 그 비디오를 보고, 그들 스스로 Keyword Videos라 불리는 그들의 비디오를 찍는다. 이러한 비디오는 FemTechNet 네트워크에서 공유하고 각 지역의 요구에 맞게 활용된다. 그 외 주요한 활동들은 다음을 포함한다: (1) "Object Exchange", 학생들은 그 나라의 다른 지역의 학생들과 편지를 나누는 펜팔이 된다; (2) Teaching with Wikipedia, 혹은 위키피디아 스토밍, 학생들은 수업에서 배운 것을 성찰하며 Wikipedia를 편집한다; (3) "Feminist Mapping Project"는 학생들이 한 주제의 사회, 역사, 지역의 흔적을 좇아가는

디지털 인터랙티브 지도를 만들어내는 것이었다. 각 지역에서 미리 언급한 활동들을 수정하기는 했지만, 선정된 활동들은 모두 강좌의 주요 주제와 밀접한 관련이 있었다.

"페미니즘과 테크놀로지에 대한 대화" 강좌의 주제는 페미니스트 과학기술 간학문적 연구(예, 신체, 노동, 종족, 성, 기계 등)가 형성한 학문적, 예술적, 활동가적 작업을 파악하면서 도출되었다. Heather Cassils, Skawennati, Shu Lea Cheang, Wendy Chun, Maria Fernandez, Donna Haraway, Lynn Hershman, Alexandra Juhasz, Lisa Nakamura, Dorothy Roberts, Lucy Suchman, Judy Wajcman, Faith Wilding 등의 혁신적 페미니스트들의 작업이 더해진 비디오 대화 시리즈가 만들어졌다. 2013년 가을학기에 새로운 비디오가 매주 소개되었고 이 비디오들은 즉시 시청을 원하는 모든 사람에게 접근 가능하였다. 이 책을 쓰는 시점에 비디오 대화 시리즈는 3천 회 이상 조회되었다.

교수자들은 각 주제와 관련된 읽기자료와 함께 수업계획서를 공유하였다. 읽기자료는 그 주의 비디오에 나오는 페미니스트가 쓴 기초적 텍스트를 포함하기도 하였다. 각 수업의 주요 요소로 교수자와 학생이 비디오에 대해 의견을 남기고 비디오 자료를 새로운 연구를 찾는 일이나 보조자료로 활용하였다. 2014~2015년 "페미니즘과 테크놀로지 분야에서의 협업(Collaborations in Feminism and Technology)" DOCC에서 FemTechNet 참여자들은 기존 강좌 자원에 새로운 콘텐츠를 더해가며 새로운 주제들을 발전시키게 될 것이다.

FemTechNet의 DOCC는 여섯 가지 중심 가치를 가진다. 이 여섯 가지 가치는 다음과 같다.

(1) 페미니스트 원리를 반영한 효과적인 교육방법

원격에서 이루어지는 협력적 교수는 지식의 생산과 유통에 있어서 다방향적이고 융통성 있는 실행을 요한다. 또한 이는 교실 안에서의 복잡성, 차이, 상황맥락적 지식, 자원 접근성과 권력의 비대칭적 관계를 인지하는 페미니스트 교육방법을 드러나게 한다. FemTechNet의 DOCC는 개인주의나 소외를 증가시키는 대신 교수와 학생 간의 연결성을 만들고 그 연결을 정치적으로 전환 가능한 잠재력으로 인지한다(Balsamo & Juhasz, 2012). 자원을 쌓아두기보다는 널리 분산시키고 브랜드를 만들기보다는 네트워크를 형성하는 데서 가치를 찾는다. 간학문적 "페미니즘과 테크놀로지 분야에서의 협업" DOCC는 특정 기관에 속한 것이 아니다. 많은 캠퍼스와 지역 커뮤니티에 걸쳐 협력을 통해 만들어진 것이다.

이 DOCC의 주요 원리 중 하나는 단순히 무엇을 배우는가가 중요한 것이 아니고 누구와 함께 배우는가를 중요하게 여긴다. DOCC 교수진들이 이 원리를 천명하는 방법 중 하나는 온라인 상담시간을 통해서이다. 학생들은 그들의 홈캠퍼스든 지역사회에서든 전 세계에서 가르치는 누군가의 상담시간에 들어갈 수 있다. 이 상담시간 동안 온라인 상호작용은 일대일 혹은 온라인 그룹 토의로 이루어질 수 있다. 네트워크로 이루어진 티칭의 결과로 학생들은 그들의 아이디어를 한 명이 아닌 많은 다른 교수들과 논의할 수 있는 기회를 갖게 되었을 뿐만 아니라 학생들과 지적인 프로젝트에 함께 참여할 수 있게 되었다.

학생 참여와 마찬가지로, DOCC 교수진들은 연결된 네트워크 학습 환경으로부터 이득을 얻을 수 있다. 교수진들은 효과적인 블로깅, 페미니스트 온라인 교육방법, 비전통적 과제에 대한 채점, 국제 맥락에서 활동 구성하기 등 중요한 교육방법론적 기술에 대한 세션을 진행하였다. 이 세션을 통해 교수자들은 전문성과 교육방법의 능력을 공유하는 경험을 하게 되었다. 현대의 학교 맥락에서 교수자들은 제한된 자원이나 부족한 정서적 지원 등을 가지고 경쟁한다. 그러나 이러한 세션은 DOCC가 단순히 강좌가 아니고 페미니스트가 세계를 만들어가는 전략이라는 것을 이해하게 만들었다.

여러 가지로 DOCC는 MOOC의 로직을 뒤집는다. DOCC 모델은 교사 대 학생 비율을 증가시키기 위해 디지털 테크놀로지를 사용하기보다 최신의 교육을 전복시키기를 원하는 사람들의 네트워크를 통해 작동한다. 기업의 학습관리 시스템(대체로 xMOOC라 불리는)에 의해 구조화되는 MOOC와는 달리, DOCC

강좌들을 cMOOC라 부르기도 한다. cMOOC는 커넥티비스트 원리를 반영하여 학습자들을 경쟁적이고 자율적인 개체로 다루고 학습자들을 종종 소외시키기도 하는 xMOOC(Losh, 2014)와는 차별화하기 위해 애쓰고 있다. DOCC는 학생들끼리 연결시키기 위한 목적이 있다는 점에서 cMOOC와 근본적으로는 노선을 같이한다. 그러나 cMOOC와 달리 DOCC는 페미니스트의 교육방법에서 구체화되었고 미시적 수준(교수-학생)이나 거시적 수준(억압 시스템) 모두에서 권력 시스템을 제거하고자 애쓴다는 점이 cMOOC와 다르다는 것을 주지할 필요가 있다.

우리는 차이의 다양한 형태(예: 지역, 학교 유형, 교육 수준, 지식 기반 등)를 넘나들며 전문성 개발과 학습 성취에 대한 개인주의적 접근에 저항하고 있다. 그 대신에 우리는 과거 페미니스트의 교육적 혁신과 가르침과 배움의 의미를 끊임없이 재조형하는, 현재 온라인 교육적 공간 모두를 고려한 디지털 구조를 설계하고 있는 중이다. DOCC 모델은 강좌의 자료뿐만 아니라 학습 그 자체의 실천의 복잡성을 인지하는 교육적 경험을 제공하고 있다.

(2) 교육기관의 현재 구조적 상태를 와해하기

DOCC의 시작에서 주요 논의거리는 참여자들에게 과업을 나누어주는 데 집중되어 있었다. 그래서 젊은 교수진, 겸임 교수진, 대학원생 교수설계자, 도서관 사서 등이 협업하는 데 있어 공평한 대가를 받을 수 있었다. MOOC 모델이 하향식 교육방법을 취하였다면 DOCC 모델은 직업, 직위와 상관없이 학습자 간 동료 존중과, 권력 관계가 얼마나 곤란한 이슈인지를 솔직하게 인정하는 것 두 가지를 위해 노력한다. 이런 식으로 커뮤니티 구축의 과정과 하부구조는 강좌의 주제에 매우 중요한 부분이 되었다.

페미니스트들은 오랫동안 무료 공개 학습을 위해 노력해왔다. 20세기 정착 운동 이전부터 시작되었다. 캠브리지 여자대학(Cambridge Women's School)에서부터 범국가적 사이버 페미니즘의 교육 프로젝트에 이르기까지 페미니스트의 교육은 훌륭한 실천으로 인정받아왔다. 많은 교육방법들이 Association of American Colleges and Universities에서 매우 효과적인 것으로 인정받았다(Kuh & O'Donnell, 2013). 이러한 교육방법들은 MOOC가 조금 수정한 대학 강좌들의 표준적 운영 절차와는 매우 다르다. 예를 들어, DOCC에서 커뮤니티 기반의 그룹들은 훨씬 더 큰 접근성을 요구할 수 있다. 반면 벤처 회사의 생각으로 시작된 MOOC는 커뮤니티 기반의 참여자들이 목소리를 내기 어려운 구조이다. 한 예로 2013년 DOCC에서 어떤 교육기관과도 연계되지 않고 스스로 구성한 그룹들이 세 개 지역에서 만나기도 하였다.

(3) 테크놀로지의 접근성이 지식의 접근을 보장한다는 가정에 도전하기, 그리고 교육에서의 노동 투자를 존중하기

페미니스트 학문은 테크놀로지 혁신만으로 구조적 변화를 이끌어낼 수 없다고 알려주었다. 새로운 청소 기술이 여성이 보수를 지급받지 못하는 가사 일에 쓰는 평균 시간을 줄이지 못했던 것(Bittman, Mahmud Rice, & Wajcman, 2004)처럼 말이다. 게다가 사이버공간의 자유가 인종차별주의나 성차별주의로부터의 자유가 아님(Nakamura, 2007)을 알고 있다. 우리를 사무실로부터 자유롭게 하는 노트북이나 전화가 실제로 우리를 (특히 여성을) 보수를 지불받지 못하는 시간 외 업무로부터 자유롭게 만들지 못한다(Gregg, 2011). 가장 최근에 우리는 MOOC를 경축함으로써(Pappano, 2012) MOOC에 소요된 높은 비용이나 여성, 낮은 학력을 가진 사람들, 소외된 사람들이 MOOC를 매우 제한적으로 사용하였다는 사실을 감추어버린 것이다(Newman & Oh, 2014).

MOOC는 학비를 지불하지 않는 학생들에게 무료이나 이 강좌를 가르치고 개발하는 사람들이나 대학에는 무료가 아니다. 예를 들어, 하버드나 MIT는 2012년 edX를 만들기 위해 각각 3천만 달러를 지불해야 하였다. 또한 미국 전역의 대학들은 2백만 달러에서 5백만 달러를 지불하고 가입할 수 있었고, 강좌당 25만 달러, 그리고 그 강좌가 진행될 때마다 또 5만 달러씩을 지불하고 있다. 펜실베이니아대학교와 California Institute of Technology는 2013년 Coursera에 3천 7백만 달러를 투자하였고 펜실베이니아대학교는 강좌당 5만 달러의 추가 비용을 내야 하였다(Peterson, 2013). 가장 최근의 MOOC 운영 비용과 관련된 연구는 대략 한 강좌당 3만 9천 달러에서 32만 5천 달러 정도가 지불된다고 밝히고 있다. 이 보고는 "MOOC가 지금까지 학교로부터 엄청난 시간과 돈을 뽑아낸 것으로 보인다"라고 결론짓는다(Hollands & Tirthali, 2014, p.9).

MOOC에 들어가는 대략의 비용뿐만 아니라 MOOC를 개발하고 운영하는 교수나 티칭 팀(종종 대학원생들로 구성된)의 활용에 숨겨진, 혹은 드러나지 않은 비용들, 그리고 그런 자원의 할당으로부터 이득을 얻을 수 있는 학비 지불 학생들의 비용에도 문제가 있다고 본다. 미국의 대학연합(AAC&U)이 파악한 고효과 교육 실천은 대부분 작은 규모의 수업, 교수와 학생의 면대면 접촉시간을 특징으로 한다(Kuh & O'Donnell, 2013). 즉, MOOC의 개발, 유지, 운영에 들어가는 자원들은 오히려 교수의 수를 늘리거나 작은 규모의 학생들을 지원하는 대학원생 조교의 수를 늘리는 데 활용될 수 있을 것이다. 이 장에서 강조하였듯이 그러한 자원은 DOCC의 교수진, 학생, 교수설계자의 네트워크와 같은 기존 페미니스트 수업 기반의 개발을 지원할 수 있을 것이다.

스마트폰의 편재성으로 모든 교수진은 늘 "존재해야 하는" 압박감에 시달린다. 사람들은 교수들을 매일, 매 시간 늘 디지털 환경에서 언제나 만날 수 있을 것이라고 기대한다. 이메일에 답하고, 구글 문서를 수정하고, 블로그를 올리고, 비디오 미팅에도 참여하고 등등 말이다. 그러나 가사노동이 테크놀로지 혁신에 저항적일 때(Bittman et al., 2004), 이 압력은 여성 교수진에게 매우 위협이 될 수 있다(Gregg, 2011). 페미니스트 학자들의 네트워크는 다양한 비학문 기구와 교육기관들과 함께 협력하며, 무급, 정년트랙, 비정년트랙, 정년보장, 임시 등 다양한 조건의 교수자들을 포함하고 있다. 이러한 다양성으로 DOCC 참여자들은 기존 페미니스트 교육방법, 테크놀로지 연구, 노동 연구의 기반 위에서 현재 학교 노동 조건 안에서 파괴적 혁신을 꾀하고 있다.

(4) 과학기술적 선택이 가치중립적이 아니며 인프라를 구축하는 것이 상품 중에서 요소들을 선택하는 것이 아니라는 것에 대한 이해

MOOC에 대한 가장 그럴듯한 주장과 MOOC를 촉진하는 조직들(Coursera, Udacity, Edx, FutureLearn, NovoEd 등)은 “무료” 교육, 그리고 접근가능한 교육을 표방한다. 이 약속은 특히 수십 년간 혁신적이고 접근성 있는 교육을 옹호해왔던 페미니스트 학자들에게 충격적이었다. 우리는 20세기 초, 시카고에서 가난한 이민자들에게 대학 수준의 무료 교육을 제공했던 Jane Addams(Addams & Lagemann, 1994), 그리고 1971년에서 1992년까지 보스턴에 있는 수천 명의 학생들에게 수백 개의 무료 페미니스트 강좌를 가르쳤던 캠브리지 여자대학의 업적(Burgin, 2011)을 생각해본다.

최근에 미국 전역에 걸친 페미니스트 “브리지 프로그램(bridging programs)”은 저소득층, 특히 여학생들이 고등교육을 시작하거나 지속할 수 있도록 도와줄 강좌나 대학교 자원을 제공하고 있다(Biemiller, 2011; Conway, 2001). 페미니스트의 전환적 교육방법의 지속적인 실천은 미국 고등교육의 문제거리인 경제적, 사회적, 정치적, 물리적 장벽을 제거하는 데 매우 중요한 역할을 해왔다(hooks, 2003; Rich, 1979). 물론, 무료로 접근가능한 교육에 대한 약속은 오랫동안 이 목표를 위해 일했던 페미니스트 교육자와 학자들에게 매우 환영받을 것이다.

(5) 지역과 문화적 복잡성에 대한 인지

FemTechNet은 MOOC(xMOOC와 cMOOC를 통해 지속되는)의 기본적 개념과 설계로부터 근본적인 전환을 이끌어내려 한다. 이는 제1 세계의 지식을 엘리트 북아메리카 대학들로부터 이른바 개발도상국의 혜택받지 못하는 사람들에게 수출한다고 주장한다. 그러나 사실 대부분의 MOOC 학생들은 이미 학사 학위를 가지고 있거나 이미 대학에 등록되어 있다(Newman & Oh, 2014). 게다가 MOOC의 설계가 글로벌 사우스(Global South)[2]의 복잡성에 맞게 되어 있는지 의문이다.

예를 들어 인도의 캠퍼스, 씽크탱크, 학습공간을 방문한다면 사람들은 왜 그 나라의 다언어 교수들이 비디오로 대체되어야 하는지에 대해 혼란을 표시하게 될 것이다. 게다가 작업 공유 공간인 방갈로(인디아 실리콘 밸리의 중심)의 "Jaaga"와 같은 곳에서 MOOC의 맹신자들조차 인간의 촉진이나 커뮤니티 없이 온라인 강좌를 마치는 것은 불가능하다는 점을 인정하고 있다.

2013년에 디지털 휴머니티 심포지엄인 Sritama에서 Presidency 대학에 등록된 한 콜카타(Kolkata)[3] 학생이 미국 동료의 문화적 무지함에 의해 평가되는 것에 절망을 토로하였다. 그녀의 동료들은 그녀의 언어적 특성과 인도의 아(亞)대륙적 지식의 전체 프레임워크에 대해 무지하였다(Chatterjee, 2013). Michael Roth는 웨슬리안 대학의 총장이고 "모던과 포스트모던"이라는 MOOC를 가르치고 있다(Roth, 2013). 이 MOOC를 콜카타의 여학생이 수강하고 있었다. 만약 Michael Roth 교수가 그 여학생을 실제로 만났었더라면 훨씬 공감하며 대했을 것이다. 그러나 강좌 관리 시스템의 효율성은 수천 명의 학생들이 바라는 개별화된 상호작용을 허락하지 않았다. MOOC의 교수자는 종종 훌륭한 강의 능력으로 유명하기 때문에 더더욱 유감스럽다. 만날 수 있는 매우 헌신적인 교수자들은 MOOC의 실험에 깊이 관여되어 있다. 이러한 헌신의 예로, 버클리의 교수자 Armando Fox는 외국의 컨퍼런스에 갈 때마다 그의 MOOC 학생들을 많이 만나고자 애쓴다. 그러나 이것이 지속적인 양방향 커뮤니케이션을 대체할 수는 없다.

---

2 역자주: 아프리카, 라틴 아메리카, 아시아의 개발도상국들, 중동 지역을 일컫는 말임.

3 역자 주: 인도의 도시

페미니스트들은 사람의 생생한 경험이 중요하다는 것을 안다. 어떤 이집트 소프트웨어 엔지니어는 교육자원의 프로그램에 대한 접근이 늘어난 것에 대해 열광할지도 모른다. 그러나 그는 사람들과의 상호작용에 대한 소프트 스킬, 다양한 일터나 대학을 보장하는 인턴십과 같은 활동을 통한 암묵적 지식의 습득이 필요함을 안다. FemTechNet에서 DOCC는 그러한 접촉을 늘리고 싶다. 그러한 목적을 위해 다른 나라의 여러 학문 기관과 자기주도적 학습자들은 DOCC에 참여하여 그들의 비디오 대화나 프로젝트에 공헌하고자 하는 마음을 표시하였다.

(6) 다양한 이해당사자의 학습을 촉진하는 혁신적 실험

2013년 FemTechNet DOCC는 내용보다 공동체를 더욱 강조하였다. 왜냐하면 공동체는 강좌를 컴퓨터와 학교 밖으로 끌어내었기 때문이다.

주지하듯이, 이러한 이벤트 참여자들은 대학생들이 아니었고, 교수자들도 보수를 받고 있지 않았다. 그들은 무료 Wi-Fi로 커뮤니티 공간에서 만나 대학에 있는 학생들이 사용하는 모든 DOCC 도구들을 공유하였다. 프로젝트에 대한 공식적인 의무도 없었고, 프로젝트에 성적과 책임도 없었다. 자기주도적 학습자들은 FemTechNet Commons 웹사이트에 집중하여 수업계획서, 읽기자료, 비디오 등을 살펴보았다.

FemTechNet Taller는 30명이 12주 동안 강좌에서 만났다. 주부, 워킹맘에서 학교나 비영리기관에서 일하는 박사들, 예술가, 지역 대학에 다니는 학부생들까지 다양하였다. 그들은 라틴계와 앵글로 인종의 혼합이었다.

산 안토니오 지역의 여성 공공 예술 동등성에 대한 페미니스트 매핑 프로젝트는 Taller 워크숍 참여자들이 협력하여 이루어졌다. 또 다른 성공적 전략은 주제와 관련된 예술가, 커뮤니티 지도자, 교수들을 포함하여 그 지역의 조력자들을 초대하는 것이었다. 특히 Merla Watson 박사의 "Place"에 대한 발표, Cortez Walden 박사의 Gloria Anzaldua의 전환 이론에 대한 발표는 매우 인상적인 세션들이었다.

매사추세츠 주의 FemTechNet은 노스햄턴에서 열렸고, 연령이 22세에서 45세 사이인 6명의 참여자들이 매주 만났다. 6명 중 두 명은 최근에 대학을 졸업했고, 세 명은 박사학위 과정 학생이었으며 한 명은 박사학위를 가지고 있었다. 또, 네 명은 교사, 연구자, 도서관사서로 일하고 있었고, 다섯 명은 여성, 한 명은 트랜스젠더, 적어도 두 명은 유색인종의 여성, 적어도 다섯 명은 동성애자였다. 모두가 페미니스트 이론에 대한 중요한 경험을 갖고 있었고 Tumblr, 온라인 감시와 보안, 접근과 접근성, 영화, 도서관 업무, 미디어 아트, 사회학적 방법론 등을 포함한 테크놀로지에 관심을 가지고 있었다.

매사추세츠 주 FemTechNet의 촉진자인 Stephanie Rosen은 다음과 같이 보고하였다: "우리는 위키피디아 편집과 페미니스트 매핑에 대한 매우 생산적인 대화를 나누었다. … 그리고 우리 그룹의 한 멤버는 접근 장벽을 FTN 읽기자료에 매핑해보는 것에 대해 관심을 갖게 되었다. 마지막 프로젝트로 우리는 비격식 잡지를 함께 만들었다." Rosen은 이 FemTechNet이 공고한 지적 커뮤니티를 형성하였고 그들의 경험을 다양한 위원회의 작업에 적용하였다는 것을 주지하였다. 예를 들어, 그들은 FemTechNet 비디오와 읽기자료의 접근성을 모든 참여자들에게 부여할 것을 요구하였다.

커뮤니티의 개입은 FemTechNet에게 매우 중요한 일이다. DOCC, 공공 타운홀 미팅, Speaker's Bureau, 공개 온라인 상담시간(Open Online Office Hour, OOOH), FemTechNet 다이제스트 등은 모두 커뮤니티가 참여하는 구성요소이고 자기주도적인 학생들을 위한 것이다.

미래의 프레임워크

DOCC를 위한 미래 계획은 보다 넓고 글로벌한 커뮤니티를 그리고 있다. 학계와 더 넓은 커뮤니티 사이의 새로운 경계 공간을 통하여 커뮤니티 기반의 DOCC라는 혁신적인 패러다임을 형성하였다. DOCC가 지속적으로 확장됨에 따라 새로운 아이디어와 이론들이 형성된다. DOCC의 여섯 가지 특성, 즉 (1) 페미니스트 교육방법 프레임워크, (2) 현 상태에 대한 반발, (3) 지식 접근에 대한 가정, (4) 기업 소비지상주의를 포함하지 않은 가치중립적 인프라, (5) 문화적 복잡성을 이해하는 능력, (6) 학생들과 학생 아닌 학습자 모두를 위한 많은 가르침의 순간들을 담는 능력에 더하여 DOCC의 변화가능하고 지속적으로 성장하는 특성은 MOOC와 분리되는 주요 특성이다. 몇몇 개인에서부터 시작하여 이제 FemTechNet과 DOCC는 전 세계의 수백 명의 참여자들을 보유하게 되었다. 이러한 계획이 MOOC 시스템에 도전하고 모든 이들에게 새롭고, 더 평등한 아이디어를 제공하기를 기대한다.

Erika M. Behrmann | Bowling Green 주립대학의 박사과정 학생이다. 그녀는 여성과 젠더 분야에서 석사학위를 받았고 미디어와 커뮤니케이션 분야에서 박사과정 중에 있다. 그녀의 연구 관심사는 페미니스트 이론, 포스트페미니즘, 교육학, 포스트식민주의, 디지털 미디어와 게임 안에서의 물질화 등에 있다. 연구물을 National Women's Studies Association과 National Communication Association의 여러 학회에서 발표하였다.

Radhika Gajjala | Bowling Green 주립대학의 미디어 커뮤니케이션 학과의 교수이다. 그녀는 〈Cyberculture and the Subaltern(사이버문화와 종속하위집단)〉(Lexington Press, 2012)과 〈Cyberselves: Feminist Ethnographies of South Asian Women(사이버자신: 남아시아 여성의 페미니스트 민속지연구)〉(Altamira, 2004)의 저자이다. 또한 〈Cyberfeminism 2.0〉(2012), 〈Webbing Cyberfeminist Practice〉(2008), 〈South Asian Technospaces〉(2008)의 공동저자이다. 그녀는 Fembot Collective와 FemTechNet의 회원이며 DOCC 티칭 프로젝트에 참여하고 있다. 그리고 ADA(젠더, 뉴미디어, 테크놀로지 저

널)의 공동 편집장이다.

Elizabeth Losh ı 샌디에이고의 캘리포니아대학 칼리지의 아카데믹 프로그램의 디렉터이다. 그녀는 젠더와 테크놀로지, 디지털 인문학, 원격학습, 연계 학습, 미디어 문해, 일상의 디지털 실제를 제한하는 규제적 시도를 둘러싼 미사여구들에 대하여 글을 쓰고 있다. 그녀는 〈Virtualpolitik: An Electronic History of Goverment Media-Making in a Time of War, Scandal, Disater, Miscommunication, and Mistakes〉(MIT Press, 2009), 〈The War on Learning: Gaining Ground in the Digital University〉(MIT Press, 2014)의 저자이다. 그녀는 또한 〈Understanding Rhetoric: A Graphic Guide to Writing〉(Bedford/St. Martin's, 2013)을 Jonathan Alexander와 함께 집필하였다. 그녀는 현재 〈Obama Online: Technology, Masculinity, and Democracy〉(가제)를 집필 중이며 시카고대학교 출판부에서 출간될 MOOC와 고등교육에서의 다른 대규모 실험에 대한 편저를 작업하고 있다.

T.L. Cowan ı 뉴욕 브룩클린에서 거주하고 있는 작가이자 교수이다. 그녀는 Eugene Lang College에서 가르치고 있고 New School의 미디어학부에서 FemTechNet의 실험적 교육방법의 의장이다. 다양한 실천을 통해 T.L.은 전환적 미디어, 퍼포먼스, 주체, 경치에 대한 지식과 미학에 깊이 심취해 있다. 그녀의 홈페이지는 http://tlcowan.net이다.

Penelope Boyer ı 텍사스 주 산 안토니오에서 커뮤니티 기반 작업에 참여하고 있다. 그녀는 LHI(Land Heritage Institute) 예술 과학 프로젝트를 디렉팅하고 있다. LHI는 1200에이커 규모의 열린 공간 박물관으로 현재 개발 중이다. 그녀는 스위스의 European Graduate School(EGS)에서 박사학위를 받았다. 그녀가 집필한 〈My Great High-Roofed House: Homer's Penelope~Paradigm, Periphrasis, Periphron, Phenomenology, Poesis, Poludeukes and Praxis〉(Atropos Press, 2012)에서 고대 그리스 로마시대의 여성용 규방을 초기 테크놀로지를 위한 동성사회의 세팅으로 다루고 있다.

Jasmine Rault | 뉴욕시의 New School의 Eugene Lang College의 문화와 미디어 학과의 조교수이다. Rault는 페미니스트와 퀴어 정서 및 문화적 경제에 대한 주제에 대해 연구하고 있고 〈The Labour of Being Studied in a Free Love Economy〉(T.L. Cowan과 공저, 2014), 〈Women's Studies Quarterly on racialized queer debt and the politics of history-making〉(Cowan과 공저, 2014), 〈Ada: A Journal of Gender, New Media and Technology on designing trans-feminist and queer online archives〉(Cowan, Dayna McLeod와 공저, 2014)를 집필하였다. Rault의 첫 번째 책은 〈Eileen Gray and the Design of Sapphic Modernity: Staying In〉(2011)이다.

Laura Wexler | 미국학, 여성, 젠더, 성 연구의 교수이고, Photographic Memory Workshop의 디렉터이자, Photogrammar 프로젝트의 책임연구자이고, Yale University의 인문학 프로그램의 공동 코디네이터이다. 시각 문화의 학자이자 이론가인 그녀는 상을 받은 책 〈Tender Violence: Domestic Visions in an Age of US Imperialism〉을 집필하였다. 다른 책으로는 〈Pregnant Pictures〉를 사진가 Sandra Matthews와 함께 집필하였다. 이외에도 집필한 책이 다수 있다. 현재 그녀는 가족 사진 앨범에서 역사적 기록을 세대 간 전달하는 작업을 진행하고 있다. 그녀는 영문학과 비교문학 분야로 컬럼비아대학교에서 석사, 철학 석사, 박사학위를 받았다.

CL Cole | 어바나-캠페인의 일리노이대학교의 매체와 영화학과의 교수이자 학과장이다. 그리고 젠더와 여성학, 비판과 해석적 이론 분야의 교수이고, 정보 신탁 재단에 참여하고 있다. 그는 스포츠, 신체, 테크놀로지, 미디어 문해, 디지털 테크놀로지와 교육에 대한 연구를 진행하고 가르치고 있다.

참고문헌

Addams, J., & Lagemann, E. (1994). *On education*. New Brunswick, NJ: Transaction.

American Association of University Professors. (2012–13). *Annual Report on the Economic Status of the Profession*. Washington, DC.

Balsamo, A., & Juhasz, J. (2012). An idea whose time is here: FemTechNet—a distributed online collaborative course. *Ada: A Journal of Gender, New Media & Technology, 1*. http://adanewmedia.org/2012/11/issue1-juhasz/.

Biemiller, L. (2011, September 11). Women's colleges try new strategies for success. *Chronicle of Higher Education*. Retrieved from http://chronicle.com/article/Womens-Colleges-Try-New/128935/.

Bittman, M., Mahmud Rice, J., & Wajcman, J. (2004). Appliances and their impact: The ownership of domestic technology and time spent on household work. *The British Journal of Sociology, 55*(3), 401–23.

Burgin, S. (2011). Coarse offerings: Lessons from the Cambridge Women's School for today's radical education alternatives. *Graduate Journal of Social Science, 8*(2), 21–40.

Chatterjee, S. (2013). *Digital humanities workshop 2013: Remediating texts and contexts*. Presidency University, Kolkata, India.

Conway, J.K. (2001). *A woman's education*. New York: A.A. Knopf.

Cowan, T.L. (2014, August 14). *FemTechNet—distributed digital pedagogies: Collaborating across difference*. Paper presented to the Digital Pedagogies Institute, University of Toronto at Scarborough, Ontario, Canada.

Cowan, T.L., & Rault, J. (2014, April 25). 'Haven't you ever heard of Tumblr?' Killjoy affects and online pedagogical publics. Paper presented to the HASTAC conference on the panel FemTechNet: Dialogues on feminism and technology rethinks the MOOC paradigm. Lima, Peru.

Downes, S. (2008). *MOOC—The resurgence of community in online learning*. Retrieved from http://halfanhour.blogspot.com/2013_05_01_archive.html.

Gregg, M. (2011). *Work's intimacy*. Cambridge, UK: Polity Press.

Hollands, F.M., & Tirthali, D. (2014). Why do institutions offer MOOCs? *Online Learning, 18*(3). Retrieved from http://olj.onlinelearningconsortium.org/index.php/jaln/article/download/464/116.

hooks, b. (2003). *Teaching community: A pedagogy of hope*. New York: Routledge.

Kuh, G.D., & O'Donnell, K. (2013). *Ensuring quality & taking high-impact practices to scale.*

Association of American Colleges and Universities, Washington, DC.

Losh, E. (2014). *The war on learning: Gaining ground in the digital university*. Cambridge, MA: MIT Press.

Nakamura, L. (2007). *Digitizing race: Visual cultures of the Internet*. Minneapolis: University of Minnesota Press.

Newman, J., & Oh, S. (2014, June 13). 8 things you should know about MOOCs. *The Chronicle of Higher Education*. Retrieved from http://chronicle.com/article/MOOCs-EdX/146901/.

Pappano, L. (2012, November 2). The year of the MOOC. *New York Times*. Retrieved from http://www.nytimes.com/2012/11/04/education/edlife/massive-open-online-courses-are-multiplying-at-a-rapid-pace.html?pagewanted=all.

Peterson, R. (2013, September 17). What do MOOCs cost? *Minding The Campus*. Retrieved from http://www.mindingthecampus.com/2013/09/what_do_moocs_cost/.

Rich, A. (1979). Claiming an education. In A. Rich (1979). *On lies, secrets and silence: Selected prose, 1966–1978* (pp. 231–6). New York: W.W. Norton & Company.

Roth, M. (2013, April 29). My modern experience teaching and MOOC. *Chronicle of Higher Education*. Retrieved from http://chronicle.com/article/My-Modern-MOOC-Experience/138781/.

PART 6 개발도상국의 MOOC와 개방교육

이 책의 여섯 번째 파트는 지구상에서 가장 고립되고 낙후된 지역에 거주하는 수백만 인구의 학습 경험을 증진하거나 확대하고, 심지어는 완전히 뒤바꿀 수 있는 MOOC와 개방교육 강좌들과 프로그램들, 여러 모형들에 관한 흥미로운 소식들로 가득하다. 다시 말하면 개발도상국에서의 MOOC와 개방교육을 위해 별도로 할애된 장인 셈이다. 과거에는 제대로 된 교육의 혜택을 전혀 누릴 수 없었던 지역에까지 교육의 기회가 주어짐에 따라 인류의 미래에 대한 전망도 점차 밝아지고 있다. 동시에, 개발도상국의 관점에서 바라본다면 기술적인 구매력이나 접근성, 정책 개발, 강좌설계 표준화와 품질 관리, 그리고 전문성 신장 및 훈련과 관련하여 아직도 부족한 부분이 너무나도 많은 실정이다.

캐나다 밴쿠버에 위치한 Commonwealth of Learning(COL)의 Balaji Venkataraman과 Asha Kanwar가 공동저자로 참여한 18장은 인력개발을 목적으로 MOOC를 개발하고 실험하는 과정에서 얻게 된 독창적인 아이디어들에 대해 이야기하고 있다. 저자들이 정확하게 지적하고 있듯이, 고등교육 분야에서 시작된 MOOC는 주로 북미 지역의 명문 대학들을 중심으로 번창해오는 과정에서 이와 유사한 조건하에서만 적용이 가능하다는 오해가 생겨나기도 하였다. 그 결과, 스탠포드대학교(Stanford University), MIT, 듀크대학교(Duke University)와 같은 국제적 지위와 명성이 있는 연구 기관들과 연결지어 MOOC를 떠올리는 경우가 많다. 이러한 상황과 관련하여, COL의 두 리더들은 우리들로 하여금 MOOC가 학습과 인력개발 향상을 위해 공헌할 수 있을지 각성해볼 것을 촉구하고 있다. 사실상 개발도상국의 개별 학습자와 기관들이 MOOC 현상으로부터 새로운 이득을 얻을 수 있을 것인가? 이 문제에 관한 자신들의 질문과 우려에 대한 답을 찾기 위하여, COL은 2013년 후반부에 모바일을 통한 개발에 관한 MOOC를 조직하여 116개국의 약 2,200명에 이르는 참가자들의 호응을 이끌어내었다. 수업평가도구와 참가자들의 피드백 모두 이 MOOC 수업의 성공을 입증하였다. 저자들은 M4D MOOC로부터 도출한 자신들의 연구결과를 토대로, MOOC 개발모형(MOOC for Development, MOOC4D)을 제시하고 있다. 2014년 여름, 후속으로 진행된 "MOOC에 관한 MOOC" 프로젝트는 비영리기관의 전문가들과 잠재적 리더들, 그리고 인력개발 분야의 학자들과 정부각료들을 대상으로 개설된 MOOC 강좌에 관한 내용을 담고 있다. 이 수업에서는 개발도상국에서 필수적인 훈련과 교육을 증진시키기 위해 어떻게 MOOC를 활용할 수 있는지에 초점을 맞추고 있다.

세계은행교육원(World Bank Institute)의 Sheila Jagannathan이 집필한 19장에서는 개방학습형태가 개발도상국에서 대규모로 진행되는 역량개발을 위해 제공하는 흥미로운 가능성들에 대한 구체적인 사례들을 제시하고 있다. 저자는 국제적인 빈곤퇴치와 부의 재분배를 위해 지식공유와 학습문화를 설계하면서 당면하게 되는 여러 어려움들에 대해 이야기하며, 동시에 탄자니아의 농부와 방글라데시의 Skype 사업가, 베트남의 자동차 정비공과 볼리비아의 공무원과 같이 온라인과 블렌디드 러닝을 통해 중요한 변화를 이끌어낸 사례들을 보여주고 있다. 그녀는 또한 MOOC와 디지털 학습이 세계은행의 역량개발 프로그램들을 새롭게 변모시키고 있는지 이야기한다. 이 장에서는 각각 기후변화와 개발로 인한 위험에 관한 내용으로 세계은행에서 MOOC를 활용하여 진행된 두 개의 매우 유용한 사례들을 설명하고 있다. 이로부터 수업개선을 위한 피드백 반영체제의 필요성이나 MOOC 참가자들을 위한 기술적 훈련과 동료지원의 중요성, MOOC 중도탈락자들의 수업포기 원인에 대한 분석의 필요성 등 몇 가지 중요한 문제들과 이슈들이 제기되었다. Jagannathan은 세계은행이 새롭게 추진하고 있는 개방학습 캠퍼스와 세계은행 직원 및 고객, 일반 대중들을 위한 새로운 도구와 자원들에 관한 논의로 이 장을 끝맺고 있다. 마지막으로 세계 각국의 다양한 언어적 요구를 충족하기 위한 교육 프로그램 개별화의 어려움에 대한 논의가 이어진다.

20장에서 Zoraini Wati Abas는 자신이 최근 활동하고 있는 말레이시아와 인도네시아 두 나라에서 MOOC와 관련하여 진행되고 있는 여러 사업들의 현황과 독특한 기회들에 관한 통찰을 독자들과 공유하고 있다. 그녀의 주장에 따르면, 최근 빠르게 증가하고 있는 인터넷 보급률과 고등교육에 대한 높은 수요, 그리고 스탠포드대학교와 같이 서구의 유명대학들을 통해 접하게 되는 고품질의 MOOC를 통해 동남아시아의 많은 교육자들이 MOOC를 직접 개발하고 운영하는 데 큰 관심을 가지게 되었다. 또한 상대적으로 느린 속도로나마 동남아시아 지역의 수많은 공립 그리고 사립 기관들 또한 지역적 수요를 충족시키기 위해 MOOC를 개설하기 시작하고 있다. 이러한 강좌들은 대부분 현지의 학생들을 위해 현지어로 제작되어 운영된다. 이 장에서는 이러한 수업들에 관한 동남아시아 전반에 걸친 움직임과 특히 말레이시아와 인도네시아의 현황에 대해 이야기하고 있다. 중요한 점은, 저자가 이 두 지역에서 일어나고 있는 MOOC의 "국제적 현지화(glocalization)"에 대해 이야기하고 있다는 것이다. 실제로, 말레이시아와 인도네시아의 교육자들은 MOOC의 일반적인 개념을 받아들이되 현지 학습자들을 위한 교육경험을 염두에 두고 독자적인 MOOC 강좌들을 개설하여 운영하고 있다.

필리핀 개방대학(Philippines Open University, UPOU)의 Melinda dela

Pena Bandalaria와 Grace Javier Alfonso가 공동저자로 참여한 21장은 매우 시의적절하고 흥미롭게 필리핀과 같은 개발도상국에서 MOOC를 제공하는 데 관련된 이슈들을 논의하고 있다. 특히 Bandalaria는 이 책이 출간되는 데 결정적인 계기가 되었던 2013년 라스베가스에서 개최된 E-Learn 학술대회 심포지엄의 초청 패널이었음을 밝혀둔다. 이 장에서는 또한 UPOU에서 자체적으로 개방 원격교육 수업의 품질 관리를 위해 활용하고 있는 체계에 대해 설명하며, MOOC 및 개방교육과 관련되어 제기되고 있는 수많은 문제점들과 어려움들에 대해 설명하고 있다. 저자들에 따르면, UPOU에서의 MOOC 개발을 위해 지난 십여 년간 이루어져 왔던 이러닝 공인 및 비공인 강좌들을 개발하며 얻게 된 경험과 통찰로부터 많은 교훈을 얻을 수 있었다. Bandalaria와 Alfonso는 또한 그들의 MOOC에서 최종적으로 활용한 학습관리시스템의 설계를 위해 비슷한 경험을 거친 여러 학자들의 조언들을 독자들에게도 추천하고 있다. 이는 최종적으로, MODel(Massive Open Distance elearning)이라 불리는 MOOC 개념들의 형태로 제시되고 있다.

이 파트의 마지막 장인 22장에서 아프리카 가상대학(African Virtual University, AVU)의 Griff Richards와 Bakary Diallo는 공개교육자원들이 어떻게 학습 콘텐츠에 대한 요구가 절실한 아프리카 지역의 학습자들에게 접근 가능한 학습기회를 제공하고 있는지 설명하고 있다. 동시에 MOOC는 아프리카의 수만 명의 학습자들에게 수업을 전달할 수 있는 수단으로 초유의 관심을 받게 되었다. 이에 따라, 이 장은 AVU에서 OER과 MOOC를 활용하여 진행되고 있는 여러 공동사업과 협력 프로젝트들에 대한 내용을 담고 있다. 여기에는 아프리카에서 경력개발이 절실한 지역을 위한 대규모 교육훈련 전략에 대한 논의와 함께 MOOC와 개방교육, 그리고 관련 테크놀로지의 발전과 관련한 AVU의 최근 근황과 함께 구체적인 사례들이 포함되어 있다. 마지막으로, 아프리카에서 이러한 새로운 교육전달 방식의 잠재적 성장 가능성에 대한 예측과 주요 문제점들이 함께 논의되고 있다.

18

Changing the Tune: 인력개발을 위한 MOOC
사례연구

Balaji Venkataraman | Asha Kanwar

대규모 공개 온라인 강좌(MOOC)는 고등교육 분야에 있어서 특별히 주목할 만한 트렌드로 각종 문헌과 미디어의 주목을 받고 있다(The Economist, 2014). 이 용어는 또한 비공식적으로는 "xMOOC" 즉 선구적으로 MOOC에 기반한 강의 및 각종 콘텐츠를 제공하기 시작한 edX, Coursera, Udacity의 강좌, 플랫폼, 과정 일체를 의미하기도 한다. MOOC를 주제로 한 체계적이고 종합적인 분석들은 주로 북미 지역의 고등교육과 관련한 MOOC의 역할 및 영향에 초점을 맞추어왔다(Hollands & Tirthali, 2014). 반면에 연결주의 MOOC 또는 "cMOOC" 옹호자들은 교육철학과 양식에 집중하는 경향을 나타낸다(예, Siemens(2014) 참조).

하지만 개발도상국을 위한 여러 유형의 MOOC의 적절성에 대한 관심은 상대적으로 적은 편이다. MOOC 공급과 관련한 자료들은 개발도상국의 학습자 또는 "참가자"들이 상당한 비중을 차지하고 있음을 보여준다. 예를 들면, edX 참가자의 13퍼센트는 인도인이다(Ho et al., 2014). 개발도상국 출신의 참가자

수 이외에 브랜드화된 MOOC가 세계인적자원개발에 미치는 긍정적인 효과에 관한 명시적인 자료는 찾아보기 힘들다. 다만 브랜드화된 MOOC의 전달 과정이나 콘텐츠가 국제 공공재(Global Public Good, GPG)에 해당할 것이라는 암묵적인 전제가 있을 뿐이다(세계은행, 2011). 개발도상국의 기관이나 개인들은, 그들의 개별적 관심에 따라, 이러한 공공재를 활용할 수 있다.

브랜드화된 MOOC는 수행기준의 근거로 학점을 제공하지 않는다. 개발도상국의 학습자들은 실시간 또는 온라인으로 진행되는 수업 참여가 학점으로 이어질 것이라고 기대한다. 이러한 기대를 감안할 때, 학점을 부여하지 않는 브랜드화된 MOOC가 세계인적자원개발에 기여한다고 주장할 수 있겠는가? MOOC는 규모의 측면에서 주요 이점을 가지고 있다. 어떻게 하면 개발도상국의 여러 기관들이 MOOC를 활용하여 다수의 대중이 학습자료와 수업기회에 접근할 수 있는 기회를 증진시킬 수 있겠는가?

이러한 질문들은 학습자의 경험을 증진시키기 위해 MOOC의 기술적, 과정적 요소들을 재설계하고자 하는 관점에서 비롯된 것이다. COL은 통상적으로 MOOC와 연합되는 명칭들을 배제하고 Indian Institue of Technology–Kanpur(IITK)와 같은 개발도상국의 연구중심 대학과 연계하여 새로운 유형의 MOOC 강좌를 개발하여 제공하였다. Mobiles for Development(M4D)에 관한 이 온라인 강좌에는 2013년 마지막 사분기에만 116개국으로부터 2,282명의 참가자들이 참여하였다. 2,000명이 넘는 MOOC 참가자들 가운데 333명이 COL과 IITK가 공동으로 부여하는 자격증을 수여받았다. 전체 참가자들의 90퍼센트 가량이 개발도상국 출신이었다. 또한, 자격증을 수여받은 참가자들 가운데 개발도상국 출신이 차지하는 비율도 90퍼센트에 가깝게 나타났는데, 강좌의 본래 목적 및 수업목표에 비추어볼 때 이는 성공의 징표이다. 이 강좌는 농업 및 식품 안전 분야에서 모바일 기기의 활용에 관한 내용으로 구성되었으며, 공개교육자원(Open Education Resources, OER)의 형태로 누구나 사용이 가능하도록 제공되고 있다. 다음에 이어지는 내용은 이 강좌에 관한 간략한 설명과 본 수업 결과에 기반한 MOOC4D 모형의 개요이다.

브랜드화된 MOOC 패키지를 풀어서 재설계하기: 실천사례

이 책의 여러 장에서 자세히 소개되었듯이, 특히 OER에 관한 국제적으로 공인된 정의가 제정된 2002년을 기점으로 지난 15년간 전 세계적으로 OER은 재사용에 대한 별도의 제한 없이 무료로 공개되어왔다(UNESCO, 2002). 초기 단계에서는 거의 모든 OER이 OECD 회원국에 소재한 대학들에 의해 공개되었다. 여기에는 선진국에서 개발된 양질의 GDG가 개발도상국들에 의해 재사용되고 지역적으로 새로운 가치를 창출할 것이라는 가정이 있었다.

그러나 십여 년이 지난 후에도 그러한 기대에 부합하는 사례들을 찾아보기 힘든 실정이다(Dhanarajan & Porter, 2012; McGreal, Kinuthia, Marshall & McNamara, 2013). 대신 개발도상국들이 OER의 주요 공급자로 새롭게 부상하고 있다. 예를 들면, 영연방 내에서 개발된 전체 OER 가운데 개발도상국에서 개발된 OER의 비중은 선진국에서 개발된 OER보다 더 크다(COL, 2014). 비록 OER의 개념과 관행은 OECD 회원국들에 의해 시작되었지만, 개발도상국들은 OER을 자신들의 고유한 맥락에 맞게 적용하고 재창조해오고 있다. OER 패러다임의 기술과 과정들이 선진국의 콘텐츠로부터 분리되어 개발도상국들이 양질의 콘텐츠라고 평가하는 새로운 내용과 결합하게 된 것이다. OER이 하나의 패키지라는 초기의 가정과는 달리, OER은 이제 전체 또는 부분별로 필요에 따라 대체하거나 수정하는 것이 가능한 과정, 절차, 콘텐츠가 담긴 하나의 바구니와도 같다.

비슷한 맥락에서, 우리는 이러한 개별화, 재설계야말로 MOOC 개발에 있어서 적절성을 평가하기 위한 좀 더 실질적인 접근방식이라고 믿는다. 예를 들면, 기존의 브랜드 가치는 뒤로하고, 패키지화된 MOOC에서 콘텐츠와 과정, 절차, 기술적 요소들을 분리하여 당장 직면한 눈앞의 맥락과 요구를 충족하기 위해 필요한 요소들을 적절히 재조합하는 것이다. 이렇게 함으로써 개발도상국의 기관들은 지역적, 국가적 필요에 따라 MOOC를 보다 잘 활용할 수 있게 될 것이다.

개발을 위한 모바일 기술 활용에 관한 COL-IITK MOOC

2012년 한 해에 걸쳐 COL은 IITK와 함께 MOOC에 관한 전면적인 분석을 실시하였다(COL, 2013b). 이러한 분석 결과, (1) 전형적인 MOOC 패키지로부터 콘텐츠, 과정, 절차를 분리하는 작업은 가능하며, (2) MOOC를 개설하는 것은 가상의 교실보다는 가상회의에 가까워서 일종의 미디어 행사와 같은 하나의 행사를 개최하는 것으로 간주할 수 있다는 결론을 도출하였다. 결정적인 요인은 낮은 대역폭에서도 안정적으로 MOOC의 자료 및 상호작용 공간에 접속할 수 있도록 하는 것이었다. 학습자가 교수자 및 멘토들과 상호작용할 수 있는 기회를 제공하는 것 또한 성공적인 MOOC 학습경험의 중요한 요인들 가운데 하나로 나타났으며, 기술적인 측면에서 평가 및 성적처리는 최대한 단순화할 필요가 있었다. 개방 원격학습(Open and Distance Learning, ODL)과 관련한 우리의 경험과 전문성으로부터 도출된 이러한 통찰은 M4D에 관한 MOOC 설계의 기반이 되었다.

수업 주제는 COL이 주관한 여러 차례의 회담을 통해 도출되었다(COL, 2013). 우리는 개발도상국가들의 기록적인 모바일 전화 확산 속도 및 양상에 대해 분명히 인지하고 있었다. 또한 이러한 성장이 디지털 격차를 해결하고 소외된 계층에 다가가기 위한 새로운 기회를 제공한다는 사실도 깨닫게 되었다. 학습을 통한 성장 회담에 참가한 COL의 협력단체 실무자들은 모바일 기술의 개념 및 개발에 관한 논의를 진행할 수 있는 중립적인 포럼이야말로 개발도상국의 주요 이해당사자들에게 큰 도움이 될 수 있을 것이라고 조언하였다. 이러한 배경에서 COL은 MOOC를 시도해보기로 결정하였다. 농업과 관련한 모바일 기술에 특화된 IITK의 전문성(Balaji & Prabhakar, 2014), 그리고 MOOC와 농부들을 대상으로 하는 개방 원격교육과 평생교육 경험을 결합할 수 있다는 점에서 COL과 IITK의 연맹은 새로운 시너지와 상호보완을 가능하게 하는 이상적인 조합이었다. 이에 따라 COL과 IITK 평생교육원은 자격증 이수과정을 공동으로 주관하는 데에 합의하였다.

인도 IITK의 Prabhakar 교수가 강의진행을 관리하고 COL은 수업에 필요한 홍보 및 지원을 담당하였다. IITK는 기술에 관련한 주요 콘텐츠 개발에 대한 책임을 맡아 교내 여러 부서의 교수진을 섭외하였다. IITK의 개발팀은 농업관련 지식과 정보를 저장하는 온라인 데이터베이스를 활용하여 수업에 필요한 콘텐츠를 제공하고, 캐나다 애서배스카(Athabasca) 대학의 Mohamed Ally 교수가 이끄는 모바일러닝 팀이 인터넷과 모바일 기술을 활용하여 지역 농부들과 IITK의 전문가들을 연결하고 기술이전을 촉진하는 역할을 맡았다(Bagga, 2010). 마지막으로, 인도의 National Institute of Banking Management(NIBM)는 재무와 관련된 업무를 담당하였으며, COL은 IITK 이외 기관에서 참여한 교수진의 업무를 총괄하였다.

IITK의 동의하에 COL은 교육학적 측면에 초점을 맞춘 강좌의 사전-사후 평가를 담당할 외부 전문가를 섭외하였다. 아래 세 절의 내용은 브리티시 컬럼비아 대학의 캠퍼스 책임자인 David Porter가 공개열람 형식으로 발간한 강의평가 보고서의 내용을 직접 인용한 것이다.

강좌 플랫폼과 전달매체

COL은 M4D에 관한 MOOC의 강좌개설을 위한 플랫폼으로 Canvas를 고려하였으나 비용문제로 포기하였다. 여러 학습관리시스템(Learning Management System, LMS)에 대한 경험이 있는 IITK는 대안으로 오픈소스 LMS인 Sakai를 제안하였다. 추가적으로 유튜브에 탑재한 비디오 콘텐츠를 활용하고 수업과 관련한 여러 문서(파워포인트 파일, 비디오 녹취록, 공지사항 등) 및 온라인 등록을 위한 강좌 홈페이지를 제작하게 되었다.

수업을 위한 스크린 화면은 강좌와 관련된 모든 요소들로 직접 이동이 가능한 방식으로 설계되었다. M4D 수업환경의 주요 기능들을 살펴보면 다음과 같다: 1. 강좌 제목 및 학습자의 작업공간; 2. 수업을 위한 이동 메뉴; 3. 주제 목록; 4. 주별 학습모듈; 5. 색상별로 코딩된 주제들; 6. 로그인과 학습자의 역할을 나타내는 그래픽 정보; 8. 주제별 강의자; 9. 주제별 비디오 링크; 10. 슬라이드 및 자막 링크.

M4D 강좌를 위한 기본 교수전략은 2~25분 분량 길이의 수업 비디오의 활용이었다. 수업 주제와 관련된 총 92개의 비디오가 개발팀에 의해 제작되었으며, 이 비디오들은 6주의 강좌일정에 맞게 구성되었다. 학습자들은 매주 평균 15개의 비디오를 학습하도록 안내되었다.

대부분의 비디오 강의들은 파워포인트 보조자료를 포함하고 있었으며, 비디오에 대한 자막이 포함되는 경우도 있었다. 학습자들의 피드백에 따르면 이러한 자막은 익숙하지 않은 발음이나 강세를 이해하는 데 큰 도움을 준 것으로 나타났다.

수업을 위한 활동전략은 다음과 같은 두 가지로 나뉘었다.

- 대화방

  수업기간 중 총 1,631개의 메시지가 대화방에서 오갔다.

- 토론 게시판

  총 76개 주제와 관련한 398개의 메시지가 등록된 전체 게시판

  총 370개의 메시지가 등록된 전문주제 관련 게시판

35개 주제와 관련한 89개의 메시지가 등록된 기술지원 게시판

평가전략으로 객관식 선다형 질문 형식의 온라인 퀴즈가 활용되었으며, 수업 기간 중 총 3회의 퀴즈를 실시하였다.

- 평가 퀴즈(324명이 퀴즈 결과 제출)
- 퀴즈 1(296명이 퀴즈 결과 제출)
- 최종 퀴즈(261명이 퀴즈 결과 제출)

수업 결과

앞서 설명하였듯이, 본 강좌는 2,282명의 수강생들이 등록을 마쳤으며 이 가운데 1,441명이 6주의 수업 기간 전체에 걸쳐 능동적으로 수업에 참여하였다. M4D 강좌의 접속기록은 이러한 활동 및 참여와 관련된 객관적인 수치를 제공하고 있다.

- 총 333명의 학습자들이 능력인증(244명) 또는 참여인증(89명)을 받았다.
- 가장 많은 참가자를 배출한 5개국은 인도, 네팔 모리셔스, 그라나다, 그리고 남아프리카이다.
- 약 500명의 참가자들이 아프리카-캐리비안-태평양 지역의 국가들 출신이며, OECD 회원국과 동유럽 출신 참가자들은 약 200명이다.

강좌 비용

IITK가 COL에 제출한 문서들로부터 다음과 같은 결론을 도출할 수 있었다.

- COL은 총 CAD 15,000를 제공하였다(2013년 기준으로 같은 금액의 USD로 간주함)
- 강좌비용의 상당 부분(약 75퍼센트)은 수업비디오 녹화 및 편집 비용을 포함하는 콘텐츠 개발에 소요되었다.
- IITK 팀은 서버관리 비용 일체를 부담하였는데, 공공 기관이라는 기관의 특성으로 인해 별도의 IT 지원비용으로 책정되지는 않았지만 이는 상당한 금전적 공헌으로 볼 수 있다.

COL은 자체 서버를 통해 강좌 홈페이지(http://m4d.colfinder.org)를 호스팅하는 데 CAD 140의 비용이 소요되었으며, 이 페이지의 지속적인 운영을 위해 CAD 6000의 비용이 추가적으로 사용되었다.

IITK 팀은 보다 안전한 방식으로 강좌 홈페이지(http://www.m4d-mooc.org)에 수업관련 자료를 전송하기 위한 추가적인 보안체제를 구축하였다. 본 강좌를 위해 IITK가 독자적으로 개발한 이 과정은 Drupal에서 Sakai로 자료를 전송하는 것이 불가능했던 기존의 시스템을 개선한 것이다. 이를 위해 소요된 소프트웨어 개발비용은 IITK가 별도의 예산책정 없이 부담하였다.

MOOC 개발에 관한 문헌들은 일반적으로 대규모의 MOOC를 1회 개설하는 비용으로 USD 50,000~250,000 사이의 금액을 추정하고 있다. Economist(2014)의 최근 보고서에 따르면 MOOC의 평균비용은 USD 70,000에 달한다. 이러한 수치와 비교해보았을 때, M4D MOOC의 개발 및 유지비용은 상대적으로 적다고 할 수 있다.

학습자 피드백

수업이 종료된 후 학습자를 대상으로 한 온라인 설문을 실시하였으며, 총 208

표 18.1 개방형 질문에 대한 학습자 응답(Porter, 2014)

질문	학습자 응답들로부터 도출된 주제
이 단기과정 수업과 관련하여 좋았던 점은?	• 강좌 콘텐츠 • 주제 및 사례연구의 적절성 • 융통성 있는 수업설계
수업과 관련하여 개선했으면 하는 점은?	• 비디오: 비디오와 오디오의 품질을 향상하여 좀 더 압축된 형태로 제공할 것 • 평가: 퀴즈 추가
이 수업에서 마음에 들지 않았던 점은?	• 강좌의 강도 • 퀴즈 질문들이 지나치게 기술적이었음
향후 수강하고 싶은 다른 단기과정 수업이 있다면?	• 교육적 주제들: 교수설계, 수업과 관련된 모바일 기술의 활용 • 농업 관련 주제들: 세계 다른 지역들의 사례로 범위 확대 • 무선 네트워크 관련 주제들 • 보안: 사이버-보안 관련 주제들 • 경영: 지식경영, 기술 전이 • 디지털 미디어 • 기업가정신: 농촌 지역의 소규모 창업 기회 • 건강 관련 주제들 • 재무: 마이크로-금융, 협동조합 • 양성 평등, 성적 주제들

명이 이 설문에 응답하였다. 학습자들은 각각의 질문에 대해 최저 1점부터 최고 5점까지 5점 척도로 응답하였다. 설문지 문항과 학생들의 응답, 평균 수치는 표 18.1과 같다.

전체적으로, 설문 응답을 토대로 살펴본 학습자의 만족도는 87퍼센트로, 이는 교수자, 강의 콘텐츠, 자료, 전달 매체 등에 대한 높은 수준의 만족을 나타내고 있다.

설문 문항들 가운데 두 개의 질문들은 예, 아니오, 답할 수 없음으로 응답하도록 설계되었다. 먼저, 약 71퍼센트의 학습자들이 자격증이 부여되지 않더라도 M4D 강좌를 수강했을 것이라고 응답하였다. 무려 208명 가운데 201명(97퍼센트)의 응답자들이 다른 이들에게 M4D 강좌를 추천할 것이라고 응답하였다. 5점 척도나 예/아니오로 답해야 하는 질문들 이외에도 개방형으로 자유롭게 의견을 적도록 한 4개의 추가 질문들이 주어졌으며, 이들 질문에 대한 208명 학습자들의 답변은 코드화되어 Porter의 2014년 보고서에 주제별로 제시되었다(표 18.1 참조).

논의

앞서 살펴본 강좌 개요, 비용분석 및 학습자 설문 결과는 M4D MOOC의 절대적인 성공을 나타낸다. Sakai와 유튜브, Drupal의 적절한 조합을 통한 온라인 수업운영은 매우 순조롭게 이루어졌다. 만약 브랜드화된 기존의 MOOC 플랫폼을 사용했다면 일괄적인 수업자료 공급이 가능했겠지만 매우 높은 비용이 소요되었을 것이다.

수업기간 내내 강좌 사이트 접속은 매우 안정적으로 이루어졌다. 강좌 사이트는 서비스 불능으로 이어질 수 있는 사이버 공격에 대비하여 안전하게 설계되었으며, 사전에 공지된 3시간의 사이트 점검기간을 제외하면 아무런 장애 없이 원활한 접속이 가능하다. 이는 자기주도적인 학습자들이 온라인 학습에서 기대하는 요구사항을 만족시키기 위한 품질 관리의 일환으로, 실시간으로 진행되는 채팅이나 과제제출, 평가와 같은 모든 수업활동은 철저하게 공지된 일정에 따라 진행되었다. 대부분의 학습자들이 PC나 노트북 컴퓨터를 이용하여 수업 사이트와 강의자료에 접속한 반면, 약 10퍼센트의 학습자들은 태블릿이나 스마트폰을 활용하였다. 학습자들의 요청에 따라 유튜브상에서 접속이 곤란한 비디오 자료들을 DVD에 담아 네팔, 시에라리온, 그리고 잠비아의 지정된 장소로 배송한 경우도 세 번 있었다. 이러한 학습자들은 DVD 자료로 뒤늦게 과제와 퀴즈, 토론 참여를 완료한 후에 자격증을 받을 수 있었다.

처음부터 의도적으로 계획된 바는 아니었지만, 온라인 퀴즈 형식으로 진행되는 평가는 토론게시판에 제기된 학습자들의 요청에 따라 융통성 있게 도입되었다. 이와 유사하게, 일부 주제들은 학습자들의 의견에 따라 수업기간이 늘어나거나 줄어든 경우도 있었다. 수업 2주차부터 매주 1회 간격으로 총 4회의 실시간 채팅이 실시되었는데, 총 18개의 시간대에 위치한 학습자들을 고려하여 서로 다른 시간대에 위치한 세 명의 교수자들이 실시간으로 학습자들을 지원하였다. 설문 결과는 콘텐츠 수준에 대한 학습자의 높은 만족도를 나타내고 있으며, 개별 교수자의 역량에 대한 만족도도 매우 높은 수준이었다.

MOOC를 위한 교육학은 아직도 새로운 영역으로 간주되고 있음을 감안했을 때, MOOC를 활용하고자 하는 교육자들은 ODL과 온라인 학습과 관련한 기존의 관행 및 통찰로부터 배워야 할 점들이 많다(Sharples, McAndrew, Weller, Ferguson, FitzGerald & Hirst, 2012). 본 강좌에 참여한 대부분의 교수자들은 면대면 상황에서 학습자와의 주된 접촉이 이루어지는 연구중심 대학에 소속되어 있음에도 불구하고, MOOC 환경에 놀랄 만큼 빠르게 적응할 수 있었다. IITK 팀의 경우, 사전에 보다 작은 규모의 MOOC를 진행한 경험을 토대로(Sodhi & Prabhakar, 2014), 교육학적으로 효과적인 수업설계가 가능하다. 외부 평가의 결과 또한 본 강좌의 많은 부분이 성공적인 온라인 학습의 관행과 일치하고 있음을 나타낸다(Porter, 2014). 따라서, 본 강좌는 학습자들에게 만족스러운 MOOC 경험을 제공함과 동시에, 본 강좌에 참여한 교수진들에게도 자기주도적 학습을 지원할 수 있는 새로운 수업환경 설계 기술을 향상시킬 수 있는 기회를 제공한다고 할 수 있다.

MOOC 개발모형을 지향하며

우리의 경험에 따르면, 기존의 패키지화된 MOOC에서 필요한 요소들을 적절히 재배열하고 목적에 맞게 재결합하여 수천 명의 학습자들을 위한 기능적 학습공간을 구성하는 것이 가능하다는 사실은 명백하다. 브랜드화된 MOOC는 분명 효과적인 실행을 위한 하나의 자원이 될 수 있지만 유일한 기술적 플랫폼은 결코 아니다. MOOC의 유형(예를 들면, cMOOC와 xMOOC)이나 교육학(Yuan & Powell, 2014)에 관한 면밀한 논의들은 학문적으로는 흥미로울지 모르겠으나 성장을 위한 학습의 맥락에서는 적절치 못하다. 우리의 경험은 MOOC4D 모형이 맥락에 따라 수업유형과 교육학이 결정되는 혼합모형임을 보여준다.

교수진과 지원팀으로 구성된 중심그룹의 적극적인 참여야말로 MOOC의 성공을 위한 결정적인 요인이다. 학습분석 자료들은 지원을 필요로 하는 학습자가 적시에 필요한 지원을 받도록 하기 위해 사용될 수 있다. 수업주제의 선택은 사전에 개발에 대한 요구를 면밀히 검토한 후에 이루어지는 것이 좋다. 중심 그룹은 다양한 매체와 전략을 활용하여 언제든지 학습자들의 참여를 유도할 수 있도록 준비되어 있어야 한다. 예를 들면, 본 강좌의 경우 온라인 수업자료에 접속 곤란을 겪고 있는 학습자들을 위해 수업내용을 배송 서비스를 통해 전달한 바 있다.

본 강좌는 개발을 위한 MOOC로서는 첫 시도라는 점을 분명히 밝힐 필요가 있다. 보다 자세한 모형을 제시하기 위해서는 앞으로도 계속적이고 추가적인 반복 시행이 필요하다(Col & IITK, 2014). 온라인 수업이 아닌 행사로서의 MOOC는 지역적인 요구(예를 들면, Skype나 전화참여를 통한 토크쇼)를 충족하기 위한 우리의 노력에 많은 도움을 줄 것이다. 또한 수업개발과 전달 과정에서 연구 과정을 포함하여 새롭게 얻게 된 교훈을 확인하는 것도 중요하다.

추가적인 시행이 필요하다고 했는가? 이미 우리는 그러한 시행을 반복하고 있다. COL과 IITK는 2014년 9~10월에 걸쳐 M4D MOOC를 통해 우리가 얻은 경험과 교훈을 활용하여 제작한 "MOOC에 관한 MOOC: 당신은 MOOC에 관해 얼마나 알고 있습니까?"라는 4주과정의 MOOC를 진행하였다. "MOOCs에 관한 MOOC" 강좌는 MOOC를 설계하고 진행하는 데 필요한 기초적 내용을 다루었다(Perris, 2014). 이 강좌의 독특한 목표들 가운데 하나는 참가자들에게

MOOC의 잠재적 가능성을 실제로 경험해봄으로써 향후 자신의 전문 분야에서 직접 MOOC를 제작하여 활용할 수 있도록 돕는 것이었다. 특히 NGO 영역에서 활동하고 있는 전문인력과 함께 인력개발 업무를 담당하고 있는 학자 및 정부각료들이 본 수업의 주요 대상이었다(Perris, 2014).

등록자수를 살펴보면, 총 93개국에서 2,347명이 등록하였으며, 이들 가운데 2/3가 대학교원 및 학자들이었고, 316명이 자격증을 부여받았다. 가장 많은 등록자를 배출한 5개국들은 인도, 네팔, 모리셔스, 남아프리카, 그리고 캐나다(특히 캐나다에는 COL의 본부가 위치하고 있다)의 순으로, MOOC의 광대한 영향력을 나타내고 있다. 학습자들은 MOOC에 대해 좀 더 알기 위해 본 강좌를 수강하게 되었으며, 독자적으로 MOOC를 개발해보려는 이들도 있었다. 글로벌한 MOOC의 장점을 최대한 활용하여, MOOCs에 관한 MOOC 수업의 질을 높이고 개선하고자 세계 각국의 전문가들이 강연자로 초대되었다. 여기에는 IITK와 COL의 교수진 이외에도 COL의 전임회장인 Sr. John Daniel을 비롯하여 Sanjay Sarma 박사(MIT 디지털러닝연구소 소장), Russell Beale 교수(영국 버밍햄대학과 Future Learn, 이 책 28장의 저자이기도 함), 구글과 마이크로소프트의 교육부문 책임자들이 포함되었다. IITK 팀은 추가로 MOOKIT라는 새로운 MOOC 플랫폼을 개발하였다. M4D MOOC와 마찬가지로, 설문에 참가한 응답자들은 이 새로운 플랫폼에 매우 긍정적인 반응을 보이며 이 강좌가 매우 효과적이었다고 답하였다.

이 장을 집필하고 있는 2014년 11월 현재, COL과 IITK은 MOOC 기술을 활용하여 4주과정의 오디오만을 활용한 새로운 교육과정을 통해 반숙련된 원예기술자들에게 최신 조경기법을 훈련시키기 위한 공동 프로젝트를 진행하고 있다. 이 수업에서는 주된 학습자인 기술자들의 문해수준과 인터넷 접속이 어려운 작업환경을 고려하여 힌디어로 제작된 수업자료를 오디오 포맷으로 전달하고 수업내용에 대한 질의응답을 역시 오디오로 수신하기 위한 플랫폼을 개발하여 활용하고 있다. 이 수업에는 1,075명의 참가자들이 등록하였고, 이들 가운데 90

퍼센트가 원예기술자 및 최저생활 수준으로 생계를 이어가는 농부들이다. 이 수치가 증명하듯이, 인력개발을 위한 MOOC의 주요 목표는 성공적으로 달성되었다고 할 수 있다.

많은 인력개발 단체들과 정부 기관들의 정책 우선순위는 기술개발이다(Aggarwal & Gasskov, 2013). 이러한 측면에서 고등교육 분야로의 즉각적인 영향력보다도, 일반 대중을 위한 중급 기술의 빠른 확산을 돕기 위한 실질적인 방안으로서의 MOOC의 유용성에 주목할 필요가 있다(COL, 2013c). 이를 위해서는 품질 관리, 평가, 인증 및 자격이수와 관련된 기존의 접근방식과 MOOC를 적용하고자 하는 새로운 시도와 프로토타입의 개발이 절실하다.

개발을 위한 MOOC를 실행함에 있어서, (온라인으로 물건을 주문하고 결재는 은행이나 우체국 창구를 통해 오프라인으로 진행하는 개발도상국의 전자 상거래 방식과 유사하게) 온라인 교육자료는 유일한 수단이라기보다는 핵심 기술에 해당한다. MOOC를 위한 교육학의 부재는 보다 세심하게 설계된 시행을 반복하며 개선해가야 할 것이다. 이러한 모든 문제들을 해결하기 위해, COL의 가장 중요한 지지기반이라 할 수 있는 개방 원격교육 기관들은 다년간의 실무를 통해 축적된 성공전략을 제공할 수 있을 것이다.

인도와 같은 국가들을 중심으로 MOOC의 정치적 영향에 관한 관심이 높아지고 있다(국무총리실, 2014). 정부 부처들은 청년 참여를 위한 소통의 채널뿐만 아니라, 문해능력, 건강에 대한 의식, 경제적 성장을 도모하기 위한 수단으로서 MOOC를 활용할 수 있는 방안에 관심을 가지고 있다. 이러한 관심이 보다 많은 성공사례들로 이어짐에 따라, 우리는 하나의 성장모형으로서 보다 확대되고 가속화될 MOOC의 개발을 기대해볼 수 있을 것이다.

Balaji Venkataraman | 캐나다 밴쿠버에 위치한 Commonwealth of Learning(COL)의 기술 및 지식경영센터 소장을 맡고 있다. 그는 농촌지역의 개발 및 학습을 위한 IT 적용 분야에서 일해왔으며, 최근에는 농업을 위한 의미론적 웹(semantic Web)의 적용에 관한 업무를 맡고 있다. 그의 최근 관심분야는 농촌 지역의 학습을 위한 차세대 모바일 기기의 활용 및 기술개발을 지원하기 위한 MOOC의 장점에 대한 평가이다. Balaji는 Indian Institute of Technology와 마드리드대학(University of Madras)에서 각각 석사 및 박사학위를 수여받았다.

Asha Kanwar | 캐나다 밴쿠버에 소재한 Commonwealth of Learning (COL)의 CEO이며, 개발도상국과 선진국의 다양한 환경에서 연구와 업무를 담당해왔다. 그녀는 발전을 위한 학습 분야에 선구적인 공헌을 남긴 국제적으로 저명한 원격교육자이며, 아시아 여성들의 삶에 원격교육이 미치는 영향을 중점적으로 연구하여 여성학 분야에도 중요한 기여를 남겼다. Kanwar 교수는 서식스대학(Sussex University)에서 박사학위를, 인도의 판잡대학(Panjab University)에서 석사학위를 각각 수여받았으며, 장학금과 명예박사학위를 포함한 다양한 수상경력을 가지고 있다.

참고문헌

Aggarwal, A., & Gasskov, V. (2013). *Comparative analysis of national skills development policies: A guide for policy makers*. Retrieved from International Labour Organization website: http://www.ilo.org/wcmsp5/groups/public/---africa/documents/publication/wcms_224559.pdf.

Bagga, M. (2010, October). vKVK—A way to empower Krishi Vigyan Kendra. *Information Technology in Developing Countries, 20*(3). Retrieved from http://www.iimahd.ernet. in/egov/ifip/oct2010/meeta-bagga.htm.

Balaji, V., & Prabhakar, T.V. (2014). Changing the tunes from Bollywood's to rural livelihoods. In M. Ally & A. Tsinakos (Eds.). *Perspectives on open and distance learning: Increasing access through mobile learning* (pp. 205–16). Retrieved from Commonwealth of Learning website: http://

www.col.org/resources/publications/Pages/detail.aspx?PID=466.

Commonwealth of Learning (COL). (2013a). *Mobiles for Development (M4D)*. Retrieved from Commonwealth of Learning website: http://www.col.org/progServ/pro grammes/KM/Pages/M4D.aspx.

Commonwealth of Learning (COL). (2013b). *MOOC for Development (MOOC4D)*. Retrieved from Commonwealth of Learning website: http://www.col.org/progServ/programmes/KM/Pages/MOOC4D.aspx.

Commonwealth of Learning (COL). (2013c). *Events*. Retrieved from Commonwealth of Learning website: http://www.col.org/news/Connections/2014Mar/Pages/Events.aspx.

Commonwealth of Learning (COL). (2014). *DOER Infographic*. Retrieved from Piktochart website: https://magic.piktochart.com/output/1834969-doer-infographic.

Commonwealth of Learning and IIT Kanpur (COL and IITK). (2014). *MOOC on MOOC*. Retrieved from http://mooconmooc.org/.

Dhanarajan, G., & Porter, D. (Eds.). (2013). *Perspectives on open and distance learning: Open educational resources: An Asian perspective*. Retrieved from Commonwealth of Learning website http://www.col.org/resources/publications/Pages/detail.aspx?PID=441.

Economist, The. (2014, June 28). The future of universities: The digital degree. *The Economist*. Retrieved from http://www.economist.com/news/briefing/21605899-staid-higher-education-business-about-experience-welcome-earthquake-digital.

Ho, A.D., Reich, J., Nesterko, S., Seaton, D.T., Mullaney, T., Waldo, J., & Chuang, I. (2014). *HarvardX and MITx: The first year of open online courses, fall 2012–summer 2013* (HarvardX and MITx Working Paper No. 1). SSRN-id 2381263. Retrieved from http://papers.ssrn.com/sol3/papers.cfm?abstract_id=2381263.

Hollands, F.M., & Tirthali, D. (2014, May). *MOOCs: Expectations and reality. Full report*. Retrieved from Center for Benefit–Cost Studies of Education, Teachers College, Columbia University, NY website: http://cbcse.org/wordpress/wp-content/uploads/2014/05/MOOCs_Expectations_and_Reality.pdf.

McGreal, R., Kinuthia, W., Marshall, S., & McNamara, T. (Eds.). (2013). *Perspectives on open and distance learning: Open educational resources: Innovation, research and practice*. Retrieved from Commonwealth of Learning website: http://www.col.org/resources/publications/Pages/detail.aspx?PID=446.

MOOCs for development: A massive open online course (MOOC) by IIT Kanpur and COL (2014). Retrieved from http://m4d.colfinder.org/.

Perris, K. (2014, September 12). MOOC on MOOCs? A novel yet pragmatic approach. *University World News*. Retrieved from http://www.universityworldnews.com/article.

php?story=20140903154113518.

Porter, D. (2014). *MOOC on mobiles for development report*. Retrieved from Commonwealth of Learning website: http://www.col.org/resources/publications/Pages/detail. aspx?PID=483.

Prime Minister's Office. (2014). *Text of Prime Minister's statement in the 6th BRICS Summit on the Agenda: Sustainable Development & Inclusive Growth*. Narendra Modi, Prime Minister's Office, India. Retrieved from http://pmindia.nic.in/details156.php.

Sharples, M., McAndrew, P., Weller, M., Ferguson, R., FitzGerald, E., Hirst, T., et al. (2012). *Innovating Pedagogy 2012*. Retrieved from the Institute of Educational Technology, The Open University website: http://www.open.ac.uk/personalpages/mike.sharples/Reports/Innovating_Pedagogy_report_July_2012.pdf.

Siemens, G. (2014, May 6). Multiple pathways: Blending xMOOCs & cMOOCs. eLearnSpace. Retrieved from http://www.elearnspace.org/blog/2014/05/06/multiple-pathways-blending-xmoocs-cmoocs/.

Sodhi, B., & Prabhakar, T.V. (2014). Architecting software for the cloud: An online course on building cloud based applications. *About the course*. Department of Computer Science and Engineering at IIT Ropar (Punjab), India. Retrieved from http://www.iitrpr.ac.in/class/a4c/.

UNESCO. (2002, July 8). *UNESCO promotes new initiative for free educational resources on the Internet*. Retrieved from UNESCO. Education News website: http://www.unesco.org/education/news_en/080702_free_edu_ress.shtml.

World Bank. (2011). What are global public goods? Retrieved from World Bank website http://go.worldbank.org/JKZLIHR2B0.

Yuan, L., & Powell, S. (2013). MOOCs and open education: Implications for higher education. A White Paper. Retrieved from JISC CETIS website: http://publications.cetis. ac.uk/wp-content/uploads/2013/03/MOOCs-and-Open-Education.pdf.

19

개방학습의 잠재력을 활용한 부의 재분배와 빈곤 퇴치

Sheila Jagannathan

개발도상국을 위한 개방학습의 중요성

인터넷을 포함하여 새롭게 대두되고 있는 테크놀로지의 교육과 관련된 잠재적 영향 가운데에서도 특히 학습과 역량개발에 미칠 효과에 대한 기대가 크다. 선진국의 대학, 두뇌집단과 기업들에서는 이미 교육과 역량개발에 대한 고정관념이 깨어진 지 오래이다. 이러한 학습 전략이 개발도상국들에도 전파되어 2030년에는 빈곤퇴치와 부의 재분배가 이루어질 수 있을 것인가?

생각해보라. 2010년 한 해 동안 120억 명의 사람들이 하루 1.25달러가 채 안 되는 임금을 받으며 가족에게 필요한 생필품과 주거지를 조달하고 의료비를 부담하며 생계를 이으려 노력해야 하였다. 또 다른 300억 명의 사람들은 하루 4달러 미만의 수입으로 생활해야 하였다(세계은행, 2013a)(그림 19.1 참조). 이들은 대부분 중국, 인도, 그리고 여러 개발도상국에 위치하고 있으며, 한창 에너지가 넘치는 시기에 교육기회가 턱없이 부족한, 성년도 채 안 된 어린 부모

그림 19.1 세계은행(World Bank)의 두 가지 목표: 빈곤퇴치와 부의 재분배

들도 많다. 안타까운 사실은 필요한 기술과 역량을 습득하지 못한 이들이 국제화된 세계시장은 물론 자신의 고국이나 마을, 촌락에서조차 제대로 된 일자리를 얻지 못하고 있다는 점이다. 이에 따라 삶에 대한 이들의 열망도 점점 작아지고 있다.

많은 개발도상국의 경우, "벽돌과 회반죽으로 지어진" 교육기반시설은 자국민의 요구를 충족시키기에 부족한 실정이다. 이에 따라 학습에 대한 바람이 실제 지식의 획득으로 이어지지 못하는 경우가 많다. 학교나 대학, 훈련기관의 학습 기반이 효율적이고 공정하게 작동하지 못하는 데에는 몇 가지 이유가 있다.

먼저, 교육체제가 학습자의 수를 감당하지 못하는 경우이다. 교육기회가 주어진다 하더라도 농촌이나 외딴 지역에 위치한 이들은 접근성의 문제로 인해 교육기관이 위치한 대도시 주민들과 같은 수준의 교육을 받을 수 있는 기회가 현저히 낮아진다. 둘째, 교육기관의 희소한 교육자원과 교수자의 낮은 동기수준으로 인해 공립학교와 대학의 학습자들이 교실수업을 통해 받을 수 있는 교육의 질이 낮아지는 경우이다. 셋째, 제대로 된 기초교육을 받지 못한 학습자들은 상급학교 졸업장을 요구하는 직업에 대한 희망 자체를 포기하게 되면서 학교급이 높아질수록 교육수요가 감소하는 "연쇄하강효과(cascade effect)"의 문제이다. 학습에 대한 욕구가 좌절되는 과정을 겪으면서 수억의 젊은이들이 국제화된 세계시장의 경제적 혜택을 누릴 기회를 박탈당하고 있다.

그러나 모든 것이 절망적인 상태는 아니다. 개방학습의 세상에서는 기초교육, 개별화된 훈련, 그리고 기존에 존재하는 안정적인 직장이나 새롭게 대두되고 있는 고소득 직종을 얻기 위해 필요한 역량을 획득하기 위한 재교육의 기회가 존재한다. 이 장의 기본 전제는 다양한 가상 학습 플랫폼과 온라인 자료들에 기반한 새로운 형태의 교육이 부의 재분배와 빈곤퇴치를 위한 잠재적 기회를 제공한다는 것이다(Hewlett Foundation, 2011).

새로운 온라인 전달기제와 플랫폼을 통해 사물의 작용과 원리, 조건들에 관한 지식과 학습을 전 세계에 대규모로 전파할 수 있는 테크놀로지의 활용이 가능해짐에 따라 문제의 해결이 가능해질 것으로 예상된다. 예를 들면,

- 초등학교를 중퇴한 탄자니아의 농부가 모바일 전화를 통해 배운 작물의 부패관리 기술과 자신의 재배경험을 결합하여 높은 수입을 올리게 됨.
- 모바일 인터넷 연결망을 설치한 방글라데시의 젊은 여인이 이웃주민들과 중동에 파견노동자로 일하는 그들의 가족들을 위한 장거리 Skype 서비스를 제공함.
- 고졸 학력의 베트남 자동차 정비공이 인터넷을 통해 전기부품들로 인해 점점 정교화되고 있는 자동차와 오토바이 최신 정비기술을 습득함.
- 대졸 학력의 볼리비아 시청 공무원이 블렌디드 수업을 통해 수도, 폐기물 처리, 보건, 교육 등 시민들에 대한 기초 서비스의 질 향상을 위한 대민상담 기술을 학습함.

e-Institute의 역량개발 사례

이와 같은 변화를 가져오기 위해서는 (앞서 제시한 예들에서 각각 농부, Skype 사업가, 자동차 정비공, 시청 공무원의 요구에 따라 개별화된 교육내용과 같이) 암묵적 지식과 경험을 학습자가 이해할 수 있는 형태로 코드화하고 패키지화하는 것이 매우 중요하다. 또한 학습과정에서 제대로 작동하는 부분과 그렇지 못한 부분에 대한 피드백을 체계적이고 일관성 있게 반영하여 계속적으로 학습 플랫폼과 기반시설을 개선하고 향상시킬 수 있어야 한다.

디지털 온라인 학습은 배움을 열망하고 새로운 지식을 적용하고 싶어하는 수천 명의 사람들이 생계를 이어나가기 위해 마주치는 어려움 속에서도 학습을 지속할 수 있도록 학습의 규모를 확대하여 접근성을 높이기 위한 새로운 기회를 제공할 수 있다. 학습의 민주화는 시민들이 그들의 경제적 소망을 실현할 수 있도록 도와주며, 학습을 위한 테크놀로지 혁신의 지속적 비용절감으로 인해 미래에는 더욱 효과적으로 필요한 정보를 실시간으로 손쉽게 얻는 것이 가능해질 것이다.

교육에 대한 이러한 새로운 접근방식은 연구보고서, 정책보고서, 기술관련 안내지침 발간과 같이 출판물에 기반한 지식에 의존하던 기존의 역량개발 프로그램들과는 매우 대조적이다. 세계은행(World Bank Group) 또한 그동안 많은 양의 자원을 이러한 전통적인 지식물(knowledge product)에 투자해왔지만, 내부 보고서에 따르면 이러한 지식물이 대상 학습자에게 직접적으로 미치는 효과는 2퍼센트도 채 되지 않는 것이 현실이다. 이와 유사하게, 세계은행은 지식을 공유하고 학습을 촉진하기 위하여 주로 면대면 수업방식에 의존해왔으나, 많은 비용과 자원을 요하는 이러한 교육방식으로는 목표로 하는 대상의 극소수에게만 필요로 하는 교육을 제공할 수 있을 뿐이다.

역량개발에 대한 새로운 접근방식은 많은 개발도상국들이 당면하고 있는 문제점들을 인식하여 주된 교육대상인 농부, 청년, 무기력한 여성, 공무원, 정치지

도자들이 양질의 교육과 최신 지식을 통해 빈곤 퇴치와 부의 재분배라는 두 가지 목표를 달성할 수 있도록 돕고자 한다. 교육대상자들이 특정한 성과를 달성할 수 있도록 필요한 지식을 전람, 개별화, 전이하는 학습설계를 통해 형식적인 지식과 암묵적인 지식의 개발이 가능해진다.

이러한 실험의 일환으로 세계은행은 2011년 e-Institute라 불리는 개방학습 플랫폼을 개발하였다. e-Institute는 가상공간에서 자기주도적으로 진행되는 이러닝 수업을 통해 양질의 교육을 제공하기 위한 전달수단이다.

지난 4년간 이 실험은 괄목할 만한 성장을 이루었다. 세계은행과 협력업체의 전문성, 학습 노하우와 지식을 활용하여 도시개발, 기후변화, 정치, 혁신, 경쟁력과 같은 다양한 개발관련 주제들에 관하여 이미 200개 이상의 수업들을 개발하였다. 이 수업들은 정책 개혁을 위한 실질적인 방법은 물론, 안정적인 지배구조에서 위생적인 화장실 설계에 이르는 다양한 주제에 관한 세계각국의 성공사례들에 대한 내용을 담고 있다. 중요한 점은 많은 수업들이 지역적 요구를 수용하기 위해 맞춤형으로 이루어졌다는 점이다. 또한 실무종사자들의 학습을 지원하기 위하여 연례 웨비나(webinar), 온라인 학습공동체, 다양한 매체를 활용한 면담 등이 필요에 따라 실시간으로, 지속적으로 제공되었다.

e-Institute는 정책입안자, 시민사회단체, 언론기관, 정부각료, 공무원, 민간부문의 여러 핵심인물들, 학자들은 물론 청년들과 미래의 지도자들과의 직접적인 접촉을 가능하게 한다. 이들 한 사람 한사람이야말로 변화를 위한 중요한 이해당사자이다. e-Institute는 또한 국가 및 지역단위 훈련기관, 네트워크, 두뇌집단, 대학과 같은 주요 협력파트너들 간의 공조체제를 만들어나가기 위한 성공적인 모델을 제공하였다.

언제, 어디서나 시민의식을 고취할 수 있는 지구촌 교실로서의 MOOC: 대규모로 학습을 전달하기 위한 기회

e-Institute 실험은 마침 대규모 공개 온라인 강좌(MOOC)의 등장으로 인해 세계적으로 학습에 대한 고정관념이 무너지기 시작한 것과 때를 같이하여 진행되었다. 학습을 통해 지구상의 빈곤과 불평등을 퇴치하기 위한 MOOC의 활용방안을 탐색하기 위해 협조하는 것에 MOOC 공급자들와 WBG가 모두 관심을 가지고 있었다. 지난 6개월간 WBG는 Coursera와 공동으로 두 개의 MOOC를 개발하는 데 성공하였다. 이 절에서는 이러한 경험을 통해 얻게 된 교훈들을 간략하게 설명하고자 한다.

개발과 관련된 안건을 개발하고 보편화함에 있어서 MOOC는 많은 잠재력을 가지고 있다. 동시에, 양질의 교육을 보급하고 영향력을 미칠 수 있는 수단이기도 하다. 개발의 맥락에서, MOOC는 기존의 역량개발 프로그램들이 미처 접근할 수 없었던 대상들에게 새로운 서비스를 제공할 수 있도록 도울 수 있다. 게다가 MOOC를 통해 다양한 그룹의 대중들이 다른 나라나 지역에서 어떻게 성공적인 빈곤퇴치와 직업 창출, 불평등해소, 부패척결 등이 이루어졌는지 배울 수 있다. 또한 MOOC는 개발관련 주제들에 대하여 실무종사자들과 일반 대중이 실시간으로 의견을 공유하고 정책에 대한 토론을 진행하는 역동적이고 상호작용적인 공간을 제공해준다. 그 결과, 우리는 이러한 과정이야말로 세계은행이 창조적이고 실행가능한 지식을 공유하기 위해 참가자들을 불러모을 수 있는 혁신적인 대안임을 깨닫게 되었다.

2014년 1월, 세계은행은 "온도를 4도 낮춰라: 세계 기후온난화의 위험"이라는 제목으로, 세계은행과 Postdam Institute for Climate Impact Research and Climate Analysis가 같은 제목으로 공동발간한 주요 연구보고서의 내용을 재구성하여 첫 번째 MOOC를 개발하였다(세계은행, 2012a, 2013b, 2013c).

보고서의 내용을 무료로 일반 대중의 접근이 가능한 종합적이고 상호작용적인 학습자료의 형식으로 재구성한 MOOC는 기후변화가 초래할 위험에 관한 과학적 이해를 증진하기 위한 플랫폼을 제공하였다(세계은행, 2012b). 또한 이를 통해 선진국과 개발도상국들이 기후변화와 관련한 정책이 갖는 주요 시사점에 대해 국제적인 논의를 시작하게 되었다. 개인과 국가가 어떻게 개별적으로, 또 공동으로 기후변화에 대처하기 위한 방안들을 실행에 옮길 수 있는지에 관한 논의와 함께, 여러 분야에서 이루어지고 있는 주요 사업과 진행상황에 대한 사례들을 공유함으로써, 이 MOOC는 중요한 개발관련 문제들을 해결하기 위해 필요한 정보와 실천방안에 대한 실무종사자 및 일반 대중의 관심과 인식수준을 고취하였다. 20,000명이 넘는 참가자들이 100,000건의 비디오 다운로드를 통해 이 수업에 참여하였다.

네 개의 주제로 구성된 본 수업의 4주에 걸친 진행상황을 살펴보면 다음과 같다(세계은행, 2012a).

> 1주차 수업은 650,000년 전부터 현재에 이르는 기후변화와 그 영향에 대한 내용을 다루었다.
>
> 2주차에는 전문가들이 탄소배출량의 수준에 따른 기후변화 시나리오들을 통해 21세기 말까지 기온이 2도에서 4도까지 상승하면서 나타날 위험에 대해 설명하고 있다.
>
> 3주차에는 기후변화가 식품, 수자원, 보건, 종의 다양성, 그리고 생태계의 유지와 같은 인류 생존을 위한 기본조건들에 미치는 영향을 다루고 있다(그림 19.2).
>
> 4주차는 학습자들에게 실천을 위한 정보기반을 제공하는 가장 중요한 내용을 담고 있다. 이 주의 주요 활동은 학습자로 하여금 변화를 불러오기 위해 가능한 방안들을 생각해보도록 촉구하며 기후변화로 인한 예측가능한 결과에 대처하기 위한 대안을 마련하도록 하고 있다.

그림 19.2 기후변화가 농지에 미치는 영향

2014년 6월, 우리는 "위험과 기회: 개발로 인한 위험부담 관리"라는 제목의 2014년 세계개발보고서의 내용에 기반하여 두 번째 MOOC를 개발하였다(세계은행, 2013d). 기후변화에 관한 첫 번째 MOOC와 마찬가지로, 이 수업도 일반 대중의 무료 접근이 가능한 공개교육자원의 형식으로 제공되었다. 또한, 이 수업이 기반한 보고서도 영어, 스페인어, 프랑스어, 포르투갈어, 러시아어, 아랍어, 중국어의 일곱 개 언어로 요약된 내용과 함께 제공되었다(세계은행, 2013d). 이 수업은 개발과 관련한 위험부담에 대한 준비가 부족할 때 어떤 위기와 문제점들이 발생할 수 있는지를 설명하며 전략적인 위험부담관리의 중요성을 강조하고 있다. 동시에 위험에 대한 두려움으로 인해 좋은 개발 기회를 놓쳐버리는 경우에 대해서도 설명하고 있다(그림 19.3 참조). 이러한 주제들에 관한 토론과 논의는 참가자들로 하여금 자신이 속한 공동체와 국가에 필요한 변화들에 대해 생각해볼 수 있는 기회를 제공한다. 중동과 북아프리카, 남아시아, 동아시아, 태평양 연안국 및 유럽, 중앙아시아, 아프리카, 남미, 지중해 연안국 등 145개국에서 참가한 34,500명의 학습자들은 세계은행이 관심을 가지고 있는 대상지역들을 잘 대표하고 있다(Berniyazova & Kyla, 2014).

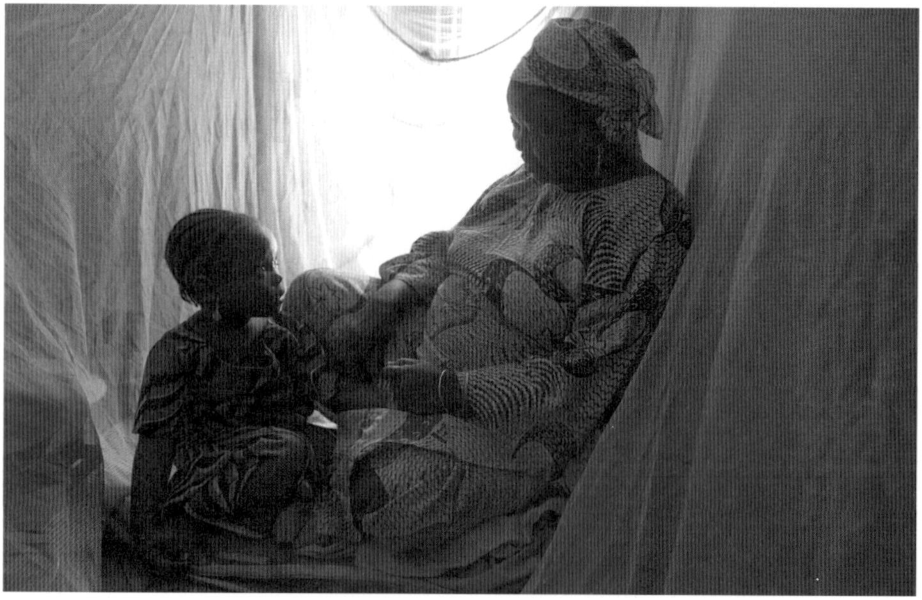

그림 19.3 영아 사망률의 위험을 낮추기

교육적 접근법들

MOOC 설계를 위해, 낮은 대역폭에서 인터넷을 사용해야 하는 개발도상국의 학습자들을 위해 차별화된 최신의 MOOC 관련 교수법들을 다양하게 혼합하여 활용하였다. 몇 가지 주요 사항들을 살펴보면 다음과 같다(Berniyazova & Kyla, 2014).

이중 트랙 광범위한 수업대상들에게 도달하기 위해 두 개의 트랙으로 구성된 MOOC를 개발하였다: (1) 일반인 또는 옹호자 트랙, 그리고 (2) 정책입안 및 지도자 트랙이다. 이러한 이중 트랙 구조는 우리로 하여금 학습자의 약 80퍼센트를 차지하는 개발분야 실무종사자들과 이 주제에 관심을 나타내는 일반 대중을 모두 수업대상으로 포함할 수 있도록 해주었다. 예를 들면, 기후변화에 관한 MOOC 강좌에서 일반인 트랙의 학습자들은 우리 주변의 탄소배출량을 알아보고 이를 감소시킬 수 있는 방법을 탐색해본 반면, 정책입안자들은 탄소배출량 규제를 위한 정책적 도구들에 관한 토론에 집중하였다. 추가적으로, 참가자들은 (선택적인) 위치공개 기능을 통해 자신이 속한 기관/도시/국가/대륙에 따라 지리적 또는 기타 개별적 관심 영역에 속한 소집단을 형성하여 토론에 참가할 수 있었다.

xMOOC와 cMOOC 방식의 혼합 개발관련 이슈들과 해결책에 관한 실증적 학습과 학습자들 간의 협력을 위한 네트워크 형성을 촉진하기 위해 본 강좌는 MOOC 설계의 두 모형인 연결주의적 cMOOC와 교수적 xMOOC 방식을 혼합하여 개발되었다.

기후변화에 관한 MOOC 수업을 예로 들자면, 한 측면에서는 전통적인 xMOOC의 특징이라 할 수 있는 수업주제에 관한 17명의 저명한 전문가들의 짧은 비디오 강연을 활용한 수업내용의 전달이 이루어졌으며, 비디오 강연을 보충하기 위한 관련 읽기자료, 온라인 수업자료, 퀴즈와 과제들이 함께 주어졌다.

또 다른 차원에서는 기후변화에 관한 기존의 지식기반을 확대하고 협업을 위한 네트워크 개발에 관심이 있는 활동 전문가들과 정책입안자들을 위해 공동 창조로서의 지식이라는 cMOOC의 관점에 기반하여 참가자들이 자신의 전문분야의 전문가로 수업에서 보다 적극적인 역할을 담당하도록 하였다.

게임기반 시뮬레이션을 통한 경험학습 위험부담에 관한 MOOC 수업은 게임에 기반한 시뮬레이션과 애니메이션 만화를 통해 학습자들로 하여금 위험요소를 둘러싼 각종 전제들과 요소들 간의 관계들에 대해 보다 심화된 사고를 촉진하였다. 전문가의 비디오 강연에서 제시된 사례들에서 더 나아가, 세계은행과 참여연구소가 공동으로 개발한 "위험의 지평"이라는 새로운 게임을 통해 수업참가자들은 위험을 관리하기 위한 선택을 직접 경험해보고, 만화(세계은행, 2013e)를 통해 수업내용을 보다 재미있고 흥미롭게 배울 수 있었다(그림 19.4 참조).

그림 19.4 〈위험의 지평〉 게임 인터페이스

고도로 유형화되어 있기는 하지만 여전히 학습자들이 실생활에서 직면하게 되는 선택의 딜레마를 잘 반영하고 있는 이 게임은 초기에 학습자들로부터 상반된 평가를 받아, 추후에 게임개발 팀에 의해 개선될 예정이다.

일부 참가자들은 즉각적으로 이 게임에 빠져들어 MOOC와 관련된 보다 거시적인 관련성을 깨닫게 된 반면, 다른 참가자들은 게임의 모든 요소들을 제대로 파악하지 못하여 다음 단계로 쉽게 나아가지 못하는 어려움을 겪기도 하였다. 다른 면대면 수업에서와는 달리 근거리에서 학습자들에게 도움을 줄 수 있는 교수자가 없는 상황에서 이러한 문제를 해결하기 위해서는 게임 운영방식이 처음부터 명백하게 설명되어야 한다. 게임에 관한 상세한 튜토리얼은 이러한 학습자들에게 매우 큰 도움이 되었다.

활발한 소셜미디어 채널들 본 수업에서 소셜미디어는 기후변화와 같은 개발문제에 관한 아이디어와 도구, 자원들을 공유하고 실무종사자들과 일반 대중들이 역동적으로 실시간 토론과 논의를 전개할 수 있는 공간을 마련해주었다. 참가자들 간의 수준 높은 참여와 상호작용은 WBG로 하여금 참가자들을 불러모아 실질적인 적용이 가능한 창조적이고 구체적인 실행방안들을 공유할 수 있는 혁신적인 대안들을 제시할 수 있도록 해주었다. 기후변화에 대한 MOOC 수업의 예를 들자면, #wbheat라는 해시태그는 800개 이상의 트윗으로 이어지며 뜨거운 반응을 불러일으켰으며, 구글 행아웃 등 여러 창의적인 방법을 활용하여 트위터와 유튜브의 의견들을 실시간으로 연계하여 전 세계적으로 저명한 전문가들과 수업참가자들 간의 토론이 이어지기도 하였다.

디지털 작품 MOOC 수업을 통해 제기된 문제들에 대한 전 지구적 인식을 고취하기 위하여, 수업참가자들에게 "디지털 작품" 또는 본 수업을 통해 얻은 교훈을 공유하기 위한 창의적인 온라인 자료를 제작하는 과제가 주어졌다. 이러한 흥미로운 결과물들 가운데에는 참가자들이 자신들만의 다양한 관심영역과 관점을 반영하여 창의성을 발휘한 최종 과제들이 있었는데, 발표, 블로그, 비디

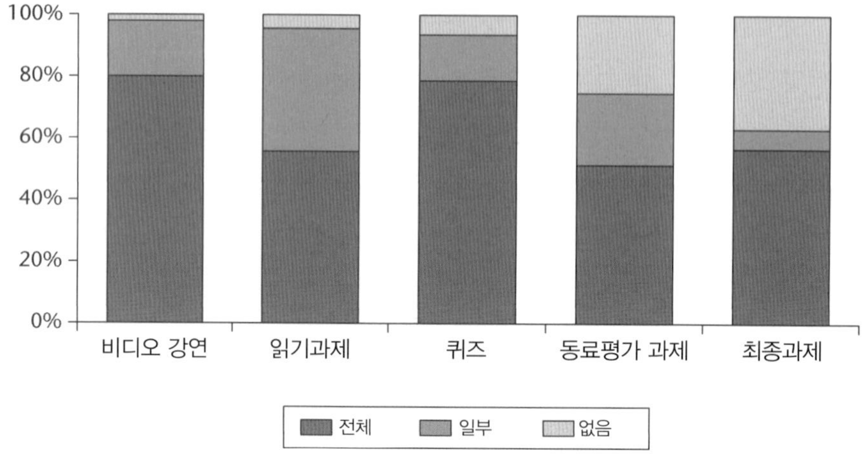

그림 19.5 완성된 수업의 요소들

오, 코믹물, 인포그래픽, 심지어는 본 수업의 주요 모토를 후렴 삼아 "변해야 할 시간입니다. … 변해야만 합니다. … 우리가 세상을 바꿀 시간입니다. …"라는 노래를 작곡한 경우도 있었다(Quismundo, 2014).

종합해보면, 이상에서 설명한 두 건의 MOOC 강좌들은 학습자들에게 의미 있는 경험을 제공해주었으며, 이는 강의평가를 통해서도 잘 나타나고 있다. 수업종료 후 학습자들이 자발적으로 참여한 강의평가에 따르면: 대부분의 학습자들은 자신을 활발한 참여자로 묘사하였다(그림 19.5 참조). 약 80퍼센트에 이르는 대다수의 참가자들이 수업에서 주어진 모든 비디오와 퀴즈를 학습하였으며, 최소 과반수의 학습자들이 수업의 모든 읽기자료와 동료평가, 그리고 최종과제를 완수하였다. 수업자료와 과제에 대한 학습자들의 최종평가는 '매우 좋음' 또는 '완벽하게 좋음'으로 나타났으며; 다만 동료평가의 경우에는 상대적으로 낮은 평가가 주어져 가상공간에서의 실천공동체 형성의 어려움을 반영하였다. 더욱 중요한 사실은, 동료평가와 최종과제는 수업참가자들로 하여금 또 다른 차원의 수업내용을 만들어내도록 요구함으로써 학습자들이 단순히 활발한 참여자의 역할에서 한 단계 더 나아가 공동체 기여자로서 새로운 경험을 할 수 있

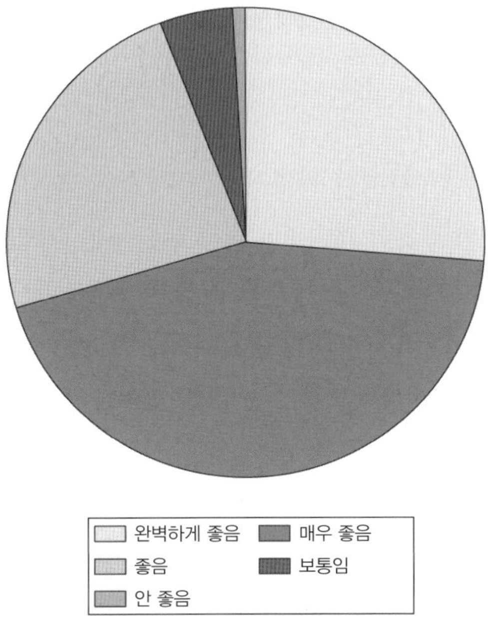

그림 19.6 수업경험에 대한 학습자들의 평가

었다는 것이다. 다행히도, 압도적인 절대다수(92퍼센트)의 학습자들이 본 수업의 학습경험을 탁월하다, 매우 좋다, 또는 좋다고 평가하였다(그림 19.6 참조).

새롭게 부상하는 문제들

대학의 학점이나 자격증을 이수하기 위해 MOOC 수업에 등록한 일반적인 대학생들의 경우와는 달리, 개발문제에 초점을 맞춘 MOOC 수업들은 개발 실무종사자들이라고 하는 전혀 새로운 학습자들을 대상으로 하였다. 이러한 실무종사자들에는 단순히 특정한 주제에 대해 학습하고자 하는 것이 아니라 동료들과 네트워크를 형성하고자 하는 중견급 관료들, NGO, 그리고 여러 이해당사자들이 포함되어 있다. 이들 가운데 중도탈락자가 생기면 우리는 그들이 자신이 필요로 하는 "소량의" 정보를 획득해서 수업을 그만두는 것인지, 수업내용에 대한 흥미를 잃고 수업을 이탈하는 것인지 추적할 수 있는 체제를 갖출 필요가 있다.

또한 많은 개발도상국들에서 다양한 학습자들의 모국어로 번역된 MOOC 콘텐츠의 제공에 대한 요청이 계속 이어지고 있다. 우리가 당면한 과제는 "적절한" 수준에서 콘텐츠 번역을 위한 투자규모를 결정하는 일이다. 예를 들면, 몽골어나 크메르어는 상대적으로 소수의 국가에서 사용되고 있지만 동시에 이들 지역은 자체적인 교육체제가 빈약하여 이러한 번역사업을 통해 큰 교육적 효과를 거둘 수 있는 대상이기도 하다.

또 다른 중요한 교훈 가운데 하나는 교수설계자들에게 수업내용 수정여부 및 시기에 관한 충분한 데이터를 실시간으로 제공할 수 있는 피드백 체제를 확보해야 한다는 것이다. 기후변화에 대한 MOOC 수업의 예를 들면, 대단위의 가축을 소유한 낙농국가의 목축업자들이 기후변화 관련정책에 좀 더 유연하게 대처할 수 있도록 유도하기 위한 실현가능한 정책을 포함해 달라는 피드백은 수업내용에 비추어 매우 중요한 제안이었다. 학습자 집단의 이러한 의미 있는 피드백을 실시간으로 반영하여 온라인 수업 콘텐츠에 반영할 수 있어야 한다.

기술적 어려움과 동료지원

대다수의 학습자들은 초기에는 기술적인 어려움과 공개적으로 자신의 결과물들을 공개하는 것을 주저하는 마음으로 인해 수업활동에 편안하게 몰두하지 못하였다. 그러나, 2주차 수업이 시작되면서 공동과제가 주어지자 MOOC 팀은 자신만의 창의적인 결과물을 만드는 데 성공한 일부 학습자들이 강좌의 토론게시판을 통해 동료 학습자들이 과제를 완성할 수 있도록 다양한 의견과 도움말을 제공하기 시작하는 놀라운 변화를 목격할 수 있었다. 그 결과, 처음에는 회의적이었던 많은 학습자들도 무언가 의미 있는 결과물들을 완성하여 자신들의 성과와 견해를 공유하고자 하는 수업에 대한 열의를 보이게 되었다.

학습이라는 단일한 지향점을 공유하는 세 유형의 "학교"		
WBx 강연 (적시 학습)	WBa 아카데미 (구조화된 학습)	WBc 공동체 (학습공동체)
내외 전문가들의 팟캐스트 및 비디오 강연, 스토리텔링, 최신 주제관련 미니강연, 온라인 멘토링을 위한 공간	개발관련 이슈들과 해결책에 관한 심화학습: 이러닝 강좌들, MOOC, 개별화/최적화된 학습을 위한 미니모듈	개발관련 문제들의 해결책을 찾기 위해 실무담당자들이 전문가 및 동료들과 연계할 수 있는 공동체
Knowledge 강연, 최고경영자 시리즈 등 WBG 강연과 회의에 실시간으로 참여	면대면으로 진행되는 학습세션, 강좌 및 워크숍	남대남 지식교환 및 해결책 허브, 해결책 연구소, 실천공동체
TED, Aspen Institute, WEF 등을 모델로 함	Kahn Academy, Coursera, GE Crontoville 등을 모델로 함	Quora, Google Hangout, DartmouthCollaboratory on HealthCare 등을 모델로 함

그림 19.7 개방학습 캠퍼스 구조

개방학습 캠퍼스

e-Institute와 두 번의 시험적인 MOOC 강좌개발의 경험을 통해 WBG는 역량개발을 위한 학습과 개혁에 관한 중요한 지점에 도달하게 되었다. 교육을 위한 새로운 전달매체는 WBG가 발간한 보고서를 읽고 면대면 훈련세션에 참여할 수 있는 기존의 청중 이외에도 새로운 고객에게 다가갈 수 있는 수단을 마련해 주었다. 이에 우리는 2015년 봄부터 새롭게 개방학습 캠퍼스를 개장하기로 하였다(그림 19.7 참조).

학습이라는 단일한 지향점을 위한 개방학습 캠퍼스는 세계은행의 고객과 일반 대중들, 세계은행 스태프들이 실시간으로 적절하게 세계적 수준의 학습을 접할 수 있는 공간이다. 이 캠퍼스는 온라인과 면대면 학습을 모두 지원하며, 보다 구체적으로는 다음의 세 "학교"의 형태로 운영된다.

- WBx-Talks 짧은 팟캐스트, 웨비나, 게임 및 개발관련 전문가들의 강연 등을 통해 소규모 학습에 집중
- WBa-Academy 개발관련 이슈들과 이러닝 강좌, MOOC, 미니레슨 실행에관한 심화 학습을 지향
- WBc-Connect 실무자들이 마주치게 되는 개발관련 문제들에 대한 해결책을 찾기 위해 전문가 및 동료들과 연계할 수 있는 가상공간. 남대남 지식교류, 해결책 연구소, 지식공동체로 구성되어 있음

개방학습 캠퍼스는 우리 내부의 학습과정과 훈련 프로그램들에 대해 진행되어온 변화의 논리적 결과라 할 수 있다. 이는 전 세계적으로 유행하고 있는 '파괴적 학습(disruptive learning)'의 기류에 편승한 것이기도 하다. 개방학습 캠퍼스는 지식, 학습, 그리고 개혁이야말로 모든 개발 과정의 핵심요소임을 인지하고, 전 세계적으로 보편화되고 있는 인터넷과 모바일 전화기술을 이용하여 양질의 교육 프로그램들을 대규모로 공급하는 것이 점차 용이해지고 있다는 사실에 주목하고 있다. 이 장에서 설명하고 있는 내용은 다만 시작에 불과하며, WBG는 개방학습 캠퍼스를 통해 전 세계적으로 중요한 영향을 미칠 수 있는 새로운 학습활동과 경험의 장을 개척하기 위한 더 큰 시도를 하고 있다. 우리는 MOOC와 다른 온라인 및 블렌디드러닝 강좌들, 그리고 이들을 둘러싼 학습자들의 온라인 공동체들이야말로 지식을 교류하고 실질적인 기술을 증진시킬 수 있는 수단이라고 인식하고 있다.

정리해보자면, 개발에 관한 지식기반의 영향은 정책입안자들과 공무원들, 농부들, 자동차 정비공들, 학자들, 그리고 세계은행 직원들을 포함하는 모든 이해당사자들을 위해 개별화된 학습을 가능케 할 만큼 상당한 수준에 이르렀다.

기쁜 소식은 미래에는 세계 어느 곳의 그 누구도 학습에 대한 열망이 좌절되는 일을 겪을 필요가 없어진다는 것이다. 개방학습은 개발도상국에 위치한 수억 명의 학습에 대한 열망을 실현하기 위한 저렴하면서도 섬세한 플랫폼을 제공해 줄 수 있을 것이다. 이를 위해 개방학습 캠퍼스가 전 세계 학습자들의 공동체를 하나로 연결하고, 공유하며, 지원할 수 있는 중요한 역할을 수행할 수 있기를 진심으로 바란다.

감사의 글

우리의 첫 번째 MOOC 프로그램을 위해 MOOC 교수법에 관해 조언해준 에든버러대학교 사범대학의 Jen Ross와 Hamish Macleod 팀에게 깊은 감사를 표한다.

Sheila Jagannathan | 워싱턴 DC에 위치한 세계은행 e-Institute의 수석 학습전문가(Lead Learning Specialist)이자 프로그램 매니저이다. Sheila는 원격교육 프로그램 설계 및 관리, 온라인과 교실학습의 교수법과 테크놀로지의 혁신 분야에서 28년 이상 종사해왔다. Sheila는 또한 동아시아, 중국, 중동, 북아프리카, 아프리카, 남아시아에 대한 세계은행의 국가차원 역량형성 프로그램을 위한 정책적 조언과 기술지원을 제공하고 있다. 그녀의 관심분야는 MOOC, 경험적 교수법, 온라인과 하이브리드 또는 블렌디드러닝 학습전략, 다양한 모드의 사회적 학습환경 설계, 빅데이터와 학습분석, 학습관리시스템, 학습 생태계 등이다.

참고문헌

Berniyazova, A., & Kyla, R. (2014). Internal consulting notes. World Bank's e-Institute. Washington, DC.

Hewlett Foundation (2011, November 23). *Quality education in developing countries*. Retrieved from http://www.hewlett.org/library/hewlett-foundation-publication/qedc-overview.

Quismundo, E. (2014, February 19). *YouTube: Turn down the heat (an environmental song)*. Retrieved from https://www.youtube.com/watch?v=jXq2TlfkJ6E&feature=youtu.be.

World Bank (2012a, November 1). *Turn down the heat: Why a 4 °C warmer world must be avoided*. Retrieved from http://documents.worldbank.org/curated/en/2012/11/17097815/turn-down-heat-4%C2%B0c-warmer-world-must-avoided#.

World Bank (2012b, November 18). *Climate change report warns of dramatically warmer world this century*. Retrieved from http://www.worldbank.org/en/news/feature/2012/11/18/Climate-change-report-warns-dramatically-warmer-world-this-century.

World Bank (2013a, January 1). *End extreme poverty and promote shared prosperity*. Retrieved from http://www.worldbank.org/content/dam/Worldbank/document/WB-goals2013.pdf.

World Bank (2013b, June 19). *Publication on turn down the heat: Climate extremes, regional impacts, and the case for resilience*. A Report for the World Bank by the Potsdam Institute for Climate Impact Research and Climate Analytics. The World Bank, Washington, DC. Retrieved from http://www.worldbank.org/en/topic/climatechange/publication/turn-down-the-heat-climate-extremes-regional-impacts-resilience.

World Bank (2013c, June 19). *Turn down the heat: Climate extremes, regional impacts, and the case for resilience*. Retrieved from http://www-wds.worldbank.org/external/default/WDSContentServer/WDSP/IB/2013/06/14/000445729_20130614145941/Rendered/PDF/784240WP0Full00D0CONF0to0June19090L.pdf.

World Bank (2013d, October 6). *World Development Report 2014, risk and opportunity, managing risk for development*. Retrieved from http://econ.worldbank.org/WBSITE/EXTERNAL/EXTDEC/EXTRESEARCH/EXTWDRS/EXTNWDR2013/0,,contentMDK:23459971~pagePK:8261309~piPK:8258028~theSitePK:8258025,00.html.

World Bank (2013e, March 19). *YouTube: The Gomez family: A modern tale of risk and opportunity*. Retrieved from https://www.youtube.com/watch?v=-Ri0jG6dPe8.

20

동남아시아에서의 MOOC의 현지화

Zoraini Wati Abas

서론

동남아시아는 대략 서쪽으로는 인도아대륙, 북쪽으로는 중국, 그리고 동쪽으로는 태평양에 접경하고 있는 아시아 지역의 독립 국가들이다. 동남아시아에는 브루나이, 캄보디아, 동티모르, 인도네시아, 라오스, 말레이시아, 미얀마, 필리핀, 싱가포르, 태국, 그리고 베트남의 11개의 국가들이 속해 있다. 이 나라들은 다른 아시아 지역과 마찬가지로 고등교육을 위한 기회 확충을 위해 노력하고 있다. 교육의 민주화 혹은 모든 이들에게 교육 제공을 목표로, 고등교육기관(higher education institutions, HEIs)의 장소와 수를 늘리거나 온라인 학습과 같은 원격교육을 제공하는 방법으로 이루어지고 있다.

Economy Watch에 따르면, 동남아시아 지역의 1인당 국내총생산의 상위 6개국은 다음과 같다.

1. 싱가포르(US$64,832.62)
2. 브루나이(US$58,695.77)
3. 말레이시아(US$18,752.92)
4. 티모르(US$11,821.22)
5. 태국(US$11,481.60)
6. 인도네시아(US$5,672.59)

Economy Watch에 따르면, 싱가포르와 브루나이는 세계 1인당 국내총생산의 상위 3, 4위에 랭크되어, 카타르(1위)와 룩셈부르크(2위)의 바로 아래이고 미국(6위)보다 앞서고 있다(Economy Watch, 2014).

싱가포르, 티모르(혹은 동티모르), 브루나이는 각각 인구 560만, 120만, 423,000명으로 동남아시아 국가들 중에서도 가장 작은 국가들이다. 동남아시아에서 가장 인구가 많은 국가는 인구 2억 5,360만의 인도네시아로, 인구로는 전 세계에서 4위를 차지하고 있다. 인도네시아는 1,700개 이상의 섬으로 구성되어 있다. 국가 간 유사점으로는, 말레이시아(인구 3,010만), 인도네시아, 브루나이가 지형적으로 국경을 접하고, 유사한 언어를 공유하고 있으며 인구 대부분이 무슬림(muslim)이다. 다른 동남아시아 국가들은 주된 언어의 사용, 문화적 풍습, 역사, 지역주민의 교육 대상자 면에서 독특하게 차이점을 나타내고 있다.

최근 유네스코 보고서(2014)는 지난 20년 동안 동남아시아의 많은 국가들의 HEI가 엘리트들을 위한 것에서 대중을 위한 것으로 변모하고 있음을 강조하였다. 이제 다음 단계는 고등교육 등록 비율 면에서 고등교육이 보편적으로 제공되는 것이다.

흥미롭게도 말레이시아와 싱가포르는 두 국가 모두 교육의 중심지가 되어, 다양한 국가 출신의 상당수의 유학생들을 유치시키고 있다. 말레이시아의 20개 공립 HEI의 유학생 수는 전체 학생 수인 560,359명 중 5퍼센트를 약간 웃돌고

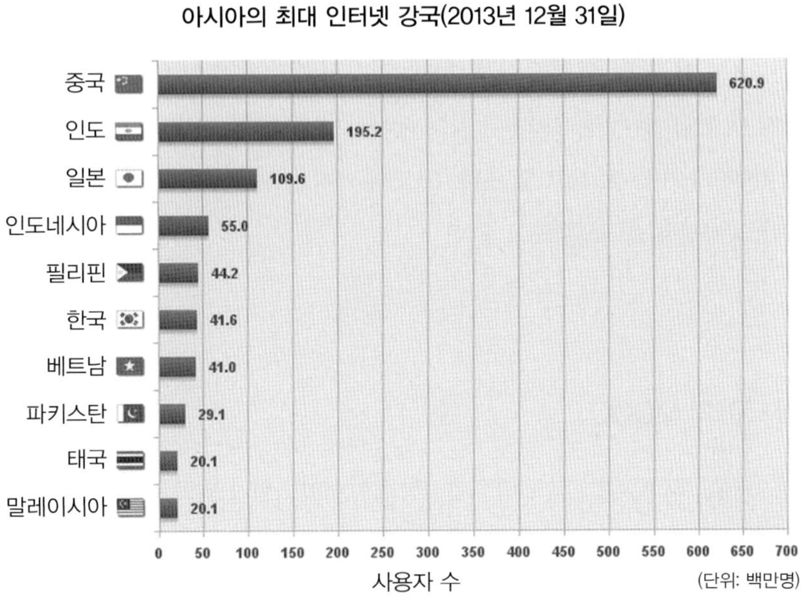

그림 20.1 아시아의 인터넷 최대 강국 10개국 중 동남아시아의 5개국
자료: Miniwatts Marketing Group, 2013: http://www.internetworldstats.com/stats3.htm

(28,837명) 있다(말레이시아 교육부, 2014). 말레이시아는 유학생들의 국적 수가 100개국 이상이라고 발표하였다. 게다가 말레이시아는 공립대학의 여학생 수(대략 61퍼센트)가 남학생 수(약 39퍼센트)보다 많다.

교육의 중심지가 됨에 따라, 이 두 국가들은 외국대학의 캠퍼스 설립을 많이 유치해왔다. 오늘날 싱가포르는 16개, 말레이시아는 9개의 외국대학 캠퍼스를 가지고 있다. 이 나라들은 유학생들의 등록을 증가시키기 위해 이들을 돕기 위한 숙련된 이주민 직원들을 고용하고 있다.

아시아 국가 중 가장 인터넷을 많이 사용하는 10개국 중 5개국이 동남아시아 국가라는 점은 주목해야 할 점이다. 동남아시아에는 다 합해서 총 1억 8,040만 명의 인터넷 가입자가 있다(그림 20.1 참조). Internet World Statistics(Miniwatts Marketing Group, 2014)에 따르면, 말레이시아의 인터넷 보급률은 2,010만 명으로 67퍼센트에 이르며, 이에 반해 인도네시아는 28.1

퍼센트로(대략 7,100만 명의 사용자) 말레이시아 보급률의 반에도 미치지 못하였다. MOOC의 발전은 필요한 인터넷 기반시설이 갖추어져 있지 않았다면 이루어지지 못했을 것이다. 그러나 인도네시아는 모바일 인터넷 서비스 제공자들 수에서 빠른 증가를 보이고 있으며, 인도네시아인들은 430만 개의 스마트 폰과 600만 대의 태블릿을 보유하고 있다.

동남아시아의 MOOC

2014년 10월, MOOC는 인도네시아, 말레이시아, 싱가포르, 필리핀에서 서비스를 시작하였다. 태국에서는 첫 번째 MOOC가 2014년 12월에 시작될 예정이다. 그러나 지금까지 말레이시아와 인도네시아의 MOOC는 정부의 정책 계획에 의해 이루어져왔다. 이 두 국가의 MOOC는 대략 서로 한 달 이내인 2014년 9월과 10월에 시작되었다.

앞서 언급한 바와 같이, 말레이시아는 자국 학생들이 필요로 하는 것보다 더 많은 HEI를 보유하고 있다. 그 결과, 말레이시아는 약 30,000명의 유학생을 유치하는 교육의 중심지가 되었다. 그에 반해서 인도네시아는 많은 인구의 국가이기에 540만 명의 학생을 수용할 수 있는 약 4,000개의 HEI를 보유하고 있음에도 불구하고, 현재 단지 30퍼센트의 인도네시아 학교 졸업자들이 고등교육기관에 진학하고 있다. 게다가 대부분의 HEI는 자바 섬과 자카르타와 욕야카르타(Yogyakarta)와 같은 대도시에 집중되어 있다. 인도네시아는 많은 수의 유학생들이나 교수들을 유치시키고자 하는 의도는 없지만, 더욱 시급한 안건은 인도네시아어로 된 강의를 많이 제공하여 자국민들을 교육시키는 것이다. 따라서 말레이시아와 인도네시아 두 나라의 MOOC의 목적은 다소 다를 것으로 예상된다.

말레이시아의 MOOC

캐나다 교육자들인 Dave Cormier, George Siemens, Stephan Downs에 의해 MOOC가 교육기술분야에 있어 지대한 공헌을 하던 시기에, 나는 말레이시아인 강사가 연관된 최초의 MOOC를 MOOC의 게스트 발표자로 초대되었을 때 만들었다(2011년 9월부터 2012년 5월)(더 자세한 사항은 http://change.mooc.ca/about.htm 참조). 나는 정해진 일정 동안 말레이시아 개방대학에서 모바일 학습에 관한 연구를 발표하였다. 이때는 MOOC가 흥미로운 유행으로 뉴스와 언론으로부터 인기를 얻어, 교육자들과 대중에게 관심을 받기 시작하던 시기이다. 2013년 3월, 말레이시아의 사립대학인 테일러대학교(Taylor's University)에서 "기업가 정신"이라는 과목으로 최초의 MOOC를 제공하는 시도를 하였다. 이는 아마도 말레이시아의 HEI에 의한 첫 번째 MOOC였을 것이다. 이 MOOC는 115명의 다국적 학생들을 유치하였다. 이 최초의 MOOC가 성공함에 따라, 테일러대학교는 2013년 7월 두 번째 MOOC인 "감성지능으로 성공하기"를 시작하였다. 이어서 대학은 통신교육 사이트에 14개의 MOOC를 열었다(그림 20.2 참조). 통신교육의 목적 중 하나는 테일러대학교의 웹 보유였다. 간단히 말해서, 통신교육 웹 사이트는 구독료를 받는 웹 페이지에 로고를 부착함으로 인해 기관 자체를 "브랜드"화시킬 수 있다.

교육부에 따르면, 말레이시아 정부는 2011년부터 2015년 사이에 이러닝을 더욱 발전시킨다는 계획을 가지고 있다. 이 목표에는 이러닝을 통해 균등한 교육적 기회 제공, 필요한 기반시설 제공, 학습과 교육을 향상시키기 위한 온라인 콘텐츠의 개발, 이러닝을 통한 전문성 개발의 향상, 온라인 자원의 저장소와 디렉터리 만들기, 이러닝 커뮤니티의 개발을 위한 지원 등이 포함된다.

MOOC의 발전은 다음의 결과를 보여준다.

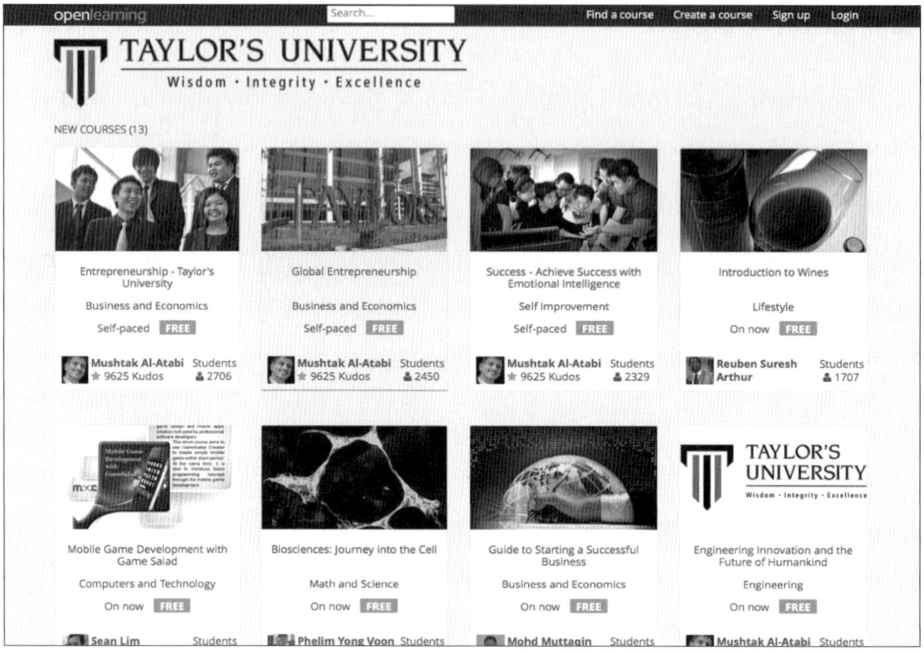

그림 20.2 테일러대학교에서 개설한 13개의 MOOC 중 8과목

자료: http://www.oepnlearning.com/taylorsuniversity

1. 학습과 교육의 질 향상
2. 비용 절감
3. 열대성 질병, 이슬람 금융상업지구, 이슬람교리에 따른 산업, 생물학적 다양성과 같은 국가의 틈새지역에서의 고등교육기관이 세계화되는 것을 촉진
4. 세계적 이목과 브랜드를 창조
5. 평생학습의 기회 제공

말레이시아 푸트라대학교(Universiti Putra Malaysia)는 학생들과 일반 대중에게 MOOC를 제공한 최초의 공립 기관이다. 2013년 4월에 두 과목의 MOOC("농업과 인간"과 "말레이시아의 예술")를 자체 플랫폼으로 개설하였다(Ismail, 2014). MOOC는 면대면 수업과 결합된 형식으로, 학생들에게 블렌디

그림 20.3 말레이시아 공립대학에서 개설한 최초의 MOOC 네 과목

자료: http://www.openlearning.com/malaysiamoocs

드 러닝의 형태로 제공된다. 이러한 두 개의 MOOC의 콘텐츠는 블렌디드 수업 콘텐츠의 30퍼센트까지 차지하였다.

교육부의 다음 단계는 일련의 첫 번째 MOOC를 2014년 8월 18일에 개설하는 것이었다. 이 계획의 목적은 공립대학에서 면대면 수업을 줄이는 동시에 온라인 학습의 실행을 장려하는 것이다. 2014학년도 첫 번째 학기에 다음의 네 개의 MOOC가 개설되었다: (1) 이슬람 문명과 아시아 문명, (2) 민족 관계, (3) 기업가 정신, (4) ICT 역량(그림 20.3 참조). 네 개의 각각 다른 공립대학이 수업들을 만들었다. 두 개의 수업은 영어로, 다른 두 개는 공식 언어인 말레이시아어로 제공되었다. 이 책을 집필하는 지금은 강좌가 개설된 지 2주 후로, 33,500명이 네 개의 MOOC에 수강신청을 하였다. 교육부는 2015년까지 공립대학의 15퍼센트의 강의가 MOOC로 제공될 것이며, 2020년에는 30퍼센트까지 증가할 것이라고 예측하였다. 최근 교육부가 통신교육을 국가 MOOC 플랫폼으로 도입한 것은 주목할 만한 점이다(Brimo, 2014).

이러한 MOOC의 계획 가운데, Shawn Tan(2014)은 말레이시아의 MOOC

의 발전에 대한 희망사항을 제시하였다. 예를 들어, 그는 MOOC가 좀 더 학습자 친화적이며, 사용하기에 편리해야 한다고 주장하였다. 그는 또한 교육의 질과 구조적인 면에서 표준화된 레이아웃이 있어야 한다고 제안하였다. 모든 이들이 큰 대역폭에 접속할 수 없기 때문에 수업 내에 있는 비디오의 크기를 재고할 필요가 있다. Tan의 견해와 비슷한 비판과 의견들이 유명 대학들과 선진국의 MOOC에 대해 제기되었다; 이러한 MOOC 또한 수업과 학습 디자인에서 경험 부족을 겪고 있다. MOOC의 잠재력이 크기 때문에, 제공자들은 대중에게 MOOC를 제공하기 전에 이러한 공개강좌가 특정 기준에 확실히 부합하도록 할 필요가 있다.

인도네시아의 MOOC

오늘날 인도네시아는 16번째로 큰 경제국이지만, 2030년에 이르면 독일과 영국을 추월하여 7번째까지 성장할 수 있다(Oberman, Dobbs, Budiman, Thompson, & Rosse, 2012). 이러한 급진적인 성장으로 1억 1,300만 명의 숙련된 근로자가 필요한 상황이다(Oberman et al., 2012). 현재 4,000개 이상의 HEI가 있지만, 인도네시아 국내 학교 졸업생 중 30퍼센트의 정원만 수용 가능하다. MOOC는 등록률을 증가시키거나 다수의 지역에 도달할 수 있는 한 가지 방법으로 보인다.

인도네시아 최초의 MOOC는 '찌푸트라 방식의 기업가정신(Entrepren-Eurship Ciputra Way)'에 관한 것으로, 2013년 찌푸트라대학 기업가정신(Universitas Ciputra Entrepreneurship) 온라인 프로그램에 의해 개설되었다(Darmawan, 2014). 이 수업은 인도네시아 매체를 통해 전달되었다. 뜨르부카대학(Universitas Terbuka, UT)(또한 인도네시아 방송통신대학교로도 알려짐)은 2014년 3월 24일에 개교 30주년 기념의 일환으로 몇 과목의 MOOC를

그림 20.4 뜨르부카대학에 의해 개설된 인도네시아 MOOC

자료: http://moocs.ut.ac.id/

개설하였다. UT가 제공한 다섯 과목의 MOOC는 다음과 같다: (1) 대중 강연, (2) 어린이들을 위한 영어, (3) 마케팅 관리, (4) 원격 학습, (5) 여러 가지 식품 공학. 첫 번째와 두 번째 과목은 영어로, 나머지 과목들은 인도네시아어로 제공되었다.

이후 2014년 10월 15일, 교육문화부에 의해 추가적인 MOOC가 개설되었다. 처음 다섯 개의 HEI(공립 및 사립)가 총 23개의 MOOC를 개설하였는데, 이들은 반둥 공과대학교(Institut Teknologi Bandung), 스쁠루 노펨버르 공과대학교(Institut Teknologi Sepuluh Nopember), 가자 마다 대학교(Universitas Gadjah Mada), 인도네시아 대학교(Universitas Indonesia), 비나 누산타라 대학교(Universitas Bina Nusantara), 욕야카르타 아미콤 정보경영 컴퓨터 공학대학(STMIK AMIKOM Yogyakarta)이었다. 정부의 시범운영 차원으로 MOOC의 개발과 실행에 재정 지원이 제공되었다는 것은 주목할 만하다.

교육문화부의 MOOC 개발계획 책임자인 Paulina Pannen 교수에 의하면, 인도네시아 정부가 바라는 MOOC는 다음과 같다.

1. (대학교가 밀집되어 있는) 자바 섬 외의 지역으로 양질의 교육 분배의 개선 (가치와 질)
2. 현재의 30퍼센트의 학교 졸업생 이상이 약 5,000개의 고등교육기관에 진학하도록 양질의 교육에 대한 접근 기회 확충

MOOC를 포함한 인도네시아 고등교육 온라인 학습 프로그램은 MOOC에 기여하는 제공자(기관 혹은 개인)가 있으며, 교육문화부가 이들을 총괄할 것이다(그림 20.5 참조). MOOC 이외에도, 학생, 강사, 대중 구성원들은 공개 콘텐츠, 공개강좌, 온라인 강좌에 접근이 가능하며(Pannen & Abas, 2014), 이는 정부 포털 사이트(http://pditt.belajar.kemdikbud.go.id 참조)의 링크를 통해 제공된다.

정부는 모니터 역할을 하며, 질을 보증해야 한다. 각각의 기관들은 MOOC를 대중에게 제공하는 최선의 방법을 알아내야 한다. 기관에 의한 MOOC는 신뢰할 만한 기관의 플랫폼으로 관리되어야 한다. 개인이 만든 MOOC는 정부의 학습관리 시스템을 통해 직접적으로 관리되어야 한다.

정부의 계획은 처음에는 관심 있는 이들에게 MOOC를 시범 제공하는 것이다. 수업 참여자들은 수업의 필요조건을 충족시킴에 따라 수료 인증서를 받게 된다. 다음 단계는 MOOC에 따른 학습 프로그램을 제공함으로써, 참여자들의 선택에 따라 학위를 받을 수 있도록 하는 것이다. 현재는 무료로 제공되고 있지만, 앞으로 제공될 학습 프로그램에 등록하는 이들에게는 최소한의 비용이 청구될 것이다.

25개의 HEI이 처음 오 년간 MOOC에 기여할 것으로 예상된다. 이러한 기관들이 제공하는 과목들은 총 여덟 개의 학습 프로그램 내의 약 800개 과목일 것으로 보인다. 향후 30만 혹은 그 이상의 학생들이 정부의 MOOC 계획으로 혜택을 받는 것을 목표로 하고 있다.

성공으로 가는 길

말레이시아와 인도네시아, 이 두 국가들은 MOOC를 개인과 기관의 노력, 정부와 민간 모두의 조합으로 만들었다. 말레이시아의 MOOC는 블렌디드 러닝 정책의 일환으로 해외 기관을 촉진시켜 자국 학생들의 온라인 학습을 증진시키는 것을 목표로 했음에 반해, 인도네시아는 MOOC 형태의 학습 프로그램을 통해 국민들이 학위를 획득하기 위한 고등교육 기회의 증가를 목표로 하고 있다. 따라서 말레이시아가 MOOC를 국제적인 플랫폼으로 개설한 반면, 인도네시아는 MOOC를 교육문화부 혹은 정부기관 주도의 플랫폼으로 개발하였다.

높은 질의 MOOC는 대중, 특히 영어가 유창하지 못해서 말레이시아어나 인

그림 20.5 인도네시아 교육문화부 포털 사이트상의 MOOC 제공 고등교육기관의 목록
자료: http://pditt.belajar.kemdikbud.go.id

도네시아어로 수업을 듣기를 원하는 이들에게 평생학습의 기회를 제공하며 오래 지속될 것으로 예상된다. 효율적으로 설계된 MOOC로 인해서, 기업은 직원들이 선별된 MOOC를 수강할 권한을 줌으로써 직무능력 개발을 통해 주인의식을 가지게 할 수 있다. 또한 고등학생들은 자기지식(self-knowledge)적 흥미와 관련된 MOOC를 수강할 가능성도 높다. 게다가 청소년 학습자들은 전공하고자 하는 분야의 MOOC 과목을 한 개 혹은 그 이상을 수료하고 난 후 특정 분야를 전공할 것인지를 결정하는 수단으로 MOOC에 등록할 것이다. HEI에 다니는 학생들도 현재 수강하고 있는 강의의 내용을 더 잘 이해할 수 있는 보조 수단으로써 MOOC를 살펴보거나 참여할 수 있다.

2014년 9월 서울에서 열린 KMOOC 심포지엄에서, 조지아대학의 Tom Reeves 교수는 아시아의 MOOC에 최소 세 가지의 관점이 있다고 주장하였다(Reeves, 개인적 대화, 2014년 9월 22일). 첫 번째 측면은 각각의 아시아 국가가 자국어로, 고유의 문화와 발전 필요성을 반영하는 MOOC를 개발할 필요가 있다는 것이다. 두 번째 측면은 유네스코와 같은 단체의 도움으로 동남아국가연합(ASEAN) 전역의 MOOC 모델을 개발하는 것이다. 세 번째 측면은 아시아 국가들이 미국과 영국의 MOOC와 공개교육자원을 최선으로 활용하고, 자국 학생들을 위해 이러한 무료 공개교육자원에 맞춘 지원 서비스를 구축하는 것이다.

결론

앞서 언급된 최근 대한민국 서울에서 열린 KMOOC 심포지엄에서 MOOC에 관한 다양한 관점들이 논의되었다. 이러한 견해와 관점들이 장기적 측면을 고려하는 반면, 궁극적 접근이나 도달 방법의 선택은 각국의 MOOC의 의도나 목적에 달린 것이다. MOOC는 '글로컬라이즈(glocalize)'적이어야 한다("세계적으로 사고하고 지역에 맞게 행동하라"(think globally but act locally)). 글로컬라이제이션(glocalization)이라는 단어는 모든 MOOC가 특정 상황 혹은 생계 수단에 적합하거나 유용할 수는 없기 때문에, MOOC의 일반 개념을 가지고 자국민이 해외 기관의 MOOC에 등록하기보다는, 이들을 위한 교육적 경험을 설계하는 것이다. 사실상 MOOC는 자국민이 선호하는 강의 언어로 설계 및 개발되어야 한다. 또한 자국민이 쉽게 이해할 수 있는 의미 있고 적절한 예를 제시해야 한다. 다시 말해서, MOOC의 설계는 현지의 문화적 요소, 종교적 가치, 사회적 규범을 고려해야 한다.

논의된 바와 같이, 말레이시아와 인도네시아에서 MOOC를 제공하는 목적은 서로 어느 정도 다르다. 두 국가의 목표는 선진국에서 MOOC를 제공하는 의도와는 두드러지게 다르며, 선진국은 종종 MOOC 기관과 마찬가지로 강사를 장려하며 다양하게 실험한다. 그에 반해서, 말레이시아 정부의 MOOC에 대한 목표는 국제 학생들을 유치하여 등록률을 증가시키기 위한 하나의 수단으로써

(개방 학습 플랫폼을 통하여) 국제적 영향력을 행사하는 것을 포함한다. 또 다른 목표는 MOOC가 국립대학 학생들의 블렌디드 러닝 경험의 일환(온라인의 30퍼센트)이 되는 것이다. 인도네시아의 경우, MOOC 구성에서 학생들이 수료 시에 학위를 취득할 수 있도록 총체적 학습 프로그램을 제공할 수 있도록 하는 것이 중요하다. 이 목표는 고등교육 내에서의 성공과 마찬가지로 입학을 증가시키는 수단이다. 실제로, MOOC를 통한 학위 제공은 인도네시아가 이후 몇 년 사이에 국민들을 높은 단계의 교육에 도달시키고 대규모 경제 발전을 이룩하기 위해 필요한 것이다.

Zoraini Wati Abas | 교육공학 분야의 교수이다. 그녀는 말레이시아와 인도네시아의 공립 및 사립 대학교에서 일해왔다. 그녀는 현재 USBI-자카르타 Sampoerna University의 부학장, 학사 및 학생복지, 학습 센터, 교수 및 교육과정 개발의 책임자이다. Zoraini는 이러닝의 선구자이며 개방 원격교육, 모바일 러닝, 적절한 학습 기술을 사용한 학습 설계에서 중요한 역할을 담당해왔다. 2014년에 인도 뭄바이에서 열린 World Corporate Universities Congress에서 Leadership Award를 수상하였으며, 동남아시아의 14명의 영향력 있는 고등교육공학 리더 중 두 번째로 영향력 있는 인물로 지명되었다.

참고문헌

Brimo, A. (2014, September 26). *OpenLearning selected as Malaysia's MOOC platform.* Retrieved from: https://www.openlearning.com/blog.

Darmawan, A. (2014, February 17). *Sekolah wirausaha tanpa biaya ala Ir Ciputra. [Entrepreneurial school without fees the Ir Ciputra way].* Retrieved from http://tinyurl.com/ko4f59v.

Economy Watch. (2014). GDP per capita (PPP), US dollars data for all countries. Retrieved from http://www.economywatch.com/economic-statistics/economic-indicators/GDP_Per_Capita_PPP_US_Dollars/2014/.

Ismail, A. (2014). *Malaysia MOOC: Leveraging on blended learning at Malaysia public universities.* Paper presented at the ASEAN-ROK Workshop on Models of Teaching e-learning/blended learning in higher education, Seoul, Korea.

Ministry of Education, Malaysia. (2014, July). *Quick facts 2014: Malaysia educational statistics.* Retrieved from http://tinyurl.com/mb853gp.

Miniwatts Marketing Group. (2014). *Internet World Stats: Usage and population statistics.* Retrieved from http://www.internetworldstats.com/stats3.htm#asia.

Oberman, R., Dobbs, R., Budiman, A., Thompson, F., & Rosse, M. (2012). *The archipelago economy: Unleashing Indonesia's potential.* McKinsey Global Institute. Retrieved from http://www.mckinsey.com/insights/asia-pacific/the_archipelago_economy.

Pannen, P., & Abas, Z. W. (2014). *E-learning models in Indonesia.* Paper presented at ASEAN-ROK e-Learning Workshop: Best Practices in Higher Education, Seoul, Korea.

Tan, S. (2014, September 29). *On blended learning and Malaysian MOOCs.* Digital News Asia. Retrieved from http://www.digitalnewsasia.com/insights/on-blended-learning-and-malaysian-moocs.

UNESCO. (2014). *Higher education in Asia: Expanding out, expanding up. The rise of graduate education and university research.* UNESCO Institute for Statistics. Retrieved from http://tinyurl.com/ox5tjuf.

21

개발도상국의 맥락에서 MOOC 바라보기

필리핀 사례연구

Melinda dela Pena Bandalaria | Grace Javier Alfonso

서론

MOOC는 "플라톤이 아카데미를 만든 이래로 고등교육계의 가장 큰 혁명"으로 평가된다(Drake, 2014). MOOC의 개발 및 개설의 타당성에 아직 무수히 많은 의문과 걱정이 있지만, 다수의 학문기관은 자체 버전의 MOOC 혹은 MOOC와 비슷한 수업을 제공하는 것의 장점을 발견하였다. MOOC를 시도하는 이유 중 가장 많이 언급되는 두 가지는 (1) "기관의 가시성 증대" 혹은 기관의 홍보, 그리고 (2) "학생 신규모집 캠페인" 혹은 입학 증가이다(Blake, 2014; Drake 2014).

실행된 바와 같이, MOOC의 콘셉트는 간단하다.

> 능력이 아주 뛰어난 교수가 수강을 원하는 모두에게 온라인으로 학점이 없는 "강의"를 제공한다. 이 시스템으로 전통적 강의실에서의 정원보다 더 많은 이들이 전 세계적으로 유명한 교육기관의 학생이 될 수 있다. (Drake, 2014)

수많은 비판과 평가는 MOOC가 약속한 바를 충족시키지 못하였고 실제 결함은 "단지 중퇴의 문제보다 더 근본적인 것"이라고 주장한다(Wetterstrom, 2014). 그럼에도 불구하고, 특히 개발도상국의 사례처럼 교육에 접근할 수 없는 상황이 발전과 성장의 걸림돌이 되는 맥락에서 MOOC는 가치 있는 학습 기회를 제공할 수 있다는 점에서 상당히 희망적이다.

개발도상국의 맥락: 필리핀을 중심으로

개발 기구들은 개발도상국의 맥락이나 상황에 따라 다른 용어를 사용한다. 따라서 "개발도상국(less-developed country)", "후진개발도상국(least developed countries)", "군소도서개발국(small island developing states)", "내륙개발도상국(landlocked developing countries)"이라는 용어를 흔하게 들을 수 있다(Library of Congress Collections Policy Statements, 2008). 국제연합은 국가를 개발도상국 혹은 후진개발도상국으로 구분하기 위해 (1) 1인당 국민총소득(GNI), (2) 인적자원지표(HAI), (3) 경제적 취약성 지표(EVI)의 세 가지 기준을 사용한다(United Nations, 2013).

교육은 두 번째 기준인 인적자원지표(HAI)에 직접적 영향을 미치며, 이는 각각 동일한 비중을 차지하는(25퍼센트) 다음의 네 가지 구성요소로 이루어져 있다: (1) 영양결핍 인구의 비율, (2) 5세 이하 어린이들의 사망률, (3) 총 중등학교 입학률, (4) 성인 비문맹률. 다른 한편으로 교육은 국가의 소득현황 혹은 국가가 생산하는 물건과 서비스의 가치를 평가한 1인당 GNI에 간접적으로 영향을 미친다(World Bank, 2014).

필리핀의 경우 2013년 GNI가 US$3,279로, 이집트(US$3,160), 바누아투(US$3,130), 과테말라(US$3,340)와 비슷하다. 이는 베트남(US$1,730), 라오스(US$1,460)보다 상당히 높지만, 아시아지역 인근국가인 태국(US$5,370),

싱가포르(US$54,040), 말레이시아(US$10,400), 홍콩(US$38,420)보다 크게 뒤처져있다. 필리핀의 GNI는 미국(US$53,670), 일본(US$46,140), 프랑스(US$42,250), 독일(US$46,100), 영국(US$39,110)과 같은 오랜 선진국보다 명백히 낮다(World Bank 2014).

필리핀의 GNI는 다음과 같은 필리핀의 교육현황을 반영하고 있다.

> 초등학교 6퍼센트, 중등학교 8퍼센트의 높은 중퇴율은 많은 학생들이 학업을 마치지 못하고 현대의 중산층 경제내의 직업에 필요한 기술을 갖추지 못하는 것을 의미한다. 1학년에 입학하는 1,000명의 학생 중 단지 650명만이 초등학교를 마친다. 여기서 단지 430명만이 고등학교를 졸업하고 230명이 대학에 입학하지만, 단지 120명만이 학위를 취득한다(처음 시작의 12퍼센트). 무상 기본 교육과 대학에도 불구하고 중퇴자들의 대부분은 관련비용을 지불할 형편이 안 되는 극빈자들이다. 중퇴자들은 자신의 부모와 마찬가지로 단순 노동 직업이나 무직에 이르며, 빈곤한 삶을 대물림한다. (Arangkada Philippines, 2014)

이러한 교육상황은 실업 및 불완전고용이 대부분을 차지하는 필리핀의 노동현상을 반영하고 있다.

> 필리핀의 실업률은 1994년부터 2013년까지 평균 9.01퍼센트를 보였으며, 2000년 1분기에는 13.90으로 가장 높았고 2007년 3분기에는 6.30퍼센트로 가장 낮았다. 2014년 4월의 실업자들 중 61.7퍼센트는 남성이었다. 총 실업자 중, 25~34세가 30.5퍼센트를 차지하였다. 최종학력에서는 5분의 1(22.4퍼센트)의 실업자가 대학 졸업자였고, 14.5퍼센트는 대학 재학생들이었으며, 32.7퍼센트는 고등학교 졸업자였다. (Lopez, 2014년 6월)

고용노동부는 오늘날 필리핀 실업자들이 많은 이유 중 가장 큰 요인으로 인력

수급 불일치를 들었다. 반면에 "필리핀사람들을 위한 많은 일자리가 있지만, 불행하게도 이들 중 대부분은 자격을 갖추지 못하였다"(Waga, 2014).

필리핀을 위한 MOOC

필리핀 개방대학교(The University of Philippines Open University, UPOU)는 항상 교육 개방에 지지자 역할을 해왔다. 학습 콘텐츠를 전달하는 MOOC 모델은 이런 지지하는 바를 실천할 수 있는 기회를 제공하여 필리핀 학습자들이 전 세계 양질의 교육을 접할 수 있도록 만들었다. 디지털세대의 교육과 학습에 관한 연결주의자(connectivist)와 연결주의적 교수방법론은 OPOU의 온라인 강좌의 특징이며 또한 MOOC와 융합되었다. 대학은 ICT를 도입하여 웹 2.0 행동유도성을 최대화함으로써, 학습자 중심적이며 매우 유동적인 이러닝과 분산된 학습을 운영의 주요 구성요소로 전환하였다. 학습철학 및 지식과 밀접하게 연결되어, 온라인 구성주의적 교육학은 학습자와 교사가 학문적 텍스트의 공동 제작자라는 개념을 포용한다.

UPOU는 필리핀의 최고대학인 필리핀대학교의 구성원이다. 원격교육을 통하여 학위과정과 연수과정 프로그램을 제공하며, 민주적으로 고등교육을 받을 수 있도록 하기 위해 1995년에 설립되었고, 지금은 두 개의 박사과정 레벨 프로그램을 포함하여 27개의 학위과정 프로그램을 제공하고 있다. 2001년에는 온라인 수업을 제공하기 시작하였고, 2007년에는 디지털화된 수업자료와 무들을 사용한 학습관리시스템(Learning Management System, LMS)을 도입하여 100퍼센트 온라인화되었다. 2013년에는 대학이 실행하는 MOOC 계획 및 연구의 융합을 강조하기 위해 상위 프로젝트로 uLearn Project가 시작되었다.

MODeLing MOOC

UPOU는 자체적으로 MOOC를 개발하면서 이러한 강의 형식을 둘러싼 많은 우려와 이슈에 직면하였다. 가장 많이 나타나는 안건과 도전과제들은 다음과 같다.

1. 부정행위와 표절의 안건(Anders, 2012), 적절한 평가 메커니즘, 대규모의 수강등록을 포함한 교육의 질
2. 초기 투자비용과 유지가능성 모델
3. 대규모의 강의 등록을 고려할 때 대학이 이를 제공할 수 있는지에 대한 적절한 학습자 지원 모델 혹은 체계
4. 산업과 다른 학습기관에 의한 인정과 승인. 이러한 발달이 자신들의 수익모델에 끼칠 영향을 고려한 교육기관들 사이에서 커다란 잠재적 저항이 예상된다.

이러한 다양한 안건과 도전과제와 더불어 필리핀의 현황에서 중요한 우려 중 하나는 MOOC 관련 세계적 경험 측면에서 볼 때, 부유한 북반구의 신지식주의가 빈곤한 남반구 지역으로 일방적으로 전달되고 있다는 점이며(Rivard, 2013), MOOC 참여자들의 낮은 강좌 이수율이 다수 보고되고 있다(Quillen, 2013).

필리핀에서는 교육의 개방성과 MOOC와 같은 영역의 개방성과 관련해 (1) 접근성, (2) 질, (3) 다국가적 교육의 세 가지 흥미로운 안건에 대한 담론이 계속되고 있다. UPOU는 원격 이러닝 분야에서 10년 이상 경험을 보유한 기관으로서 위에 열거된 모든 도전과제들을 전체론적 방법으로 다룰 수 있도록 MOOC를 설계하였다.

개방 원격 이러닝(ODeL) 체제의 품질 보증(QA)을 통한 수업의 질

UPOU는 MOOC 수업의 질에 관한 우려를 해소하기 위해, 개방 원격 이러닝(Open and Distance eLearning, ODeL)을 위한 품질 보증(Quality Assurance, QA)을 도입하였는데, 이는 이미 정규 원격 이러닝 과목에도 사용되고 있다. 이런 개방 원격 이러닝의 범위와 기준을 포함한 질적 체제는 주요 문헌에서 논의되고 있다. UPOU의 I Teach IDEA 질적 체제를 구성하는 기준은 다음과 같다: 기관 차원 지원 혹은 약속(I), 교육, 직원 지원, 교육과 학습 환경 혹은 허브(Teach); IT 기반시설(I); 학습과 수업 설계(D); 계획에 대한 평가 혹은 계속적인 연구와 모니터링(E); 학습 관련 및 이를 위한 평가(A)(Frydenberg, 2002; Phipps & Merisotis, 2000; Jung, Wong, Li, Baigaltugs, & Belawati, 2011). 이러한 I Teach IDEA 체제를 적용함으로써, MOOC에 관한 몇몇의 흔한 우려 또한 다루어졌다.

질적 기준에 대해 유명한 UPOU에서 제공하는 MOOC는 동일 수준의 질적 기준을 포함할 것이라고 예상된다. "Teach" 요소는 구성체제 중 어떻게 MOOC 내에서 교육이 이루어지는지에 대한 것으로, MOOC에서 사용되는 교육-학습 환경 혹은 LMS(학습관리시스템)를 포함한다. 대학 교수들은 MOOCathon으로 녹음하는 과정을 통하여, Teach 요소를 다루기 위한 메커니즘을 시도하며 MOOC에 대해 "끝없는 대화"를 하기 시작한다. 예를 들어, 디자인 사고 워크숍은 MOOCathon의 일환으로서 MOOC를 위한 바람직한 LMS의 세부사항을 제시하기 위한 것이다.

UPOU의 MOOC를 위한 LMS 설계는 크라우드 소싱(crowd sourcing)과 오픈소스 코스웨어를 통해 이루어졌다. 최초의 LMS는 다양한 무료 및 오픈 플러그인들로 구성된 무들로 작동되었다. LMS는 수업의 교육과 학습 설계의 다양한 측면에 대한 고려사항을 포함하며, 교사로부터의 직접적인 수업, 학습자 간 학문적 토론과 상호작용, 자동화된 평가 혹은 학습 평가를 촉진시키기 위한 퀴즈, 블로그, 동료 평가를 가능케 한다. 원격 학습자들은 학습자 간에 상호작용하는 기회가 필요하며, 수업 중퇴를 야기할 수 있는 소속감의 부족을 해소하는 것이 목표이다.

평가를 설계할 때, 부정행위와 표절의 가능성이 완전히 없어지지 않았다면 이를 최소화시킬 추가 대책도 필요하다. 대부분의 발달된 평가는 학습자들이 맥락화된 사례 분석을 하고 주어진 시간 안에 답을 하도록 요구한다(예를 들어 유튜브 Anywhere 플러그인을 이용한 5분짜리의 비디오 캡처). 평가 문제에 대한 학생들의 답변은 교사 혹은 지정된 채점자가 채점할 수 있도록 유튜브에 업로드된다. 학습자들은 유튜브 계정을 비공개로 하도록 지시받으며, 그렇게 함으로써 필요한 웹 링크를 아는 사람만이 자료에 접근할 수 있도록 한다.

이러한 보안조치는 다른 학습자들이 수업 동료들의 대답을 베끼는 것을 방지한다. 더불어 학습자의 수업활동 전체가 학습자의 ePortfolio에 업로드되며, 이는 취업을 하고자 할 때와 증명 목적으로 학습자의 학습을 평가할 때 사용될 수 있다. 바라건대, 이러한 평가방법이 부정행위와 표절뿐만 아니라 온라인 수업의 흔한 우려사항인 증명서 안건과 수료 증명서의 인정을 다룰 수 있게 될 것이다.

산업과 동반자 관계

산업과 협력하여 MOOC를 제공하는 것은 UPOU의 경험에 비춰볼 때 초기 자본 투자, 유지가능성, 산업체에서 수료 증명서의 인정, 콘텐츠의 균등한 질 등과 같은 우려가 있다. UPOU는 MOOC 안드로이드 앱의 발달로 우연하게도 국가의 선두 통신회사 중 하나와 파트너가 되었고 이 산업에 참여하고 싶어 하는 이들에게 기술과 지식을 제공하는 MOOC 비즈니스 프로세스 회사와 제휴를 맺게 되었다. 산업 종사자들은 MOOC 개발의 주제 관련 전문가가 되어 학습자의 진전과 시험에 대한 답을 평가하기 위해 산업에 맞춘 지시문뿐만 아니라 수업 콘텐츠를 개발하게 되었다. 교육자료 개발 산업에 참여하고, 협력하여

MOOC를 교육하고, 의도대로 MOOC 학습자들의 증명서와 함께 과제를 채점하며, 부분적으로는 산업 통합이 인력수요에 맞는 지식과 기술에 대한 평가를 지속적으로 실천하여 산업이 콘텐츠 관련성의 신용을 더욱 얻도록 해야 한다.

학습자 지원

UPOU에서 MOOC 학습자 지원 체제에서는 수업에 많은 이들이 등록함으로써 학습자들의 다양한 배경, 기술, 맥락의 존재, 그리고 잠재적 학습자들의 원격 이러닝에 관한 폭넓은 경험 부족이라는 두 개의 요인이 주요한 고려사항이 되었다. 따라서 MOOC가 제공될 때 학습자 지원이 사전 강좌 등록, 강좌 중, 강좌 수료 후에도 제공되었다.

사전 강좌 등록 지원은 강좌 제공 일정, 강좌 사이트의 링크, 회원가입과 강좌 등록 방법, 특정 기술 요구사항(예를 들어 안드로이드 장치, 카메라 등)에 대한 자세한 문자 안내로 이루어졌다. 더불어 대학, LMS 사용 방법에 대한 교육, 학습자들이 원격 이러닝을 어떻게 하는지에 대한 준비를 위해 원격교육준비 모듈이 제공되었으며, 여기에는 토론 포럼에 글 올리기, 동료 학습자들의 글에 답글 달기, 퀴즈 풀기, 파일 및 과제 올리기 등이 포함되었다.

강좌에 가입 후, 학습자들은 강좌 필요조건, 일정, 학습자들이 고려해야 할 기타 정책을 포함한 강좌 가이드를 제공받았다. 강좌 중 혹은 기간 내에 제공된 지원은 향후 퀴즈 혹은 강좌에서 요구되는 제출 기한의 상기뿐만 아니라 새 파일이 업로드되거나 새 활동이 시작될 때 이메일 소식으로 제공된다. 상당기간(예를 들어 3주) 동안 활동이 없는 학습자에게도 아직 강좌를 이수하고 이수증명서를 받을 수 있음을 상기시키기 위한 이메일을 보냈다. 학생들에게 즉시 피드백이 주어지는 자동 퀴즈와 같은 학습 평가는 강좌 콘텐츠 관련 학습 진도에 관한 정보를 학습자들에게 제공하기 때문에 학습자 지원으로 여겨진다. 마지막으로, 강좌 수료 후 지원은 증명서와 관련된 평가를 다룬다.

Help Tickets의 형태로 이뤄진 비동기적 기술지원이 강의 수강 전, 중간, 후의 학습자 지원 체제로 통합되었음을 주목할 만 하다. 기술팀은 이러한 Help Tickets를 통해 전달되는 도움 요청을 처리한다.

MOOC의 학습자 지원 요소는 원격 이러닝의 기준 혹은 질의 범위가 될 뿐만 아니라 MOOC의 낮은 이수율 문제를 다루기 위해 계획되었다.

학습기관 혹은 학점을 위한 MOOC로 인정받기

이상적으로, MOOC의 이수는 학점교환제도(APL)하에서 학위를 취득할 수 있는 학점을 제공해야 한다. 이런 측면은 비즈니스 프로세스 관리 산업을 위한 MOOC에서 고려되어야 한다. 이러한 강좌들은 필리핀 고등교육 위원회의 제안 안내문을 통해서 정보통신기술경영의 제3차 교육과정과 통합되었다. 이런 강좌들을 제공하는 교육기관들은 학생들을 UPOU MOOC에 등록시켜 수료 증명서를 발급할 수 있으며, 학점을 동등하게 교환할 수 있도록 하여 강의가 학생들의 학위 취득에 필요한 요건의 일부분을 충족시킬 수 있게 하였다. 강좌를 수강함으로써 발생되는 MOOC의 수료와 부수적 학습은 수료 증명서에 의해 증명되는데, 이 브랜드는 대학교에 의해 설정된 기준을 통과했음을 의미한다(예를 들어 형성평가 및 누적평가 통과하기). 이러한 브랜드화는 MOOC에 관한 인식과 증명사안을 다루고, 대체로 MOOC 제공자들에 의해 주어지는 보통의 수료 인증서와 차별화하기 위해 고안되었다.

유지가능성 모델

MOOC 강좌는 무료이지만 이를 제공하는 데는 학생 평가, LMS 호스팅, 학습자 지원 제공과 같은 비용이 발생한다. UPOC MOOC를 위해 고려된 유지가능성 모델은 유료 증명서(평가에 드는 비용을 충당), 보조금과 산업 지원, 대학 직원들의 교외교육 및 지역사회 사업에의 업무인정으로 구성되어 있다.

UPOU가 계획 및 설계하고 실천한 과정은 자체적으로 MOOC에 적용할 수 있는 적절한 모델의 활발한 검색과 평가이다. 이는 대규모 공개 원격 이러닝(줄여서 MODeL)이라고 언급되며, 또한 이러한 체제 안의 강좌는 "정의된 학습결과의 집단에 일관성 있는 학문적 참여"를 보이며(Youell, 2011), 최대 8주 동안 이뤄지는 대학의 일반적인 학위 혹은 학점 강좌보다 더 짧고, 바람직한 플러그인으로 된 LMS 같은 학습도구의 사용을 최대화할 수 있으며, 이러한 독특한 교육 학습 환경에 속하고자 하는 모든 이에게 개방된다는 점에서 차별적 요인을 보여준다.

MOOC를 제공하는 UPOU의 움직임은 지적 신식민주의에 대한 우려를 다루기 위한 노력으로 여겨지며, 이는 또한 앞에서 언급한 바와 같이 MOOC의 움직임에서도 일어나고 있다. MOOC는 종종 유명한 대학 혹은 브랜드네임과 함께 한다(예를 들어, 유펜, 듀크, 미시간대학, KAIST, 싱가포르 난양 공대, 에든버러대학 등). 이러한 엘리트기관과의 연결로, Coursera(www.coursera.org)를 설립한 두 명의 교수가 스탠포드대학에 속해 있다는 점은 놀라운 일이 아니다. 이와 유사하게 edX(www.edx.org)는 하버드와 MIT 간의 파트너십에서 시작되었으며, 현재는 동경대학, 라이스대학, 칭화대학, 토론토대학, 버클리와 제휴를 맺고 있다. Cousera 및 edX와 반대로, UPOU MOOC는 남남협력(south to south cooperation)의 형식으로 여겨질 수 있다.

필리핀 MOOC 학습자들의 프로필

초기 UPOU MOOC에 관한 몇 가지 우려는 특히 사회의 소외된 계층에게 교육을 폭넓게 제공하겠다는 약속을 지킬 수 있는가에 대한 것이었다. 안드로이드 앱 개발에 관한 첫 번째 MOOC의 학습자 중 91퍼센트는 필리핀에 거주하고 있으며 대부분이 대도시 지역 출신이었다. 이런 수치는 UPOU 학위 프로그램에 등록한 학생들의 지형적 프로필과 거의 일치하는데, 이는 아마도 이 특정 MOOC가 대학 웹사이트를 통해서만 광고되었기 때문일 것이다. 성공적인 MOOC의 경우, MOOC 제공에 대한 정보를 널리 알렸기 때문에 국외 학습자 비율이 약간 증가했지만, 시골 지역 거주자들의 비율은 여전히 낮았다.

성별 프로필의 경우, 강좌의 성격에 따라 큰 영향이 있음이 초기 관찰에서 드러났다. 안드로이드 앱 강좌 MOOC의 대부분(63퍼센트)의 학습자들이 남성이었는데, 이 결과는 강좌의 성격이 기술적인 것이기 때문으로 추측된다. 반대로 서비스관리 MOOC의 경우 62퍼센트의 학습자들이 여성이었다는 점에서 완전히 다른 결과를 보였다. 나이 프로필 측면에서는, 75퍼센트의 학생들이 20~40대 혹은 정보화시대의 대두 및 인터넷(닷컴) 버블, 강렬한 디지털 글로벌화 시대에 태어나고 자란 세대였다. MOOC 학습자들의 나이 분포도는, 15세가 최연소자이고 57세가 최고령자였는데, 이는 MOOC가 평생학습 기회를 제공하고 있음을 나타낸다. 학습자 중 학사학위를 가지고 있는 비율이 48퍼센트로, 이는 전문직 종사자들이 자신의 홍미 혹은 현재 직업에 필요한 것을 배우고자 MOOC를 수강하고 있음을 나타낸다. 또한 미래 고용을 위해 추가적인 자격증을 획득하는 것이 경쟁력이 될 수 있다.

필리핀 경험에서 얻은 통찰

1. MOOC는 여타의 다른 원격 이러닝 강좌와 동일하다. 유일한 실질적 차이점은 개방성이므로, 가능한 많은 수의 학생들이 등록할 수 있다. 따라서 원격 이러닝의 질을 결정하는 원칙과 과정이 MOOC에도 동일하게 고려될 수 있다.
2. MOOC의 학습설계와 평가방법은 이러닝의 목표에 매우 의존하고 있다. 따라서 MOOC가 직접 강의 혹은 연결주의자적인 측면, 또는 이 둘의 조합으로 실행될 수 있다. MOOC의 교수방법론적 측면은 항상 우선 의도된 학

습적인 면을 다루어야 한다는 것이다.

3. MOOC 형태의 강좌 선택에서 주요하게 고려해야 할 점은 참여자가 강좌를 마칠 때 획득할 기술이다. 이러한 기술은 시장주도형이어야 하며 주요 산업에서 필요로 하는 바와 일치해야 한다.
4. 산업과의 제휴는 초기 자본 투자, 증명서의 인정, 유지가능성 모델과 관련된 우려를 직접적으로 다룬다.
5. 국립 교육기관은 공공 서비스 기관으로서의 권한으로 MOOC를 지속적으로 제공할 수 있다.
6. 국가적 차원의 정책과 방침은 교육의 질을 다루는 데 필수적이며, 원격 교육과 MOOC를 통해서도 적용 가능하다.

개발도상국 상황에서의 MOOC: 선택과 방향

"MOOC의 해"(Pappano, 2012)가 선포된 지 약 2년이 지났지만, 고등교육기관 MOOC의 미래는 아직까지 매우 불확실하며 논란의 여지가 많다(Drake, 2014). 많은 이들이 MOOC가 실제 건물로 이뤄진 캠퍼스를 위협하지 않는다고 믿는다. 사실, 이들은 MOOC의 낮은 이수율이 실제 학습기관의 중요성과 가치를 강조한다고 주장한다. 반대로 MOOC의 주창자들은 어떤 형태의 교육들—면대면, 온라인, 블렌디드—이라도 이전에 접근이 불가능했거나 어떤 형태로든 불이익을 받는 사람들에게 가치 있는 것이라고 주장한다. "학점을 위한 MOOC"와 "학위를 받는 MOOC"에 대한 논의가 이미 이루어졌음에도 불구하고, 보수적인 의견은 전통적인 교실 교육이 아직 지배적인 상황에서 MOOC가 그에 비해 부족하다고 보고 있다.

그러나 MOOC가 많은 측면에서 실제 교육기관에 도전하고 있으며 교원연수와 같은 틈새영역을 찾아 큰 영향을 미칠 것이라는 의견도 있다.

개발도상국에서 MOOC는 영향을 미치고 있다. 다음의 방법들은 전 세계의 개발도상국 및 지역의 맥락에서 MOOC와 MOOC 관련 아이디어를 계획할 때 고려될 수 있는 것들이다.

1. 정보격차를 고려하여 혼합된 전달 모드를 계획해야 한다. 학습자에게 직접적으로 실행되는 MOOC 외에, 다음과 같이 혼합된 접근을 포함할 수 있다.
   a. 고등교육기관(HEI)은 각각의 강의의 질을 높이기 위한 수단으로 MOOC를 추가적인 강좌 자료(예를 들어 공개교육자원(OER))으로써 사용한다.
   b. HEI는 학생들로 하여금 제공하고 있는 강좌와 비슷한 MOOC를 수강하도록 함으로써, 학습기관에 의한 강좌와 평가방법의 보충수단으로 MOOC를 사용하여 학습 기회를 최대화하도록 한다.
   c. HEI는 직접적으로 학위를 이수하는 학생들에게 MOOC로 학점을 준다. 교육기관은 MOOC를 이수하는 학생들에게 학점을 주기 위해 학습을 입증하기 위한 도전시험을 주는 선택을 할 수 있다.
2. 교육-산업 간의 요구사항 격차와 부조화를 연결시킨다. 예를 들어, MOOC는 대상 산업의 인적자원에게 특정 기술과 지식을 위한 단기 훈련 강좌를 제공할 수 있다. 이에 대한 필연적인 결과로 조기 졸업생 혹은 3차 교육을 아직 이수하지 못한 이들에게 취업과 관련된 지식과 기술 혹은 더 나아가 학위를 받기 위한 학점을 제공할 수 있다.
3. 평생학습의 기회를 제공할 수 있으며, 특히 대부분의 직업의 급변하는 기술 요구사항 속에서 경쟁력 있는 기술을 노동자에게 제공하는 수단이 된다. 이러한 학습기회는 특히 교원연수에 필수적이다.

필리핀은 독특하게도 온라인 강좌와 심지어는 MOOC를 제공하는 학습기관이 있음에도 불구하고, 모든 HEI에게 이런 기회가 허락되는 것은 아니다. 교육과정과 전달 시스템에 대한 가이드라인과 요건, 교육자료 개발, 전달 모드와 전략, 학생지원서비스에 대한 정부정책과 방침이 존재한다. 이러한 요건의 결과로, 단지 소수의 기관만이 유연한 강의 전달 모드를 도입할 수 있었다. 초국가교육(Transnational Education, TNE) 계약, 특히 기관의 수용인원, 적법성, 등가성, 승인, 명료성에 관한 정부의 가이드라인이 존재한다. 이는 정부가 교육의 더 큰 개방성과 동시에 필리핀인뿐만 아니라 국외에서 이러한 강좌를 수강하는 학습자들에게 영향을 미치는 교육의 질을 다루기 위한 노력이다.

요약

UPOU의 MOOC 설계와 전달의 진전에도 불구하고, 현재 형식의 MOOC 발전을 둘러싼 많은 안건과 우려가 존재한다. 이러한 점을 다루기 위해, 기관들은 다양한 MOOC 관련 교육과 학습 계획들을 설계한 체제를 내놓고 있다. 개발도상국에서의 MOOC의 중요한 역할은 교육에 대한 개방적 접근 및 지속적인 지식과 기술의 습득을 위한 기회를 제공하는 학습적 전달의 새로운 형태로 매우 중요하다. 그러나 MOOC가 순수하게 평생학습자를 위해 제공되며 국가와 국민 전체의 발전에 영향을 미치는 가능성을 최대화하기 위해서는 교육기관과 정부기관 모두의 노력이 있어야 한다.

Melinda dela Pena Bandalaria | 필리핀 개방대학교의 교수로, 정보통신학과 학장이다. 학부와 대학원의 원격 이러닝 강좌를 담당하고 있으며 연구와 지역개발 프로젝트에도 활발히 참여하고 있다. 개방교육 관련 국제 컨퍼런스의 조직을 돕고 필리핀의 이러닝에 대해 광범위한 집필을 하였다. 2013년 라스베가스에서 열린 E-Learn 컨퍼런스 심포지엄에서 토론자와 주요 참가자였으며, 그 계기로 이 책에 참여하게 되었다.

Grace Javier Alfonso ㅣ 영화 및 매스컴(Film and Mass Communication) 학과의 교수이다. 2007년부터 필리핀 개방대학교의 총장으로 역임하고 있으며 현재 세 번째 연임을 하고 있다. 현재 Phillippines Society for Distance Learning의 회장을 맡고 있으며, 또한 Phillippine Commission on Higher Education(CHED) 다국적 원격 교육의 기술 패널 의장이다.

참고문헌

Anders, G. (2012). Are they learning or cheating? Online teaching's dilemma. *Forbes*. Retrieved from http://www.forbes.com/sites/georgeanders/2012/08/16/are-they-learning-or-cheating-online-teachings-dilemma/?&_suid=141087518605007.

Arangkada Philippines. (2014). *Education*. Retrieved from http://www.investphilippines. info/arangkada/climate/education/.

Blake, D. (2014). New data on online education, MOOCs. *MOOC Musings*. Retrieved from http://moocs.com/index.php/new-data-on-online-education/.

Drake, M. (2014, February 9). Old School rules! Wisdom of massive open online courses now in doubt. *The Washington Times*. Retrieved from http://www.washingtontimes.com/news/2014/feb/9/big-plan-on-campus-is-dropping-out/?page=all.

Frydenberg, J. (2002). Quality standards in e-learning: A matrix of analysis. *International Review of Research on Open and Distance Learning*, *3*(2). Retrieved from http://www.irrodl.org/index.php/irrodl/article/view/109/551.

The Institute for Higher Education Policy. (2000). *Quality on the line. Benchmarks for the success in Internet-based distance education*. Retrieved from http://www.americanbar.org/content/dam/aba/migrated/legaled/distanceeducation/QualityOnTheLine.auth-checkdam.pdf.

Isacosta's site (n.d.). *List of generations chart*. Retrieved from http://www.esds1.pt/site/images/stories/isacosta/secondary_pages/10%C2%BA_block1/Generations%20Chart.pdf.

Jung, I., Wong, T. M., Li, C., Baigaltugs, S., & Belawati, T. (2011). Quality assurance in Asian distance education: Diverse approaches and common culture. *International Review of Research on Open and Distance Learning*, *12*(6). Retrieved from http://www.irrodl.org/index.php/irrodl/article/view/991/1953.

Library of Congress Collections Policy Statements. (2008, November). Retrieved from http://www.loc.gov/acq/devpol/devcountry.pdf.

Lopez, E. (2014, June 10). Unemployment rate eases to 7% in April. *Manila Bulletin*. Retrieved from http://www.mb.com.ph/unemployment-rate-eases-to-7-in-april/.

Pappano, L. (2012, November 2). The year of the MOOC. *New York Times*. Retrieved from http://www.nytimes.com/2012/11/04/education/edlife/massive-open-online-courses-are-multiplying-at-a-rapid-pace.html?pagewanted=all&_r=0.

Phipps, R., & Merisotis, J. (2000, April). *Quality on the line: Benchmarks for success in Internet-based/distance education*. Institute for Higher Education Policy. Washington, DC. Retrieved from http://www.nea.org/assets/docs/HE/QualityOnTheLine.pdf.

Quillen, I. (2013, April 5). Why do students enroll in (but don't complete) MOOC courses? *Mind/Shift*. Retrieved from http://blogs.kqed.org/mindshift/2013/04/why-do-students-enroll-in-but-dont-complete-mooc-courses/.

Rivard, R. (2013, April 25). The world is not flat. *Inside Higher Education*. Retrieved from https://www.insidehighered.com/news/2013/04/25/moocs-may-eye-world-market-does-world-want-them.

Tabonda, J. (2014, September 10). Philippines unemployment rate. National Statistics Office. Retrieved from http://www.tradingeconomics.com/philippines/unemployment-rate.

United Nations. (2013, August). *LDC information: The criteria for identifying least developed countries*. Department of Economics and Social Affairs (DESA). Development Policy and Analysis Division. Retrieved from http://www.un.org/en/development/desa/policy/cdp/ldc/ldc_criteria.shtml.

Waga, B. (2014). Job mismatch causes unemployment problems—DOLE. *Kicker Daily News*. Retrieved from http://kickerdaily.com/job-mismatch-causes-unemployment-problems-dole/.

Wetterstrom, L. (2014, January 28). The year after the year of MOOC. *The Gate*. Retrieved from http://uchicagogate.com/2014/01/28/years-after-mooc/.

World Bank (2014). *GNI per capita, Atlas method (current US$)*. Retrieved from http://data.worldbank.org/indicator/NY.GNP.PCAP.CD).

Youell, A. (2011, December). *What is a course?* London: Higher Education Statistics Agency. Retrieved from http://www.hesa.ac.uk/dox/publications/The_Course_Report.pdf.

22

아프리카의 OER과 MOOC

아프리카 가상대학교(AVU)의 경험

Griff Richards | Bakary Diallo

아프리카에서는 단지 6퍼센트만이 '중등과정 이후(post-secondary)'의 교육에 접근할 수 있다고 추정된다. 아프리카의 개발목표치는 12퍼센트로, 북아메리카와 유럽의 45퍼센트의 수치에 비해 차이가 엄청나다. 이는 아프리카 국가들이 중등과정 이후의 교육에 투자를 하지 않고 있다는 말은 아니다. 예를 들어, 나이지리아는 지난 20년간 꾸준히 대학교를 설립해왔고, 현재 102개 대학교에서 백만 여 명의 정원을 보유하고 있다(Aluede, Idogho, & Imonikhe, 2012). 그러나 캠퍼스가 설립되고 교직원들이 고용되는 것보다 인구가 더 지속적으로 빠르게 증가하고 있기 때문에, 나이지리아 지원자 중 약 85퍼센트는 자격요건을 갖추었으나 대학들에서 자리를 찾지 못하고 있다(Okeke, 2008).

원격학습을 통한 수용력 만들기

아프리카 가상대학교(The African Virtual University, AVU)는 아프리카 개발은행(African Development Bank) 다국적 프로젝트 II(Multi-National Project II, MNP II)의 후원으로 사하라사막 이남의 대학들이 개방, 원격, 이러닝(open, distance, and e-learning, ODeL) 교육을 할 수 있도록 권장하였다. '개방'은 누구나 강좌를 시작할 수 있다는 뜻으로, 대학 입학시험에 합격하는 상위 5퍼센트에 들지 못하는 사람들과 학비를 낼 수 없는 사람들도 이용할 수 있음을 뜻한다. '원격'은 학습자들이 거의 학교에 출석하지 않음을 뜻한다—이들은 학습의 대부분을 자택 혹은 시골지역에서 완료할 수 있다. 끝으로, 당연히 '이러닝'은 확장성을 증대시킨다; 아프리카에서는 모바일 기기의 광범위한 사용뿐만 아니라 급격히 발달하는 인터넷 능력을 이용하여 더 많은 학생들에게 더 많은 강좌를 제공할 수 있다. 요컨대, 이러닝은 전통적인 교실 캠퍼스를 건설하는 것보다 더 수용정원을 증가시킬 수 있는 잠재력이 있다.

하지만 아프리카에서 이러닝이 수용정원을 늘리는 데에는 많은 장벽이 있다(Diallo, 2014).

1. 아프리카 국가들의 ICT 기반시설은 선진국의 그것보다 훨씬 규모가 작다. 아프리카의 주요 항구도시와 전 세계를 연결하는 대서양 횡단 광통신망이 생긴 것은 2년밖에 되지 않았다. 현재는 해안으로부터 광대역폭 케이블이 내륙 주요도시로 연결되며, 이동통신사업자들은 다크파이버(dark fiber)를 설치하기 위해 도시의 거리들을 파헤치느라 바쁘다. 대부분의 시골지역에는 광대역 인터넷이 거의 혹은 아예 존재하지 않는다. 접속이 가능한 곳은 대체로 위성을 통한 것이거나 무선 네트워크의 확산의 증가로 인한 것이다. 클라우드 컴퓨팅에 대한 관심이 높을지라도, 적절한 기반시설이 거의 발달되지 않았다. 게다가, 전력은 흔하지 않을 뿐만 아니라 안정적이지도

않다. 인구 1,700만의 라고스(Lagos) 같은 도시들은 날마다 몇 시간 동안을 자가 발전소에 의존하고 있다. 다수의 시골지역들에서는 불을 켜고 휴대폰을 충전시키기 위해 태양열 에너지의 사용을 늘리고 있다.

2. 개인용 컴퓨터가 거의 존재하지 않는다. 최근의 세계은행 보고서(Crandall, Otieno, Mutuku & Colaço, 2012)는 인터넷을 하는 아프리카인의 80퍼센트가 휴대폰을 통해서 하지만, 스마트폰은 아직도 도시지역의 전문가들과 학생들에게만 제한적으로 사용된다는 점을 언급하였다.
3. 특히 주요 센터 외부의 숙련된 ICT 전문가들이 부족하다. 최근 AVU 주주미팅에서, 대학 내 최신 기기의 부족은 대부분의 컴퓨터공학 졸업자들이 넓은 이론적 지식만 가지고 있고 실제적 경험은 부족하다는 것을 의미한다는 점이 언급되었다.
4. 전통적인 교실 내에서 원격 교육 혹은 이러닝의 경험이 부족하다.

결과적으로, 교육 전달 방법으로서의 이러닝을 방해하는 몇 가지 요소가 있으며(Diallo & Richards, 2014), 여기에는 다음 항목들 중 하나 혹은 그 이상이 포함된다.

1. 기반시설이 취약한 곳에 무엇이든 연결성이 존재하도록 향상시켜야 한다. 앞서 언급한 AVU의 MNPII는 참여하는 기관 각각에게 장비와 네트워크를 제공하였다. 어떤 경우에는, 구동 테크놀로지(enabling technology)가 아직도 위성안테나와 발전기를 의미한다.
2. 참여기관을 위한 ODeL 센터를 건립하기 위해 컴퓨터가 제공될 수 있다. 그러나, 모바일 학습의 가능성을 위해 이러닝 자료를 최대한 활용할 필요가 있다.
3. AVU와 18개의 참여기관들은 컴퓨터 사이언스 프로그램을 적용한 새로운 ODeL을 개발하고 있다.

4. AVU는 12개 대학과 함께 ODeL 교사 교육 프로그램의 자료를 업데이트 하고 확장시키고 있다.
5. AVU는 온라인 학습 모듈의 제작과 ODeL의 교수 연수 프로그램을 통하여 대학교수들의 기술 개발을 조정하고 있다.
6. 이러닝을 실행하는 지속적인 공동체의 제작 지원과 촉진으로 단기 프로젝트를 강화할 필요가 있다.

AVU 전략의 열쇠는 21개국의 27개 참여대학 교수들이 협력하여 개발한 원격 학습 모듈이다. 아프리카 인구의 대부분이 교과서를 구입할 수 없기 때문에, 관련 콘텐츠를 모듈에 포함하는 것은 매우 중요한 일이다. 우리의 목표가 교육 콘텐츠를 영어, 프랑스어, 포르투갈어로 전파하는 것임을 고려해볼 때, 번역의 비용이 비싸기 때문에 이들 언어를 사용하는 교수들의 영입을 시도하며, 많은 경우 과학적 전문용어, 2차 참고문헌, 도표에 대한 주의가 부족하다. 다음으로, 모듈은 조직적 퀄리티를 위해 상호 심사(peer-reviewed)되어야 한다. 만일 번역이 가능하다면, 이 또한 상호 심사를 받아야 한다. 저작물사용 허가표시(creative commons license, CC-BY-SA)하에 공개교육자원을 보급하는 것은 교육자들이 자료를 자유롭게 지역적으로 사용하기 위해 도입할 수 있음을 의미한다.

지금까지, AVU는 27개의 참여기관에게 학문적 프로그램을 전달해왔다. AVU는 지역의 필요를 충족시키는 강좌 콘텐츠를 맞춤제작하고 전달함에 있어 최고라고 여겨진다. 그러나 AVU는 학문의 전문성 개발 프로그램을 개발하고 관리하며, ODeL 프로그램 전달과 연관되어 있다. 다국적 프로젝트의 주요 상품은 참여기관의 ODeL 교수들과 직원들의 전문성 개발과 관련되어 있다. 그들은 또한 캠퍼스 내의 다른 관련 교수에게 워크숍("계단식 훈련(cascade training)")을 제공하기도 한다. 우리는 "계단식 훈련"에서 더 나은 실행방법을 찾던 중 최근 MOOC의 가능성을 이러한 목적으로 검증하기 시작하였다.

아프리카 맥락에서의 MOOC

MOOC 현상은 아프리카까지 도달했고 많은 아프리카인들이 미국, 유럽, 인도의 대학에서 개설한 무료 온라인 강좌에 등록하게 되었다. 이러한 강좌들은 13주의 학업 방식을 따르는 경향이 있으며, 수천 혹은 수만 명의 등록을 받는다. 하지만 단지 학습자의 약 5퍼센트만이 실제로 이러한 대규모 강좌를 수료한다.

흥미롭게도 학습자 수료율에서 약 83퍼센트의(개발도상국을 포함한) MOOC 등록자들이 이미 대학 학위를 가지고 있다(Christensen, Steinmetz, Alcorn, Bennett, Woods, & Emanuel, 2013). 짐작건대 이런 경험 있는 학습자들은 MOOC가 충분히 흥미롭지 않다는 것을 발견했을 것이다. MOOC의 학습자 참여에 대해 많은 양의 데이터가 분석되었지만(Christensen et al., 2013; Perna, Ruby, Boruch, Wang, Scull, Evans, & Ahmad, 2013 참조), Richards(2011)가 논의한 바에 의하면, 참여는 지적 탐색보다는 대체로 비디오 시청, 문제 답하기, 혹은 과제 완료하기로 규정된다. MOOC 등록자들의 절반이 단순 호기심에서 등록하기 때문에, 강좌가 덜 흥미롭거나 활발한 참여가 필요한 경우 많은 수가 중퇴하는 것은 놀랄 만한 일이 아니다.

간단히 말해서, 집중적인 비교육 분야 강좌는 높은 이수율을 보이는 듯하다. 예를 들어, 아프리카의 6주 과정의 '주산기 의료(preinatal care)' 강좌는 35,000명의 참가자가 있었으며 이수율은 약 65퍼센트에 달하였다(S. Einarson, 개인적 대화, 2013). 이와 비슷한 높은 성공률이 African Management Initiative의 단기 3주 경영 기술 프로그램에서 보고되었다(R. Harriosn, 개인적 대화, 2014). 이러한 사례들은 MOOC가 학기제 학문 강좌보다는 전문성 개발 주제에 집중하는 편이 낫다는 것을 제시한다. AVU는 일반 대중을 위한 평화관리와 갈등해소 같은 강좌뿐만 아니라 교수 개발 활동에 초점을 맞춘 MOOC 타입의 수업을 사용하기 시작할 예정이다. 50퍼센트의 중퇴율에도 불구하고, MOOC는 이런 주제에 대한 인식을 높이는 데 성공하였다.

게다가 콘텐츠가 개방되고 가능한 상태로 남아있다면, 교수는 언제든 추가정보가 필요한 경우 다시 돌아올 수 있다.

교수 개발의 경우, 교수 구성원들은 유망한 실습에 대해 토론하고 공유함으로써 매우 이득을 볼 수 있다. 그 결과, AVU는 구성주의 스타일의 강좌 사이트로 아프리카 전역에 높은 질의 교수 개발 강좌를 전달할 수 있다. 아프리카 내에 약 640개의 대학이 있으므로, 각 대학의 100명의 교수 구성원들이 ODeL 방법으로 훈련을 받는다고 가정하면, 약 64,000명의 잠재적 등록자가 생길 것이다.

그러나 우리의 계획은 소수로부터 시작해서("mini-MOOC"?), 경험을 쌓고 강좌를 매끄럽게 전달하면서 그 규모를 확대하는 것이다. AVU는 제휴를 통해서 프로그램의 전달에 참여기관의 교수 개발자들의 도움을 얻고, 이로 인해 각 기관들의 지역적 지원을 강화하기를 희망한다. 플랫폼의 친근함은 결과적으로 교수 개발 협력자들이 추가적인 주제를 개발하고 전달할 가능성을 높인다. 또한 AVU는 거대한 평화주의자들의 조직망과 교류하거나 이에 참여하는 것이 이점이 되는 곳에서 평화구축에 대한 여러 개의 공공 세미나를 위한 구성주의적 접근을 고려하고 있다 .

MOOC가 전개된 형태와 상관없이, 우리의 초점은 등록한 양보다 학습 경험의 질일 것이다. MOOC의 접근으로 원격에서 확장 가능한 강의의 전달이 가능케 되며 전통적 교실 내에서 일어나는 접근장애요인을 방지할 때 가장 적절해 보일 것이다. 동시에 MOOC 체계는 제휴 기관의 투자를 쉽게 받을 수 있는 '준비가 되어있는(ready-to-go)' 견본 강좌를 소수의 학습자에게 사용할 수 있다. 북미의 MOOC인 Coursera와 edX 플랫폼은 소개, 파일화된 강의를 위해 디지털비디오를 폭넓게 사용하거나, 칸 아카데미(Khan Academy) 스타일의 강의를 제공한다. 대역폭과 연결주의가 아프리카에서 개선되고 있지만, 시골지역의 아프리카 학습자들에게 비디오의 과다 사용은 이상적이지 않다. Guo, Kim, Rubin(2014)이 실시한 6백만 개 이상의 edX 비디오 상호작용에 관한 최근 분석에서, 대역폭이 우수한 지역일지라도 비디오에서 5분 이상 웅얼거리는 경우 시청자들은 낮은 참을성을 보인다는 점을 언급하였다. 결과적으로, 그들은 재생시간 6분 이하의 비디오와 가끔씩 얼굴 사진과 비격식적 혹은 대화형식의 언어를 활용한 주의를 끄는 비디오클립을 유지하기를 추천한다. 중요하게도, Guo 등(2014)은 학습자들이 넓은 폭의 주제를 다루는 강의를 듣는 것보다 단일주제의 칸아카데미 스타일의 강의에 더 끌리는 것을 발견하였다.

MOOC가 학습자를 끌어들이는 것에 실패한 이유 중 일부분은 아마도 많은 수가 뉴 미디어의 사용으로 가능해진 참여 기회를 이용하기보다는 교실 강의 경험을 재생산하려고 시도했기 때문일 것이다. 그런 접근으로 인한 문제점들은 의도된 학습 결과를 위한 콘텐츠, 미디어, 형성평가의 배열로 사려 깊게 제작된 교수설계가 어떤 강좌라도 더욱 간단하게 효율적으로 만들 수 있다는 것을 상기시켜주는 것이 된다. 아프리카의 MOOC를 개발하는 팀은 미디어 디자인을 할 때 학습에 현란함이 들어가지 않아야 하며, 텍스트 혹은 비디오로 구성된 콘텐츠의 핵심 프레젠테이션을 낮은 대역폭 지역과 다양한 학습자들에게 맞출 수 있도록 다양한 형식이 가능하도록 주의할 필요가 있다. 이런 맥락에서, MOOC 설계자는 쉬운 이해를 위한 자막을 추가하고 시청시간을 최대한 활용하고 잠재적 파일 전송 문제를 줄이기 위한 짧은 비디오를 이용할 필요가 있다. 아직도 문자는 특히 아프리카대륙과 제한된 대역폭을 가진 지역에서는 명백한 교육적 장점을 가지고 있다.

잠재력 깨닫기

중등과정 이후의 교육자들에게는 흥미로운 시대이다. 잠재 학습자들을 위한 무료 학습 콘텐츠가 이렇게 많았던 적은 없었다. 하지만 제시된 이수율로 볼 때, 아마도 우리는 학업 MOOC의 잠재력에 대해 너무 들떠서는 안 될 것 같다. 아프리카에서는, 초등교육에서 중등교육을 거쳐 중등과정 이후의 교육으로 진학하는 학습자의 감소율이 여전히 높다. 신뢰할 수 있는 전력과 인터넷의 광대역 접속과 같은 기본적 기반시설에 있어 도시와 시골이 크게 나누어져 있다. 기본적인 문맹률은 아직 높은 상태이고, 어떤 국가에서는 모든 교육 수준이 남성에 비해 여성이 현저나게 낮아 교육의 성별차가 심하다. MOOC는 흥미로운 학습 기회를 제공할 수 있지만 기본교육을 위한 다양한 접근성 문제를 주목해야 한다.

AVU 같은 조직으로부터의 개방 원격교육과 이러닝은 전 대륙을 아울러 교육 기회와 학습자 성취를 개선하거나 상승시킨다. 하지만, ODeL은 초등 및 중등교육과 성인 문맹에 관련된 현재 계획의 성공에 기반을 두어 만들어져야 한다. 이러닝 학습자들은 또한 정보통신기술(information and communications technology, ICT)에 대해 배우고 새로운 온라인 환경에서 어떻게 학습할 것인지 배울 필요가 있다. 신흥 "글로벌 학습자"가 어느 것이든 어느 장소에서든 자유롭게 학습하게 될 때의 잠재적 보상은 막대하다. 중등 이후의 교육에 대한 접근성이 현재보다 높아지면, 경제적 및 사회적 개발이 뒤따를 것이다.

어떤 씨앗이든 성장은 세심한 영양공급에 달려있다. AVU의 교사 교육 자료는 특히 세네갈에서 성공적이었으며, 정부, 대학, 학교당국의 노력으로 13,000명의 무자격 교사들을 훈련시키는 결과를 낳았다—특히 시골 지역에서 교육의 질과 교사 보유율 모두의 향상이 있었다(B. Diallo—개인적 대화, 2014). 또 다른 예로, AVU의 제휴학교인 나이로비대학교(University of Nairobi)는 케냐 전역에 행정 및 시험을 제공할 수 있으며 연간 7,000명의 학습자를 수용할 수 있는 23개의 학습 센터를 만들었다(H. Kidombo—개인적 대화, 2014). AVU는 2010년과 2012년 사이에 온라인 저장소에 2백만 명 이상이 접속했음을 기록하였다—그들 중 약 25퍼센트가 브라질에서였다. 게다가, 스리랑카대학교(University of Sri Lanka)가 우리의 개방 교육과정을 기본으로 한 프로그램을 실행 중이라는 것을 알게 되었다.

명백히, 아프리카를 위한 OER을 개발하는 것은 대륙의 수용력을 증가시키는 것뿐만 아니라 그 외의 전 세계에도 혜택을 준다. 우리는 아직 MOOC의 개발과 평가의 초기 단계에 있지만, 다양한 형태의 개방교육은 중요한 계획이다. AVU와 22개국의 교육 제휴 학교들은 아프리카 개발은행의 후원으로, 이러한 투자가 미래 세대의 사회적 및 경제적 향상을 촉발시킬 것이라는 희망을 갖고 아프리카의 교육 접근성을 개선시키는 데 지도자 역할을 하고 있다.

Griff Richards | 캐나다의 이러닝 연구자이며 개방교육의 선구자이다. Griff는 Concordia University에서 교육공학 박사학위를 받았다. Griff는 많은 업적들 중, 브리티시 컬럼비아의 온라인 프랑스어권 고등학교를 만들었고, Thompson Rivers University Open Learning의 원격 강좌를 설계하였다. 더불어 유럽의 연구 프로젝트에 참여해왔으며, 일본 통신대학교의 외국인 연구원과 아프리카의 공개교육 모듈을 설계하였다. Griff Richards는 Institute of Social Sciences and Humanities in Kazan의 명예교수이다. Griff는 현재 Athabasca University에서 교수설계를 가르치고 있으며, Technology Enhanced Knowledge Research Institute(TEKRI)의 선임연구원이다. griff@sfu.ca로 연락 가능하며 포트폴리오는 athabascau.academia.edu/GriffRichards에서 볼 수 있다.

Bakary Diallo | 캐나다의 오타와대학교에서 교육행정학 박사학위를 받았다. 2005년에 아프리카 가상대학교에 참여했으며 2007년에는 총장으로 지명되었다. 그의 최근 연구는 공개교육자원의 개발과 전달에 초점을 맞춘 고등교육기관에서의 ICT의 사용을 촉진시켰다. 프랑스어와 영어 둘 다 유창하게 사용 가능하다.

참고문헌

Aluede, O., Idogho, P.O., & Imonikhe, J.S. (2012). Increasing access to university education in Nigeria: Present challengers and suggestions for the future. *The African Symposium*, *12*(1), 3–13. Retrieved from http://www.ncsu.edu/aern/TAS12.1/TAS12.1.pdf.

Christensen, G., Steinmetz, A., Alcorn, B., Bennett, A., Woods, D., & Emanuel, E.J. (2013). The MOOC phenomenon: Who takes massive open online courses and why? [Working Paper]. Retrieved from http://ssrn.com/abstract=2350964.

Crandall, A., Otieno, A., Mutuku, L., Colaço, J., Grosskurth, J. & Otieno, P. (2012). Mobile Usage at the base of the pyramid in Kenya [World Bank Report]. Retrieved from https://blogs.worldbank.org/ic4d/files/ic4d/mobile_phone_usage_kenyan_base_pyramid.pdf.

Diallo, B. (2014). Pragmatism before popularity: The African Virtual University's approach to MOOCs. In D. Wagner & J. Sun (Eds.), MOOCs4D: Potential at the bottom of the pyramid. [Conference Report], April 10–11, University of Pennsylvania. http://www.gse.upenn.edu/pdf/moocs4d/moocs_pragmatism.pdf.

Diallo, B., & Richards, G. (2014). Pragmatism before popularity: The African Virtual University's approach to MOOCs. In D. Wagner, & J. Sun (Eds.), *MOOCs4D: Potential at the bottom of the pyramid.* [Conference Report], April 10–11, University of Pennsylvania http://nebula.wsimg.com/832d31b1a1e95f24bb2a8d0b1086fc15?AccessKeyId=A8CECD67C777CBD7A503&disposition=0&alloworigin=1.

Guo, P., Kim, J., & Rubin, R. (2014). How video production affects student engagement: An empirical study of MOOC videos. *Proceedings of the L@S Conference*, March 4–5, Atlanta, GA. Retrieved from http://groups.csail.mit.edu/uid/other-pubs/las2014-pguo-engagement.pdf.

Okeke, E.A.C. (2008). Access in Nigerian education. In B.G. Nworgu & E.I. Eke (Eds.) *Access, quality and cost in Nigerian education*. Proceedings of the 23rd Annual Congress of the Nigerian Academy of Education, pp. 20–34. University of Nigeria, Nsukka, Nigeria.

Perna, L., Ruby, A., Boruch, R., Wang, N., Scull, N., Evans, C., & Ahmad, S. (2013). *The life cycle of a million MOOC users*. Presentation at the MOOC Research Initiative Conference. December 4–5, University of Texas, Arlington, Arlington, Texas. Retrieved from http://www.gse.upenn.edu/pdf/ahead/perna_ruby_boruch_moocs_dec2013.pdf.

Richards, G. (2011). Measuring engagement: Learning analytics in online learning. *Electronic Kazan 2011*. Kazan, Tatarstan, Russian Federation. Retrieved from http://www.academia.edu/779650/Measuring_Engagement_Learning_Analytics_in_Online_Learning.

PART 7

기업에서의 MOOC와 개방학습

전 세계적으로 일어나고 있는 MOOC와 개방교육의 최근 흐름은 단지 고등교육 상황에서만 나타나는 것은 아니다. 교육의 가시적인 형태로 MOOC가 등장한 이래로 수년 동안 여러 가지 어려움이 있었지만, 기업과 전문 조직은 마침내 MOOC와 여타 개방학습의 유형을 다양한 방식으로 전개하기 시작하였다. 업무 현장에서 MOOC와 개방교육이 영향을 미친 많은 사례가 등장하고 있다. 흥미로운 것은 기업의 MOOC 제공자인 Udacity가 웹 디자인, 코딩, 상호작용 3D 그래픽, 데이터 분석과 같은 분야에서 '나노 학위(nanodegree)'를 제공함으로써 장래의 노동력 교육을 도와주기 위한 Open Education Alliance를 형성하였다는 것이다. 마찬가지로 Aquent Gymnasium은 웹 디자인, 코딩, 자바스크립트 등의 분야에서 창의적 전문가 양성을 위한 무료 강좌를 제공한다. 기업은 교육 및 훈련의 관점에서 폐쇄된 세상에서 훨씬 더 개방된 세상으로 신속하게 이동하고 있는 것으로 보인다. 7부에 있는 세 개의 장은 이 분야에서 현재 무슨 일이 일어나고 있는지를 독자에게 알려주고자 한다.

23장에서는 기업교육의 거장인 Elliot Masie가 기업교육 상황에서 "개방"의 의

미를 탐색한다. 개방의 개념은 이익과 '투자회수율'이 주된 목적인 기업에서 논쟁이 되는 이슈이다. 사실 면대면으로 전문가의 강의를 듣거나 이러닝을 활용하는 등의 전통적인 기업교육의 관점에서 볼 때 개방성의 개념은 매우 파괴적이다. Masie가 지적한 것처럼 2010년 이래로 개방적이며 공적인 저장소에 있는 콘텐츠를 기업교육에 사용하는 경우가 증가하고 있다. 콘텐츠와 접근은 TED와 같은 공공 자원에서 콘텐츠를 찾거나 고등교육기관이나 개인이 활용할 수 있도록 자신의 콘텐츠를 배포하는 것에는 기업의 측면에서 볼 때 두 가지 상반된 효과가 있는 중요한 논쟁거리가 된다. TED나 기타 공유된 온라인 동영상 형태의 관점에서, Masie는 동영상을 활용하는 것이 왜 인기가 있는지뿐 아니라 이것을 잘 활용하는 몇 가지 사례에 대하여 최고학습경영자(CLO)들과 함께 수행한 설문 결과를 제시한다. 이것은 단지 시작일 뿐이다. Masie가 지적한 것처럼, 최근 경향을 고려할 때 기업의 개방 운동은 수년 내에 의미 있게 성장할 것이다.

다음 장에서는 Mike Feerick이 일부 학자들이 MOOC의 원조라고 칭한 2007년에 시작하여 현재까지 전 세계에서 50만 명 이상이 수료한 온라인 학습 공동체인 ALISON에 대하여 다룬다. Feerick은 ALISON의 CEO이며 설립자인데, 업무 현장에서 역량을 어떻게 학습하고 배양할 수 있는지 그리고 이것이 얼마나 역동적이고 개별화된 것이며 무료로 이용할 수 있는 것인지를 알려준다. 예를 들어, ALISON.com은 전 세계의 400만 명 이상의 학습자에게 자격증 및 학위 과정 수준에서 600개의 무료로 이용할 수 있는 강좌를 온라인으로 제공한다. MOOC가 고등교육 수준을 대상으로 하였다면, ALISON은 업무 현장의 지식과 기능 개발에 초점을 두었다. 흥미롭게도 ALISON의 고객은 2007년에 처음 강좌를 개설한 이래로 의미 있게 변화하였다. 이 장은 초기 ALISON 사용자들이 사서, 실업자, 노인, 이민자 등이었으나 최근에는 다국적 기업이 언어 교육뿐 아니라 테크놀로지와 리더십 훈련에 사용하는 것으로 발전한 과정을 기술한다. 무료 온라인 학습 자격증을 발급할 수도 있는 ALISON의 평가 시스템이 또한 이 장에서 기술된다.

25장은 지난 20여 년 동안 온라인과 혼합 학습 형태가 중추적인 역할을 해왔던 일리노이대학교 스프링필드 캠퍼스(University of Illinois, Springfield, UIS)에 재직하는 Ray Schroeder 등이 저술하였다. Schroeder는 온라인 교육에 대한 최신 뉴스를 매일 블로그에 올리는 것뿐 아니라 최신 온라인 테크놀로지를 직접 실험해보는 것으로 유명하다. 사실 이 장에서 기술한 것처럼 그는 온라인 학습과 관련하여 2011년 여름에 최초로 전문가 개발을 위한 MOOC를 제공하였다. 이 MOOC에 70개국에서 2,700명 이상이 수강하였으며, 그 당시에 가장 큰 MOOC였다. 그 이후, UIS의 Center for Online Learning, Research and Service(COLRS)는 고등교육에서의 MOOC를 연구하고 제공하였다. COLRS는 훈련, 전문성 개발, 정보 공유, 협력을 위한 수단으로뿐 아니라 공공의 주제에 대한 토의 및 토론 수단으로 MOOC를 활용할 수 있는 잠재성을 발견하였다. 이 장에서 Schroeder와 동료들인 Vickie Cook, Carrie Levin, Michele Gribbins는 주로 기업이나 전문가 협회와 관련된 다양한 MOOC에 대해 논의한다. 그들은 기업의 교육훈련뿐 아니라 전통적인 고등교육을 변화시키는 데 핵심적인 역할을 할 수 있는 MOOC 시대로 들어가고 있다고 주장한다.

23

기업에서의 개방학습

Elliot Masie

'개방'이라는 용어는 기업에서 사용하기에는 흥미로우면서도 까다로운 단어이다. 그러나 개방학습은 기업교육에서 가장 자극적이며 빨리 변하는 요소 중의 하나이다. 이 장은 기업교육 상황에서 콘텐츠와 접근에 적용되는 "개방"이라는 단어를 살펴볼 것이다.

2010년까지만 해도, 기업교육에서 사용되는 개방형 콘텐츠는 거의 없었다. 대부분 기업은 내부 전문가나 출판사 또는 대학과 같은 외부 기관에 의한 면대면 강좌와 이러닝 프로그램을 제공하였다.

그로부터 몇 년이 채 지나지 않은 2014년 현재, 콘텐츠 제공 면에서 거대하고도 조용한 움직임이 관측되고 있다. 더욱더 많은 콘텐츠가 개방적이며 공적인 저장고에서 제공되고 있다. 이러한 콘텐츠 제공이 기업교육에 어떻게 영향을 미치고 있는지에 대한 두 가지 사례를 제시하고자 한다.

TED 영상 미국에서 거의 모든 주요 기업은 TED 글로벌 컨퍼런스와 TEDx에서 제공하는 동영상을 많이 활용한다. TED 콘텐츠는 6~18분 정도의 동영상으로 외부 전문가를 강의실에 초빙하는 효과가 있다. TED 영상은 이러닝 프로그램의 일부로 활용되기도 한다.

내가 TED 영상을 활용하는 것에 대하여 기업의 최고학습책임자(CLO)에게 설문조사를 한 결과, 다음과 같은 이유로 기업에서 이러한 무료이며 법적인 문제가 없는 개방적인 짧은 영상이 효과가 있다는 압도적인 공감대가 발견되었다.

- **짧은 길이**: TED 모델은 압축, 리허설, 말의 흐름, 반복을 지원한다.
- **주제에 집중**: 다른 동영상과 달리, TED 영상은 한 가지 핵심 주제에 집중한다.
- **온라인 최적화**: 온라인으로 제공되는 TED 영상은 이미 매우 가치 있고 흥미로운 것을 선정한다.
- **브랜드 신뢰성**: TED라는 이름 자체가 이미 제공하는 동영상의 가치를 인정하는 셈이 된다.
- **명료한 접근과 권리**: 기업이 동영상을 활용하고자 할 때 TED의 권리와 접근에 대한 선택지가 명료하다. 이는 기업이 동영상을 짧은 영상으로 통합할 때 확실하게 해준다.

유튜브 동영상 동시에 기업은 웹 검색을 통해 동영상 자료를 더 폭넓게 구하는데, 결국에는 유튜브에서 찾게 되는 경우가 많다. 기업에서도 유튜브 동영상을 점점 더 많이 활용하지만, 제한점과 연구해야 할 사안들이 많다. 이들 중 일부를 제시하면 다음과 같다.

- **권리 확보**: 유튜브에 올라와 있다는 것이 곧 기업에서 자유롭게 활용할 수 있다는 것을 의미하지는 않는다. 많은 경우에, 기업은 동영상을 사용할 수 있는지를 점검하고 확인한다. 특히 사내에서 또는 이러닝 프로그램의 일부

로 활용할 때에는 더욱 그렇다. 이런 용도에 대한 콘텐츠 활용 규정을 더욱 명확히 하거나 제대로 안내할 필요가 강하게 제기된다.

- **타임 코드(time code) 선정:** 어떤 유튜브 동영상은 너무 길다! 기관들은 동영상의 2분 5초에서 11분 8초까지와 같이 특정 부분만을 시청자가 볼 수 있도록 하는 타임코드 활용을 실험한다. 유튜브 동영상을 나누는 도구 중에 TubeChop이라는 것이 있다. 타임코드를 선정하는 것은 필요한 만큼의 간결함과 집중도를 달성할 수 있게 한다.
- **최신화 및 설명하기:** 예를 들어 동영상이 2009년에 촬영된 것이어서 최신화를 해야 하거나 어떤 맥락인지 설명을 할 필요가 있을 수 있다. 이런 최신화 및 맥락화는 웹페이지 중간에 맥락과 날짜가 포함된 창을 삽입함으로써 이루어질 수 있다.

기업교육 상황에서 나타나는 또 다른 버전의 공개 콘텐츠가 있다. 다음은 네 가지 유형의 공개 콘텐츠를 제시한다.

1. **협회 콘텐츠:** 이러닝 초기에 많은 단체가 기업 관련 콘텐츠로 상당한 수입을 올릴 수 있다고 순진하게 생각하였다. 그러나 현재는 전국소매업협회나 전국수영장협회의 비영리 기관 등과 같이 협회의 회원사가 활용할 수 있는 짧은 영상 중심의 공개 콘텐츠가 점점 많아지고 있다.
2. **공유 콘텐츠:** 많은 기업이 각자의 우수한 지식 영상을 다른 기업이 활용할 수 있는 콘텐츠 공유 협력에 동참하였다.
3. **고등교육 MOOC와 콘텐츠:** 어떤 기업은 교육과정의 일부로 MOOC나 기타 고등교육기관의 콘텐츠를 활용하고 있다. 이런 콘텐츠는 상황에 따라 오픈소스 모델인 경우도 있고 제휴 비용을 요구하는 예도 있지만, 대개 개방 콘텐츠에 가깝다고 볼 수 있다.
4. **큐레이션된 콘텐츠:** 기업은 학습자와 사용자에게서 나오는 콘텐츠를 또한

활용하고 있다. 학습설계는 기업 내외부의 다양한 소스에서 콘텐츠가 큐레이션되는 크라우드 소스(crowd source) 설계 모형뿐만 아니라 강좌 진행 중이거나 종료된 후에 학습자의 의견이 반영된 콘텐츠에게까지 개방되고 있다.

결국, 기업은 외부인을 위하여 그들의 콘텐츠를 더욱 개방적으로 공유할 때의 장점을 알게 되었다. 그러한 장점에는 다음과 같은 것이 있다.

- 기업에 속하지 않은 사람들이 사용할 수 있도록 기업의 콘텐츠를 누구나 접근할 수 있는 서버에 올려놓았다. 그 콘텐츠는 기업의 중점적이거나 성장 중인 사업 영역에 초점을 맞출 수도 있고, 미래의 직원들이 입사를 지원하기 전 지식 기반을 늘리는 데 도움이 될지도 모르는 개발 콘텐츠일 수도 있다.
- 고등교육에서 활용할 수 있는 콘텐츠: 많은 회계 법인이 경영대학에서 활용할 수 있는 형태로 콘텐츠를 올려놓는다. 이 방법은 서비스로 볼 수도 있고 차후 채용 과정에서 그 교육과정을 이수한 학생을 선발하는 데 도움이 될 수 있는 브랜드 요소로 볼 수도 있다.

기업에서 개방학습의 세계는 다음과 같은 몇 가지 방식에서 혁신적이다.

- 외부 콘텐츠 제공사로부터 구매하는 콘텐츠 양의 감소
- 전문 강사 활용 일수 감소. 어떤 테크놀로지 회사는 나의 좋은 콘텐츠를 웹상에서 이용 가능하기 때문에 이제는 나를 고용할 필요가 없다고 하였다. 나도 동의하였다.
- 학습자는 사내의 유능한 강사 이외에도 다양한 관점을 접하게 된다.
- 학습자가 개별 상황에 맞는 콘텐츠를 접할 수 있도록 함으로써 학습자에 대한 개별화가 가능해진다. 두바이에서 고객을 상대하는 학습자는 규정

준수 및 협상에 대한 Emirate 교수들의 영상을 봄으로써 다양한 지식을 습득할 수도 있다. 그런 영상은 언어, 배경, 지리, 심지어 전문적인 역사까지 다룰 수 있다.

- 콘텐츠는 "개방"이 될수록 점점 짧아지고 있다. Masie Center는 기업이 오픈소스에서 활용하는 콘텐츠의 길이가 줄어드는 경향을 연구하고 있다. 동영상은 점점 짧아지고 한 가지 주제에 집중하고 있다.

기업에서 개방학습의 또 다른 이슈는 접근(access)이다. 많은 기업은 자신들의 학습 프로그램을 다음과 같은 집단에 공개하기로 하였다.

- 노동자
- 고객
- 도매상
- 거래처
- 규제 담당자
- 고등교육 및 기술 학교 학생
- 일반 대중
- 기타 파트너

마찬가지로 어떤 기업은 프로그램에 접속하기 위한 승인 절차를 없애고 있다. 예컨대, 주로 온라인과 MOOC와 같은 형태로 리더십 프로그램을 전달하던 기업이 단지 승진 대상자뿐만 아니라 모든 노동자에게 이 프로그램을 공개하기로 하였다. 그들은 리더십을 승진을 위한 것에서 하나의 기능으로 생각을 바꾸게 하였으며 전체 기업에 개방하였다.

결국, 이 장의 처음에 암시한 것처럼, "개방"이라는 단어는 특히 영리를 목적으로 하는 분야에서는 쉬운 단어가 아니다. 대다수 기업 문화는 실제는 물론이고 말뿐으로라도 개방적이지 않은 경우가 많다. 분명한 것은 개방학습을 활용하는 것은 그 정도가 가볍든 실질적이든 혁신적이며 흥미롭다. 그런데도 개방학습은 일어나고 있으며, 성장하고, 발전할 것이다.

Elliot Masie ㅣ 학습, 협력, 업무 효과성 분야에서 선도 연구자이며, 분석가이고, 사고 리더이며 미래학자이다. Elliot은 200여 개 글로벌 기업이 학습과 지식의 미래에 대한 주제를 주로 다루며 협력하는 Learning CONSORTIUM의 의장이다. 또한, 학습, 교육, 테크놀로지의 교차점을 다루는 두뇌집단인 Masie Center의 CEO일 뿐만 아니라 플로리다주 올랜도에서 개최된 연차 학습 컨퍼런스의 주최자이다. 〈Big Learning Data〉를 포함하여 12권의 책을 저술하였으며, 전 세계에서 200만 명 이상의 전문가를 대상으로 강연하였다. Skidmore College, CIA 대학교 이사회, FIRST Robotics 등을 포함하여 다양한 기업과 비영리 단체를 위해 봉사하였다. 또한, 브로드웨이 뮤지컬의 프로듀서이기도 하다. 그의 웹사이트는 http://www.masie.com이다.

24

ALISON

무료 인증학습의 신세계

Mike Feerick

호텔을 마지막으로 예약하였을 때, 그 호텔이 전미호텔협회의 인증 회원인지를 조사하기 위해 온라인 사이트를 먼저 찾아보았는가 아니면 그냥 트립어드바이저(TripAdvisor)에 있는 프로필을 살펴보았는가? 프로필을 살펴보았다면, 당신은 전통적인 품질 평가 모델보다는 무료의 비공식적인 인증의 개념을 받아들이는 전 세계의 수백만 명 중 한 명이다. 인터넷을 통한 대중의 힘을 이용한다는 것은 상품과 서비스가 정말로 좋은지를 전통적인 제삼자를 활용하지 않고서도 평가할 수 있는 사회가 되었다는 것을 의미한다.

실제로 사람들은 호텔이 좋고 나쁜지를 알기 위해 호텔협회에 의존하고 싶어 하지 않는다. 오히려 이미 그 호텔의 서비스를 받아본 경험이 있고 편견 없는 관점을 가진 소비자의 의견을 직접 듣기 원한다. 인터넷을 통해 더 즉각적이고 정확한 평가가 모든 삶의 분야에서 이루어질 수 있게 되면서 낡은 형태의 평가방식은 점점 무의미해지고 있다.

이러한 역동성은 우리가 학습하는 방법에도 굉장한 영향을 주려고 한다. 인간 문명에서 처음으로, 우리는 모든 사람이 학습자뿐만 아니라 교사도 될 수 있는 시대에 진입하고 있다. ALISON과 같이 쉽게 활용할 수 있는 무료 자가 출판 플랫폼이 개발되면서 지식과 기능의 무료 공유를 방해하던 장애물은 과거의 이야기가 되고 있다.

이는 변화를 뒷받침하는 새로운 테크놀로지와 경제 모델의 등장과 융합의 결과이다. 교육은 모든 사회 발전의 배후에 있으므로, 이러한 역동성은 세상을 완전히 변화시킬 것이다. 다음은 무료로 인증학습의 새로운 세상을 지배할 몇 가지 주요 ALISON 개념을 제시한다.

모든 사실 기반 교육과 연수는 무료가 될 것이다

무료의 자가 출판 플랫폼이 모든 교사와 전문가가 알고 있는 것을 공유할 수 있게 해줌으로써 거의 모든 사실 기반의 교육을 무료로 온라인에서 이용할 수 있게 된다는 것은 분명하다. 이러한 변화는 초등교육에서부터 성인교육에 이르기까지 모든 수준의 교육에 영향을 줄 것이다. 초등학교에서 고등학교에 이르기까지는 확실히 아동의 사회적 발달이 사실 기반 교육보다 더 강조됐다. 그러나 업무 현장에서는 분명한 변화가 일어날 것이다. 대중의 품질 관리 능력은 이러한 새로운 교육 모델을 개발하는 데 핵심이 된다. 여기서 말하는 대중은 각자의 문제 분야에서 양질의 교육을 하고자 하는 전문가와 관련 성인들이다.

무료의 대중 기반 품질 관리 능력을 의심하는 사람은 대중 관리 능력이나 이러한 역동성에 의존하는 트립어드바이저를 비롯한 다양한 서비스, 예컨대 위키피디아에 글 쓰기, 아마존의 온라인 서평, 심지어 애플이 새로운 앱을 배포하기 전에 개입을 최소로 하면서도 효율적으로 검토하는 방법 등이 발전하던 때를 생각해보라. 우리는 거대하고도 지속가능한 규모로 성장할 능력이 있으며, 고도로 자동화되고, 자기수정적이며 지속적인 교육 시스템의 출현을 보고 있다.

모든 것에 대한 강좌

무료 출판 플랫폼은 자기 진도에 맞춰 상호작용할 수 있는 멀티미디어 코스웨어를 개발할 수 있게 함으로써 무료 학습 콘텐츠를 무제한으로 확대할 수 있게 해줄 것이다. 예컨대, 공교육을 온라인상에서 완전히 무료로 모든 언어로 이용할 수 있기까지는 몇 년이 채 걸리지 않을 것이다. 이것이 황당하고 순진한 발상이라고 생각한다면 전 세계적으로 공교육에서 실제로 학습 콘텐츠를 시청하는 데 특별히 필요한 시간이 얼마나 적은지를 생각해보라.

반면에 업무 현장에서는 각 개인의 직무 과제와 책이 무한히 다양화·개성화되고 있다. 사무직원이 책상에 줄줄이 앉아 일을 하는 광경은 이미 옛날이야기가 되었다. 모든 노동자는 그들이 잘 수행하고자 하는 역할에 아주 적합한 학습 경로를 제공받거나 심지어 직접 만들어낼 수도 있게 될 것이다. 기업이 각자 대중 기반 직장 학습 생태계를 형성하기 시작하면 교육·연수 서비스를 제공하던 전통적인 외부 사업자는 점점 불필요해질 것이다. 쉽게 말해서, 어떤 주제에 관해서든 단 한 명의 전문가만 있다면 그 지식은 곧 공짜가 되는 것이다.

사람들이 각자 알고 있는 것을 모두에게 무료로 공유하지는 않을 것이라는 생각에 대해, 최근 수년간의 MOOC 운동은 수많은 반례를 제시한다. 위키피디아의 성공 또한 강력한 예시로 들 수 있다. ALISON에서는 수익을 공유하고 사람들을 출판사와 연결해주고 있는데, 이는 수많은 사람들에게 매력적으로 다가가고 있다. 자신의 성과와 생각을 무료로 배포하는 데에는 그밖에도 다양한 동기가 있다. 개인적인 이타주의에 의할 수도 있고, 공공의 이익을 위할 수도 있고, 단순히 자기가 아는 것을 자랑하고 싶을 수도 있다. 이는 모두 똑같이 강력한 동기가 된다. ALISON에서는 이런 무제한·무료·구체화된 학습을 지향하는 운동을 "학습의 긴 꼬리(Long Tail of Learning)"라고 부른다. 물론 이 꼬리는 끝없이 길어질 잠재력이 있다.

고등교육의 MOOC와 달리, ALISON은 업무 현장 지식과 기능 개발에 집중한다. 학생·노인층·실업자·이민자 등 소외되고 금전적 여유가 없는 도서관 고객을 위한 무료 온라인 학습 기회를 찾던 사서들이 ALISON의 초기 이용자였다. ALISON의 강좌가 점점 늘어나고 발전하면서, 창업하는 기업에서부터 다국적 기업에 이르기까지 다양한 유형과 규모의 조직이 영어 능력에서부터 6 시그마 경영에 이르기까지 다양한 기능을 직원에게 교육하기 위하여 ALISON 플랫폼을 사용하기 시작하였다. ALISON은 학습자에게 점진적인 학습 경로를 제공하고자 한다. 예를 들어 학습자가 키보드와 각종 조작 도구에 익숙해진 뒤에 기본적인 데스크톱 애플리케이션을 가르치는 것이다. 그 다음 웹사이트를 만드는 법을 가르치고, 이어서 온라인 비즈니스를 만들 수 있게 돕는 것이다. 이 플랫폼에서 제공할 수 있는 업무 현장 학습에는 한계가 보이지 않는다.

ALISON 학습자들은 다양한 국적과 배경으로 이루어진다. ALISON에서는 600개 이상의 주제에 관한 무료 강좌가 제공되어 전통적인 교육의 다양한 장벽을 허물고 있다(그림 24.1 참조). 다행히도 ALISON이 가르치는 기능에 대

그림 24.1 ALISON 학습자들은 다양한 국적과 배경으로 이루어진다.

해 각종 긍정적인 피드백이 이루어지고 있다. 현재 ALISON 웹사이트에는 전 세계의 학습자가 등록한 감사의 말이 20,000건 이상 있다. 2011년 Harvard Business School의 Clayton Christensen 교수가 다음과 같이 트위터에 쓴 것처럼 유명인사가 지지를 밝힌 예도 있었다. "ALISON은 곧 교육 체계에 대한 근본적인 재고로 보인다." 하버드 졸업생이자 Christensen 교수의 업적을 존경하는 사람으로서 나는 그의 응원에 깊이 감사한다.

모든 것에 대한 인증

ALISON이 도입한 평가 시스템은 전 세계적인 관점에서 이해되어야 한다. ALISON 검사 혹은 "플래시" 검사는 ALISON 강좌를 마친 사람이면 누구나 미래 언제든지 자기가 달성 수준을 유지하고 있는지 확인하기 위해 이용할 수 있는 간단한 검사이다. 각종 대학에서 발급한 학위를 가진 사람은 많지만, 그중 배운 것을 당장 내일 아침에 얼마나 기억하는지 검사받고 싶을 사람이 얼마나 될까? 물론 거의 없을 것이다. 우리는 모두 그동안 스스로 가면 놀이의 공모자가 돼왔던 것이다.

물론 다른 대안이 없다고 변명할 수도 있다. 그러나 이제는 대안이 생겼다. 인터넷을 활용하면 이제 누구든지, 언제, 어디서나, 어떤 주제에 관해서든 (배우고) 검사받을 수 있다. 어디에나 존재하는 스마트폰은 끊임없이 혁신하면서 이 해법을 보편화하는 데 큰 도움이 되었다. 인터넷 연결만 이루어지면 나는 아이폰을 이용해 누구에게든 어떤 ALISON 강좌에 관해서든 검사를 할 수 있다. ALISON이 마련하여 제공하는 문제 은행만 있으면 충분하다.

여기에는 고려할 사항 두 가지가 있다. 첫째, 인터넷은 세계를 급격히 빠르게 연결하고 있으며, 이는 생각지도 못한 장소에까지 미치고 있다. 예를 들어, ALISON은 현재 아프리카 대륙에만 100만 명의 학습자를 보유하고 있으며, 중

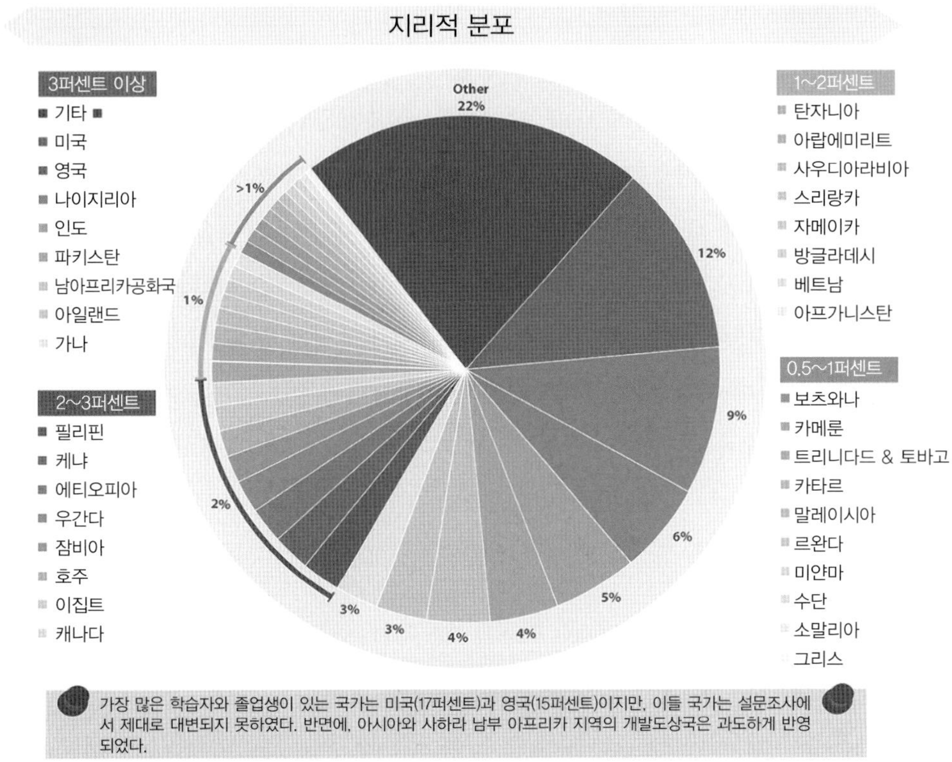

그림 24.2 전 세계 ALISON 학습자의 지리적 분포(ALISON, 2014)

동과 북아프리카 지역에도 상당수의 학습자를 보유하고 있다. 남아시아와 동남아시아에서도 광범위하게 사용되고 있다. 실제로 ALISON 학습자들은 세계 모든 나라에 분포되어 있다(그림 24.2의 ALISON 학습자의 지리적 분포 참조).

둘째, 그동안 선진국에서 주로 사용해온 전통적인 인증 체계는 개발도상국에서는 한계를 보인다. 교육 품질 보증과 인증의 전통적인 프레임워크는 개발도상국에서는 큰 의미가 없다. 오히려 그런 체계가 없다시피 한 예도 있다. 인터넷에 접속할 수 있는 인구는 전 세계 70억 명 가운데 20억 명에 불과하다. 개발도상국이 앞으로 차용할 학습 및 인증 체계는 우리가 그동안 선진국에서 사용해온 것도 아니고 우리가 개발도상국에 판매하기 적합한 것도 아니라, 그 시대,

필요, 환경에 적합한 것이 될 것이다.

마지막으로, 인증의 개념 자체가 변할 것이다. "한때 무언가를 알았다"는 개념으로서의 자격증은 이미 사라지고 있다. 인증의 개념은 지금 무엇을 알고 있는지에 초점을 맞추게 될 것이다. 사용자가 무엇을 알고 또 무엇을 안다고 말하는지의 형식과 내용이 끊임없이 바뀌는 이런 형태의 인증을 ALISON에서는 "동적 인증"이라고 부른다. 예를 들면, 앞으로는 인증에 언제나 시간이 표시될 것이다. 2015년에 ALISON에서 프로젝트 관리 과정을 수료하고 나면, 수년 이내로 해당 강좌 혹은 학습 경험을 다시 인증받아야 한다. 마찬가지로, 고용주는 지원자의 교육 및 훈련 이력의 최신성과 연관성을 보고 싶을 것이고 또 볼 수 있을 것이다.

무료 인증학습의 사회적 영향

사회를 변화시킬 수 있는 무료 온라인 학습 인증의 잠재력은 2014년 2월 전 세계에서 4만여 명의 수료자와 학습자가 응답한 설문조사를 통해 더욱 분명히 드러난다(ALISON, 2014). 90퍼센트 이상의 ALISON 수료자가 무료 학습이 더 공부할 계기가 되었다고 밝힌 것은 많은 것을 시사한다. 더 나아가 수료자의 88퍼센트는 ALISON의 무료 학습이 전반적인 자신감도 향상하였다고 말한다. 또, 76퍼센트는 무료 학습을 통해 더욱 자기 주도적으로 변하였다고 하였다(ALISON, 2014). 그러나 가장 중요한 통계는 ALISON 수료자의 14퍼센트가 ALISON에서 무료로 공부한 것이 취업, 승진, 대학 입학에 도움이 되었다고 응답한 것이다.

이런 결과는 그동안 교육과 훈련에 대한 전통적인 비용 장벽이 배우고 발전하고 싶은 사람들의 자연적인 욕망을 억압하여 전 세계의 사회 발전을 지연시키고 있었음을 시사한다. 모두가 자신감을 얻어 삶에서 주도권을 갖고 더 많이 배우고 싶어 한다면 어떻게 해야 할까? 정치인을 비롯해 제한된 공공 자원을 더욱 효율적으로 사용하고자 하는 우리 모두에게 이는 희망의 메시지를 전한다.

이러한 교육과 훈련의 혁명이 이루어지기 위해서는 모두의 역할이 중요하다. 현 상태의 교육·훈련에서 이득을 보는 사람들과 기관들이 기득권과 이른바 자기 "영역"을 지키기 위해 무엇을 할지 결코 과소평가해서는 안 된다. 이 기회의 잠재력을 이해하는 이들의 지지, 새로운 방법에 대한 신뢰, 그리고 다양한 형태의 시도에 대한 응원이 필요하다. 어떤 호텔에서 묵을지 결정하기 위한 새로운 방식을 받아들인 것처럼, 학습의 새로운 방식 또한 받아들여야 한다. 이 장을 읽는 모든 이는 구체제의 일부로 남을지, 아니면 이 멋진 새로운 기회를 최대한 받아들일지를 결정해야 한다.

보편적 무료 인증 교육 및 훈련은 우리가 사는 세상을 긍정적으로 변화시킬 커다란 잠재력이 있다. 넬슨 만델라는 "교육은 우리가 세상을 바꾸는 데 쓸 수 있는 가장 강력한 무기입니다."라고 말하였다. ALISON이 선도하는 무료 인증 학습은 우리 시대의 가장 커다란 기회 중 하나이다.

Mike Feerick | 전 세계 무료 온라인 인증 학습의 선도자인 ALISON.com의 설립자이자 CEO이다. ALISON에는 전 세계에 500만 명의 학습자와 50만 명의 수료자가 있다. 2007년에 설립된 ALISON은 최초의 MOOC로 널리 인정받는다. Mike는 국제적으로 인정받는 사회적 기업가로 2013년 Qatar Foundation의 WISE 상을, 2012년 Arthur Guinness Funding Award를 받았으며, 2011년에 Ashoka Globalizer Fellowship이 되었다. 2010년 교육과 기능 훈련의 접근성을 향상시킨 공로로 유네스코로부터 Diploma Award를 받았다.

참고문헌

Alison (2014). *ALISON Learner and Graduate Survey Results 2014*. ALISON. Retrieved from http://www.advancelearning.com/wp-content/uploads/2014/07/ALISON_Survey_2014_Infographic.pdf.

25

기타 MOOC 모델

Ray Schroeder | Vickie S. Cook | Carrie Levin | Michele Gribbins

서문

MOOC가 끼친 가장 큰 영향은 주제기반(subject-based) 고등교육의 외부에서 활용하게 된 것이라고 할 수 있다. 일리노이대학교 스프링필드 캠퍼스의 Center for Online Learning, Research, and Service(COLRS)에서는 정규 강좌기반(course-based) 고등교육 이외의 사회분야에 관한 대규모 공개 온라인 학습의 잠재성을 연구해왔다. COLRS는 MOOC를 훈련, 정보, 협력, 그리고 대중 공론장의 도구로 볼 때 어마어마한 잠재성이 있다고 결론지었다.

2011년 여름, COLRS는 세계 각지의 학습 분야 리더들을 모아 xMOOC 이전 세대의 마지막 가운데 하나가 될 서비스를 시작하였다. COLRS는 edu-MOOC를 통해 오늘과 미래의 온라인 학습에 대해 8주간의 cMOOC를 진행하였다. 70개국에서 2,700명의 교육 리더와 학생이 이 MOOC에 등록했으며, edu-MOOC는 온라인 학습의 미래를 준비하기 위해 토의하고 참여할 수 있는 포럼을 개설하였다.

전문 기관과 기업들은 각자의 분야 혹은 연관 분야에 산재한 전문가들과 일반 대중에게 접근할 때 MOOC를 효과적인 도구로 활용하게 될 수 있다. 이 장에서는 의료 분야의 두 전문 기관이 만나 현재 개발 중인 MOOC를 다룬다. 이 MOOC는 말기 호스피스 환자를 위한 고통 완화 처치와 관련된 정보를 알리는 것을 목적으로 한다. 이 장에서는 또한 기업이 MOOC를 직원 연수에 적용하는 동향을 다룬다.

COLRS는 기업에서 MOOC를 직원 연수 및 전문성 개발을 위해 활용하는 현상을 연구한다. 이러한 활용은 고등교육의 영역 밖에서 급속도로 성장하고 있다. 기업과 기관의 수요는 직원과 전국 혹은 전 세계의 직원에게 시의적절한 방식으로 효율적인 기술·절차·실제를 연수하는 것에 집중되고 있다. 고등교육은 특정 산업 수요에 관한 평생 및 전문성 교육을 개발하는 일에는 뒤로 물러나 있다. 이에는 다양한 요인이 있지만, 아마 가장 큰 요인은 혁신과 연구에 할당되는 예산의 한계, 직원 연수를 위한 적시적 교육 모델을 제공할 수 없는 것, 그리고 임시 노동자에게 자격을 부여할 수 있는 간편함 때문일 것이다(Blair, 2010; Christensen & Horn, 2011; Oshita, 2012; Ross-Grodon, 2011).

COLRS는 MOOC를 학습의 도구로서 다양하게 활용하는 수많은 방법의 발달을 추적하고 있다. 기업에서는 고등교육에서 관련 교육 기회를 찾지 못한 열성 학생들에게 기초 단계의 기술과 역량에 관한 연수를 제공하고 있다.

Udacity와 기업 파트너들이(Udacity, 2014) 최근 6~12개월 프로그램을 통해 제공하기 시작한 "나노 학위(nanodegree)"를 그 예로 들 수 있다. 프런트엔드 및 백엔드 웹 개발, iOS 개발, 그리고 데이터 분석을 배우고 싶어 하는 개인들이 나노 학위의 첫 번째 고객이 되었다. 이것은 기업에 의하여 전례 없는 규모로 설계되고 제공되는 전 세계적인 프로그램이다. 다른 많은 Udacity 프로그램과는 달리 나노 학위 프로그램은 고등교육기관과 협력하여 개발된 것이 아니다.

Udacity 기반의 Georgia Tech의 Computer Science 온라인 석사학위 과정과 달리 이 프로그램들은 대학 대신 기업 파트너가 직접 개발하였다. Udacity는 이를 "당신의 경력을 개발하기 위하여 업계 선두 주자들이 만들고 인정하는 학위"라고 홍보한다(Udacity, 2014). AT&T, Cloudera, Salesforce, Autodesk가 초기 파트너였다. Udacity는 학생들에게 장점을 이처럼 설명한다. "업계 선두 기술 회사들이 우리의 도움으로 나노 학위를 설계하고 가르치며 보증까지 한다. 회사들은 자사가 어떤 기술 능력이 있는 사람을 채용하고 싶은지, 그리고 직원에게 어떤 새로운 기술이 필요한지를 안다. 회사들은 자사가 가르치는 기술을 실제로 사용하기 때문에 이를 구체적이고 적용할 수 있도록 가르친다"(Udacity, 2014). 이는 직업 분야 교육의 미래, 곧 MOOC 혹은 그와 유사한 것이 전통적인 고등교육기관, 프로그램, 경험의 자리를 조금씩 뺏는 미래를 엿볼 수 있게 한다.

eduMOOC: 온라인 학습의 미래를 위한 연결주의 국제 협력

2011년 봄, COLRS의 초대 소장인 Ray Schroeder는 직원들에게 과감한 아이디어를 하나 제시하였다. Schroeder는 그 직전 미시간의 오클랜드대학교(Oakland University in Michigan)의 eCornucopia 컨퍼런스에서 "개방 디지털 대학"을 주제로 발표한 적이 있다. 그는 MOOC 운동의 성장세를 인식하고, 온라인 학습 혁신으로 유명한 UIS도 여기에 뛰어들 때가 되었다고 생각하였다. COLRS는 직원들의 아이디어를 모으고, 그들이 잘 아는 주제에 대한 MOOC, 곧 "온라인 학습의 오늘과 내일"을 위하여 자료를 수집하였다.

이 초창기 MOOC는 연결주의 MOOC, 즉 "c-MOOC"라고 알려졌으며 또 그렇게 설계되었다. COLRS는 George Siemens와 Stephen Downes(Downes, 2012; Siemens, 2005)가 디지털 사회에서의 학습에 특히 집중하여 창안하고 주창한 이른바 연결주의라는 새로운 이론에 대해 알게 되었다. c-MOOC에서의 학습은 참가자가 강의 콘텐츠뿐만 아니라 다른 참가자와 접속하기 위해 블로그, 위키, 소셜 미디어 등의 기술을 활용하여 형성된 네트워크를 통해 이루어진다(Yeager & Bliss, 2013).

자료를 모으고 아이디어를 나눈 뒤, Schroeder와 직원들은 이 MOOC를 2011년 6월 27일부터 8월 15일까지 8주에 걸쳐 주 1회의 모듈로 제공하기로 하였다. 각 모듈에는 주제와 관련된 기사 링크나 토의 논제, 그리고 온라인 학습 분야의 최고 전문가들이 주도하는 공개 토론회 생중계 등을 포함하기로 하였다. 이 MOOC를 위해 개발된 자료들은 구글 사이트, 구글 그룹, 위키스페이스, 트위터, 트위터폴, 구글 행아웃, 페이스북을 비롯한 소셜 미디어 사이트와 클라우드 기반 무료 기술을 통해 공유되었다(eduMOOC OERu Planning Group, 2013).

각 주의 모듈에는 다음 주제와 토론자가 선정되었다. (1) 온라인 학습의 오늘—Ray Schroeder(UIS), Bruce Chaloux(SREB), Robert Hansen(UPCEA), Witt Salley(MoDLA); (2) 연구분석—Karen Swan(UIS), Phil Ice(APUS), Ben Arbaugh(UWOSH); (3) 온라인 기술의 오늘과 내일—Michael Cheney(UIS), Alexandra Pickett(SUNY), Bethany Bovard(NMSU), Nic Bongers(Oakland U); (4) 온라인 학습 앱과 모바일 학습—Glenda Morgan(UIUC), David Middleton(Seton Hall), Patricia McGee(University of Texas San Antonio); (5) 공공, 사설, 그리고 개방 온라인 학습—Ray Shroeder, Cable Green(Creative Commons), Larry Ragan(PSU World Campus), Jeff Newell(IL Community College Board); (6) 개인 온라인 학습 네트워크—Shari McCurdy Smith(UIS), George Siemens(Athabasca), Jason Rhode(NIU), Nancy Rubin(Learning Object); (7) 협력, 집단, 클라우드—Shari McCurdy Smith, Karen Vignare(MSU), Linda C. Smith(UIUC); (8) 온라인 학습의 내일: 2011~2021—Ray Shroeder, Cable Green, Curt Bonk(IU), Bruce

Chaloux, Seb Schmoller(ALT UK).

각종 블로그와 많은 트위터 이용자의 열성적인 지지에 힘입어 Shroeder는 소셜 미디어를 eduMOOC의 홍보에 활용하기 시작하였다. 천천히, 그러나 끊임없이 사람들이 하나둘 등록하기 시작하였다.

Chronicle of Higher Education의 Marc Parry 등이 이것에 관심을 가졌다. MOOC가 개시되기 며칠 전인 2011년 6월 21일, Parry(2011)는 Chronicle에 "일리노이대학교 스프링필드 캠퍼스에서 새로운 '대규모 공개 온라인 강좌' 개설"이라는 온라인 기사를 실었다. 이 기사는 이런 질문으로 시작한다. "온라인 교실에 전 세계를 초대하면 무슨 일이 일어날까?" 등록자 수가 급증하였다. COLRS 직원들이 등록 신청을 처리하는 데 곤란을 겪을 정도였다. eduMOOC가 시작하던 날까지 총 70개국에서 2,700명 이상의 참가자가 등록하였다. 이는 당시로서는 등록자 수 기준 최대 규모의 MOOC였다. 이 기록은 2011년 가을 스탠포드대학교의 Sebastian Thrun이 인공지능을 다룬 MOOC에 큰 격차로 밀려났다. 이 MOOC에는 190개 이상의 나라에서 160,000명의 학생이 등록하였다.

2011년까지 일리노이대학교 스프링필드 캠퍼스는 온라인 학습 세션을 생중계하기 위해 Elluminate(지금은 Blackboard Collaborate)를 이용하고 있었다. UIS의 가장 큰 온라인 "회의실"(webinar "room")은 100명 규모였다. eduMOOC 등록자가 2,000명을 넘어서자 COLRS는 모두가 생중계를 시청하고 토론자들에게 질문할 방법을 찾기 시작하였다. UIS의 정보기술팀이 곧 슬라이드와 음성뿐만 아니라 실시간 트위터 패널까지 하나도 빠짐없이 Elluminate 세션을 스트리밍할 수 있는 웹사이트를 개발하였다. 생중계는 모두 녹화되어 당시 접속할 수 없던 참가자들에게도 제공되었다. 이 녹화본은 현재도 강의 웹사이트(https://sites.google.com/site/edumooc/home)에서 확인할 수 있다.

eduMOOC가 진행됨에 따라 참가자들은 각자 자기만의 학습 네트워크를 확장할 방법을 만들어냈다. 강의에 이용되던 구글 그룹 커뮤니티의 기술적인 제약에 불만족한 일부 참가자는 위키스페이스 그룹을 개설했고, 이는 시간이 지나면서 가장 인기 있는 비실시간 eduMOOC 토론장이 되었다. Schroeder는 본인의 eduMOOC 개발 경험을 개인 블로그(http://edumooc.blogspot.com/)에 기록하였다. 더 나아가, eduMOOC 참가자들은 트위터 그룹을 만들고 구글 행아웃으로 매주 생중계 세션에 대한 사후강평을 했으며, Paper.li를 이용해 eduMOOC 온라인 신문을 발행하고 페이스북 그룹을 만들었다. 뉴질랜드 Christchurch에서 eduMOOC 참가자들이 매주 동네 맥도널드 매장에서 오프라인 모임을 열어 생중계 세션 녹화본을 함께 보고 토의한 것은 개방 온라인 학습이 어디까지 나아갈 수 있는지를 생생하게 드러낸다.

첫 실험으로서 eduMOOC의 성공에 힘입어 COLRS는 다른 유형의 MOOC를 연구하기 시작하였다. 다음 섹션에서는 이들 가운데 두 개의 주립 기관과 두 개의 대학교가 참가한 한 파트너십을 소개한다.

기관과 기업에 의해 강의 기반 모델에서 벗어난 MOOC

공통의 비전과 신뢰의 기반 위에 세워진 탄탄한 파트너십은 곧 MOOC 세계에서 파트너십 모델의 성공으로 이어진다. 일리노이대학교 스프링필드 캠퍼스는 Illinois Hospital Association, Illinois Home Healthcare and Hospice Association, Southern Illinois University Medical School과의 파트너십을 통해 현재 고통 완화 처치의 수월성 증진을 위한 전문성 개발을 위한 MOOC를 지원하고 있다. 이 파트너십은 의료진 및 방문 간호 사업자를 전국의 고통 완화 처치 전문가와 연결하여 환자에게 제공되는 간병의 질을 개선하는 데 도움을 준다.

이 MOOC의 재원은 다양한 기부금 및 기관의 지원으로 확보된다. 파트너들이 운영 비용을 맡게 되면 비용은 최대 35,000달러로 예상된다. 구체적인 시기는 전문가들의 일정을 비롯한 각종 일정 문제로 아직 다소 유동적이지만, 2014년 말에는 MOOC를 개시할 수 있을 것으로 기대된다.

이 MOOC는 c-MOOC의 일종으로, eduMOOC와 같은 기반에서 만들어지고 있다. 고통 완화 처치 MOOC 파트너들은 연결주의 이론에 근거하여 서로와, 다른 조직과, 그리고 전 세계의 전문가들과 연계하여 전국 각지의 학습자들에게 양질의 경험을 제공할 것이다. 이 주제를 다룰 때 고통 완화 처치 문제에 대한 민감성을 인식하는 동시에 충분한 학습이 이루어지도록 하기 위해서는 주의가 필요하다. 훌륭한 결과물을 내기 위해서는 탄탄한 파트너십을 형성하는 과정이 필요하였다.

어떤 파트너십에서든 성공하기 위하여 반드시 염두에 두고 특별히 주목해야 할 핵심 요소가 몇 가지 있다. 이 사례에서는 아래에 설명한 대로 일곱 가지가 이루어져야 하였다.

1. 각 파트너의 책임을 개략적으로 서술하는 확실한 문서
2. 각 파트너를 보완하는 콘텐츠 분야의 전문지식
3. 최종 결과물에 대한 사명감과 비전의 공유
4. 효과적이고 개방적인 의사소통 과정
5. 각 파트너에게 돌아갈 이익의 고려 가능성
6. 사회 윤리의 고려와 사회적 환경에서 MOOC의 위치
7. 결과물 창출에 확고한 마감 시한

이들 각각은 공유 및 협력적 방법으로 개발된 MOOC 전달 모델이 효과적으로 운영되고 기능하는 데 필수적인 요소이다. 각 요소는 MOOC 참가자들의 성공을 위한 초석을 놓는 데에 필요한 것이다. 이는 또한 미래에 파트너들이 개발할 MOOC 콘텐츠 영역의 기초가 되기도 한다. 공통의 비전과 신뢰를 토대로

협력 기관 간의 탄탄한 파트너십을 형성함으로써 이런 MOOC 모델이 가능해진다. 기관뿐만 아니라 기업체들도 비용을 절감하고 가시성을 향상할 방안을 모색하고 있다.

기업 MOOC

연간 직원 연수 비용이 1,500억 원을 넘는 오늘날(Meister, 2013), 기업들은 지출을 절감하고 직원 연수의 적합성과 유용성을 증진하기 위해 MOOC에 관심을 가지기 시작하였다. MOOC 사업자들은 회사에 콘텐츠 개발 서비스, 학습 플랫폼, 콘텐츠 사용계약 등을 제공함으로써 직원 연수를 돕는다(Bersin, 2013). 회사들은 더 나아가 각자 수요에 적합한 연수 프로그램을 개발하기 위해 공개강좌를 수정하여 이용하기도 한다.

Udemy의 기관용 웹사이트에 따르면, 기업 내부에서 연수를 위해 MOOC를 사용하면 기업 내의 학습 경험을 통합하는 데 도움이 된다. 또한, 기업은 MOOC를 활용해 직원들의 암묵지를 보다 원활히 기록으로 남길 수 있다. 예를 들면 Pitney Bowes는 정보 기술 개발자들에게 실무 능력과 최신 프로그래밍 언어를 훈련하는 데에 MOOC를 이용한다. 구글에서는 g2g 프로그램으로 직원들이 협동하고 서로의 풍부한 경험에서 배울 수 있게 한다(Hughes, 2013a).

서비스가 공식적으로 종료되거나 모든 실시간 행사가 끝난 뒤에도 모든 직원이 MOOC에 공개적으로 접근할 수 있도록 오랫동안 남겨두는 회사가 많다. 그 결과 MOOC는 나중에 참고할 수 있는 자료 저장소로 기능하게 된다. 새로 고용된 직원들은 회사에 들어오자마자 이 저장소로부터 과거의 연수 자료를 꺼내보고 활용할 수 있다. 이렇게 강의를 재사용하고 콘텐츠를 공유하는 것은 대면 연수에서는 불가능한 경우가 많다. 예를 들면 McAfee와 Intel은 모두 MOOC를 이용해 신입 사원 연수의 효과성과 일관성을 높이고 있다(Hughes,

2013a).

기업들은 자체적으로 개발한 MOOC를 이용할 뿐만 아니라, 기업 자체 연수를 외부에서 개발한 MOOC로 대체하기도 한다. 이 책의 DeMillo가 쓴 장에도 언급되었듯이 AT&T는 George Tech, Udacity와 협력하여, 대학에서 승인한 다른 지원자들과 더불어 회사 직원들에게 컴퓨터 과학 석사학위 프로그램을 제공하고 있다(Bersin, 2013). George Tech과 Udacity의 석사학위 프로그램처럼 MOOC가 특정한 주제 영역에 집중할 때, 직원들은 비슷한 관심사나 현장 경험을 공유하는 거대한 교실에서 서로 문제 풀이를 돕고 조언을 주며 공통의 분야에서 인맥을 형성할 수 있게 된다. eduMOOC와 고통 완화 처치 전문성 개발을 위해 개발된 MOOC를 비롯한 UIS의 MOOC들도 마찬가지였다. 기업 연수 분야의 종사자들은 이와 같은 주제 집중적 MOOC의 장점을 금세 파악하였다. 예를 들면 야후(Yahoo)를 비롯한 여러 회사는 직원들이 외부 개발 MOOC에 참여하면 강의를 마칠 때까지의 비용을 지원하고 있는데, 이는 대면 연수에 드는 비용에 비하면 훨씬 적다(Bersin, 2013).

또한, 기업들은 MOOC를 연수에만 이용하는 것이 아니라 사업 파트너, 고객, 잠재적 직원, 그리고 소비자 일반과의 관계를 개선하는 데에도 사용한다(Bersin, 2013; Hughes, 2013a). 예를 들면 SAP는 오픈 SAP(https://open.sap.com/)를 만들어 개발자와 제품 사용자를 가르치는 데 사용한다. 마찬가지로 오라클(Oracle)은 자바 개발자를 대상으로 임베디드 애플리케이션에 관한 MOOC를 개발하였다(McGinn, Caicedo, Weaver, Ritter, & Chin, 2014). 1-800-FLOWERS는 MOOC 기술을 이용해 독립 플로리스트들에게 각종 비즈니스 및 꽃 장식에 관한 주제를 가르친다. Bank of America는 브랜드 마케팅의 목적으로 Khan Academy와 협력하여 소비자들에게 개인 금융 교육을 제공한다(http://www.bettermoneyhabits.com/). 구글, 아마존, 페이스북을 비롯한 기업들은 각자 채용 후보 심사와 인재 파이프라인 형성에 MOOC를 활용하고 있다.

이상 다섯 가지 예시는 기업 연수에서 MOOC의 장점이 다양하다는 것을 보여준다. MOOC를 이용하면 늘 변화하는 업무 환경 속에서 직원들이 관련 기술과 지식을 유지하게 할 수 있다(Carson, 2014). MOOC는 대면 연수보다 시간과 비용을 절약할 뿐만 아니라 물리적인 공간에도 제약받지 않기 때문에 더 많은 직원이 연수의 혜택을 받을 수 있다. 게다가 학습자가 속도를 조절할 수 있으며 모듈화된 학습이기 때문에, 근무 시간 전체를 대면 연수에 할애하기 어려운 직원들에게 큰 도움이 된다(Hughes, 2013b). 또한, MOOC는 각자의 학습 요구보다 대면 연수가 너무 빠르거나 느리다고 느끼는 직원들의 학습 경험을 개선한다. 이런 직원들은 MOOC를 이용하면 각자 필요에 따라 속도를 조절하여 콘텐츠를 더욱 잘 소화해낼 수 있다(Abbasi, 2014).

MOOC 이용의 또 다른 장점은 연수 참석이 내용 이해 혹은 활동 참여로 곧장 이어지지는 않는 대인 연수에 비해, MOOC에서는 개인 수준에서의 콘텐츠에 대한 숙련도 및 참여도가 더욱 쉽게 달성된다는 점이다. 직원들은 일련의 활동을 완수한 뒤에만 주어지는 수료증이나 배지를 통해 본인의 참가를 증명할 수 있다. MOOC나 다른 온라인 학습 프로그램을 수료하였다는 기록은 직원 연수 과정에서도 매우 중요한 부분으로, 링크드인(LinkedIn)에서는 각종 MOOC 및 기타 온라인 학습 사업자와 협력하여 강좌를 이수한 회원들이 클릭 몇 번만으로 링크드인 프로필에 곧장 그 사실을 기록할 수 있는 기능을 만들었다(Baird, 2013).

Udemy는 MOOC를 이용해 기업 연수 프로그램을 개발할 때 고려할 사항으로 다음 네 가지를 제시한다(Hughes, 2013b). 첫째, 사용자 친화적인 플랫폼이어야 한다. 둘째, 콘텐츠는 각기 다른 세대의 직원과 다양한 종류의 학습자에게 통할 수 있는 방식으로 설계되고 전달되어야 한다. 셋째, 기업 리더가 개발에 참여해야 하며, 콘텐츠 전달에도 일부 참여한다면 더욱 이상적이다. 마지막으로, 직원 참여도를 확인할 수 있는 도구가 관리자에게 제공되어야 한다.

고등교육 외부에서 등장하는 새로운 모델들

2008년에, 초창기 MOOC라고도 간주하는 독특한 형태의 교육법이 실험되기 시작하였다. 이는 곧 학습자에게 굉장히 유의미하다고 알려졌다. 이어서 2012년에는 대학들이 MOOC 전달 모델을 활용할 방법을 탐구하기 시작하면서 MOOC는 성장기를 맞게 되었다.

오늘날에는 고등교육 외부의 수많은 분야에서 학습 전달의 새로운 모델이 나타나면서 MOOC의 진화를 가속하고 있다. Erin Carson(2014)이 지적한 것처럼 "유명한 MOOC 플랫폼뿐만 아니라, 기업들은 MOOC의 아이디어와 구조를 빌려 자기만의 MOOC를 만들어 대내외로 활용한다." Carson(2014)은 그 예로 특정한 직업 훈련에 관한 MOOC를 만드는 기업 교육의 새로운 흐름이 앞으로 조직 내적으로 직원들을 더욱 효과적으로 개발할 것이라고 믿는 SAP의 최고학습책임자인 Jenny Dearborn을 인용한다. Carson(2014)은 또한 SAP 팀에서 개발하고 시행한 MOOC들이 제품 이해, 소프트 기술, 리더십 개발 등 다양한 주제를 다룬다는 점에 주목하였다.

SAP을 비롯한 독일 기업들만 산업용으로 MOOC를 사용하는 것이 아니다. 캐나다에 본사가 있는 통신 회사 TELUS도 직원 연수에 MOOC를 활용하는 여러 기업 중 하나이다. 2011년 2월에 TELUS는 4만 명의 전 직원이 모두 참여하는 6주차 프로그램을 실행하였다. 이 MOOC는 영상, 웹캐스트 및 각종 소셜 미디어를 망라하는 고수준의 미디어 콘텐츠를 활용하였다(Nielsen, 2013). TELUS의 학습협력부장(Head of Learning and Collaboration)인 Dan Pontefract는 이런 노력의 방증으로 이렇게 말한다. "우리는 MOOC를 두려워하지 않는다. 대학에서 Coursera, Udacity, edX 같은 것이 통하듯이 기업에서도 통한다는 것을 보여주려고 한다."(Nielsen, 2013). Pontefract만 그렇게 생각하는 것이 아니다. 2013년 가을, 뉴욕타임즈에 MOOC를 증기선에 비유한 기사가 실렸다(Clayton Christensen and Michael Horn, 2013). 기술의 활용이 계속 교육과 평생 학습에 미치는 영향을, 증기선이 교통의 발달과 물리적 여행의 한계 확장에 미친 영향에 빗댈 수 있다.

2012년에는 많은 언론 매체가 2012년을 MOOC의 해라고 하였다(Pappano, 2012). 고등교육기관들은 새로운 청중에게 새로운 방식으로 접근하기 위하여 MOOC를 활용했고, 그중에는 새로운 전달 메커니즘을 각자 온라인 학습 플랫폼에 접목하는 기관도 많았다. 2년이 지난 현재, 2014년은 기업 MOOC의 해로 불린다. 비즈니스 리더를 비롯한 많은 사람은 기업이 곧 MOOC를 혁신하고 새로운 학습 플랫폼으로 발전시켜서 기업 학습 기회를 개선할 것으로 예측한다. 직원 참여도의 증가가 그 결과로 기대된다. 물론 더 효과적인 새로운 연수 기법들도 개발될 것이다. 기업들은 MOOC를 더욱 많이 활용하고, 직원들은 고용과 연계된 인증 프로그램과 특정 기술에 관한 MOOC에 더욱 많이 참여할 것으로 기대된다(Bersin, 2014).

McAfee Corporation의 기업 연수 모델을 재창조하기 위한 MOOC 활용에 관한 보고서는 초기 연수에 MOOC를 이용한 결과 기업으로서는 시간을 크게 아꼈을 뿐만 아니라 영업 인력의 수익성 또한 증가했음을 보여준다(Meister, 2013). 이런 식으로 MOOC를 활용하는 것은 오늘날의 경제 구조와 취업 시장이 요구하는 인적 재능을 계발하기 위하여 다양한 MOOC 모델을 적용·변용하는 등 기업이 혁신하는 데에 큰 영향을 미친다.

도서관이나 기타 지원 센터에 설치된 학습 허브의 출현은 학생들이 실제로 모여서 그룹 학습과 토의에 참여할 수 있게 하였다(Coursera, 2014). Coursera와 미국 국무부는 세계 각지의 허브에서 학생들에게 개인 교습을 비롯한 서비스를 제공한다. 이런 학습 허브는 학생들에게 실질적으로 MOOC를 "블렌디드 러닝(blended learning)" 경험으로 변화시킨다. 이 독특한 정부-기업 간 협력 사업은 MOOC가 전통적인 대학 모델 외부에서 발전하는 다양한 모습 중 하나에 불과하다.

MOOC의 개념과 모델 그리고 적용은 계속해서 새로 생겨나고 발전한다. 이 책이 출판되는 시점에도 초기 MOOC의 연구와 경험을 토대로 새로운 MOOC 모델이 끊임없이 설계되고 시도될 것이다. MOOC를 둘러싼 혁신과 창조는 교육자와 학습자 모두에게 크나큰 소득으로 이어질 것으로 기대한다.

Ray Schroeder | 일리노이대학교 스프링필드 캠퍼스의 온라인 학습 부총장보이다. University Continuing and Professional Education Association(UPCEA)의 Center for Online Leadership and Strategy 소장을 맡고 있다. Ray는 지난 10년에 걸쳐 인기 블로그 "온라인 학습 동향과 교육공학"을 운영해왔다. Sloan Consortium이 수여하는 최고 영예의 개인상인 A. Frank Mayadas Leadership Award의 제1회 수상자(2010년)이다. 2011년 University of Illinois Distinguished Service Award를 받았다. Ray Schroeder는 Sloan Consortium의 창립 회원이며, 2012년 UPCEA에 의해 디지털 학습 분야 혁신회원(Innovation Fellow)으로 선정되었다. 연락처는 Schroeder.ray@uis.edu이다.

Vickie S. Cook | 일리노이대학교 스프링필드 캠퍼스의 Center for Online Learning, Research, and Service 소장이다. Department of Educational Leadership의 연구 부교수를 겸하고 있다. 온라인 학습에서의 리더십을 중점적으로 연구한다. 연락처는 cook.vickie@uis.edu이다.

Carrie Levin | 2005년부터 온라인 학습 분야에 종사하였다. 일리노이대학교 스프링필드 캠퍼스의 Center for Online Learning, Research, and Service(COLRS) 부소장이다. 온라인 학습의 다양한 분야에 관한 워크숍과 연수를 진행하였다. 다수의 프로시딩, 논문, 저널 기사를 단독·공동 저술하였다. UIUC에서 연극 전공으로 예술학사 학위를, 컬럼비아칼리지에서 무용 운동 치료/상담으로 석사 학위를 받았다. 일리노이대학교 스프링필드 캠퍼스 컴퓨터과학과의 외래 교수로 재직 중이다.

Michele Gribbins | 일리노이대학교 스프링필드 캠퍼스의 Center for Online Learning, Research, and Service에서 온라인 학습 및 교원 개발 연구원으로 근무하고 있다. 같은 학교의 경영정보시스템학과에 외래 교수로 있다. 온라인 학습 및 정보 시스템 분야에서 다수의 전미·국제 컨퍼런스에서 강연하였다. 그의 연구는 Journal of Information Technology, Communications of the Association for Information Systems, Electronic Markets, International Journal of Management Theory and Practices 등에 게재되었다.

참고문헌

Abbasi, S. (2014, May 29). The business benefits of adopting a corporate MOOC in your organization. *Udemy for Organizations*. Retrieved from http://www.udemy.com/organizations/blog/2014/05/29/the-business-benefits-of-adopting-a-corporate-mooc-in-your-organization/.

Baird, A. (2013, November 14). Introducing a new way to add certifications to your LinkedIn profile. *LinkedIn Blog*. Retrieved from http://blog.linkedin.com/2013/11/14/introducing-a-new-way-to-add-certifications-to-your-linkedin-profile/.

Bersin, J. (2013, November 30). The MOOC martketplace takes off. *Forbes*. Retrieved from http://www.forbes.com/sites/joshbersin/2013/11/30/the-mooc-marketplace-takes-off/.

Bersin, J. (2014, February 4). Spending on corporate training soars: Employee capabilities now a priority. *Forbes*. Retrieved from http://www.forbes.com/sites/joshbersin/2014/02/04/the-recovery-arrives-corporate-training-spend-skyrockets/.

Blair, A. (2010). In from the margins: The essential role of faculty in transforming a professional studies unit into an academic department. *Journal of Continuing Higher Education*, *58*(1), 31–9.

Carson, E. (2014, June 20). How MOOCs are flattening corporate training and education. *TechRepublic*. from http://www.techrepublic.com/article/how-moocs-are-flattening-corporate-training-and-education/.

Christensen, C., & Horn, M. (2011, July/August). College in crisis: Disruptive change comes to American higher education. *Harvard Magazine*. Retrieved from: http://harvardmagazine.com/2011/07/colleges-in-crisis.

Christensen, C.M., & Horn, M.B. (2013, November 1). Innovation imperative: Change everything. *New York Times*. Retrieved http://www.nytimes.com/2013/11/03/education/edlife/online-education-as-an-agent-of-transformation.html?_r=0.

Coursera. (2014). *Coursera learning hubs*. Retrieved from http://www.coursera.org/about/programs/learningHubs.

Downes, S. (2012). *Connectivism and connective knowledge: Essays on meaning and learning networks*. Retrieved from http://www.downes.ca/files/books/Connective_Knowledge-19May2012.pdf.

eduMOOC OERu Planning Group. (2013). WikiEducator. Retrieved from http://wikieducator.org/OERu/eduMOOC_planning_group/MOOC_comparison.

Hughes, S. (2013a, December 23). Seven ways to corporate MOOC. *Udemy for Organizations*. Retrieved from http://www.udemy.com/organizations/blog/2013/12/23/seven-ways-to-corporate-mooc/.

Hughes, S. (2013b, June 24). What are the lessons of massive open online courses (MOOCs) for corporate learning and training? *Udemy for Organizations*. Retrieved from http://www.udemy.com/organizations/blog/2013/06/24/what-are-the-lessons-of-massive-open-online-courses-moocs-for-corporate-learning-and-training/.

McGinn, T., Caicedo, A., Weaver, J., Ritter, S., & Chin, S. (2014). Oracle massive open online course: Develop Java embedded applications using a Raspberry Pi. *Oracle Learning Library*. Retrieved from https://apex.oracle.com/pls/apex/f?p=44785:145: 0::::P145_EVENT_ID,P145_PREV_PAGE:861,143.

Meister,J. (2013, August 13). How MOOCs will revolutionize corporate learning and development. *Forbes*. Retrieved from http://www.forbes.com/sites/jeannemeister/2013/08/13/how-moocs-will-revolutionize-corporate-learning-development/.

Nielsen, B. (2013, April 29). MOOCs: From the classroom to the conference room. *Your Training Edge*. Retrieved from http://www.yourtrainingedge.com/moocs-from-the-classroom-to-the-conference-room/.

Oshita, Y. (2012). Committed to continuing higher education in the workplace. *The Evolllution*. Retrieved from http://www.evolllution.com/corporate_partnerships/committing-to-continuing-higher-education-in-the-workplace/.

Pappano, L. (2012, November 2). The year of the MOOC. *New York Times*. Retrieved from http://www.nytimes.com/2012/11/04/education/edlife/massive-open-online-courses-are-multiplying-at-a-rapid-pace.html?pagewanted=all&_r=0.

Parry, M. (2011, June 21). U. of Illinois at Springfeld offers new 'Massive Open Online Course'. *Chronicle of Higher Education*. Retrieved from http://chronicle.com/blogs/wiredcampus/u-of-illinois-at-springfield-offers-new-massive-open-online-course/31853-http://chronicle.

com/blogs/wiredcampus/u-of-illinois-at-spring-field-offers-new-massive-open-online-course/31853.

Ross-Grodon, J. M. (2011). Research on adult learners: Supporting the needs of a student populations that is no longer nontraditional. *Peer Review*, *13*(1), 26–9.

Siemens, G. (2005). Connectivism: Learning as network-creation. *ASTD: eLearnSpace*, 1–28.

Udacity. (2014). *Nanodegrees: A new kind of credential for jobs in technology—Udacity*. Retrieved from http://www.udacity.com/nanodegrees.

Yeager, C., Betty, H.-D., & Bliss, C.A. (2013). cMOOCs and global learning: An authentic alternative. *Journal of Asynchronous Learning Networks*, *17*(2), 133–47. Retrieved from http://onlinelearningconsortium.org/jaln/v17n2/cmoocs-and-global-learning-authentic-alternative.

PART
8 미래 예측과 열린 선택

지난 몇 십 년 동안 학습공학과 개방교육의 혁명을 지켜봐왔던 사람이라면 누구라도 다음에 어떤 일이 일어날지를 추측하는 것은 매우 힘든 일이라는 것을 기꺼이 인정할 것이다. 종종 교육선상의 기술과 기회에 대한 이러한 예측과 선언들은 실제 발생하는 것보다 극도로 보수적이다. 물론 그 반대의 현상으로 예전에는 보고 듣지 못했던 과감한 것들을 주장하는 경우도 있다.

우리가 알고 있는 것은 공개 온라인 교육이 미래에는 현재보다 더 많은 수의 사람들에게 학습을 제공하는 새로운 형태로 진화한다는 것이다. MOOC와 다른 MOOC와 비슷한 파생물(derivative), 아이디어, 형태들은 과거에는 교육 기회를 얻지 못하던 수백만 이들에게 개방교육 접근 기회를 제공하는 매우 중요한 역할을 하게 될 것이다. 동시에, 일류 대학들에서 MOOC를 제공하는 현상에서 볼 수 있듯이, 이 새로운 개방 형태의 원격교육은 전통적인 교육을 재구축하거나 적어도 증대시킴에 있어 중대한 역할을 할 것이다. 이러한 현상이 발생함에 따라, MOOC와 개방교육에 대한 정책, 질적 기준, 사용과 수용의 전반적 수준이 향후 몇 년간 진화할 것이다. 평생학습은 더 이상 단순한 구호나 목표가 아니다; 평생학습은 지구상의 모든 인간에게 연속적이고(seamless) 편재한 (ubiquitous) 부분이 될 것이다.

26장에서, 호주 남부 퀸즈랜드 대학교, Australian Digital Futures Institute(ADFI)의 Michael Keppell은 모호한 학습선상의 "혼돈"적 상황을 다루기 위해 필요한 학습자의 지식, 기술, 태도에 초점을 두었다. 그가 지적한 바와 같이, 미래 학습에서는 탄력적으로 맞춤형 학습자들이 평생학습자로서의 역할을 하며, 매일 직면하는 문제, 이슈, 도전에 관한 해결책을 찾고자 할 것이다. 개별화된 학습자들은 다음의 6개 차원을 둘러싸는 툴킷을 필요로 할 것이다: (1) 디지털 리터러시, (2) 끊임없는 학습(seamless learning), (3) 자기규제 학습, (4) 학습위주 평가, (5) 평생학습, (6) 유연한 학습경로이다. Keppell에 의하면, 학습자들은 이러한 툴킷을 통해 갈수록 더 디지털화되고 연결되며 모호해지는 학습의 복잡성을 해결해나갈 수 있다. 이 장에서 Keppell은 미래의 평생 맞춤 학습을 위한 지침으로써, 6개 차원을 하나씩 설명하고, 그리고 각 차원의 3단계 진행과정을 설명한다. 이는 갈수록 기술적이고 개방적으로 변해가는 학습의 미래를 상상하기에 매우 유용한 렌즈를 제공한다.

다음 장에서, 캐나다의 Rita Kop과 Hélène Fournier는 MOOC가 "지식공유제(Knowledge Commons)"에 완벽하게 기여한다고 주장한다. 그림 27.1은 "지식공유제"에 대한 저자의 생각을 시각화하여 보여준다. Kop과 Fournier에 따르면, MOOC는 형식적 학습과 비형식적 학습이 만나는 교차지점에 존재하며, 참여자들이 지식공유제에 기여할 수 있는 개방 네트워크 학습의 중요한 예이다. 그러나 모든 것이 장밋빛인 것은 아니다. 이 책의 1장에서 David Wiley가 논했듯이, Kop과 Fournier 또한 MOOC가 완전히 개방된 것이 아니라고 주장한다. 게다가 최근 교육계가 학습자 중심 수업으로 전환하고 있음에도 불구하고, 대부분의 MOOC 참여자들이 디지털 창작물의 창조 같은 능동학습이 전형적으로 느끼는 학습경험이거나 활동의 핵심은 아니라는 것에 대한 우려가 존재한다. 설상가상으로, 많은 MOOC 개발자들은 더 나은 학습 과정을 위해 사람 중심과 연결주의적(connectivist) 기술보다는 데이터 중심 기술을 사용한다. 이러한 데이터 중심 및 하향식(top-down) 접근방식은 개발자들이 모든 이에게 정보와 지식의 개방적 공유를 증대시키기 위한 학습 환경을 개발하고자 할 때 커다란 문제가 된다. 이에 대응하여, Kop과 Fournier는 개방되고 네트워크화된 학습과 MOOC에 관한 문헌을 통해 현재 MOOC의 단점에 대한 몇 가지의 해결책을 제안한다.

28장에서는 영국의 Rebecca Ferguson, Mike Sharples, Russell Beale이 2030년의 미래를 예견한다. 저자는 온라인 대중 공개강좌에 대한 지금의 상상을 현실로 발전시킬 수 있는 몇 가지 방법을 제안한다. 이들의 비전은 기술, 사람, 실습을 연결시키는 시스템인 "기술 강화 학습 집합체(Technology-Enhanced Learning Complex)"의 형태로 이루어진다. 퓨처런(FutureLearn)은 이러한 신념과 미션을 통해 나타난다. 이러한 미래 전망에 도달하기 위해서, 이번 장에서는 교수방법, 기술, MOOC가 번창하기 위해 필요한 더 넓은 환경의 변화에 대해 생각해본다. 저자는 MOOC에 의해 발전된 시스템이 2030년까지 수백만의 디지털 시민들을 교육시킴으로써 사회의 필요를 충족시킬 것이라고 주장한다. 만약 이러한 일이 일어난다면, 위와 같은 시스템은 전 세계의 사람들이 대규모로 학습의 혜택을 누리도록 교육에 대한 접근이 가능해질 것이다. 이러한 일이 가능하도록 하기 위해 MOOC 제공자들, 정책입안자들, 교육자들은 모두 이러한 미래 전망을 가슴에 품고 나아가야 한다. 사실상, 학습을 증진시키는 동안 MOOC가 진정으로 교육을 개방시키고 향상시키기 위해서는, 2030년까지의 교수방법이 향후 부각되는 교육의 새로운 역할을 인지하고 완전히 새로운 집단의 학습자들을 고려해야 할 것이다. 이러한 교수방법들은 혁신적인 방법을 학습 설계에 활용해야 하며, 이는 MOOC 또는 다른 스케일의 학습전달 방식이 될 수도 있다.

이 책의 마지막 장인 29장에서 이 책의 네 명의 편집자들이 MOOC와 세계의 개방교육에 관해 이 책이 담고 있는 여러 가지 의견과 아이디어들을 재정리한다. 이러한 노력의 일환으로, 우리는 MOOC가 현재 사용되고 있는 여러 가지 방법에 대한 리뷰를 포함하여 MOOC와 OER에 관련된 주제에 대한 개요를 제시한다. 이 책에서 발견할 수 있는 독특한 의견과 잠재적 독자층 및 가치에 대한 토론도 있다. 이 장의 마지막 부분에서는 점점 더 증가하는 개방교육 세계의 미래 학습에 대해 간단히 살펴본다. 우리는 이 새로운 세대의 학습에 각각에게 많은 "열린 선택(open options)"이 있을 것이라고 추측한다. 끝맺음에서는, 우리는 이 책이 개방, 온라인, 블렌디드 러닝(MOOC, OCW, OER을 포함)에 이미 참여하고 있는 호기심 많으며, 비형식적이고, 비전통적인 학습자들뿐만 아니라 교육에서 소외되고, 혜택받지 못하며, 위험에 노출된 전 세계의 학습자들에게도 도움이 되길 바란다. 이러한 소외된 학습자들은 새로운 기술, 경쟁력, 교육 기회가 절실하며, 이는 MOOC와 개방교육 및 앞으로 10년 내에 발달할 다른 형태의 원격교육을 통해 제공될 수 있을 것이다.

26

학습의 미래

개방 세계에서의 맞춤형 학습

Michael Keppell

서론

이번 장에서 나는 미래 학습의 주요 개념을 검토해볼 것이다. 나는 애매모호한 교육선상의 "혼돈"을 탐험하는 학습자의 지식, 기술, 태도에 초점을 둘 것이다. 토론의 일환으로, 나는 그들이 탄성 있는 학습자로서 빠르게 변화하는 세계에서 발전하기 위해 지식, 기술, 태도를 지속적으로 개선하는 방법을 설명할 것이다.

이 학습 미래에서, 탄성 있는 맞춤화된 학습자들은 매일 문제와 이슈, 도전에 적응하고 해결책을 찾아야 한다. 미래는 학습자들이 평생학습자가 되기를 요구할 것이며, 이 변화하는 세계 속에서 학습할 수 있는 능력이 발전을 위한 필수적인 생존 기술이 될 것이다. 탄성 있고 적응성 있는 학습자들은 미래 학습의 "표준"이 될 것이며, 특히 개방교육은 고등교육에서 만족스럽고 성공가능한 학습으로서 널리 퍼질 것이다. 이번 장은 맞춤형 학습에 대한 정의로 시작하여 개방 세계에서 맞춤형 학습의 로드맵을 검토할 것이다.

맞춤형 학습의 정의

나는 맞춤형 학습을 학습자가 학습을 계속 수행할 수 있도록 하는 촉매로서 학습과 행동을 가능하게 하는 지식, 기술, 태도라고 정의한다.

이 정의에서, 지식은 현재 공동 제작되고, 네트워크를 통해 전파되며, 맞춤화되었다. 지식은 "세계의 어떤 부분을 설명하는 것"과 "어떤 종류의 행동에 사용되는 것"을 묘사하는 것에서 생태계와 네트워크에 관련한 것으로 변화되었다(Siemens, 2006, p.vi). 기술은 특정 과제의 수행을 가능케 하는 반면, 태도는 신념과 행동에 영향을 미친다. 지식, 기술, 태도는 함께 모여서 학습자들의 학습능력을 가능케 하거나 제한할 수 있다. 게다가 맞춤형 학습에 관한 지식, 기술, 태도의 특정 범위에 초점을 맞춤으로써, 우리는 학습자가 학습을 계속할 수 있도록 독려하고 힘을 실어줄 수 있다.

맞춤형 학습은 더 이상 학습자가 지금 무엇을 아는가에 대한 것이 아니라, 학습자가 어떻게 더 학습할 수 있는지에 관한 것이다. 나는 우리가 끊임없는(unceasing) 학습자가 되고, 지식을 적용할 때 피드포워드(feed-forward)로 받은 피드백에 따라 행동하는 미래를 상상한다. 학습자들은 "고정된 사고방식"에 반대되는 개념으로 "성장 사고방식"을 가질 필요가 있다(Dweck, 2006). 학습자가 성장 사고방식을 가질 때, 이들은 도전을 찾아나서며 이를 즐긴다. 이들은 학습의 주요 열쇠인 목적의식이 분명한 학습참여를 보인다. 성장 사고방식 학습자들은 노력과 자신의 한계를 극복하고자 하는 열정으로 발전한다(Dweck, 2006). 그러나 "성장 사고방식 학습자들" 또한 점점 더 디지털화되고, 연결되고, 모호해지는 학습선상의 복잡한 문제들을 해결하기 위한 툴킷이 필요하다. 이 툴킷은 디지털 리터러시, 끊임없는 학습, 자기조절학습, 학습위주 평가, 평생학습/전 생애적 학습, 유연한 학습경로를 포함한다.

맞춤형 학습의 로드맵

최근 나는 고등교육을 위한 맞춤형 학습 전략과 학습자들이 학습 과정에서 자신들의 실제와 가상 학습 공간을 개조하고 맞춤화시키는 방법에 대해 저술하였다(Keppell, 2014). 이 장에서, 나는 맞춤형 학습자에 의해 채택되고 사용되는 학습 공간 설계에 관한 7가지 원리를 제시한다. 여기서 나는 6가지 관점에 걸쳐 맞춤형 학습에 관한 로드맵을 규정한다: (1) 디지털 리터러시, (2) 끊임없는 학습, (3) 자기조절학습, (4) 학습위주 평가, (5) 평생학습, (6) 학습경로. 표 26.1에서 설명한 바와 같이, 각각의 관점은 평생 맞춤형 학습자들을 위한 세 단계의 발달을 포함하고 있다. 이 로드맵은 맞춤화된 학습자의 성장과 진행으로, 미래에 적용할 수 있는 프레임워크를 제시한다.

이제 나는 맞춤화된 학습의 6가지 관점과 3개 단계를 통해 이뤄지는 발달에 대해 설명하고자 한다.

1. 디지털 리터러시

맞춤형 학습의 첫번째 관점은 디지털 리터러시 영역이다. 디지털 리터러시는 개인이 디지털 세대에서 효율적으로 배우고, 일하고, 살고, 즐기며, 상호작용할 수 있게 하는 지식, 기술, 태도를 포함한다(Johnson, Adams, Cummins & Estrada, 2012). 나는 '읽고 쓰는 능력(literacy)'에 반대되는 개념으로 '활용능력들(literacies)'이라는 복수 형태의 표현을 사용하는데, 이는 다른 인지적 기술과 의미 생성을 포함해서 다른 리터러시 능력들을 통합하기 위한 프레임워크를 제공하기 때문이다(Lankshear & Knobel, 2008). 게다가 '디지털을 활용하는 능력'에 주목하는 것은 매우 중요하다(Martin, 2008, p.156). 이러한 활용능력의 범위는 "실용적인 것"(예: 단순 기술)에서부터 특정 맥락에서의 "사회적 참여"(예: 사회문화적 관습), 그리고 생각의 "변화"와 학습자의 "역량증진(empowerment)"까지를 포함한다(Belisle, 2006; Martin, 2008).

표 26.1 맞춤형 학습의 단계

맞춤형 학습	1단계	2단계	3단계
1. 디지털 리터러시	**디지털 능력** 디지털 리터러시의 전조 (Martin, 2008) 디지털 도구와 장비들을 사용하는 방법 알기. 컴퓨터, 태블릿, 스마트폰, 문서 작성 또는 인터넷 검색을 포함한다.	**디지털 능숙도** 학습, 교수, 실제에 있어 특정 목적으로 지식과 기술을 적용하기 위한 디지털 테크놀로지 사용의 편안함. Beethan(2010)은 디지털 테크놀로지의 개인적, 학술적, 전문적 사용에 초점을 두었다; 예를 들어, 문제 해결을 위한 해결책의 개발.	**디지털 디자인** 능력과 능숙도를 포함하며 '디자이너로서의 학습자'의 개념을 검토. 학습자 제작 콘텐츠가 미디어 디자인에 포함될 수 있다; 예: 비디오. 학습자 제작 콘텐츠는 개방교육의 실행가능한 자원이다.
2. 끊임없는 학습	**캠퍼스 내** 학습자는 캠퍼스내의 형식적, 비형식적 학습공간(예: 교실 혹은 카페)에서의 학습에 편안함을 느낀다.	**가상 캠퍼스** 학습자는 온라인 학습, 블렌디드 학습, 소셜 미디어에 편안함을 느낀다.	**어디에서나** 학습자는 어디에서나(예: 기차, 카페, 재택근무 공간) 학습하기에 편안함을 느낀다; 학습자는 학습공간 리터러시가 요구된다(Keppell, 2014).
3. 자기조절 학습	**스캐폴딩된(scaffolded) 학습자** 교사는 스캐폴딩과 학습자에게 학습을 위임함으로써 자기조절학습을 지원한다. 교사는 학생들에게 스스로의 학습에 대한 권한을 준다. 학습자들은 학습목표를 설정하기 시작한다.	**전략적 학습자** 학습자들은 자신의 학습을 스스로 관리하기 시작한다. 학습자들은 학습 향상을 위한 전략을 적용한다.	**자율적 학습자** 학습자들은 학습 과제의 성과를 평가하고 자신들의 학습에 적용시킬 수 있다. 학습자들은 학습 필요에 따라 전략적 결정을 한다. 학습자들은 자주적인 학습자가 된다.
4. 학습위주 평가	**실제상황(authentic) 평가** 교사는 스캐폴딩을 통해 실제상황 평가를 지원한다. 학습자들은 실제상황 평가에 참여한다.	**협상된 평가** 학습자는 교사와 평가를 협상한다. 학습자들은 동료평가 활동 혹은 그룹워크에서의 동료평가 역할을 협상한다.	**자기평가** '피드포워드로서의 피드백'에 따라 행동하기. 학습자가 제출형식(예: 글로 쓴 형태, 미디어 등) 선택.

맞춤형 학습	1단계	2단계	3단계
5. 평생학습	**단기간** 현재의 강좌에 초점을 둔다. 교사는 미래 직업과 학습의 연결성을 제공한다.	**미래 지향** 미래 직업과 개별 학습과정을 연결한다. 지식의 공백을 발견하고 이를 위한 학습을 시작한다.	**학습자 되기** 학습이 관행이 된다. 전 생애적 학습이 강조된다.
6. 학습경로	**규정된** 학습자는 규정된 학습 경로를 따른다.	**유연한** 학습자가 강좌를 선택할 수 있다.	**개방교육** 학습자가 학습 필요에 맞춘 학습 경로를 자유롭게 만든다.

1단계: 디지털 능력

Martin(2008)은 디지털 능력을 디지털 리터러시의 전조(precursor)로 묘사했다. 그는 학습자가 디지털 환경을 접하기 이전에 지식을 학습 환경에 적용하기 위한 디지털 도구와 장치들의 사용 방법을 알 필요가 있다고 제시한다. 예를 들어, 학습자는 컴퓨터, 태블릿, 스마트폰을 사용하기 위해서 기본적 기술과 능력이 필요할 것이다. 게다가 학습자는 디지털 환경에서 경쟁력을 갖기 위해 워드 프로세싱, 스프레드시트, 프레젠테이션 소프트웨어, 인터넷 검색과 같은 소프트웨어에 대해 학습할 필요가 있다.

2단계: 디지털 능숙도

나는 디지털 능숙도를 맞춤형 학습자를 위한 디지털 리터러시 학습의 다음 단계로 꼽는다. "능숙도"라는 개념은 학습, 교수, 실제의 특정 목적으로 지식과 기술로 전환하여 사용되는 디지털 기술에 대한 친숙함과 편안함을 뜻한다. Beetham(2010)은 디지털 기술의 개인적, 학술적, 전문적 사용에 주목하였다. 이렇게 맥락에 주목함으로써, 학습자는 특정 학습 상황에서 해결 방안을 제시하거나 문제를 해결할 수 있다.

3단계: 디지털 디자인

디지털 디자인은 경쟁력과 능숙도를 포함하며 "디자이너-제작자로서의 학습자 모델"의 개념을 말한다(Lockyer & Kerr, 2000). 학습자가 디지털 자원의 디자인과 제작에 관여할 때, 디지털 리터러시를 사용하여 새로운 가공품과 지식을 창조하는 것과 깊게 연관될 것이다. 사용자 제작 학습은 분류 및 큐레이션, 성찰, 창조와 종종 연관된다(Swanson, 2013). 이런 학습자 제작 콘텐츠는 비디오와 같이 개방교육을 위한 공개교육자원 미디어의 설계를 포함한다.

2. 끊임없는 학습

Conole(2014)은 우리가 3세대 학습 환경에 진입하고 있다고 주장한다. Conole은 우리가 가상 학습 환경에서부터 개인적 학습 환경을 지나서 "사물인터넷"과 끊김 없는 학습을 포함하는 세 번째 단계로 이동했다고 제안한다. 끊김 없는 학습은 "상황, 기술, 활동과 아울러 학습을 연결"하는 것이다(Sharples et al., 2012, 2013). Kuh(1996)는 '끊임없는(seamless)'이라는 단어는 한때 분리되고 별개의 것이라고 믿었던 부분(예: 교실 안과 교실 밖, 학문적인 것과 비학문적인 것, 교육과정과 비교육과정, 혹은 캠퍼스 내와 캠퍼스 밖의 경험)이 지금은 하나의 완전한 형태 혹은 끊임없이 이어지는 형태로 결합된 것을 뜻한다"(p. 136)고 주장하였다.

1단계: 캠퍼스 내 학습

전통적인 캠퍼스 내 학습은 학습자가 형식적 학습 공간(강의실, 교습실, 연구실)뿐만 아니라 비형식적 학습공간(도서관, 학습공유공간, 카페, 기타 학습할 수 있는 장소)에 있는 것을 뜻한다. 학습자는 이러한 환경에서 랩톱 컴퓨터, 태블릿, 스마트폰 기술을 사용할 수 있다. 이는 대부분 캠퍼스 기반의 경험으로 대표된다.

2단계: 가상 캠퍼스 학습

이 단계에서 맞춤형 학습자는 가상 캠퍼스를 통해 학습하는 것에 익숙해지며, 학습자가 콘텐츠에 접속하고, 토론장에서 상호작용하고, 온라인 과제를 완수함으로써 온라인 환경에 참여하는 것을 필요로 하는 블렌디드 러닝식 접근을 포함할 수 있다. 면대면 학습과 온라인 학습의 경계의 모호함은 대학의 학습자와 교수 모두에게 중대한 변화가 된다. 이는 면대면 상호작용에 충실함을 잃지 않으면서도 유연한 학습, 교수, 평가 선택을 원하는 학습자들에게도 영향을 미칠 것이다. 학습자는 또한 전적으로 온라인 강좌를 들을 수 있고 가상 캠퍼스에서 상호작용하기 위해서 소셜 미디어를 활용할 수 있다.

3단계: 어디에서나 학습

어디에서나 학습은 맞춤형 학습자가 언제 어디서나 편안히 학습할 수 있음을 뜻한다. 이런 학습자는 형식적 및 비형식적 공간과 온라인 학습 환경을 포함하여 다양한 학습공간에서 편안하게 상호작용할 수 있다. 기차, 카페, 재택근무 공간에서와 같이 이동 중에도 학습이 가능하다. Bonk(2009)는 "지역 학교, 대학교, 종합대학교, 또는 정부나 기업 연수 센터로 향하는 길은 실제의 포장된 도로를 통해서가 아니다; 이제 우리의 학습 여정은 해외로 향하는 비행기, 산꼭대기, 그랜드 캐니언의 골짜기, 바다 얼음 위에 서 있을 때에도 이루어진다. 세계는 바다, 땅, 얼음 풍경뿐 아니라 수백만 마일 위 혹은 그 너머에서 날고 있는 우주선에서도 활짝 열려 있다."고 했다.

이러한 더 개방된 교육 세계의 학습자들은 다양한 기술과 학습을 연결시키는 것이 쉽다. 학습자들은 역량강화를 위해 학습공간 활용능력에 대한 지식이 필요하다(Keppell, 2014). 유연한 학습은 학생들로 하여금 시간, 속도, 공간(실제, 가상, 캠퍼스 내, 캠퍼스 밖 등), 학습방식(인쇄형식, 면대면, 블렌디드, 온라인 등), 평가 및 훈련 형식에 유연하게 학습 경험을 증진시킬 수 있는 기회를 제공한다. 이로써 미디어, 환경, 학습공간, 학습기술 및 교육을 폭넓게 이용할 수 있다. 그러나 끊임없는 학습은 학습자가 자신의 학습 여정에 책임을 져야 한다. 자기조절학습은 우리가 맞춤형 학습의 학습자들의 역할로 살펴볼 다음 주제이다.

3. 자기조절학습

"자기조절학습은 학생들이 학습여정을 성공적으로 완수하기 위해 생각, 행동, 감정을 다루는 것을 도와주는 과정이다"(Zumbrunn, Tadlock, & Roberts, 2011, p. 4). 여기에는 (1) 사전숙고와 계획, (2) 실행과 모니터링, (3) 성찰의 세 가지 단계가 있다. 여기서 학습자는 자신의 학습에 대해 주체성을 가져야 한다. 자기조절학습에서 학생들이 자주적인 학습자가 되도록 장려하기 위해 멘토 역할의 교사와 스캐폴딩 학습을 요구하는 맞춤형 학습이 필수적 요소이다.

1단계: 학습자 스캐폴딩

이 단계에서 학습자는 교사로부터 자기조절학습 전략에 대해 조언을 받을 필요가 있다. 교사는 학습자에게 스캐폴딩과 학습양도를 통해 자기조절학습을 지원한다. 스캐폴딩은 심화학습과 개인적 지원을 통해 학습자가 목표를 달성하도록 독려하는 것과 관련되어 있다. 이러한 노력의 일환으로, 교사는 학습자들이 자신의 학습에 주체성을 갖고 학습목표를 설정하도록 도와준다.

2단계: 전략적 학습자

이 단계의 목표는 학습자가 자신의 학습을 다룰 수 있는 전략적 학습자가 되는 것이다. 2단계에서는 주체성, 목표 설정, 수행을 모니터할 필요가 있다. 게다가 학습을 더 높은 단계로 끌어올리기 위해서 전략의 범위를 설정하기 시작한다.

3단계: 자율적 학습자

세 번째 단계에서는, 학습자가 학습과제의 수행을 평가하고 스스로의 학습을 조정할 수 있다. 사실상, 이들은 자신의 학습 필요에 따라 전략 결정을 내리는 성찰 학습자가 된다. 자율적 학습자는 적합한 학습목표를 독립적으로 세우고 자주적인 학습자가 된다. 이들은 목표를 달성하기 위해서 학습 선택을 추구하고 탐색하기도 한다.

4. 학습위주 평가

학습위주 평가는 학습을 평가의 중심에 놓고 평가 설계를 변경하여 학습기능을 강조하는 것이다. 학습위주 평가에는 (1) 학습과제로서의 평가과제, (2) 평가과정에 학생의 참여, (3) 진보적인 피드백의 세 가지 주요 측면이 있다(Carless, Joughin, Liu, & Associates, 2006). 모든 평가는 어떤 형식으로든 학습을 야기하기 때문에, 우리가 가치 있게 생각하고 희망하는 형태의 학습 결과를 만들기 위해서 평가 설계를 주의 깊게 해야 한다(Boud, 1995; Carless, 2007, 2014; Keppell & Carless, 2006). 대부분 종강 후에 학생들이 강좌에 대한 피드백을 제출하는데, 그러면 학습자가 피드백으로 자신의 학습을 향상시킬 수 없기 때문에 나는 이에 대해 특별히 비판적이다(Keppell & Carless, 2006). 평가는 학습자와 관련되어야 하고 실제상황 평가를 통해 학습자 위주의 주제를 해결하는 흥미로운 기회를 제공해야 한다.

1단계: 실제상황 평가

우선적으로, 실제상황 평가는 실제세계 적용에 초점을 두며 학습자가 직접적으로 관련된 문제, 쟁점 등에 관한 것이다. 이 단계에서 평가는 학습 참여자들이 평가의 가치를 볼 수 있는 맥락에서 제공되어야 한다. 효과적인 실행을 위해서, 교사는 학생들의 사전 지식과 관련되고 적용될 수 있는 실제상황 평가 과제를 개발할 필요가 있다

.

2단계: 협상된 평가

이 단계에서는, 맞춤형 학습자가 협상된 평가에 참여한다. 협상은 학습자의 연관성을 최대화하기 위해서 평가 기준 혹은 평가의 공동 설계를 촉진시키는 다른 형태의 모습으로 나타날 수 있다. 공동 프로젝트 혹은 동료평가 활동 안에서, 학습자들은 실제 상호작용에 비추어보는 방법으로 역할을 협상할 필요가 있다.

3단계: 자기평가

이 단계의 맞춤형 학습자는 실행을 성찰하고 "진보적인 피드백(feedback as feed-forward)"을 통해 스스로의 학습을 연출한다(Keppell, 2014). 완료된 자기평가는 학습을 개선시키기 위해 피드백에 따라 행동할 수 있는 능력을 가지고 있다. 형식적 과제로서 학습자는 학습과 평가 목표에 최대한 부합하는 프레젠테이션 매체(예: 문자, 오디오, 비디오, 사진, 블로그 등)를 선택할 책임을 진다. 관행으로서의 자기평가는 학습자가 항상 상호작용에 근거한 피드백에 따른 행동으로 학습하는 것을 뜻한다.

5. 평생학습

맞춤형 학습은 특정 태도와 동기를 필요로 한다. 디지털 세대의 학습자에게 학습을 위해 자기동기화되는 것은 즐거울 뿐만 아니라 필요한 것이다. 환경의 변화와 더 이상 근로자들이 평생 동안 하나의 직업만을 갖지 않는 유동적 고용시장으로 인해 맞춤형 학습자들은 평생학습의 개념을 수용할 필요가 있다. 평생학습자들은 도전을 탐색하고 진보적인 피드백에 따라 행동하는 자기조절학습자들이다.

1단계: 단기간 학습

이 단계에서는 학습자들이 강좌 혹은 학기를 통한 과정의 단기 목표에 집중한다. 교사들은 학생들이 "더 큰 그림"을 볼 수 있도록 일깨워줄 책임이 있다. 교사들에게도 향후의 학습과 미래의 경력을 위한 연관성 있는 학습이 필요하다.

2단계: 미래지향 학습

이 단계에서는 학습자들이 자신의 학습에 책임감을 가지고 현재의 강좌를 미래의 강좌와 연관시키기 시작한다. 이들은 또한 현재 실행하고 있는 것과 미래의 경력에 대한 열망을 연결시키고 이러한 목표를 달성하기 위해 다음에 무엇을 학습해야 할지 검토하기 시작한다. 자신의 학습을 성찰하기 시작함에 따라 지식과의 격차를 깨닫고 이 격차를 다루기 위해 학습을 시작한다. 사실상 그들은 평생학습자가 되는 것이다.

3단계: 학습자 되기

평생학습의 최종 단계는 학습이 습관 혹은 관행이 되는 것이다. 이 종류의 학습자는 하루라도 새로운 것을 배우지 않는 것을 상상조차 할 수 없다. 더욱이 이 종류의 학습자는 편안한 영역 안이 아닌 그 바깥으로 뻗어나가기 위한 전 생애적 학습 경험을 추구한다(Jackson, 2010). 평생학습의 형태는 음악적-율동적, 시각적-공간적, 말-언어, 논리적-수학적, 신체-운동감각, 대인관계적, 내적 경험과 자연주의적 정보와 관련되어 있다(Gardner, 2000). 간단히 말해서, "학습자로서의 존재"가 이 단계의 뚜렷한 특징이다.

6. 학습경로

맞춤형 학습의 차원은 점차적으로 학습자의 학습경로에 대한 통제를 없애는 것이다. 구조화된 학습경로로 시작하여 학습자가 학습목표를 달성하기 위해 조합하는 시대의 도래의 열망을 의미한다. "맞춤형 학습자들은 학습여정의 여러 단계에서 희망하는 경로를 고려하여 지속적으로 학습경로를 개선시킬 필요가 있다"(Keppell, 2014).

1단계: 규정된 학습경로

규정된 학습경로는 이름에서 나타나듯이, 특정한 목표를 위해 미리 계획된 학습이다. 제한적 경로는 학습자들에게 최소의 선택권을 준다. 교사들은 학습자에게 실제상황 평가에서 선택권을 주어야 하며, 자기조절학습을 촉진시켜야 한다.

2단계: 유연한 학습경로

이 단계에서 학습자들은 선택과목 결정에 선택권이 있으며, 미래의 학습 요구사항을 바탕으로 그 선택을 합리적으로 개선한다. 학습자가 평생토록 학습경로를 조정하는 방법을 배우기 위해 자신의 고유한 학습경로를 만드는 것은 필수적이다.

3단계: 개방교육 경로

이 단계에서 학습자는 학습 요구사항에 부합하도록 자유롭게 자신의 고유한 학습경로를 만들 수 있다. 형식적 교육 환경에서, 자유로이 학습경로를 만드는 것은 학습자들이 학습 프로그램에 강의를 구성할 수 있도록 만든다. 게다가 이는 공개교육자원 혹은 소형 강좌의 구성과 연관될 수 있다.

개방교육의 영향

향후 몇 십 년간 고등교육 수요가 크게 증가함에 따라, 맞춤형 학습은 성공적인 미래 학습에서 필수적 요소가 될 것이다. 예를 들어, Gibney(2013)는 2025년까지 고등교육에 9,800만 명의 학생들이 증가할 것이며, "향후 15년 동안 매주마다 30,000명 이상의 학생을 보유한 4개의 주요 대학이 필요할 것이다"라고 예측했다. 이 엄청난 수의 학생들을 수용하기 위해서는 개방교육이 더욱 보급되어야 하고 새로운 자격요건의 개발 및 테스트가 필요하다. 개방교육 컨소시엄은 개방교육이 “학습자의 필요에 빠른 반응을 보이는 교육적 접근을 개발하기 위해 오늘날의 협력정신을 활용하면서 풍부한 개방 자원을 만들기 위해 지식공유의 전통과 21세기의 기술을 결합해야 한다”고 제안하였다(Open Education Consortium, 2015).

공개교육자원 대학교(Open Education Resources university, OERu)는 대학에서 제공되고 있는 강의와 동등한 개방교육 강의에 집중하고 있는 35개 기관의 컨소시엄이다. 강좌는 공개교육자원으로 개발되었으며, 따라서 학습자가 학점을 얻을 수 있는 강좌의 자기주도학습과 형식적 평가를 받을 수 있다(http://wikieducator.org/OERu). OERu는 개방교육이 “적극적인 자기주도 학습 참여자의 양질의 온라인 교육 경험의 결과로, 다양한 공인기관에서 폭 넓은 학문에 걸쳐 학생들이 학점을 얻을 수 있는 실제 기회를 제공해야 한다”(Jim Taylor, Mackintosh에서 인용, 2014)고 제안한다.

결론

이 장에서는 맞춤형 학습의 로드맵에 대해 설명하였다. 21세기의 학습은 점점 형식적 학교 혹은 대학에서 벗어나고 있다; 지금의 새로운 세대에서는 일터, 학교, 지역사회의 넓은 맥락에 걸쳐 학습의 보편성이 존재한다: “후기근대 후의 분산된 사회에 살고 있는 개인의 과제는 의미 창조를 위해 자신의 운명을 관리, 회복, 통제하는 것이다”(Martin, 2008, p.155).

나는 맞춤형 학습자들이 변화하고 모호한 학습 환경에서 학습을 하기 위해 풍부한 범위의 지식, 기술, 태도를 가질 필요가 있다고 주장한다. 학습자들은 끊임없는 학습을 이해하기 위해 디지털 리터러시가 필요하며, 또한 자기조절학습을 통해 스스로의 학습을 인지할 필요가 있다. “디지털 리터러시를 가지는 것은 개인이 점점 불확실한 시대 속에서 자신의 삶의 형태를 유지하는 하나의 수단이다"(Martin, 2008, p.156). 게다가 학습자들은 평가에 관여하고 평생학습을 수용하며, 학습경로를 가질 권리가 있다. 학습자들은 변화하는 학습선상에서 길을 찾기 위해 "혼란을 헤쳐나가는 파일럿"이 되어야 한다.

이번 장에서 설명한 로드맵은 교사와 학습자 둘 다에게 맞춤형 학습을 고취시키는 가이드라인을 제공하는 희망적인 틀이다. 디지털 기술은 이전에는 가능하지 못했던 학습을 가능케 할 수 있다. 그러나 적절한 지식, 기술, 태도가 없다면, 전면적인 참여는 매우 제한적일 것이다.

Michael Keppell | 멜버른의 Swinburne University of Technology의 부총장이다. 그 이전에는 남부 퀸즈랜드 대학 산하의 Australian Digital Futures Institute의 디렉터와 Digital Futures Collaborative Research Network(DF-CRN)의 책임자로 재직했다. 남부 퀸즈랜드 대학의 Regional Universities Network(RUN) 수학과 과학 디지털 교실 프로젝트의 프로젝트 감독을 맡았다. Mike는 호주, 캐나다, 홍콩에서 오랜 기간 동안 고등교육에 몸담아왔다. 그의 연구는 디지털 미래, 학습 공간, 블렌디드 러닝, 학습위주 평가, 실제적 학습, 리더십, 연구 설계를 이용한 전환학습을 주제로 하고 있다. 그는 열렬한 사진작가이며 모험가로, 킬리만자로 산, 케냐 산, 키나발루 산을 등정하였다.

참고문헌

Beetham, H. (2010). *Digital literacy*. Lecture at Greenwich University. Retrieved from http://www.jiscinfonet.ac.uk/infokits/collaborative-tools/digital-literacy.

Belisle, C. (2006). Literacy and the digital knowledge revolution. In A. Martin & D. Madigan (Eds.).

(2006). *Digital literacies for learning* (pp. 51–67), London: Facet.

Bonk, C. J. (2009, October 19). *The wide open learning world: Sea, land, and ice views*. Association for Learning Technology (ALT) Online Newsletter, Issue 17. Retrieved from http://archive.alt.ac.uk/newsletter.alt.ac.uk/newsletter.alt.ac.uk/1h7kpy8fa5s.html.

Boud, D. (1995). *Enhancing learning through self-assessment*. London: Kogan Page.

Carless, D. (2007). Learning-oriented assessment: Conceptual basis and practical implications. *Innovations in Education and Teaching International*, 44(1), 57–66.

Carless, D. (2014). *Exploring learning-oriented assessment processes. Higher Education*. DOI 10.1007/s10734-014-9816-z.

Carless, D., Joughin, G., Liu, N. F., & Associates. (2006). *How assessment supports learning: Learning-oriented assessment in action*. Hong Kong: Hong Kong University Press.

Conole, G. (2014). *Disruptive innovation and the emergence of the PLE+*. Retrieved from: http://e4innovation.com/?m=201408.

Dweck, C. (2006). *Mindset: How you can fulfil your potential*. London: Constable and Robinson, Ltd.

Gardner, H. (2000). *Intelligence reframed: Multiple intelligences for the 21st century*. New York: Basic Books Inc.

Gibney, E. (2013, January 13). A different world. *Times Higher Education*. Retrieved from: http://www.timeshighereducation.co.uk/features/a-different-world/2001128.article.

Jackson, N. J. (2010). From a curriculum that integrates work to a curriculum that integrates life: Changing a university's conceptions of curriculum. *Higher Education Research & Development*, *29*(5), 491–505. doi:10.1080/07294360.2010.502218.

Johnson, L., Adams, S., Cummins, M., & Estrada, V. (2012). *Technology outlook for STEM+ education 2012_2017: An NMC horizon report sector analysis*. Austin, TX: The NewMedia Consortium.

Keppell, M. (2014). Personalised learning strategies for higher education. In K. Fraser (Ed.), *The future of learning and teaching in next generation learning spaces*. International Perspectives on Higher Education Research, Volume 12 (pp. 3–21). Bingley, UK: Emerald Group Publishing Limited.

Keppell, M. J. (2010). *Blended and flexible learning standards*. Charles Sturt University. Unpublished report.

Keppell, M., & Carless, D. (2006). Learning-oriented assessment: A technology-based case study. *Assessment in Education*, *13*(2), 153–65.

Kuh, G. D. (1996). Guiding principles for creating seamless learning environments for undergraduates. *Journal of College Student Development*, *37*(2), 135–48.

Lankshear, C., & Knobel, M. (Eds.) (2008). *Digital literacies: Concepts, policies and practices*. New York: Peter Lang.

Lockyer, L., & Kerr, Y. (2000). *Learner as designer-producer: Physical and health education students experience of Web-based learning resource development.* (pp. 591–5) World Conference on Educational Multimedia, Hypermedia and Telecommunications, Chesapeake, VA: Association for the Advancement of Computing in Education (AACE).

Mackintosh, W. (2014, May 11). *OERu launches strategic planning consultation.* Retrieved from http://oeru.org/news/oeru-launches-strategic-planning-consultation/.

Martin, A. (2008). Digital literacy and the "digital society." In C. Lankshear and M. Knobel (Eds.), *Digital literacies: Concepts, policies and practices.* New York: Peter Lang (pp. 151–76).

Open Education Consortium (2015). *About the Open Education Consortium.* Retrieved from http://www.oeconsortium.org/about-oec/.

Sharples, M., McAndrew, P., Weller, M., Ferguson, R., FitzGerald, E., Hirst, T., & Gaved, M. (2013). *Innovating pedagogy 2013: Open University Innovation Report 2.* Milton Keynes: The Open University.

Sharples, M., McAndrew, P., Weller, M., Ferguson, R., FitzGerald, E., Hirst, T., & Whitelock, D. (2012). *Innovating pedagogy 2012: Open University Innovation Report 1.* Milton Keynes: The Open University.

Siemens, G. (2006). *Knowing knowledge.* Creative commons. Retrieved from http://www.elearnspace.org/KnowingKnowledge_LowRes.pdf.

Swanson, K. (2013). *Professional learning in the digital age: The educator's guide to user-generated learning.* Larchmont, NY: Eye On Education, Inc.

Wikieducator. (2014). *OERu.* Retrieved from http://wikieducator.org/OERu.

Zumbrunn, S., Tadlock, J., & Roberts, E. D. (2011). *Encouraging self-regulated learning in the classroom: A review of the literature.* Metropolitan Educational Research Consortium (MERC). Virginia Commonwealth University. Retrieved from: http://www.self-regulation.ca/download/pdf_documents/Self Regulated Learning.pdf.

27

지식공유제를 위한 MOOC의 Peer2Peer 및 개방 교수방법

Rita Kop | Hélène Fournier

연결주의적 MOOC(Connectivist Massive Open Online Courses, cMOOCs)는 네트워크 시대의 새로운 교수방법적 접근을 제시하였다. cMOOC는 지식 창작과 발생에 초점을 둔다. cMOOC에서 학습자들은 자신 스스로 학습경험을 형성하는 역할을 하는 반면, 조력자들은 학습연결이 이뤄지는 공간 형성에 초점을 둔다. 학생들은 cMOOC를 수강할 때 스스로 학습 결정을 내리는 권한을 가진다. 이런 자립성은 개인 학습 환경 내에서 비형식적 교육실천, 자율적 학습, 자기주도학습, 자기관리학습과 같은 유망한 패러다임의 재등장을 위한 기초가 된다.

MOOC와 같이 느슨하게 구성된 학습 네트워크는 학습을 통해 학점 혹은 기술 자격증을 얻는 것이 필수적이지 않은 비형식적 학습의 범주에 놓을 수 있다(Bouchard, 2014). 2008, 2009년에 처음 등장한 초기의 cMOOC에서, 어떤 학생들은 마니토바대학(Univeristy of Manitoba)을 통해 학점을 획득한 반면, 또 세계 반대편의 다른 학생들은 어떤 비용도 없이 비형식적으로 학습에 참여하였다. 실제로 수업등록은 주제에 관심 있고, 인터넷 연결이 가능한 사람이면 누구나 가능하다. 또 다른 참여모델은 학생이 자신만의 속도로 학습을 하면서, 자신이 속한 기관의 평가를 받는 것이다(Fini, 2009).

MOOC의 발전과 비형식적 학습에 따른 접근법으로 인해 형식적 기관의 역할에 의문점을 낳게 되었다. 기관이 아직도 지식습득을 위한 자격증 수여에 중요한 역할을 하고 있지만, 지식의 개방성을 향한 현재의 움직임은 기관들의 역할이 사람들이 자신의 전문성을 무료로 공유하는 네트워크화된 지식의 시대에 변화되어야 함을 뜻한다(Bouchard, 2014; Weller, 2013). 개방 학문 형태의 발전뿐만 아니라, 비형식적으로 획득된 지식이 그 어느 때보다 높은 가치를 지니게 됐다(Irvine, Code, & Richards, 2013). 더욱이 MOOC와 다른 개방교육환경의 자기주도 학습자에 대한 연구에서 학습자들이 변화하는 학습 요구에 가치 있다고 판단되는 특정 종류의 자원을 이해하는 것이 필수적임이 나타났다. 더불어 학습자들이 cMOOC가 위치한 웹 네트워크에서 비형식적으로 필요한 자원을 찾게 된다면, 이런 네트워크 자체의 역할을 고려하는 것이 중요하다.

몇몇의 연구자들은 온라인 네트워크가 학습자들이 학습에 필요한 최선의 자원에 접근하는 것을 막을지도 모른다는 구조적인 문제를 제기한다. 예를 들어, Bouchard의 연구는 "'완벽하게' 민주적인 네트워크의 본질적 경향은 시간의 흐름에 따라 리더와 추종자로 구성된 위계체제에서 자생적으로 조직된다는 것이다. 개인학습 환경에서 네트워크 학습의 사회조직은 '정부와 상업과 같은 외부세계와 유사성이 있다고 묘사되며, 네트워크의 거래 단위가 돈이나 힘이 아닌 명성과 인기인 것에서 차이점이 있다"(Bouchard, 2011, p. 296).

우리가 몇몇의 cMOOC를 살펴보고 평가했을 때, 이 책의 서문을 작성한 George Siemens와 Canadian Research Council의 Stephen Downes와 같은 조력자들의 명성과 인기가 등록 및 초기 실시간 수업 출석에 큰 동기가 됨을 알 수 있었다. 하지만 명성과 인기는, 몇 년 전에 MOOC 이전의 형태인 블렌디드 러닝에 대한 Graham(2006)의 연구에서 발견한 자기주도 환경에서 끊임없이 지속되는 장애물과 도전에 대응할 수 없다. Graham이 판별한 '장애물'은 피드백과 지원의 결여, 맞춤화의 부족, 막대한 양의 자원이다.

기술로 야기된 정보와 지식의 변화와 접근 용이성으로 학습자들이 '지식이 많은 타인들(knowledgeable others)'과 관계를 맺음에 따라 행동 정보가 급격히 변화하고 있음을 연구에서 알 수 있다(Bouchard, 2014; Mott & Wiley, 2009; Pardo & Kloos, 2011). 예를 들어, 학습자들이 컴퓨터 장치만 있다면 누구나 개방적이며 무료로 학습자원과 논문에 접근할 수 있는데 왜 대학교수에게 이를 얻기 위해 의존하겠는가?

네트워크의 복잡성에 대한 우리의 이해는 아직까지 제한적이며, 특히 지식측면에서 학습하는 동안 웹의 구조를 효과적으로 교섭하는 것이 학습자들에게 필수적이다. Kop과 Bouchard(2011)는 다수의 기술적 변수와 맥락으로 형성된 환경 내에서 지식이 많은 타인들의 존재와 관여는 학습자들이 웹상의 많은 자원을 이해하고 비판적일 수 있는 데 도움이 된다. 인간 사회 특성에 따라 우리는 의사소통하고 행동과 정보를 성찰하고 우리가 이미 알고 있는 것과 연결한다. 정보와 지식은 이런 과정을 통해 승인된다.

온라인 네트워크를 개발하는 것은 정보를 단지 하나의 정보 브로커 혹은 대중매체가 아닌 많은 수의 사람으로부터 받을 가능성을 제공한다. 소셜미디어는 단절된 환경에서 "방송" 모델을 사용하는 기관이 통제하는 수업으로 구조화된 교육 모델에서, 학습자의 필요에 맞추고 다양한 비형식적 개인 공간에서 유동적 확장이 가능한 맞춤형 개방 학습 환경으로의 변환을 촉진시킬 수 있다.

개방 및 능동 학습

만약 기술이 기관으로부터 학습자로 파워의 전이를 촉진시킨다면, 학습자는 수동적으로 강의자로부터 지식을 전달받기를 기다리기만 해서는 안 되는 의무가 있다. 특정 수준의 자율성과 행동이 학습을 진전시키는 데 필요할 것이다.

몇 십 년 동안, 많은 수의 교육자들은 교육과 학습에 대한 교육학적 접근에서 성인교육학적 접근으로 나아가야 한다고 주장해왔다(Knowles, 1970; Tough, 1971). 이 교육적 경향은 학습자의 의존성으로부터 높은 단계의 자기주도성으로의 이동을 수반한다. 이는 또한 주제기반학습으로부터 문제기반학습으로의 뚜렷한 전환도 의미한다. 결국 이는 교수에서 조력으로의 전환을 동반한다. 동시에 우리의 일상생활에서 기관으로부터의 영향을 줄이자는 강한 주장도 나타났다(Foucault, 1977; Illich, 1971).

Illich의 비전은 사람들이 학습을 통제하는 기관에 의존하기보다 학습 과정에서 자주권을 갖는 것이다. 그는 "개인적, 창의적, 자주적 상호작용을 제공하는 기관을 만들기 위한 기술의 가능성과 과학기술분야 전문가들에 의해 주로 통제될 수 없는 가치의 발생"(1971, p. 2)을 요구하였다. 그는 "스콜라 철학의 굴뚝(scholastic funnels)"의 대안인 교육기관은 진정한 의사소통 망이라고 여겼다. Illich는 그의 연구에서 전통적인 학습기관으로부터 자유의 제한, "공유재의 종획(enclosure of the commons)", 증가하는 감시활동과 일상의 감시(Illich, 1992, p. 51)와, 이것들이 사람들의 창의성에 미치는 억압효과에 대해 논하였다. 흥미롭게도, 이는 오늘날 교육에서 점점 더 논의되고 있는 이슈들과 동일한 것이다(Benkler, 2006; Bouchard, 2014; Willis, Spiers, & Gettings, 2013). 새로운 기술 등장의 영향 아래에서, "개방교육"의 개발(예: MOOCs)은 Illich의 발상을 현실화하는 방안이다. Willis 등은 저술에서,

> MOOC는 전통적 또는 온라인 플랫폼을 통해 교육낙원, 지식, 힘, 사회적 유동성을 밟아가고 있으며, 따라서 교육의 금전적 가치를 약화시키면서 동시에 지식의 잠재성을 다른 방법을 통해서는 참여할 수 없는 이들에게 전파하는 가치를 높이는 공간을 생성하고 있다. (Willis et al., 2013, p. 2)

새로운 기술은 전례 없는 규모로 타인과 연결하고 정보를 교환하며 지식 창

출을 가능케 한다; 이는 개방 지식공유제의 형성을 촉진시킨다.

지식공유제: 네트워크상 학습의 도전

우리는 웹상의 정보의 방대함과 학습자 정보 행동이 기술의 영향에 따라 어떻게 변하는지에 대해 말했다. 정보의 부(wealth)는 어떤 정보가 가치 있는지 아닌지에 대한 선택이 필요한 반면 개방 온라인 네트워크상의 낮은 교사의 존재감으로 인해 학습자의 자기주도성이 증가됨을 의미한다. 몇몇 연구자들은 자동화된 정보 여과 시스템을 개발하는 반면, 또 다른 연구자들은 풍부한 정보를 지닌 웹 사용자들을 도와주는 인간 여과 시스템에 기반을 둔 온라인 서비스를 지지한다(Boyd, 2010; Duval, 2011).

여기서 웹상의 정보에의 접근은 내재된 힘의 관계와 네트워크가 개발된 독특한 방법의 영향을 받는다는 점에서 도전적이다(Barabasi, 2003). 따라서 상업적 이익으로 인해 개인이 쉽게 접속할 수 있는 정보와 찾기 위해 열심히 노력하거나 요금을 지불하는 정보가 영향을 받게 된다(Bouchard, 2014; Ingram, 2014). 이러한 이슈는 교육에서의 의문과 근심뿐만 아니라, 개방되며 무료로 접근할 수 있는 정보에 관한 사회적 책임에 관한 이슈도 야기한다. 하버드 법학 대학원의 교수인 Yocahi Benkler는 이를 잘 표현하였다.

> 사회는 자유의 중심에 도달하기 위해 정보환경을 어떻게 생산하는가. 누가 무엇을 누구에게 말하는가? 세계의 상태는 어떠한가? 무엇이 신뢰할 만한 정보인가? 어떻게 다양한 형태의 행동이 세상에 영향을 미치는가? 이러한 질문들은 효과적인 인간 행동의 토대가 된다. (Benkler, 2006, p. 1)

이러한 질문과 우려들은 "지식공유제" 발전의 핵심이다. 웹은 정보가 저장되고,

더 나아가 사람들이 정보와 가능한 자원들을 가지고 함께 모이고 활동적으로 무언가를 행하는 곳이다(아마도 멀티미디어를 제작하고, 공유하고, 변형시키고, 정보를 확장시키는 것일 것이다). 이는 시급한 정보에의 접근일 뿐만 아니라 지식에의 공공적인 접근이다. Hess와 Ostrom에 따르면, 이 상황은 "지식을 사회적 딜레마를 동반하는 그룹의 사람들이 공유하는 자원이며, 이는 공유된 자원, 공유제라는 복잡한 에코시스템으로 바라보는 새로운 사고의 방식"(Hess & Ostrom, 2006, p. 3)을 요구한다. 공유제는 또한 다양한 학문이 합쳐서 특정 지식에 관련된 문제를 공동으로 해결하는 곳이다.

국가들은 점점 더 정보의 자유흐름과 자유접근에 의존하며 "지식 경제"를 개발하고 있다. 개인은 또한 점점 더 "스스로 하는(do-it-yourself)" 학습자가 되고 있는데, 이는 그들이 가치 있고 관련된 정보를 찾을 가능성을 증대시키는 무료 및 개방 콘텐츠에 접근하는 것을 의미한다. 대부분의 현재의 지식들이 공적으로 자금이 지원된 대학들에 의해 생성되었기 때문에, 개발될 미래 지식과 더불어 현재의 지식을 소유하는 이가 누군지를 아는 것이 중요하다(Bouchard, 2014).

무료 개방교육 그리고 개방 온라인 지식에 연관된 연구는 지금까지 미국과 유럽, 사실상 북반구의 선진국에서 실시되었다. 동시에 지금까지의 실제 연구결과도 대부분 상업적 출판사에 의해 출판되었다. 결과적으로 출판물의 저작권은 이들 출판사들에게 양도되었다. 오늘날 저작권과 지적 재산권에 대한 격렬한 논쟁이 있다. 연구 데이터 또한 생산자에 의해 대규모로 독점적으로 소유되어 왔다. 이는 범 세계적인 10억 달러의 지적 재산관리 산업을 주도하였다(Bouchard, 2014; Weller, 2011). 그러나 IP 법률과 관례들은 자원이 부족하던 시기에 만들어졌다. 이제 자원이 풍부한 시대가 도래하면서, 오래된 IP 관리 시스템은 더 이상 효과가 없게 되었다.

폐쇄적인 지식 현황에 관해 심각한 문제가 존재하며, 특히 획기적이고 개방적인 대안이 존재한다. 과학계와 유럽연합(European Union)과 같은 정부기관은 데이터마이닝과 기타 형태의 지식 분석이 이뤄지도록 데이터(이들의 정부 데이터 포함)뿐만 아니라 처리되지 않은 빅데이터와 연구 간행물의 개방성을 지지한다(UNESCO, 2014; OECD, 2013).

학습 향상을 위한 개방 빅데이터

이러닝 디자인 모델의 대다수는 현재 고등교육기관에서 이뤄진 효과적 교수법의 영향 아래 긍정적 학습 결과물의 개발로 만들어졌다. 의심할 여지 없이, 최근 생겨난 새로운 기술들은 가능한 한 다양한 모델들을 만든다. 몇몇의 연구 그룹들은 현재 MOOC와 같은 자료 주도 학습자 지원 구조와 학습 환경에 착수하고 있다. 유럽연합과 캐나다의 National Research Council은 학습자들이 남긴 학습을 지원하기 위한 온라인 활동 데이터(뿐만 아니라 데이터의 시각화된 기록)를 활용한 개인 학습환경 개발에 관한 대규모 연구 과제에 독자적으로 자금 지원을 하고 있다(Downers, 2013; Ducal, 2011). 동시에, 영국의 개방대학은 학습 향상을 위한 분석 방법에 대해 담론을 펼치고 있다(Ferguson, Wei, He, & Buckingham Shum, 2013). 게다가 카네기 멜론 대학의 연구 그룹은 학습 경험을 맞춤화하기 위한 기계학습 방법 개발을 시작하였다(Spice, 2014).

명백히, 21세기의 연구자들은 끊임없이 연속적인 입력과 출력의 전체적인 디지털 경험을 저장한 대량의 데이터에 접근할 수 있다. 대량의 데이터 입력에서 어려운 점은 이러한 "빅"데이터를 분석하는 것이다. 빅데이터는 데이터의 믿을 수 없을 만큼의 다양성과 풍요로움뿐만 아니라 의미를 해석하기 위한 복잡함과 불확실성으로 인해 새로운 난관을 제기한다. 데이터로부터의 주요 전후관계상 신호 또는 정보의 결정과 결과의 전반적인 해석에 관련한 어려움 또한 존재한다(Kitchin, 2014).

이런 프로젝트가 공동으로 가지고 있는 바는 학습자 데이터를 향후 학습을 향상시키기 위해 사용하고자 하는 시도이다. 그러나 온라인 학습자들로부터 모은 데이터의 윤리적 사용에 대해 격렬한 토론이 있다. 연구 수행 시 사전 동의를 둘러싼 무수한 안건 또한 존재한다. 최근 출간된 감정 전염(emotional contagion)에 대한 페이스북 연구(Authur, 2014)에서 볼 수 있듯이, 윤리적 안건과 우려는 소셜미디어 사용자들에게 영향을 미칠 수도 있고 그렇지 않을 수도 있다.

물론, 이런 프로젝트를 책임지고 있는 사람이 학습자가 아니라 기술과 연구자들이라는 점이 문제이다. 몇몇 연구의 경우 기업에 의해 자금이 지원되며 이것이 연구에 영향을 어떻게 미치는지에 대한 것이 불확실하다. 예를 들어, 구글과 같은 기업이 교육 연구 프로젝트에 자금지원을 한다면, 구글이 이익을 얻는 연구 결과를 도출하는 질문을 해야 한다; 그런 이유로 연구 결과가 최종 결론에 영향을 미칠 수 있다. 이러한 기업이 개입된 검색 방법은 개방교육과 개방 지식 공유제를 지지하는 이들과 현저한 대조를 보인다. 게다가 사회학자들은 "디지털 데이터는 원래의 데이터가 통제를 거의 하지 않거나 또는 아예 하지 않도록 발전되는 실체이다"라고 주장한다(Selwyn, 2014, p. 7). 더욱이 그런 데이터들은 형성되어 있을 뿐만 아니라 우리의 일상생활을 형성하기도 한다. 여러 층의 데이터는 어떻게 조종당하고 누가 통제하는지 불투명하기 때문에 우리는 교육적 맥락에서 데이터가 어떻게 사용되는지에 대해 신중해야 한다.

지식과 교육의 개방적 접근

물론, 교육과 지식을 개방하는 것에 관해 많은 질문들이 존재한다. Weller (2011)는 현재의 기술 변화를 통해 디지털과 공개 연구가 발전되는 방법에 대한 통찰을 제시한다. 그는 또한 학술 발표의 개방성이 대중 참여에 어떻게 긍정적으로 영향을 미치는지를 언급하였다. 2013년 Weller는 개방 접근, 교수방법적인 실험, 강좌의 마케팅을 포함하는 MOOC를 제공하는 기관들의 다양한 동기를 강조하였다(Weller, 2013).

이러한 동기들은 MOOC 제공자들과 강사들에게 도전과제를 제기하였다. 예를 들어, 학습자들이 이용 가능한 많은 정보뿐만 아니라 동일한 학습자들과 다른 MOOC 참여자들에 의해 만들어지는 자원과 데이터를 여과하고 간소화시키는 것은 어렵다. Kop, Fournier, Mark(2011)는 개방학습 환경에서 단순히 자동화되기보다, 교수방법에서 인간의 존재가 필요함을 주장하였다. 인간미가 더해질 때, 정보와 지식의 타당성으로부터 신뢰감이 나타나거나 혹은 차후에 발달할 것이다. Kop 등은 또한 학습자의 학습과정에서 능동적인 참여가 학습경험의 질의 진수라고 상정하였다.

능동적이고 참여적인 학습을 강조하는 것은 MOOC의 창설자 중 한 명인 Stephen Downes의 의견과 일치한다. Downes(2013)는 연결주의 MOOC에서 신흥기술의 잠재성을 활용하기 위해서 가장 중요한 4가지 원리를 제시하였는데, 이들은 다음과 같다: (1) 참여자의 자율성, (2) 연결성, (3) 참여자의 다양성, (4) 개방성. 더욱이 Simens(2011)와 Bell(2011)은 연결주의적 학습에 있어 인간 주체성의 중요성과 능동적 참여자의 필요성을 강조하였다. cMOOC의 조력자들은 지식체계가 교육자로부터 학습자에게 전달되고 학습이 단일 환경에서만 이뤄지지 않는 학습조직을 고취시키고자 한다. 대신에, 연결주의는 참여자들이 P2P(peer to peer)를 통해 자원과 기술을 네트워크에 쏟아붓고 특정 주제에 관심 있는 활동적 참여자가 존재하는 환경을 지지한다. 이를 통해 사람들은 지식공유제에 기여하게 된다.

모든 MOOC가 공통적으로 가지고 있는 도전과제 중 하나는 참여자들이 MOOC를 다른 웹 자원을 이용하는 것처럼 사용하는 것이다. 예를 들어, 학습자들은 때때로 자신의 학습 필요를 보완하기 위해 자원과 기술을 선택하고 섞어서(remix) 사용하기 위해 잠깐 들렀다 나간다. 이런 행동은 대학 강좌의 학습자들에게 이례적인 것이다. 결과적으로, 많은 MOOC 참여자들이 웹이 자원이라는 사고방식을 가지고 있으며, 이는 MOOC 관련 학습 기회의 엄청난 중퇴율의 원인이라고 여겨진다. 우리의 cMOOC 연구 결과가 보여주듯이, 참여자들이 MOOC를 계속 사용하기 위해서는 높은 수준의 능동성과 존재감이 있는 학습 환경을 만드는 것이 필요하다. 만일 이 점이 충족된다면, 개방교육적인 MOOC 네트워크는 현대 학습자들이 정보를 찾고, 타인과 관계를 맺고, 학습을 위한 도전을 할 수 있는 훌륭한 장소가 될 것이다.

어떻게 MOOC가 지식공유제에 기여할 수 있는가?

MOOC의 시초 개념으로 우리가 "지식공유제"라 명명한 사람들이 서로에게 배우며 공익에 기여하는 개방교육 환경을 이루는 것이 희망적으로 전망된다. 지식공유제에서 MOOC를 형식적 교육과 비형식적 교육이 만나는 끝 지점에 위치한다. 형식적 교육과 비형식적 교육의 사이인 이 회색지대에서, MOOC는 개방적이고 교육기관에 의해 통제될 필요가 없다; 사실상 MOOC를 학습자 혹은 참여자에 의해 통제된다.

앞서 지적한 바와 같이, MOOC를 2008년부터 존재해왔다. 처음에 MOOC는 연결주의적 원칙을 기본으로 하였다. 그 당시 새로운 기술이 P2P 상호작용, 협동, 지식과 자원의 엄청난 양의 공유를 점점 더 촉진시켰기 때문에 연결주의적 실험이 불현듯 가능하였다. 사람들은 자신의 학습 환경을 탐색하고, 확장, 평가, 창조, 연결, 교섭, 공유, 통제하도록 초대받았다.

그러나 최근에는, MOOC의 명칭이 몇몇의 고등교육기관에 의해 재목적화되었다. 실제로, 기술적 플랫폼이 온라인 환경에서 전통적인 대학 강좌의 상의하달식 교수방법의 확장과 복제를 가능케 만들었다. 이 개발로 고등교육기관은 강좌 맛보기를 광범위한 대중에게 개방하여 강좌개설 마케팅을 할 수 있게 되었다. 동시에, 영리목적의 스핀아웃(spin-out) 기업들의 설립이 가능하게 되었다. 이러한 MOOC 제공자들(가끔씩 xMOOC로 지칭됨)은 지금까지 강좌가 끝나면 이를 폐쇄해왔는데, 이는 개방 지식공유제 기여에 크게 방해되는 것이다. 반대로 연결주의적 MOOC를 학습 환경을 개방한 채로 유지하여 학생들의 기여와 지식인에 의한 자원이 자유롭게 사용 가능하게 하며 공유제에 기여하고자 한다.

결론

디지털 데이터의 발생, 축적, 처리, 분석은 이제 다수의 지배적인 교육 문제의 잠재적 해결책으로 옹호되고 있다. 연구자들은 현재 데이터를 사용하여 학습경험과 학습자 검색의 개인화를 증진시키기 위해 연구하고 있다. 그러나 연구자들은 교육적 맥락에서 데이터가 어떻게 사용되는지에 대해 주의해야 한다고 주장한다. 적어도 현재에는 데이터와 정보의 유효성에 인간의 개입이 필요하며, 이는 아마도 소셜미디어를 통해 이루어질 것이다.

우리는 단지 데이터뿐만 아니라 소셜미디어와 같은 기술을 사용하는 학습 설계 모델을 제시한다. 학습 설계 모델은 MOOC에 참여하는 것과 같은 1회성 강좌의 학습자들을 지원한다. 강좌 이후에도 자원과 의사소통 채널을 열어두어 개방 지식공유제에 기여하도록 한다. 우리는 이 장에서 이런 목적성을 가진 모델을 잠정적으로 제안하였다(그림 27.1 참조).

이 모델이 나타내는 바와 같이 우리는 인간의 개입을 중요시한다. 더불어 주목할 점은, 우리는 MOOC가 개방학습 강좌에서 학습자 자신과 동료의 학습과정뿐만 아니라 지식공유제에 기여하기를 원한다는 점이다. 이를 위해서 MOOC는 개방되어야 하며 모든 자원이 사용 가능해야 한다. 더욱이, 지식 생성, 지식의 창조와 기여에 학습자의 능동적인 개입이 조성되어야 한다. 이런 관점은 전통적인 지식의 전달뿐만 아니라 학습자가 관련성 있는 것을 만들어내는 것을

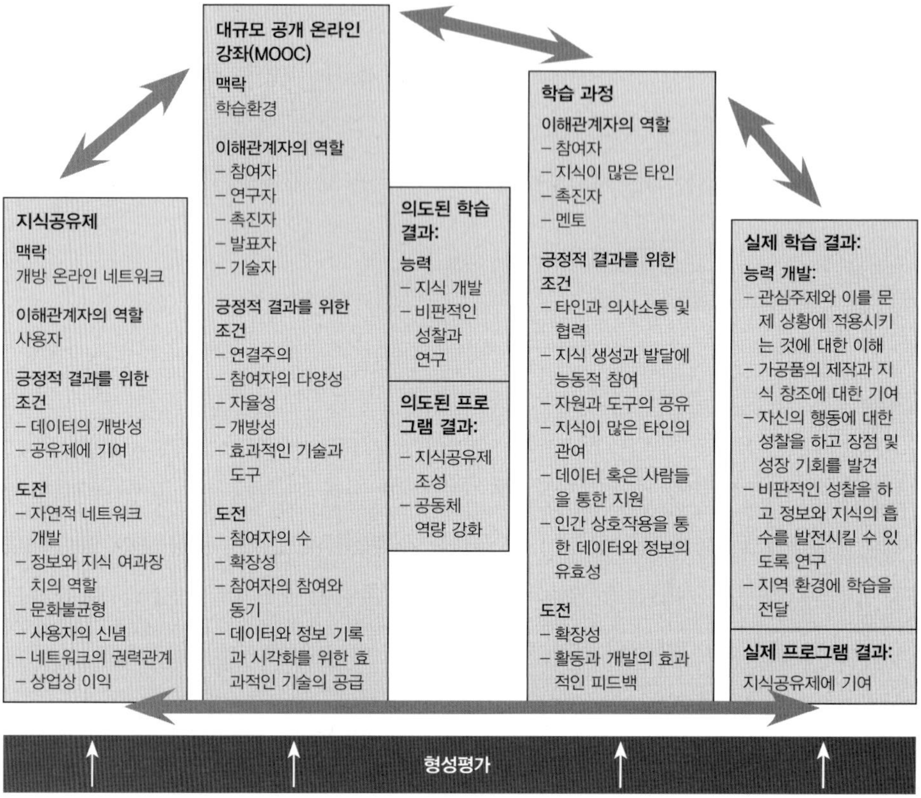

그림 27.1 지식공유제에 관한 MOOC 모델

통해 학습 과정의 능동적인 참여를 바탕으로 한 교수적 모델을 필요로 한다. 이는 (지식이 많은) 타인과의 의사소통을 통해 학습의 증대뿐만 아니라 지식공유제에 어떻게 기여할 것인가에 대해 지도를 받는 것을 포함한다. 그리고 모든 학습 환경에서 나눔의 철학을 고취시키는 것이 우리가 향한 목표이다. 우리는 당신을 그곳에서 만나기를 바란다!

Rita Kop | 온라인 Yorkville University 교육대학의 학장이다. National Research Council(NRC)의 연구원으로 일해왔으며, 성인평생교육학 박사학위를 가지고 있다. 현재 선진 네트워크 학습 환경 연구를 중점적으로 하고 있다. NRC에서 일하기 전에, 영국 Swansea University의 조교수로 재직했다. Swansea University에서는 영국의 가장 빈곤한 지역에서 지역사회 그룹과 대학교와 협력하여 성인을 위한 지역사회 기반 온라인 서비스에 공헌하였다. Kop 박사는 네덜란드 출신이며, 그곳에서 초등교육 교사와 교장으로 10년 동안 재직하였다. Kop 박사에 관한 추가 정보는 http://www.you-learn.org에서 찾을 수 있다. 이메일 주소는 rkop@yorkvilleu.ca이다.

Hélène Fournier | 2002년부터 캐나다 National Research Council, Institute for Information Technology의 연구원이며, 맥길대학(McGill University)에서 교육심리학 박사학위를 받았다. Fournier 박사의 주요 연구 주제는 교육과 기술이다. 과거에는 연수와 원격 교육에 선진 기술을 적용시키는 것을 주제로 한 프로젝트를 했으며, 최근에는 연결주의적 MOOC의 학습자 중심 연구와 발전, 학습 및 수행 지원 시스템 연구에 참여했다. Fournier 박사는 원격교육, 온라인 학습, 성인 학습의 분야에서 선진 연구로 기여해왔다. cMOOCs의 맥락에서 비형식적 학습 경험 연구에 참여하고 있다. 폭넓은 저널과 국제 학회지에 저술을 발표하였다.

참고문헌

Authur, C. (June, 2014). Facebook emotion study breached ethical guidelines, researchers say. *The Guardian*. Retrieved from http://www.theguardian.com/technology/2014/jun/30/facebook-emotion-study-breached-ethical-guidelines-researchers-say.

Barabasi, A. (2003). *Linked: How everything is connected to everything else and what it means*. New York: Penguin Books.

Bell, F. (2011). Connectivism: Its place in theory-informed research and innovation in technology-enabled learning. *International Review of Research in Open and Distance Learning*. Retrieved from http://www.irrodl.org/index.php/irrodl/article/view/902/1664.

Benkler, Y. (2006) *The wealth of networks: How social production transforms markets and Freedom*. New Haven and London: Yale University Press.

Bouchard, P. (2011). Network promises & their implications. In The impact of social networks on teaching & learning. *Revista de Universidad y Sociedad del Conocimiento (RUSC)*, *8*(1), 288–302. University Of Catalunya. Retrieved from http://rusc.uoc. edu/ojs/index.php/rusc/article/view/v8n1-bouchard/v8n1-bouchard-eng.

Bouchard, P. (2014, June). The problem of learner control in networked learning environments. *Journal of Literacy and Technology*, *15*(2), 80–110. Retrieved from http://www.literacyandtechnology.org/uploads/1/3/6/8/136889/pb_3.pdf.

Boyd, D. (2010, September/October). Streams of content, limited attention: The flow of information through social media. *EDUCAUSE Review*, *45*(5), 26–36.

Downes, S. (2013, December 4). Learning and performance support systems. *Half an Hour*. Retrieved from http://halfanhour.blogspot.com.es/2013/12/learning-and-performance-support-systems.html.

Duval, E. (2011, February). Attention please! Learning analytics for visualization and recommendation. *Proceedings of 1st International Conference on Learning Analytics and Knowledge*, Banff, Alberta, Canada.

Ferguson, R., Wei, Z., He, Y., & Buckingham Shum, S. (2013, April). An evaluation of learning analytics to identify exploratory dialogue in online discussions. *Proceedings of the Third Conference on Learning Analytics and Knowledge (LAK 2013)*, CAN, pp. 85–93, Leuven, Belgium.

Fini, A. (2009). The technological dimension of a massive open online course: The case of the CCK08 course tools. *The International Review of Research in Open and Distance Learning, 10*(5). Retrieved from http://www.irrodl.org/index.php/irrodl/article/view/643/1402.

Foucault, M. (1977) *Discipline and punish: The birth of the prison*. London: Peregrine Press.

Graham, C. R. (2006). Blended learning systems: Definition, current trends, future directions. In C. J. Bonk & C. R. Graham (Eds.), *The handbook of blended learning: Global perspectives, local designs* (pp. 3–21). San Francisco, CA: Pfeiffer Publishing.

Hess, C., & Ostrom, E. (2006) *Understanding knowledge as a commons: From theory to practice*. Cambridge, MA: The MIT Press.

Illich, I. (1971). *Deschooling society*. Reprinted in 1978 by Marion Boyars, London.

Illich, I. (1992). *In the mirror of the past*. New York and London: Marion Boyars Publishers.

Ingram, M. (2014, May 23). Giants behaving badly: Google, Facebook and Amazon show us the downside of monopolies and black-box algorithms. *Gigaom*. Retrieved from http://gigaom.

com/2014/05/23/giants-behaving-badly-google-facebook-and-amazon-show-us-the-downside-of-monopolies-and-black-box-algorithms/.

Irvine, V., Code, J. & Richards, L. (2013). Realigning higher education for the 21st century learner through multi-access learning. *MERLOT Journal of Online Learning and Teaching*, *9*(2), 172–86. Retrieved from http://jolt.merlot.org/vol9no2/irvine_0613.pdf.

Kitchin, R. (2014, April–June). Big data, new epistemologies and paradigm shifts. *Big Data & Society*. *1*(1). Retrieved from http://bds.sagepub.com/content/1/1/2053951714528481.full.pdf+html.

Knowles, M. (1970). *The modern practice of adult education: Andragogy versus pedagogy*. New York: Cambridge Book Co.

Kop, R., & Bouchard, P. (2011). The role of adult educators in the age of social media. In M. Thomas (Ed.), *Digital education*. London: Palgrave Macmillan.

Kop, R., Fournier, H., & Mak, S. F. J. (2011). A pedagogy of abundance or a pedagogy to support human beings? Participant support on massive open online courses. *International Review of Research in Open and Distance Learning*, *12*(7), 74–93. Retrieved from http://www.irrodl.org/index.php/irrodl/article/view/1041/2025.

Mott, J., & Wiley, D. (2009). Open or learning: The CMS and the open learning network. *E in Education: Exploring our connective educational landscape*, *15*(2), 3–22. Retrieved from http://ineducation.ca/index.php/ineducation/article/view/53/529.

OECD (2013). *Commercialising public research: New trends and strategies*. OECD Directorate for Science, Technology and Industry. Retrieved from http://www.oecd.org/science/sci-tech/commercialising-public-research.pdf.

Pardo, A., & Kloos, C.D. (2011, February/March). Stepping out of the box. Towards analytics outside the Learning Management System. *Proceedings of the 1st International Conference on Learning Analytics and Knowledge* (pp. 163–7), ACM, Banff, Alberta, Canada.

Selwyn, N. (2014). Data entry: Towards the critical study of digital data and education. *Learning, Media and Technology*. Retrieved from https://www.academia.edu/7187672/Data_entry_towards_the_critical_study_of_digital_data_and_education.

Siemens, G. (2011). Moving beyond self-directed learning: Network-directed learning. *Connectivism*. Retrieved from http://www.connectivism.ca/?p=307.

Spice, B. (2014, June 24) Paying attention to how people learn promises to enhance MOOCs. *Carnegie Mellon News*. Retrieved from http://www.cmu.edu/news/stories/archives/2014/june/june24_improvingmoocs.html.

Tough, A. (1971). *The adult learning projects: A fresh approach to theory and practice in adult learning*. Toronto: Ontario Institute for Studies in Education.

UNESCO (2014, June 1). UNESCO publications now freely available through a new open access repository. *UNESCO Media Services*. Retrieved from http://www.unesco.org/new/en/media-services/single-view/news/unesco_publications_now_freely_available_through_a_new_open_access_repository/#.U7_q5Wcg_EU.

Weller, M. (2011). *The digital scholar: How technology is transforming scholarly practice*. Bloomsbury Academic, London, UK. Retrieved from http://www.bloomsburycollections.com/book/the-digital-scholar-how-technology-is-transforming-scholarly-practice/.

Weller, M. (2013). The battle for open—a perspective. *Journal for the Interactive Media in Education*, *15*. Retrieved from http://jime.open.ac.uk/article/2013-15/pdf.

Willis, J.E., Spiers, E.L., & Gettings, P. (2013). MOOCs and Foucault's heterotopia: On community and self-efficacy. *Proceedings LINC 2013 Conference*, MIT, Cambridge, MA. Retrieved from http://jime.open.ac.uk/jime/index.

28

MOOC 2030

대규모 온라인 학습의 미래

Rebecca Ferguson | Mike Sharples | Russell Beale

서론

이 장에서는 MOOC가 일반화될 2030년을 전망해보고자 한다. 또한 현재 MOOC 비전이 현실화될 수 있는 교육적, 기술적, 환경적 측면에서의 변화요인에 대해서도 알아보고자 한다.

일종의 테크놀로지 강화 학습(TEL, Technology-Enhanced Learning)인 MOOC는 다른 성공적인 TEL 혁신과 마찬가지로 일정 기간을 거쳐 성숙되고, 변화될 것으로 예상하고 있다. MOOC는 많은 대중들에게 개방된 교육을 제공하고자 하는 핵심 전망에 기반하여 발전할 것이다. 이러한 비전은 기술, 사람, 그리고 교육관행이 결합된 TEL 복합체(Scanlon et al., 2013)와 연관되어 있다(그림 28.1 참조).

TEL 혁신의 활성화를 위해서는 TEL과 관련된 정책, 자금조달 등의 환경적 측면뿐만 아니라, 지역별로 다르게 나타나는 교육관행 등 TEL 복합체의 모든 요

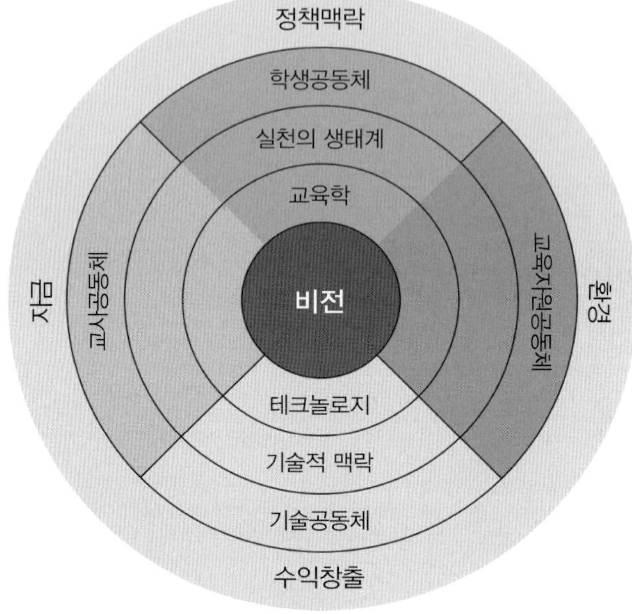

그림 28.1 TEL 복합체의 Beyond Prototype 모형

소들을 고려하여야 한다.

또한 TEL의 혁신이 성공하기 위해서는 끊임없는 교육개혁에 대한 비전이 요구된다. 이러한 비전은 혁신에 목표, 방향 그리고 기반을 제공하기 때문이다. MOOC의 비전은 다음의 세 가지 요소를 포함한다: (1) 전 지구적인 교육에 대한 사회적 요구 충족; (2) 교육의 개방; (3) 교육에 있어서 규모의 경제를 통한 이점. 다시 말하자면, 오늘날의 사회는 시민들의 지속적인 발전과 번성을 위하여 대규모의 개방교육을 요구한다고 할 수 있다.

MOOC 비전: 사회적 요구에 대한 충족

지금으로부터 거의 20여 년 전, 영국 개방대학의 전임 부총장인 John Daniel 경은 "대학 진학을 희망하는 지원자들이 현재와 같은 수준으로 이어진다면, 매주 새로운 대학교가 만들어져야 할 것"이라고 전망하였다(Daniel, 1996). 보다 최근에는 영국 교육과학부 장관이 FutureLearn의 MOOC의 플랫폼 개막식에서 "MOOC는 세계적 수준의 대학교육에 대한 접근성을 높여주고, 급증하는 대학교육에 대한 국제적 수요를 충족시켜 주는 중요한 기회와 수단이 될 것"이라고 언급하였다(Clifton, 2013). 교육에 대한 수요의 이 같은 급증은 부분적으로 인구증가에 힘입은 것이며, UN 보고서에 따르면 향후 12년 동안 10억의 인구가 증가할 것이라고 한다(United Nations, 2013). 세계적으로 고등교육과 훈련을 받음으로써 얻게 되는 혜택을 누리고자 하는 사람들이 늘고 있는 것도 이러한 원인의 하나이다.

"연결주의적인(connectivist) MOOC"로 알려진 초기의 MOOC는 개별 학습자들이 디지털 사회에 적응하기 위해 필요한 기술, 지식 그리고 태도를 발전시키기 위한 온라인 자원들의 집합의 개념에서 출발하였다. 연결주의적 MOOC에서는 사람들이 지역적, 국가적 울타리를 넘어서 서로 연결될 수 있는 네트워크를 구축하는 것이 권장됨에 따라, 디지털 시민에게 필요한 평생교육과 협동학습에의 참여 확대를 목표로 삼게 된다(McAuley, Stewart, Siemens, & Cormier, 2010). 최근에는 Coursera, Udacity와 같은 MOOC 플랫폼에서도 참여와 권한이양이라는 문제를 고심하고 있다. Udacity의 웹사이트에서는 "교육은 학생들이 학교에서뿐만 아니라 인생에 있어서도 성공할 수 있는 힘을 주어야 한다"고 하였다(http://www.udacity.com/us). Udacity는 나노 학위(Nanodegree)라는 제도의 도입을 통하여 개인들이 자신의 경력개발을 위한 기술을 간편하게 습득할 수 있는 방법을 제공하고자 하였다. Coursera 또한 자신들의 선언문에서 "우리는 교육을 통해서 학습자들이 그들과 그들 가족의 인생, 그리고 그들이 살고 있는 공동체의 삶을 향상시킬 수 있는 힘을 심어주고자 한다"고 천명하고 있다(http://www.coursera.org/about/about).

MOOC 비전: 교육의 개방

전 세계 시민들의 교육과 능력 함양을 위해서는 MOOC를 통해 교육에 대한 접근가능성을 높여야만 한다. Anderson(2013)은 이를 위해 다음과 같은 네 가지 방법을 제시하였다: (1) 다른 지역, 국가의 학습자들에게 강의를 공개하기, (2) 학문적 자유와 표현의 자유라는 측면에서 강의를 공개하기, (3) 오픈소스 소프트웨어와 공개교육자원(open educational resources)을 제공하여 콘텐츠를 공개하기, (4) 학습자의 인적사항 및 이전 경험에 구애받지 말고 강의등록을 모든 이들에게 공개하기.

Udacity의 공동창업자인 Sebastian Thru는 개방성에 대한 자신의 비전을 다음과 같이 밝히고 있다: "나는 상위 1퍼센트에게만 가능한 교육에 반대한다. 나는 수만 달러의 학비를 요구하는 교육에 반대한다. 나는 현재의 교육시스템이 세상에 가져오는 불평등에 반대한다. 나는 99퍼센트에게 힘을 실어주는 교육을 원한다"(Leckart & Cheshire, 2012).

이러한 야망을 달성하기 위해서는 학습자들에게 다음과 같은 도구, 기술과 자원이 필요하다.

- 개인용 컴퓨터 기기와 인터넷에 대한 접근성
- 주요 인터넷 사이트에 대한 무제한적인 접근성
- 학습자가 이해할 수 있는 언어로 제공되는, 접근성(accessibility)과 학습 진행을 염두에 두고 설계된 MOOC
- 어린 학습자들을 위한 안전한 환경
- 학습을 위해 필요한 기초지식
- 디지털 리터러시, 온라인 학습, 사회적 네트워킹을 위한 기술
- 높은 수준의 학습동기와 자아존중감

이들 가운데 일부는 온라인 학습에 접속하는 데 꼭 필요한 기본 항목들이며, 일부는 수업에 지속적으로 참여하기 위해 필요한 조건들이다. 나머지는 생산적인 학습 경험을 위해 요구되는 것들이다. 물론 MOOC가 모든 학습자들에게 그들이 필요로 하는 교육을 제공해줄 수는 없다. 하지만, MOOC는 적어도 안전하고, 매력적이고, 유용한 교육환경을 제공할 수는 있을 것이다. 사회적으로 온라인 고등교육의 가치를 인정하고 시민들에게 그러한 교육에 참여할 수 있는 여건을 마련할 수 있도록 필요한 테크놀로지와 사회기반시설, 학습기술이 뒷받침되어야 한다.

MOOC 비전: 대규모의 교육

“대규모(massive)”는 교육을 개방하기 위한 경로 이상의 의미를 지닌다. 학습자의 입장에서, 대량화는 다양한 다른 학습자들로부터 받을 수 있는 지원과 그들이 제공하는 방대한 자원들, 그리고 다양한 관점의 혜택을 부여한다. 교수자의 입장에서, 대량화는 긍정적이고 즐거운 경험과 보다 광범위한 자원에 접근할 수 있는 기회이며, 새로운 교수법을 개발하고자 하는 동기를 제공한다. 사회적 관점에서는 대량화를 통해 잠재적으로 여러 맥락에서 적용가능한 도구와 자원을 개발할 수 있는 역량, 전문적 실천관행의 변화, 전 지구적 규모의 큰 문제들을 해결함으로써 얻게 되는 국제적 효과와 같은 이점을 기대할 수 있다 (Ferguson & Sharples, 2014).

MOOC 비전의 이러한 요소들을 종합해보면 다음과 같은 결론을 얻을 수 있다.

> 2030년에 이르면, MOOC로부터 진화한 새로운 교육시스템들이 전 세계적으로 수백만 명의 디지털 시민을 양성함으로써 사회적 요구에 부응할 것이다. 이러한 시

스템들은 전 세계 모든 사람들에게 교육을 개방함으로써 대규모 학습의 장점을 누릴 수 있도록 할 것이다. 이를 가능하도록 하려면 MOOC의 공급자뿐만 아니라 정책입안자들과 교육자들의 일관되고 확고한 의지가 필요하다.

이러한 비전이 달성되기 위해서는, TEL 복합체(그림 28.1)의 모든 요소들이 고려되어야 할 것이다. 교육학적 관행과 기술 및 관련 환경에서의 변화가 꼭 필요하다. 다음에서는 각 분야에서 이루어져야 할 변화들에 대하여 논의하고자 한다.

교육학: 학습과 교수에 대한 접근법

MOOC가 사회적 요구를 충족시키기 위하여 교육을 개방하고 대규모로 이루어지는 학습이 주는 결실을 맛보기 위해서는, 2030년까지 교육학 영역에서 새로운 학습자 집단과 교육자의 새로운 역할, 그리고 학습설계에 대한 새로운 접근법들을 고려해야만 한다.

학습자

MOOC는 교원들의 수업개발을 위한 시간과 자원이 비교적 여유로운 대학으로부터 시작되었는데, 이는 MOOC가 반드시 대학 환경에서 제공되어야만 한다는 것을 의미하지는 않는다. MOOC 참가자들을 대상으로 한 최근 조사 결과에 따르면, 이들 가운데에는 이미 상당한 수준의 교육을 받은 학습자들이 많다. 최근 에든버러대학에서 Cousear를 통해 처음으로 실시한 MOOC 참가자들을 분석한 결과를 살펴보면, 70퍼센트 이상이 학위 소지자이며, 40퍼센트는 석사 이상의 학위를 가지고 있는 것으로 나타났다(University of Edinburgh, 2013). 물론 수천 명의 실직자들과 대학교육을 받지 못한 사람들이 MOOC에 참여하고 있으나, 대다수의 참여자들은 이미 대학수준의 교육에 필요한 기술을 가지고 있는 것으로 보인다.

이러한 변화는 MOOC 공급자들이 온라인 학습기술과 관련된 기초강좌들을 제공하는 관행의 변화에서 시작되고 있다. 오늘날, 기초수준 이상의 수업들은 대부분의 학습자들이 학생의 역할과 공부방법에 대해 이미 알고 있다는 전제에서 출발한다. 동시에 이들이 특정한 학습환경에서 무엇을 기대하고 어떤 역할을 수행해야 할지 알고 있다는 전제도 이루어진다. 그러나, 이러한 지식의 대부분은 학습자들이 전통적인 면대면 환경에서 습득한 것들이다. 미래의 학습자들은 학습의 여정을 계속하기 위해 자신에게 요구되는 역할과 자기주도적인 문제해결력, 그리고 대규모로 온라인으로 제공되는 학습환경의 장점을 최대한 활용할 수 있는 방법에 대해 알아야만 한다.

교수자

교수자들 또한 이러한 가능성들을 최대한 활용하는 방법과 일대일의 대면접촉이 제한된 상황에서 학습자들을 효과적으로 지원할 수 있는 방법에 대하여 배워야 할 것이다. 많은 경우, 콘텐츠 제작과 실제 운영은 기존의 면대면 수업환경에 비해 분리되는 경향을 보일 것이며, 동일한 내용을 여러 번 반복하거나 서로 다른 플랫폼에 맞게 수정하는 경우에는 더욱 그러할 것이다. 교수자들은 강의를 하기보다는 학습자들의 참여와 친교를 도모하기 위해 토론 게시판에서 더 많은 시간을 보내게 될 것이다. 또한 학습자들 간의 정보교환, 지식의 구성, 그리고 학습을 촉진하는 역할을 맡게 될 것이다.

John Daniel의 견해에 따르면, 대중적 눈높이에서 교육을 개방하는 것은 여러 교육기관들의 공급능력을 향상시킬 수 있게 된다.

> MOOC는 수업의 질에 대한 공인되고 공개된 지표를 만들어낼 것이다. 이러한 지표는 일부 엘리트 교육기관의 약점을 노출시킬지도 모른다. 그러나 이러한 공개적이고 규모화된 지표들로 인해 교육기관들은 구호에 그치는 교육의 질 향상이 아

닌, 교육을 자신들의 핵심적인 본분으로 우선시하도록 근본적인 변화를 불러올 것이다. 이것이야말로 진정한 MOOC의 혁명이라 할 수 있다. (John Daniel, 2013)

이는 교실이나 MOOC에서나 교수자의 역할은 같다는 관점을 대변한다. 하지만, 현실적으로는 MOOC로 인하여 교수자에게 다양한 역할들이 부여될 것이다. 교수자 또는 강사로서의 훈련을 받은 이들은 자신의 기술과 수업목록을 확대하여 온라인 강의, 수업촉진, 멘토로서의 역할을 포함하게 될 것이다. 일부는 다양한 영역들 가운데에서도 학습설계와 같은 특정 분야에서의 전문화를 꾀할 것이고, 나머지는 매체 제작자, 애니메이터, 소셜미디어 전문가 등 다른 이들과 협력하여 콘텐츠 제작에 집중하게 될 것이다. 도서관 사서들은 학습자들이 디지털 리터러시 기술을 습득하고 자원을 검색, 평가할 수 있도록 도울 것이며, 이러한 모든 업무들은 수천 명의 학습자에 대한 평가와 관찰에 기반한 연구 결과에 기반하여 이루어지게 될 것이다. 2030년이 되면, MOOC의 교수자는 내용지식과 전문성을 갖춘 팀의 일원으로서 역할을 수행하게 될 것이다.

학습설계

교육에 관한 전문성을 갖춘 이들이 수행해야 할 중요한 역할 가운데 하나는 효과적인 학습을 위해 수업을 설계하는 일이다. 이를 위해서는 그동안 물리적, 재정적, 기술적 어려움들로 인하여 교육기회가 주어지지 않았던 학습자들에 대한 고려, 그리고 사회적 요구와 대규모 학습공동체의 이점을 살리기 위한 방안들에 대한 배려가 필요하다.

MOOC에 대한 초기 분석들은 단기적으로 작은 학습단위로 설계된 수업을 선호하는 학습자들의 취향을 뒷받침한다. 오늘날 대부분의 MOOC는, 학습자가 단기간의 비공식적인 무료 학습에서 장기적이고 공식적인 유료 수업으로의 전환을 요구하지 않는 이상, 상위단계로의 명확한 경로가 지정되지 않은 개별 단위로 구성되어 있다. 향후에는 보다 독립적이고 모듈화된 강의들이 늘어나게 될 것이다. 이러한 강의들은 보다 집중화되고, 정제된 자료에 기반하고 있으며, 학습설계와 메타데이터의 활용이 늘어남에 따라 이러한 수업들은 보다 일관되고 개별화된 학습의 여정에서 학습자들이 거쳐가는 작은 계단과 같은 역할을 수행하게 될 것이다.

우리는 이미 지속적인 전문성 개발을 위한 수단으로서의 MOOC에 대한 관심이 증가하는 것을 목도하고 있다. MOOC는 전 세계적으로 전문가들의 훈련을 위한 네트워크로서, 또 이들이 서로 다른 업무공간을 뛰어넘어 서로의 경험을 공유하는 수단으로 활용될 수 있다. MOOC는 또한 기후변화, 안전한 음용수 확보와 같이 개별 학습자나 소집단들이 해결하기 어려운 "사악한 문제들(wicked problems)"의 해결을 논의하기 위한 수단을 제공해준다.

MOOC의 이러한 무한한 가능성을 고려해볼 때 MOOC에서 촉발된 새로운 교육체제는 대학의 영역을 벗어나게 될 것이며, 대학이 새로운 시대의 학습과 개발에 발맞추어 스스로 변모하게 될 수도 있다. 물론 이러한 변화를 가져오기 위해서는 기술적 분야에서의 혁신이 함께 뒷받침되어야 할 것이다.

테크놀로지

MOOC와 개방교육 전반에 걸쳐 영향을 미칠 많은 기술적 변화들이 현재 개발중이다. 특히 정보통신기술의 발전은 "언제 어디에서나 존재하는" 정보에 대한 접근가능성을 현실화하고 있다. "읽고 쓰는 웹"이라 불리던 웹 2.0의 시대가 지나가고 "의미론적 웹(semantic web)"이라 불리는 웹 3.0의 시대가 열리면서 모든 사물들이 메타데이터로 연결되는 세상이 실현되고 있다. 웹과 인간의 신체가 통합되는 "웹 3.0 이후" 미래에 대한 전망이 벌써 가시화되고 있다(Kurzweil, 2005). 미래에는 무선기술 또는 모바일러닝 학습이 더 이상 새로울 것이 없는 일상이 될 것이며, 테크놀로지와 학습의 기회는 항상 우리 곁에 있게 될 것이다.

그러나 테크놀로지는 독립적으로 존재하는 것이 아니다. 새로운 가능성들이 눈앞에 나타날 때마다 장벽들도 함께 나타날 것이다. 방화벽(firewall)과 지급벽(paywall)은 많은 잠재적 학습자들이 도구와 자원에 접근하는 것을 가로막을 것이다. 교수자와 학습자들로부터 얼마나 많은 데이터를 수집해야 할지와 같은 윤리적 문제들도 존재할 것이다. 또한 필요한 테크놀로지와 기반시설을 감당할 수 있는 개인이나 국가들만이 교육에 접근하는 불평등을 해소하기 위해 우리는 디지털 격차 문제에도 많은 관심과 노력을 기울여야만 한다. MOOC에 대한 우리의 비전이 실현되기 위해서는 테크놀로지를 개발하고 활용함에 있어서 이러한 사항들을 고려해야만 한다.

이미 MOOC에서 활용되고 있는 최신 학습 테크놀로지에는 다음과 같은 것들이 있다.

- 피드백 향상을 위한 학습분석(learning analytics)
- 개별화된 학습경로를 제공하는 적응적 학습(adaptive learning)
- 관계분석을 위한 소셜 네트워크 분석
- 자동화된 평가를 위한 담론분석(discourse analytics)
- 맞춤화된 지원을 위한 의미론적 웹(semantic Web)
- 몰입을 위한 환경에서 학습자의 문제해결 능력을 촉진하는 가상 문제기반 학습(Haggard, 2013)

위와 같은 다양한 기술의 발전으로 인해 교수자와 학습자들에게 자동화된 지원과 피드백을 제공할 수 있게 되면서, 이들은 문제 영역에 그들의 관심을 집중할 수 있을 것이다.

하지만 이러한 기술의 발전만으로는 충분하지 않다. 국제적으로 상호승인이 가능한 학점체제를 구축하여, 학습자들은 기관 및 플랫폼에 구애받지 않고 수료장과 자격증을 얻을 수 있도록 해야 한다. 이러한 인증체제가 성공적으로 작동하기 위해서는 수업에 등록한 학습자와 그간의 학습활동, 공인된 자격증 획득 이력을 명확히 연결시킬 수 있는 인증기술의 강화가 필요하다. 테크놀로지를 통해 표절 추적이 가능해질 것이다. 제한된 문제은행으로부터 수많은 학생들에 대한 평가가 이루어지는 상황에서 표절은 심각한 문제로 대두될 것이다. 서로 다른 플랫폼에서 수행된 학습의 증빙을 안전하게 저장하고, 언제든지 확인할 수 있는 평생학습 포트폴리오 시스템에 대한 수요도 지속적으로 증가할 것으로 보인다.

접근성의 관점에서 살펴보면, 교육자원은 다양한 언어로 제공되어야 한다. 이 문제에 대한 기술적 해결책은 크라우드 소싱(crowd-sourcing) 번역의 형식으로 대중의 힘을 빌리는 것이다. 이것이 가능해지려면 MOOC 개발자들은 저작물의 공유(creative commons)와 공개교육자원(open education resources, OER)에 좀 더 세심한 관심을 기울여야 한다. 동시에 물리적 제약으로 인해 면대면 학습에 대한 접근이 제한된 학습자들은 온라인상에서 접근가능한 새로운 대안을 찾을 수 있게 된다. 시각장애자들을 위한 수학적 표기와 같은 문제들은 충분히 해결 가능하다. 이러한 문제들은 기술적인 차원에서 접근할 것이 아니라 환경과 태도의 변화를 요구하는 과제들이다.

주변 환경

MOOC 비전을 달성하기 위해 필요한 변화들은 대학과 교수자, 학습자들에게 국한되는 것이 아니다. 이를 위해서는 먼저 고등교육의 정의와 대상에 대한 우리 인식의 변화가 이루어져야 한다. 이처럼 급변하는 시대는 우리에게 온라인 협동을 통해 학습하고자 하는 열의와 소셜미디어의 적극적인 활용을 요구한다. 또한 이러한 변화를 적극적으로 지원하고, 유도할 수 있는 정책적 변화 또한 요구되고 있다.

고등교육의 변화

많은 학생들에게 있어서, 대학 경험의 중심은 학위를 취득하는 데 있다. 이러한 경향은 여러 나라들에서 나날이 증가하는 대학 학비와 덩달아 자신을 교육의 소비자로 인식하는 학습자들로 인해 더욱 심화되고 있는 추세이다. 이러한 경제적 압박으로 인해 대학과 학습자는 모두 비용절감의 기회를 찾게 된다. MOOC는 기존의 고등교육기관들이 묶음으로 제공해오던 서비스를 개별화할 수 있는 수단을 제공한다(Anderson, 2013). 수업과 학생으로서의 경험, 그리고 학위로 묶여있던 대학의 기존 패키지는 학생들이 온라인으로 학습하는 것이 가능해지면서 점차 흔들리게 될 것이며. 대학은 학습자들이 본교 이외의 공간에서 이수한 학습을 인정하여 여러 기관들을 통한 수강을 적절히 혼합하는 것이 가능해질 것이다. 과거에 교수자가 양질의 수업자료를 통해 학습의 경로들을 제공해온 것처럼, 미래에는 양질의 수업들을 통해 학습의 경로를 찾게 되는 대안이 제공될 것이다.

이미 많은 대학들이 학생들에게 학습 및 행정적 정보 접속을 위한 웹기반 학습환경을 운영하고 있으며, 일부 대학들은 이러한 환경을 이용하여 온라인 학위과정을 제공하고 있다. 이처럼 대학의 강좌들이 온라인으로 확대됨에 따라 MOOC의 교수자료들이 대학에서 개설하는 강좌들과 통합되면서, 학생들은 고품질의 동영상 교육자료에 접속하고 온라인 토론에 참여하는 혜택을 누릴 수 있게 되었다.

이러한 온라인 강좌와 대학 정규강좌 간의 통합이 지속적으로 확대될 것이라는 데에는 이론의 여지가 없다. 예를 들면, 예비대학생들을 위한 MOOC 강좌들을 개발하여 학문적 글쓰기 또는 대학 기초수학과 같은 기초과정을 제공하려는 시도가 이루어지고 있다. 대학의 입장에서 이러한 기초 강좌들을 개별 교수나 기관의 차원에서 매번 개설하는 것은 효율적이지 못하다. 따라서 여러 교육기관들이 이러한 강좌들을 공동으로 개발하여 개설하되 기관별로 학생들에게 필요한 지원서비스를 제공하는 방식이 늘어날 것이다. 보다 심화된 수준의 강의들은 학생들이 온라인으로 공통 교육과정을 학습하고 면대면 교실수업에서는 심화된 토론과 문제해결에 집중하는 "플립러닝(flipped classroom)" 모형으로 전환될 것이다.

OpenEdx와 같은 MOOC 플랫폼을 대학수업에 도입하는 것과 같이, 가상 학습공간이 MOOC를 위한 공간을 제공하면서 다양한 테크놀로지 간의 융합이 가속화될 것이다. 2030년이 되면, MOOC 플랫폼과 가상 학습환경 간의 구분이 없어질 것으로 보인다. 학생들은 주로 온라인으로 학습하고 공동작업이나 심화된 토론, 실험실 강의, 그리고 감독이 필요한 시험과 같이 특별한 경우에만 캠퍼스를 방문하게 될 것이다. 심지어 몇몇 대학에서는 이러한 캠퍼스 세션들이 선택적으로, 혹은 고급사양으로 제공될 수도 있다.

평생교육이 당연시됨에 따라 대학원과정 또한 더 이상 고급과정으로 간주되지 않을 전망이다. 학습의 여정은 당장 필요한 정보를 얻기 위해 동영상을 시청하는 것과 같은 적시학습(just-in-time education)으로부터, MOOC를 통해 특정 주제와 관련된 일련의 강좌들을 계속적으로 수강하여 전일제 학위과정, 파트타임 대학원 강좌, 또는 직무관련 워크숍을 이수하는 등 교육을 통해 사람들에게 저마다의 다양한 경로를 제공할 것이다. 수많은 학습여정이 서로 교차하는 지점에서 상이한 경로에 속한 학습자들이 동일한 학습자료를 공유하고 자신만의 학습자원을 축적해가며 협력과 멘토링 기술을 개발할 수 있을 것이다.

MOOC의 확산에 따라, 학습여정 설계와 인증의 중요성은 더욱 커질 것이다. 앞서가는 대학들은 이를 자신들의 주요 경영전략에 포함하여 이 분야에서 적극적인 활약을 펼치게 될 것이다. 이렇게 만들어진 대학내 학습자 공동체는 학생들이 소속기관에서 지속적인 참여를 유지할 수 있도록 돕는다. 또한 한 강좌를 마친 학생들이 자연스럽게 다른 강좌를 수강하게 되는 일이 평생에 걸쳐 반복되면서 재학생과 졸업생 간의 구분도 줄어들게 될 것이다. 함께 강좌를 수강한 학습자들이 서로간의 대화와 업무경험 공유를 이어나가면서, 다음 단계의 수업을 위한 중요한 자료로 활용되게 될 것이다.

MOOC는 이미 시간과 공간을 초월하는 협력적 네트워크의 모형을 제공하고 이를 위한 역량을 쌓아나가고 있다(McAuley et al., 2010). 2030년에는 강력한 두뇌집단의 기능을 수행하는 학습자 공동체를 보유한 대학들이 명문대학으로 자리잡게 될 것이다. 이들 대학의 재학생—또는 졸업생—들은 주요 현안에 관해 전 세계에 분포한 동료집단과 토론할 수 있는 즐거움을 누리게 될 것이며, 이러한 토론과 대학내 전문가들의 지식기반이 결합하여 일개 집단이나 조직의 수준을 훌쩍 뛰어넘는 업적과 정책적 조언을 만들어내게 될 것이다.

품질 보증과 규제에 관한 정책

이러한 대규모의 획기적인 변화를 위해서는 특히 품질 보증과 규제에 관한 정책적 변화가 뒷받침되어야 한다. 오늘날 대부분의 MOOC가 규제되지 않고 있는 상황에서 교육의 질은 매우 다양하다. MOOC와 형식교육(학교교육, 기업내 훈련, 자격인증과정) 간의 연계가 강화될수록 이러한 상황은 심각한 문제를 야기하게 될 것이다.

Daniel(2012)은 전 세계의 품질인증기관들은 강좌이수율과 학위취득률을 매우 중요시하고 있음을 지적하며, "학생들이 단순히 강의에 등록하는 것이 아니라 성공적으로 수업을 마칠 수 있도록, 대학이 학문적 기준을 세우고 학생들이 그 기준에 도달할 수 있게 가능한 모든 노력을 기울여야 한다"고 촉구하고 있다. 유사한 맥락에서 많은 언론들이 MOOC의 높은 중도포기율에 대한 보도에 열을 올리고 있지만, 강좌이수율만으로 교육의 성과를 측정하는 데에는 한계가 있다. 다른 비형식 교육에서와 마찬가지로, 학습자들은 자신만의 고유한 학습목표를 설정하지만 이러한 목표들이 교수자가 사전에 정한 성취목표와 늘 일치하는 것은 아니다. 참가자들이 특정한 수업내용에 접근하거나 토론에 참여하기 위해, 또는 단순히 개방학습을 경험해보기 위해 수업에 등록하는 경우도 있을 수 있다. 이처럼 다양한 학습경로와 상이한 학습에 대한 기대를 고려하면 전통적인 수업평가 척도들만으로는 충분하지 못한 부분이 많다.

MOOC가 전통적인 고등교육기관들로 하여금 기존의 강좌개설 방식과 내용을 재고하고 혁신하도록 촉진하는 것과 동시에, 품질인증기관들로 하여금 다양한 학습자 집단의 요구를 반영하도록 유도하고 있다. 학습자들이 교육에 많은 시간을 투자함에 따라 교육의 질에 관한 신뢰할 만한 평가지표를 요구하게 된다. 여행경험에 대한 대중의 평가결과를 공유하는 TripAdvisor와 같은 크라우드소싱(crowd-sourced) 평가 웹사이트는 공식적인 평가보고서보다 유용한 최신의 정보를 제공해줄 것이다. 다른 한편으로는 고용주들 또한 직원들로 하여금 일정 시간을 할애하여 MOOC를 통한 자격이수과정을 학습하도록 하고 이를 고용 및 업무평가에 활용하게 될 것이다. 이를 위해 수업설계, 교수자, 그리고 교육성과에 관한 객관적인 평가를 대행해줄 수 있는 품질인증기관에 대한 수요가 늘어날 것이다. 고용주의 관점에서는 강좌수료율보다 직원들이 특정한 학습경로를 통해 필요한 강좌와 프로그램을 성공적으로 이수하였다는 점이 중요하게 여겨질 것이다.

정부의 인가를 받은 기관들 또한 이러한 품질인증 체제와 관련한 중요한 역할을 맡게 될 것이다. MOOC는 국제적인 교육의 한 형태로, 수업을 통해 이수한 학점이 세계적으로 인정되어야 한다. 이러한 학점의 일부는 전문단체들을 통해 관리되겠지만, 국가들로서는 이러한 인증체계가 일관성 있고 엄격하게 관리되어 표절 및 각종 부정행위에 대한 규제가 이루어질 수 있는 방안이 필요하다.

각국의 정부는 품질 관리 및 인증체제를 위한 합의와 규제, 자금조달에 있어 중요한 역할을 맡게 될 것이다. 정부 차원에서 MOOC 교육을 담당할 충분한 교수인력을 양성하고 학교 정규교육과정에서 학습자의 평생학습 역량을 다루도록 하는 노력을 기울여야 할 것이다. 정부는 또한 공개교육자원의 개발 및 관련 연구 수행을 위한 공적 자금 마련에도 앞장서야 할 것이다. 또한 적절한 규제정책을 통해 MOOC 공급자들이 청소년 학습자의 보호와 개인정보 보호, 그리고 온라인 토론 질서 확립에 힘써야 한다. 이 같은 자금지원과 정책수립,

연구활동을 통해 MOOC가 교육을 개방하고, 사회적 요구에 부응하며, 대규모 학습의 이점을 최대화할 수 있을 것이다.

2030년에도 지금과 같이 MOOC라는 용어가 통용될 것 같지는 않다. MOOC는 온라인상에서 대규모로 제공되는 고등교육에 대한 이해를 촉진하고자 시작되었다. 대학교와 기업, 정부, 그리고 사회단체들이 이러한 대규모 온라인 학습 운동에 동참하면서, 규모의 경제와 새로운 교육시장 진입의 기회, 지식의 전 세계적 확산을 위한 새로운 수단 확보가 가능해짐과 동시에, 전통교육에서와 마찬가지로 교사교육, 수업설계, 품질 관리, 평가 및 인증, 전 세계에 분포한 학습자 조직 개편과 같은 문제들을 직면하게 되었다. 대학이 온라인 학습에 진출함에 따라 이들의 역할 또한 변화하며 다양한 위치와 문화에 속한 학습자들을 원격으로 학습에 참여하도록 지원해야 하는 어려운 과제를 안게 될 것이다. 그럼에도 불구하고 새로운 교수법을 이끌어내기 위한 연구의 주도세력으로, 면대면 학생지원 서비스를 제공하기 위한 거점이자 엄정한 평가의 주체로서 대학의 입지는 새로운 시대에도 굳건히 남아있을 전망이다. 특히 대학은 MOOC에서 출발한 새로운 교육체제가 전 세계에 위치한 수백만 명의 디지털 시민을 양성하기 위한 사회적 요구를 충족하고, 교육기회를 개방하며, 대규모 학습이 제공하는 결실을 전 세계 모든 학습자들에게 나누어줄 수 있도록 하는 데 있어 매우 중요한 역할을 수행하게 될 것이다.

Rebecca Ferguson | 영국 개방대학의 전임강사이며 연구관심 분야는 교육의 미래, 학습 분석, MOOC, 증강학습과 온라인 소셜러닝 등을 포함한다. 최근 저서로는 〈증강학습: 현실과 가상의 학습의 통합〉(Palgrave 출판사, 2014) 등이 있다.

Mike Sharples | 영국 개방대학 교육공학연구소의 교육공학 전공교수이며, FutureLearn의 Academic Lead의 보직을 맡고 있다. 그의 주된 연구 분야는 학습을 위한 새로운 테크놀로지와 환경의 인간중심적 설계이다. 그는 또한 mLearn 학술대회의 창시자이며 국제모바일러닝 학회의 초대 회장이자 IEEE Transactions on Learning Technologies의 편집장을 역임하고 있다. 그는 교육공학, 과학교육, 개별화된 테크놀로지의 인간중심적 설계, 인공지능, 인지과학 분야에서 300편 이상의 연구논문을 저술하였다.

Russell Beale | 영국 브림엄영대학교의 Human-Computer Interaction Center 소장과 교수로 재직하고 있으며, FutureLearn의 창립 초기부터 관여하여 MOOC를 위한 교수법과 상호작용, 사용자중심 지식 탐구, 복잡한 문제상황에서의 정보처리 및 의사결정 최적화 등의 영역에서 활발한 연구활동을 계속해왔다. 최근 연구관심 분야는 복잡한 정보와 사용자간 상호작용, 모바일 컴퓨팅, 그리고 우리의 사회적 구조와 활동에 미치는 테크놀로지의 영향 등이다.

참고문헌

Anderson, T. (2013). *Promise and/or peril: MOOCs and open and distance education.* Retrieved from http://www.col.org/SiteCollectionDocuments/MOOCsPromisePeril_Anderson.pdf.

Clifton, B. (2013). *FutureLearn to launch unique social online learning experience, delivering free university courses to learners around the world.* Retrieved from http://www3.open.ac.uk/media/fullstory.aspx?id=26322.

Daniel, J. (1996). *Mega-universities and knowledge media: Technology strategies for higher education.* London: Kogan Page.

Daniel, J. (2012). Making sense of MOOCs: Musings in a maze of myth, paradox and possibility. *Journal of Interactive Media in Education, 18.* Retrieved from http://www-jime.open.ac.uk/jime/article/view/2012-18.

Ferguson, R., & Sharples, M. (2014). *Innovative pedagogy at massive scale: Teaching and learning in MOOCs.* Proceedings of ECTEL 2014, Graz, Austria.

Haggard, S. (2013). *The maturing of the MOOC.* London: Department for Business Innovation and Skills.

Kurzweil, R. (2005). *The singularity is near.* London: Duckworth.

Leckhart, S., & Cheshire, T. (2012). University just got flipped: How online video is opening up knowledge to the world. *Wired,* 5: May 2012. Retrieved from http://www.wired. co.uk/magazine/archive/2012/05/features/university-just-got-flipped?page=all.

McAuley, A., Stewart, B., Siemens, G., & Cormier, D. (2010). *The MOOC model for digital practice.* Retrieved from http://davecormier.com/edblog/wp-content/uploads/MOOC_Final.pdf.

Scanlon, E., Sharples, M., Fenton-O'Creevy, M., Fleck, J., Cooban, C., Ferguson, R., Cross, S., & Waterhouse, P. (2013). *Beyond prototypes: Enabling innovation in technology-enhanced learning.* London: Technology-Enhanced Learning Research Programme.

United Nations. (2013). *World population prospects, the 2012 revision: Highlights and advance tables.* Retrieved from http://esa.un.org/unpd/wpp/Documentation/pdf/WPP2012_HIGHLIGHTS.pdf.

University of Edinburgh. (2013). *MOOCs@Edinburgh 2013 – Report#1.* Retrieved from http://hdl.handle.net/1842/6683.

29

열린 가능성들

미래를 향한 시각에서 이 책 다시 보기

Thomas H. Reynolds | Thomas C. Reeves | Mimi M. Lee | Curtis J. Bonk

이 책의 마지막 장에 다다른 것을 축하한다. 전 세계적으로 MOOC와 개방교육의 현황을 살펴보는 이제까지의 긴 여정이 유익하고 흥미로운 시간이었기를 바란다. 64명의 공저자들이 집필한 32장의 방대한 분량으로 구성된 이 책의 여정을 몇 마디로 요약하는 일은 쉽지 않은 작업이다(여기에는 두 개의 통찰력 넘치는 서문들과 편집자들의 서론과 결론, MOOC와 개방교육 분야의 선구자들이 집필한 28장의 본문이 포함되어 있다). 그러나, 이처럼 방대한 관점과 경험이 집약되어 있음에도 불구하고, 아직 우리 공동편집자들이 덧붙이고 싶은 내용이 조금 남아있다. 예를 들면, 러시아나 멕시코, 중국, 한국, 핀란드, 그리고 중동이나 중앙아시아와 남미의 저자들은 이 책에 포함되어 있지 않다.

여러분이 이 책에서 읽은 내용은 14개국을 대표하는 MOOC와 개방교육 지지자들이 국경을 넘어 수많은 사람들의 삶에 영향을 미치고 있는 혁신적인 성공 사례들이다. 그리고 서문에서도 언급되었듯이, 이 책의 저자들이 직접 설계하고 가르치고 평가한 MOOC와 다양한 형태의 OER들은 지구를 한 바퀴 돌아 각국의 학습자들에게 도달하였다.

이 책에 포함된 내용들 가운데에는 현재와 미래의 교육적 문제들을 해결하기 위한 개방교육의 잠재력에 관한 합리적인 우려의 목소리도 있다. 몇몇 저자들은 서구에 의해 주도되어 영어로만 전달되는 MOOC 강좌와 교육자료들이 세계 각지에 위치한 학습자들의 다양한 요구를 충분히 수용할 수 있을지 의문을 제기하고 있다. 기업교육단체, 개방대학, 그리고 비영리단체들 역시 혁신적인 아이디어들과 함께 이 같은 관심과 우려를 표명하고 있다.

이처럼 이 책의 의도는 MOOC와 개방교육의 세계적 현황에 대한 전문가들의 일치된 의견과 합의를 이끌어내려는 것이 아니다. 오히려, 우리는 현재 MOOC와 개방교육과 관련하여 전 세계적으로 이루어지고 있는 여러 관점과 시도, 가능성들에 관한 다양한 예들을 보여주고자 하였다. 이러한 목적을 위해 우리는 광범위한 집필진을 확보하여 매우 독특하면서도 확산적인 관점들을 이끌어낼 수 있었다. 결과적으로, 이 책에서는 MOOC와 개방교육 분야의 세계적인 리더들이 여러 나라의 학습자들을 대신하여 실천하고 있는 혁신적인 노력을 하나의 연대기로 서술하고 있다.

따라서, 마지막 장에서는 교육개방과 관리체제의 현상유지 간의 긴장관계를 주시하면서 이 책의 저자들이 일관된 관점에서 독특한 관찰과 열린 선택을 통해 한 목소리로 이야기하고자 하는 내용을 여러분에게 전달하고자 한다. 이 책을 읽어나가면서 독자 여러분은 우리 앞에 놓인 교육과 교육전달매체의 흥미진진한 미래에 관한 선택의 문을 활짝 열어놓을 것을 제안한다.

내용 요약

이 책을 통해 여러분은 개방학습, MOOC, 그리고 원격학습 전반에 걸쳐 가장 널리 알려진 전문가들과 만날 수 있었다. 이 책의 추천사는 최초의 MOOC 교수자로 알려진 George Siemens가 썼으며, 네덜란드 개방대학의 공개교육자원의 유네스코 의장인 Fred Mulder가 또 다른 추천사의 저자로 참여하였다. Siemens와 Mulder는 모두 오늘날의 MOOC가 있기까지 그간 이 분야에서 이루어졌던 역사적 기반에 대한 이해를 토대로 미래에 대한 전망을 제시하고 있다. 새롭게 떠오르는 이 분야에서 오랫동안 주요 리더로 활약해온 이들의 의견을 전할 수 있게 되어 매우 기쁘다.

이 책의 첫 번째 파트는 MOOC와 관련된 몇 가지 핵심 주제들과 우려에 대한 논의를 촉진하기 위해 기획되었다. 이를 위해 개방교육 분야에서 가장 독보적인 목소리를 내어온 David Wiley의 글로 시작하였다. Wiley는 MOOC가 진정으로 모두에게 열려있는지 의문을 제기하고 있다. 우리는 개방학습 분야에서 그간 Wiley가 보여준 공헌을 고려하여 진지하고 겸허하게 이 경고를 받아들여야 할 것이다. 그는 현재 Lumen Learning에서 낮은 비용으로 개방교육을 위한 새로운 대안을 만들어내는 데 힘쓰고 있다. Georgia Institue of Technology의 Karen Head가 집필한 두 번째 장은 앞서 제기된 문제의식을 좀 더 확대하여, 세계 여러 나라들 가운데에서도 특정한 지역, 일부 사회경제적 계층의 관점과 이해관계를 대변하고 있는 MOOC의 배타성이 가져올 수 있는 잠재적 문제점들에 대한 논의를 이어가고 있다. Head에 따르면, MOOC의 다양성과 광범위한 개방학습의 참가자들을 고려하여 단일 공급자 모형은 지양해야 한다. Kumiko Aoki가 집필한 3장은 일본의 열린 원격학습 발달과정과 최근 현황에 관한 매우 흥미로운 내용을 담고 있다. 특히 전자 및 컴퓨터 테크놀로지 분야에서의 독보적인 지위에도 불구하고 교육을 위한 일본의 테크놀로지 수용과 통합 노력이 일반적인 기대에 크게 못 미치는 수준이라는 점은 매우 놀랍다.

두 번째 파트에서는 미국(Gerard Hanley가 집필한 4장), 호주와 아일랜드(Carina Bossu와 동료들의 5장), 그리고 남아프리카(Laura Czerniewicz와 동료들이 집필한 6장)의 원격학습 전문가들이 공개교육자원과 원격학습의 질, 실현가능성, 수용 및 학문적 성장과 관련한 정책의 진화에 관해 이야기하고 있다.

역사적으로 독특한 MERLOT의 발전과정과 그로부터 파생한 수만 종류의 학습객체와 자원들이 무상으로 공개되면서 미친 엄청난 영향은 의심할 여지가 없다. 이러한 개방교육의 연장선상에서 Hanley는 이 분야의 자연스러운 진화과정의 한 부분으로 MOOC에 대해 설명하고 있다. Bossu, Bull과 Brown이 집필한 5장에서는 이러한 진화과정을 공개교육자원(OER)과 연계하여 MOOC와 관련된 공개자료들의 사용에 관한 실행지침과 가이드라인을 소개하고 있다. 다음 장에서는 Czerniewicz와 그의 동료들이 학계의 디지털화와 고등교육 분야에서의 콘텐츠 무료공개가 갖는 중요하고 지속적인 변화에 대해 이야기한다. 고등교육 분야에서 개방교육이 제대로 자리잡도록 하기 위해서는 지속적이고 단결된 노력이 필요하다. 이러한 세 장의 내용을 종합해보면, 여러분은 향후 다가올 미래에는 물론 현재에도 개방교육을 위한 많은 생각과 노력이 필요함을 알 수 있을 것이다. 이 분야의 일천한 역사와 많은 흥미로운 변화, 아니 혁신들 속에서 디지털시대의 학자로서 연구경력을 쌓는 것은 그다지 어려운 일은 아닐 것이다.

이제까지 살펴본 두 파트가 이 책의 역사적인 배경을 설명하고 있다면, 다음에 이어진 파트에서는 MOOC와 개방교육에 관한 연구와 평가에 관한 내용을 다루고 있다. 2008년 George Siemens와 Stephen Downes가 최초의 MOOC 실험을 감행한 이래 이 분야의 많은 사건들이 북미대륙을 중심으로 전개되어 왔으며, 이 책의 많은 저자들 또한 북미지역에 집중되어 있음을 알 수 있을 것이다. 이에 따라 우리는 이 책에 세계 여러 지역의 다양한 관점들을 포함시키기 위해 많은 노력을 기울였다. 그 예로, 이 책의 세 번째 파트에서는 독일(7장), 뉴질랜드(8장), 그리고 스코틀랜드(9장)에서 MOOC와 관련하여 진행된 연구들을 소개하고 있다. 이 파트의 저자들이 매우 흥미로운 연구결과들을 기록하여 보여주고 있는 반면, 사회적으로 책임감 있는 연구문제와 특정한 학습변인, 신뢰롭고 타당한 평가도구의 확보와 같이 아직도 해결해야 할 과제들이 많이 남아있다.

네 번째 파트에서는 품질 관리와 개방기준에 관한 문제들에 초점을 맞추고 있다. 미국뿐만 아니라 캐나다, 인도, 네덜란드를 대표하는 이 파트의 저자들은 MOOC와 개방교육에 관련된 독특한 가이드라인과 개념틀, 제언들을 제시하고 있다. 10장에서 일리노이대학교 스프링필드 캠퍼스의 Karen Swan과 그녀의 연구팀은 MOOC의 교육적 접근방식을 이해하는 데 유용한 주제틀을 제시하고 있는 반면, 11장에서 Commonwealth of Learning의 Sanjaya Mishra와 Asha Kanwar가 소개하는 내용은 OER 사용의 품질 가이드라인에 관한 유용한 정보이다. 다음으로 12장에서 Fred Mulder와 Darco Jansen은 그간의 여러 MOOC 프로젝트들의 "개방 정도"를 잠재적인 장애물과 이슈들, 공개에 대한 유인책 등에 따라 평가할 수 있는 척도를 소개한다. 이들이 시도한 범유럽 교육개방(pan-European Openup Ed) 운동은 개방교육에 대한 하나의 표준으로 앞으로 다른 여러 나라로 확대될 가능성이 높아 보인다. 이제까지 다루어진 내용이 품질에 관한 최종적인 결론이 될 수는 없으나, 교육 및 훈련부문의 여러 기관과 조직들에서 MOOC의 교육의 질에 관한 심각한 담론이 촉진될 수 있기를 바라는 바이다.

다음으로 이어진 내용은 혁신적이고 창의적인 MOOC 수업과 프로그램, 교수법 모형들에 관한 것이다. 당연하게도, 이 책을 읽고 있는 여러분은 MOOC를 통해 새롭고 비용효과적인 학위과정을 설계, 운영, 평가하는 데 관심을 가지고 있을 것이다. 그러한 하나의 예로 13장에서 Georgia Institute of Technology의 Richard DeMillo는 컴퓨터공학 석사학위 과정의 비용절감 사례를 소개하고 있다.

동시에 많은 독자들은 방대한 동료지원을 필요로 하는 MOOC 생태계 안에서 어떻게 자발적인 공동체의 형성을 촉진할 수 있을지 궁금해하고 있을 것이다. 14장에서 Kim과 Chung은 Stanford University에서 그들이 시도하고 있는 다양한 첨단기법의 프로젝트들 가운데 하나의 예를 소개하고 있다. 만약 이 장에서 소개된 내용에 흥미를 느꼈다면 Kim이 시도하고 있는 다른 프로젝트들에 대해서도 읽어볼 것을 추천한다. 물론 이러한 제안은 이 책의 다른 저자들에 대해서도 동일하게 적용된다.

다음 장에서도 이와 유사하게 MOOC를 위한 면담시간 운영에 관한 University of Michigan의 Charles Severance가 시도한 새로운 교육적 접근법을 만나볼 수 있다. Severance는 오픈소스 소프트웨어와 온라인 교육의 오랜 옹호자이며, 널리 알려진 오픈소스 수업관리시스템인 Sakai의 개발과정에도 많은 공헌을 하였다. 그는 교수자인 자신과 여러 학생들의 MOOC 경험을 좀 더 개별화하기 위하여 전 세계 호텔 로비와 카페에서 면담시간을 운영한다는 아이디어를 발전시켜 수업에 적용하였다. 그가 LA, 보스턴, 오스틴, 워싱턴 DC, 시카고와 같은 미국 내 도시들은 물론, 암스테르담, 푸에블라(멕시코)와 같은 해외 여러 도시에서 운영한 가상면담에 관한 자세한 내용은 이 책의 15장뿐만 아니라 유튜브에 이 수업 참가자들이 올린 비디오를 통해서도 확인해볼 수 있다(http://www.dr-chuck.com 참조).

16장에서 여러분은 University of Houston의 대학원생들이 교수진과 함께 초중등 교사들의 경력개발을 위한 MOOC 학위후과정을 설계하고 개발한 사례를 접하게 된다. Bernard Robin과 Sara McNeil은 다른 사례에서도 적용가능한 MOOC 개발 가이드라인을 제공하고 있다. 이들의 Webscape 설계모형은 소규모 집단의 학생들이 교수진과 함께 MOOC 수업을 개발하는 전체 교수설계과정에서 활용가능한 최초의 모형이라 할 수 있다. 이는 Severance가 집필한 장과 마찬가지로 MOOC 경험의 질을 높이기 위해 많은 이들이 반복적용하고 확대해나갈 가치가 있는 중요한 공헌이다.

이 책의 다섯 번째 파트는 FemTechNet이라 불리는 매우 독창적인 시도에 관한 내용을 담고 있다. 이 혁신적인 프로젝트는 여러 해에 걸쳐 테크놀로지, 과학, 그리고 페미니즘에 대한 관심을 공유하는 학자들과 예술가들, 학생들의 네트워크에서 비롯되었다. 8명의 학자들이 공동저자로 집필한 17장은 이 책에서 소개된 여러 프로젝트들 가운데에서도 가장 개방적인 교육협력이라고 할 수 있을 내용을 담고 있다. 저자들은 미국 전역에 걸쳐 (궁극적으로는 전 세계의) 여러 대학과 기관들에 소속된 교수자들이 "분산된 공개 협동강좌(Distributed Open Collaborative Course, DOCC)"라고 불리는 새로운 유형의 MOOC를 통해 여러 개의 독립적인 강좌들에서 공통의 수업경험과 콘텐츠를 제공한 실험에 대해 설명하고 있다. 물론 이러한 DOCC 이외에도 MOOC에서 파생된 새로운 유형의 MOOC 강좌들에 대한 실험과 연구가 진행되고 있으며, 이러한 시도는 앞으로도 계속 이어질 것이다.

여섯 번째 파트는 개발도상국들에서 새롭고 활발하게 진행되고 있는 MOOC와 개방교육에 초점을 맞추고 있다. 예를 들면, 18장에서 Commonwealth of Learning의 Balaji Venkataraman과 Asha Kanwar는 개발도상국의 학습자들에게 모바일 테크놀로지의 장점과 여러 특별한 기술훈련, 그리고 MOOC의 중요성에 대해 교육하는 데 MOOC가 어떤 역할을 할 수 있는지 기록하고 있다. 다음 장에서도 이와 유사한 내용으로 세계은행교육원의 Sheila Jagannathan가 전 세계적인 빈곤퇴치와 부의 재분배를 위해 MOOC의 개방교육 양식을 활용하고 있는 세계은행의 여러 시도들에 대해 설명하고 있다. 이어지는 장에서도 계속하여 MOOC와 개방교육이 동남아시아, 특히 말레이시아와 인도네시아에 미치는 영향(Zoraini Wait Abas의 20장 참조)과 필리핀의 온라인 학습에 대한 내용(Melinda Bandalari와 Grace Javier Alfonso의 21장)을 다루고 있다. 시민들을 교육시키고 지역경제를 부흥시키기 위해 동남아시아 전역에 걸쳐서 MOOC와 개방교육에 대한 탐색과 실험, 평가가 활발히 이루어지고 있다. 지구의 서쪽으로 이동하여, 22장에서는 아프리카 가상대학(African Virtual University, AVU)을 중심으로 아프리카의 MOOC와 개방교육 관련 현황을 전하고 있다. 이 장의 저자들인 Griff Richards와 Bakary Diallo는 중요한 사회기반시설 관련 이슈들 가운데에서도 AVU에서 현재 진행되고 있는 여러 흥미로운 프로젝트들에 대해 설명하고 있다.

이 책의 일곱 번째 파트는 기업에서의 개방학습 현황에 대해 살펴보고 있다.

23장에서 학습과 테크놀로지 분야의 거장인 Elliott Masie는 기업교육 맥락에서 최근 개방교육의 영향과 경향에 대해 이야기한다. 그가 정확히 지적하고 있듯이, 기업훈련을 위한 목적으로 TED나 유튜브와 같은 공개 콘텐츠 포털의 이용이 활발해지면서 좋은 결과로 이어지고 있다. 다음으로 24장에서는 ALISON의 창업자인 Mike Feerick이 전 세계적으로 리더십 훈련, 컴퓨터 프로그래밍, 관리기술과 같이 특정한 기술개발이 필요한 수백만 노동인구를 위한 무료 온라인 학습의 부상에 대해 설명한다. Feerick은 또한 이러한 기술들과 관련한 무료 온라인 평가 및 인증을 둘러싼 문제들에 대해서도 이야기하고 있다. 이 파트의 마지막 장인 25장에서는 일리노이대학교 스프링필드 캠퍼스의 Ray Schroeder와 동료들이 전 세계에 위치한 직원들을 위한 기업 및 전문기관들의 교육훈련 수단으로 MOOC가 활용되고 있는 다양한 사례들에 대해 설명하고 있다. 저자들은 특히 보건분야의 경력개발을 위한 MOOC 강좌들을 설계한 경험과, 그 밖의 다른 기업교육과 관련된 여러 아이디어들과 사례들을 소개하고 있다.

마지막 여덟 번째 파트에서는 호주 남부 퀸즈랜드대학교, Australian Digital Futures Institute의 Michael Keppell이 학습과 기술의 여섯 차원에 걸쳐 보다 개별화된 학습환경을 제공하기 위한 새로운 관점에 대해 이야기한다. 26장에서 소개되고 있는 그의 학습에 대한 다차원적 전망과 로드맵에는 (1) 디지털 리터러시의 주요 리스트, (2) 고도로 균일화된 학습, (3) 자기주도적 학습의 중요성, (4) 교과중심 평가체제에서 학습자중심 평가체제로의 전환, (5) 평생학습사회의 실현, 그리고 (6) 이러한 모든 내용의 실현을 위한 보다 융통성 있는 학습경로의 진화가 포함되어 있다. 보다 인간적인 21세기로의 진화과정에서 이 각각의 차원들은 매우 중요해 보인다. 이에 따라 여러분도 먼저 이 장에서 Keppell이 소개하고 있는 내용에 대해 살펴보고 저자가 성취하려 하는 바의 의미에 대해 생각해보기 바란다. 그리고 이러한 시사점들을 현재 여러분이나 여러분의 동료들이 현재 여러분의 조직에서 시행하려고 하는 노력들에 적용해보기 바란다.

이 밖에도 마지막 파트에는 또 다른 두 장이 포함되어 있다. 27장에서는 캐나다의 Rita Kop과 Helene Fournier가 앞서 Keppell이 제안한 보다 개별화된 학습을 가능하게 하기 위해서는 형식학습과 비형식학습의 교차지점에서 지식기반의 진화가 이루어져야 한다고 지적하고 있다. 특히 구성주의적 MOOC 관련 연구와 평가의 선구자라 할 수 있는 Kop과 Fournier는 전 세계적으로 MOOC와 개방교육의 현재와 미래의 잠재성에 대한 독특한 통찰력을 제공해준다.

마지막으로, 28장에서는 FutureLearn과 영국 개방대학의 Rebecca Ferguson, Mike Sharples, 그리고 Russell Beale가 MOOC와 개방교육에 대한 전망과 기대를 실현하기 위해 필요한 테크놀로지, 교육학, 그리고 사회 전반에 걸친 변화에 대해 성찰한다. 이를 위해서는 미래에 대한 전망이 필요하다. 이에 저자들은 15년 뒤인 2030년을 내다보며, MOOC를 포함한 온라인 학습과 다른 형태의 개방학습이 최근까지만 해도 전혀 교육기회가 주어지지 않았던 소외된 학습자들까지도 포함하여 수백만의 디지털 시민들의 학습을 어떻게 가능하게 할 수 있을지 전망해본다. 이러한 일이 어떻게 가능할 수 있을지 궁금해하는 독자들은 Mike Sharples와 동료들의 매우 시의적절하고 유용하며 종합적인 보고서를 꼭 읽어보기 바란다(Scanlon et al., 2013; Sharples et al., 2014).

주요 주제와 가치관

이제 여러분에게도 좀 더 명확해졌겠지만, 이 책은 광범위한 종류의 혁신적인 아이디어와 공헌들을 포함하고 있다. 이것이 이 책 전체를 관통하는 반복적인 주제를 찾아볼 수 없다거나 대표적인 지표를 도출하는 것이 불가능함을 의미하는 것은 아니다. 이는 충분히 가능한 일이다. 예를 들면, 2013년 봄과 여름에 걸쳐 제기되었던 MOOC의 소멸에 관한 때이른 예측에도 불구하고, 이 책에서 우리는 MOOC가 핵심적인 부분을 담당하고 있는 OER에 대한 논의와 실험, 연구와 실제 활용이 활발히 이루어지고 있다는 관점을 지지하고 있다. 사실, 이 책의 여러 저자들이 이야기하고 있는 내용들은 교육행정가, 관리자, 정책분석 담당자들로부터 교수자, 교수설계자와 컨설턴트에 이르기까지 많은 교육자들이 MOOC와 OER을 교육자원과 전달에 관한 여러 문제들에 대한 효과적인 해결방안으로 인식하고 있음을 확인시켜주고 있다. 동시에 우리는 이 책을 통해 제시된 다양한 관점들이 교육적, 정치적, 기업 및 비영리단체와 군대훈련의 맥락에서 MOOC와 개방교육의 가능성에 대한 활발하고 생산적인 논의로 이어질 수 있기를 희망한다. 또한 이러한 영역에서 미래의 전략적인 발전 및 개발방안을 고민하고 있는 이들에게 이 책이 도움이 될 수 있기를 바란다.

이 책에서 얻어갈 수 있는 또 다른 중요한 깨달음 가운데 하나는 MOOC와 OER이 21세기 대학교육을 위한 지역적인 동시에 국제적인 교육전략과 방안으로 자리잡아가고 있다는 사실이다. 동시에 MOOC와 OER은 광범위한 조직적 맥락과 여건하에서도 교육 기반시설의 중요한 요소가 되고 있다. MOOC와 개방교육은 국가와 지역 간의 국경을 뛰어넘는 협력관계를 증진하여 과거에는 실현이 불가능해 보였던 지구촌 교육이라는 열매를 맺고 있다.

이 책을 통해 명백하게 알 수 있는 또 다른 사실은 MOOC와 MOOC로부터 파생된 유사한 학습형태에 관한 시도들은 적어도 다음과 같은 네 가지 특징들을 보이고 있다는 점이다: (1) 참가자들이 하나의 교육과정에 대한 이상을 공유하면서도 각자 자유롭게 다양한 플랫폼과 교수법을 선택할 수 있도록 몇 개의 협력집단으로 느슨하게 연결되어 있고(17장에서 소개된 DOCC 사례 참조), (2) 교육과정, 교수설계 및 전달, 일부 행정적인 통제가 중앙에 집중되어 있는 분산된 네트워크상에 위치하며(xMOOC, Coursera, edX, Udacity의 수업형태 참조), (3) 특정한 목적과 과정을 위한 개별기관의 노력에 의해 이루어지거나(13장의 Georgia Tech 사례 참조), 마지막으로 (4) 교육과정과 수업에 관한 많은 부분이 학습자 개인 혹은 집단 차원에서 통제가능하다는 점이다(14장의 Kim과 Chung의 사례, 15장의 Severance의 사례, 16장의 Robin과 McNeil 사례 참조).

추가로, 여러분도 쉽게 예측할 수 있듯이, 앞서 살펴본 수업모형들은 행동주의적으로 꽉 짜여진 형태로부터 인지주의적으로 비구조화된 형태에 이르기까지 양극단 사이의 연결선상에 위치하고 있다. 여기에는 예측가능하도록 표준화된 방식으로 수업과 평가가 이루어지는 수업에서부터 다양한 사회적 공간의 연결을 확대하고 창조하는 공유된 학습경험을 강조하는 수업에 이르기까지 다양한 사례들이 포함된다. 이 책의 27장에서 Kop과 Fournier는 cMOOC와 xMOOC라는 용어를 사용하여 이러한 수업들 간의 다양성을 설명하고 있다. 14장의 Kim과 Chung에 따르면, 공유된 사회적 공간으로서의 MOOC를 설계하고 운영하기 위해서는 고도의 교수설계 기술과 테크놀로지 활용, 그리고 많은 통찰력과 준비가 필요하다. 이는 또한 인내와 위험부담 감수, 불확실성을 감내하는 자세를 요하는 일이기도 하다. 이러한 자질들은 면대면 수업에서와 마찬가지로 MOOC와 개방교육에 있어서도 매우 중요한 미덕이라 할 수 있을 것이다.

이상에서 살펴본 바와 같이 광범위한 MOOC와 개방교육에 대한 접근법들을 감안해보면, 이 책에서 소개된 다양한 프로젝트들과 그들에 내재된 목적 및 가치관들과 관련된 몇 가지 핵심적인 고려사항들에 대해 논의해볼 필요가 있다. 이를테면, 이 책을 통해서 MOOC와 OER 관련사업을 추진하고 있는 고등교육기관, 비영리단체, 그리고 기업들은 MOOC의 잠재적 이점과 결과에 대해 폭넓은 관심과 우려를 보이고 있다. 한 예로, 이들 기관들은 MOOC와 개방교육이 잠재적으로 그들 기관의 예산, 명성, 학생모집과 유지, 교수진의 연구개발에 어떤 이득을 가져다줄 수 있을지와 같은 유용성에 높은 관심을 나타낸다. 동시에 이들은 인증, 수업개발, 품질 관리, 교수진의 역할과 책임과 같은 다양한 실질적인 우려를 보이기도 한다. 그럼에도 불구하고, 이들 기관들은 MOOC와 OER이 교육적 평등이라는 근본적이고 국제적인 교육문제를 해결하기 위한 효과적인 수단이라는 점을 깨닫고, 그들 기관의 운영계획을 수립하고 필요한 자원을 확보함에 있어서 이러한 가치의 측면을 함께 고려하고 있다.

개방성의 역사, 척도, 사회적 역할, 윤리적 방향과 같은 논의를 통해 개방학습의 개념틀을 형성하고 대화를 확대해나가는 계기를 마련한다는 점 또한 이 책의 중요한 또 다른 공헌 가운데 하나이다. 이 책은 OER과 MOOC가 전 세계적으로 좀 더 생산적이고 열린 공간을 만드는 데 잠재적으로 중요한 영향력을 가지고 있음을 명확히 보여주고 있다. 이 책은 선진국의 고등교육기관이나 다른 조직들에게 세계 다른 지역의 사회적 정의와 형평성을 개선하기 위한 윤리적 책임을 지워야 할 것인가라는 문제에 대한 일치된 답변을 제공하고 있지 않으며, 그러한 의도를 가지고 있지도 않다. MOOC와 개방교육의 진정한 수혜자는 과연 누구이며 그들에게 어떤 혜택이 돌아가는가에 관한 해석은 MOOC를 통해 접근하려는 대상과 맥락에 크게 의존하고 있다. 물론 각각의 프로젝트와 수업들은 그들만의 고유한 목적과 대상, 이해당사자, 가치와 편견을 가지고 있을 것이다. 그리고 여러분의 판단 또한 이 책에서 소개된 프로젝트들과는 다른 측면이 있을 수밖에 없을 것이다.

동시에 이 책은 수천 명의 다양한 학습자들이 한 수업공간에서 학습해야 하는 상황에서 교수자가 직면하는 선택과 협상의 문제들을 돕기 위한 조언들을 담고 있다. MOOC와 개방교육의 교수자와 공급자들은 상이한 개인적, 사회적 이력을 가진 수많은 학습자들이 잠시라도 한 공간에서 함께 교육적인 대화를 주고받음으로써 생길 수 있는 모든 이점과 문제점들에 대해 주의깊게 살펴보아야 한다. 규모와 차원에 관계없이 모든 수업은 그 수업에 참여하는 이들의 독특한 재능과 흥미, 경험이 쌓이고 결합한 결과물이라 할 수 있다. 그러나 수천 수만 명의 학습자들이 참여하는 MOOC의 경우에는 이러한 인간적인 경험과 역사들 간의 상호작용의 복잡성과 다양성이 최대로 증폭되고 확대될 수밖에 없다.

MOOC 수업을 직접 개발하고 참여해본 우리의 개인적인 경험을 돌이켜보면 대규모의 공개수업에 참여하면서 느끼게 되는 풍성하고 풍요로운 인간적인 즐거움이 있다. MOOC 수업에 참여하면서 알게 된 지구촌 너머의 동료들이 오랜 친구와 동료로 남게 되기도 한다. 사실, MOOC의 교수자가 수업의 참가자로

"무대에 서는" 순간, 실제로 지구촌 모든 곳에 있는 동료들과 학습자들과 진정으로 연결되는 느낌을 갖게 된다. 14장의 Kim과 Chung, 15장의 Severance가 설명하고 있듯이 MOOC를 통해 교수자는 자신이 속한 지역에 관계없이 기관과 대륙을 뛰어넘는 창의적인 협력과 자료공유의 경험을 통해 매우 흥미롭고 독특한 순간들을 경험할 수 있다. 시험과 출석률 따위는 모두 잊어버리고, 매 수업에서 새로운 결속력과 동지애를 경험하게 된다. 그리고 지성들 간의 수준 높은 만남이 기다리고 있다.

여러분 가운데 많은 이들은 우리의 친애하는 George Siemens와 Stephen Downes가 최초의 MOOC 실험을 통해 신문기사의 머리말을 장식하며 수천 명의 "울타리 없는 학습자들"을 자신들의 수업에 초대한 순간을 기억하고 있을 것이다(Cobb, 2013). 당시 교수설계자이자 학자이고 대학 교수자였던 이 책의 편집자들 또한 MOOC가 설계되고 운영되는 새로운 방식에 큰 관심을 가지고 관련 기사들을 접했다. 다른 이들과 마찬가지로, 우리들 또한 MOOC와 MOOC에서 파생된 새로운 수업들에 관한 신문기사와 인포그래픽에 열광하며, MOOC와 개방교육에 관한 연구와 평가결과를 담은 책과 논문들, 기술보고서와 백서들을 작성하고 공유하기도 하였다. 다행히도 우리의 이러한 과거의 노력들은 이 책의 잠재적 저자들의 목록으로 이어졌다.

이러한 배경 덕분에 우리가 2008년부터 관심을 가지고 읽고 토론하던 내용들이 이 책에 하나의 연대기로 담겨 MOOC 설계와 교수에 대한 각각의 창의적이고 진보적인 접근방식을 소개하며, 자신이 속한 조직과 기관에서 새롭게 MOOC를 시도하고자 하는 여러 사람들에게 필요한 지식과 경험을 전달하고 있다. 이 책에 담긴 이러한 실험적 아이디어들은 궁극적으로 그러한 아이디어들을 자신의 맥락에서 새롭게 실천에 옮긴 후속 세대들에 의해 이 책의 속편에서 다루어질 수 있을지도 모른다. 혹은 학술지의 특별기획호에서 새롭게 발견될 학습법에 관한 내용으로 실리게 될 수도 있을 것이다. 어떤 형태로든, 이 책에서 영감을 얻은 많은 사람들이 자신만의 이야기와 통찰을 새롭게 추가하여 전 세계적으로 MOOC와 개방교육을 위한 품질 관리 기준과 성공사례들이 이어질 수 있기를 희망한다.

동시에, 우리는 MOOC와 관련되어 제기된 여러 비판들을 통해 테크놀로지의 영향을 받아 탄생한 21세기 최초의 대규모 교육운동인 OER을 둘러싼 교수법과 교육철학, 이론들은 여전히 매우 구태의연하다는 모순을 돌이켜보게 된다(Hollands & Tirthali, 2014; Reeves & Hedberg, 2014). 또한 이들의 대부분이 영어권의 서구세계에서 비롯된 것이다. 분명, 많은 교육자들이 새천년시대의 핵심 리터러시 역량이라고 꿈꾸는 내용과 현재 MOOC를 통해 제공되고 있는 교육내용 간에는 많은 차이가 있다.

이 책의 또 다른 공헌 가운데 하나는 MOOC/OER의 세계에는 학습자, 설계자, 관리자, 그리고 교수자로 참여하고자 하는 많은 이들을 위한 무수한 "열린 선택들"이 놓여있다는 점을 분명히 밝히고 있다는 점이다. 우리는 독자 여러분이 기존의 패키지화된 수업방식과 절차, 콘텐츠들에 국한되지 말고 다양한 주제와 기술에 대한 학습기회를 열망하는 대상으로 교육자원을 개방하기를 희망한다. 에볼라 바이러스의 확산과 치료법에 대한 명확한 정보부재라는 현실을 반영하여 즉흥적이면서도 사업가적인 방식으로 매우 새롭고 강력한 교육의 미래지향적 모습을 보여준 ALISON이 그러한 좋은 예이다(Coughlin, 2014; Feerick, 2014; ALISON에 관한 보다 자세한 내용은 이 책의 24장 참조).

이러한 사회적 기업가 정신과 혁신이야말로 OER과 MOOC를 세계교육의 중심부에 놓고 여러 공동체에 속한 학습자들이 지역적, 국가적, 전 세계적 요구를 충족하기 위해 필요한 자원에 접근할 수 있도록 한다. ALISON이 그간 공개한 에볼라 MOOC와 다른 여러 국제의료보건 자원과 유사하게, 에든버러대학도 최근 스코틀랜드의 영연방으로부터의 독립이라는 민감한 국제적 현안에 대한 MOOC를 개발하였다(BBC, 2014; 이 책의 9장 참조). 스코틀랜드의 독립을 위한 캠페인을 위한 MOOC의 역할은 분명하지 않지만, 이 주제에 관심을 가지고 있는 수만 명의 사람들에게 즉각적이고 중요한 콘텐츠를 제공하였다는 사실만큼은 분명해 보인다.

이러한 여건하에서, 라디오나 인쇄매체를 통한 것이든 MOOC를 통한 것이든 간에, 다수의 대중들에게 교육자료에 대한 접근을 제공하는 것은 매우 중요하다. 우리는 미래에 이러한 형태의 교육이 성행하게 됨에 따라, MOOC와 개방교육의 실현가능성, 지속가능성, 품질, 그리고 학습성과에 대한 질문들은 점차 MOOC와 개방교육으로 인한 삶의 변화와 영향에 대한 질문들로 대체되리라 예상하고 있다. "MOOC와 개방교육 형태의 수업들이 전통적인 수업과 교사들을 대체하게 될까요?"라는 질문 대신에, 우리는 개방교육이 언제, 어디에서, 어떻게 중요한 사회적 역할을 수행하게 될지 묻게 될 것이다. 우리의 이러한 노력에 여러분도 동참해주기 바란다.

미래를 향한 시각

이 책의 편집자들인 우리들은 각 장의 저자들에게 깊은 감사를 전한다. 우리는 저자들 개개인의 독립적인 가치와 관점을 존중하면서도 하나의 통합된 텍스트를 만들어내고자 노력했다. 또한, 네 사람의 공동편집자들이 협력하는 과정에서도 여러 이점들이 있었다. 지난 몇 년 동안 우리들로 하여금 수많은 기념비적이고 주목할 만한 연구보고서들과 끝없이 쏟아지는 선전들이 뒤섞인 이 분야에서 옥석을 가려낼 수 있도록, 과제를 구조화하고 토론과 논쟁을 이어가며 도와준 많은 이들이 있었다. 이 책의 후반부에서 여러분들이 현재 이 분야에서 일어나고 있는 일들은 물론 앞으로 향하게 될 방향에 대해서도 제대로 설명해줄 수 있는 통합된 텍스트를 제공하고자 하는 우리의 의도를 직간접적으로 읽을 수 있기를 희망한다. 여러분과 시간이 우리의 시도에 대한 평가자가 될 것이다.

서문에서도 언급하였듯이, 이 책은 우리의 오랜 벗인 미국 컴퓨터교육학회(Association for the Advancement of Computing in Education, AACE)가

2013년 라스베가스에서 개최한 국제 이러닝 학회의 사전 학술대회와 떼려야 뗄 수 없는 관계가 있다. 하룻동안 열린 그 행사를 통해 우리는 이 프로젝트를 추진할 수 있는 계기를 마련했을 뿐만 아니라 OER/MOOC라는 주제와 관련된 수많은 아이디어들을 접할 수 있었다. 의심할 여지 없이 이는 MOOC와 OER, OCW, 개방교육 서비스(Open Educational Services), 개방대학과 같은 다른 여러 개방학습 형태와 효과를 바라보는 우리의 관점을 넓혀주었다. 라스베가스에서 열린 이 행사에서 우리가 분명히 느낀 점은 새롭게 부상하고 있는 개방교육 분야, 그 가운데에서도 특히 MOOC와 파생상품들이 고등교육 분야는 물론 정부, 군대, 기업교육 분야에 이미 단단한 발판을 마련하였다는 것이다. 그 결과, 우리는 세계 모든 지역의 국경을 가로질러 수많은 학습자들의 참여와 신뢰, 이해를 가능케 하는 모든 교육적 시도에는 필연적으로 MOOC와 OER이 포함될 수밖에 없다는 강력한 확신을 가지고 이 책의 출판을 추진하게 되었다.

앞으로 MOOC와 개방학습이 궁극적으로 어떤 지점에 안착하여 향후 몇 년간 어떤 영향을 미치게 될지 우리가 예측하기는 어려우며, 장기적으로 어떤 공헌을 할 수 있을지는 더더욱 그러하다. 우리는 다만 이 책의 저자들과 함께 독자 여러분도 새로운 MOOC의 시대가 어떤 모습으로 다가올지 각자의 비전을 가지고 있으리라 추측할 따름이다. 따라서 MOOC가 가야 할 구체적이고 특정한 방향을 제시하는 모험은 하지 않으려 한다. 이 책의 독자들은 새로운 개방의 시대가 도래하였음을 느낄 수밖에 없을 것이다; 모든 이들로부터 비롯되어 모든 이들을 위해 항상 존재하는 교육의 시대 말이다. 그러한 관점들의 사이 어딘가에서, 심지어는 네 명의 공동편집자들 사이에도 MOOC와 개방학습의 미래를 전망하는 관점에 차이가 존재한다. 적어도 이 순간만큼은, 최대한 모든 가능성을 열어두는 편이 현명해 보인다.

분명한 것은 우리가 살고 있는 이 시대가 빛나는 가능성에 대한 기대로 가득 찬 매우 특별하고 매력적이며 설명이 불가능한, 엄청난 변화의 시대라는 점이다. 현재로서는 MOOC와 개방학습을 통한 학습은 충분한 실험을 거쳐 최적화된 상태와는 거리가 멀다. 사실 이와는 반대로, 많은 이들이 OER을 통해 필요한 정보와 아이디어를 습득하고 OER 기반 수업에 대한 학습자들의 만족도가 높음에도 불구하고(de los Arcos, Farrow, Perryman, Pitt, & Weller, 2014), 교육자료와 테크놀로지를 선택하고 결정에 대한 책임을 져야 할 많은 우리의 동료들조차 이처럼 널리 알려진 OER에 대해서 모르고 있는 경우가 많다(Allen & Seaman, 2014). 개방학습의 내재된 목적, 잠재적 혜택, 수많은 장애물, 그리고 끊없이 충족되는 자원에 관해 아직도 많은 교육이 필요해 보인다.

우리는 다양하고 소외된 학습자들을 위해 OER과 MOOC가 제공하는 기회들을 향한 탐색을 계속하는 동시에, 이러한 움직임에 대한 이해와 관련자원이 부족하여 고전하고 있는 많은 이들을 성공적으로 도울 수 있는 방안에 대해서도 생각해보아야 한다. 솔직히 말하자면 우리도 향후 몇 년 동안 평생교육이 어떤 모습으로 자리잡게 될지 알지 못한다. 25년이나 100년 뒤, 수십 년 또는 수백 년 후의 모습은 더더욱 알 수 없다. 하지만 원격학습의 역할과 중요성은 매년 증대될 것이라는 사실만큼은 분명히 알 수 있다.

우리 네 명의 공동편집자들에게 분명한 사실은 MOOC와 개방학습의 세상은 신비로우면서도 수많은 변형과 반전, 변화로 가득한 곳이라는 점이다. 이 세상에서는 새로운 도전과 기회, 성공신화가 필연적으로 뒤따른다. 이 책이 강한 지적 호기심을 가졌거나 형식에 얽매이지 않거나 전형적인 모습과는 거리가 먼, 또는 교육적 혜택에서 소외되었거나 고위험군에 속하는 모든 학습자들에게 선택과 접근이 열려있는 교육의 미래로 여러분을 이끌 수 있는 안내를 제공했으면 하는 바람이다. 이 책을 읽은 독자 여러분이, 혹은 이 책의 한 장에서만이라도, 이러한 학습자들 가운데 한 명, 두 명, 혹은 다수를 위한 문제나 요구, 관심사에 대한 답변과 해결책을 찾을 수 있다면 지구는 우리가 살며 배우기 위한 더 나은 세상이 될 것이다. 온 세상의 MOOC와 개방학습을 위하여!

Curtis J. Bonk | 인디애나대학교(Indiana University) Instructional Systems Technology 학과의 교수이며 CourseShare의 대표이사이다. Bonk는 기업체 회계감사관, CPA, 교육심리학자, 그리고 교수 설계자로서, 기업, 교육, 심리 및 테크놀로지의 교차점에 대한 특유의 통찰을 제시한다. Bonk는 부상하는 테크놀로지에 대한 유명한 권위자로서, 그의 인기 블로그인 TravelinEdMan에 세계를 돌아다니며 얻은 강연 경험에 대한 회고담을 기록한다. 2014년 그는 원격교육의 탁월한 실천가상(Mildred B. and Charles A. Wedemeyer Award for Outstanding Practitioner in Distance Education)을 수상하였다. 그는 「The World is Open」, 「Empowering Online Learning」, 「The Handbook of Blended Learning」, 「Electronic Collaborators」, 그리고 가장 최근에는 eBook (http://tech-variety.com/) 형태로 무료인 「Adding Some TEC-VARIETY」 등 널리 애독되고 있는 책 들을 저술하였다. 그의 홈페이지에는 많은 무료 및 공개 자료(http://php.indiana.edu/~cjbonk/)가 탑재되어 있으며, cjbonk@indiana.edu로 연락할 수 있다.

Mimi M. Lee | 휴스턴대학교(University of Houston)의 Department of Curriculum and Instruction 부교수이다. 그녀는 2004년 인디애나대학교, 블루밍턴의 Instructional Systems Technology 학과에서 PhD를 취득하였다. 그녀의 연구 관심분야는 글로벌 및 다문화교육, 정체성 형성 이론, 온라인 공동체의 사회적 조사, 표상의 문제, 비판적 민속학 등이다. Mimi는 STEM 관련 온라인 교사교육, 비교문화적 훈련 연구, 상호작용적 비디오 컨퍼런싱, 오픈코스웨어, 질적 연구 등에 대한 논문을 출간하였다. 연락처는 mlee7@uh.edu이다.

Thomas C. Reeves | 조지아대학교(University of Georgia)의 Learning, Design, and Technology 학과 명예교수이다. Reeves 교수는 여러 상호작용적 학습 프로그램과 프로젝트를 설계하고 평가하였다. 이러한 노력에 대한 공로로 2003년에는 AACE Fellowship Award, 2010년에는 ASCILITE Fellow, 2013년에는 AECT David H. Jonassen Excellence in Research Award를 수상하였다. 그의 저서에는 「Interactive Learning Systems Evaluation」(John Hedberg 공저), 「Guide to Authentic E-Learning」(Jan Herrington 및 Ron Oliver 공저), 그리고 「Conducting Educational Design Research」(Susan McKenney 공저) 등이 있다. 그의 연구 관심은 평가, 학습을 위한 실제 과제, 교육 설계 연구, 개발도

상국의 교육공학 등이다. 그의 연락처는 treeves@uga.edu이며, 홈페이지는 http://www.evaluateitnow.com/이다.

Thomas H. Reynolds | 캘리포니아 La Jolla의 내셔널대학교(National University) Teacher Education 교수이다. 그는 온라인 학습환경 설계, 표준기반 온라인 평가, 그리고 이러닝 혁신에 대한 연구를 수행하고 있다. 내셔널대학교에 부임하기 전에는 위스콘신대학교-매디슨(the University of Wisconsin-Madison)의 Curriculum and Instruction 학과에서 PhD를 취득하고 텍사스 에이앤엠 대학교(Texas A&M University)의 교수를 역임한 바 있다. Reynolds 교수는 2회에 걸쳐 Fulbright Scholar에 선정된 바 있어, 2010년에는 콜롬비아에서 공개교육자원에 대해 연구하였으며, 1998년에는 페루에서 웹기반 학습과 테크놀로지 증진 교수(technology-enhanced instruction)에 대해 강의하였다. 그의 현 활동에는 콜롬비아에서 진행되는 프로젝트, e-교수학습 석사과정 전문화 코디네이터, 내셔널대학교의 온라인 품질 보증 및 온라인 강좌 검토 및 개발에 관한 리더십이 포함된다. 그의 연락처는 treynolds@nuy.edu이다.

참고문헌

Allen, E., & Seaman, J. (2014, October). *Opening up the curriculum: Open educational resources in U.S. Higher Education, 2014*. Babson Survey Research Group. Retrieved from http://www.onlinelearningsurvey.com/reports/openingthecurriculum2014.pdf.

BBC. (2014, August 24). Scottish independence: Edinburgh University runs online referendum course. *BBC News*. Retrieved from http://www.bbc.com/news/uk-scotland-scotland-politics-28917876.

Cobb, J. (2013, January 22). What's it take to be an effective free range learner? *Mission to Learn*. Retrieved from http://www.missiontolearn.com/2013/01/free-range-learner/.

Coughlin, S. (2014, October 7). Online MOOC courses deliver Ebola health advice. *BBC News*. Retrieved from http://www.bbc.com/news/education-29521360.

de los Arcos, B., Farrow, R., Perryman, L.-A., Pitt, R., & Weller, M. (2014). OER evidence Report

2013–2014: Building understanding of open education. OER Research Hub. The Open University (OU) Institute of Educational Technology. Retrieved from http://oerresearchhub.files.wordpress.com/2014/11/oerrh-evidence-report-2014.pdf.

Feerick, M. (2014, October 7). Why wait for others to fight Ebola? ALISON *Blog*. Retrieved from http://www.advancelearning.com/why-wait-for-others-to-fight-ebola.

Hollands, F.M., & Tirthali, D. (2014). *MOOCs: Expectations and reality*. New York: Center for Benefit–Cost Studies of Education, Teachers College, Columbia University. Retrieved from: http://www.academicpartnerships.com/sites/default/files/MOOCs_Expectations_and_Reality.pdf.

Reeves, T.C., & Hedberg, J.G. (2014). MOOCs: Let's get REAL. *Educational Technology*, *54*(1), 3–8.

Scanlon, E., Sharples, M., Fenton-O'Creevy, M., Fleck, J., Cooban, C., Ferguson, R., Cross, S., & Waterhouse, P. (2013). *Beyond prototypes: Enabling innovation in technology-enhanced learning*. University of London, Technology-Enhanced Learning Research Programme, London, UK. Retrieved from http://tel.ioe.ac.uk/wp-content/uploads/2013/11/BeyondPrototypes.pdf.

Sharples, M., Adams, A., Ferguson, R., Gaved, M., McAndrew, P., Rienties, B., Weller, M., & Whitelock, D. (2014). *Innovating pedagogy 2014: Open University innovation report 3*. Milton Keynes: The Open University. Retrieved from http://www.open.ac.uk/iet/main/files/iet-web/file/ecms/web-content/Innovating_Pedagogy_2014.pdf and http://www.open.ac.uk/blogs/innovating/.

찾아보기

가

다

마

바

사

아

자

카

타

파

하

기타

옮긴이 소개

변호승(서문, 추천사, 7~9장)
충북대학교 사범대학 교육학과 교수
충북대학교 교수학습지원센터장
미국 Indiana University, 교육공학 박사

엄우용(10~12장, 23~25장)
계명대학교 사범대학 교육학과 교수
계명대학교 교수학습개발센터장/e-러닝개발센터장
미국 Florida State University, 교육공학 박사

김경지(1~6장)
동국대학교 의학전문대학원 의학교육학교실 교수
미국 Indiana University, 교육공학 박사

이지은(13~17장)
조선대학교 사범대학 교육학과 교수
조선대학교 교수학습 책임교수
미국 Indiana University, 교육공학 박사

이지연(18~19장, 28~29장)
인하대학교 사범대학 교육학과 교수
미국 사우스캐롤라이나대학교 교육학과 교수
미국 Indiana University, 교육공학 박사

소효정(20~22장, 26~27장)
이화여자대학교 사범대학 교육공학과 교수
미국 Indiana University, 교육공학 박사

MOOCs and Open Education Around the World

MOOC와 개방교육

발행일 2016년 5월 25일 초판 발행
편저자 Curtis J. Bonk, Mimi M. Lee, Thomas C. Reeves, Thomas H. Reynolds
역자 변호승, 엄우용, 김경지, 이지은, 이지연, 소효정
발행인 홍진기 | **발행처** 아카데미프레스 | **주소** 413-756 경기도 파주시 문발동 출판정보산업단지 507-9
전화 031-947-7389 | **팩스** 031-947-7698 | **이메일** info@academypress.co.kr
웹사이트 www.academypress.co.kr | **출판등록** 2003. 6. 18 제406-2011-000131호

ISBN 978-89-97544-87-5 93370

값 28,000원